# SUPPLEMENT
## AU LIVRE
### DE
# L'ANTIQUITÉ
## EXPLIQUÉE
### ET
# REPRESENTÉE
## EN FIGURES·
### TOME SECOND·

## LE CULTE DES GRECS, DES ROMAINS,
### DES EGYPTIENS, ET DES GAULOIS.

Par Dom BERNARD DE MONTFAUCON

Religieux Bénédictin de la Congrégation de S. Maur.

## A PARIS,

|  | La Veuve DELAULNE, | JEAN-GEOFFROY NYON, |
|---|---|---|
| Chez | La Veuve FOUCAULT, | ETIENNE GANEAU, |
|  | La Veuve CLOUSIER, | NICOLAS GOSSELIN, |

Et PIERRE-FRANÇOIS GIFFART.

M. DCC. XXIV.

*AVEC PRIVILEGE DU ROY.*

# TABLE DES CHAPITRES
## DU SECOND TOME.

*Fin de la Table des Chapitres du II. Tome.*

SUPPLEMENT

# SUPPLÉMENT
## AU LIVRE
# DE L'ANTIQUITÉ
### EXPLIQUE'E ET REPRESENTE'E
### EN FIGURES.

## TOME SECOND.

LE CULTE DES GRECS, DES ROMAINS,
DES EGYPTIENS, ET DES GAULOIS.

---

# SUPPLEMENTUM
## AD OPUS
# DE ANTIQUITATE,
### EXPLANATIONE ET SCHEMATIBUS ILLUSTRATA.

## TOMUS SECUNDUS.

CULTUS GRÆCORUM, ROMANORUM, ÆGYPTIORUM,
ATQUE GALLORUM.

# LIVRE PREMIER.

## Les Prêtres des Grecs & des Romains.

## CHAPITRE PREMIER.

*I. Noms que les Grecs donnoient à leurs Prêtres. II. La sainteté qu'ils requeroient dans leurs Prêtres. III. Prêtres & Prêtresses de Diane d'Ephese. IV. Abstinence de certaines viandes, prescrite à quelques-uns d'entr'eux. V. Prêtre & Prêtresse de Diane Hymnie. VI. Autre Prêtresse de Diane Hymnie. VII. Prêtre de Minerve Cranea.*

I. LA haute idée que les Grecs avoient du Sacerdoce, étoit exprimée par les noms qu'ils donnoient aux Prêtres. Ils les appelloient ἱερεῖς. Ce mot formé d'ἱερὸν *Sacrum*, marque que c'étoient des gens consacrez aux dieux, & que leurs fonctions étoient le ministere sacré & venerable d'offrir à Dieu des vœux & des sacrifices pour le peuple. Un autre nom étoit ἀρητῆρες, mot formé d'ἀρὰ qui veut dire vœu, ou priere, ou imprécation, ce qui signifie que les Prêtres dont le devoir est de demander des graces pour ceux qui par leur

---

# LIBER PRIMUS.

## *Sacerdotes Græcorum & Romanorum.*

### CAPUT PRIMUM.

*I. Quæ nomina Græci darent Sacerdotibus suis. II. Quantam in Sacerdotibus sanctitatem requirerent. III. Sacerdotes & Sacerdotissæ Dianæ Ephesæ. IV. Ciborum quorumdam abstinentia, quibusdam Sacerdotibus præscripta. V. Sacerdos & Sacerdotissa Dianæ Hymniæ. VI. Alia Sacerdos Dianæ Hymniæ. VII. Sacerdos Minervæ Cranea.*

I. QUanto in precio Græci Sacerdotium haberent, quanti facerent illam dignitatem, vel ipsa nomina Sacerdotibus indita declarabant. Vocabantur enim ἱερεῖς, quæ vox ab ἱερὸν *sacrum* efformata, significabat sacros illos esse & deorum cultui addictos, illorumque functiones ministerium esse sacrum omnibusque venerabilissimum; offerebant nempe vota & sacrificia numini pro populo. Aliud eorum nomen erat ἀρητῆρες ab ἀρὰ, qua voce exprimitur votum, aut precatio, sive imprecatio, quo significatur Sacerdotes, quorum munus est a numine beneficia postu-

ministere ont recours aux dieux dans la necessité , peuvent aussi attirer leur vengeance sur ceux qui sans aucun égard pour la justice & l'équité, s'abandonnent au crime, lorsqu'ils esperent le pouvoir faire impunément. Telle fut l'imprécation de Chrysés qu'Homere qualifie ἀρητήρ, sur le camp des Grecs, qui pour le crime d'Agamemnon, fit périr tant d'innocens : ce qui a fait dire à un poëte:

    *Quidquid delirant reges plectuntur Achivi.*

On appelloit aussi les Prêtres θύται, ce qui veut dire sacrificateur. Le sacrifice étoit la principale fonction du Prêtre ; c'étoit comme le prix des graces qu'on demandoit aux dieux. Ce nom θύται a été aussi donné par les Chrétiens Grecs à leurs Prêtres, parce qu'ils offrent tous les jours à Dieu ce grand sacrifice, qui a abrogé tous les autres sacrifices. On les appelloit aussi τελεςαὶ, nom qui signifie *initiateur*. C'étoient eux qui initioient aux mysteres, ceux qui étoient destinez ou à la Prêtrise, ou à quelque office subalterne. Ces initiations se faisoient dans des lieux secrets, où l'on n'admettoit que les initiez, ou ceux qui devoient l'être : ce qui faisoit que les peuples regardoient ces lieux avec quelque espece de fraïeur. Ιερουργοί étoit encore un nom plus general des Prêtres ; il marquoit qu'ils exerçoient toutes les fonctions sacrées de quelque genre qu'elles puissent être, comme prier, faire des vœux, sacrifier, expier les pechez, & les crimes des gens qui venoient à résipiscence. Ce dernier ministere étoit encore marqué par ce mot καθάρται, qui veut dire *purificateur*; ils avoient des ceremonies pour purifier les crimes, les vols, les meurtres même, faits ou de propos déliberé, ou par mégarde : car ces derniers quoiqu'ils ne meritent pas le nom de crime, s'expioient pourtant comme les autres. Herodote raconte qu'Adraste Phrygien, fils de Midas de race roïale, aïant tué par mégarde son propre frere, il se refugia à la Cour de Crœsus Roi de Lydie, qui le reçut benignement, & avec tout le bon accueil possible. Adraste religieux à sa maniere, demanda d'abord que son meurtre quoiqu'involontaire fût expié ; Crœsus l'expia lui-même, la maniere d'expier des Lydiens, dit Herodote, est la même que chez les Grecs. Dans ces anciens tems les Rois exerçoient les fonctions du Sacerdoce.

II. Les Prêtres qui sont comme les médiateurs entre Dieu & l'homme,

---

lare, iis qui suo ad hanc rem uterentur ministerio, vindictam quoque deorum in eos attrahere posse, qui nullam habentes æquitatis justitiæve rationem in scelera proruunt, si quando id impune fore sperarint. Hujusmodi fuit imprecatio Chrysæ, qui ἀρητήρ vocatur ab Homero, in Græcorum castra, quæ imprecatio tot insontibus perniciei fuit, cum unus Agamemnon noxius esset. Cujus rei occasione poëta quidam inquit

    *Quidquid delirant reges plectuntur Achivi*
      Horat. Epist. 1. 2.

Vocabantur item Sacerdotes θύται, id est *sacrifici*. Hoc præcipuum erat Sacerdotum officium, sacrificium videlicet offerre, quod erat ceu precium beneficiorum, quæ a numine petebantur. Hoc nomen θύται Græci quoque Christiani Sacerdotibus suis dabant. Etenim ipsi magnum illud quotidie sacrificium offerunt, quod cætera omnia sacrificia abrogavit. τελεςαὶ quoque nominabantur, quæ vox significat *initiatores*. Illi quippe mysteriis initiabant eos qui vel Sacerdotio, vel muneri cuipiam inferiori destinabantur. Initia autem illa in locis secretis ac remotis fieri solebant, ubi soli initiati & initiand

admittebantur. Quapropter populus non sine quodam horrore hæc arcana loca spectabat. Ιερουργοί item nomen Sacerdotum erat, quo significabatur ipsos sacras functiones omnes generatim exercere, ut erant verbi causa precari, vovere, sacra facere, peccata sceleraque expiare, cum quis resipisceret. Hoc autem postremum ministerium hoc etiam nomine καθάρται indicabatur, quasi dicas *purgatores*, vel *purificatores*. Erant certi ritus, statutæque ceremoniæ ad expianda scelera, furta videlicet & cædes, sive ex de industria sive per imprudentiam perpetratæ fuissent. Etsi hoc postremum non debeat crimen censeri, expiabatur tamen ut cætera. Refert Herodotus l. 1. c. 35. Adrastum Phryga ex regia stirpe ortum, cum per imprudentiam fratrem occidisset, ad Crœsum Lydiæ regem confugisse, qui illum benigne & perhumaniter excepit : Adrastum, utpote patrio more religiosum rogasse, ut cædes illa, licet non voluntaria, expiaretur. Expiavit ipse Crœsus : expiabant autem Lydi perinde atque Græci, inquit Herodotus. Iis enim antiquis temporibus reges Sacerdotum functiones obibant

II. Sacerdotes qui inter Deum & homines quasi conciliatores quidam sunt, virtutum omnium ceu

doivent être des modeles de vertu, & attirer les autres par leur bon exemple à rendre leurs devoirs à l'Etre suprême, qui est la source de tous les biens où l'homme peut aspirer. Il semble que la droite raison avoit dicté cette maxime à ces anciens Grecs, & aux Romains leurs imitateurs. Malgré cette foule de dieux que la superstition avoit introduits, malgré les vices détestables qu'ils attribuoient à plusieurs d'entr'eux, ils vouloient que leurs Prêtres fussent purs, saints, chastes : il y en avoit même qu'ils obligeoient à une virginité perpetuelle, & quelquefois forcée.

III. Le temple de Diane d'Ephese avoit des Prêtres eunuques qu'on appelloit Megalobyzes : il s'en présentoit de differens endroits pour occuper cette dignité, & on leur portoit un fort grand honneur, des filles vierges partageoient avec eux le sacerdoce. Cela ne fut pas toûjours observé, & dans la suite du tems on garda une partie de ces coûtumes, & on negligea l'autre. Il ne faut donc pas s'étonner si les Auteurs d'un âge plus bas ne s'accordent pas sur cela avec ceux qui les avoient précedez.

IV. Il y avoit des lieux où l'on obligeoit les Prêtres à s'abstenir de certaines viandes qu'on estimoit immondes. Les Prêtres de Cerés & de Proserpine, & même ceux qui étoient initiez aux mysteres de ces divinitez, ne mangeoient jamais de lamproies, parce qu'elles produisent leurs petits par la gueule ; d'autres nioient cette maniere de generation, & prétendoient que quand la lamproie rend ainsi ses petits par la gueule, c'est lorsque la peur qu'on les lui enleve l'aïant obligé à les avaler, elle les rend ensuite vivans, quand la crainte est passée. Les mêmes Prêtres & les initiez aux mysteres de Cerés, aussi-bien que la Prêtresse de Junon l'Argolique, ne mangeoient jamais du poisson nommé Mulet. Et ceux de Cerés d'Eleusine avoient le Mulet en honneur.

Quoique generalement parlant, ces profanes exigeassent dans leurs Prêtres & Prêtresses une grande sainteté de vie, & des mœurs exemtes de tout reproche, ils varioient dans leurs coûtumes, & la rigueur des loix admettoit du plus & du moins en differens payis.

V. La Prêtresse & le Prêtre de Diane Hymnie, dont le temple étoit sur le haut d'une montagne, étoient obligez de garder la chasteté conjugale, de s'abstenir des bains publics, & des manieres de vivre des gens du monde, de

---

specimina sint oportet, ipsorum officium est exemplo suo aliis prælucere, ut supremo Numini bonorum omnium, quæ possunt homini concedi fonti atque cultum præstent debitum. Ipsa certe naturali rectaque ratione Græci atque Romani illorum ζηλωταὶ hoc animo atque sententia fuerunt. Licet catervam illam ingentem deorum, quos mera superstitio induxerat, præ oculis haberent ; etsi plerofque eorum flagitiis tantum ac sceleribus nobilitatos fuisse scirent : id tamen optabant, id curabant, ut Sacerdotes sui puritate, sanctimonia castitateque spectabiles essent. Nonnullos etiam eorum virginitatem continentiamque servare cogebant.

III. Templum Dianæ Ephesiæ, verba sunt Strabonis lib. xv. p. 441. Sacerdotes Eunuchos habebat, qui vocabantur Megalobyzi. Ex multis locis varii confluebant ut illam occuparent dignitatem ; nam illi magno in honore habebantur. Puellæ quædam virgines in partem Sacerdotii cum illis vocabantur. Non semper ii mansere ritus, insequentibus enim temporibus hujusmodi consuetudines partim neglectæ, partim servatæ sunt. Neque mirum si inferioris ætatis scriptores cum præcedentibus circa res easdem non consentiant.

IV. Quibusdam in locis interdicebantur Sacerdotes esu ciborum quorumdam. *Mustellum piscem*, inquit Ælianus var. hist. 9. 65. *aiunt nunquam dearum* ( Cereris & Proserpinæ ) *Sacerdotes edere, non enim mundum esse cibum putant, quoniam ore parit. Quidam non ipsum ore parere dicunt : sed insidiarum timore prolem suam ut in tuto ponat devorare, deindeque posito timore, vivam evomere. Itemque, ii ipsi Sacerdotes mullum nunquam attingunt, ut neque Junonis Argolicæ Sacerdos mulier.* Pro mustello in Græco legitur μαλὴν qui piscis cujus generis sit non omnino convenit inter scriptores. A mullo item abstinebat Sacerdos femina Junonis Argolicæ : & Cereris Sacerdotes mullum in honore habebant.

Etsi generatim loquendo profani illi in Sacerdotibus cujusvis sexus tantam exigerent vitæ sanctitatem, moresque nulli obnoxios vituperio, in variis tamen regionibus ea in re non pauca diversitas observabatur, legumque severitas plus minusve diversis in locis admittebat.

V. Sacerdos mas & femina Dianæ Hymniæ, cujus templum in monte situm erat, inquit Pausanias l. 8. c. 13. his subjecti erant legibus, ut castitatem conjugalem servarent, a balneis publicis abstine-

paſſer leurs jours dans les exercices d'une vie toute ſainte, & ſeparée du reſte des hommes, ſans qu'il leur fût jamais permis d'entrer dans les maiſons des particuliers; la même choſe, dit Pauſanias, étoit obſervée à Epheſe, à l'égard des Prêtres de Diane; mais là ces devoirs n'étoient qu'annuels

VI. Les Orchomeniens avoient une vierge pour Prêtreſſe de Diane Hymnie. Un accident les obligea de changer cette coûtume: le voici tel qu'il eſt rapporté par le même Auteur. Dans les montagnes des Orchomeniens du côté de Mantinée, eſt un temple de Diane ſurnommée *Hymnia*, celebre depuis les plus anciens tems par le concours, & la dévotion des Arcadiens. Une jeune fille vierge y étoit Prêtreſſe. Un nommé Ariſtocrate en étant devenu amoureux, la ſollicita vivement de ſatisfaire à ſa paſſion: elle lui réſiſta, & le voiant diſpoſé à lui faire violence, elle ſe retira dans le temple, & ſe refugia auprès de la ſtatue de la déeſſe; Ariſtocrate la pourſuivit, & ſans aucun reſpect pour Diane Hymnie il la viola en ce lieu ſacré. Ce crime étant divulgué, les Arcadiens lapiderent Ariſtocrate, & changeant les loix du ſacerdoce, ils établirent pour Prêtreſſe de Diane une femme qui avoit paſſé une partie de ſa vie dans le mariage. La même choſe arriva à l'égard de la Pythienne de Delphes, comme l'on peut voir au ſecond tome de l'Antiquité p. 10. Une jeune fille vierge, expoſée par ſa qualité de Prêtreſſe à recevoir des vœux, & des offrandes de tous allans & venans, étoit un objet trop ſéduiſant, pour qu'il n'arrivât pas des accidens ſemblables. Les Auteurs nous en apprennent quelques-uns; il en ſera apparemment arrivé bien d'autres que l'hiſtoire ne nous aura pas tranſmis.

VII. Au temple de Minerve Cranea qui étoit bâti ſur une colline eſcarpée, il y avoit des portiques où l'on voioit des cellules pour loger ceux qui étoient deſtinez au ſervice de la déeſſe, & ſur tout le Prêtre qui exerçoit les fonctions ſacrées. C'étoit un jeune garçon ſans barbe; il ſervoit cinq ans en cette qualité. Ceux qui l'éliſoient avoient ſoin de le prendre ſi jeune, qu'au bout de cinq ans où il devoit abdiquer, il n'eût point encore de poil follet. Il étoit obligé de vivre toûjours pendant ce tems-là auprès de la déeſſe, & de ſe baigner dans des *Aſaminthes* à la maniere des plus anciens tems. Les Aſaminthes étoient des eſpeces de ſieges ou de chaiſes où l'on ſe mettoit pour ſe baigner. On prend auſſi quelquefois l'Aſaminthe pour un gobelet.

rent: & a vulgari vivendi modo, vitam tranſigerent ſanctè, neque in privati cujuſpiam domum pedem unquam inferrent: Eadem apud Epheſios factitari ſcio, pergit Pauſanias, ab iis qui Epheſiæ Dianæ leguntur antiſtites, non quidem perpetuo, ſed anno tantum ſpatio.

VI. Apud Orchomenios templum erat Dianæ Hymniæ magna cultum religione: ibi Sacerdos erat puella virgo. Sed caſu accidit ut conſuetudo talis mutanda videretur. En hiſtoriam qualem refert Pauſanias lib. 8. cap. 5. *In Orchomeniorum montibus, qua parte Mantinæorum agrum reſpiciunt, templum eſt Dianæ Hymniæ cognominatæ, ab antiquiſſimis temporibus Arcadum concurſu atque cultu celebratum. Deæ ſacris tunc virgo præerat, Ariſtocrates quiſpiam virginis amore captus, eam ad ſtuprum pellexit, obſtitit illa petenti, cumque illum conſpiceret ad vim inferendam paratum, ad templum confugit & ad deæ ſtatuam receptum habuit. Ariſtocrates inſequutus eſt, & Dianam Hymniam nihil reveritus, ipſam in loco ſacro violavit. Scelere patefacto, Arcades Ariſtocratem lapidarunt, & a virgine Sacerdotium tranſtulerunt ad nuptam mulierem* ὁμιλίας διδοῦν ἀπημπελωσι ἐχουσαν, id eſt,

quæ jam viri conſuetudinem aliquanto tempore habuiſſet. Idipſum accidit circa Pythiam Delphicam, ut dictum fuit in ſecundo Antiquitatis explanatæ tomo p. 10. Virgo quæ ex Sacerdotii officio adventantium omnium vota & munera excipere cogebatur, nimium erat ad cupidinem incitamentum, neque impediri omnino poterat ne hujuſmodi caſus interdum evenirent. A ſcriptoribus aliquot hujuſcemodi ſcripti fuerunt; ſed ſimilia exempla accidiſſe multa veriſimile eſt quæ in nulla feruntur hiſtoria.

VII. In templo Minervæ Craneæ, inquit idem Pauſanias lib. 10. cap. 34. in prærupto vertice poſito, porticus erant, ubi viſebantur cellæ, in queis habitarent deæ miniſtri, & Sacerdos quoque qui ſacra celebraret. Eum ex impuberum numero deligebant, adeoque juvenem & puerulum, ut poſtquam per quinquennium Sacerdotio functus erat, eo munere ſe abdicaret priuſquam pubeſcere inciperet: eo toto tempore apud Deam vivere tenebatur, atque in aſaminthis veterum more lavabat. Aſaminthi ſellæ quædam erant, ſeu cathedræ, in queis ad balneum ſedebatur. Aliquando etiam aſaminthus poculum ſignificat.

## CHAPITRE II.

*I. Prêtres & Prêtresses en plusieurs endroits, choisis extrémement jeunes ; pourquoi. II. Prêtres & Prêtresses élûs fort jeunes, qui abdiquoient avant que d'avoir atteint l'âge de puberté. III. La Prêtresse de Tellus, veuve, à qui il n'étoit pas permis de se remarier. IV. Les Prêtres & Prêtresses de Messene abdiquoient dès qu'un de leurs enfans mouroit.*

I. DE fort jeunes gens soit mâles, soit femelles, étoient donc élûs dans plusieurs endroits de la Grece, pour exercer le sacerdoce. Il falloit même qu'on les prît dès la plus tendre enfance. Il y a apparence que des accidens semblables à celui de la Prêtresse de Diane Hymnie d'Orchomene qui fut violée près de l'autel, les porterent à les choisir si jeunes. A Orchomene on y mit en la place de la jeune vierge une femme qui avoit vieilli dans le mariage, & pour la même cause à Delphes on établit une femme qui eût passé cinquante ans. D'autres pour obvier aux mêmes inconveniens prenoient pour le sacerdoce de si petits enfans de l'un & de l'autre sexe, qu'après avoir servi quelques années, ils abdiquoient avant que d'avoir atteint l'âge de puberté. Je croi qu'on ne les prenoit si jeunes que, ou parce qu'il étoit arrivé des inconveniens, ou de peur qu'il n'en arrivât comme à Orchomene & à Delphes : on croïoit qu'il y avoit moins à craindre pour des enfans de si bas âge.

II. Chez les Ægiens il y avoit une statue de Jupiter enfant, & une autre d'Hercule sans barbe. On leur élisoit tous les ans des Prêtres qui gardoient ces statues dans leur maison. Aux plus anciens tems on choisissoit pour Prêtre de Jupiter le plus beau de tous les garçons du lieu, & on le remplaçoit quand la barbe commençoit à lui venir. C'étoient les loix des Ægiens qui furent apparemment changées, parce que cette trop grande beauté du Prêtre pouvoit avoir causé quelque accident. A Tegée la Prêtresse de Minerve surnommée Alea, étoit une petite fille qui devoit aussi abdiquer le sacerdoce avant qu'elle eût atteint l'âge de puberté. A Calaurée la Prêtresse de Neptune étoit une jeune vierge qui abdiquoit de même le sacerdoce dès qu'elle étoit nubile.

---

### CAPUT II.

*I. Sacerdotes mares seu feminæ admodum juvenes multis in locis delecti, quare. II. Sacerdotes & Sacerdotissæ juvenes delecti, qui antequam puberes essent abdicabant. III. Sacerdos Telluris, cui non licebat secundas adire nuptias. IV. Sacerdotes & Sacerdotissæ Messenii abdicabant cum aliquis ex suis liberis moriebatur.*

I. JUvenes igitur admodum in multis Graciæ locis adlegebantur Sacerdotes sive mares sive feminæ, imo vix primam pueritiam prætergressi. Eadem consuetudinis hujuscemodi ratio & origo esse potuit, atque illa de qua supra diximus, cùm de Diana Hymnia Orchomeniorum ageremus ; nimirum ut ibi atque etiam Delphis, cùm Sacerdos ante puella esset & virgo, postquam vitium virginibus illis oblatum fuerat, deinceps pro virgine, mulierem quæ a multo jam tempore connubio juncta erat, delegerunt, ut ne casus hujusmodi deinde eveniret ; ita etiam puelli puellæque, pene adhuc infantes cooptabantur, quandoquidem aliqui; per annos quinque jam functi, adhuc tamen impuberes erant. Crediderim ego tam tenera ætate delectos, vel quia tale quidpiam evenerat, vel ne aliquando eveniret, tam immaturis enim vix casus hujusmodi timendus.

II. Apud Ægios, inquit Pausanias l. 7. 24. statua erat Jovis pueri, altera vero Herculis imberbis. Ipsis porro quotannis Sacerdotes deligebantur, qui statuas hasce domi servarent. Vetustissimis vero temporibus puerorum formosissimus cooptabatur, cui pubescenti substituebatur alius. Hæ leges erant Ægiorum quæ hac in re mutatæ fortasse fuêre, quod ex illa tanta Sacerdotis forma flagitii quidpiam emersisset. Tegeæ Sacerdos Minervæ cui Alea cognomen, puellula erat, quæ Sacerdotium abdicabat antequam ad pubertatem venisset, teste Pausania l. 8. 47. similiterque Calaureæ Sacerdos Neptuni puella erat, quæ cum matura viro erat, abdicabat ;

Celle de Diane Triclaria se démettoit aussi lorsqu'elle se marioit. La même loi s'observoit encore à l'égard de la Prêtresse de Diane, surnommée Agrotera. Ces jeunes vierges étoient élûës Prêtresses de Minerve & de Diane, déesses qui passoient elles-mêmes pour vierges. On en élisoit de même pour Neptune à Calaurée, & à Delphes pour Apollon. Cependant Neptune & Apollon selon les Mythologues n'étoient pas des plus réservez sur l'article des femmes. Cela fait voir qu'ils exigeoient une plus grande chasteté dans les Prêtres, qu'ils n'en attribuoient à leurs dieux mêmes.

III. Auprès d'Ægé dans l'Achaïe, étoit un temple de la déesse Tellus, appellée en grec γῆ, *Ge*, la terre, & son temple γάϊον *Geon*, avec sa statue qui étoit très-ancienne, & qu'on appelloit Eurysternon, à cause de sa large poitrine. La Prêtresse qu'on élisoit pour déservir, devoit n'avoir eu qu'un mari, & garder le célibat tout le reste de sa vie.

IV. Une loi de Messene étoit que si un fils ou une fille de quelque Prêtre ou Prêtresse que ce fût, venoit à mourir, le pere ou la mere abdiquoient d'abord le sacerdoce. Sur quoi Pausanias raconte l'histoire suivante. Au tems de la guerre des Lacedémoniens contre les Messeniens, un nommé Lyciscus Messenien, s'enfuit à Sparte avec sa fille qui y mourut. Comme il venoit fréquemment au tombeau de sa fille, des cavaliers Arcadiens lui dresserent une embuscade, le prirent & l'amenerent à Ithome, où étant accusé comme traître à sa patrie, il se défendoit, disant, que ce n'étoit point pour trahir sa patrie qu'il s'étoit enfui, mais qu'un devin lui aïant dit que sa fille n'étoit pas legitime, il avoit jugé à propos de s'absenter avec elle. On ne vouloit pas l'en croire sur sa parole ; mais la Prêtresse de Junon le tira d'embarras. Elle vint à l'assemblée, & declara que c'étoit elle qui avoit enfanté cette fille, & qu'elle l'avoit donnée en secret à la femme de Lyciscus, afin qu'elle la gardât comme sa propre fille, & donnât le change à son mari. Je viens, dit-elle, declarer le fait, & abdiquer en même tems le sacerdoce : parce que sa fille étant morte, il ne lui étoit plus permis de le garder.

---

teste eodem scriptore 2. 33. Item Dianæ Triclariæ Sacerdotissa puella Sacerdotio renunciabat cum a viro conjux ducebatur, Pausan. 7. 19. Eadem consuetudo servabatur erga Sacerdotem puellam Dianæ Agroteræ, Pausan. 7. 26. Hæ Sacerdotes puellæ plerumque instituebantur ad sacra Minervæ & Dianæ facienda, quæ & ipsæ, virgines habebantur. Verum Neptuni quoque & Apollinis Sacerdotes aliquando puellas & virgines fuisse comperimus, qui certe dii non inter eos memorantur a Mythologis, qui continentia & castitate insignes fuerint. Castiores ergo Sacerdotes esse curabant, quam deos suos esse crederent.

III. Prope Ægen in Achaia, inquit idem scriptor 7. 25. templum erat deæ Telluris nempe Γῆς. Templum vero vocabatur Γαῖον ; cum ejus statua quæ vocabatur εὐρύστερνον ob latitudinem pectoris : quæ femina in Sacerdotem deligebatur, vitam cælibem postea semper ageret oportebat, & antea unius tantum viri uxor fuisse debebat.

IV. Prisca religione apud Messenios sancitum erat, inquit Pausanias l. 4. cap. 12. ut sive vir sive femina, si Sacerdotium gereret, ubi quempiam liberorum amisisset, statim alius in ejus locum Sacerdos sufficeretur : qua de re idem scriptor hanc historiam ibidem narrat. Cum esset Lacedæmonios inter & Messenios bellum, quidam Lyciscus Messenius Spartam cum filia perfugit, illa vero ibidem mortua est. Ad puellæ tumulum frequenter ventitantem patrem, Arcadum equites ex insidiis eruptione facta capiunt. Ithomen deductus Lyciscus in concionemque pertractus, ut patriæ proditor causam dicere cogebatur. Ille contra se non patriam prodidisse contendebat ; verum secedendum sibi putasse vatis dicto permotum, qui diceret puellam non esse legitimam. Nequaquam est ei habita fides. Verum quædam mulier, quæ Junonis Sacerdotio tunc fungebatur, in theatrum veniens, puellam se illam peperisse confessa est, & ab se datam esse uxori Lycisci ut eam viro suo quasi filiam suam traderet. Nunc itaque venio, inquit, rem occultam indicatura, ac simul Sacerdotium abdicatura, quoniam mortua filia, non licebat retinere.

CHAPITRE

## CHAPITRE III.

*I. Diverſité de coûtumes pour le ſacerdoce. II. Prêtre d'Hercule en l'iſle de Cos, habillé en femme : pourquoi. III. Prêtre des Graces étoit à vie. IV. Sacerdoces qui paſſoient aux enfans, & aux deſcendans.*

I. IL y avoit chez les Grecs de grandes diverſitez, & des differences conſiderables dans le ſacerdoce, ſoit pour ce qui regarde la maniere de vivre dont nous avons déja parlé; ſoit pour les rites, les cerémonies, les ornemens, habits & autres choſes ſemblables. Ces varietez ſe trouvoient non ſeulement en differens lieux, mais très-ſouvent auſſi dans la même Ville. Nous donnons de toutes ces choſes quelques exemples tirez de differens endroits. Les anciens Auteurs & les monumens qui nous reſtent en fourniſſent quelques-uns; mais la plûpart n'ont pas été tranſmis juſqu'à nos jours. Ces ſacerdoces ne varioient pas ſeulement dans les rites & dans les habits d'hommes ou de femmes; on y remarquoit auſſi beaucoup de differences quant à la durée. Il y en avoit qui n'étoient que pour un an, d'autres pour quelques années ſeulement. On voioit des Prêtres qui changeoient de ſacerdoce; ils étoient tantôt Prêtres d'un dieu, & tantôt d'un autre. Pluſieurs ſacerdoces étoient à vie; d'autres ſe tranſmettoient même aux enfans, & aux deſcendans. Nous avons déja vû des exemples d'une partie de ces choſes, & nous en allons voir des autres.

II. En l'Iſle de Cos, à une fête qu'on appelloit Antimachie, le Prêtre portoit un habit de femme, & avoit la tête liée d'une mitre, ou d'une bande à la maniere des femmes. La raiſon en étoit, ſelon Plutarque, qu'Hercule revenant après la priſe de Troie, une tempête écarta ſix navires qu'il avoit, un qui le portoit fit naufrage à l'Iſle de Cos, ou après avoir perdu ſes gens, ſes armes & ſon bagage, il prit terre. Il pria un berger nommé Antagoras de lui donner un belier. Le berger qui étoit fort & robuſte lui propoſa de lutter contre lui, & lui promit le belier s'il demeuroit vainqueur. Hercule accepta la condition; & quand ils en furent venus aux mains, les Meropes ſe mirent du côté d'An-

---

### CAPUT III.

*I. Rituum diverſitas maxima circa Sacerdotium. II. Sacerdos Herculis in Co Inſula muliebri veſtitu erat, quare. III. Gratiarum Sacerdos per vitam totam Sacerdotio fungebatur. IV. Sacerdotia ad filios & nepotes pervadentia.*

I. MAgna apud Græcos erat in Sacerdotiis varietas. Sive ritum vivendi ſpectes, de quo jam multa dicta ſunt, ſive ritus alios & ceremonias ſpectaveris, veſtes, ornatum ac cætera, quæ non modo pro diverſitate locorum variabant; ſed etiam iiſdem in civitatibus plerumque multis erant varietatibus obnoxia. Eorum omnium ſpecimina quædam ſolum hinc & inde corradimus: horum quippe perquam minima pars ad nos uſque tranſmiſſa eſt, cæteris ſcriptorum & monumentorum ſilentio obrutis. Ad hæc etiam Sacerdotia; ſive mares ſive feminas ſive utroſque admitterent, non minus inter ſe variabant circa functionum tempus. Alii annuum gerebant Sacerdotium, alii per aliquot annos tantum. Erant qui Sacerdotia mutarent, & modo hoc modo illud gererent. Alii, & quidem non pauci, Sacerdotia ad vitam retinebant. Nonnulli etiam tranſmittebant ad filios & nepotes, & quidem longa ſucceſſione temporis. Horum omnium exempla vel vidimus, vel ſubinde videbimus.

II. In inſula Co, ait Plutarchus tom. 2. p. 304. in feſto cui nomen erat Antimachia, Sacerdos muliebri erat veſtimento indutus, mulierumque ritu caput mitra ſive faſcia ligatum præ ſe ferebat. Hujuſce vero conſuetudinis ratio hinc, ſecundum Plutarchum, petebatur. Cum Hercules poſt captam Troiam rediret, tempeſtas ingens ſex quas ſecum habebat naves diſperſit, & alio aliam diſpulit; ea vero qua ipſe vehebatur, in inſula naufragium fecit. Amiſſis ergo ſociis, armis & ſarcinis, exſcenſum fecit. Ab Antagora autem paſtore arietem poſtulavit. Paſtor qui viribus prævalebat, hanc conditionem poſuit, ut ſecum nempe luctaretur, & ſi vinceret, arietem auferret. Accepit Hercules conditionem; & dum mutuo decertant, Meropes ad Anta-

tagoras, & les Grecs qui se trouverent là, du côté d'Hercule. Le combat fut
apre. Hercule accablé du grand nombre s'enfuit chez une femme Thra-
cienne, & prit l'habit de femme pour tromper les pourfuivans; ce qui lui
réüffit. Aïant depuis vaincu les Meropes, après avoir fait les expiations ordinaires, il époufa Alciope, portant au jour des nôces une robe ornée de fleurs :
c'étoit en memoire du fait que le Prêtre en habit de femme offroit un facrifice
au lieu du combat, où les fiancez auffi en habits de femmes embraffoient leurs
fiancées.

III. Un trépied trouvé dans les Ifles Cyclades, nous apprend qu'il y avoit un
Prêtre des Graces : il falloit fans doute qu'il y eût quelque temple dédié à ces
déeffes, qui ne manquoient pas d'adorateurs. Minos, dit Apollodore, facrifiant
aux Graces dans l'ifle de Paros, apprit la mort de fon fils, il jetta d'abord la
couronne qu'il portoit en facrifiant, & fit ceffer le joüeur de flute, ce qui
n'empêcha pas qu'il ne continuat fon facrifice. Depuis ce tems-là à Paros
on facrifioit aux Graces fans couronne, & fans joüeur de flute.

Le Prêtre des Graces qui faifoit fes fonctions dans les Cyclades du tems de
l'Empereur Augufte, s'appelloit Lucius Popillius Apollodorus, fils d'Aulus.
L'infcription porte qu'il étoit Prêtre à vie. Cela eft marqué ici, parce qu'il y
avoit des facerdoces qui n'étoient qu'annuels, ou pour un certain nombre d'années. Nous en avons vû ci-devant de cette derniere efpece; cette infcription eft
gravée fur un triangle équilatere; & cela prouve que ce trépied étoit auffi triangulaire. Il avoit apparemment cette figure à trois angles, parce que les Graces qui étoient là honorées comme des déeffes, étoient au nombre de trois. Ce
triangle avec l'infcription eft reprefenté ici entre le françois & le latin.

goræ partes & ad opem ferendam tranfeunt. Græci,
qui iftic agebant, Herculi ferunt auxilium, committi-
tur acrior pugna. Hercules porro multitudine op-
preffus, ad Thracem mulierem confugit; & ut infe-
quentes fe falleret, muliebri induitur habitu, ficque illorum impetum effugit. Ubi vero poftea Me-
ropas viciffet, poftquam folitas expiationes fecerat,
Alciopem duxit uxorem, vefteque floribus ornata
nuptiali die comparuit. In cujus rei memoriam, Sacerdos muliebri vefte facra faciebat in ipfo pugnæ
loco : ubi fponfi muliebri & ipfi veftitu fponfas fuas
ofculabantur.

III. Tripus in Cycladibus infulis repertus, docet ibi Sacerdotem Gratiarum fuiffe. Eratque haud
dubie iifdem in locis templum aliquod Gratiarum,
quæ ut credere eft, multos ad fui cultum alliciebant.
*Minos*, inquit Apollodorus lib. 3. verfus finem, *au-
dita filii morte, quo tempore in Paro Gratiis facra faciebat, fublatam e capite coronam abjecit, tibicinem-
que interpellavit, & facrificium tamen nihilo fecius ab-
folvit. Hinc & in hodiernam ufque tempeftatem fine tibiis & coronis in Paro Gratiis immolant.* Sacerdos autem Gratiarum, qui hoc officio fungebatur Augufti
Imperatoris tempore, vocabatur Lucius Popillius
Apollodorus Auli filius. Notat infcriptio illum effe
Sacerdotem per totam vitam. Id quod ideo indica-
tur hoc loco, quoniam Sacerdotia quædam vel ad
annum vel ad certum annorum numerum erant,
uti jam fupra vidimus. Porro quia infcriptio circa
triangulum æquilaterum infcribitur, hinc arguas
tripodem fuiffe triangularem. Hac figura tum tripus
tum infcriptio ideo fortaffe erant, quoniam Gratiæ
illæ quæ dearum nomine colebantur, tres etiam numero. Triangulum porro & infcriptionem circum-
pofitam hic repræfentare operæ pretium fue--
rit.

IV. Il y en avoit aussi qui non seulement étoient à vie, mais qui passoient aux enfans. Dans l'isle de Lesbos un Prêtre d'Esculape le salutaire, l'étoit διὰ γένες, c'est-à-dire, que le sacerdoce passoit successivement à ses descendans, ce qui s'observoit encore chez les Eumolpides d'Athenes. Le même Prêtre d'Esculape avoit un autre sacerdoce διὰ βίε pendant sa vie. Il y a dans cette inscription quelque difficulté, mais qui ne regarde point notre sujet. Les coûtumes varioient selon les payis, & quelquefois dans le même payis. Il y avoit donc des sacerdoces à vie; d'autres qui n'étoient que pour un tems, & d'autres enfin qui ne sortoient point de certaines familles, & qui passoient aux descendans.

---

IV. Erant etiam Sacerdotia non modo per totam Sacerdotis vitam, sed quæ etiam ad eorum filios & nepotes transibant. In Lesbo insula, ut apud Gruterum legimus MLXXXIX. 5. Æsculapii salutaris σωτῆρος Sacerdos erat διὰ γένυς, ejus scilicet Sacerdotium ad posteros transmeabat ; cujus etiam ordinis erant Eumolpidæ Athenis. Idem vero ipse Sacerdos, ut in eadem inscriptione legitur, aliud Sacerdotium obtinebat διὰ βίε ad vitam tantum. In hac autem inscriptione aliquid subest difficultatis, sed quæ non ad rem propositam pertineat. Consuetudines vero variabant secundum regiones & civitates, & aliquando in eadem civitate. Erant ergo Sacerdotia ad vitam, alia ad tempus tantum ; alia demum ex quibusdam familiis non egrediebantur & ad filios nepotesque transibant.

---

## CHAPITRE IV.

*I. Souverains Prêtres Ἀρχιερεῖς qui transmettoient cette dignité à leurs descendans. II. La même succession chez les Gaulois. III. Prêtres qui possedoient plusieurs Sacerdoces à la fois, & d'autres successivement. IV. Onias souverain Prêtre & Prophete. V. Embés Prophete, & chef des Peanistes.*

I. NOn seulement les Prêtres, mais aussi quelquefois ceux qui portoient le nom d'Ἀρχιερεῖς, qui étoient comme les chefs des Prêtres, occupoient cette dignité à vie, & la transmettoient à leurs descendans. Philostrate dans la vie des Sophistes, l. 2. dit du nommé Scopelien, qu'il étoit Prince des Prêtres Ἀρχιερεύς, & que tous ses ayeux avoient eu cette charge de pere en fils. Ἀρχιερεὺς μὲν ἐγένετο τῆς Ἀσίας, αὐτός τε καὶ οἱ πρόγονοι αὐτῶ, παῖς ἐκ πατρὸς πάντες.

II. La même succession se trouvoit chez les Gaulois. *Vous êtes né à Bayeux,* dit Ausone au Rheteur Attius Patera, *de la race, dit-on, des Druides. Vous tirez vôtre origine sacrée du temple, ou de ceux qui servoient en qualité de Prêtres au temple d'Apollon. C'est de-là que vous prenez vos noms. Vous vous appellez Patera ;*

---

### CAPUT IV.

*I. Ἀρχιερεῖς seu summi pontifices, qui hanc dignitatem filiis & nepotibus transmittebant. II. Eadem Sacerdotum successio apud Gallos. III. Sacerdotes qui plura simul Sacerdotia possidebant, aliique qui plura successive. IV. Onias ἀρχιερεὺς sive summus Sacerdos & propheta. V. Embes propheta & pater Pæanistarum.*

I. NOn Sacerdotes modo quidam, sed etiam qui hoc nomine ἀρχιερεῖς insigniebantur, erantque quasi Sacerdotum principes, dignitatem illam ad vitam possidebant, ad posterosque transmittebant. Philostratus in vita Sophistarum libro 2. de Scopeliano, dicit fuisse ipsum principem Sacerdotum ἀρχιερέα, avosque ejus omnes hanc possidisse dignitatem ex generis successione. Ἀρχιερεὺς μὲν ἐγένετο τῆς Ἀσίας, αὐτός τε καὶ οἱ πρόγονοι αὐτῶ, παῖς ἐκ πατρὸς πάντες.

II. Eadem generis successio apud Gallos etiam reperiebatur, ut ait Ausonius, Attium Pateram Rhetorem alloquens, profess. Burdig. 4.

> *Tu Baiocassis stirpe Druidarum satus,*
> *Si fama non fallit fidem,*
> *Beleni sacratum ducis e templo genus*
> *Et inde vobis nomina*
> *Tibi Patera : sic ministros nuncupant*
> *Apollinaris mystici*

*c'eſt ainſi que ceux qui ſont initiez aux myſteres d'Apollon, appellent ſes miniſtres.*
*Vôtre pere & vôtre frere portent le nom de Phœbus. Ils s'appelloient l'un &*
*l'autre Phœbitius.* Ce nom ſe prenoit de celui du dieu dont ils étoient Prêtres ;
le nom d'Apollinaire étoit pris d'Apollon, Phœbitius de Phœbus. Ils le prenoient auſſi des inſtrumens des ſacrifices, comme Patera nommé dans les
vers. Ces noms n'étoient point ſujets au changement, & convenoient très-
bien à des gens qui gardoient toûjours pendant leur vie le même ſacerdoce,
& le tranſmettoient à leurs deſcendans.

III. Il y en avoit auſſi qui poſſedoient pluſieurs ſacerdoces à la fois. Tel
étoit Lucius Aurelius Apolauſtus Memphius, dont il eſt parlé dans une inſcription de Gruter. Celui-ci étoit Prêtre d'Apollon, & en même tems chef des
Prêtres ἀρχιερεὺς du Synode & des Auguſtes. Pour ce qui eſt d'être en divers
tems Prêtre de dieux differens, tantôt de l'un, & tantôt de l'autre, cela ar-
rivoit ſouvent à un même homme. Nous verrons plus bas Eubulus, qui fut
Prêtre à Athenes, premierement d'Eſculape, puis des grands dieux, & en dernier lieu de Bacchus. Il ſeroit aiſé d'en produire d'autres exemples.

IV. On trouve encore un chef des Prêtres ἀρχιερεὺς, qui eſt en même tems
Prophete. Tel étoit Onias, nom qui ſemble d'abord hebreu, mais qui eſt grec
ici. Dans l'urne ſepulcrale qu'Onias fit pour ſon fils Emathion, il ſe qualifie
ἀρχιερεὺς κὶ προφήτης grand Prêtre & Prophete : c'étoient pourtant deux di-
gnitez differentes, qui ſe réüniſſoient en une perſonne. Le grand Prêtre &
tous les Prêtres étoient pour les ſacrifices, & les prophetes pour declarer la
volonté des dieux, prédire l'avenir, & découvrir les choſes les plus cachées ;
telles qu'ils diſoient les avoir appriſes en ſonge, ou en viſion ; ce qui s'expri-
moit par ces paroles. *Somno monitus, viſu monitus, ex viſu, viſo omine.* Des
particuliers qui n'étoient pas Prophetes de profeſſion, avoient quelquefois de
ces ſonges ou viſions, comme on peut voir à la page 153. du ſecond tome de
l'Antiquité : & quelquefois auſſi ces viſions venoient par l'entremiſe des Prophetes qu'on appelloit en latin *Vates*, des devins. De ce genre étoient auſſi les
Augures, qui prédiſoient par le vol des oiſeaux, & les Haruſpices qui pro-

---

*Fratri patrique nomen a Phœbo datum*
*Natoque de Delphis tuo.*
His poſtremis nomen erat Phœbitius. Nimirum nomina mutuabantur a deo cujus Sacerdotium obibant,
ut Apollinaris ab Apolline, Phœbitius a Phœbo. Sive etiam ab inſtrumentis ſacrificiorum ut Patera,
quia hæc nomina indicabant eos, qui ſucceſſione
quadam generis alius poſt alium miniſtraturi, & Sacerdotio functuri erant.

III. Erant etiam qui plura ſimul Sacerdotia poſ-
ſiderent, ut apud Gruterum, Lucius Aurelius Apolauſtus, qui commemoratur Sacerdos Apollinis, atque una ἀρχιερεὺς Synodi & Auguſtorum. Habetur inſcriptio Gruter. p. cccxiii. 8. quæ aliquot difficulta-
tes præfert, ſed quia ad rem noſtram non pertinent,
hic prætereuntur. Plura autem Sacerdotia quempiam non ſimul, ſed diverſis habere temporibus, illud certe non raro accidebat ; ita ut primo alicujus
numinis, deinde alterius idem ipſe eſſet. Infra videbimus Eubulum qui Sacerdos fuit Athenis,
primo Æſculapii, deinde Magnorum deorum, demum Bacchi. Alia poſſent exempla in medium
adduci.

IV. Occurrit etiam vir unus & idem ſimul ἀρχιερεὺς ſive Sacerdotum princeps, & propheta. Talis
erat Onias cujus inſcriptionem hic damus ut eſt a-
pud Gruterum p. cccxxvi. 1. Θεοῖς καταχθονίοις Αἰμα-
θίωνι υἱῷ γλυκυτάτῳ Ὀνείας ἀρχιερεὺς καὶ προφήτης. Id eſt,
*Dis Manibus Æmathioni filio dulciſſimo Onias ſum-*
*mus Sacerdos & Propheta.* Onias autem videtur ſtatim nomen Hebræum, ſed eſſe puto Græcum. Erant
tamen ſummus Sacerdos & propheta duæ dignita-
tes in homine uno hic concurrentes. Summus Sacerdos & Sacerdotes quilibet ſacrificia offerebant.
Prophetæ vero deorum voluntatem enunciabant,
futura prædicebant, arcana occultaque revela-
bant, qualia ſe didiciſſe dicebant aut in ſomnis,
aut ex viſu : Hæc porro in inſcriptionibus exprimuntur ſic, *ſomno monitus, viſu monitus, ex viſu,*
*viſo omine.* Alii quoque, qui prophetæ non audiebant, in hujuſmodi nonnunquam ſomnia & viſa in-
cidebant, ut videre eſt tomo Antiquitatis explanatæ
ſecundo p. 153. Aliquando etiam hæc per prophetas
edicebantur, qui Latine vates audiebant. Hujus
ferme generis erant etiam Augures, qui ex volatu
avium, & Haruſpices, qui ex inſpectione viſce-

nonçoient sur l'inspection des entrailles des victimes, gens tous ou fanatiques, ou charlatans.

V. Ces Prophetes étoient aussi en grand honneur, non seulement à Delphes, mais aussi en d'autres lieux, & même à Rome. Dans une inscription de Gruter CCCXIV. 2. Embés Prophete est nommé le pere, & le chef des Peanistes du grand dieu Jupiter Serapis qui est appellé le Soleil. Ces Peanistes étoient des chantres qui chantoient des hymnes appellez *Pæana* en l'honneur des dieux & des heros, & quelquefois par flaterie en l'honneur de certains hommes du premier rang ; des Empereurs, & autres. Il paroit que ceux du grand dieu Serapis étoient particulierement destinez pour chanter ses loüanges. Ils avoient à Rome une maison pour toute la Confrérie. Ces Peanistes pour honorer Embés le Prophete, qu'ils appellent leur pere, lui firent faire un buste de marbre qu'ils mirent dans leur maison. Le soin en fut donné à Metilius Ampliatus qualifié l'ancien πρεσβύτερος. Cela se passa le huitiéme de Mai, qui étoit l'onziéme du mois Pachon selon les Alexandrins, sous le Consulat de Sextus Erucius Clarus, & de Cneius Claudius Severus qui tombe en l'année 146. de JESUS-CHRIST, sous l'Empereur Antonin le pieux.

---

rum post cæsas hostias vaticinabantur, quod genus omne hominum aut fanatici aut plani erant.

V. Hujusmodi Prophetæ in honore erant, non modo Delphis, sed etiam aliis in locis, Romæ quoque. Inscriptio Gruteriana p. cccxiv. 2. Emben quemdam exhibet prophetam, qui vocatur pater & princeps Pæanistarum magni dei Jovis Serapidis Solis. Pæanistæ vero hujusmodi cantores erant, qui hymnos canebant Pæana dictos, in honorem deorum & heroum, & aliquando etiam ex adulatione in honorem optimatum quotumdam, imo etiam Imperatorum. Inscriptio autem Græca sic habet : Η περὶ τάξις τῶν Παιανιστῶν τῶν ἐν Ρώμη Διὸς ἡλίω μεγάλω Σεραπίδος κὶ θεῶν Σεβαςῶν, ἐτείμησαν (sic) Ἐμβην προφήτην, πατέρα τῆς προγεγραμμένης τάξεως προτομῆ μαρμαείνη, ἡ ἀνατιθεῖσι ἐν τῷ οἴκῳ τῶν Παιανιστῶν τῇ πρὸ ἀ Νώνων Μαίων ἥ ἐςιν κατὰ Ἀλεξανδρεῖς Παχὼνιυ, ἐπὶ κουράτορες Μετιλίω Ἀμπλιάτω πρεσβυτέρω. Σεξτω Ερυκίω Κλάρω Β. ΓΝΕΩ Κλαυδίω Σεβήρω ΚΩΣ. Hoc est : *Sacer ordo Paanistarum Romæ dei Solis magni Sarapidis, & deorum Augustorum honorarunt Emben prophetam, patrem supra scripti ordinis, protome marmorea, quæ posita est in domo Paanistarum, pridie Nonas Maii, quæ est secundum Alexandrinos Pachonis undecima. Curatore Metilio Ampliato seniore. Sexto Erucio Claro & Gneo Claudio Severo cos.* Consulatus Sexti Erucii Clari & Gneii Claudii Severi, in annum Christi cadit 146. imperante Antonino Pio.

## CHAPITRE V.

*I. Prêtre de Bresse. II. Autre Prêtre à demi nud. III. Autre ressemblant à ce dernier. Difficulté sur ces deux statues. IV. Prêtresse de Bacchus. V. Nonia Macrina Prêtresse. VI. Autre Prêtresse.*

PL. I.
1
 I. **L**E premier Prêtre de la planche suivante a la tête couverte d'un voile, & semble regarder le Ciel : [1] il tient d'une main des fleurs & des feüilles. Son habit à larges manches, qui est une espece de tunique, n'a point de rapport avec l'habit romain : il en a beaucoup avec la tunique des Gaulois, que l'on peut voir au troisiéme tome de l'Antiquité planches XLVII. & XLVIII. aussi Bresse étoit-elle dans la Gaule Cisalpine. Sa chaussure est aussi conforme à celles des Gaulois des mêmes planches.

2
 II. On croit que la figure [2] suivante de Versailles est aussi d'un Prêtre. Il en a tout l'air. Il est couronné de laurier, ce qui pourroit marquer un sacrifice après une victoire, ou après quelque heureux succès. Il tient un bâton de commandement, & a les pieds nus, & le corps à demi nu. Ce qui n'est pas 3 sans exemple, comme on peut voir à la pl. VI. du second tome. [3] Ce n'est pas sans quelque scrupule qu'on donne la figure suivante de Versailles pour un Prêtre ou un sacrificateur : c'est le grand vase qu'il a aux pieds, qui l'a apparemment fait prendre pour tel. Il a les cheveux agencez comme une femme, mais le sein est d'un homme, il semble montrer quelque chose du doigt. Rien n'indique clairement que ce soit un Prêtre.

PL.
après
la I.
 III. Il est si ressemblant à un autre qu'on voit au Capitole de Rome, qu'il n'y a de difference qu'autant qu'il en faut pour juger que ce n'est pas le même, quoique visiblement tout convienne dans l'un & dans l'autre, les cheveux agencez comme ceux d'une femme, la tunique de même forme pour la longueur, la largeur, & relevée d'une ceinture ; la chaussure est la plus simple dans les deux. Celui de Rome n'a pas ce grand vase à son côté, qu'a celui de

---

### CAPUT V.

*I. Sacerdos Brixianus. II. Sacerdos alius seminudus. III. Alius huic similis. In hæc duo signa difficultas. IV. Mulier Bacchi Sacerdos. Nonia Macrina Sacerdos. V. Alia Sacerdos.*

I. **P**Rimus Tabulæ sequentis Sacerdos, capite velatus est, videturque cælum respicere. [1] Altera manu flores tenet & folia. Vestis amplas habens manicas tunica videtur esse, nec Romanis similis vestibus est : sed Gallorum tunicam refert ; quam inspectare potes tomo Antiquitatis explanatæ tertio Tab. XLVII. & XLVIII. Brixia porro Galliæ erat Cisalpinæ. Calcei quoque Gallicis similes sunt, ut in iisdem Tabulis observatur.

II. Schema sequens [2] Versalianum, Sacerdotem exhibere putatur : vereque Sacerdotis speciem præ se fert. Lauro coronatur, quo sacrificium post victoriam, aut faustum aliquem eventum significare posse videtur. Baculum præcipientis more tenet : nudis pedibus, seminudoque corpore est ; id quod alibi in Sacerdotibus quibusdam observatur, ut videas in Tab. VI. secundi Antiquitatis explanatæ tomi. Non sine scrupulo [3] figuram sequentem Versalianam pro Sacerdote vel sacrificulo damus. Vas magnum ad ejus pedes positum id haud dubie effecit, ut pro Sacerdote haberetur. Comam habet muliebri more concinnatam, sed sinus est viri. Digito quidpiam ostendere videtur : nullum certum signum adest, quod Sacerdotem esse suadeat.

III. Usque adeo similis est alteri qui in Capitolio Romano visitur, ut id tantum discriminis deprehendatur, quod suadeat idipsum non esse. Etsi enim multa in utroque simul conveniant, capilli ad muliebris comæ formam concinnati, tunica, perinde longa lataque, similibus instructa manicis, cingulo constricta, calceorum utrobique simplicitas.

PRETRES

Verſailles. Ce n'eſt pas la premiere fois que deux ſtatues, ou deux figures antiques repreſentent la même choſe, & ſe reſſemblent preſque entierement. Le Cavalier Maffei habile Antiquaire, dit que l'opinion commune eſt que c'eſt un Camille, & qu'on ſe fonde pour le dire tel, ſur ce que l'inſcription qui eſt ſur la baſe, le dit Camille; mais cette inſcription eſt de main moderne. Le Cavalier ne faiſant pas grand compte de l'inſcription, hazarde quelques conjectures: ce pourroit être, dit-il, un de ces jeunes garçons qui étoient en ſervice chez les anciens Romains, qu'Horace appelle *Præcincti recte juvenes*. A quoi on répondra peut-être, quelle apparence qu'on ait ainſi érigé une ſtatuë à un jeune domeſtique. Mais les anciens faiſoient ſi facilement ces ſortes de ſtatues, bronzes, bas reliefs pour repreſenter tout ce qui leur venoit dans la penſée, tout ce qu'ils aimoient, tout ce qu'ils voioient volontiers, qu'il ne faudroit pas s'étonner ſi quelque Senateur, ou quelqu'autre perſonne puiſſante avoit fait ainſi repreſenter en ſtatue quelque jeune garçon qui étoit à ſon ſervice. Sans s'arrêter beaucoup à tout ceci, le même Cavalier dit que ſes cheveux liez, & diſpoſez comme ceux d'une femme, & la forme de ſes jambes le porteroient à dire que c'eſt veritablement une femme, s'il n'avoit peur de lutter contre le torrent qui veut à force que ce ſoit un jeune homme. On pourroit peut-être dire la même choſe de la ſtatue de Verſailles: mais le ſein tel que le repreſente l'image, paroit être d'un homme.

IV. La Prêtreſſe qui vient après a été donnée & expliquée par le même Cavalier Maffei qui la prend pour une Prêtreſſe de Bacchus, ou pour une Menade; les Menades étoient des femmes conſacrées à Bacchus, ou des Baccantes, qui par un enthouſiaſme apparemment volontaire, devenoient furieuſes. C'eſt une vieille des plus ſurannées, coëffée negligemment, ridée juſqu'aux aiſſelles, qu'elle montre d'un côté. Elle regarde le Ciel comme extaſiée, aſſiſe ſur une belle baſe ronde, ornée de pilaſtres. Elle tient un grand vaſe couvert de pampres & de corymbes qui la font reconnoître pour Baccante. Ce vaſe jette des flammes, ce qui revient à ce que dit Apulée, lorſqu'il décrit la lampe que portoit le premier des Prêtres, qui marchoit dans

PL. II.

---

Romanus tamen vas illud magnum non habet, ut Verſalianus. Neque hoc tantum loco, duo ſchemata antiqua eamdem ipſam rem eodem prorſus modo repræſentant. Eques Maffeius, qui antiquariæ rei peritiſſimus erat, dicit eam vulgarem opinionem fuiſſe hunc eſſe Camillum, idque ex ſola inſcriptionis ad baſin poſitæ auctoritate, quæ tamen inſcriptio antiqua non eſt, ideoque nullius ea in re momenti. Idem vero ipſe eques inſcriptionem illam nihili faciens conjecturas aliquas profert. Eſt fortaſſe, inquit, ex numero ſervorum illorum juvenum, apud veteres Romanos miniſtrantium, quos vocat Horatius l. 2. Sat. 6.

*Præcincti recte juvenes*
Forte reſpondebitur, quis credat ſic ſtatuam ſervo aut vernæ poſitam? At veteres tam facile hujuſmodi monumenta, ſtatuas, ænea ſigna, Anaglypha erigebant, ut quidquid primum in mentem venerat, quidquid amabant, quidquid libenter ob oculos ponebant, repræſentarent: ut mirandum omnino non eſſet, ſi quis Senator, ſive alius quiſpiam opibus admodum valens, ſic quempiam vel ſervum vel vernam juvenem repræſentari curaſſet. Hiſce tamen omnibus quaſi levioribus relictis, lau-

datus eques, demum ſic ſuam aperit ſententiam: coma, inquit, retro ligata, muliebrique forma diſpoſita, crurumque feminea ſpecies, eo me inducerent, ut mulierem eſſe putarem, niſi contra omnium opinionem luctari viderer, qui virum juvenem hac in ſtatua vult conſpici. Idem fortaſſe de Verſalienſi ſtatua dici poſſet. At ſinus, ut quidem hic repræſatur, non muliebris, ſed virilis eſſe videtur.

IV. Sacerdos illa mulier quæ ſequitur ab eodem equite Maffeio data explicataque fuit, qui Bacchi Sacerdotiſſam ſeu Mænadem eſſe putat. Erant porro Mænades mulieres Baccho ſacræ, quæ ἐνθουσιασμῶ ut videtur, ficto, in furorem actæ videbantur. Eſt autem annoſiſſima vetula, neglecto capitis ornatu, rugis ad uſque axillas labefactata, nam ex uno latere uſque ad axillas nuda viſitur. Cælum reſpicit, quaſi mentis exceſſu ducta. Baſi porro inſidet rotundæ, paraſtatis circum ornatæ. Vas magnum tenet Pampinis, Corymbiſque opertum, queis Bacchans mulier eſſe deprehenditur. Vas porro illud flammas emittit, id quod apprime conſonat iis quæ Apuleius Metamorphoſ. l. 11. p. 372. dicit de lucerna loquens, quam geſtabat is qui primus Sacerdos erat in pompa Iſidis. *Lucernam promican-*

la pompe d'Ifis. Le premier, dit-il, portoit une lampe qui rendoit une lumiere fort claire. Elle ne reffembloit pas à nos lampes dont nous nous fervons dans les repas nocturnes : mais c'étoit un vafe d'or d'où la flamme fortoit par le trou du tuïau. Ce qu'il y a ici de particulier c'eft qu'elle empoigne de la main droite ce tuïau d'où fort la flamme. Peut-être avoit elle quelque fecret pour ne fe pas brûler. Ces Baccantes, Menades, Thyades, Mimallones, avoient des fecrets femblables qui les faifoient admirer du bas peuple: témoins ces Baccantes de Rome, qui alloient comme des furieufes plonger leurs torches ardentes dans le Tibre, fans qu'elles s'éteigniffent ; & ces Mimallones ou Macetes qui apprivoifoient les ferpens, en forte qu'elles les manioient & les mettoient dans leur fein : quoique ce dernier exemple n'ait rien du prodige, il ne laiffoit pas d'enlever l'admiration de ceux qui n'y regardoient pas de fi près. Le peuple une fois frappé, ne raifonne plus guere fur la poffibilité des chofes qu'il prend pour miracles.

V. La Prêtreffe donnée par le Roffi s'appelloit Nonia Macrina, comme l'infcription marque : elle étoit au fervice du dieu Bergimus, de ce dieu qu'adoroient les Breffans & leurs voifins ; c'eft ce que nous apprend l'infcription. *Noniæ Macrinæ facerdoti Bergimi benemerenti Camuni. Les Camuniens ont érigé cette ftatue à Nonie Macrine, Prêtreffe du dieu Bergimus. Elle avoit bien merité cet honneur.* Ces Camuniens, *Camuni,* font les peuples d'une vallée auprès de Breffe appellée *Valcamonica.* Le Roffi dit que ces peuples adoroient Mars fous le nom de Camulus, nom que lui donnoient les Sabins. Il y avoit bien d'autres peuples qui adoroient ce Mars Camulus, comme nous avons dit au premier tome à l'article de Mars Camulus. Nonia Macrina a ici les bras étendus d'une maniere qui femble marquer quelque acte de religion. Nonia Macrina a été gravée avec les dieux de Breffe fur la fin du premier tome à la planche LXXXVI.

Pl. III. VI. La Prêtreffe fuivante de Verfailles a quelque chofe d'approchant de Nonia, une main levée vers le Ciel, & le gefte qu'elle fait de l'autre, lui donnent tout l'air d'une femme confacrée au miniftere divin. Le vulgaire l'appelle une Sibylle ; mais c'eft deviner que l'appeller de ce nom. Il faut

---

tem, inquit, *c'aro porrigebat lumine, non adeo noftris confimilem, quæ vefpertinas illuminant epulas: fed aureum cymbium medio fui patore flammulam fufcitans largiorem.* Quod autem mireris, manu dextera anus tubum illum unde emittitur flamma complectitur, forte vero arte quadam utitur, ne ab ardente tubulo comburatur. Illæ Bacchantes, Mænades, Thyiades, Mimallones, fecretis hujufmodi artibus plebem in ftuporem agebant ; teftes illæ Romanæ Bacchantes, quæ ceu furore actæ currebant, ut ardentes faces in Tiberim immergerent, quæ tamen non exftinguebantur, & Mimallones five Macetæ, quæ ferpentes adeo tractabiles reddebant, ut manibus complecterentur in finuque fuo ponerent. Etfi porro hocce poftremum exemplum prodigii nihil præ fe ferat, profanum tamen imperitumque vulgus id nihilominus in admirationem rapiebat. Præjudicatam circa res illas mirabiles opinionem plebs femel imbuta, ratione vix propulfare poteft.

V. Quæ ab Octavio Rubeo publicata fuit Sacerdos, Nonia Macrina vocabatur, ut ex infcriptione liquet. Bergimo autem deo miniftrabat & facra faciebat, cui numini Brixiani eorumque vicini divinum præftabant cultum. Illud porro docet infcriptio : *Noniæ Macrinæ Sacerdoti Bergimi bene merenti Camuni.* Camuni autem illi, populi funt vallem incolentes prope Brixiam, quæ *Valcamonica* appellatur. Hofce populos, ait Octavius Rubeus, Martem colere Camuli nomine : quod item nomen Marti dabant Sabini ; imo alii quoque remotarum regionum & provinciarum populi, ut diximus tomo hujus Supplementi primo ubi de Marte Camulo. Nonia Macrina hic brachia eo modo extendit, qui ad religionem pertinere videatur. Nonia vero Macrina circa finem Tomi primi cum diis Brixienfibus Tabula LXXXVI. repræfentatur.

VI. Sacerdos femina fequens Verfalienfis, in quibufdam Noniæ Macrinæ non abfimilis eft: manum in cælum extendit, alteramque manum eo geftu dirigit, ut prorfus videatur effe mulier divino addicta cultui. Vulgus illam Sibyllam vocat ; at nonnifi divinando Sibylla dici

avoüe

# FIGURE INCONNUE QUI PASSE POUR UN PRÊTRE,

Marbre Romain.

# PRÊTRESSE DE BACCHUS

*Marbre Romain.*

avoüer qu'elle a un certain air d'enthousiasme ; mais cela ne convient-il qu'aux
Sibylles dont nous n'avons qu'une image certaine, qui represente seulement
la tête avec l'inscription, SIBUL ? cette tête est si petite sur la medaille con_
sulaire qui la montre, qu'on n'en peut guere tirer d'instruction sur la forme
des Sibylles. Ces airs de notre image conviendroient aussi-bien à une de ces
Baccantes, dont l'enthousiasme, soit réel, soit de commande, alloit quelquefois jusqu'à la fureur. Il vaut mieux laisser la chose indécise.

---

possit. Vere tamen illa numine afflata videtur ;
sed an illud solis competat Sibyllis, quarum una
tantum imago superest ; caput nempe unicum cum
inscriptione SIBUL ? Caput autem illud in
nummo Consulari, ita exiguum est , ut parum
inde docti abeamus circa Sibyllarum formam.

Hæc imaginis nostræ Versaliensis figura, hic modus, æque ad Bacchantem quampiam referri posset, quarum ille divinus afflatus, seu simulatus,
seu ex affecta vere imaginatione exhibitus, ad
furorem usque illas interdum exagitabat. Res
esto penes arbitrium sagacis lectoris.

# LIVRE II.

## Les temples.

### CHAPITRE I.

*I. Temples extraordinaires des anciens Grecs. II. Temples doubles. III. Temple dans un autre temple. IV. Temple de Cyzique, une des merveilles du monde.*

I. **L**ES anciens avoient des temples fort differens entr'eux, soit pour la matiere, soit pour la forme. Témoin ce temple de Minerve surnommé Chalciœcos de Lacedemone, qui étoit tout d'airain, ou de cuivre comme le nom le porte, & un autre temple dedié à Apollon, qui étoit aussi d'airain, dit Pausanias dans ses Phociques. Il y en avoit un autre fait de rameaux de laurier apportez de Tempé. Celui-ci avoit la forme d'une chaumine. Un autre temple plus extraordinaire, fait de cire & d'ailes d'abeilles, & composé par les abeilles mêmes, fut envoïé par Apollon aux Hyperboréens : ceux de Delphes l'assuroient, mais c'est une pure fable. Le même Auteur parle d'un autre temple composé d'osiers verds entrelacez : ce qui étoit fort aisé à faire.

II. Il y avoit dans la Grece plusieurs temples doubles, celui qui étoit auprès de Dirade avoit une porte vers l'Orient, & une autre vers l'Occident, par la premiere on entroit dans le temple de Venus, & par la seconde dans celui de Mars. Un temple des Eliens étoit aussi double, d'un côté étoit honorée Lucine surnommée l'Olympique, dont la Prêtresse étoit annuelle, & de l'au-

---

## LIBER II.

### *Templa.*

#### CAPUT PRIMUM.

*I. Templa insolitæ formæ veterum Græcorum. II. Templa duplicia. III. Templum intra templum aliud. IV. Templum Cyzicenum, inter miracula orbis.*

I. **T**Empla apud veteres erant multum inter se diversa, sive materia sive forma spectarentur ; ut erat Lacedæmone templum illud Minervæ Chalciœcos dictum quia domus ænea tota erat, quod ipsum nomen significat, aliudque templum Apollinis quod æneum etiam erat, ut narrat in Phocicis Pausanias l. 10. c. 5. Templum item erat ex ramis lauri concinnatum, ait ibidem Pausanias, qui lauri ex Tempe advecti fuerant. Verum hoc templum tugurii speciem præ se ferebat.

Aliud quoque templum a consueta forma magis recedens, ex alis apum adornatum, ab ipsisque apibus contextum ab Apolline ad Hyperboreos missum esse ferebatur, eodem referente scriptore : illud affirmabant Delphici : sed hæ meræ fabulæ sunt. Aliud Pausanias templum ibidem commemorat ex viminibus virentibus contextum, id quod potuit facile patari.

II. Erant in Græcia multa templa duplicia. Ut Diradiense illud de quo Pausanias l. 2. c. 25. cujus porta altera versus Orientem, altera versus Occidentem sita erat ; per primam in Veneris, per secundam in Martis templum intrabatur. Aliud quoque simile Eleorum templum erat, inquit idem scriptor Lib. 6. c. 20. In una parte colebatur Lucina, cui cognomen Olympia, cujus Sacerdos femina annuum solummodo exhibebat offi-

# SIBYLLE

de Versailles

tre Sofipolis, qui étoit le Genie des Eliens, dont la Prêtreſſe étoit obligée de garder la chaſteté. Un autre temple double de Mantinée étoit ſeparé en deux par un mur. Un côté étoit pour Eſculape dont la ſtatue avoit été faite par Alcamene ; l'autre étoit pour Latone & pour ſes enfans, dont les ſtatues étoient de la main de Praxitele. Il ſemble que c'étoit une coûtume établie que quand les temples de deux divinitez étoient joints enſemble par un mur mitoïen, on y entroit par differens côtez, pour mieux diſtinguer l'un de l'autre.

III. Auprès de Mantinée on voioit un temple de Neptune l'équeſtre fort ancien, & où perſonne n'entroit : l'Empereur Adrien fit bâtir tout autour un autre temple qui renfermoit le vieux, comme aujourd'hui la petite Egliſe de la Portiuncule eſt renfermée dans une plus grande. C'étoit, diſoit on, Agamede & Trophone qui avoient conſtruit ce vieux temple, en joignant des poutres de bois de chêne les unes aux autres. Ils ne mirent point d'autre empêchement pour entrer dans ce temple, qu'une bande de laine, tenduë à l'entrée ; ſoit que cela parût ſuffiſant pour arrêter ceux au moins qui avoient de la religion, ſoit qu'on crût qu'il y avoit quelque vertu divine dans cette bande. On racontoit qu'Æpyte fils d'Hippothoüs, ſans paſſer ni pardeſſus ni par deſſous la bande, mais l'aïant caſſée entra hardiment dans le temple. Mais il fut à l'inſtant puni de ſa temerité & de ſon irréligion, un flot d'eau de mer qui lui tomba miraculeuſement ſur les yeux, lui fit perdre la vûë. Près de Megare on voioit le temple de Jupiter Conius qui n'avoit point de toit. Il y avoit en Grece pluſieurs de ces temples qu'on appelloit hypætres, ce qui ſignifie qu'ils étoient expoſez à l'air & aux injures des ſaiſons. Philoſtrate parle d'un temple des Nymphes auprès de Pouſſol bâti de pierres blanches, au milieu duquel il y avoit une fontaine toûjours pleine, & qui ne diminuoit jamais quelque quantité d'eau qu'on puiſât. Cela étoit fort aiſé à faire ſans merveille.

IV. Une choſe aſſez ſurprenante, eſt qu'un temple que Xiphilin dit avoir été le plus grand, & le plus beau de tous les temples, ſoit ſi peu renommé dans l'hiſtoire ; c'étoit celui de Cyzique. »On raconte, dit-il, que ſous An-

---

cium, in altera parte Soſipolis, qui Eleorum Genius erat, divinis honoribus celebrabatur. Cujus Sacerdos item femina caſtitati ſervandæ addicta erat. Aliud quoque templum Mantineæ erat, muro in duo templa diviſum, quorum alterum Æſculapio, cujus ſtatua ab Alcamene ſculpta fuerat ; alterum Latonæ & filiis ejus deputatum erat, quorum ſtatuæ Praxitelis manu factæ, eodem auctore Pauſania lib. 8. c. 9. Videtur autem id more & conſuetudine receptum fuiſſe, ut quando duorum numinum templa per murum intermedium juncta erant, in oppoſitis lateribus portæ locarentur, ut facilius alterum diſtingueretur ab altero.

III. Prope Mantineam, inquit Pauſanias l. 8. cap. 10. templum viſebatur Neptuni equeſtris antiquiſſimum, & quo nemo ingrediebatur. Hadrianus porro Imperator circa templum illud vetuſtum aliud templum conſtruxit, in quo vetus illud contineretur ; quemadmodum hodieque parvam eccleſiam Portiunculam dictam intra ſe concludit alia major eccleſia. Narrabant autem vel Agamedem vel Trophonium vetus illud templum ſtruxiſſe, quernis inter ſe arcte compactis trabibus : Aditu autem homines prohibuiſſe, non obice alio oppoſito, ſed laneum dumtaxat funiculum obtendiſſe ; ſive quod vigente tunc religione, ſatis id eſſe putarint ad arcendos eos qui deorum metu tenebantur, ſive quod ei funiculo occultam ineſſe vim creditum ſit. Narrabatur porro Æpytum Hippothoi filium, cum funiculum neque ſubiiſſet, neque tranſiliiſſet, ſed conſcidiſſet, ubi primum templum intraſſet, ſacra violata religione, excæcatum fuiſſe incidente in illum aquæ marinæ fluctu ; Prope Megara templum erat Jovis Conii, in quo tectum nullum, ſed ſub dio erant qui intra illud ſtarent. Erant in Græcia multa hujuſcemodi templa, quæ ὑπαίθρα hypæthra appellabantur, qua voce ſignificatur, ea aëris temporumque injuriis expoſita fuiſſe. Philoſtratus de vita Apollonii Tyanei l. 8. cap. 4. templum Nympharum commemorat proxime Puteolos, candidis ſtructum lapidibus. In cujus medio fons erat aquis ſemper plenus, qui, quantumcumque hauriretur aquæ, nunquam minuebatur. Illud vero ſine miraculo fieri poſſe nemo neſcit.

IV. Stupendum plane videtur, templum illud, quod ait Xiphilinus fuiſſe templorum omnium maximum & munificentiſſimum, in hiſtoria vix celebratum occurrere. Nempe templum illud Cy-

» tonin le pieux il y eut dans la Bithynie, & vers l'Hellespont un tremblement
» de terre si épouventable, que plusieurs Villes en furent ou fort ébranlées,
» ou entierement ruinées; que la plus maltraitée fut Cyzique. Son temple
» tomba, le plus grand & le plus magnifique de tous les temples. Ses colonnes
» qui étoient d'une pierre, avoient d'épaisseur quatre orgyies, ou vingt-quatre
» pieds, & de hauteur cinquante coudées, qui font soixante-quinze pieds;
» tous les autres ornemens du temple étoient d'une si excellente beauté, qu'il
» étoit plus aisé de les admirer que de les décrire. On n'a jamais rien vû de
pareil à l'épaisseur & à la hauteur des colonnes: mais l'on a peine sur le recit
de Xiphilin à y trouver les proportions de l'Architecture; si par l'épaisseur il
entend le diametre, un diametre de vingt-quatre pieds sur soixante-quinze
de haut ne peut pas quadrer; la colonne seroit bien courte pour son épaisseur;
s'il entend tout le contour de la colonne, vingt-quatre pieds de contour feroient environ huit pieds de diametre : ce diametre est tel qu'il faut pour
une colonne de 75. pieds. C'est la seule maniere d'expliquer ce passage, en
sorte qu'on y trouve les justes mesures. Quant à la coudée des anciens, il faut
voir ce que nous en avons dit au tome premier, au chapitre troisiéme du premier livre, où nous avons montré sur de fortes conjectures que les anciens
Grecs qui donnoient comme nous un pied & demi à la coudée, la mesuroient
sur le pied phileterien, de beaucoup plus grand que le nôtre.

Quoiqu'il en soit, voilà les plus énormes colonnes dont on ait jamais entendu parler. Je n'ai point encore vû d'Auteur qui en fasse expressément mention que Xiphilin; je trouve pourtant dans une note tirée d'un ms. de M.
Baluze, quelque chose qui doit selon toutes les apparences avoir rapport à ce
temple. Cette note qui est dans mon Journal d'Italie p. 272. se trouve aussi dans
le troisiéme tome de l'Antiquité au chapitre des sept merveilles du monde.
Un copiste ou scholiaste, comme on voudra l'appeller, rapporte les sept merveilles du monde differemment des autres. La premiere, selon lui, est la ville de
Thebes en Egypte; la seconde, les murailles de Babylone; la troisiéme, le mau-
solée d'Artemise; la quatriéme, les pyramides d'Egypte; la cinquiéme, le colosse

---

zicenum, de quo Epitomator ille Dionis in fine vitæ Antonini Pii. *Ferunt*, inquit, *sub Antonino Pio in Bithynia atque in Hellesponto horribilem terræ motum fuisse, quo aliæ urbes concussæ dirutæque sunt, maxime autem Cyzicus ejusque templum, omnium templorum maximum & pulcherrimum, quod cum civitate corruit, cujus columnæ ex uno lapide omnes erant crassitudine quatuor orgyiarum, altitudineque cubitorum quinquaginta. Ornatus autem ejus tot tantique decoris erant, ut facilius mirareris illa, quam describeres.* Nihil uspiam densitati altitudinique columnarum par visum fuit; sed ex narratu Xiphilini Architectonices normam vix servatam reperias. Orgyiæ enim quatuor, sunt viginti quatuor pedes, quinquaginta vero cubiti, pedes septuaginta quinque. Si per columnarum densitatem diametrum intelligat, diametrum certe viginti quatuor pedum, non potest ad columnam altitudine septuaginta quinque pedum, quadrare; columna enim longe brevior esset, quam spissitudo postularet; sin ambitum columnæ totum intelligat viginti quatuor habere pedes, diametrum tunc erit octo circiter pedum, & recte ad columnam septuaginta quinque pedibus altam quadrabit. Hoc uno tantum explicandi modo suam omnia proportionem habebunt; quod spectat autem mensuram cubiti apud veteres, adeantur illa quæ diximus tomo 1. l. 1. cap. tertio, ubi conjecturis validissimis commonstravimus, Græcos illos veteres qui cubito unius atque dimidii pedis perinde atque nos utebantur, ad mensuram cubiti pede Philæterio, qui nostro pede regio longe major erat, usos fuisse. Utut res est, tantæ celsitudinis columnas in templo quopiam nusquam memoratas vidimus. Nullum hactenus vidi scriptorem, præter unum Xiphilinum, qui templum istud describat. In codice tamen manuscripto, qui v. cl. Stephani Balusii olim fuit, notam quamdam reperio, huic templo, ut puto, referendam. Nota isthæc quam in Diario meo Italico posui p. 272. quamque denuo in tertio Antiquitatis explanatæ tomo edidi capite de mundi spectaculis sive miraculis, de iisdem miraculis orbis agit. Librarius quispiam sive Scholiastes, septem orbis miracula recenset, partim diversa ab iis quæ alii vulgo commemorant. Primum, inquit, sunt Thebæ Ægyptiacæ; secundum, Babylonis mœnia; tertium, Mausoleum; quartum Pyramides: quintum Colossus Rhodius, quem quidam (sic ille) aiunt columnam, seu statuam, esse sexcentorum

de Rhodes ; la fixiéme, le Capitole de Rome ; la feptiéme le temple d'Hadrien
de Cyzique. Ce fera apparemment ce temple de Cyzique qui eft décrit ici,
& l'on conviendra fans doute que fi ce que Xiphilin en rapporte eft vrai à la
lettre, il meritoit autant que tout autre d'être mis parmi les merveilles du
monde. Mais pourquoi cet anonyme l'appelle-t'il le temple d'Hadrien ? eft-ce
parce qu'Hadrien le fit bâtir, ou eft-ce parce que la ville de Cyzique le con-
facra en l'honneur d'Hadrien, comme les autres Villes en faifoient bâtir en
l'honneur des Empereurs ? le tems nous éclaircira peut-être là-deffus.

cubitorum ; fextum, Capitolium Romanum: fepti-
mum, Templum Hadriani Cyzicenum. Hoc, ut
verifimile eft templum Cyzicenum commemorat
ille Scholiaftes. Et nemo negaturus eft, fi vera
quidem fint ea quæ Xiphilinus de templo illo refert, hoc inter mundi mirabilia jure omnino repo-
fitum fuiffe. Sed cur Anonymus ille templum vocat Hadriani ? An quia Hadrianus conftrui erigi-
que illud curavit ? An quod Cyzicus ipfum in
Hadriani honorem confecravit, quemadmodum
aliæ quoque urbes templa in Imperatorum honorem exædificabant ? Alia fortaffe docebunt monumenta, quæ in dies eruuntur.

## CHAPITRE II.

*I. Temple de Jupiter fur un medaillon. II. Temple de Junon de Samos, avec
l'hiftoire d'Admete. III. Exemples de ceux qui ont lié leurs dieux dans leurs
temples, de peur qu'ils ne s'enfuiffent. IV. Temple de Vefta, avec les fix Ve-
ftales. V. Temple d'Erythre. VI. Temple de Mylaffe.*

I. UN medaillon de Diocletien du cabinet du Roi, nous reprefente la
façade d'un temple de ¹ Jupiter, avec l'infcription à Jupiter le confer-
vateur d'Augufte. Ce temple a fix colonnes d'ordre corinthien, le champ
étant plus grand que dans les medailles ordinaires, on y diftingue aifément
les ordres. Jupiter paroit ici affis à l'entrée du temple, aïant fon habit rabattu,
en forte qu'il eft tout nu de la ceinture en haut, & tenant la pique de la main
gauche.

II. Le medaillon qui vient après, nous montre le fameux temple de Junon
² de Samos, fi vanté dans les Auteurs. Il eft ici d'une forme extraordinaire,
comme chacun peut remarquer; il y a fort peu de colonnes, parce que comme
nous avons dit affez fouvent, on ne les reprefentoit pas toutes. Ce qu'il y a
de plus fingulier à obferver, c'eft l'image de Junon, dont la face & la tête
paroiffent enveloppées : cela peut avoir quelque rapport à l'hiftoire que nous

PL. IV.

### CAPUT II.
*I. Templum Jovis in nummo. II. Templum
Junonis Samiæ cum hiftoria Admetæ.
III. Exempla eorum qui deos fuos alli-
garunt in templis, ne aufugerent. IV.
Templum Veftæ cum fex Veftalibus. V.
Templum Erythræum. V. Templum My-
laffi.*

I. NUmmus Regius Diocletiani frontifpicium
cujufdam ¹ Jovis templi offert, cum hac
infcriptione JOVI CONSERVATORI AU-
GUSTI. Templum illud fex columnas habet Corinthio ordine. Cum area major fit quam in cæteris nummis minoris formæ architectonices ordines facile dignofcuntur. Jupiter ad oftium templi
fedet, demiffa vefte, ita ut fuperiores corporis
partes ad cingulum ufque nudæ fint ; haftam vero finiftra tenet.

II. Nummus fequens celebratum illud ² Junonis Samiæ templum oculis offert. Formæ porro
fingularis eft, ut quifque videre poffit. Paucæ in
frontifpicio funt columnæ, quoniam, uti fæpe
diximus, non femper omnes in nummis repræ-
fentantur, fummopere autem obfervanda confi-
derandaque eft Junonis ftatua, cujus facies ceu
fafciis obducta videtur. Id poteft ad hiftoriam

avons rapportée au second tome de l'Antiquité p. 70. & que cette figure nous oblige de répeter ici. Athenée l. 15. p. 672. raconte après Menodote, qu'Admete fille d'Eurysthée s'étant enfuie d'Argos, aborda à Samos, & croïant devoir l'heureux succès de sa fuite à Junon, elle voulut prendre soin de son temple. Les Argiens irritez de son évasion promirent à des Corsaires Tyrrheniens une bonne somme d'argent, s'ils pouvoient enlever la statue de Junon de son temple de Samos, esperant de faire porter à Admete la peine de ce vol, & de tirer vengeance d'elle par les mains des Samiens. Ces Corsaires volerent la statue, l'emporterent sur leur vaisseau, & leverent l'ancre pour se retirer vîte, en ramant d'une grande force : mais quelque effort qu'ils pûssent faire, ils n'avançoient point, & demeuroient toûjours en même place. Croïant que c'étoit une punition divine, ils mirent la statue à terre, & firent autour d'elle quelques ceremonies pour appaiser la déesse. Admete s'apperçût au point du jour que la statue avoit été enlevée, & en donna avis aux Samiens, qui allerent chercher de tous côtez, & la trouverent enfin au bord de la mer. Ils crurent que Junon de son propre mouvement avoit voulu s'enfuir au payis des Cariens ; & de peur qu'elle ne prît une seconde fois la fuite, ils la lierent avec des branches d'arbres. Admete vint ensuite, délia la statue, expia le crime des Samiens, & remit Junon en sa place ordinaire. Depuis ce tems-là les Samiens portoient tous les ans la statue de Junon au bord de la mer, la lioient comme ci-devant, & celebroient la fête qu'ils appelloient *Tenea*, parce qu'ils avoient tendu des branches d'arbre autour de la statue de Junon. Il y avoit, dit Pausanias l. 7. c. 4. differens sentimens sur la fondation de ce temple de Junon de Samos ; l'antiquité, dit-il, de la statue est une preuve que le temple étoit aussi très-ancien. Elle étoit faite de la main de Smilis Eginete fils d'Euclide, contemporain de Dedale, mais dont la réputation ne fut pas à beaucoup près si grande que celle de ce sculpteur si celebre dans la fable.

III. Les Samiens ne sont pas les seuls qui se sont avisez de lier des statues de divinitez, de peur qu'elles ne s'en allassent ailleurs ; les Tyriens assiegez par Alexandre lierent de même la statue d'Apollon ; un de leurs citoïens, dit Quinte-Curce l. 4. declara dans l'assemblée publique qu'il avoit vû en songe

---

quam retulimus tertio Antiquitatis explanatæ tomo p. 70. referri, quamque hic etiam repetere, operæ precium fuerit. Athenæus l. 15. p. 672. post Menodotum narrat, Admetam Eurysthei filiam, cum Argo aufugisset, Samum appulisse. Cumque Junoni bonum discessionis fugæque exitum debere se putaret : templi illius curam sumere voluit. Ejus fugam ægre ferentes Argivi, pacta pecuniæ summa Tyrrhenos piratas induxerunt, ut Junonis statuam e templo abductam alio asportarent, sperantes furti hujuscemodi pœnam luituram esse Admetam & sic se Samiorum manibus ultum iri. Piratæ statuam furto abripiunt, in navim asportant, eductaque anchora, instantibus remigibus celeriter viam carpere nitebantur : at in cassum cessit conatus ; non enim loco movebatur. Id ultionem esse numinis suspicantes statuam ad littus posuerunt, quibusdam adhibitis cærimoniis placandi causa. Primo diluculo Admeta sublatam fuisse statuam animadvertit, Samiisque rem nunciavit, qui statim perquisitum properarunt, & ad maris oram repererunt :

exiftimantes Junonem sua sponte aufugere voluisse & in Cariam commigrare, ne ulterius abscedere posset, ramis illam arborum constrinxere ; sub hæc accessit Admeta, statuam a vinculis solvit, Samiorumque scelus expiavit, ac Junonem in loco pristino collocavit : Ex illo tempore Samii quotannis Junonis statuam ad littus deferebant, illam ut antea vinculis colligabant, festumque agebant, cui Tenea nomen, quoniam arborum ramos circa statuam tetenderant. Erat, inquit Pausanias l. 7. c. 4. sententiarum varietas circa hujus templi Junonis Samiæ fundationem. Signi, inquit, antiquitas, antiquum etiam templum esse probat. Signum fecerat Smilis Ægineta Euclidis filius Dædalo æqualis ; sed cujus fama non par erat famæ Dædali apud Mythologos celeberrimi.

III. Non uni Samii deorum statuas vinculis alligarunt, ne alio aufugerent. Tyrii obsessi ab Alexandro Macedone statuam Apollinis similiter vinculis obstrinxere. *Cumque unus ex civibus*, inquit Curtius lib. 4. c. 3. *concioni indicasset, oblatam*

Apollon fort honoré dans Tyr, s'en allant & quittant la Ville. Sur un témoignage si peu recevable, les Tyriens craignant les malheurs dont ils étoient menacez, lierent la statue d'Apollon d'une chaîne d'or, & l'attacherent à l'autel d'Hercule le patron de leur Ville, comme s'ils eussent voulu engager Hercule à empêcher Apollon de s'enfuir. Les Ephesiens lorsque leur Ville fut assiegée par Croesus, dit Herodote l. 1. c. 26. lierent avec une corde les murs de la Ville à la statue de Diane ; mais c'étoit pour consacrer leur Ville à la déesse, lui en faire un présent, & l'engager par-là à la défendre.

Dans ce temple de Junon Samienne, dit Menodote dans Athenée I. 14. p. 655. on nourrissoit des Pans qu'on regardoit comme consacrez à Junon ; ceuxci en produisoient d'autres qu'on envoioit aux payis voisins, où il paroit qu'on en faisoit cas, à cause de cette origine qu'ils regardoient comme sacrée.

IV. Le temple de ³ Vesta se voit dans le medaillon suivant d'Herennia ³ Etruscilla. Les six Vestales, nombre déterminé, & pour ainsi dire, consacré pour cette societé, sacrifient devant le temple qui est tout rond, comme est celui qui reste encore aujourd'hui converti en Eglise, que l'on appelle saint Estienne *del Cacco*. Les plus habiles croient que ce petit temple, sur le bord du Tibre, est celui de Vesta. Ces six Vestales qui sacrifient ont toutes le voile sur la tête, ce qui est à remarquer : car les Vestales, comme nous avons dit au premier tome de l'Antiquité p. 63. étoient ordinairement sans voile, & avoient des cheveux courts. Le sacrifice se fait devant le temple ici comme en bien d'autres occasions. Peut-être que les Vestales qui portoient les cheveux courts, & alloient ordinairement sans voile, le mettoient sur la tête quand elles assistoient aux sacrifices. Les monumens nous apprennent bien des choses dont les Auteurs ne font point mention.

V. Un medaillon des Erythréens a sur un revers de Trajan la figure ⁴ d'un ⁴ temple à quatre colonnes, qui laissent au milieu un grand espace, pour y placer le dieu qui y étoit honoré. Ce dieu tient de la main droite un marteau, ce qui paroit convenir à Vulcain, & de l'autre une pique, ce qui ne se voit jamais dans les images de ce dieu boiteux. De sorte que nous n'oserions assurer que ce soit un temple de Vulcain : tous les payis & toutes les villes ne repre-

---

*esse per somnum sibi speciem Apollinis, quem eximia religione colerent, urbem deserentis ; molemque a Macedonibus jactam in salo in silvestrem saltum esse mutatam : quamquam auctor levis erat, tamen ad deteriora credenda proni, metu aurea catena devinxere simulacrum, aræque Herculis, cujus numini urbem dicaverant, inseruere vinculum, quasi illo deo Apollinem detenturi.* Ephesii cum eorum urbs a Croeso obsideretur, inquit Herodotus lib. 1. c. 26. Urbis muros fune alligarunt ad Dianæ statuam, at longe diverso animo, urbem enim volebant Dianæ dicare & consecrare, ut hinc permota dea ejus susciperet defensionem. In templo Junonis Samiæ, inquit post Menodotum Athenæus I. 14. p. 655. alebantur Pavones, qui Junoni sacri existimabantur, qui autem ex his nascebantur in alia mittebantur loca, ubi originis illius sacræ, ut putabant causa, in precio habebantur.

IV. Templum Vestæ in nummo Regio sequenti habetur. Est vero facies postica nummi Herenniæ Etruscillæ. Sex Vestales qui numerus constitutus, imo, ut ita dicam, sacratus erat pro hujusmodi sodalitio, sacrificant ante templum rotundum ; ut est hodieque templum illud ad ripam Tiberis in Ecclesiam versum quod vocant S. Stephani *del Cacco.* Rei antiquariæ peritiores parvum istud templum quod juxta Tiberim visitur, Vestæ fuisse putant. Sex illæ Vestales sacrificantes velatæ sunt : id quod observandum est, Vestales enim, ut diximus primo Antiquitatis explanatæ tomo p. 63, sine velo, ut plurimum, erant, & decurtatam comam gestabant : sacrificium ante templum offertur hic ut in aliis multis locis. Fortasse Vestales, quæ decurtatam ut plurimum comam gestabant, velum capiti imponebant cum sacrificiis intererant. A monumentis plurima docemur, de quibus scriptores ne verbum quidem dixerunt.

V. Nummus Erythræorum Trajani in postica facie templum habet ⁴ quatuor columnarum, quæ in medio spatium magnum relinquunt, ut deo, qui ibidem colitur, locus supersit. Hic deus dextera malleum tenet, quod Vulcano convenit, sinistra vero hastam, quæ nunquam visitur in imaginibus Dei hujusce. Itaque templum esse Vulcani

sentoient pas leurs dieux & leurs déesses de la même maniere. On pourroit aussi dire que c'est quelque dieu particulier à la ville d'Erythres, comme on en voit d'autres ailleurs.

VI. Tel est aussi le temple de Mylasse, donné à la pl. lxxv. du premier tome de ce Supplément, où le dieu qui est à l'entrée du temple est barbu, il porte le boisseau sur la tête comme Serapis, tient un marteau de la main droite comme Vulcain, une pique de la gauche comme Jupiter, & plusieurs autres divinitez; il est enveloppé jusqu'aux pieds, & a deux broches pour se soûtenir, comme Diane d'Ephese. Ce pourroit être une de ces figures Pan-thées, ou Polythées, qui portent les symboles de plusieurs divinitez, & qui étoient honorées en certaines Villes.

---

affirmare non ausim. Dii vero deæque non eodem modo in omnibus locis depingebantur. Hic autem fortassis deus quidam est proprius Erythræis, aliis vero non cultus, ut & alii multi topici dii.

VI. Talis quoque est Mylassi deus in tomo primo hujus Supplementi datus Tabula lxxv. ubi in templi ingressu positus barbatus, ille calathum capite gestat ut Serapis, malleum dextera tenet ut Vulcanus, hastam sinistra, ut Jupiter & multi alii dii deæque; fasciis ligatus & involutus est adusque pedes & duo verua habet, queis se sustentet, ut Diana Ephesia. Ex numero fortassis est figurarum illarum Panthearum sive Polythearum, quæ multorum variorumque numinum symbola gestant, quæque in quibusdam civitatibus colebantur.

## CHAPITRE III.

*I. Temple de Mars sur un medaillon. II. Temple de Diane d'Ephese sur un medaillon.
III. Asyle extraordinaire de ce temple. IV. Autre image
du même temple.*

I. **M**Ars ⁵ est fort reconnoissable dans le Temple suivant. Il porte un ⁵
habit militaire complet, un casque, une cuirasse, une chlamyde.
Il tient de la main droite une pique, & de la gauche un bouclier ovale, appuïé contre terre. Un autre temple rond, ⁶ où Mars est à l'entrée est bien plus ⁶
singulier : mais comme on y offre un sacrifice des plus solemnels, nous réser-
vons à en parler plus bas dans les sacrifices. Le plus magnifique de tous les
temples de Mars que les medaillons du Roi nous representent, est celui des
Apolloniates. Il a sur le frontispice huit colonnes corinthiennes, le fronton
est embelli de plusieurs ornemens non ordinaires. Mars en habit militaire
marche, & semble aller d'un grand pas, en sorte qu'il n'y a pas lieu de douter
que ce ne soit *Mars gradivus.*

II. Voici le fameux temple de Diane ⁷ d'Ephese, l'une des merveilles du ⁷
monde, nous l'avons déja vû sur des medailles, mais bien plus imparfaitement que dans ce medaillon. La façade a huit colonnes d'ordre dorique : ces
colonnes, selon Pline, avoient soixante pieds de haut. Le bas des colonnes
sur la base a des ornemens peu ordinaires. Spon qui a vû quelques colonnes
dans les masures de ce temple, dit aussi qu'elles sont d'ordre dorique. Sur l'entablement dans le fronton il y a des ornemens qui ressemblent à des arcs.
La figure de Diane d'Ephese qui occupe l'entrée a une espece de tour sur la
tête, la déesse s'appuie sur deux broches. Elle a à ses pieds deux cerfs qui
tournent le dos l'un à l'autre : aux deux côtez de la tour sont representez d'un
côté le Soleil par une étoile, & de l'autre la Lune par un croissant. Nous avons
déja vû dans le premier tome, planche xcvi. une Diane d'Ephese qui a le
Soleil d'un côté & la Lune de l'autre. Les symboles de Diane d'Ephese se trou-

---

### CAPUT III.

*I. Templum Martis in nummo. II. Tem-
plum Dianæ Ephesiæ item in nummo majoris formæ. III. Asylum quantum hujusce templi. IV. Alia ejusdem templi imago.*

I. **M**Ars facile ⁵ dignoscitur in templo sequenti. Militarem omnimodam armaturam gestat, cassidem, loricam, paludamentum. Manu
dextera hastam tenet, sinistra clypeum ovatæ formæ terra innixum. Aliud templum ⁶ rotundum ubi
Mars in ingressu locatur, longe singularius est :
Sed quia sacrificium ibi offertur, & quidem so-
lenne, illud explicandum & repræsentandum mit-
timus infra ubi de sacrificiis. Magnificentissimum
omnium Martis templorum quæ in nummis majoris molis Regiis exhibentur, Apolloniatarum est.
In frontispicio octo columnas ordinis Corinthii
habet. Pars frontispicii superior multis ornamentis decoratur non vulgaribus. Mars militari habitu graditur, & quidem ut videtur, festinanter ;

ita ut vix dubitare possimus, quin Mars sit gradivus.

II. En insigne ⁷ templum Dianæ Ephesiæ inter
miracula orbis olim recensitum. Jam ipsum in
nummis vidimus, sed longe minori schemate quam
in hoc quod jam proferimus. In frontispicio sunt
octo columnæ ordine Dorico : quæ columnæ auctore Plinio sexaginta pedes altitudinis habebant.
In imis columnis supra basim sunt quædam ornamenta, quæ alibi non observantur. Sponius
qui aliquot columnas vidit in ruderibus hujusce
templi, quæ supersunt, ait ordine esse Dorico
concinnatas. In coronide quædam sunt ornamenta arcus formam præ se ferentia. Diana Ephesia
quæ aditum templi occupat, ceu quamdam turrim capite gestat. Dea verubus pro more nititur :
ad pedes duo cervi sunt aversi invicem ; ad latera
turris, hinc Sol, inde crescens Luna exhibetur. Jam
vidimus primo Antiquitatis explanatæ tomo Tab.
xcvi. Dianam Ephesiam, quæ ab una parte solem,
ab altera lunam habet. Hujus Dianæ Ephesiæ symbola explicavimus tomo Antiquitatis explanatæ

*Tome II.*                      D

vent expliquez au premier tome, & au second tome nous avons dit de son temple ce que l'Antiquité nous en a transmis de plus sûr.

III. Ce temple avoit un droit d'Asyle le plus grand & le plus étendu dont on ait jamais entendu parler. Alexandre le grand, dit Strabon, l. 14. p. 441. l'étendit jusqu'à un stade tout autour, ce qui fait cent vingt-cinq pas. Mithridate le détermina à la portée d'une fleche, tirée de l'angle du toit de ce temple ; ce qui comprenoit un peu plus d'un stade. Marc-Antoine l'augmenta de beaucoup, & comprit dans l'Asyle une partie de la Ville. On vit bien-tôt les pernicieux effets d'une telle immunité ; c'étoit mettre la Ville en la puissance des filoux, des scelerats & des malfaicteurs. Auguste abrogea ce qu'Antoine avoit établi, & Tibere enfin voïant l'abus manifeste de ces Asyles, les ôta tous sans exception. Diane d'Ephese étoit adorée en la même forme qu'à Ephese en plusieurs autres Villes, où l'on voioit des temples de Diane d'Ephese : elle étoit fort honorée à Marseille. Il y avoit, dit Strabon, l. 4. dans la forteresse de cette Ville un temple de Diane d'Ephese, & les Marseillois établissoient son culte de même dans leurs colonies. Un grand nombre de Villes honoroient aussi Diane d'Ephese en la même forme qu'on la representoit à Ephese même. Nous en verrons quelques-unes dans les medaillons du Roi.

IV. Un autre medaillon nous represente aussi le temple de Diane d'Ephese, mais bien plus petit, parce que la figure du Prêtre qui sacrifie retressit l'espace : par la même raison il n'y a que quatre colonnes au frontispice. Le nombre des colonnes est souvent diminué, quand l'espace est trop petit pour les mettre toutes ; en sorte qu'on ne peut pas toûjours compter le veritable nombre sur celui que les medailles montrent. Il est dit dans l'inscription que les seuls Ephesiens ont été quatre fois Neocores. La qualité de Neocore se trouve souvent dans les medailles des villes grecques, sur tout dans celles de l'Asie Mineure ; & c'est ce qui nous oblige à en parler ici plus au long.

---

primo & secundo tomo de templo ejus ea omnia protulimus, quæ veterum monumenta docent.

III. Huic templo asylum erat amplissimum omnium, quæ concessa unquam fuisse scriptores commemorant. Alexander magnus, inquit Strabo lib. 14. p. 441. asylum circumquaque extendit usque ad stadium unum ; stadium autem est centum viginti quinque passuum Geometricorum. Mithridates asylum determinavit ad illud tantum spatii, quantum sagitta ex angulo tecti emissa transilire posset. Marcus autem Antonius longius asylum dedit, ita ut etiam partem civitatis complecteretur. Quam perniciosa esset hæc tanta immunitas brevi deprehensum est : quid enim aliud illud erat quam civitatem in sceleratorum, latronum, aliorumque id genus hominum manus tradere ? Quæ M. Antonius hac in re statuerat, Augustus abrogavit. Tiberius vero tandem, cum videret quam ingentia mala & damna ex hujuscemodi asylis orirentur, omnia nullo excepto sustulit. Diana Ephesia multis aliis in civitatibus eadem qua Ephesi forma colebatur : ubi etiam templa erant Dianæ Ephesiæ sacra. Massiliæ utique divinis illa honoribus afficiebatur. In arce istius urbis, inquit Strabo l. 4. templum Dianæ Ephesiæ erat, Massiliensesque ejus cultum in coloniis suis constituebant. Civitatum item aliarum magnus numerus Dianam Ephesiam Ephesiæ nomine & forma colebant ; quasdam hujusmodi in nummis regiis infra videbimus.

IV. Alius item nummus Dianæ Ephesiæ templum exhibet, sed longe minori forma, quia Sacerdos ibi sacrificans repræsentatus areæ partem non minimam occupat. Ideoque quatuor tantum columnæ in frontispicio repræsentantur. Columnarum numerus sæpe minuitur, quando spatium brevius est, quam ut omnes possit capere. Itaque non possumus semper verum columnarum numerum ex nummis assequi. In inscriptione dicitur solos Ephesios quater fuisse Neocoros. Neocori munus sæpe in nummis Græcarum civitatum occurrit, maximeque earum quæ Asiæ Minoris erant. Quapropter de Neocoris jam nobis agendum incumbit.

# TEMPLES

1

IOVI · CO NSER · VAT ORI AVG

2

CA
MI
ΩN

VESTA

3

ΕΠΙ · CTP · AYP · NEI ΚΩΝΟC · ΕΥΦΡΑΙΝ · ΕΤΙ

4

ΕΠΙ · CTP · AYP · CEΠ ΤΟΥ · B ·
ΜΗΤΡΟΠΟΛΕΙ ΤΩΝ ·

5

ΑΙΤΩΛ ΑΩ NI ΑΤΩΝ

6

ΠΡΩΤΩΝ ΑCΙΑC ·
Φ ΕCΙ ΩΝ ·

7

Ε Φ ΕCΙ ΩΝ ·
ΠΡΩΤΩΝ ΑCΙΑC

8

ΠΕΡΓΑΙΑC · ΑΡΤΕΜΙΔΟC ·

Médaillons du Roi

## CHAPITRE IV.

*I. Signification du nom de Neocore. II. Le Neocorat devint un sacerdoce confide-*
*rable. III. Colleges de Neocores. IV. Les fonctions des Neocores.*

I. ON a fort disputé sur la signification de Neocore. Les premiers Antiquaires ont donné des explications qui ne convenoient nullement.
Quoique la difficulté ne soit pas encore bien éclaircie, du moins en toutes ses
parties, on demeure pourtant d'accord qu'Antoine Augustin, Goltzius &
quelques autres n'ont pas approché du vrai sens de ce mot. Le Neocore étoit
celui qui avoit soin de balaïer le temple, dit Hesychius, fondé sur ce que
κορϵῖν signifie balaïer, Mais Suidas dit que le Neocore est celui qui orne, & non
pas celui qui balaie le temple, ὁ τὸν νεὼν κοσμῶν κὶ ἐυτρεπίζων, ἀλλ' οὐχ ὁ σαρῶν; il semble qu'il veüille refuter Hesychius, qui parle simplement du Neocore, comme
d'un balieur. Il voioit que l'on avoit de son tems une autre idée du Neocore
qu'Hesychius ne l'avoit donnée, & cela l'a porté à le reprendre, quoiqu'il ne
le nomme pas. Il se peut faire que dans l'origine les Neocores faisoient l'un
& l'autre : mais dans la suite cet emploi sacré devint très-considerable. On
prétend que Neocore est la même chose que *Ædituus* en latin ; cela peut avoir
été vrai, mais seulement jusqu'au tems où le Neocorat fut donné à ceux qui
occupoient les premieres Charges des Villes & des Provinces, & où les Villes
mêmes les plus celebres prirent le nom de Neocores.

II. C'étoit dans certains siecles de la gentilité un sacerdoce si considerable,
qu'on trouve des Neocores, qui étoient en même tems ἀρχιερϵῖς ou souverains
Prêtres, agonothetes ou distributeurs des prix pour les jeux, charge fort im-
portante ; & *Prytanes eponymes*, ou premiers Magistrats des Villes. Tel étoit
Aulus Clodius Herennianus dans Spon misc. p. 348. qui avoit eu dans Pergame les principales Charges comme chef de la Milice de Prytane & autres.

---

### CAPUT IV.

*I. Quid significet nomen Νεώκορος. II. Neocori*
*progressu temporis Sacerdotes primarii fue-*
*runt. III. Neocororum collegia. IV.*
*Neocororum functiones.*

I. DE significatione hujusce nominis νεώκορος
disputatum est : qui priores antiquitiæ rei
operam dederunt, illud explicantes longe a vero
aberrarunt. Etsi vero difficultas non penitus adhuc
sublata sit secundum quaslibet rationes, hac in
re saltem omnes consentiunt, Antonium videlicet
Augustinum, Goltzium & quosdam alios, ne ad
verum quidem nominis sensum accessisse. Neocorus is erat, inquit Hesychius, cui incumbebat templum verrere, inde ducta significatione, quod
κορϵῖν significet verrere. At Suidas dicit Neocorum
esse, eum qui ornat, non eum qui verrit templum,
ὁ τὸν νεὼν κοσμῶν κὶ ἐυτρεπίζων, ἀλλ' οὐχ ὁ σαρῶν;
ubi videtur Hesychium confutare voluisse, qui
Neocorum nobis tamquam eum, cujus officium
sit verrere templum, exhibuit. Cum videret ergo

Suidas, longe aliam per urbes & regiones haberi
Neocororum rationem, definitionem Hesychii re-
fellendam esse censuit. In origine tamen forte
Neocori & verrendi & ornandi templa curam &
sollicitudinem habuere, verum insequentibus temporibus sacrum hoc munus primariam obtinuit
dignitatem. Putatur vulgo Νεώκορον Græce ipsum
esse ædituum latine : quod quidem verum esse potuit ad usque tempus, quo Neocoratus dari cœpit
iis qui in civitatibus atque provinciis præcipua officia occupabant, & quo urbes etiam celeberrimæ
Neocoratum ambierunt.

II. Erat Neocoratus, in quibusdam profanæ religionis sæculis, Sacerdotium ita eximium, ut Neocori reperiantur in monumentis, qui simul ἀρχιερϵῖς
sive summi Sacerdotes erant, agonothetæ, sive ii
qui in ludis publicis præmia distribuerent, quod
erat certe munus præstantissimum ; Prytanes epo-
nymi, sive primi urbium magistratus. Hujusmodi
erat Aulus Clodius Herennianus, in Miscellaneis
Sponii p. 348. qui Pergami primariis ornatus est
muneribus, fuerat enim Dux militiæ, Prytanis, &
alia officia similia obtinuerat. In marmoribus

Dans les marbres d'Oxford part. 1. p. 148. nous trouvons un Paternianus qui avoit un commandement dans les Troupes. Il étoit Neocore des grandes déesses. Nemeses, chef de la Cavalerie, premier Prytane, & avoit encore beaucoup d'autres Charges confiderables. On voit aussi dans Weler un Antonius Alphenus, qui du tems de Caracalla possedoit les premieres Charges dans les Troupes, étoit homme Consulaire, pourvû des emplois les plus importans, Prêtre du dieu Tyrimnus, divinité particuliere de Cyzique, & Neocore de l'Empereur, car depuis que la flaterie eut fait mettre les Empereurs au rang des divinitez, ils avoient aussi leurs Prêtres & leurs Neocores : les Villes leur faisoient à l'envi bâtir des temples : & comme l'on changeoit souvent d'Empereur, c'étoit toûjours à recommencer.

III. Il y avoit aussi des Colleges de Neocores, comme nous l'apprend une inscription de Gruter p. 314. 1. ou Marc-Aurele Asclepiade Hermodore, est appellé ὁ πρεσβύτατος τῶν νεωκόρων τῦ μεγάλυ Σαραπιδὸς le plus ancien des Neocores du grand Serapis : cela semble marquer une espece de communauté, où le rang de réception étoit observé comme dans les Chapitres.

IV. Les fonctions de ces Neocores étoient de veiller à l'ornement des temples, de garder leurs ustanciles, & les offrandes qu'on leur faisoit ; d'expliquer à ceux qui venoient pour s'instruire ce qui regardoit le culte du dieu auquel étoit consacré le temple ; enfin d'avoir soin des choses sacrées, & de la célébration des fêtes. Outre ces fonctions, M. de Valois en observe deux autres tirées de Theodoret l. 3. c. 16. la premiere étoit de jetter de l'eau lustrale sur ceux qui entroient dans le temple. Un jour, dit cet historien, Julien l'*Apostat* allant entrer dans le temple du Genie public de la Ville d'Antioche, les Neocores qui se tenoient des deux côtez de la porte du temple, jettoient de l'eau lustrale sur ceux qui entroient, prétendant par-là les purifier. Mais Valentinien qui étoit Chrétien, & qui en qualité de Capitaine des Gardes de Julien, marchoit immédiatement devant lui, s'étant apperçû qu'une goutte de cette eau étoit tombée sur son habit, donna un coup de poing à un de ces Neocores, se plaignant qu'il l'avoit souillé, au lieu de le purifier. L'idolâtre Julien indigné d'un mépris si marqué de sa religion, re-

---

Oxon. part. 1. p. 148. Paternianum quemdam reperimus, qui in exercitu, inter præcipuos multis muneribus fungebatur, Neocorus erat magnarum dearum Nemesium, Hippopolemarchus, Prytanis primus, & multis aliis officiis iisque præcipuis honorabatur. Apud Welerum Antonius quidam Alphenus occurrit qui Caracallæ tempore prima in exercitu munia exercebat, vir consularis erat, præcipua alia obtinebat officia ; Sacerdos item dei Tyrimni, qui deus Cyzici colebatur, Neocorusque Imperatoris erat. A quo enim tempore ex adulatione Imperatores in deorum numerum adscripti sunt, illis etiam attributi erant Sacerdotes, & Neocori : civitates ipsis templa quasi certatim erigebant ; & quia novi sæpius accedebant Imperatores, erigendarum novarum ædium nullus erat finis.

III. Erant quoque Neocororum collegia, ut ex Gruteri inscriptione quadam discimus p. cccxiv.1. ubi Marcus Aurelius Asclepiades Hermodorus, vocatur antiquissimus Neocororum magni Sarapidis, ὁ πρεσβύτατος τῶν νεωκόρων τῦ μεγάλυ Σαραπιδὸς. His indicari videtur sodalitium quoddam, ubi aliquis ordo servabatur, secundum tempus quo quis in talem societatem fuerat admissus, ut hodie in capitulis observatur.

IV. Neocororum officia erant, ornatui templorum advigilare, eorum vasa servare, necnon munera donaque a variis oblata ; iis qui accederent exquisituri, quo pacto deum cui sacrum templum erat, coli oporteret, omnia explicare ; demum res sacras festorumque celebrationem curare. Præter hasce functiones duas observat D. Valesius Hadriani Valesii filius, ex Theodoreto excerptas l.3.cap.16. prima erat lustrali aqua aspergere eos qui in templum ingrederentur. Quadam die, inquit ille, cum Julianus Apostata ingressurus esset templum Genii publici urbis Antiochiæ, Neocori qui ex utraque parte stabant ad templi portam, aqua lustrali aspergebant eos qui ingrederentur, ut sic eos purgarent. At Valentinianus qui Christianus erat, & quia, utpote apud Julianum corporis custodum dux, ante illum incedebat, cum vidisset stillam aquæ istius in vestem suam incidisse, pugno Neocorum percussit, questus se ab eo contaminatum non purgatum fuisse. Julianus vero, quod ita re-

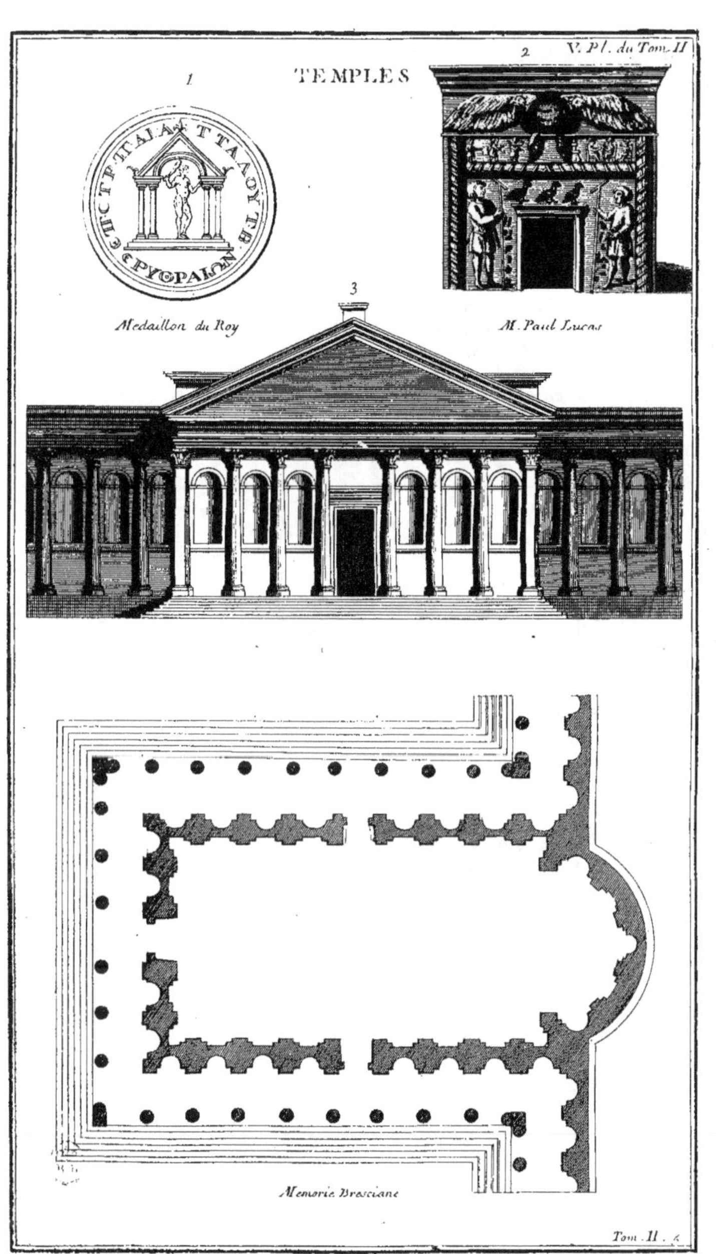

TEMPLES
1
2
V. Pl. du Tom. II
3
Medaillon du Roy
M. Paul Lucas
Memorie Bresciane
Tom. II. 4

legua dans un château Valentinien, qui un an & quelques mois après fut declaré Empereur.

La seconde fonction, tirée du même historien l. 3. c. 14. étoit de jetter de l'eau lustrale sur les viandes qu'on servoit au Prince. Un jeune Neocore converti à la religion Chrétienne par une Diaconisse, lui promit de venir s'instruire chez elle. Peu de jours après cette promesse, Julien l'*Apostat* alla à Daphné où il devoit donner un festin public. Le pere du jeune homme qui étoit Prêtre, & qui suivoit ordinairement l'Empereur, fut du voïage, & emmena avec lui ce fils & un de ses freres, parce qu'ils étoient tous deux Neocores, & qu'en cette qualité ils jettoient de l'eau lustrale sur les viandes qu'on servoit au Prince. Cette fête de Daphné fauxbourg d'Antioche duroit sept jours, & dès le premier jour le jeune Neocore debout auprès du siege de l'Empereur, aïant selon la coûtume jetté de l'eau lustrale sur les viandes, se retira secretement, & retourna à Antioche chez le Diaconisse. Il pourroit bien se faire que cette coûtume auroit été introduite par Julien l'*Apostat* lui-même, Prince plus adonné aux superstitions profanes, que tous les Empereurs païens ses prédecesseurs.

---

ligionem suam despiceret Valentinianus, ipsum relegavit in castellum quoddam. Verum elapso anno & aliquot mensibus Valentinianus in Imperatorem adlectus est.

Secunda Neocororum functio ex eodem Theodoreto desumta. lib. 3. c. 14. erat aqua lustrali aspergendi cibos & fercula quæ Imperatori offerebantur. Juvenis quispiam Neocorus, ad religionem Christianam a Diaconissa conversus, pollicitus ipsi est, se conventurum eam esse, ut religionis Christianæ doctrinam ab ipsa exciperet. Sub hæc Julianus Apostata Daphnen concessit, ubi convivium publicum celebraturus erat. Pater juvenis illius cum Sacerdos esset & Imperatorem ut plurimum sequeretur, eo etiam concessit, secumque duxit hunc filium alterumque fratrem ejus, qui Neocori ambo erant; & eorum erat aqua lustrali cibos & fercula, quæ Imperatori offerrentur, aspergere. Festum istud in Daphne Antiochiæ suburbio per septem celebrabatur dies. Prima vero die, cum juvenis ille Neocorus stans prope Imperatorem accumbentem, pro more aqua lustrali cibos ejus aspersisset, clam discessit, & Antiochiam reversus Diaconissam adit. Hic vero mos forte a Juliano ipso Apostata invectus fuerat, ejusmodi superstitionibus supra modum dedito, qui hac in parte Imperatores omnes decessores suos superabat.

## CHAPITRE V.

*I. Les Villes prirent le nom de Neocores ; pourquoi. II. Dispute sur le Neocorat des Villes. III. La grande question sur le Neocorat des Villes. IV. Sentiment de M. Vandale, avec les preuves. V. Sentiment de M. Vaillant, & les preuves. VI. La question est mal-aisée à décider. VII. Trois Villes qui se disputoient la primauté.*

I. **L**Es peuples des Villes, chargez de tous les frais, & des grandes dé-penses où les engageoient ces grandes fêtes, & la celebration des jeux qui s'y faisoient, crurent se faire un honneur en prenant eux-mêmes le nom de Neocores. Dans les actes des Apôtres, il est dit que la Ville d'Ephese est Neocore, Νεώκορον οὖσαν de la grande déesse Diane. Ephese avoit cette pré-rogative sur les autres Villes, qui ne laissoient pas pourtant de lui disputer la primauté, comme nous verrons plus bas.

II. Jusqu'ici il n'y a point de dispute. Vandale & M. Vaillant les derniers qui ont parlé plus à fond sur les Neocores, conviennent assez sur la plûpart des points précedens : la grande difficulté est sur le Neocorat des Villes ; mais principalement comment il faut entendre les legendes des medailles, & les inscriptions qui marquent qu'une Ville a été deux fois, trois fois, quatre fois Neocore.

La premiere Ville, dit M. Vandale qui prend sur les medailles le nom de Neocore, est Ilion. Elle est frappée pour Jules Cesar ; l'inscription de l'un des côtez est Ἰλιέων δὶς νεωκόρων : ce qui veut dire que les Iliens sont deux fois Neo-cores. La figure du revers est Enée qui porte Anchise sur les épaules ; & Anchise tient le Palladion, comme on l'a vû dans le premier tome de ce Sup-plément pl. LXIX. Albert Rubens a crû que les Iliens étoient appellez là deux fois Neocores, parce qu'ils étoient Neocores d'Hector & de Cesar ; mais Vandale dit avec beaucoup plus d'apparence que ce double Neocorat re-garde Enée & Jules Cesar qui se disoit descendu de lui. Les flateurs saisissoient

---

### CAPUT V.

*I. Civitates Neocori nomen & functiones sumsere, quare. II. Disceptatio circa Neocoratum civitatum. III. Quæ major quæstio sit circa Neocoratum urbium. IV. Dalenii sententia ejusque argumenta. V. Valentii sententia & ejus argumenta. VI. Quæstio vix solvi potest. VII. Tres urbes quæ primatum inter se disputabant.*

I. **C**Ivitates, sive civitatum ordines omnes, qui simul sumtus ingentes suppeditabant, pecuniasque impendebant ad festa & ludos celebran-dos, sibi honori esse duxerunt, si Neocori nomen ipsi civitati inderent. In Actibus Apostolorum dici-tur Ephesus civitas esse Neocorus Νεώκορον οὖσαν mag-næ deæ Dianæ. Hæc præ aliis civitatibus Epheso dignitas tribuebatur, quarum tamen aliquæ de primatu cum illa disputabant, ut infra videbimus.

II. Hactenus nulla controversia est. Dalenius &

Valentius qui postremi rem accuratius tractarunt, circa ea quæ jam dicta sunt inter se fere consen-tiunt. Magna porro difficultas circa Neocoratum civitatum versatur ; at præcipue quo pacto intel-ligendæ explicandæque sint nummorum inscrip-tiones, quando notant civitatem quamdam fuisse bis, ter, quaterve Neocoram.

Prima civitas, inquit Dalenius in dissertatione de Neocoris, quæ in nummis Neocoræ nomen ha-bet, est Ilium ; percussa vero fuit Julio Cæsari. Ab una facie inscriptio est Ἰλιέων δὶς Νεώκορων, quo sig-nificatur Ilienses esse bis Neocoros. In postica fa-cie Æneas Anchisem humeris gestat. Anchises ve-ro Palladium tenet : ut in primo hujus Supplemen-ti tomo Tab. LXIX. visus fuit. Putavit Albertus Rubenius Ilienses bis Neocoros appellari, quia Neocori erant Hectoris & Cæsaris. At Dalenius longe vero similius dicit, duplicem illum Neoco-ratum Æneam & Julium Cæsarem respicere, qui se ab Ænea progenitum dicebat. Hanc genealo-giam adulatores jactabant, quam ipse libentissimè admittebat, ideoque civitates id illi honoris ad-

cette genealogie pour lui faire plaifir, & les Villes lui en faifoient honneur. Enée & Anchife reprefentez fur la medaille confirment ce fentiment. M. Vaillant tranche tout d'un coup, en affurant que cette medaille, qu'il n'a pourtant jamais vûë, eft fauffe, & qu'il y en a beaucoup de ce genre dans Golzius, d'où elle a été originairement prife. C'eft l'opinion commune que Golzius a mis plufieurs medailles fauffes : mais je fai auffi qu'il s'en eft trouvé de certainement antiques, qu'on avoit pris pour fauffes parce qu'elles n'avoient encore été vûës que dans Golzius. Comme l'origine du Neocorat des Villes n'eft pas entierement éclaircie, je crois qu'il vaut mieux refter dans le doute fur la verité de cette medaille, que de la condamner fans autre examen.

III. La grande queftion roule donc fur les Villes dont les medailles portent l'infcription, δὶς, τρὶς, τετρακὶς νεώκοροι, deux, trois, quatre fois Neocores, ou qui ont eu deux, trois, ou quatre Neocorats, foit écrits au long, foit par des lettres numerales B. Γ. Δ, qui marquent de même qu'elles ont été ou font actuellement deux, trois, quatre fois Neocores. Les uns croient qu'elles ont eu cette gradation de Neocorats fous differens Empereurs ; que par exemple Ephefe aïant été faite Neocore fous Neron, aura porté le nom de Neocore fous cet Empereur, que l'aïant été faite la feconde fois fous Hadrien, elle aura alors pris la qualité de deux fois Neocore, & qu'aïant reçû pour la troifiéme fois le même honneur fous Caracalla, elle fe fera dite trois fois Neocore : c'eft le fentiment de M. Vaillant, & de plufieurs habiles gens. Les autres croient avec M. Cuper, Vandale & le P. Hardoüin, que fous le même Empereur les Villes ont été une, deux, trois, & quatre fois Neocores, plus ou moins de fois, felon qu'il eft porté fur les medailles. Par exemple fous Septime Severe, une Ville qui aura été Neocore de l'Empereur même, de Julia Domna fa femme, & de Caracalla, & de Geta Cefar leurs deux fils, fera appellée quatre fois Neocore ; fi elle l'a été de trois, de l'Empereur, de fa femme, & d'un fils, elle fera appellée trois fois Neocore ; fi elle l'a été de l'Empereur & de fa femme, ou de l'Empereur & d'un fils, elle fera deux fois Neocore ; fi de l'Empereur feulement, fimplement Neocore. Ainfi fous le même Empereur, lorfque les Villes étoient faites Neocores de l'Empereur lui-même, elles s'ap-

---

fcribebant. Æneas & Anchifes in eodem nummo expreffi hanc opinionem confirmant. Valentius vero noftras rem uno verbo dirimit, dum affirmat hunc nummum, quem tamen ipfe nunquam vidit, falfum nec antiquum effe ; afferitque multos hujufmodi apud Goltzium effe nummos, hunc autem ex Golzio defumtum fuiffe. Hæc quidem opinio fat vulgaris eft', Goltzium nummos plurimos falfos edidiffe. At fcio perfpectumque mihi eft, non paucos poftea antiquos deprehenfos fuiffe, qui ea folum de caufa pro fufpectis vel falfis habebantur, quod apud unum Goltzium publicati fuiffent. Cum porro Neocoratus urbium origo nondum fatis certo nota fit, puto confultius effe de hujus nummi veritate falfitateve judicium fufpendere, donec his de rebus aliquid certius emergat.

III. Maxima ergo quæftio verfatur circa civitates, quarum nummi hæc in infcriptione ferunt δὶς, τρὶς, τετρακὶς νεώκοροι bis, ter quaterve Neocoræ, five ita fcriptum fit, five per literas numerales B. Γ. Δ. queis indicetur effe bis, ter quaterve

Neocoras. Alii putant horumce Neocoratuum acceffionem a primo ad fecundum, a fecundo ad tertium, a tertio ad quartum fub diverfis Imperatoribus factam fuiffe. Exempli caufa Ephefus Neocora facta fub Nerone, Neocoræ nomine fimpliciter fub hoc Imperatore vocata fuerit : hinc vero fecundo Neocora facta fub Hadriano, tunc bis Neocoram fefe nuncupaverit, tertioque Neocoratu accepto fub Caracalla, fefe ter Neocoram nominaverit. Hæc eft opinio Valentii, aliorumque eruditorum. Alii putant cum Cupero, Dalenio & Harduino, fub uno eodemque Imperatore civitates fuiffe femel, bis, ter, quater Neocoras, plus vel minus, prout in nummis legitur. Verbi gratia fub Septimio Severo, civitas quæ fuerit Neocora Imperatoris, Juliæ Domnæ uxoris, Caracallæ & Getæ Cæfarum filiorum utriufque, quater Neocora vocabitur ; fi trium tantum Neocora fuerit, nempe Imperatoris, uxoris & unius ex filiis, ter Neocora vocabitur ; fi Imperatoris & uxoris, aut Imperatoris & filii unius, bis Neocora erit ; fi Imperatoris tantum, Neocora tantum & fimplici-

pelloient fimplement Neocores ; quand elles l'étoient auffi de l'Imperatrice, elles fe nommoient deux fois Neocores, & ainfi confécutivement à l'égard des enfans. Cette gradation au refte n'étoit pas neceffaire, car elles pouvoient en même tems être faites Neocores de deux, de trois, & de quatre. Ces Neocorats ne paffoient pas aux Empereurs fuivans.

IV. La preuve de cela, c'eft qu'après que des Villes ont été trois fois, & quatre fois Neocores fous des Empereurs, elles fe trouvent dans des medailles des Empereurs fuivans, ou fimplement Neocores, ou deux fois Neocores. Par exemple une medaille de Caracalla marque ceux de Sardes trois fois Neocores, & une de Geta quatre fois. Et la même Ville fe trouve depuis fous Maximin, fimplement Neocore, de même que dans une medaille de Sabinie Tranquilline, femme de Gordien Romain, & dans une medaille de Gordien Romain deux fois Neocore : marque certaine que ces nombres de Neocorats ne paffoient pas aux Empereurs fuivans, & que c'étoit toûjours à recommencer fous de noûveaux Empereurs.

Ces Villes Neocores fe trouvent fouvent appellées dans les medailles, Neocores des Auguftes. Dans celles d'Ephefe les Ephefiens font appellez Neocores des Auguftes & de Diane, & ceux de Smyrne Neocores des Auguftes & de Rome. Quand ces Villes étoient faites Neocores des Auguftes, elles bâtiffoient des temples en leur honneur, & ces temples fe voient fouvent fur les medailles ; on y remarque un, ou deux, ou trois, & jufqu'à quatre temples, quelquefois felon le nombre de Neocorats marquez fur la medaille ; mais non pas toûjours.

V. M. Vaillant, M. de Valois, & d'autres habiles gens refutent ce fentiment, & prétendent que les Villes ont été faites une, deux, trois, & jufqu'à quatre fois Neocores fucceffivement, & fous divers Empereurs, qu'une Ville qui avoit été fimplement Neocore fous un Empereur, devenoit deux fois Neocore fous un autre & ainfi trois ou quatre fois Neocore fous leurs fucceffeurs ; qu'elle étoit faite Neocore quand elle recevoit un decret du Senat, pour joüir de cet honneur : ce qui fe prouve par ce paffage du Sophifte Pole-

---

ter dicetur. Sic fub eodem Imperatore cum civitates ipfius Imperatoris Neocoræ efficiebantur, Neocoras fine addito fefe dicebant ; quando poftea Imperatricis Neocoratum accipiebant, tum bis Neocoræ nominabantur, & fic etiam cum filiorum Neocoræ erant. Neceffe autem non erat ut fic gradatim a primo ad fecundum, a fecundo ad tertium, & a tertio ad quartum Neocoratum afcenderent. Poterant quippe eodem ipfo tempore, duorum vel trium, vel quatuor fimul principum Neocoræ fieri. Neocoratus autem illi ad fequentes Imperatores non tranfibant.

IV. Hanc porro fententiam fuam fic probant ; cum civitates ter & quater Neocoræ factæ funt fub Imperatore quopiam, in nummis fequentium Imperatorum reperiuntur vel Neocoræ fimpliciter, vel bis Neocoræ ; exempli caufa, nummus Caracallæ Sardianos vocat ter Neocoros, & alius Septimii Getæ quater Neocoros. Eadem vero civitas deinde fub Maximino occurrit in nummis Maximini atque in nummo Sabiniæ Tranquillinæ fimpliciter Neocora, & in nummo Gordiani Pii Romani bis Neocora : unde certiffime liquet Neocoratuum numeros non tranfiviffe ad Imperatores fequentes, fuccedentibufque aliis Imperatoribus,

numerum femper ab initio refumtum fuiffe.

Iftæ Neocoræ urbes in nummis fæpe appellatæ occurrunt, Neocoræ Auguftorum. In nummis autem Ephefi, nominantur Ephefii, Neocori Auguftorum & Dianæ. Smyrnæi vero, Neocori Auguftorum & Romæ. Cum illæ civitates Neocoræ Auguftorum conftituebantur, templa in ipforum honorem conftruebant ; quæ templa fæpe in earum nummis vifuntur, unum, duove, aut tria, aut quatuor templa, fecundum numerum Neocoratuum qui notantur per infcriptionem ; at non femper idem numerus templorum figura repræfentatur, qui in infcriptione legitur Neocoratuum numerus.

V. Valentius, Valefius aliique rei nummariæ péritiffimi, eorum opinionem confutant, probareque nituntur, civitates, femel, bis, ter quaterve Neocoras fuiffe factas fub diverfis imperatoribus & fucceffione quadam. Civitatem nempe, quæ fimpliciter Neocora fuerat fub aliquo Imperatore, bis Neocoram fub alio fequenti, fub alioque ter quaterve Neocoram fuiffe. Neocoram fcilicet factam effe, quando fenatusconfultum accipiebat, quo hujufmodi fibi honor deferebatur : id quod probatur hoc Polemonis Sophiftæ loco ex marmoribus

mon,

mon tiré des marbres d'Arondel, δεύτερον δόγμα συγκλήτυ καθ' ὃ νεώκοροι γεγόναμὲν, *un second decret du Senat par lequel nous avons été faits Neocores*, difent ceux de Smyrne. Selden croit que cela veut dire qu'ils ont été faits deux fois Neocores : il y a beaucoup d'apparence que ce fecond decret donnoit un fe_ cond Neocorat, quoique δὶς deux fois, ne foit pas exprimé dans le marbre, & qu'un troifiéme decret donnoit un troifiéme Neocorat, & un quatriéme de_ cret un quatriéme Neocorat de même. Mais cela ne fait rien à la difficulté. Le Senat pouvoit donner deux, trois, quatre decrets fous le même Empereur, comme il pouvoit les donner fucceffivement fous plufieurs.

Ce qui a porté M. Vandale à croire que le Neocorat fe donnoit trois ou quatre fois fous un même Empereur, dit M. Vaillant, c'eft qu'il a crû que le nombre de temples qu'on voit fur le revers des medailles répondoient à au_ tant de Neocorats, & que ces temples avoient été bâtis pour l'Empereur regnant, pour fa femme & pour fes enfans. Mais fi ces Neocorats finiffoient avec les Empereurs regnans, & que du tems de l'Empereur fuivant il ait fallu bâtir de nouveaux temples pour lui, & pour fa famille, il fe feroit enfin trouvé autant de temples que de maifons. Un autre raifon que M. Vaillant apporte eft qu'on ne bâtiffoit aucun temple à un Empereur, fans faire des fêtes & des jeux en fon honneur : or ces fêtes & ces jeux, à caufe de la trop grande dépenfe, ne fe celebroient que tous les trois, ou quatre, ou cinq ans : & cela pofé, il n'y pouvoit pas avoir fous les mêmes Empereurs trois ou quatre Neoco_ rats dans une même Ville ; la plûpart n'ont pas affez regné, pour voir tant de fois ces jeux, comme Caracalle, Elagabale, Maximin, Gordien.

Pour ce qui eft des exemples de Villes, qui après avoir été trois ou quatre fois Neocores fous des Empereurs précedens, fe trouvent ou fimplement Neocores, ou deux fois Neocores dans les medailles des Empereurs fuivans, il répond que quand il n'y a que le mot de Neocore, c'eft qu'on s'eft difpenfé de mettre le nombre des Neocorats, de même que les Monetaires fe difpen_ fent quelquefois de mettre le nombre des tribunats, quoiqu'il y ait déja plu_ fieurs années de Tribunat. Il apporte pour exemple une medaille de Vefpafien,

---

Arundellianis defumto, δεύτερον δόγμα συγκλήτυ καθ' ὃ νεώκοροι γεγόναμὲν, *fecundum Senatus confultum, quo Neocori facti fuimus*, inquiunt Smyrnæi. Putat Seldenus his fignificari eos bis Neocoros factos. Verifimile certe eft hoc fecundum decretum, fecundum offerre Neocoratum, etfi illa vox δὶς bis, in marmore non exprimatur. Tertium item decretum tertium afferre potuit Neocoratum, & quartum fimiliter decretum, quartum Neocoratum. Verum illud difficultatem nullo modo tollere videtur. Potuit enim Senatus fub uno eodemque Imperatore duo, tria, quatuorque decreta dare, ut potuit dare fub pluribus.

Id quod Dalenium eo deduxit, inquit Valentius, ut crederet Neocoratum bis terve fub eodem Imperatore datum fuiffe, numerus templorum fuit. Putavit nempe numerum templorum quæ in nummorum poftica facie vifuntur, totidem indicare Neocoratus ; hujufmodique templa exædificata fuiffe Imperatori tunc regnanti, ejus uxori & filiis. Verum fi Neocoratus illi finem accipiebant cum Imperatore tunc regnante, & fi novo fuccedente Imperatore nova templa conftruere neceffe fuerit ; ipfi nempe, uxori, & liberis ; tot demum templa, quot ædes civium fuiffent. Aliud adverfus argu_ mentum affert Valentius : nunquam Templum Imperatori cuipiam conftruebatur fine feftorum dierum & ludorum celebratione. Atqui fefta & ludi hujufmodi, eo quod fumtibus nimiis celebrarentur, *Ternis folum, quaternis vel quinis annis fieri folebant* : qua re pofita non poterant fub eodem Imperatore tres quatuorve Neocoratus in eadem haberi urbe ; cum maxime Auguftorum magna pars non fat diuturnum imperium tenuerint, ut Caracalla, Elagabalus, Maximinus, Gordianus.

Quod autem fpectat ad exempla illa urbium, quæ poftquam ter quaterve Neocoræ fuerint fub Imperatoribus præcedentibus, vel fimpliciter & femel Neocoræ, vel bis Neocoræ dicuntur in nummis Imperatorum fequentium, refpondet Valentius, quando νεωκόρων nomen folum nullo addito numero occurrit, id ex confuetudine quadam fieri, nam numeri illi quandoque negliguntur ; ut exempli caufa Monetarii nonnunquam numerum tribunatuum annotare negligunt, etfi jam multi tribunatus anni effluxerint. Exemplum autem affert ex Vefpafiani nummo, ubi in poftica facie legitur P. M. TR. P. COS. VI. Nemo dixerit

compofée de plufieurs Villes jointes enfemble ; de fon temple d'Efculape,
fi fameux dans toute l'Afie. Ephefe fe glorifioit de fon grand port, & du magnifique temple de Diane, l'une des fept merveilles du monde. Cela joint à
d'autres prérogatives que ces trois Villes s'attribuoient, faifoit que chacune
vouloit l'emporter fur fes rivales.

bus conftitui, de Æfculapii templo per totam A-
fiam celebrato. Ephefus de ampliffimo portu
altos fumebat fpiritus, deque admodum magnifico Dianæ Ephefiæ templo, quod inter feptem orbis miracula computabatur. Alias quoque præro-
gativas fibi adfcribebant hæ civitates, queis nixæ
alias fe fuperare putabant.

## CHAPITRE VI.

*I. Trois temples fur un medaillon. II. Temple de Diane Pergée. III. Temple d'Her-
cule fur un medaillon. IV. Temple d'Hercule à Breffe en Italie. V. Pavé d'un
temple trouvé en Angleterre. VI. Autre pavé trouvé à Viterbe. VII. Temple de
la Fortune.*

8 I. LE medaillon fuivant montre [8] trois temples, celui du milieu eft de
Diane d'Ephefe. Les deux autres ont des divinitez à l'entrée, que leur
petiteffe empêche de bien diftinguer : ce font deux autres temples de la Ville.
Les Ephefiens font appellez, πρῶτοι Ασίας, les premiers de l'Afie. Nous venons
de parler de ces temples fur les Neocores. M. Vandale a crû que ces trois temples marquoient autant de Neocorats : mais cela n'eft pas certain ; & ce point
demande des éclairciffemens, que les medailles trouvées jufqu'à prefent n'ont
pas encore fournis.

9 II. Le temple de Diane [9] Pergée eft tout extraordinaire dans fes ornemens ;
Il n'y a au frontifpice que deux colonnes ; mais l'ouvrier n'en a pas mis davantage, apparemment pour laiffer tout l'efpace libre, & faire place à plufieurs
chofes qu'il vouloit y mettre. On y voit comme dans un éloignement la tête
de Diane fur une efpece de coupe. Au bas on voit à chaque côté un autel, fur
lequel eft une fphinx ailée. Les Egyptiens mettoient des fphinx aux entrées

### CAPUT VI.

*I. Tria Templa in nummo uno. II. Tem-
plum Dianæ Pergeæ. III. Templum Herculis in nummo. IV. Templum Herculis
Brixiæ in Italia. V. Pavimentum Templi in Anglia repertum. VI. Aliud pavimentum templi Viterbii repertum. VII.
Templum Fortunæ.*

I. NUmmus fequens tria [8] exhibet templa, id
quod medium occupat Dianæ eft Ephefiæ ;
duo alia vero templa numen quodpiam in oftio
offerunt, fed tam exiguum, ut internofci nequeat ;
funt autem duo alia, ejufdem urbis templa. Ephefii hic vocantur πρῶτοι Ασίας Afiæ primi. De hifce
templis fupra, cum de Neocoris civitatibus ageretur, loquuti fumus. Dalenius putat his tribus templis tres Neocoratus notari : at illud non certum
eft. Hæc res nova quærit monumenta, novas notitias, quas nummi hactenus reperti nondum obtulerunt.

II. Templum Dianæ [9] Pergææ infolitis fplendet
ornamentis. In frontifpicio duæ tantum funt columnæ ; fed non plures fculptor dedit, ut fpatium inter ambas liberum relinqueret, in quo
multa collocaret. Quafi in fat remoto intra templum fpatio vifitur caput Dianæ, cuidam ceu
crateri impofitum. In ima parte confpicitur ad
utrumque latus ara, cui utrique infidet Sphinx alata. Ægyptii in Templorum ingreffu Sphinges loca-

des temples, pour marquer que les myſteres qu'on y celebroit étoient obſcurs & énigmatiques. C'eſt peut-être de là que les Grecs avoient puiſé cette coû-tume, comme ils avoient auſſi pris des Egyptiens bien d'autres choſes. Ce temple & quelques autres ont déja été donnez dans le ſecond tome de l'Anti-quité, tirez des medailles. Mais comme les medaillons du Roi les repreſentent plus grands, & montrent des choſes remarquables qui ne paroiſſent pas dans les autres à cauſe de leur petiteſſe, on a cru les devoir mettre ici.

III. Hercule tient la maſſuë levée, placé à l'entrée de ſon temple [1] de la ville d'Erythre: il ſemble qu'il va frapper quelqu'un. Ce temple n'a que quatre colonnes, mais l'ouvrier peut en avoir paſſé quelques-unes pour y pouvoir mettre la figure d'Hercule. L'inſcription greque dit que cette medaille des Erythréens a été frappée, lorſque Publius Ælius Attalus étoit Préteur pour la ſeconde fois.

Le petit [2] temple des Egyptiens qu'on voit après, ſi toutefois c'eſt un tem-ple, eſt entré, je ne ſai comment, dans cette planche. Il eſt ici hors de ſa place: les temples & les ſacrifices Egyptiens ſe trouvent vers la fin de ce tome. On y voit d'abord au haut du frontiſpice un globe où ſont attachées deux ailes, une de chaque côté; & par deſſous le globe s'élevent deux têtes d'oi-ſeau, qui montent de chaque côté juſqu'à la hauteur du ſommet du globe. Au deſſous de cette premiere bande ſe voit une rangée de figures ſi petites, qu'on ne peut guere bien les diſtinguer. D'un côté il y en a trois aſſiſes, dont celle du milieu eſt peut-être la divinité qu'on honoroit dans le temple. Ces figures ſont ſur une eſpece de colonne couchée, qui a la forme d'un faiſceau rond & long, lié d'un bout à l'autre, en ſorte que le lien va tout autour en ligne ſpirale. Les deux colonnes qu'on voit aux deux extrémitez de la façade à droite & à gauche, ſont faites de la même maniere. La porte quarrée du temple a ſur ſon entablement trois oiſeaux qui paroiſſent de même eſpece. Je ne ſai ſi ce ne ſont pas trois épreviers, oiſeaux qui étoient en grande veneration dans l'Egypte, parce qu'ils repreſentoient le grand dieu Oſiris. A chacun des côtez de la porte il y a un homme qui ſemble faire la fonction de Suiſſe: chacun des deux porte un long bâton, dont le haut ſe termine en bequille.

Pl. V.<br>1

---

bant, ut ſignificarent, ea quæ ibi celebrabantur myſteria obſcura & ænigmatica eſſe, inquit Plu-tarchus in libro de Iſide & Oſiride. Hinc forte Græci eam conſuetudinem mutuati erant, ut & alia multa ab Ægyptiis hauſerant. Hoc templum ut & alia nonnulla in ſecundo Antiquitatis expla-natæ tomo jam publicata ſunt ex nummis minimæ molis educta. Verum quia illi Regii nummi majo-ris formæ majora templa exhibent, & multa etiam notatu digna repræſentant, quæ in aliis minoris moduli nummis non comparebant ob brevitatem ſpatii, hic denuo ponenda duximus.

III. Hercules, [1] in templi ſui oſtio locatus, clavam tenet erectam Erythræa in urbe, quaſi clavæ ictu quempiam proſternere cupiat. Templum eſt qua-tuor tantum columnarum; ſed ſculptor aliquot pro more omiſerit, ut erigendæ Herculis imagini locus ſupereſſet. Inſcriptio Græca ſic legenda eſt Ἐρυθραίων ἐπὶ στρατηγῦ Π. Αἰλίε Ἀτ]άλυ τὸ β. id eſt, Erythræorum, Publio Ælio Attalo iterum Præ-tore.

Parvum illud Ægyptiorum templum, quod hic conſpicitur [2], ſi tamen templum revera eſt, neſcio quo caſu in hac Tabula inſculptum, & extra pro-prium ſibi locum poſitum eſt. Nam templa ſacri-ficiaque Ægyptiorum circa finem hujuſce tomi ha-bentur. Statim in ſuprema frontiſpicii parte glo-bus viſitur, cui annexæ ſunt alæ, altera hinc alte-ra inde; ex imo globo hinc & inde exeunt duo avium capita, quæ utrinque ad uſque altitudinem ſummi globi exſurgunt. Subtus iſtæc, hominum fi-guræ habentur adeo exiguæ, vix ut internoſci ac diſtingui poſſint. In altero latere tres homines in ſellis ſedentes conſpiciuntur: qui mediam occu-pat ſedem fortaſſe deus ille eſt qui in hoc templo colebatur. Hæ porro figuræ ſupra columnam ex-tenſam ſunt rotundam & longam admodum, faſ-ciis colligatam, ita ut ligamen ſpiram referat. E-juſdem quoque formæ ſunt duæ columnæ in ex-tremis frontiſpicii lateribus hinc & inde poſitæ. Porta quadrata templi ſupra tabulatum ſuperne tres aves exhibet ejuſdem, ut videtur, generis. Forte tres ſunt accipitres, qui per Ægyptum ma-gno in honore habebantur, quod magnum deum Oſiridem repræſentare putarentur. Ad utrumque portæ latus vir quidam ſtat cuſtodiæ cauſa: uter-que vero oblongum baculum tenet tranſverſo ligno ſuperne terminatum,

E iij

3    IV. Ottavio Rossi [1] qui nous a conservé la façade avec le plan que nous
donnons ici, dit que c'est le temple d'Hercule, ce qui a été reconnu par une
inscription trouvée dans une architrave, HERCULI PATRIO. Nous
avons vû dans le premier tome la figure d'Hercule de Bresse, revêtu de la peau
du lion, tenant un fan par les pattes. La façade de son temple qui est belle,
a huit colonnes d'ordre Corinthien : entre les colonnes sont six niches pour
autant de statues. Pour ce qui regarde l'interieur du temple, la grande partie
qui est celle du milieu, étoit renfermée dans des galleries interieures, ou des
corridors, bordez de colonnes du côté du grand mur, & de pilastres de l'autre
côté. Ce qui est à remarquer, c'est que de ces corridors on ne pouvoit entrer
dans le *Naos*, ou dans la partie du milieu, que du côté de la grande porte, &
par deux autres portes ménagées de chaque côté au milieu des corridors.
Le Naos étoit orné de pilastres appliquez aux pilliers. Ce temple qui se
termine en rond par le haut a une espece de croisée qui avance hors d'œuvre,
large comme les corridors des côtez, & ornée en dedans de même. Le dehors
qui étoit sur le même aspect que le frontispice, avoit tous les mêmes ornemens, des colonnes d'ordre Corinthien, & des niches pour des statues. Une
chose remarquable est que de ces deux corridors qui faisoient une croisée, on
ne pouvoit pas entrer tout droit dans le temple, il falloit necessairement aller
chercher les portes des côtez. Le temple étoit orné par dedans de pilastres
qui regnoient tout autour. Il paroit que dans la partie ronde qui termine le
temple au haut, qui est ce qu'on appelle en quelques Eglises *le chevet*, il y
avoit trois niches pour mettre autant de statues. Au reste le plan donné par
le Rossi ne s'accorde point du tout avec le profil qu'il met au même endroit.
On diroit que ce sont deux temples differens. Le plan nous montre un pseudodiptere, qui a tout autour un large portique couvert, soûtenu par des colonnes où l'on pouvoit se promener. On l'appelloit Pseudodiptere, ou faux
diptere, parce qu'anciennement le diptere avoit un portique à deux rangs
de colonnes, où l'on montoit de tous les côtez par les degrez qui regnoient
tout autour. Mais Hermogene voïant qu'en ôtant le rang de colonnes qui
étoit en dedans, on élargissoit l'allée sans ôter la grace & l'ornement que don-

---

IV. Octavius Rubeus [1] qui frontispicium & ichnographiam sequentis templi servavit in memoriis Brixianis pag. 20. & 21. dicit esse templum
Herculis, id quod ex his verbis in Zophoro quodam repertis liquidum est, HERCULI PA-
TRIO. In primo hujus Supplementi tomo vidimus schema Herculis Brixiani leonis spoliis prae-
cincti, & hinnuli pedes manu tenentis. Frontispicium templi elegantia sua conspicuum, octo columnis Corinthii ordinis exornatur. Inter columnas sex sunt loculamenta totidem locandis statuis. Quod ad interiora templi pertinet, major
eaque media pars inter porticus, seu alas, ut vocant, inclusa erat, quae alae columnis ex parte
majoris muri, parastatis ex altera ornatae erant.
Quodque observandum est, ex his porticibus non
poterat in medium templum intrari, nisi per eum
aditum qui portam majorem respicit, & per duas
januas, quae in mediis porticibus patebant. Medium templum ornatum parastatis erat, quae pa-
rastatae pilis majoribus haerebant. Pars superior
templi in rotundam formam definit, & quamdam ceu crucem exhibet, quae extra templi limites hinc & inde extenditur, eadem qua porticus
latitudine, iisdemque ornamentis interioribus.
Crucis hujus facies exterior, iisdem, quibus ipsum
frontispicium, gaudebat ornamentis, columnis
nempe ordinis Corinthii, statuarumque loculamentis. Quodque etiam mireris, ex illis duabus
porticibus, quae crucem constituebant, non poterat in medium templum recta intrari, sed ad-
eundae erant illae in lateribus adornatae januae.
Templum parastatis a lateribus erat ornatum. Ap-
lis vero qua templum terminatur, tres habebat
apsidulas ad totidem locandas statuas. Caeterum
ichnographia, quam dedit Rubeus, cum ejus orthographia nullo modo consonat. Duo diversa
esse templa diceres. Ichnographia pseudodipteron
ostendit, sive latam porticum opertam, columnis
fultam, ambulacrum praebentem. Pseudodipteron
autem vocabatur sive falsum dipteron, quia olim
dipteron porticum habebat opertam, duobus columnarum ordinibus undique fultam. Verum Her-
mogenes cum perspiceret, sublato interiore columnarum ordine latius fore ambulacrum, nihilque hinc ornamenti detractum iri, istius formae

noient aux temples ces rangs de colonnes qui regnoient tout autour, fit des temples en cette forme qu'on appelle Pſeudodipteres. Selon le profil il n'y avoit ni pſeudodiptere, ni portique, quoique les degrez ſe voient tout autour. Voilà une difference très-grande, & ce n'eſt pas la ſeule : les deux ailes qui font une eſpece de croiſée, ſont bien plus longues dans le profil que dans le plan. On ne peut voir que ſur les lieux où eſt le défaut, ſuppoſé même que le temple ſoit encore aujourd'hui ſur pied.

V. Le pavé que nous repreſentons ici a été trouvé en Angleterre l'an 1712. **PL. VI.** à un lieu appellé Stunfield, non loin de Woodſtock. Un laboureur qui pouſſa ſa charruë dans des pierres, donna lieu de découvrir cette moſaïque, qui étoit à trois pieds en terre : on ôta la terre, & l'on découvrit tout le pavé qui a trente-ſix pieds de long ſur quinze de large. Ce ſont les meſures qu'on a données dans le Pitiſcus, qui ne s'accordent pas tout-à-fait avec l'eſtampe qu'il en a fait faire, où la largeur a plus de la moitié de la longueur. Les petites pierres qui compoſent ce pavé ont un quart de pouce en carré ; mais celles des bords ſont une fois plus grandes. Ces pierres ſont de differentes couleurs, rouges, noires, blanches & cendrées. C'eſt apparemment le pavé de quelque temple de Bacchus. Au milieu de l'un des ronds on voit ce dieu aſſis ſur un tigre qui marche ; il tient d'une main une branche de vigne, & de l'autre un pot renverſé : il eſt couronné de pampres. Les ornemens de la moſaïque ſe remarqueront à l'œil. Les quatre oiſeaux qu'on voit aux quatre angles du plus grand carré ne ſe peuvent guere bien reconnoître ; ils tiennent chacun un rameau de l'un de leurs pieds.

VI. L'autre pavé qui n'eſt pas moins ſingulier que le précedent, fut trouvé **PL. VII.** l'an 1720. à Viterbe dans la vigne de Mſſ. les Comtes Buſſi. Il a environ ſoixante palmes Romains de long ſur vingt de large. Le palme Romain a huit pouces & demi des nôtres ; ainſi la longueur ſera de quarante trois de nos pieds, & la largeur de quatorze ou environ. Les pierres de ce pavé ſont preſque toutes ou d'un brun cendré, ou blanches : il y a pourtant quelque peu de rouge & de bleu dans la tête de Meduſe, dans les deux ſphinx, dans le pan, & dans quelques autres figures. On ne ſait ſi c'eſt le pavé d'un temple en ; ce cas-

---

templa ſtruxit, quæ pſeudodiptera vocata ſunt. Si orthographiæ fidem habeas, nec pſeudodipteron, nec porticus erat, etſi gradus undique conſpiciantur. Certe magnum eſt hoc inter ambo diſcrimen, aliaque ſunt diſcrimina : nam alæ illæ quæ quaſi crucis formam efficiunt, in orthographia multo longiores ſunt, quam in ichnographia. Neque ſcire potes in utro vitium ſit, niſi Brixiam adeas ; ſi tamen templum hodieque ſuperſit.

V. Pavimentum illud, quod hic exhibemus, in Anglia anno 1712. detectum fuit, in loco cui nomen Stunfield, haud procul a Woodſtochio. Arator qui in lapides aratrum immiſit, huic Muſivo operi detegendo occaſionem præbuit. Sub ſolo autem latebat tribus profundo pedibus. Amota terra fuit, atque ſic pavimentum totum triginta pedibus longum, & quindecim latum detectum eſt. Has menſuras in fronte Lexici a Pitiſco editi dederunt, quæ tamen cum ſchemate non omnino conſentiunt : latitudo enim plus quam dimidium longitudinis occupat. Lapilli, quibus coagmentatum eſt pavimentum, quadrati ſunt & quartam pollicis partem latitudine habent. Sed ii lapilli qui ex-

trema ſtrati hujuſcemodi occupant duplo majores ſunt : & varii coloris omnes, rubri, nigri, albi, cinerei. Eſt, ut quidem videtur, pavimentum alicujus Bacchici templi. In medio cujuſdam circuli Bacchus inſidet tigri gradienti : manu ramum tenet pampineum, altera vero ſcyphum inverſum. Pampinis autem coronatus eſt. Cætera muſivi operis ornamenta uno aſpectu facile percipientur. Quatuor aves quæ in quatuor angulis conſpiciuntur, vix dignoſci poſſunt. Singulæ ramum altero pede tenent.

VI. Aliud pavimentum non minus ſpectabile quam præcedens anno 1720. Viterbii repertum fuit in vinea DD. Comitum Buſſiorum. Eſt porro longitudine ſexaginta palmorum Romanorum, latitudine viginti. Palmus vero Romanus eſt octo pollicum & dimidii noſtrorum, ita ut longitudo tota ſit quadraginta trium pedum noſtrorum, latitudoque quatuordecim peduin vel circiter. Lapilli queis adornatum opus muſivum fuit, ſunt omnes vel cinerei nigricantes vel albi. Attamen in capite Meduſæ, in pavonibus, in aliiſque pauculis figuris rubri & cærulei quidpiam deprehenditur. An pa-

là, ce feroit d'un temple de Minerve. On y voit plufieurs fymboles de cette déeffe, la tête de Medufe qui eft la plus grande image, un bouclier rond comme un demi globe avec une choüete pardeffus, & un dard, plufieurs cafques, un grand nombre de peltes, ou de petits boucliers. Il eft vrai qu'on y remarque auffi un pan fymbole de Junon ; mais les fymboles de Minerve y dominent, & la tête de Medufe eft ce qui frappe le plus. La mofaïque eft compofée de très petites pierres : les compartimens font d'un goût fort different de ceux de la mofaïque précedente, comme il arrive toûjours en ces chofes qui dépendent du pur caprice.

Pl. VIII.

VII. Le temple de la Fortune eft fort reconnoiffable par l'image même de la Fortune ' qui eft à l'entrèe. Elle tient de la main droite le timon, & fur le bras gauche la corne d'abondance : elle a le pôle fur la tête comme dans plufieurs autres images. Ce temple eft reprefenté à quatre colonnes ; l'arc ménagé dans le fronton fe trouve ici comme dans plufieurs autres images. L'infcription dit que la medaille a été frappée fous Flavius Phificus grand Prêtre des Eumeniens Acheiens, c'étoient des peuples de Phrygie.

---

vimentum cujufdam Templi fit ignoratur, fi templi cujufdam, Minervæ ut videtur effet. Multa quippe ibi ejus deæ fymbola obfervantur ; caput Medufæ quæ maxima omnium imago eft, clipeus rotundus quafi media pars globi cum noctua fuperpofita, jaculum, multæ caffides, peltæ pleræque. Attamen pavonem etiam hic confpicimus, quod eft fymbolum Junonis : fed fymbola Minervæ hic frequentius occurrunt, & magno numero funt. Mufivum opus ex lapillis perquam minimis ftructum eft : ceroftrota autem longe diverfa ratione funt concinnata, ab illis quæ in præcedenti pavimento obfervantur, ut fere fit in rebus ex mero arbitrio & imaginatione dependentibus.

VII. Templum Fortunæ facile dignofcitur ex imagine ipfius Fortunæ, quæ in ejus ingreffu repræfentatur. Ut mulier depingitur dextera manu temonem, læva cornu copiæ tenens. Polum capite geftat, ut in plerifque aliis imaginibus. Templum quatuor columnarum repræfentatur ; arcus vero in faftigio erectus eodem prorfus modo confpicitur in nummis bene multis, frontifpicia templorum exhibentibus. Infcriptio fic legenda, ἐπὶ φλαβίκ φισικα (fic) ἀρχιέρεωσ Εὐμενίων Αχαιων. Hoc eft, fub Flavio Phifico fummo Sacerdote Eumeneorum Achivorum, qui erant Phrygiæ populi.

PAVÉ D'UN TEMPLE TROUVÉ EN ANGLETERRE

Long de 8 pieds et large de 13.

Environ 16 pieds de long sur 13 de large

PAVÉ D'UN TEMPLE TROUVÉ A VITERBE

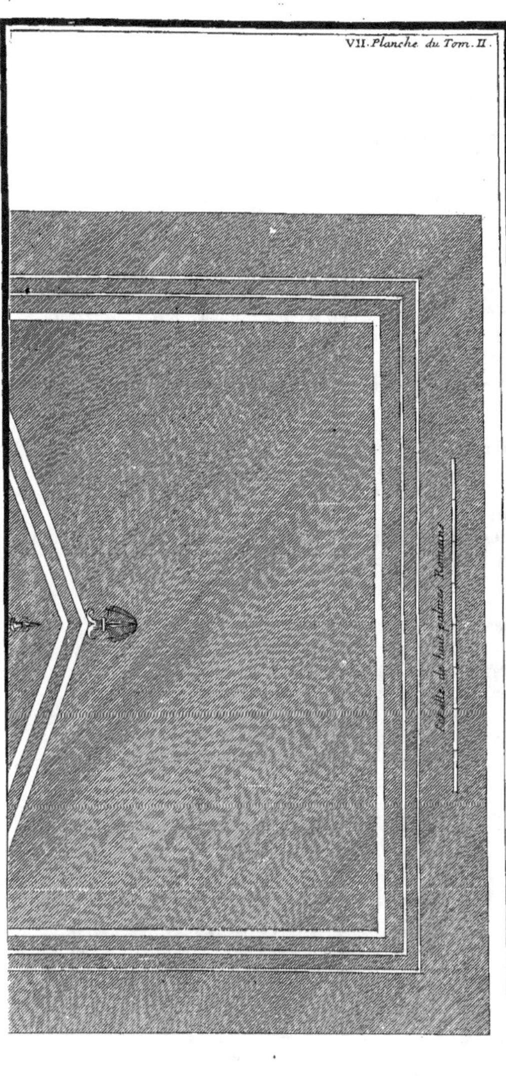

Eschelle de huit palmes Romains

# CHAPITRE VII.

*I. Medaillon d'Apamée, où est representée une espece d'Arche. II. Que quelques-uns
ont prise pour l'Arche de Noé. III. D'autres, pour l'Arche de Deucalion.*

I. NOus mettons ici, ne trouvant pas de place plus propre, ce medaillon
de Severe, au revers duquel est representée une espece de bâtiment
carré long : dans ce bâtiment sont un homme & une femme qu'on croit
être Deucalion & Pyrrha. Le medaillon est frappé à Apamée ville de Syrie,
appellée anciennement Pella : on croit que ce bâtiment est une Arche comme
celle de Noé : il paroit en effet que ce ne peut être autre chose. L'homme &
la femme qu'on voit dans ce bâtiment carré, se voient encore hors du bâtiment, où ils se tiennent debout, & levent une main ; ils ressemblent tellement à ceux de dedans répetez dans le même revers, qu'on juge que ce sont
les mêmes. L'inscription autour de la medaille est telle, ἐπὶ ἀγωνοθέτη Ἀρτέμα
γ. Cela veut dire, *Artemas étant pour la troisième fois Agonothete.* Dans
l'exergue on lit Ἀπαμέων, & sur un côté du bâtiment carré que plusieurs prennent pour l'Arche de Deucalion, on lit ΝΕΩΚ, ce qui veut dire Νεωκόρων. Il
ne faut pas omettre que sur le bord de cette Arche on voit un oiseau, & encore un autre oiseau qui vole vers l'Arche.

II. C'est le revers d'un medaillon de Severe que nous représentons ici : ce
même revers se trouve encore dans les medailles de Philippe le Pere. Ottavio
Falconnieri qui a fait une Differtation sur cette curieuse medaille, dit qu'il
a vû en differens cabinets trois medailles de Philippe qui ont ce même revers ;
mais avec quelques differences remarquables que je vais rapporter ici. Ce
bâtiment carré que nous appellons une Arche, flotte dans les eaux dans ces
medailles de Philippe, ce qu'on ne remarque pas sur le medaillon du Roi, où
l'Arche paroit être sur terre. L'oiseau qui vole dans les medailles de Philippe,
tient un rameau dans ses griffes : ce qui ne se voit pas dans le medaillon de

---

CAPUT VII.

*I. Nummus Apameæ, in quo arca veluti
quædam exhibetur. II. Hanc pro arca
Noæ quidam habuerunt. III. Alii vero
pro arca Deucalionis.*

I. NOn alium opportuniorem locum novimus
huic Regio explicando numismati, in quo
Severus Imperator repræsentatur, & ab altera parte, ædificium quodpiam quadratum, in quo vir
& mulier quos putant esse Deucalionem & Pyrrham. Nummus percussus est Apameæ Syriæ,
quam olim Pellam vocabant. Ædificium illud pro
arca lignea habitum fuit & omnino habendum
videtur. Vir autem & mulier qui intra ædificium
illud quadratum conspiciuntur, extra illud etiam
stantes visuntur, manûm erigentes. Inclusis certe
illis ita similes sunt, ut jure putetur eosdem esse,
qui in eadem postica nummi facie repetuntur, de-
nuoque repræsentantur. Inscriptio circum talis
est, Ἐπὶ ἀγωνοθέτῃ Ἀρτέμα γ. Id est, sub Agonothetâ,
Artema, *cum jam tertium hoc muneris* exerceret :
In exergo legitur Ἀπαμέων, inque latere uno ædificii sive arcæ Deucalionis ; ut vulgo putatur, scribitur Νεωκ id est, Νεωκόρων Neque omittendum est in
arcæ ota conspici avem ; aliamque item avem
quæ versus arcam volat.

II. Hic damus posticam faciem nummi Septimii
Severi Imperatoris. Hæc porro postica facies occurrit etiam in nummis Philippi Patris. Octavius
Falconerius qui in hunc nummum differtationem
edidit, ait se in variis Museis tres nummos vidisse
cum hoc in postica facie typo : sed discrimina quædam non levia præferenti, quæ hic nobis expro-
menda sunt. Isthæc quadrata fabrica, quam arcam vocamus, in undis fertur, in nummis Philippi,
id quod in nummo Regio non perspicitur, ubi
arca solo nixa videtur esse. Avis quæ in nummis
Philippi volat, ramum tenet unguibus, id quod

Severe, où l'oiseau qui vole n'a rien aux pieds : il y a encore quelque différence dans la forme de l'Arche ; mais qui n'est pas bien considerable : cela peut venir ou du dessinateur, ou du graveur, ou de celui qui l'a faite dessiner ou graver selon son idée. Il arrive très-souvent qu'un Antiquaire fait dessiner une medaille, ou un monument selon son opinion, qui ne se trouve pas toûjours conforme à la verité. Mais ce qu'il y a de plus singulier, c'est qu'au lieu du NEΩK qu'on lit sur l'Arche au medaillon du Roi, & qui se doit lire NEΩKO-PΩN, sur les medailles de Philippe on lit NΩE bien formé. Ottavio Falconieri habile Antiquaire a lû ainsi, ce qui fait juger que s'il y a erreur, elle est du côté du monetaire, n'étant pas vrai-semblable qu'il s'y soit trompé, lui qui étoit si versé dans ces sortes de monumens. D'ailleurs l'Abbé Seguin Doïen de saint Germain de l'Auxerrois, & plusieurs autres Antiquaires assuroient qu'il y avoit NΩE, & que les caracteres étoient très-bien marquez. Au reste des trois medaillons qu'Ottavio Falconieri avoit vûs, il n'y en avoit qu'un où les lettres étoient bien conservées, dans les autres elles étoient si effacées qu'on n'y pouvoit rien lire sûrement.

Noé vient si bien à la figure, que plusieurs crurent qu'effectivement le monetaire avoit voulu mettre ainsi, & représenter dans l'Arche Noé & sa femme. Apamée étoit si voisine de la Judée que l'histoire de Noé ne pouvoit pas y être inconnuë, & cette histoire est si marquée sur la medaille, que le nom de Noé ajoûté semble d'abord favoriser ce sentiment. D'autres crurent que NΩE n'est là autre chose que les trois dernieres lettres du mot AΠAMEΩN mises à rebours : peut-être diroit-on mieux que c'est une erreur du monetaire, qui au lieu de NEΩK qu'on voit au même endroit dans le medaillon du Roi, aura mis NΩE, en transposant deux lettres.

III. Quoiqu'il en puisse être, l'opinion commune & la plus vrai-semblable est, que c'est le déluge de Deucalion & de Pyrrha, qu'on a voulu mettre ici ; & que Deucalion & Pyrrha qu'on voit d'abord dans l'Arche, sont après cela représentez hors de l'Arche, debout & sur terre ; pour marquer que c'est par le moïen de cette Arche qu'ils furent sauvez, & qu'ils prirent enfin terre, pour réparer le genre humain. C'est l'opinion commune tant des anciens que

---

in hoc Severi nummo non conspicitur, nihil enim gestat avis. In arcæ quoque forma nonnihil discriminis interest, sed parvi momenti ; id vero proficisci potuit aut ex eo qui delineavit, aut ex conflatore, aut demum ex eo qui in tabula sculpi jussit, qui id arbitrio suo aut ex præjudicata opinione sic repræsentari voluit. Sæpissime namque viri antiquitatum studiosi, nummum aut aliud monumentum delineari curant secundum opinionem suam, quæ non semper ad rei veritatem quadrat. At quod omnium singularissimum est : illius loco NEΩK quod arcæ inscriptum legitur, quodque legimus Νεωκόρων, in nummis Philippi, optime formatis literis legitur NΩE. Octavius Falconerius vir rei Antiquariæ peritissimus sic legit : unde inferas, si error est, illum ad Monetarium pertinere ; cum nullo modo sit verisimile, Falconerium in lectione aberravisse, qui erat ea in re versatissimus. Alioquin vero Seguinus sancti Germani Autissiodorensis Decanus, aliique plurimi monetarii affirmabant NΩE legi, esseque characteres optime efformatos. Ex tribus porro nummis quos viderat

Falconerius, unus tantum erat in quo literæ bene formatæ essent : in aliis quippe ita deletæ erant, ut nihil ibi tuto legi posset.

Noe cum proposita figura ita consentit, ut plurimi crediderint Monetarium ita ponere voluisse, ac si putaret duos illos in arca inclusos, patriarcham illum esse cum uxore sua. Apamea ita Judææ vicina erat, ut Noæ historia ignota ipsi esse non posset : hæc autem historia ita in nummo expressa conspicitur, ut additum nomen *NOE* huic statim opinioni favere videatur. Putarunt alii hoc ipsum NΩE nihil aliud esse, quam tres postremas literas vocis AΠAMEΩN inverso ordine positas. Fortasse vero melius dicatur errorem alium esse Monetarii, qui loco τῦ NEΩK in nummo Regio positi, NΩE duabus inversis litteris posuerit.

III. Ut ut res est, vulgarior & verisimilior est opinio, diluvium Deucalionis & Pyrrhæ hic exprimi, Deucalionem vero & Pyrrham qui in arca conspiciuntur, extra arcam postea stantes exhiberi ; ut significetur ipsos per arcam servatos fuisse, denique vero exscensum in terram fecisse, ut genus

des modernes, que les Gentils ont tiré leur fable de Deucalion de l'histoire
veritable de Noé, & ce qui ne laisse aucun lieu d'en douter, c'est que Plutarque dans son Livre de *Solertia animalium*, dit que selon les Mythologues,
Deucalion lâcha la colombe, que ce fut une marque que le déluge duroit
encore, quand elle revint dans l'Arche : & qu'il étoit fini, lorsqu'elle s'envola
tout à fait.

humanum restaurarent. Ea vero communis est veterum & recentiorum opinio profanos illos Deucalionis fabulam ex vera Noæ historia mutua-
tos esse : & quod ea in re nihil dubii relinquit,
Plutarchus in libro *de Solertia animalium*, ait Deu-

calionem secundum Mythologos columbam emi-
sisse, signumque fuisse adhuc perseverare diluvium
quando illa ad arcam rediit, desiisse vero, quando
penitus avolavit, neque rediit.

## CHAPITRE VIII.

*I. Temple des Bithyniens. II. Temple de Phaneas sur une montagne. III. Temple
de la communauté des villes d'Asie. IV. Medaillon des jeux Actiaques, &c.
V. Deux temples de Sardes. VI. Medaillons qui représentent chacun trois
temples. VII. Autres temples. VIII. Le mont Argée. IX. Forme extraordinaire
d'un Temple.*

I. LE beau temple des Bithyniens [3] est tiré d'un medaillon d'Hadrien, le
frontispice est à huit colonnes d'ordre Corinthien. Sur l'entablement
& dans le fronton est représenté un homme armé qui sacrifie : c'est apparemment l'Empereur Hadrien pour lequel le medaillon a été frappé ; l'inscription porte qu'il a été frappé par le commun des Bithyniens, κοινὸν Βειθυνίας.

II. Le temple de Phaneas [4] ville de Syrie, situé sur une haute montagne
escarpée se voit dans un autre medaillon. On y montoit par un grand escalier,
auprès duquel étoient plusieurs petites maisonnettes ; vis-à-vis du temple sur
une pointe plus élevée se voit une maison qui est apparemment un Oratoire.
Devant le plus grand temple est la figure d'un homme, peut-être d'une divinité qu'il n'est pas aisé de reconnoître. Ce qui est à remarquer, est qu'au bas
de la montagne il y a une barriere avec deux grandes portes aux deux bouts,
par où on passoit pour gagner, ou l'escalier qui conduisoit au temple, ou le
chemin tracé qui menoit au petit Oratoire ; en sorte que ces avenuës n'étoient

### CAPUT VIII.

*I. Templum Bithynorum. II. Templum
Phaneadis in monte situm. III. Templum
societatis urbium Asiæ. IV. Nummus
Actiacorum ludorum &c. V. Duo templa
Sardianorum. VI. Nummi qui tria templa singuli repræsentant. VII. Alia templa. VIII. Mons Argæus. IX. Cujufdam templi insolita forma.*

I. TEmplum elegans [1] Bithynorum ex nummo
Hadriani eductum est ; frontispicium est
octo columnarum ordinis Corinthii. Supra tabu-

latum in fastigio repræsentatur vir armatus sacrificans. Estque, ut creditur, Hadrianus Imperator,
in cujus honorem nummus percussus est.

II. Phaneadis urbis Syriæ templum, in vertice
montis excelsi & prærupti positum in alio Regio
nummo visitur. Eo ascendebatur per scalam magnam propter quam ædiculæ multæ erant. E regione templi in alio vertice excelsiore ædicula visitur
fortasse oratorium. Ante majus illud templum vir
visitur, seu forte numen aliquod, non cognitu facile. Quod autem summopere observandum, ad
pedem montis cancelli sunt dispositi cum duabus
utrinque portis : per unam aditus erat ad scalam,
qua in templum ascendebatur ; per alteram iter
erat ad ædiculam. Ita ut hæ portæ, ut credere est,

pas apparemment ouvertes à tout le monde. L'infcription porte que c'eft Phaneas ville de la Syrie Paleftine, qui a frappé cette medaille.

5   III. Le temple qui fuit [5] eft de la communauté des villes d'Afie, au nombre de treize, defquelles nous avons parlé affez amplement au troifiéme tome p. 193. M. Vaillant croit que la déeffe qui eft à l'entrée, & qui a une tour fur la tête eft Junon des nôces, *Juno pronuba*. Cela peut être : mais nous ne voions guere Junon avec cette haute tour fur la tête; le frontifpice eft à fix colonnes d'ordre Dorique, avec d'autres ornemens que chacun peut remarquer : le medaillon a été frappé fous Fronton Afiarque & grand Prêtre.

6   IV. L'image des jeux [6] Actiaques, & des Pythiens Philadelphiens eft un revers de Septime Severe, fait en l'honneur de ces jeux. Les Actiaques, jeux anciens qui fe celebroient de trois en trois ans, furent renouvellez du tems d'Augufte en memoire de la victoire d'Actium ; il fut alors ordonné qu'ils fe celebreroient de cinq en cinq ans. Les jeux Pythiens étoient établis en l'honneur d'Apollon, qui tüa le ferpent Python : là les Poëtes, les Muficiens & les joüeurs d'inftrumens fe difputoient à l'envi les couronnes de laurier : on y joignit depuis les jeux Equeftres. Ces jeux furent appellez du tems de Septime Severe Philadelphiens en l'honneur de la prétenduë concorde, & amitié qui étoit entre Caracalla & Geta freres, fils de Septime Severe. Le medaillon eft frappé à Perinthe, M. Vaillant croit que les deux temples qui paroiffent fur ce revers furent bâtis, l'un en l'honneur de Severe, & l'autre en l'honneur de fes deux enfans : cela fe peut; mais je voudrois d'autres garans pour dire cela fi précifément, ne peut-il pas fe faire qu'ils étoient bâtis pour les deux freres. Au deffus des deux temples font deux vafes, dans chacun defquels eft une palme pour ceux qui auroient remporté la victoire dans les jeux celebrez en l'honneur de ces deux freres Caracalla & Geta, qui s'entr'aimoient tant, que l'aîné n'eut point de repos qu'il n'eût tué fon frere puîné.

7   V. Le medaillon fuivant [7] frappé à Sardes qui eft qualifiée ici deux fois de Neocore, préfente deux temples, & en montre le frontifpice qui a quatre colonnes, & le côté qui en a huit en y comprenant celles des angles qui font

---

non paterent cuilibet accedenti. Infcriptio fic habet πόλεως Συρίας Παλαιϛινης *urbis Syriæ Palæftinæ.*

III. Templum fequens eft focietatis urbium Afiæ, quæ numero tredecim communi fœdere jungebantur. De illis fatis egimus tomo Antiquitatis explanatæ tertio p. 193. Putat Valentius deam in templi ingreffu pofitam & turritam, effe Junonem pronubam ; nefcio an recte conjecerit ; nam Junonem fic turritam perraro vidimus. Frontifpicium eft fex columnarum ordine Dorico, cum cæteris ornamentis, quæ licet cuivis difpicere. Infcriptio fic legitur, κοινὸν ιγ. πόλεων, Περδίκκυ, Καὶ Αιλιυ Φρόντωνος Αϛιαρχυ ἀρχιερίυς ιγ. πόλεων. *Commune tredecim urbium, Curatore Caio Ælio Frontone Afiarcha & fummo Sacerdote tredecim urbium :* Paulo fecus legit Valentius.

IV. Actiacorum [a] ludorum & Pythiorum Philadelphiorum nummus, pofticam exhibet faciem nummi Septimii Severi, in honorem hujufmodi ludorum percuffi. Actiaci ludi veteres qui ternis quibufque annis celebrabantur, Augufti tempore renovati funt in memoriam Actiacæ victoriæ. Illo autem tempore ftatutum fuit, ut quinis quibufque annis celebrarentur. Pythii ludi in Apollinis honorem conftituti fuerant, qui Pythonem ferpentem occiderat. In iis porro ludis, Poëtæ, Mufici, Citharœdi, quique cætera mufica organa tractarent, æmulatione mutua de coronis laureis concertabant. His adjuncti deinceps fuere ludi equeftres. Hi ludi tempore Septimii Severi, Philadelphii, in honorem videlicet amoris mutui, ut dicebant, inter Caracallam & Getam fratres, filios Septimii Severi. Nummus percuffus eft Perinthi. Opinatur Valentius duo templa in hoc nummo exhibita, conftructa fuiffe, alterum in patris, alterum in filiorum honorem, quod quidem fieri potuit ; verùm an non etiam potuerunt in honorem duorum fratrum duo templa conftrui? fed vellem aliquo faltem probari poffe modo. Supra templa illa duo vafa funt in quibus palmæ iis deputatæ qui victoriam retuliffent in ludis illis in honorem fratrum Caracallæ & Getæ qui tam mutuo amore flagrabant, ut major non quieverit ante, quam minori necem intuliffet.

V. Nummus fequens [7] Sardibus percuffum, quæ civitas hic bis Neocora dicitur, duo monftrat templa, quorum frontifpicia quatuor columnarum

ainſi comptées deux fois, ſur les deux temples on voit deux couronnes de feüilles. Monſieur Vaillant dit p. 220. que Sardes obtint le premier *Neocorat*, ſous Hadrien, le ſecond ſous Caracalla, & le troiſiéme ſous Valerien ; il ne ſe ſouvient pas qu'il a rapporté lui-même, & dans ce même ouvrage des medailles grecques, deux medailles de Severe frappées à Sardes, où les Sardiens ſont appellez deux fois Neocores, & qui plus eſt dans Commode même il en donne une où cette même inſcription δὶς νεωκόρων ſe trouve. Ce n'eſt donc pas ſous Caracalla que Sardes a commencé d'être deux fois Neocore. Il faut rappeller ici ce que nous avons dit ci-devant, touchant ces deuxiémes. troiſiémes, & quatriémes Neocorats. M. Vaillant qui prétend que cette gradation ſe faiſoit ſous differens Empereurs, auroit pû trouver dans ſon Livre même de fortes raiſons contre ſon ſyſtême ; mais ces exemples qu'il apporte lui-même, ne paroiſſent pas l'avoir fort ébranlé, peut-être faute d'attention, La choſe n'eſt pas encore entierement décidée ; il faut eſperer que le grand nombre de medailles & de medaillons qu'on déterre tous les jours, nous apportera de nouveaux éclairciſſemens.

VI. Le medaillon précedent avoit deux temples, & [8] cclui-ci en a trois. Il [8] eſt frappé à Smyrne, chaque temple a une couronne ſur la pointe du fronton, peut-être pour marquer les victoires remportées dans les jeux. Nous les voions aſſez ſouvent celebrez dans ces medaillons : quoiqu'il y ait trois temples, Smyrne n'eſt pourtant marquée que deux fois Neocore : ce qui prouve que le nombre des temples ne ſe rapporte pas toûjours au nombre des Neocorats.

On voit [9] de même trois temples dans le medaillon qui ſuit : dans le temple [9] du milieu eſt la figure de Jupiter aſſis à l'entrée : ce medaillon de l'Empereur Caracalla eſt frappé à Pergame. Celui [10] qui vient après frappé à Perinthe, [10] montre deux temples, & pardeſſus deux vaſes, avec deux palmes pour les jeux Actiaques & Pythiens dont nous avons parlé ci-devant. Les Perinthiens ſont ici dits ſimplement Neocores, & non pas deux fois Neocores : quoiqu'il y ait deux temples  Autre preuve que le nombre des temples n'eſt pas toû-

---

ſunt ; in latere autem octo columnæ numerantur, bis numeratis illis columnis quæ angulos occupant. Supra templa duæ coronæ viſuntur ex foliis concinnatæ. Dicit Valentius p. 220. Sardianorum civitatem primum Neocoratum obtinuiſſe ſub Hadriano, ſecundum ſub Caracalla, tertium ſub Valeriano. Non recordatur videlicet ſe eodem in opere de nummis Græcis, duos Severi nummos Sardibus percuſſos, ubi Sardiani bis Neocori vocantur, & in Commodi etiam nummis unum ibidem reperiri cum eadem inſcriptione δὶς νεωκόρων. Non igitur ſub Caracalla cœpit Sardianorum civitas bis Neocora eſſe. Hic jam in mentem revocanda ſunt ea quæ ſupra diximus, circa illas inſcriptiones, bis, ter, quater Neocoras civitates perhibentes. Valentius qui vult illos Neocoratus ſub diverſis Imperatoribus numero auctos fuiſſe, in libro etiam ſuo exempla & quidem conſpicua reperire poterat opinioni ſuæ adverſa. At illa quæ ipſe affert exempla, non videntur illum a propoſito vel tantiſper dimoviſſe : forte non advertit animum ad illa. Res nondum penitus explorata eſt. Sperandum autem ex magno illo nummorum numero, qui quotidie ex tenebris & pulvere eruuntur, aliquid tandem lucis acceſſurum eſſe.

VI. Nummus præcedens duo templa, hic [8] tria exhibet ; Smyrnæ autem percuſſus eſt. Singula vero templa in faſtigii angulo coronam habent hærentem, ad ſignificandas, ut puto, victorias in ludis iſtis reportatas. Sic victorias in nummis maximæ molis, frequenter celebratas cernimus. Etſi porro tria templa ſint, Smyrna tamen bis tantum Neocora hic dicitur. Unde probatur id quod ſupra dicebamus, templorum numerum non ſemper ad Neocoratuum numerum quadrare, quod tamen exiſtimavit Dalenius, nec ſine aliqua, ob exemplorum frequentiam, probabilitate.

Tria [9] quoque templa obſervantur in nummo ſequenti. In eo autem, quod medium tenet, Jupiter in templi ingreſſu ſedens conſpicitur. Hic Caracallæ nummus Pergami percuſſus eſt. Sequens [10] Perinthi percuſſus duo templa exhibet, & in ſuprema nummi parte duo vaſa cum palmis pro ludis Actiacis & Pythiis, de quibus ſupra diximus. Perinthici hic Neocori tantum, nulloque addito Neocoratuum numero dicuntur, etſi, cum duo ſint templa, bis Neocori ſecundum quorumdam opinionem dicendi ſunt. Hinc iterum probatur numerum

11 jours le même que celui des Neocorats. Un autre de Smyrne [11] a trois temples comme ci-devant. Le troisiéme Neocorat est ici marqué : cela arrive assez souvent, mais non pas toûjours.

12    VII. Un autre [12] medaillon de Caracalla nous montre au revers deux temples, dans l'un desquels est à l'entrée l'Empereur Caracalla, qui tient une pique & en habit de guerre, & dans l'autre une femme assise, qu'on croit être Julia Domna sa mere, qui tient sur la main droite une victoire, & de la gauche une pique. Ces temples étoient consacrez à l'Empereur & à sa mere, & c'est pour cela que l'inscription du medaillon appelle les Tralliens, qui l'ont frappé, Neocores des Augustes.

13    Dans un medaillon des [13] Perinthiens, la ville même de Perinthe représentée en femme, qui a une tour & des creneaux sur la tête, tient sur chaque main un temple, & a un autel flamboïant à ses pieds.

14    VIII. Le mont [14] Argée, une des plus hautes & des plus escarpées montagnes, étoit auprès de Cesarée de Cappadoce ; nous le voions ici au revers d'un medaillon de Macrin frappé à Cesarée. On trouve assez souvent cette montagne sur les medailles, mais la petitesse de l'espace ne permettoit pas de le représenter si distinctement qu'il l'est ici, où l'espace est plus grand. Ceux de Cesarée honoroient ce Mont comme une divinité. On voit tout au bas un temple à quatre colonnes, à chaque côté du temple est une urne avec une palme, telle que nous en avons vû plusieurs ci-devant. Sur le plus haut sommet de la montagne est représenté l'Empereur Macrin, tenant une pique, & à droite & à gauche, le Soleil & la Lune. Dans l'exergue entre les lettres qui forment l'inscription, on voit une urne de la forme des précedentes avec une palme ; l'inscription porte que la medaille est frappée dans Cesarée Metropole l'an second : on doit entendre l'an second de l'Empereur Macrin, qui n'acheva pas cette seconde année.

IX. Il n'est guere de forme de temple plus singuliere que celle qu'on voit dans Tristan 2. p. 517. sur une medaille de Gordien Romain ; tout y est extraordinaire : ce temple a quatre colonnes, deux de chaque côté, qui laissent un plus grand vuide entr'elles que nul autre ; les termes d'Architecture manquent pour exprimer le reste. Peut être que les ornemens qu'on voit au

---

templorum non eundem semper esse qui Neococoratuum. Alius Smyrnæ [11] nummus templa habet tria ut supra, tertiusque hic Neocoratus notatur, ut sæpe alibi accidit ; sed non semper.

VII. Alius Caracallæ [12] nummus duo templa in postica facie exhibet, in quorum altero Caracalla ipse in ingressu exhibetur stans, dextera hastam tenens, veste indutus militari. In alio templo mulier sedens conspicitur, quam esse putant ejus matrem Juliam Domnam, dextera victoriam tenentem, sinistra hastam. Hæc templa Imperatori & matri ejus sacra erant, ideoque inscriptio nummi Trallianos, qui percusserunt eum, Neocoros Augustorum exhibet.

In nummo [13] Perinthiorum, urbs ipsa Perinthus muliebri habitu & turrita in utraque manu templum tenet, & ad pedes aram habet flammas emittentem.

VIII. Mons [14] Argæus, inter altissimos asperrimosque numerandus, prope Cæsaream Cappadociæ erat ; hic ille est quem hic videmus in postica facie nummi Macrini Cæsareæ percussi. Hic porro

mons sæpe occurrit in nummis, sed in minoris molis nummis, ubi tam exigua est area vix ut possis omnia distinguere, ut in hoc nummo longe majus spatium exhibente. Cæsarienses porro montem Argæum ut deum colebant. Ad montis radices templum est quatuor in frontispicio columnas habens. Ad utraque templi latera urna cum palma visitur, quales plurimas supra conspeximus. In summo vertice montis stat Imperator Macrinus hastam tenens, ad cujus dexteram sunt sol & luna. In exergo inter litteras inscriptionis urna visitur præcedentibus similis. Inscriptio autem est : μητροπολεως Καισαριας νεωκορυ ετης β. *Metropoleos Cæsareæ Neocora anno secundo*, scilicet Macrini, qui secundum annum non complevit.

IX. Singularius nusquam templum occurrit eo quod edidit Tristanus tomo. 2. p. 417. in nummo videlicet Gordiani Romani. Ejus frontispicium quatuor habet columnas, majus in medio spatium relinquentes quam in aliis conspiciatur. Architectonicæ verba non suppetunt ad cætera exprimenda. Ornamenta illa quæ supra columnas conspi-

Medaillons du Roy

deſſus des colonnes étoient paſſagers : ce qui pourroit le faire croire , ce ſont
ces feüillages qu'on voit ſur le ſommet qu'ils pourroient avoir mis là pour une
grande fête. Triſtan croit que ces feüillages ſont un bocage de lauriers planté
au de-là du temple , mais cela ne paroit nullement ſur l'image. Ces feüillages
ſemblent ſortir du grand feſton de lauriers entrelacez , qui fait un arc pardeſſus le temple. L'Empereur Gordien & l'Imperatrice ſont devant le temple,
& portent la main ſur un grand vaſe plein de palmes ; au côté des deux ſont
deux grandes palmes fichées en terre ; il ſemble qu'ils vont tirer les palmes
du vaſe pour les donner aux victorieux.

---

ciuntur, ad tempus tantum fortaſſis erant : id quod ſuadere videntur ea quæ ſupra columnas repræſentantur, ſunt enim rami foliaque , ad diem feſtum , ut videtur , appoſita. Putat Triſtanus hæc folia, hos ramos laurorum eſſe nemus eo loci plantatum. Sed in ſchemate non ita res apprehenditur , videntur enim illi laurei rami ex ſerto laureo emitti , quod in arcus formam ſupra templum erigitur. Imperator Gordianus & Imperatrix ante templum ſunt, manumque extendunt ad vas magnum palmis plenum ; e latere cujuſque vaſis duæ palmæ in terram defixæ eriguntur. Videntur Imperator & Imperatrix palmas ex vaſis educere velle , ut tradant victoribus.

# LIVRE III.

## Les Autels & les inſtrumens ſacrez.

### CHAPITRE I.

*I. Autels ſinguliers chez les Grecs. II. Autel qui porte ſa victime. III. Autel fort extraordinaire auprès de Breſſe en Italie.*

I. Outre les Autels qu'on a pû voir en grand nombre au ſecond tome de l'Antiquité, on en faiſoit ſouvent d'autres qui n'étoient pas de forme ordinaire. Tel étoit, ſelon Pauſanias, celui que les Beociens fabriquoient au ſommet du mont Cithæron ; ils ſe ſervoient pour le conſtruire de pieces de bois carrées ; en ſorte qu'il paroiſſoit être de pierre de taille. Ils mettoient ſur cet autel grande quantité de fagots, les riches ſacrifioient des vaches à Junon, & des taureaux à Jupiter, accompagnez de vin, d'aromates, & d'autres choſes qu'on emploïoit aux ſacrifices ; les moins aiſez y amenoient des moutons, ou des agneaux : on y mettoit le feu, & l'autel brûloit avec les victimes, la flamme étoit ſi grande qu'on la voioit de fort loin. Nous avons vû au premier tome de l'Antiquité à quelle occaſion ſe faiſoit cet autel de bois.

Dans l'Elide vers l'extrémité du ſtade où ſe faiſoient les courſes publiques, on montroit le ſépulcre d'Endymion, & au lieu où les Hellanodices, c'étoient les Préfets des jeux, ſe tenoient aſſis, on voioit une eſpece de remiſe où l'on enfermoit les chevaux qui devoient courir ; c'eſt ce qu'on appelloit *Carceres*, ou les priſons, qui avoient la forme d'une prouë de navire, dont l'éperon étoit

---

# LIBER III.

## *Aræ & inſtrumenta ſacra.*

### CAPUT PRIMUM.

*I. Aræ ſingulares apud Græcos. II. Ara cui impoſita victima. III. Ara inſolitæ formæ prope Brixiam in Italia.*

I. PRæter aras, quarum magnum vidimus numerum in ſecundo Antiquitatis explanatæ tomo, aliæ ſæpe inſolitæ formæ erigebantur. Talis erat ſecundum Pauſaniam lib. 9. cap. 3. ea quam Bœotii ſtruebant in cacumine montis Cithæronis. Ad ſtructuram autem utebantur quadratis lignis, ita ut ſtatim ex quadratis facta lapidibus videretur. Aræ porro imponebant magnam faſcium congeriem : qui amplioribus erant inſtructi facultatibus, vaccas Junoni ſacrificabant & tauros, cum vino, aromatibus cæteriſque ad ſacrificia uſurpari ſolitis. Qui tenuiore fortuna erant, oves & agnos adducebant. Totum ſuccendebatur, & cum victimis comburebatur ara. Primo tomo vidimus cujus rei occaſione hujuſmodi ſtruebatur ara.

In Elide ad extremam ſtadii partem ubi curſus publici emittebantur, Endymionis ſepulcrum monſtrabant. Eoque in loco ubi Hellanodici ſeu ludorum præfecti conſidebant, carceres erant ex quibus emittebantur equi ; hi carceres proræ navis formam

tourné

tourné du côté où se faisoit la course; en droite ligne au dessus de l'éperon étoit un dauphin de bronze, le côté plus large de cette prouë étoit tourné vers le portique. A chaque Olympiade on faisoit sur le milieu de cette prouë un autel de briques, sur l'autel on mettoit une aigle qui étendoit bien avant ses ailes : il y avoit dans l'autel une machine par le moïen de laquelle celui qui étoit préposé pour cela, faisoit élever en l'air cette aigle comme si elle eût voulu prendre le vol, & alors le dauphin tomboit à terre : voilà des autels singuliers.

I I. Hors l'autel de Narbonne donné à la planche LXXIX. du second tome Pl. IX. de l'Antiquité, sur lequel est un cochon vivant qui va être immolé, on n'en a point encore vû, si je ne me trompe, qui porte la victime; en voici pourtant un [1] sur lequel est un belier immolé. L'autel est carré, outre le grand bord 1 d'enhaut qui est aussi carré; il y en a pardessus un autre rond, dans lequel est un creux où repose le ventre de la victime : il paroit que les boïaux en sortent, & cela fait croire que la victime est dans la disposition où on la mettoit pour que les Haruspices & les Prêtres pussent observer les entrailles, & en tirer des présages.

I I I. Ottavio Rossi dans ses Memorie Bresciane, nous a donné la forme d'un autel [2] sous un couvert, soûtenu de quatre colonnes. Sur le couvert est 2 représenté un belier de pierre noire : ce monument fut détruit, dit-il, par saint Charles Borromée, qui pour ôter la memoire de l'idolâtrie fit tout mettre à bas. Le Rossi croit que ce belier étoit l'idole sous la figure de laquelle on adoroit Jupiter; mais ne seroit-il pas là représenté comme la victime qu'on immoloit ordinairement sur l'autel qui est dessous, les quatre colonnes qui soûtenoient ce couvert étoient, selon le même Auteur, de Serpentin bâtard; l'autel est carré & orné de festons, comme on peut voir sur l'image : ce carré couvert pourroit bien avoir eu le nom de temple, quoiqu'il fût ouvert de tous les côtez : on en faisoit anciennement de fort petits, & parmi ceux-là on en voioit qui n'avoient point de murs, mais seulement des colonnes pour soûtenir le toit. Tel étoit celui de Vienne en Dauphiné que nous avons donné à la planche XXIX. du second tome de l'Antiquité.

---

habebant, cujus rostrum versus curriculum vertebatur. Supra rostrum autem delphinus erat æneus. Prora vero illa qua parte latior erat porticum respiciebat. In qualibet Olympiade in medio proræ istius ara lateritia struebatur. Cui aræ aquila imponebatur, alas supra modum extendens. In ara ipsa machina erat, cujus ope quispiam ad rem illam deputatus, aquilam ita erigi & sustolli curabat ac si avolare tentavisset : tunc porro delphinus in solum cadebat. En aras admodum singulares.

I I. Præter aram Narbonensem datam Tab. LXXIX. secundi de Antiquitate tomi, in qua stat sus immolandus, [1] non aliam vidi aram quæ victimam suam gestaret. En tamen Romanam aram cui impositus est mactatus aries. Ara quadrara est. Supra supernam oram quæ quadrata etiam est, alia visitur ora rotunda, cujus medium concavum, in quo reponitur victimæ venter, hinc intestina videntur egredi, unde conjiciatur victimam eo in statu esse, quo Haruspices & Sacerdotes intestina explorare possent, ut inde futura vel arcana divinarent.

I I I. Octavius Rubeus in memoriis Brixianis aræ formam protulit, sub tecto [2] quatuor columnis fulro positæ. Supra tectum repræsentatur aries ex nigro lapide. Hoc monumentum, inquit ille, dirutum fuit a S. Carolo Borromeo, qui ut idololatriæ memoriam obliteraret, solo omnia æquari jussit. Putat Octavius Rubeus arietis specie & forma cultum fuisse Jovem. At nonne potius aries hic ut victima repræsentatur, quæ in supposita ara immolari solebat ? Quatuor columnæ queis tectum sustentabatur erant, teste Rubeo, ex serpentino notho. Ara quadrata est sertifque ornata ut in schemate observes. Hæc quadrata structura potuit pro templo haberi & templum vocari, etsi undique esset apertum. Olim templa admodum exigua parabantur; interque templa muris destituta quædam observabantur, quale erat illud Viennæ in Galliis, cujus formam depingi curavimus tomo Antiquitatis explanatæ secundo Tab. XXIX.

## CHAPITRE II.

*I. Autel d'Hercule appellé* Saxanus *, nouvellement déterré. II. Autre* Hercules
*Saxanus de Tivoli.*

Pl: X. I. VOici une découverte toute récente, & des plus curieuses. On déterra
l'an 1721. à Norri, Village à une lieuë de Pont-à-Mousson, tirant vers
Metz, un autel dont on donne ici le dessein tel que l'a envoïé Madame la
Duchesse de Lorraine à feuë Madame sa mere qui eut la bonté de me le communiquer : cet autel étoit dans des carrieres, sur la face de devant est l'inscription qui nous apprend par qui, & en l'honneur de quelle divinité il avoit
été fait ; sur une autre face étoit la massuë d'Hercule, telle qu'on la voit ici ;
l'inscription se doit lire ainsi, *Jovi optimo, maximo & Herculi Saxano sacrum,*
*Publius Talpidius Clemens Legionis octavæ Augustæ cum militibus Legionis ejus*
*votum solverunt lubentes merito* ; le s...s est, consacré à Jupiter très-bon & très-
grand, *& à* Hercule Saxanus, c'est-à-dire de la roche. *Publius Talpidius Cle-*
*mens de la Legion huitiéme Auguste, & les soldats de la même Legion ont accompli*
*volontiers leur vœu, comme le devoir le demandoit.*

Ce commencement de l'inscription, *Jovi optimo maximo,& Herculi,*pourroit
peut-être marquer le tems de Diocletien & de Maximien, dont le premier se
faisoit appeller Jovius, & le second Herculius, sous cet empire on faisoit aller
volontiers ces deux dieux ensemble, un grand nombre de medailles de l'un &
de l'autre, ont l'inscription *Jovi & Herculi*, à Jupiter, & à Hercule.

II. *Herculi Saxano*, à l'Hercule de la roche, ou des roches : ce surnom étoit
donné à Hercule par rapport aux carrieres où l'autel étoit construit, & les
soldats de la Legion huitiéme l'appellerent apparemment ainsi, à l'imitation
de l'Hercule de Tibur ou Tivoli, qui s'appelloit aussi *Saxanus*, nom pris des
rochers qu'on voit en grand nombre autour de Tivoli ; l'inscription qui l'apprend a été tirée d'une table de marbre incorporée dans le mur d'une Hôtel-
lerie de cette petite Ville ; la voici comme elle est dans Gruter, XLIX. 3.

---

### CAPUT II.

*I. Ara Herculis Saxani nuperrime eruta.*
*II. Alter Hercules Saxanus Tibure.*

I. EN monumentum recens effossum & singu-
lariffimum. Anno 1721. in vico cui nomen
Norri Muffiponto distans una, ut aiunt, leuca, qua
iter est ad Metensem civitatem, Ara cujus hic schema proferimus, detecta fuit. Sereniffima Princeps
Lotharingiæ ducissa aram misit sereniffimæ Ducissæ
Aurelianenfi matri suæ, cujus exequias haud ita
pridem dolentes celebravimus. Hæc porro sereniffima Princeps schema mihi delineatum dono dedit, ut in publicum emitterem. Ara istæc in
Latomiis erat. In anteriore facie inscriptio habetur, qua docemur, quis aram posuerit, in cujus
item numinis honorem : in altera vero facie clava
erat Herculis, qualem hic damus. Inscriptio autem
sic legenda est : *Jovi optimo, maximo,& Herculi Sa-*
*xano sacrum. Publius Talpidius Clemens Legionis*

*Octava Augusta cum militibus legionis ejus votum*
*solverunt lubentes merito.*

Hoc autem inscriptionis initio *Jovi optimo maxi-*
*mo ,& Herculi*, tempus fortasse indicaverint Diocletiani & Maximiani, quorum primus Jovius, alter Herculius appellabatur. His Imperatoribus hæc
duo numina simul ponebantur. Multa horum Augustorum numismata hanc inscriptionem habent
*Jovi & Herculi*. Hoc vero conjecturæ tantum loco
dictum sit.

II. *Herculi Saxano.* Id est Herculi in Saxo seu
in rupe posito. Hoc vero cognomen Herculi haud
dubie datur, quia in ipsis latomiis erat ara. Legionis porro octavæ milites hoc ipsi cognomen in-
diderunt, exemplo ducti Herculis illius Tiburtini,
qui etiam Saxanus vocabatur, ex saxis & rupibus
quæ circum Tiburem undique visuntur. Inscriptio
qua Herculem illum *Saxanum* Tiburtinum novimus, ex marmore educta est, ad muri structuram
adhibito in Pandocheo quodam Tiburtino. En illam ut apud Gruterum habetur p. XLIX. 3. *Her-*

AUTELS    1    IX. Pl. du Tom. II
Marbre Romain
Memorie Bresciane
Tom. II. 9

*Herculi Sexano facrum Servius Sulpicius Trophimus ædem, Zothecam, culinam pecunia fua a folo reftituit idemque dedicavit Kalendis, Decembris Lucio Turpilio Dextro Marco Mæcio Rufo Cos.... tachicus Servius peragendum curavit;* c'eft-à-dire, ce lieu eft confacré à Hercule Saxanus, ou des roches. *Servius Sulpicius Trophimus* a rebâti depuis les fondemens à fes propres frais, la maifon, le couvert de la baffe-cour, *&* la cuifine; *&* il en a fait la dédicace aux Kalendes de Decembre, fous le Confulat de *Lucius Turpilius Dexter, (t) de Marcus Mæcius Rufus.... Servius* a eu foin de conduire l'ouvrage à fa perfection; il y a fur la fin un mot imparfait, & peut-être corrompu; le Confulat eft de l'an 225. de JESUS-CHRIST.

C'eft apparemment à l'imitation de cet Hercule Saxanus que les foldats de la Legion huitiéme, firent cet autel, & donnerent à Hercule le même furnom : ces Legions Romaines portoient ainfi le culte de Rome, & des environs dans des payis lointains, ce qui fe peut prouver par d'autres exemples. Cet Hercule étoit donc appellé *Saxanus* parce qu'il étoit dans les roches; il y avoit à Rome un petit temple de la bonne déeffe, appellée *Subfaxana*, parce qu'il étoit bâti au bas d'une roche, le Nardini croit qu'il étoit fous la roche du mont Aventin.

La maffue d'Hercule eft faite d'une maniere affez particuliere; elle a une poignée affez propre, avec des bandes en relief, de peur qu'elle ne gliffât dans la main : c'étoit une forte d'arme dont ufoient les Germains de ce tems-là, même ceux qui fervoient dans l'Armée Romaine, comme nous avons fait voir tom. 4. de l'Antiquité pl. xv. Le deffus de l'autel eft remarquable, ce qui le borde de deux côtez n'a point de nom, & fe remarque aifément à l'œil; le milieu eft creux comme une coupe ou une patere : c'eft apparemment pour recevoir les libations, ou le fang des victimes.

---

*culi Saxano facrum Servius Sulpicius Trophimus ædem, Zothecam, culinam pecunia fua a folo reftituit, idemque dedicavit kalendis Decembris. Lucio Turpilio Dextro, Marco Mæcio Rufo confulibus..... tachicus Servius peragendum curavit.* Zotheca hic cortem fignificant, in qua animalia quædam degebant, ut nomen ipfum fonat. Confulatus autem eft anni Domini 225. In fine nomen quodpiam vitiatum effe videtur, nec reftitui poteft.

Ad hunc, ut puto, Herculem Saxanum refpicientes legionis octavæ milites, hanc erexerunt aram, & idipfum nomen Herculi dederunt. Hæ Romanæ legiones Romanum cultum ad remotiffimas ufque nationes propagabant, id quod etiam aliis probari poffet exemplis. Hic itaque Hercules Saxanus appellabatur, quia in faxis & rupibus erat. Erat item Romæ ædicula Bonæ deæ Subfaxanæ, quia fub rupe quadam ftructa ædicula erat. Exiftimat Nardinus Deam Subfaxanam fuiffe fub rupe Aventini montis.

Clava Herculis hic non folito more concinnata eft, Capulum habet non inelegantis formæ cum funiculis prominentibus, ne ex manu facilius elaberetur. Hoc genere armorum utebantur tunc Germani; etiam ii qui in exercitu Romanorum pugnabant, ut in quarto Antiquitatis explanatæ tomo oftendimus Tabula xv.

Suprema aræ fuperficies fpectabilis eft, talique modo ab extremis partibus ornatur ut verba non fuppetant, oculufque ftatim percipiat. Superne concava in medio eft ara, quafi crater aut patera, ad libationes excipiendas, feu etiam ad victimarum fanguinem continendum.

## CHAPITRE III.

*I. Autel d'Isis, trouvé à Rome l'an 1719. II. Pris pour un autel par quelques-uns;
quoiqu'il n'en ait guere la forme. III. Isis repréſentée par un vaſe. IV. Serapis
repréſenté par un ſerpent qui fait pluſieurs contours de ſon corps. V. Anubis,
les inſtrumens des ſacrifices & Harpocrate.*

Pl. IX.

I. LE marbre ſuivant fut déterré à Rome l'an 1719. les Dominiquains de
la Minerve faiſant démolir quelques édifices pour agrandir leur Bibliotheque, le déterrerent en l'état qu'on le voit repréſenté dans la planche
ſuivante; les Antiquaires furent partagez. Il y en a qui dans ces occaſions
ſaiſiſſent la premiere idée qui ſe préſente, ſe hâtent de la produire, & ſe mettent dans une eſpece d'engagement de la ſoûtenir.

II. Quelques-uns prétendoient que c'étoit un autel, d'autres vouloient
que ce fût la baſe de quelque ſtatue, mais M. l'Abbé Oliva qui fit ſur ce monument peu de jours après qu'il eût été trouvé une ſavante Diſſertation, fit
voir qu'il n'y avoit pas grande apparence que ce fût ni l'un ni l'autre. Le
deſſus du marbre monte quaſi en pyramide, il n'a donc pû ſervir ni à y placer
une ſtatue, ni à faire des ſacrifices: c'eſt ſelon toutes les apparences quelque
vœu qu'on aura fait à Iſis exprimé ſur ce marbre, avec une partie des divinitez Égyptiennes. Il faut pourtant avoüer que ceux qui le prenoient pour un
autel, pouvoient alléguer une raiſon aſſez plauſible. Les inſtrumens des ſacrifices qu'on voit ſur une des faces, ſemblent marquer que c'eſt veritablement un autel, & le nom d'*Ara*, qui avoit plus d'étenduë en latin, qu'autel
n'en a en françois, pouvoit peut-être lui convenir en quelque ſens; mais il
n'y a nulle apparence que ç'ait jamais été un autel pour y ſacrifier.

Les quatre faces ſont chargées de figures, la premiere eſt celle qui porte une
inſcription qu'on peut lire ſûrement, quoique les premieres lettres ſoient
ſautées, avec une partie du marbre; il y avoit *Iſidi ſacrum*, conſacré à Iſis.
La figure qui occupe cette premiere face eſt un grand vaiſſeau, & à mon

---

### CAPUT III.

*I. Ara ſive Cippus Iſidis Romæ reperta an-
no 1719. II. Aram exiſtimarunt eſſe nonnulli, ſed aræ formam vix dicatur habere.
III. Iſis ceu vas repræſentata. IV. Serapis per Serpentem in gyros multos convolu-
tum adumbratur. V. Anubis, inſtrumenta
ſacrificiorum & Harpocrates.*

I. MArmor ſequens Romæ effoſſum fuit anno
1719. cum R. P. Dominicani *in Minerva*
aliquot ædificia dirui curarent ut bibliothecam
ſuam adaugerent, erutum hoc marmor fuit ea forma eoque in ſtatu quo hic repræſentatur. Rei antiquariæ periti ſtatim in varias abiere ſententias:
Non deſunt enim in ejuſmodi occaſionibus qui id
quod ſtatim ſuccurrit in mentem adoptant, ſubi-
toque aliis proferunt, & ſic quaſi obſtricti manent
ut quod primum perceperunt, mordicus tuean-
tur.

II. Alii volebant aram eſſe, alii ſtatuæ cujuſpiam

baſim. Sed D. Abbas Oliva qui non diu poſtquam
hoc monumentum detectum fuit, eruditiſſimam
in illud diſſertationem emiſit, recte probavit nec
aram nec baſim eſſe poſſe videri. Cette cum a ſuprema parte fere in pyramidem erigatur, nec ſiſten-
dæ ſtatuæ, nec ſacris faciendis deſtinatum unquam
fuit. Putaverim potius eſſe votum cujuſpiam Iſidi
factum atque in hoc marmore expreſſum, cum quibuſdam Ægyptiis deis. Ii tamen qui aram eſſe
exiſtimabant non ſpernendam conjecturæ ſuæ rationem afferre poterant. Inſtrumenta quippe ſacrificiorum, quæ in una marmoris facie comparent, videntur ad aram pertinere; & nomen ara
quod latine latius patet quam altare ſtylo, ut vocamus, Eccleſiaſtico, poterat fortaſſe aliqua ratione
ipſi competere. Sed non videtur omnino hæc unquam ara fuiſſe ad ſacrificia offerenda.

Quatuor marmoris facies figuris ſunt plenæ.
Prima facies inſcriptionem præ ſe fert. Licet porro
priores litteræ exciderint cum marmoris fruſto,
poteſt tamen ſine periculo legi, *Iſidi ſacrum*. Schema totam hanc pene faciem obtinens eſt vas mag-

AUTEL INSIGNE D'HERCULE APPELLE SAXANUS

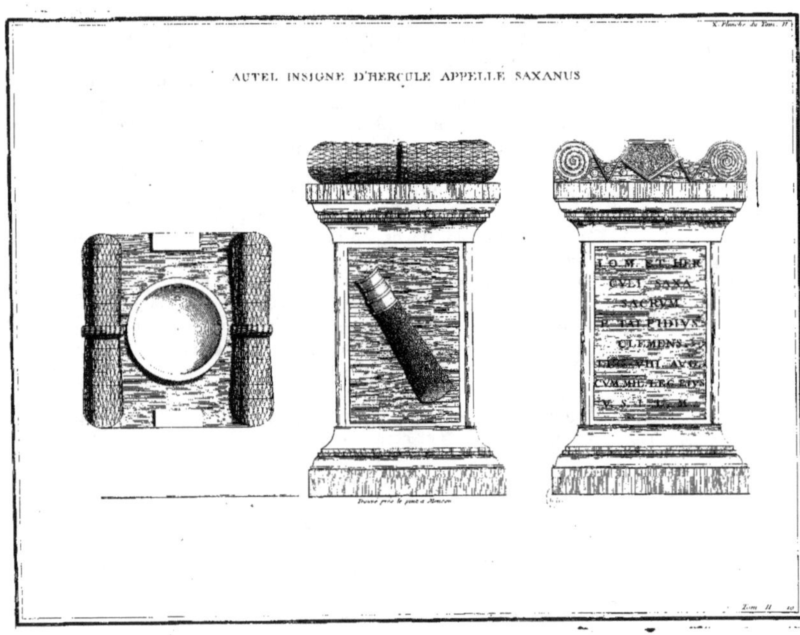


Dessin pris le pont à Moncon

avis un boiſſeau, ou un muid qui par le haut ſe termine en cone. Cette partie
d'en haut qui va en diminuant, & qui ſelon M. l'Abbé Oliva eſt le couvercle
du vaiſſeau, eſt entortillée d'un ſerpent qui hauſſe la tête : ce ſerpent fait trois
tours ſur la partie conique, en laiſſant des eſpaces entre les tours; au deſſous
du ſerpent on voit ſur le muid un croiſſant de Lune, dans lequel paroiſſent
quelques épis.

III. Ce qui pourra ſurprendre, c'eſt que dans ce marbre conſacré à Iſis,
comme l'inſcription porte, on ne trouve pas l'image d'Iſis, quoiqu'on y trouve
celles d'Anubis & d'Harpocrate, ſur quoi j'adopte le ſentiment de M. l'Abbé
Oliva qui croit que ce muid ou cette urne, car ce mot *urna* ſe prend pour toute
ſorte de vaſe creux, que cette urne, dis je, avec ſes ſymboles eſt là miſe pour
Iſis. Un paſſage d'Apulée autoriſe cette explication, le voici. » Un autre portoit en ſon ſein la venerable image de la ſuprême divinité : ce n'étoit ni un »
mouton, ni un oiſeau, ni une bête fauve, ni même un homme ; mais c'étoit »
quelque choſe de fort reſpectable par la ſubtilité de l'invention, & par ſa »
nouveauté : c'étoit la marque, quoi qu'imparfaite, d'une religion ſublime, »
qu'on doit honorer d'un profond ſilence. Cette image étoit une petite urne »
d'or fort brillante, & artiſtement travaillée, dont le fonds étoit rond, ornée »
en dehors de figures Egyptiennes. La bouche du vaſe s'élevoit par un long »
tüiau ; de l'autre côté le vaſe avoit une anſe large entortillée d'un ſerpent. »
C'étoit ſelon Apulée la repréſentation d'Iſis, qui reſſemble en bien des choſes
à celle que nous voions ici ſur la premiere face du marbre, comme a fort
bien remarqué M. l'Abbé Oliva.

IV. Je vais propoſer à préſent ma conjecture ſur des ſymboles ſi myſte-
rieux : je crois que le ſerpent qui fait pluſieurs tours de ſon corps ſur le haut
du muid, repréſente Serapis, & le croiſſant de la Lune, Iſis; & qu'ainſi cette
image ſymbolique eſt là miſe en la place de ces deux divinitez. En effet Serapis devoit, ce ſemble, neceſſairement paroître auſſi-bien qu'Iſis ſur un marbre Romain qui repréſente les divinitez d'Egypte : il eſt à remarquer que les
monumens Romains des divinitez d'Egypte nous montrent Iſis & Serapis,
qui donnoient leur nom à une des régions de la Ville ; les inſcriptions latines

---

num, ſeu modius, qui a ſuprema parte in conum
deſinit. Hæc vero ſuperna pars quæ dum exſurgit
ſenſim minuitur, & quæ, ut arbitratur D. Abbas
Oliva, eſt vaſis operculum, ſerpente caput eri-
gente circumplicatur : ſerpens porro tribus ſinuo-
ſis flexibus partem illam conicam ſtringit, inter
giros ſpatia relinquens. Sub ſerpente in modio repræſentatur luna creſcens, in qua aliquot ſunt
ſpicæ.

III. Mirabitur ſane quiſpiam, cur in marmore
Iſidi ſacro, ut inſcriptione docemur, imago Iſidis
non adſit, etſi hic conſpiciantur Anubis & Harpocrates. Hic vero Abbatis Olivæ amplector opinionem
qui putat hunc modium ſive hanc urnam, nam urna
pro quovis vaſe concavo accipitur ; hanc urnam,
inquam, eſſe hic pro Iſide poſitam. Quam explicationem aſſerere videtur Apuleii locus lib. XI. Me-
tamorph. *Gerebat alius felici ſuo gremio ſummi Nu-*
*minis venerandam effigiem, non pecoris, non avis,*
*non feræ, ac ne hominis quidem ipſius conſimilem, ſed*
*ſolerti repertu, etiam ipſa novitate reverendam, al-*
*tioris utcunque & magno ſilentio tegendæ religionis*
*argumentum ineffabile, ſed & ad iſtum plane mo-*

dum fulgente auro figurata. U R N U L A *faberrime*
*cavata fundo quam rotundo miris extrinſecus ſimula-*
*cris Ægyptiorum effigiata. Ejus orificium non al-*
*tiuſcule levatum, in canalem porrectum longo rivulo*
*prominebat. Ex alia vero parte multum recedens ſpa-*
*tioſa dilatione adhærebat anſa, quam contorto no-*
*dulo ſuperſedebat aſpis, ſquamea cervicis ſtricto tu-*
*more ſublimis.* Hæc erat, ſecundum Apuleium, Iſidis
adumbrata effigies, in multis ſimilis ei, quam in
hac imagine noſtra cernimus, in prima nempe facie marmoris, ut optime obſervavit D. Abbas
Oliva.

IV. Jam vero conjecturam meam in tam arcana
ſymbola proponam. Puto ſerpentem, qui multis
gyris modii culmen circumplicat, Serapidem repræſentare, creſcentem vero lunam Iſidem, atque
hanc ſymbolicam imaginem hic poni loco duorum illorum numinum. Vereque Serapis quemadmodum & Iſis in marmore Romano numina Ægyptiaca repræſentante comparere debebat. Obſervandum porro eſt monumenta Romana numinum
Ægyptiorum, ſæpe monſtrare Iſidem & Serapidem,
qui nomen dabant alicui ex urbis regionibus. In-

font souvent mention de Serapis & d'Isis, & très-rarement d'Osiris. Ce serpent donc à plusieurs contours marque Serapis, ou le Soleil: car selon l'opinion des anciens, Serapis étoit le même que Soleil: on voit au second tome de l'Antiquité plusieurs images de Serapis, qui a la tête raïonnante comme étant pris pour le Soleil: mais sur tout dans la figure de Serapis que nous donnerons plus bas, pl. XLII. la plus singuliere de toutes les figures de ce dieu; sa tête couverte d'un boisseau à l'ordinaire, jerte des raïons de tous côtez, & son corps est entortillé d'un serpent à plusieurs contours, qui laissent entr'eux des espaces où sont marquez les douze signes du Zodiaque. Ces contours signifient évidemment les circuits que fait le Soleil autour des douzes signes; je crois donc que ceux que fait le serpent sur ce muid, & qui laissent entr'eux des espaces, marquent la même chose, & signifient le dieu Serapis qui ne pouvoit manquer de paroître en quelque maniere sur un marbre où sont représentez les dieux Egyptiens. Le Croissant sera pour marquer Isis: cela est ordinaire, & ne peut faire aucune difficulté.

J'ajoûterai ici une pensée qui me vient, & qui a toute l'apparence possible. Au dessus de l'angle de la corniche, on voit une tête de face; l'autre angle qui est cassé en avoit infailliblement une autre pour faire la symmétrie. Je dis donc que la tête qui reste, & qu'on voit de face représente Isis ou la Lune: il falloit selon toutes les apparences, que celle de l'autre côté qui a sauté montrât le Soleil, ou Serapis à face raïonnante: cela pourra peut-être se verifier si l'on a ramassé les morceaux du marbre qui a été cassé. Je ne dirai rien des deux oiseaux qu'on voit au dessus de la corniche vers le milieu; ils ont à mon avis été mis là pour l'ornement.

V. L'autre face du marbre représente un Anubis avec sa tête de chien; il tient d'une main une palme & un vase; l'autre main de laquelle il tenoit peut-être quelque chose est cassée: il porte aux pieds des ailerons comme Mercure. Voir Anubis avec des symboles de Mercure, c'est chose ordinaire. Apulée dit qu'il portoit un caducée & une palme: nous l'avons vû portant l'un & l'autre dans la planche CXXVIII. du second tome de l'Antiquité; peut-

---

scriptiones latinæ Isidem & Serapidem sæpe commemorant, raro autem Osiridem. Serpens ergo ille multis circumplicatus gyris Serapidem sive Solem significat. Nam secundum veterum opinionem Serapis idem atque sol erat. In secundo Antiquitatis explanatæ tomo multæ habentur imagines Serapidis, cujus caput instar solis radios emittens conspicitur; maximeque in illo Serapidis schemate quod infra dabitur Tab. XLIII. quæ est omnium Serapidis imaginum singularissima. Caput ejus calatho sive modio opertum radios circumquaque emittit, & corpus ejus ab humeris ad pedes serpente circumplicatur gyris multis; ita ut inter gyros spatia relinquantur, in queis habentur duodecim zodiaci signa. Puto itaque eos gyros quos in operculo hujusmodi facit idipsum significare, nempe cursum solis circa signa zodiaci. In Tabula CXXXVI. tomi secundi Antiquitatis explanatæ, Serapis est serpens convolutus cum humano capite, reliqua sunt serpentis gyros multos efficientis; Serapis ergo qui non poterat in hac imagine prætermitti, hoc symbolo repræsentabitur in hac Ægyptiorum deorum imagine. Crescens vero luna pro Iside erit, quod certe sæpe occurrit, nec

aliquid difficultatis parere possit.

Hic rem addam quæ in mentem subit, & quæ omnino verisimilis est. In hac ipsa marmoris facie supra angulum coronidis, humanus vultus visitur. In alio autem angulo, qui fractus jam excidit, alius item vultus haud dubie erat, ut aliqua συμμετρεια occurreret. Dico igitur capud illud quod adhuc restat & de facie visitur, Isidem aut lunam repræsentare: prorsus autem verisimile est illam quæ jam excidit, solem seu Serapidem exhibuisse radiato capite. Id fortasse verum comprobari poterit si fracti marmoris partes reperiantur. De duabus avibus supra coronidem in medio stantibus, nihil dicendum suppetit: nam ad ornatum tantum hic constitui potuerunt.

V. Alia marmoris facies Anubin exhibet canino capite. Altera manu tenet palmam; manus porro altera, qua quidpiam tenuisse videtur, excidit. Alas pedibus hærentes ut Mercurius habet. Anubin certe cum Mercurii symbolis videre, res est vulgaris. Apuleius ait Anubin gestasse caduceum & palmam. Cum his symbolis ipsum conspeximus Tab. CXXVIII. secundi Antiquitatis explanatæ tomi. In hac fortassis imagine Anubis caduceum al-

# AUTEL D'ISIS

*Trouvé à Rome.*

être que le caducée dans cette figure d'Anubis est tombé avec une partie de la main ; le sceau qu'il porte à la main gauche se voit fort ordinairement dans les mains des dieux Egyptiens, pour marquer ou les eaux du Nil qui donnoient la vie à l'Egypte, ou peut-être plus generalement, que c'est l'eau qui fait subsister toutes choses, comme dit Vitruve.

Le disque ou le grand bassin, & le grand couteau pour découper la chair des victimes, avec le vase sont des instrumens de sacrifices qui ornent une des faces du marbre, pour signifier peut-être qu'à la dédicace de ce monument, on sacrifia aux dieux representez ici, en l'honneur desquels le marbre fut érigé.

Je n'ai rien de nouveau à dire sur l'Harpocrate, qui occupe la quatriéme face : j'en ai donné un si grand nombre dans le second tome de l'Antiquité, qu'on n'en peut guere trouver qui ne convienne à quelqu'un de ceux-là ; en effet on y en remarquera plusieurs qui ressembleront à celui-ci, à cela près qu'ils sont plus chargez de symboles.

---

tera manu gestabat, qui cum manus parte exciderit. Vas seu situla, quam læva manu tenet, sæpe conspicitur in signis numinum Ægyptiacorum, hocque symbolo denotabantur aquæ Nili, quæ vitam Ægypto subministrabant. Aut fortasse, ut generatim loquamur, aquam rebus omnibus vitam præbere, & *ex potestate aquæ omnia constare*, ut ait Vitruvius lib. 8. cap. 1.

Discus, culter ille magnus ad decidendas victimarum carnes, vasque illud aliud, instrumenta sunt sacrificiorum, quæ aliam marmoris faciem exornant. Ut forte significetur, quando dicatum hoc marmor fuit, sacra facta esse diis qui in hoc marmore exhibentur, quibusque tale monumentum erectum fuit.

De Harpocrate qui quartam faciem occupat, nihil novi dicendum suppetit. Tot enim Harpocratis schemata in secundo Antiquitatis, explanatæ tomo data sunt, ut vix aliquis alius Harpocrates occurrat, illis omnibus singulisque dissimilis. Certe plurimi ibidem conspici possunt, qui ab hoc non alia in re differunt, quam quod pluribus symbolis sint onusti.

## CHAPITRE IV.

*I. Trépied singulier, dessiné par M. le Brun. II. Tables pour les jeux publics, sur des medaillons. III. Table singuliere. IV. Préfericules trouvez à Rome. V. Préfericule de Bacchus.*

1 I. LE trépied [1] qui commence la planche suivante, a été tiré d'une medaille d'argent de Lepidus. M. le Brun en aïant trouvé une dont la conservation étoit parfaite, dessina en grand cette image, qui paroît singuliere : c'est d'après lui que nous donnons ce trépied, remarquable par bien des endroits. C'est un grand vase rond, porté sur trois pieds, & c'est de-là qu'il prend le nom de trépied ; ces trois pieds qui finissent en bas par le pied d'un animal se terminent en haut par une tête de bouc, dont les cornes cramponnent & arrêtent le vase. Un serpent d'une prodigieuse longueur s'éleve par-dessus le vase où il fait de son corps plusieurs tours & contours, & même des nœuds. Sa queuë est encore assez longue pour descendre sur les pieds du trépied, les embrasser tous trois, & y faire un grand nœud qui n'est pas serré, & dont la forme se remarque fort aisément. La tête du serpent jette des raïons : ce qui fait juger que cette partie de la Theologie des Egyptiens avoit passé chez les Romains, & qu'ils peignoient comme eux le Soleil sous la figure d'un serpent. Les Egyptiens représentoient Serapis leur grand dieu, qu'ils regardoient comme le Soleil, avec tout le corps du serpent, & la tête seule d'homme : & cette tête jettoit des raïons de tous côtez. Je suis même persuadé qu'ils peignoient souvent leur Serapis sous la figure entiere du serpent, comme je ferai voir plus bas. Mais pourquoi ce serpent symbolique s'éleve t'il, & se contourne-t'il ainsi sur le trépied ? Pourquoi baisse-t'il la tête, & tire-t'il la langue vers le vase du trépied, qu'il entoure de sa queuë ? C'est un mystere où je ne saurois penétrer : entre les jambes du trépied sont deux gros poulets, si ce

---

CAPUT IV.

*I. Tripus singularis a v. cl. Brunio delineatus. II. Mensæ pro ludis publicis in nummis majoris moduli. III. Singularis mensa. IV. Præfericula Romæ eruta. V. Præfericulum Bacchicum.*

I. TRipus ille qui in Tabula proxima agmen ducit, ex nummo argenteo Lepidi eductus est. V. cl. Brunius cum in nummum hujusmodi incidisset, nullo tritum usu, sed omnia accuratissime repræsentantem, ejus imaginem longe majori forma delineavit : ad ejus exemplaris fidem, Lepidi Tripodem hic exhibemus, multis nominibus spectabilissimum. Vas est magnum, profundum, rotundum, tribus nixum pedibus, hincque tripodis nomen mutuatur. Tres illi queis nititur pedes inferne in animalis cujuspiam pedem desinunt, superne in caput arietis singuli terminantur, cujus arietis cornua vas transmeant & firmant. Serpens enormis stupendæque longitudinis, vasi imminet miris circumplicatus modis, ita ut non gyros modo, sed etiam nodos exhibeat. Neque tamen illi tot & tanti gyri totum serpentis corpus occupant : cauda quippe, parsque illa corporis, quæ caudæ hæret, pedes etiam tripodis complectitur & circumdat ; imo in nodum magnum reflectitur, cujus nodi, quia non stringitur, formam observare quisque potest. Caput serpentis radios emittit : unde inferas illam Theologiæ Ægyptiacæ partem ad Romanos transiisse, ipsosque perinde atque Ægyptios, solem serpentis forma depinxisse. Ægyptii deum illum magnum suum Serapidem, quem esse Solem putabant, serpentino toto corpore, humanoque tantum capite depingebant, quod caput radios undique emittebat. Imo certum exploratumque habeo ipsos Serapidem Solem cum tota serpentina forma repræsentavisse, id quod infra pluribus commonstrabitur. Verum cur serpens ille symbolicus se tot gyris supra Tripodem circumplicat ? Cur linguam vibrat versus vas illud Tripodis, quem etiam Tripodem cauda circumdat ? Arcanum certe illud est, in quod me intromittere non possim. Inter illas Tripodis tibias, duo pulli sunt ; quos fortasse gallos dixeris,

ne

ne font pas deux coqs, qui mangent du grain avec une extrême avidité; c'étoit le meilleur préfage. Nous avons vû aux planches LXIII. & LXIV. du fecond tome de l'Antiquité, ces poulets renfermez dans une cage : ici ils font fous le trépied ; & cela nous fait voir qu'on tiroit auffi quelquefois cette efpece d'augure ailleurs que dans des cages, & fous des trépieds où ils étoient libres. La medaille de Lepidus de la famille Æmilia, qui a au revers ce trépied & tout ce qui l'accompagne, a encore un *lituus*, bâton augural, d'un côté; & de l'autre un *Simpulus*, efpece de cueiller pour les libations : ces inftrumens facrez vont fouvent enfemble.

II. Le revers [2] fuivant eft d'un medaillon du Roi, qui a d'un côté la tête de l'Empereur Commode, & de l'autre une table fur laquelle font deux urnes ; de chacune des urnes fort une palme. Entre les deux urnes eft un bufte du même Empereur Commode : les deux urnes contiennent des palmes, pour ceux qui auront vaincu dans les jeux. Rien de plus commun dans les medailles greques que ces fortes d'urnes. Ce medaillon a été frappé par ceux de Nicée, comme porte l'infcription. Celui-ci & les quatre autres qui fuivent, auroient peut-être été mieux dans le troifiéme tome de ce Supplément, puifqu'ils regardent des jeux publics ; mais comme chez ces profanes la religion entroit par tout, & que d'ailleurs on voit très-fouvent ces urnes avec des palmes, ou fur des temples, ou à l'entrée des temples, comme on aura pû remarquer ci-devant, on a cru les devoir mettre ici.

La table fuivante [3] eft dans un revers d'un medaillon d'Antonin Caracalla, frappé à Byfance, comme porte l'infcription. L'urne eft entre deux vafes fur la table ; elle a deux palmes, marque qu'on y celebroit deux fortes de jeux ; & l'infcription par la lettre B. qui veut dire deux fois, marque qu'ils y étoient celebrez pour la feconde fois fous le même Empereur. Sous la table il y a encore un vafe qui a une anfe.

Le medaillon [4] fuivant fut frappé fous le même Empereur par ceux de Tralles, qui font appellez ici deux fois Neocores. Il y a fur la table trois urnes avec des palmes, ce qui marque qu'on y celebra trois fortes de jeux vers le même tems.

---

ita nempe grandes vifuntur : ii aviditate fumma grana jacentia devorant ; id quod inter auguria optimum habebatur. In tabulis LXIII. & LXIV. fecundi Antiquitatis explanatæ tomi pullos hujufmodi in cavea inclufos vidimus. Hic autem fub tripode funt : unde inferas non femper in caveis actum fuiffe, fed aliquando alibi, & fub tripode, ubi liberi nec inclufi pulli erant. Nummus Lepidi ex Æmilia gente, in cujus poftica parte hic tripus cum adjunctis aliis confpicitur, lituum etiam five auguralem virgam in uno latere habet, & fimpulum vas facrum ad libandum, in altero. Hæc porro inftrumenta fæpe fimul confpiciuntur, utpote quæ in facris adhiberentur.

II. Poftica [2] facies alia eft nummi Regii fequentis, qui nummus in antica facie caput Commodi Augufti habet : in poftica vero duæ urnæ funt fupra menfam quamdam pofitæ. Ex fingulis urnis fingulæ palmæ prodeunt. Inter ambas autem vifitur protome Commodi Imperatoris. Urnæ vero illæ palmas continent, illis deftinatas, qui in ludis publicis viciffent. Nihil in nummis Græcis frequentius urnis hujufcemodi. Nummus autem hic maximi moduli a Nicænis, five Nicææ percufus fuit, ut infcriptio habet. Hic porro nummus cum quatuor aliis fequentibus, fortaffis in quarto hujus Supplementi tomo commodius locatus fuiffet, quandoquidem ad ludos publicos fpectant. Verum quoniam apud profanos illos religio omnibus pene rebus admixta deprehenditur, & quia etiam urnæ illæ cum palmis immiffis, fæpe aut templis fuperpofitæ, aut in templorum ingreffu vifuntur, ut fæpe antehac animadvertere licuit, hoc opportune loco poffe illas conftitui vifum eft.

Menfa fequens [3] in poftica facie nummi Antonini Caracallæ comparet : nummus vero Byfantii cufus eft, ut fert infcriptio. Urna inter duo alia vafa fupra menfam pofita eft. In illa duæ vifuntur palmæ, quod fignum eft duo tum ludorum genera celebrata fuiffe. Infcriptio eft ΑΝΤΩΝΕΙΝΙΑ ΒΙΖΑΝΤΙΩΝ ϹΕΒΑϹΤΑ ; id eft Antoninia Augufta Byzantiorum. Litera B. quæ ad menfæ latus legitur, fignificat hos ludos, qui Antoninii vocabantur, fecunda vice celebratos fuiffe.

Qui fequitur [4] nummus eodem imperante Caracalla cufus eft a Trallenfibus, feu Trallianis, qui bis Neocori hic appellantur. In menfa funt tres urnæ cum totidem palmis : quo fignificatur tria ludorum genera illo tempore celebrata fuiffe.

5    Le medaillon [5] qui vient après eft des Pergameniens, qui fe difent trois fois Neocores : il y a fur la table deux urnes, & entr'elles une couronne de laurier, dans laquelle eft écrit ce mot OΛΥΜΠΙΑ; ce qui marque que c'étoient les jeux Olympiques qu'on celebroit alors à Pergame, & qu'on donnoit au vainqueur une palme & une couronne de laurier. Les Pergameniens fe difent ici les premiers trois fois Neocores; ils fe difent tels par rapport à Smyrne & à Ephefe, qui leur difputoient la primauté : l'infcription tout autour eft ΕΠΙ. C. ΑΥΡ. ΔΑΜΑ. que M. Vaillant tourne ainfi ; *fub Prætore Aurelio Damafia*, fous le Préteur Aurele Damafia. Il y a de plus, au deffus de la couronne, la lettre A, qui fignifie *Actia*, les jeux Actiaques; de forte qu'on celebroit au même tems les jeux Actiaques, & les jeux Olympiques. Mais la couronne étoit pour les Olympiques : le medaillon fut frappé fous l'Empereur Valerien.

6    III. Le plus fingulier [6] & le plus difficile à expliquer de tous les medaillons eft le fuivant de l'Empereur M. Aurele, frappé à Seleucie, comme l'infcription porte ; le revers montre une table fur laquelle s'élevent deux quarrez, dans chacun des quarrez eft une urne. Au-deffus de chacun des quarrez s'éleve une perche qui a de petites branches crochuës : au fommet de chaque perche eft un oifeau peu reconnoiffable : il eft toûjours certain que ce ne peut être une aigle : aux deux coins de la table on voit ici la foudre, là un cyprés. Sous la table font deux monticules, fur lefquels font deux beliers qui fe tournent le dos : il y a apparence qu'ils font là pour le facrifice. C'eft tout ce qu'on en peut dire : car pour le refte, je crois qu'il n'y a point d'Oedipe qui s'en puiffe tirer.

Pl.
XIII.    IV. Le premier prefericule de la planche fuivante fut gravé à Rome l'an
1    1543. d'après un antique ; [1] il eft de la forme de ces prefericules que nous voions fouvent fur les medailles & fur les anciens monumens. Ces vafes fervoient à porter aux autels le vin, & les autres liqueurs qu'on verfoit enfuite dans les pateres. Les figures des Neréides & de quelques divinitez marines, qu'on voit fur le milieu, font juger qu'il étoit deftiné pour les facrifices à

---

Poft illum alius nummus [5] Pergamenorum eft, qui fe ter Neocoros dicunt. In menfa funt duæ urnæ cum totidem palmis. Inter urnas vero laurea corona, in cujus medio fcriptum eft OΛΥΜΠΙΑ, quo fignificatur tunc Pergami celebratos fuiffe Olympicos ludos, victoribufque oblatam cum laurea corona palmam. Pergameni hic fefe primorum ter Neocororum titulo gloriantur : idque referatur oportet ad eorum cum Smyrnenfibus & Ephefiis concertationem: nam inter tres illas civitates de primatu contentio erat. Infcriptio circum pofita fic hab et, ΕΠΙ C. ΑΥΡ. ΔΑΜΑ ΠΕΡΓΑΜΗΝΩΝ, quam fic legit Valentius, ἐπὶ στρατηγῷ Αυρηλίκ ΔΑΜΑΣΙΑ ΠΕΡΓΑΜΗΝΩΝ *Sub prætore Aurelio Damafia Pergamenorum.* Præter hæc, fupra coronam habetur A, quæ litera fignificat ΑΚΤΙΑ, ludos nempe Actiacos ; ita ut fimul celebrarentur ludi Olympici & Actiaci. Verum corona pro Olympicis erat. Nummus imperante Valeriano cufus eft.

III. Nummus omnium fingulariffimus & explicatu difficillimus eft is [6] qui fequitur, Marco Aurelio imperante cufus ipfumque repræfentans : eft autem Seleucianorum, ut fert infcriptio. Poftica facies menfam exhibet, fupra quam eriguntur quadrata duo ; intra quadratum quodlibet vafcu-

lum exhibetur. Supra quadrata vero eriguntur hinc & inde duo quafi fcipiones, obtortos ramulos emittentes. Supremo fcipioni infidet utrinque avis, cujus genus vix internofcere poffis. Certum tamen eft non poffe Aquilam effe. In extremis menfæ lateribus hinc vifitur fulmen ; inde vero cupreffus. Sub menfa duo ceu monticuli funt, in quorum cacumine arietes duo averfis capitibus ftant. Verifimile eft eos ad facrificia deftinatos effe. Hoc unum de tam arcana imagine dici poteft ; cætera enim ne Oedipus explicare tentaverit.

IV. De præferículo facrorum inftrumento, five fcypho ex quo in pateras vinum feu alius liquor effundebatur, pluribus egimus in fecundo Antiquitatis explanatæ tomo p. 140. ubi de forma ejus difputatum eft. Primum [1] autem præfericulum tabulæ fequentis Romæ in ære incifum fuit anno 1543. ex veteri hujufmodi fcypho expreffum. Eadem autem forma eft qua præfericula, quæ fæpe in nummis inque aliis monumentis confpicimus. Hæc vafa, ut jam dicebam, vinum cæterofque liquores ad libandum deputatos continebant & ad aras deferebantur, ut libamen inde in pateras effunderetur. Nereidum quorumdamque marinorum deûm fchemata, quæ medio in vafe vifun-

# TREPIED    ET AVTELS

Neptune. Parmi ces figures on remarque quelques centaures qui ne se trouvent guere avec des dieux marins ; l'anse du vase sont deux serpens dont la
gueule ouverte est sur l'entrée du goulot.

L'autre [2] prefericule gravé à Rome presque dans le même tems, est aussi
chargé d'ornemens que chacun peut voir. Les têtes cornues de deux Satyres,
& les feüilles de vigne qui les accompagnent, font juger qu'il étoit destiné
aux sacrifices de Bacchus : je ne mets [3] point au rang des prefericules un autre
vase qui a un couvercle, & qui est plus chargé d'ornemens que les précedens. [3]

V. Le [4] prefericule suivant avoit été mis je ne sai comment parmi les vases
domestiques, & les pots qui servoient pour les vins & les liqueurs, tom. 3. [4]
de l'Antiquité planche LXX. mais il a tout l'air d'un prefericule ; il a la forme
d'un animal & d'une bête feroce : la bouche du vase fait la machoire de dessous, & le couvercle qui manque faisoit le haut de la tête. Cette machoire
de dessous paroît au haut du vase avec les dents, à l'endroit par où sortoit la
liqueur. Au bas du cou est une espece de collier, composé de pampres, de
grappes de raisin, & de feüilles de vigne : ce qui marque que c'étoit un vase
ou un prefericule pour les sacrifices de Bacchus ; & c'est ce que prouve encore
la tête de Silene qui est attachée au collier sur le devant. La bête representée
sera une panthere, animal favori de Bacchus ; s'il y a eu un couvercle comme
il y a apparence, quand on ouvroit le vase pour verser, il sembloit que la panthere ouvrit sa gueule pour répandre du vin : il paroît que les anciens aimoient
ces sortes de jeux.

---

tur, ad Neptuni sacra dicatum præfericulum in-
digitant. Inter hasce figuras Centauri quidam observantur, qui tamen cum marinis numinibus raro
prodeunt. Vasis ansam constituunt serpentes duo,
quorum os apertum ad os scyphi respicit.

Aliud præfericulum [2] eodem ferme tempore
Romæ in ære incisum, ornamentis iis quæ quisque dispicere possit decoratum est. Capita cor-
nuta Satyrorum duorum & adjacentia vitis folia
vas Bacchicis sacris deputatum commonstrant. Non
inter præfericula locandum [3] censeo vas illud aliud
operculo instructum, & ornamentis plus quam
alia distinctum.

V. Præfericulum [4] sequens extra sedem propriam
locatum fuerat, nimirum inter vasa & pocula do-
mesticis usibus deputata, in queis vinum & liquores
servabantur ; in Tabula nempe LXX. tertii Antiquitatis explanatæ tomi. At præfericulum omnino
videtur esse. Animalis cujuspiam sive feræ formam
habet. Os vasis inferiorem maxillam exhibet, &
operculum, quod jam desideratur nec comparet,
maxillam superiorem totumque caput referebat.
Maxilla inferior in summo vase conspicitur cum
dentibus, qua parte liquor effundebatur. In imo
collo est ceu corona ex pampinis & uvis concinnata. Unde arguitur vas seu præfericulum fuisse
ad Bacchica sacra deputatum, quod item confirmatur ex Sileni capite, quod e collari corona dependet. Fera quæ hic repræsentatur, Panthera, ut
videtur, erat Baccho cara & familiaris. Si operculum unquam adfuerit, ut verisimile est, cum vas
ad effusionem operiretur, videbatur Panthera
gulam diducere ad vinum fundendum. Hisce lu-
dicris, ut videre est, veteres delectabantur.

## CHAPITRE V.

*Inſtrumens des ſacrifices trouvez enſemble auprès de Langres.*

L Es inſtrumens des ſacrifices contenus dans les trois planches ſuivantes, ont été trouvez enſemble à deux lieuës de Langres, & ſe voient aujour-d'hui de la même grandeur qu'on les met ici, au cabinet de M. Mahudel qui m'a fait la grace de me les communiquer : c'étoient apparemment les vaſes de quelque temple particulier qu'on aura cachez enſemble. J'ai crû qu'il ne falloit pas les ſéparer pour les ranger dans leurs claſſes : on eſt ſouvent en peine quand on trouve quelque vaſe, ou quelque inſtrument, de ſavoir s'il a ſervi aux ſacrifices & aux myſteres des Gentils, ou s'il étoit à l'uſage ordinaire des maiſons & des particuliers : ici tout eſt ſacré ſelon toutes les apparences ; le trépied, les petites cueillers, les préfericules, & la *ſéceſpita* font foi que tous les autres trouvez enſemble ſervoient comme ceux-ci aux ſacrifices, & aux autres miniſteres ſacrez.

PL.
XIV.

1    Le trépied, qu'on voit ici de la même grandeur que l'original, ne paroît pas être pour les grands ſacrifices, mais pour les petits ; & peut-être à des uſages que nous ne connoiſſons pas aſſez.

2    Les trois cueillers qui ſuivent paroiſſent avoir ſervi à tirer l'encens de l'acerra, ou du vaſe deſtiné pour le contenir; elles font d'argent, & toutes trois aſſez differentes entr'elles pour la forme.

3    L'Acerra eſt ici une boëte ronde differente de toutes les autres que nous avons vûës dans les ſacrifices, qui ſont quarrées. Il n'y a pas d'apparence que la figure quarrée fût conſacrée.

4    L'inſtrument qui eſt au deſſous du trépied & des cueillers, eſt une *ſéceſ-pita*, coûteau qui ſervoit à égorger les victimes.

5    Le vaiſſeau à anſe qui termine la planche, eſt un préfericule. Nous en

---

### CAPUT V.

*Inſtrumenta ſacrificiorum, quæ ſimul prope Lingonas haud ita pridem reperta ſunt.*

SAcrificiorum inſtrumenta illa, quæ in tribus ſequentibus tabulis exhibentur, eodem in loco prope Lingonas ſexto circiter ab urbe milliari reperta ſunt, hodieque eadem ipſa qua hic repræſentantur magnitudine, in Muſeo cl. v. D. Mahudelli viſuntur ; is vero mihi perhumaniter illorum delineandorum copiam fecit, erantque, vt videtur, cujuſdam templi vaſa, quæ ſimul, ingruente metu quopiam, occultata fuerint. Illa vero non ſeparanda putavi, nec in claſſes aliorum diſtribuenda. Sæpe cum vas aut inſtrumentum quodpiam occurrit, an ſacrificiis & myſteriis Gentilitiis, an vero vulgaris uſus eſſent in ædibus privatis, ambigimus. Hæc autem vaſa omnino veriſimile eſt fuiſſe ſacra omnia, rebuſque ſacris deputata. Tripus, cochlearia, præfericulum, ſeceſpita,

quæ ſuis agnoſcuntur notis, argumento ſunt etiam cætera omnia fuiſſe ad ſacrificia, miniſteriaque ſacra adhibita.

Tripus ejuſdem, qua hic repræſentatur, molis, non videtur ad ſacrificia illa majora uſurpatus fuiſſe ; ſed ad minora, & fortaſſis iis ſuit uſibus deputatus, qui nobis cogniti non ſunt.

Tria illa quæ ſequuntur cochlearia, inſerviiſſe videntur ad thus ex acerra educendum. Sunt autem argentea, interque ſe mutuo forma differunt.

Acerra hic rotunda pixis eſt, a cæteris omnibus, quas hactenus vidimus in ſacrificiis, quod ad figuram ſpectat, diverſa : nam illæ quadratæ ſunt : neque tamen veriſimile eſt figuram illam quadratam in acerris conſecratam fuiſſe.

Inſtrumentum illud quod ſub tripode & cochlearibus conſpicitur, ſeceſpita eſt quod cultri genus ad victimas jugulandas uſurpa tur.

Vas illud anſatum, in hac Tabula poſtremum, præfericulum eſt. Alia ejuſdem formæ vidimus,

PREFERICULES , VASES POUR LES SACRIFICES

INSTRUMENS DES SACRIFICES TROUVEZ ENSEMBLE.

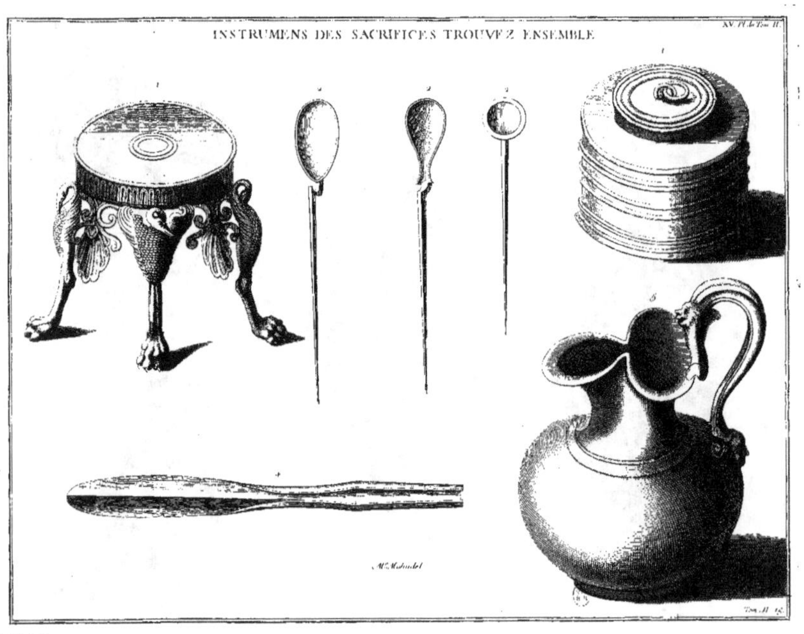

avons vû d'autres de la même forme, & nous avons disputé sur la figure de
ce vase à la page 140. du second tome de l'Antiquité.

L'autre préféricule[1] de la planche suivante, est un peu different du précedent pour la forme.

Le chaudron[2] qui suit servoit apparemment pour tenir l'eau lustrale, qui
étoit une espece d'eau-benite dont on se servoit pour asperger : ces sortes de
vases s'appelloient *Aquiminarium* , ou *Amula*.

La patere de la planche suivante qu'on montre des deux faces, est d'une
forme qu'on trouve assez ordinairement dans les monumens. Il y avoit des
pateres à queuë comme celle-ci, & d'autre sans queuë:il y en avoit encore une
parmi ces instrumens trouvez ensemble auprès de Langres, qui n'avoit point
de queuë.

Les deux autres instrumens de la même planche, ont une longue queuë,
& un tranchant arrondi : ils sont faits comme un tranchet, & servoient selon
toutes les apparences à découper la chair des victimes. Nous n'en avons pourtant jamais vû de cette forme sur les medailles & sur les autres monumens.

P L.
XV.

P L.
XVI.

---

& de figura vasis hujusce disputavimus in secundo Antiquitatis explanatæ tomo.

Aliud præfericulum[1] tabulæ sequentis a priore
aliquantum quod ad figuram differt.

Qui sequitur lebes,[2] ad aquam lustralem videtur inserviisse , quæ aqua lustralis, instar aquæ , ut
vocamus , benedictæ apud profanos illos erat. Illa
autem ad aspersionem utebantur. Hoc porro vasis
genus aquiminarium sive amula appellabatur.

Patera Tabulæ sequentis , cujus anteriorem
posterioremque faciem repræsentamus , solitæ est,

& in monumentis sæpe observatæ formæ. Ex pateris aliæ capulum habebant, ut isthæc; aliæ nullo
erant capulo instructæ. Erat etiam inter instrumenta illa simul posita prope Lingonas reperta, patera alia sine capulo.

Duo alia instrumenta ejusdem Tabulæ, longum
habent capulum , aciemque rotundam : scalpri autem instar concinnata sunt. Omnino autem verisimile est ea , ad dissecandas victimarum carnes adhibita fuisse. Neque tamen adhuc his similia vidimus, aut in nummis, aut in cæteris monumentis.

## CHAPITRE VII.

*I. Patere Bacchique. II. Inſtrumens Hetruſques qui ont paſſé pour Pateres.
III. Caſtor & Pollux ſur un de ces inſtrumens. IV. Medée ſur un autre.
V. Minerve ſur un autre. VI. Lituus, ou bâton augural.*

Pl.
XVII.

I. LA premiere patere de la planche ſuivante m'a été envoïée deſſinée en deux ſens par le ſavant Dom Emanuel Marti, Doïen d'Alicant.
1 ' Les figures repréſentées ſur le bord marquent indubitablement qu'elle a ſervi aux ſacrifices de Bacchus; les quatre têtes qui partagent le cercle en quatre parties égales ſont de Baccantes, & de Satyres : celle d'en haut a devant ſon nez une phiole, auprès de la phiole eſt un piedeſtail, ou un autel ſur lequel eſt un grand vaſe chargé de fruits & de fleurs : derriere ce piedeſtail s'éleve à certaine hauteur un thyrſe, terminé à l'ordinaire par une pomme de pin, contre laquelle un lion ſemble vouloir s'élancer. Après vient une tête de Satyreſſe, derriere laquelle s'éleve à même hauteur que le thyrſe ci-devant un bâton recourbé par le haut comme un bâton augural. Les Satyres & les Faunes portent ſouvent des bâtons ſemblables. De ce bâton courbé pend une flute de Pan à cinq tuïaux : ce qui vient après eſt un arbre, les feüilles paroiſſent de vigne, mais le tronc eſt trop gros pour être un cep de vigne. La bête qu'on voit enſuite eſt un tigre ou une panthere; l'un & l'autre vont dans la troupe Bacchique : cet animal tient ſes pieds de devant ſur le thyrſe qui paroît attaché à un autel ſurhauſſé d'un grand vaſe comme ci-devant. Ce vaſe paroît chargé de fleurs & de fruits : il eſt derriere la tête de la Fauneſſe qu'on reconnoît telle à ſes oreilles de chevre; devant cette tête eſt un autel flamboïant : après vient une chevre qui ſemble s'élancer vers un autel ſemblable. A l'autre côté de cet autel eſt un autre bâton paſtoral courbé, auquel eſt attaché comme ci-devant une flute de Pan : enſuite viennent la tête d'une Fauneſſe, un thyrſe, un grand vaſe, une chevre, un arbre, & un lapin, qui termine la bande : voilà les marques d'une patere pour ſacrifier à Bac-

---

### CAPUT VII.

*I. Patera Bacchica. II. Inſtrumenta Hetruſca pro pateris habita. III. Caſtor & Pollux in hujuſmodi inſtrumento. IV. Medea in altero. V. Minerva in alio. VI. Lituus ſive Auguralis virga.*

I. PRima ' patera ſequentis Tabulæ miſſa mihi fuit a viro doctiſſimo D. Emanuele Martino Decano Alonenſi, ſecundum duos conſpectus delineata. Schemata ad oram pateræ exhibita Bacchicis ſacrificiis uſurpatam pateram fuiſſe procul dubio ſignificant. Quatuor capita quæ circulum in quatuor æquales partes dividunt, Bacchantium ſunt & Satyrorum. Quod in ora ſuprema conſpicitur, coram, ſeu ante vultum phialam habet; & proxime phialam baſis quædam eſt, ſeu ara, cui magnum vas impoſitum fructibus floribuſque onuſtum. Pone hujuſmodi baſim thyrſus tantillum erigitur, ſtrobilo pro more terminatus : in ſtro-

bilum porro illum leo irrumpere velle videtur. Secundum hæc, caput Satyræ; pone caput illud pedum recurvum in litui formam tantillum erectum, ut thyrſus de quo jamjam dicebamus. Pedo hujuſcemodi Satyri & Fauni plerumque inſtructi ſunt. Ex pedo illo recurvo pendet Syrinx ſeu tibia Panos quinque fiſtularum. Arbor ſequitur cujus folia vitis eſſe videntur : ſed truncus denſiſſimus vitis vix eſſe credatur. Quæ ſequitur fera, tigris eſt vel panthera, utrumque animal cœtui Bacchico familiare eſt : hoc autem de quo agitur, anterioribus pedibus thyrſum tangit, thyrſuſque aræ ligatur, cui aræ vas magnum impoſitum eſt, ut antehac : vas porro floribus fructibuſque plenum videtur. Ara illa pone caput eſt Faunæ, quam caprinæ auriculæ Faunam probant. Ante Faunæ caput eſt ara flammigera. Poſt hæc capra quæ videtur in aram aliam inſilire. Ad oppoſitum aræ latus, lituus ſeu pedum eſt, cui alligatur ut ante tibia Panos. Poſt hæc ſequuntur caput Faunæ, thyrſus, vas magnum, capra, arbor & cuniculus, qui agmen

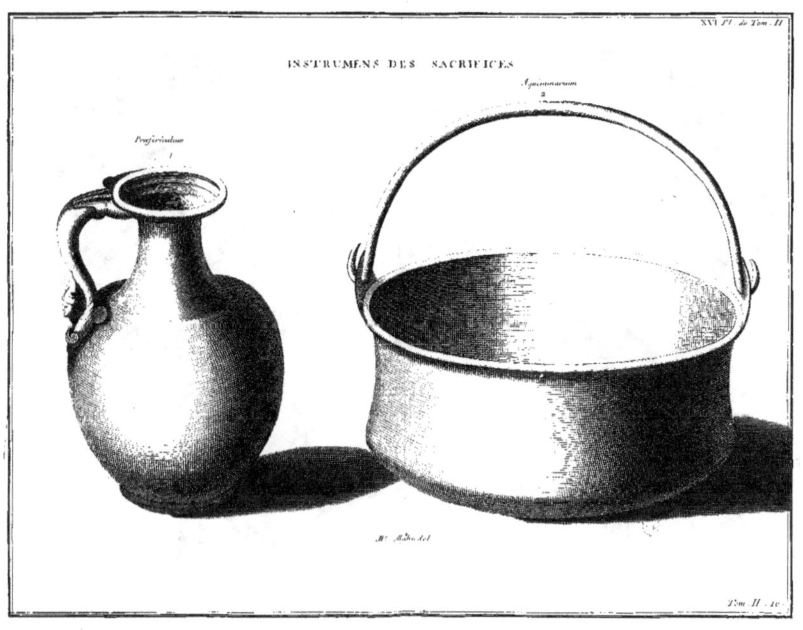
INSTRUMENS DES SACRIFICES
Aquiminarium
Praefericulum
M. M. Bu. del
Tom. II. 10

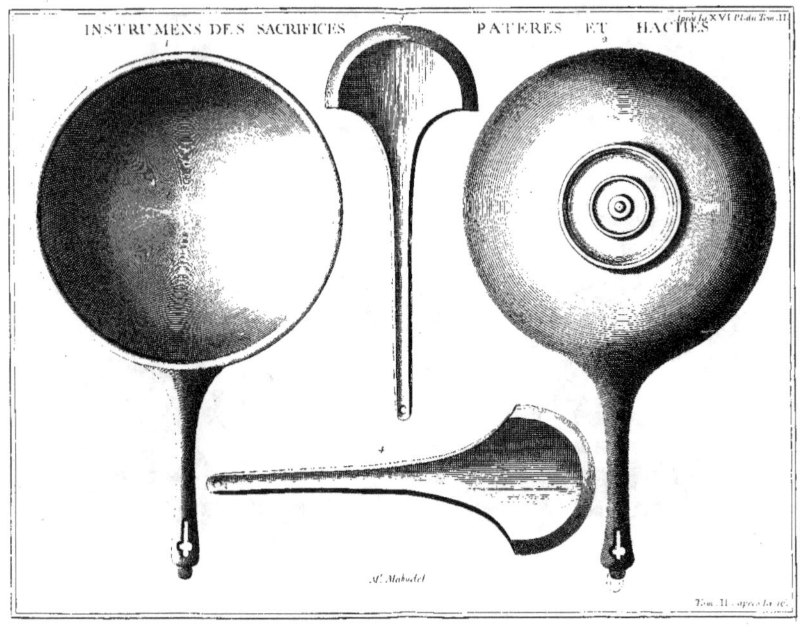

INSTRUMENS DES SACRIFICES          PATERES  ET  HACHES
Après la XVI Pl. du Tom. II
M. Mahudel
Tom. II. après la 16.

chus; elle a la forme que Macrobe donne aux pateres fat. 5. 21. *Patera ut &*
*ipfum nomen indicio eft, poculum planum ac patens eft.* La patere comme le nom
le porte eft une coupe plate & ouverte : ce qui ne veut pas dire qu'elle n'a
point de creux : car peut-on dire d'une taffe ou d'un gobelet qu'il n'a aucune
concavité, & le peut-on dire du *poculum*, qui eft certainement un vaiffeau à
boire ? cependant plufieurs nous ont donné pour pateres des inftrumens tous
plats, comme nous allons voir ; & il y a encore bien des Antiquaires, furtout
en Italie, qui font de cette opinion.

II. Les inftrumens Hetrufques qu'on appelle ordinairement pateres, quoiqu'ils foient tous plats & fans creux, ont fouvent des infcriptions qu'on ne lit
point, ou qu'on ne lit qu'à demi. Les figures ont tout-à-fait l'air Hetrufque, tel
qu'il fe voit dans une infinité de petites ftatues hetrufques qu'on déterre tous
les jours dans l'Italie, & tel qu'on le remarque auffi dans un grand nombre de
vafes Hetrufques que nous donnerons au tome troifiéme : ces figures font ordinairement d'un goût groffier ; il s'en trouve pourtant quelquefois d'affez
bien deffinées. Ces inftrumens plats repréfentent prefque toûjours des parties
de la fable, ou des combatans, ou des joüeurs : c'eft là le vrai goût Hetrufque.

III. La premiere [1] patere, fi l'on peut l'appeller ainfi, a quatre figures [2]
d'hommes, l'un eft affis au milieu, & appuie fa tête fur la main, revêtu d'une
tunique ; il a fur le côté une épée femblable à celle qu'on appelloit l'épée ef-
pagnolle, que les Romains adopterent. Il porte fur la tête la tiare phrygienne,
bordée fur le front comme d'une rangée de perles : cela ne fe diftingue pas
bien clairement, il pourroit bien fe faire que ce font des boucles de cheveux,
dont l'extrémité paroit. Son nom écrit en lettres Hetrufques qui approchent
beaucoup des latines, femble devoir fe lire MEVAKDE, nom fort défiguré,
comme le font tous les autres noms hetrufques, lors même qu'ils expriment
des gens connus, comme nous verrons plus bas. Derriere celui-ci eft un autre
jeune homme nud qui tient de la main gauche une pique, & fur la droite un
grand bouclier rond. Son nom qui paroît fe devoir lire MENVE, eft auffi
inconnu que le précedent. A la droite de l'homme affis, on voit un autre
homme revêtu d'une tunique courte, & d'une chlamyde attachée à l'épaule

---

claudit. En vero figna pateræ ad facra Bacchica
deputatæ. Illam obtinet formam quam Macrobius
Saturn. 5. 21. pateris tribuit : *Patera*, inquit, *ut
& ipfum nomen indicio eft, poculum planum ac patens
eft*, quo non fignificatur in ea concavum nihil haberi ; quomodo enim patera poculum erit fi nullo
modo concava ? Attamen multi inftrumenta, omnino plana nihilque concava, quafi pateras nobis
obtulerunt, ut modo videbimus. Exftantque etiam
hodie non pauci viri in re antiquaria periti, in Italia maxime, qui hanc tuentur opinionem.

II. Inftrumenta illa Hetrufca, quæ pateræ vulgo appellantur, etiamfi omnino plana fint, nihilque concavum appareat, fæpe infcriptiones habent, quæ vel non leguntur, vel imperfecte leguntur. Figuræ autem Hetrufcum omnino morem exhibent : qualem animadvertimus in fignis Hetrufcis innumeris, quæ quotidie ex terra eruuntur in Italia ; qualem etiam perfpicimus in multis Hetrufcis
vafis, quæ tertio tomo dabuntur. Sunt autem ut plurimum fchemata ifta rudi opere concinnata : nonnunquam tamen quædam occurrunt non imperita manu
delineata. Hæc porro plana inftrumenta fere fem-

per exhibent aut quafdam mythologiæ partes, aut pu-
gnas, aut ludos. Hic Hetrufcus eft & modus & ritus.

III. Prima patera, [1] fi ita tamen fit vocanda,
quatuor exhibet viros. Unus in medio fedens manu
caput fuftentat, opertus tunica. Ad latus gladium
habet, iis fimilem quos Hifpanienfes gladios appellabant, quofque adoptarunt Romani. Tiaram
Phrygiam capite geftat gemmis in fronte ornatam,
quæ gemmæ margaritas referre videntur : verum
hæc non ita facile eft internofcere : poffent enim
effe capillitii extrema in globulos concinnata.
Nomen ejus Hetrufcis fcriptum literis, quarum
forma ad latinas accedit, legi poffe videtur ME-
VAKDE, quod nomen admodum deformatum
effe videtur, ut funt pene alia omnia Hetrufcea nomina, quando etiam notos quofdam feu viros feu
mulieres indicant, quod infra videbitur. Pone
hunc alius juvenis nudus finiftra manu haftam,
dextera clypeum magnum rotundum tenet. Nomen ejus legendum effe videtur MENVE perinde ignotum, atque illud quod præceffit. Ad dexteram viri fedentis, alter vifitur tunica brevi indutus & chlamyde ad humerum finiftrum annexa.

gauche ; il tient de la main droite une pique , & porte la gauche sur l'épaule de l'homme assis. Son bonnet ou casque est pointu, & se termine en cone ; il est bordé sur le devant comme d'une rangée de perles , ou de l'extrémité des cheveux comme ci-devant. Le nom est KASTUR ; c'est apparemment Castor. Il est revêtu d'une tunique ceinte au milieu du corps, qui lui descend jusqu'au genou , & pardessus d'une chlamyde, ou d'un manteau attaché sur le devant avec une espece de bouton : celui qui est au côté opposé est tout nud , il tient de la main droite une pique , & parle à l'homme assis. Le nom ne se lit pas aisément ; il pourroit bien y avoir PVLAVKE; ce seroit Pollux , & les deux freres se trouveroient dans l'image : mais je n'oserois l'assurer , quoique cela ait beaucoup d'apparence. Tout ceci se passe à l'entrée d'un temple , dont la voute paroît travaillée en côtes de melon.

PL.
XVIII.

1 Une autre a trois personnages. Mercure s'y fait connoître par son petase & ses ailerons : le petase a ici presque la forme d'un chapeau. ¹ Mercure porte sa main droite sur l'homme nu qui est devant lui , & tient de l'autre main un long bâton ; il a un manteau qui ne couvre point sa nudité. Son nom est écrit devant son visage , comme le sont les autres de cette image : en lisant de la droite à la gauche, comme lisent les Hebreux, on y trouve encore *Urius*. Il y a quelque trait devant qui marque que le mot n'est pas entier. Il se peut faire qu'on avoit mis le commencement du mot de l'autre côté , & qu'il y avoit *Mercurius*. Tout cela est incertain , ces noms hetrusques dans les endroits où l'on peut les lire ne sont pas écrits uniformément. Nous avons vû MIRPIRIOS pour *Mercurius* à la LXII. planche du second tome de l'Antiquité : ces noms se trouvent écrits indifféremment de la droite à la gauche , comme écrivent les Hebreux , ou de la gauche à la droite comme nous écrivons. Nous en verrons plus bas des exemples. Mercure a ici une espece de chaussure assez remarquable : on n'en voit que ce qui est sur les jambes, les pieds sont sautez avec une partie de l'image. L'homme nu qui occupe le milieu de l'image est courônné de feüilles de vigne : ce qui pourroit faire croire que c'est ou Bacchus, ou un Baccant : il porte un collier d'où pendent quelques petits ornemens ; il tient d'une main un long bâton qui se termine en haut en une boule ronde ; c'est apparemment le thyrse ; & de l'autre un espece de dard de figure extra-

---

Manu dextera hastam tenet , sinistram vero admovet humero viri sedentis ; ejus sive tiara sive cassis in conum desinit , ejusque ora in fronte ceu margaritis ornatur : id quod non ita facile distingui potest ; sunt enim fortassis extrema capillorum in cincinnos disposita. Nomen ejus est KASTVR , scilicet Castor, ut verisimile est. Qui in latere opposito est , nudus conspicitur, dextera hastam tenet , virumque sedentem alloquitur. Nomen non ita facile potest legi , videtur tamen PVLAVKE legendum. Esset ergo Pollux , duosque fratres hic conspiceremus. Res omnino verisimilis est : quamquam id affirmare non ausim. Hæc porro in templi cujusdam ingressu peraguntur , cujus fornix in cochleæ morem concinnatus superne conspicitur.

Alia patera tres exhibet personas. ¹ Mercurius ex petaso & alis dignoscitur. Petasus vero formam fere habet petasi nostri hodierni. Mercurius manum dexteram imponit humero viri nudi ante se stantis , alteraque manu virgam oblongam tenet. Pallium gestat quo nuda non obteguntur. Nomen ejus ferme ob oculos & ante vultum ejus scriptum est, quemadmodum & alia personarum hujusce imaginis nomina. Si a dextera ad sinistram legatur , ut Hebræi legunt , *Urius* legi posse videtur. Fortasse vero nominis initium ab altero capitis latere ; ita ut Mercurius legeretur. Hæc porro incerta sunt. Isthæc autem Hetrusca nomina , etiam iis in locis ubi possunt legi , non semper uno eodemque modo scripta sunt. MIRPIROS vidimus pro MERCURIUS in tabula LXII. secundi Antiquitatis explanatæ tomi. Cæterum hæc Hetrusca nomina modo a dextera ad sinistram Hebræorum more , modo ad sinistra ad dexteram, ut nos scribimus, exarata sunt ; uti paulo post exemplis comprobabitur. Mercurius hic caligas gestabat, quarum pars in tibia superest. Pedes enim cum ima instrumenti hujusce rotundi parte pessum ierunt. Vir ille nudus qui medium imaginis occupat, vitis foliis coronatus est, unde forte credas esse aut Bacchum aut Bacchantem quempiam. Is torquem gestat , unde aliquot ornamenta dependent, manu oblongum tenet bacculum, qui superne in globum terminatur. Estque ut videtur thyrsus , alteraque manu jaculum formæ non vul-

ordi-

# PATERES

1
D. Emanuel Marti
2
MENVE
KASTVO
NEVDKDE
VLCVVE
M. l'Abbé Fauvel

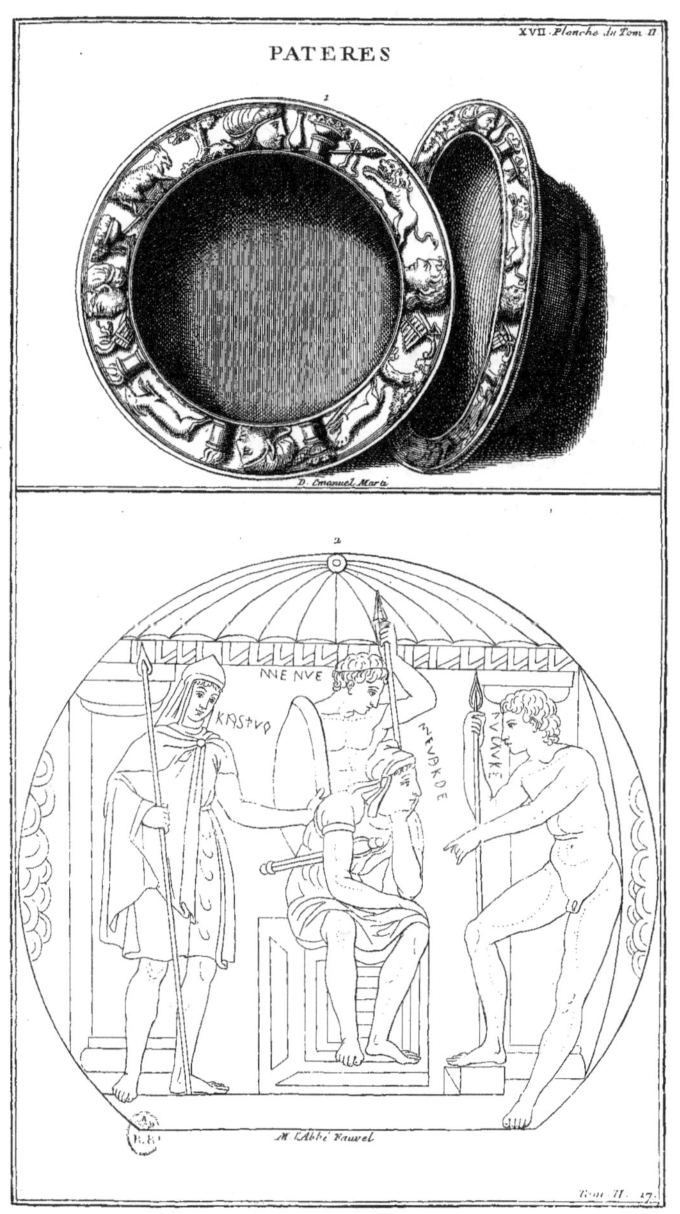

ordinaire ; il a une pointe à chaque bout, & d'un côté deux branches poin-
tuës comme une hallebarde. Un autre homme assis porte un manteau qui ne
le couvre point. Couronné de laurier il est orné d'un collier d'où pendent des
feüilles de vigne. C'est peut-être Bacchus, ou un Baccant : ce pourroit encore
être quelque joüeur qui a remporté le prix dans quelque fête de Baccants, &
que Mercure & Bacchus viennent feliciter sur sa victoire. Le nom de chacun
de ces personnages est écrit en lettres Hetrusques qu'on ne sauroit lire : on les
lit quelquefois ; mais ici on ne peut rien remarquer qui approche du nom de
Bacchus. C'est apparemment quelque cerémonie où un homme paroissoit en
Mercure ; d'autres en Bacchus, & en Baccants, selon la coûtume de ces profanes qui réalisoient quelquefois ce que la fable leur apprenoit de leurs divinitez, comme nous avons dit ailleurs.

I V. Un autre [2] dont le dessein m'a été donné par M. l'Abbé Fauvel, est [2]
semblable à celui de la LXII. planche du second tome de l'Antiquité ; mais
avec des diversitez qui marquent qu'ils sont copiez d'après differens originaux. M. Fabretti qui l'a donné dans ses inscriptions p. 542. croit que c'est
Medée, & Medus son fils qu'elle eut d'Egée Roi d'Athenes. Il se fonde sur
l'inscription MENEDEA, qui est derriere la femme, & sur le nom MEDME ;
Ces differences dans les noms ne doivent point surprendre dans ces monumens Hetrusques, où ils sont ordinairement fort estropiez. Menedea se lit
assez bien dans ce monument que nous donnons : pour ce qui est du MEDME,
on a peine à l'y trouver, même dans l'image de M. Fabretti, où le mot commence par un O. coupé au milieu par une ligne, & tout à fait different
de l'M. suivant. Dans l'image que nous donnons ici, la lettre du milieu n'est
pas un D. mais un S. renversé. Cependant comme la femme paroît certainement Medée, je crois que le jeune homme est son fils Medus. Son bonnet
est assez different de celui de l'autre image. Il tient d'une main une faucille, &
de l'autre un seau : tout cela pour servir à sa mere dans les enchantemens &
les maléfices qu'elle fait actuellement sur deux têtes de mort : il n'y en a qu'une
dans l'autre image. Medée porte un casque orné d'une grande aigrette : son

---

garis : ex utraque parte ferrum habet exacutum, ex
alteroque latere duo ceu brachia ad modum hasta-
rum, quas hodie *Hallebardas* vocant. Alius vir sedens pallium gestat a quo vix tegitur. Lauro coronatus torquem habet ex quo pampinea folia dependent. Est forte Bacchus aut Bacchans aliquis.
Quid si dicamus esse quempiam ex iis pugilibus
apud Hetruscos frequentibus, qui in Bacchantium
ludo & festo palmam retulerit, cui Mercurius &
Bacchus victoriam gratulantur ? Cuiusque horum
nomen litteris Hetruscis scriptum est, neque legi
potest. Hæc aliquando leguntur ; sed hic nihil ex-
pisceris quod ad Bacchi nomen vel tantillum accedat. Est fortassis clebritas quædam, ubi aliquis
Mercurium agebat ; alii Bacchum & Bacchantes
repræsentabant : idque pro more veterum illorum,
qui eadem illa quæ Mythologi de diis fabulabantur,
re ipsa adhibitisque personis, secundum dei cujusque
personam instructis & ornatis, repræsentabant.

IV. Aliud instrumentum, cujus mihi delineatam imaginem dedit D. Abbas Fauvel, simile est
ei quod publicavimus in Tabula LXII. secundi Antiquitatis explanatæ tomi ; sed cum iis varietatibus
quæ manifeste arguant ea ex diversis archetypis expressa esse. Raphaël Fabrettus qui priorem dedit
imaginem inscriptionum libro p. 542. putat esse
Medeam & Medum ejus filium, quem illa susceperat ex Ægeo Athenarum rege. Ex scriptis porro
nominibus id arguit : MENEDEA legitur pone
mulierem, & MEDME, ut putat ille, pone virum.
Illæ porro nominum formæ tam variæ non debent
in stuporem conjicere, in Hetruscis videlicet monumentis ubi tantum a solita forma deflectitur. ME-
NEDEA certe legitur etiam in nostro, quod pu-
blicamus schemate. Quod ad MEDME autem pertinet, ea certe vox vix reperiatur in imagine etiam
Fabretti, ubi per hanc litteram incipit hujusmodi
Ꙩ, O scilicet per lineam ad perpendiculum diviso.
In imagine vero quam hic damus, littera in medio
posita non D, sed S inversum est. Attamen cum
mulier Medea esse certo videatur, juvenem illum
esse Medum opinor. Ejus vero pileus ei quem in
altera gestat imagine non parum dissimilis est. Altera manu falculam tenet, altera situlam : hæc ambo usui esse debebant matri, quæ jam tota est in
maleficiis & incautationibus operandis. Agit porro
in duas calvarias, sive duo mortuorum capita : in
altera vero imagine, unum tantum mortui caput

habit depuis le cou jusqu'à la ceinture est marqueté comme une fourrure d'hermine. Elle tient une pique de laquelle elle semble frapper une des têtes de mort : elle se tient courbée comme attentive à ses enchantemens. Apollodore à la fin de son premier livre parle de Medée, & de son fils Medus, qui selon lui se forma un grand empire chez les Barbares, donna son nom à la Medie, & mourut enfin en faisant la guerre aux Indiens. Ici le nom M E-NEDEA, est écrit de la gauche à la droite, au lieu que dans la patere de M. Fabretti, il est écrit de la droite à la gauche, à la maniere des Hebreux.

Pl. XIX. 1

V. En voici un [1] qui a une longue queuë, & qui contient quatre figures avec leurs noms écrits sur les bords. Ces figures sont nuës, hors Minerve qui se reconnoît à son casque. Son nom écrit en haut est un peu défiguré, & se lit au rebours. Les lettres Hetrusques se rendent ainsi par des latines MENPFA ; l'F est le digamma Eolique, qui répond ici à l'V consonne : le P est un R qui a la forme du *Rho* des Grecs. L'autre femme qui est avec Minerve a aussi son nom écrit qu'on ne sauroit lire, non plus que ceux des deux hommes assis. Il est difficile de deviner quelle histoire on a voulu représenter ici. S'il est permis de conjecturer, je crois que l'autre femme pourroit être une Venus, & que les deux hommes nus assis sont deux lutteurs qui doivent combattre, dont l'un a imploré le secours de Minerve, & l'autre celui de Venus. On voit en effet que chacune de ces déesses est tournée vers son homme. Cela n'est dit qu'en doutant.

Nous avons déja vû dans le second tome de l'Antiquité sur ces sortes d'instrumens d'autres noms propres écrits en langue Hetrusque assez differens des noms latins : MIRPIRIOS pour *Mercurius*, ALIXENTROM pour *Alexander* : d'autres écrits au rebours comme A Ǝ C Ǝ И Ǝ M pour *Medea*, Ǝ M C Ǝ M pour *Medus*. Si l'on en trouvoit beaucoup de semblables, cela pourroit peut être aider à lire l'ancien Toscan.

Les Antiquaires, comme nous avons dit, prennent ordinairement ces instrumens pour des pateres. Beger se récrie avec raison contre ce sentiment. Les pateres, selon tous les anciens, étoient creuses : quant à ces instrumens plats,

---

comparet. Medea casside armatur jubam magnam habente. Vestis ejus a collo ad zonam vermiculata est quasi pellis mustelæ albæ. Hastam tenet, qua caput mortui alterum percutere videtur. Inclinato corpore & capite est, ut quæ attente observet & exploret incantationes suas. Apollodorus in libri primi fine de Medea agit, deque ejus filio Medo, qui magnum sibi apud Barbaros imperium paravit, Mediæ nomen suum indidit, demumque periit, dum contra Indos bellum gereret. Hic porro M E-NEDEA a sinistra ad dexteram more nostro scriptum : contra autem in imagine Fabretti a dextera ad sinistram Hebræorum more.

V. En aliud instrumentum [1] simile, cujus cauda longior. Quatuor porro viros mulieresve complectitur, cum eorum nominibus ad oram scriptis. Ii autem omnes nudi sunt, una excepta Minerva, quæ ex casside dignoscitur. Nomen ejus in suprema ora scriptum nonnihil deformatum est, inversoque ordine legitur. Hetruscæ litteræ sic per latinas redduntur, MENPFA ; littera F hic digamma est Æolicum, quod litteræ V respondet consonanti. P ut R legi debet quasi P Græcum. Altera mulier, quam cum Minerva conspicimus, suum & ipsa nomen adscriptum habet, quod vix legatur, ut &

nomen duûm virorum adstantium. Admodum difficile est quænam hic seu historia seu fabula repræsentetur divinare. Si quis hic sit conjecturæ locus, crederem alteram mulierem esse fortasse Venerem, duosque viros nudos sedentes duos esse pugiles, qui mutuo certaturi sunt, quorum alter Minervam, alter Venerem ad opem ferendam adhibent : & vere hic quæque femina ad virum alterum versa cernitur. Sed hæc dubitando dicta sint.

Quod spectat autem ad nomina illa Hetruscis scripta litteris, jam alia vidimus in secundo Antiquitatis explanatæ tomo, cum de hujusmodi instrumentis ageremus, Hetruscis descripta litteris, quæ non parum a latinis nominibus differrent. MIRPIRIOS ibi* pro Mercurio scribitur ; ALIXENTROM pro Alexandro ; alia sunt inverso ordine scripta, A Ǝ C Ǝ И Ǝ M. pro Medea Ǝ M C Ǝ M pro Medus. Si multa hujusmodi occurrerent, inde fortasse eo deduceremur, ut veterem possemus scripturam Hetruscam legere.

Qui Antiquitatis monumentis indagandis dant operam, hæc monimenta, ut diximus, vulgo pro pateris habent. Begerus in Thesauro Brandeburgico Tomo 4. p. 424. hanc omnino opinionem respuit, & quidem jure merito. Pateræ namque

# INSTRUMENS QUI PASSENT POUR PATERES

M. F. Ficoroni



M. L'Abbé Fauvel

ce font, dit Beger, les Apophereta d'Ifidore, où l'on mettoit des fruits ou d'autres viandes. C'étoient donc felon lui des efpeces d'affietes : mais ces inftrumens plats ont des figures en relief ; ils font prefque tous de cuivre, & plufieurs fi petits qu'ils ne paroiffent pas avoir jamais pû fervir d'affiettes. Je croirois plus volontiers qu'on les mettoit pour ornemens fur des armoires, ou en d'autres endroits. On n'a point encore vû de ces fortes d'inftrumens, ni dans les facrifices, ni fur les tables où les anciens prenoient leur repas. Varron *de lingua lat. l. 4. c. 16.* dit que la patere étoit une efpece de coupe à boire, & qu'encore de fon tems dans les feftins publics on portoit à boire dans des pateres, & qu'on s'en fervoit auffi dans les facrifices pour répandre du vin & du fang en l'honneur de Dieu.

Je croirois volontiers que ces inftrumens Hetrufques, plats, ronds, ornez de bas reliefs, étoient portez dans des fêtes, & dans des jeux ; & qu'on y repréfentoit ces fêtes & ces jeux, qui fe celebroient en certains jours, en la même maniere qu'on les y celebroit. Dans les vafes Hetrufques que nous donnons en affez grand nombre au troifiéme tome de ce Supplément, on voit fouvent des gens qui tiennent des inftrumens femblables à ceux-ci, ronds, plats & à longue queuë. La feule difference qu'on y remarque, c'eft que dans le contour il y a de petits globules qui débordent au de-là de la circonference ; ce qu'on ne voit pas dans ceux-ci.

VI. Le bâton augural ou le *Lituus* [1] qui vient enfuite eft de M. Recanati 1 Gentilhomme Venitien, qui a fi bien merité de la République des Lettres, & qui fe fignale tous les jours par les découvertes de monumens de tous âges. Ce bâton augural a environ quatre pieds de haut ; il eft de bronze avec la forme que chacun peut voir fur fon image. Il fe termine en haut en tête d'oifeau, ornement qui convient fort bien aux Augures, qui tenoient ce bâton lorfqu'ils obfervoient le vol des oifeaux, pour en tirer leurs prédictions. Il faut avoüer que cet inftrument paroît affez different d'un bâton augural ordinaire, & plufieurs douteront fi c'en eft un ; s'il l'eft effectivement, c'eft le plus grand qu'on ait encore vû, foit réellement, foit en peinture.

---

ex confenfu veterum omnium concavæ erant. Hæc funt, inquit Begerus, Ifidori Apophereta, ubi fructus aliique cibi apponebantur. Erant ergo fecundum Begeri fententiam, quafi orbiculares quædam tabellæ quas *affietes* vocamus. Sed inftrumenta illa funt anaglyphis plena, æneaque pene omnia : adhæc vero complura ita exigua funt, ut nunquam videantur potuiffe ad hujufmodi ufum deftinari. Libentius crederem ea ceu ornamenta quædam impofita fuiffe vel armariis, vel aliis locis. Nufquam adhuc talia inftrumenta vifa fuere vel in facrificiis vel in menfis. Ut ut res eft, pateræ certe effe nequeunt. Varro de lingua lat. lib. 4. cap. 16. ait : *Præterea in poculis erant pateræ, eo quod pateant latine ita dictæ. Heifce etiam nunc in publico convivio, antiquitatis retinendæ caufa, cum magiftri fiunt, potio circumfertur ; & in facrificio Deis, hoc poculo magiftratus dat Deo vinum.*

Libenter crederem hæc inftrumenta Hetrufca plana rotundaque, anaglyphis ornata, in celebritatibus & ludis geftata, illaque in anaglyphis repræfentata fuiffe, eodem quo celebrabantur modo. In vafis illis Hetrufcis, quæ non parvo numero in tertio hujus Supplementi tomo infra dabuntur, fæpe vifuntur viri mulierefve hujufmodi inftrumenta tenentes rotunda, plana, longoque capulo inftructa ; hoc uno tamen difcrimine, quod difci illi, ceu quofdam globulos ex circulo erumpentes habeant, id quod in hifce de quibus agimus, non obfervatur.

VI. Virga [2] auguralis five lituus qui in eadem Tabula confpicitur, eftque ex Mufeo v. clariffimi Recanati nobilis Veneti, infignibus in rempublicam litterariam meritis clari, qui eam in dies illuftrare nititur. Lituus hic æneus eft altitudine quatuor circiter pedum, ea forma, quam quivis afpiciat fi libet. In caput avis fuperne terminatur, quod ornamentum auguribus optime competat, qui hanc virgam tenebant cum auguria captarent ut futura aut arcana prædicerent. Hoc tamen inftrumentum fateor a vulgatis lituis non parum differre, nec deerunt qui dubitaturi fint an vere lituus fit. Si lituus, eft fane maximus omnium quos vel Mufea vel monumenta quælibet exhibuerint.

# LIVRE IV.

## Sacrifices.

### CHAPITRE I.

*I. Sacrifice de Marc-Aurele après sa victoire. II. Il sacrifie devant le temple de Jupiter. III. Pieté de Marc-Aurele envers les dieux. IV. Prêtre Salien au côté de l'Empereur. V. Marc-Aurele étoit de l'ordre des Saliens. VI. Les Camilles avoient de longs cheveux. Autres ministres du sacrifice. VII. Chaussure particuliere de ceux qui assistent au sacrifice. VIII. Combat singulier contre des bêtes.*

**P L.**
**X X.**

I. CE sacrifice de M. Aurele ne devoit pas être oublié : c'est un des plus celebres que l'Antiquité nous ait transmis, & un bas relief qui se voit encore aujourd'hui à Rome dans le Capitole. Il paroît que Marc-Aurele sacrifie ici pour quelque victoire. Ceux qui ont donné ce marbre croient que c'est un sacrifice qu'il fit après avoir triomphé des Marcomans, des Sarmates & des Vandales, lorsqu'il donna en une seule fois cent lions pour combattre dans le spectacle public. En effet nous voions ici au dessus d'un grand morceau d'architecture orné de pilastres, trois hommes qui combattent, deux contre deux lions, & un contre un taureau. Ce qui semble encore prouver que c'étoit après son triomphe, c'est que sur la pointe du fronton du temple devant lequel il sacrifie, on voit une quadrige de chevaux ; & l'on triomphoit ordinairement sur un char à quatre chevaux, quoiqu'on en attelât quelquefois six, ou sept, ou huit ; & même jusqu'à dix. Outre les quatre de la pointe d'en haut, il y en a autant sur les angles des côtez, deux à

---

## LIBER IV.

### *Sacrificia.*

#### CAPUT PRIMUM.

*I. Sacrificium Marci Aurelii post victoriam suam. II. Ante Jovis templum sacrificat. III. Marci Aurelii pietas erga deos. IV. Sacerdos Salius a latere Imperatoris. V. Marcus Aurelius ex collegio Saliorum erat. VI. Camilli comam longam alebant : alii ministri in sacrificio. VII. Non solitæ formæ calceos habent quotquot huic sacrificio intersunt. VIII. Pugna contra feras singularis.*

I. HOc Marci Aurelii sacrificium prætermitti non decuit : inter celeberrima enim compu-

tandum est eorum quæ nobis antiquitas transmisit. Hoc anaglyphum hodieque Romæ visitur in Capitolio. Marcus autem Aurelius hic pro aliqua victoria sacrificare videtur. Qui marmor istud ante nos ediderunt, putabant esse sacrificium ab eo factum postquam de Marcomannis victoriam retulerat, nec non de Sarmatis & Vandalis, quando centum leones una simul missione dedit, ut ait Capitolinus c. 17. Et sane hic conspicimus supra ædificium nobile parastatis ornatum, tres viros, quorum duo contra totidem leones, tertius contra taurum concertat. Inde quoque probatur hæc post ejus triumphum peracta esse, quod in supremo templi hic appositi fastigit quadrigæ sint triumphales. Triumphus vero in quadrigis ut plurimum fieri solebat, etsi aliquando sex, septem vel octo, imo aliquando decem equi currui jungeren-

# PATERE , LITUUS.

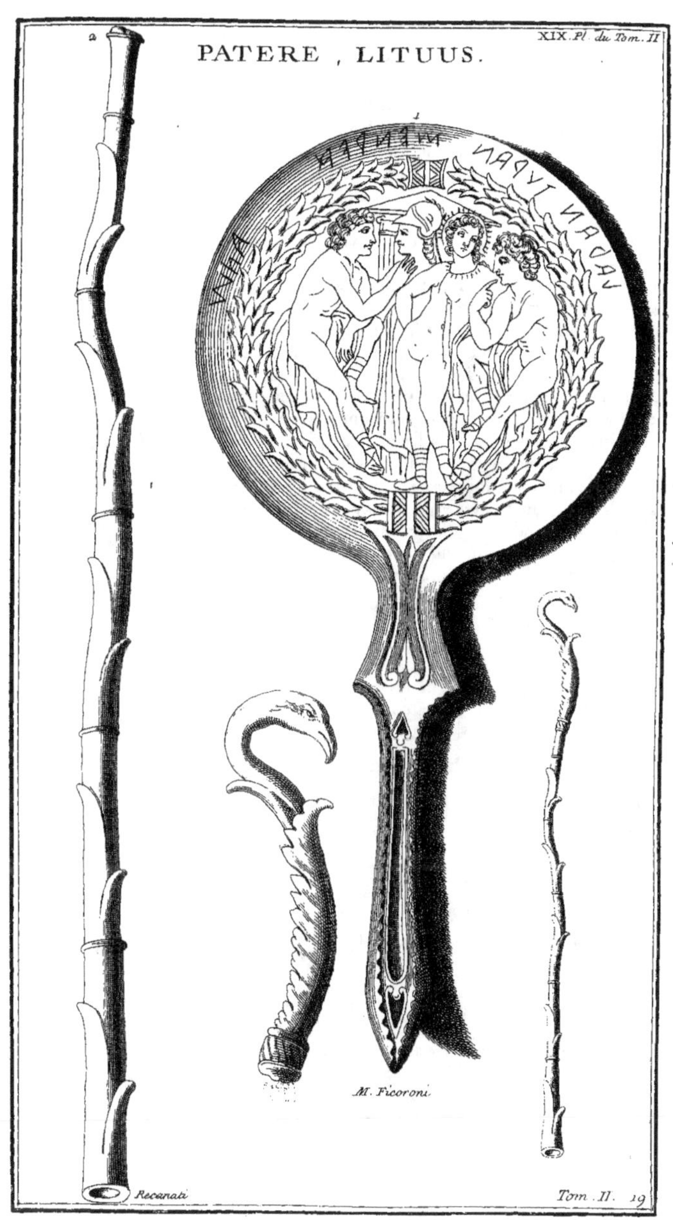



*M. Ficoroni.*

*Recanati*

chaque angle : cela pourroit peut-être marquer que son char de triomphe
étoit attelé à huit chevaux. Cependant dans un autre triomphe de Marc-Aurele que nous avons donné à la planche CIII. du tome 4. de l'Antiquité, le char
de triomphe n'est attelé qu'à quatre chevaux qui vont de front à l'ordinaire.
Il y a grande apparence que ces ornemens de triomphe que nous voions sur la
pointe, & dans le fronton du temple, ne sont que passagers, & qu'ils s'ôtoient
après que la fête étoit finie. C'étoit l'unique moïen d'en avoir toûjours de con-
venables au sujet pour lequel on venoit sacrifier. Il pouvoit se faire aussi que
ces ornemens ne se mettoient que dans les bas reliefs qu'on faisoit pour représenter un sacrifice dont on vouloit éternifer la memoire.

II. C'est un temple de Jupiter, comme le signifie indubitablement la figure
de Jupiter monté sur un aigle, qu'on observe dans le fronton du temple.
Autour de Jupiter sont des hommes étendus, ou assis, ou dans une posture
humiliée. Ce sont peut-être des captifs qu'on a mis là pour marquer les peuples subjuguez, ou réduits à l'obéïssance par l'Empereur. Mais quel temple de
Jupiter peut ce être ? est-ce celui de Jupiter Capitolin ? mais celui-là avoit douze
colonnes au frontispice, & celui-ci n'en a que quatre qui sont d'ordre Corinthien. Nous avons souvent dit que dans ces images des temples qu'on voit sur
les marbres & sur les medailles, on ne met pas toûjours le nombre de colonnes qui y étoit effectivement ; mais quelquefois beaucoup moindre : c'est
ce qu'on remarque non seulement sur les medailles, mais aussi dans les bas
reliefs, quoique l'espace y soit plus grand. Nous en verrons au quatriéme tome
de ce Supplément sur l'image d'un bas relief un qui n'a que deux colonnes, &
qui porte l'inscription *Jovis Capitolini*, ce qui leve toute la difficulté. Il est
d'ailleurs certain que les triomphateurs venoient après leur victoire au temple de Jupiter Capitolin, comme nous avons dit sur les triomphes. Ici on
offre un taureau pour le sacrifice.

III. Marc-Aurele, qui à la religion près, est un vrai modele pour tous les
Souverains, offroit plus de sacrifices que pas un de ses prédecesseurs. Religieux à sa maniere, il regardoit tous les bons succès comme des présens des
dieux : il sacrifioit pour se les rendre propices ; après l'heureux évenement il

---

tur. Præter quatuor illos equos in summo fastigio
junctos, bini etiam visuntur in quovis angulo :
unde forte inferas ejus currum octo equis fuisse
junctum. Attamen in triumpho quodam M. Aurelii, quem expressimus in Tabula CIII. quarti Antiquitatis explanatæ tomi, quadrigæ equorum conspiciuntur. Verisimile autem est hæc ornamenta
ad tempus tantum posita fuisse ; hæc, inquam,
quæ in angulo inque fastigio templi splendere conspicimus ; eaque forte post ferias illas solemnes
auferebantur. Hoc autem modo ornamenta semper
exhiberi poterant, eventui prospero qui celebrabatur consentanea. Alioquin hæc ipsa ornamenta
in solis anaglyphis ad perennem rei memoriam
apparatis, repræsentari potuerunt.

II. Templum est Jovis, ut ipsa Jovis aquilæ in-
sidentis statua probat in fastigio ipso posita : prope
Jovem hinc & inde sunt viri sive prostrati sive sedentes, dolentium more demissi. Suntque fortasse
captivi eo loci positi, ut subactos aut ad paren-
dum redactos ab Imperatore populos significarent.
At quod Jovis templum esse potest ? An templum
Jovis Capitolini ? At illud duodecim columnas in
frontispicio habebat, in hoc autem quatuor tantum
ordine Corinthio observantur. Verum, ut sæpe diximus, in hisce templorum schematibus vel in nummis vel in marmore expressis non semper numerus
columnarum is apponitur qui reapse observabatur
in templis ; sed minorem, imo longe minorem ap-
ponebant : id vero in nummis maxime deprehendere licet, neque in nummis tantum, sed etiam in
anaglyphis, ubi longe major area est, ut videas infra tomo quarto in anaglypho, ubi duæ tantum sunt
columnæ : & inscriptio ibi posita JOVIS CAPITO-
LINI, omnem ea de re levat difficultatem. Alioquin
autem illo triumphatores veniebant post partam
victoriam, ut vidimus ubi de triumphis Romanorum. Hic vero taurus offertur in sacrificium.

III. Imperator autem iste, qui demtis religionibus, æquitatis, clementiæ, justitiæque principibus
omnibus exemplar esse potest, plura offerebat sacrificia, plures mactabat victimas, quam decesso-
rum ullus. Religiosus quantum esse poterat talibus
imbutus disciplinis, prospera omnia, ceu deorum
munera respiciebat ; ut propitios sibi faceret sacra
faciebat, postque felicem eventum sacrificia pro

redoubloit ses sacrifices, pour leur témoigner sa reconnoissance : cela demandoit un si grand nombre de victimes, qu'avant sa guerre contre les Marcomans, lorsque ces peuples feroces eurent pris les armes, un plaisant le fit apostropher au nom des taureaux en ces termes, qui font un vers :

> *Si vous êtes vainqueur, nous sommes tous perdus.*

I V. L'Empereur est voilé de sa toge, qu'il a fait monter pardessus sa tête. C'est ici qu'on voit manifestement ce qu'on a déja tant de fois observé, que la toge étoit un habit tout ouvert comme un manteau, & non pas fermé comme un cotillon, comme croioient ci-devant presque tous les Antiquaires Italiens sur l'autorité du Ferrari. On voit ici manifestement les deux angles de devant du bas de la toge, & l'un des angles de la toge du Senateur voisin. Il sacrifie en versant sa patere sur un trépied qui jette des flammes. Les sacrifices sur des trépieds se voient assez ordinairement dans les monumens antiques, & Marc-Aurele est aussi représenté sacrifiant sur un trépied dans la colonne Antonine. A côté de l'Empereur est un Salien, Prêtre de Mars, qu'on reconnoît à son bonnet appellé *Apex*, nom pris de la longue pointe qui s'éleve pardessus. Ce bonnet est arrêté par une attache qui lui passe pardessous le menton : ils le lioient ainsi fortement, parce que s'il étoit venu à tomber, il n'y alloit pas de moins que de la perte du sacerdoce.

V. Ce Salien est là pour faire honneur à son confrere l'Empereur, qui étoit aussi de l'ordre des Saliens. Il étoit entré dans leur College dès l'âge de huit ans, dit Capitolin c. 4. ce fut l'Empereur Hadrien qui fit cet honneur au jeune Aurele. Dans ce College il eut un présage qu'il seroit un jour Empereur. Le voici tel qu'il est rapporté par le même Auteur. Comme tous les Saliens jettoient des couronnes sur le pulvinar, celles que les autres jettoient tomberent d'un côté & d'autre où le hazard les portoit ; & celle que Marc-Aurele jetta, tomba sur la tête de Mars, où elle se plaça comme si on l'avoit agencée avec la main. Dans ce sacerdoce Marc Aurele brilla pardessus les autres, & il passa par toutes les superioritez. Il ne faut donc pas s'étonner si étant devenu Empereur, il conserva toûjours de l'attachement pour ce College, & si dans un sacrifice si celebre il fit tenir un Salien auprès de lui.

Quelqu'un croira peut-être que ce Salien Prêtre de Mars, est une preuve que

---

reddendis gratiis adaugebat : id quod tam ingentem victimarum numerum postulabat, ut antequam bellum susciperet Marcomannicum, postquam illa ferox natio arma moverat, festivus quidam poeta taurorum nomine hunc versum ediderit :

Ἂν σὺ νικήσης, ἡμεῖς ἀπολόμεθα.

*Si victor fueris, omnes periimus.*

IV. Toga ipsa velatur Imperator, quam ita extulit ut supra caput suum conscenderet. Hic autem manifeste videmus, quod jam toties observatum est, nempe togam vestem esse apertam ut pallium, non autem clausam ut tunicellam, id quod antehac putabant omnes pene Italici antiquarii, Octavii Ferrarii auctoritate ducti. Duo quippe anguli togæ anteriores hic conspiciuntur ; & alter quoque angulus cernitur in toga Senatoris vicini. Sacrificat autem pateram effundens in tripodem flammas emittentem. Ad tripodem sacrificia fieri non raro vidimus, & Marcum ipsum Aurelium in tripode sacrificantem in columna Antonina conspicimus ; A latere Imperatoris Salius est sacerdos Martis, ab apice quem capite gestat, cognitu facilis ; apex au-

tem sic dicitur a longa virgulaquæ in vertice prominet. Fascia ligetur & retinetur apex, quæ ab altera ad alteram genam sub mento deducta, ascendens apicem annectit & firmat. Sic autem fortiter ligabant, quoniam si casu lapsus esset, sacerdotium haud dubie amisissent.

V. Hic Salius sodali suo Marco Aurelio Augusto honoris causa adest. Octennis enim Marcus Aurelius in Saliorum collegium admissus fuerat, inquit Capitolinus c. 4. Imperatore Hadriano Aurelio juveni hunc honorem deferente. *In Saliatu*, pergit idem*, *omen accepit imperii. Coronas omnibus in pulvinar ex more jacientibus, aliæ aliis locis hæserunt ; hujus, velut manu, capiti Martis aptata est. Fuit in eo Sacerdotio & præsul & vates & magister, & multos inauguravit atque exauguravit, nemine præeunte, quod ipse carmina cuncta didicisset.* Nihil mirum ergo si ad imperium evectus, semper idem ipsum collegium affectu prosequutus est, & si in tam celebri sacrificio Salium, qui adstaret, sibi accersiverit.

Existimabit forte quispiam hunc Salium Martis Sacerdotem, sacra Marti fieri indictio esse. Sed tem-

le sacrifice se fait à Mars : mais le temple de Jupiter devant lequel l'Empereur l'offre , me persuade que le sacrifice se fait à Jupiter. On sacrifioit ordinaire-ment devant les temples , & au bas de l'escalier, ou du perron par lequel on montoit au temple : & sacrifier à Mars devant le temple de Jupiter, c'est une chose dont je n'ai point encore vû d'exemples. D'ailleurs le Salien présent au sacrifice n'est pas celui qui sacrifie ; c'est l'Empereur lui-même qui n'a point l'ornement d'un Prêtre Salien. Après tout il pourroit bien se faire qu'il sacrifie en même tems à Jupiter & à Mars.

VI. Devant le trépied on voit le Camille , jeune garçon qui tient l'acerra, ou la boëte à l'encens : il est revêtu d'une tunique fort courte. Ces Camilles devoient être *patrimi* & *matrimi* ; c'est-à-dire , avoir leur pere & leur mere vivans , faute dequoi ils ne pouvoient pas exercer ce ministere. Ce qui est à remarquer dans ce Camille , & dans celui de la planche suivante , c'est qu'ils ont une longue chevelure , contre l'ordinaire des Romains , qui portoient les cheveux fort courts. Il y a grande apparence que cela étoit en usage pour les Camilles seulement , & ce qui me confirme dans cette opinion , c'est que dans presque tous les grands sacrifices Romains , que j'ai vûs jusqu'à présent , tous les Camilles ont de longs cheveux. Le joüeur de flute qui joüe pendant le sacrifice , n'a qu'une flute contre l'ordinaire. Ils en ont ordinairement deux, les exemples contraires sont fort rares. Ce joüeur de flute est couronné de laurier, il est fort jeune , & n'a pas la taille d'un homme fait:ce qu'on remarque non seulement ici , mais dans le sacrifice suivant , & dans plusieurs autres. Ce sont des particularitez que les auteurs n'apprennent point , & que les amateurs de l'antiquité saisissent quand ils en trouvent plusieurs exemples répetez dans les monumens. Le victimaire couronné de laurier est nu jusqu'à la ceinture , & n'a pour se couvrir jusqu'au dessous du genou qu'une piece d'étoffe frangée par le bas. Il tient le taureau de la main droite , & de la gauche une hache, qui a d'un côté le trenchant , & de l'autre un espece de maillet pour assommer la victime. Les victimaires se servoient ou de ces sortes de haches, ou de maillets qu'on voit sur les anciens monumens. Celui qui est derriere le victimaire porte un seau d'eau pour l'aspersion , ou pour l'ablution du Prêtre. Derriere l'Empereur on voit un Senateur qui paroît être du premier

plum Jovis,ante cujus ostium sacrificatur,significat haud dubie sacrificium Jovi offeri.Ante templa mos erat sacrificia offerri, & ante gradus queis ad ostia templi ascendebatur , victimæ mactabantur. Sacri-ficium autem offerri Marti ante Jovis templum non puto , hujus certe rei nullum hactenus vidi exem-plum. Ad hæc vero Salius ille qui sacrificio adest non ipse sacrificat : hoc munus Imperator ipse exer-ercet, qui notas Salii Martis non præ se fert. At fortasse simul & Jovi & Marti sacra facit, id vero nec statuere nec prorsus negare ausim.

VI. Ante tripodem visitur Camillus , puer acer-ram gestans, sive arculam thure plenam, brevissima autem induitur tunica. Camilli patrimi & matri-mi ex recepto more erant ; videlicet parente utro-que vivente officium exercebant , alterutro autem defuncto abdicare cogebantur. Quod autem obser-vandum in hoc Camillo est, necnon in alio Tabulæ sequentis , comam uterque prælongam gestat, præ-ter Romanorum morem , qui decurtatum omnino capillitium gestabant. Videtur autem comam illam prælongam Camillis tantum in usu fuisse , id quod ita esse comprobatur ex omnibus ferme Romanis

sacrificiis solennibus, quæ hactenus videre licuit ; in iis enim Camilli longam habent comam. Tibicen in hoc sacrificio una tantum tibia ludit , cum ex ritu frequentiore tibicines tibia duplici ludere soleant, raroque admodum una tantum tibia ludant. Tibi-cen porro hic lauro coronatur : juvenis admodum est , necdum ad viri staturam pervenit : id quod non hic tantum , sed etiam in sequenti sacrifi-cio in aliisque plurimis observatur. Hos peculia-res ritus apud scriptores veteres frustra quæras : antiquitatis porro studiosi quilibet , hæc in monu-mentis observant, & exemplis frequentibus asserere nituntur: quod ipsum dicatur de coma Camillorum. Victimarius lauro coronatus ad zonam usque nu-dus est , pannoque tantum fimbriato a lumbis in-ferne ad genua usque operitur. Manu vero dextera taurum tenet, sinistra securim , altera parte acumi-natam , altera in mallei modum concinnatam. Vi-ctimarii porro vel malleis vel securibus uteban-tur , ut in veterum monimentis observatur. Is qui pone victimarium est situlam aqua plenam ad asper-sionem aut ad sacerdotis ablutionem gestat. Pone Imperatorem Senator conspicitur , qui ex primariis

ordre:il tient dans la main un rouleau,& porte la toge,espece de surtout de grandeur démesurée & sans doute ouvert par le devant,comme nous avons déja dit :
cela se remarque tant sur la toge de ce Senateur, que sur celle de l'Empereur.

VII. Il est à remarquer que tous ceux qui assistent à la ceremonie portent
le *Calceus*, ou le *Mulleus*, deux sortes de chaussures aujourd'hui très-difficiles à distinguer l'une de l'autre. Elles couvroient toutes deux les pieds, &
differoient en cela de la calige, du campagus, de la solea, & des autres chaussures, qui laissoient voir la chair par intervalles. Cette uniformité de chaussure
dans tous ceux qui assistent à ce sacrifice, fait juger que c'est une ceremonie
de religion, & qu'on alloit ainsi chaussé en certaines solemnitéz. Je remarque
que cela est assez ordinaire dans les grands sacrifices, du moins pour le Prêtre
& ceux qui sont autour de lui.

VIII. Un spectacle tout nouveau, & dont on n'a je crois point d'exemple
dans les monumens antiques, c'est ce morceau d'architecture orné de pilastres, sur l'entablement duquel nous voions trois hommes qui combattent,
deux contre deux lions, & le troisiéme contre un taureau. On demandera si
ces sortes de combats se font jamais donnez dans un si petit espace, & où les
combattans étoient toûjours en danger de se précipiter du haut en bas. L'attention de porter des coups mortels à la bête, & de se garentir des attaques
& des morsures des lions, des cornes & de l'impétuosité des taureaux, obligeoit les gladiateurs à des mouvemens subits & imprévûs : il falloit en même
tems redoubler l'attention sur ses pieds ; le moindre faux pas ne pouvoit se
faire impunément. Les bêtes qu'on lâchoit pour ces spectacles devoient aussi
être bien exercées à combattre dans un si petit lieu, bordé de précipices des
deux côtez, sans tomber dans la chaleur du combat. Cependant c'est ce que
ce monument nous représente : il semble qu'on ne l'a mis dans ce bas relief
qui montre une fête, & un sacrifice des plus celebres, que parce que cela s'est
fait ainsi, & que le cas est si singulier qu'on en a voulu conserver la memoire
à la posterité. Il se trouvera peut-être des gens qui auront bien de la peine à
se persuader qu'on ait jamais combattu de cette manicre, & qui aimeront
mieux croire que c'est par un pur caprice qu'on a représenté ce combat sur
un édifice si élevé & si étroit.

---

esse videtur. Volumen manu tenet, togaque induitur , amictu videlicet ingentis amplitudinis , &
ab anteriore parte operto , ut & in hoc Senatore ,
& in Augusto videre est.

VII. Observandum porro est, quotquot sacris
intersunt vel calceum vel mulleum pedes tegentem
habere. Utrum vero sit calceamenti genus non ita
facile est distinguere,nec quid inter mulleum & calceum intersit discriminis dicere. Calceus autem &
mulleus totum superne pedem operiebant, atque
ea in re differebant a caliga , campago , solea aliisque calceamentorum generibus, quæ pedis cutem
supernam per intervalla monstrabant. Hæc una
calceorum forma in omnibus qui huic sacrificio ad-
sunt , religiosam quamdam cerimoniam indicat,
& aliquem, ut putatur, ritum repræsentat. Hoc in
majoribus sacrificiis vulgo observatur , ubi calceos
hujusmodi gestant , saltem Sacerdos & quidam
circumstantes.

VIII. En spectaculum novum & cui simile nunquam visum est in monumentis veterum : ædificium nempe parastatis ornatum , in cujus tabulato
tres viros cernimus pugnantes , duos nempe contra
leones duos , tertium contra taurum. Forsan quæ-

ratur an hujusmodi agones in tam modico unquam
spatio exhibiti fuerint , ubi qui decertabant, in periculo semper versabantur ne præcipites hinc vel inde ruerent. Intenti gladiatores , hinc quo pacto fe-
ram confoderent ; inde qua arte leonum morsus
irruptionesque vitarent , aut tauri cornua impe-
tumque reprimerent , celeriter atque improviso
nunc in unam nunc in aliam se convertere partem
cogebantur : accedebat summa cautio ne pedes vel
tantillum extra spatium tam modicum excurrerent,
id quod non impune fieri poterat. Feræ quoque ad
hujusmodi spectacula emissæ,nonnisi repetitis exer-
citiis assuetæ, in tam exiguo loco pugnare diu poterant, instante periculo semper ne præcipites ruerent. Illud tamen hoc in monumento repræsentatur. Videturque illud exhiberi in anaglypho,
ubi celebritas sacrificiumque magnum agitur,
quia res sic vere gesta sit, & ob facti singularitatem,
ad posterorum notitiam , sic per anaglyphum transmissa fuerit. Non deerunt tamen qui ita pugnatum
unquam fuisse negabunt , potiusque credent, hæc
ita in monumento expressa fuisse, ad sculptoris , seu
ejus qui tale monumentum erigi curavit, arbitrium,
sed non secundum rei veritatem.

CHAPITRE

# SACRIFICE

Marbre Romain

## CHAPITRE II.

*I. Suovetaurilia de Trajan. II. Il facrifie fans voile, & la tête nuë. III. L'aigle*
*Romaine, aïant la foudre entre fes ferres, & un anneau au bec.*

I. LE facrifice fuivant eft ce qu'on appelloit *Suovetaurilia*, cela veut dire
qu'il avoit pour victimes le cochon, le belier & le taureau, qui mar-
choient dans le même ordre que le nom porte. Le verrat va le premier, le
belier fuit, & le taureau termine la bande : ces facrifices fe faifoient à Mars,
pour la luftration où l'expiation des Champs, des Villes, & des Armées. De
ces victimes le cochon qui va devant eft bandé par le milieu du corps d'une
branche de laurier; il eft conduit par un jeune garçon couronné de laurier.
Celui qui conduit le belier eft couronné de même ; c'eft encore un jeune
garçon qui paroît plus petit que le précedent. Celui qui mene le taureau eft
plus grand & couronné de la même maniere.

PL. XXI.

II. Trajan facrifie ici avec la toge, mais la tête nuë; ce qui prouve que la regle
pour les facrifices, établie par M. Fabretti, n'eft pas certaine, & a bien des
exceptions. Les Prêtres, dit-il, qui facrifioient aux grands dieux, qu'on appelle *majorum gentium*, étoient toûjours voilez, & ceux qui offroient des facrifices aux dieux qu'on appelloit *minorum gentium*, ne l'étoient jamais. Ce facrifice eft pourtant fait à Mars, un des grands dieux ; & cependant Trajan
qui facrifie n'eft pas voilé. Cela fait voir combien il faut être réfervé à avancer
ces propofitions generales. Trajan qui fe trouve ici fans voile eft pourtant
voilé dans les deux Suovetaurilia des planches LXXX. & LXXXI. du fecond
tome de l'Antiquité, & le Prêtre qui fait le même facrifice à la planche LXXXII.
du même tome, l'eft auffi. L'Empereur verfe fa patere fur un trépied qui jette
des flammes, au lieu que dans ces trois facrifices c'eft un autel. Le Camille
couronné de laurier a une grande & longue chevelure, qui lui flotte des deux
côtez fur les épaules. Le joüeur de deux flutes eft auffi couronné de laurier:

### CAPUT II.

*I. Suovetaurilia Trajani. II. Sine velo*
*& nudo capite Trajanus facrificat. III.*
*Aquila Romana fulmen unguibus tenens,*
*& annulum roftro geftans.*

I. SAcrificium fequens illud eft, quod Suovetaurilia vocabant, cujus fcilicet victimæ erant
fus, ovis & taurus; quæ animalia eodem incede-
bant ordine, quo in ipfo nomine exprimuntur. Ver-
res prior incedit, ovis feu aries fequitur, hinc taurus agmen claudit. Hæc porro facrificia Marti offerebantur ad luftrandos, five expiandos agros,
urbes, exercitus. Ex his igitur victimis, qui prior
graditur fus, medio corpore lauri ramis ligatur ;
à puellulo autem ducitur, qui etiam lauro coronatus eft. Eamdem quoque lauri coronam geftat is
qui arietem ducit; eftque item puellulus præce-
cedenti minor : major autem is eft qui Taurum
adducit, ac perinde atque alii lauro coronatur.

II. Trajanus togatus hic facrificat, non elata
toga ut caput velet Sacerdotis, fed humero pro
more geftata. Unde probatur ritum quem Raphaël
Fabrettus affertum putabat pro facrificiis, ut videlicet cum diis majorum gentium facrificaretur, Sacerdotes caput velarent; cum autem diis minorum
gentium, fecus; hunc fcilicet ritum non femper
obfervatum fuiffe. Nam hoc facrificium Marti offertur qui certe majorum gentium deus erat, &
tamen Trajanus non velatus facrificat. Inde vero
obferves velim quam pedetentim in illis generatim
proferendis rituum regulis fit procedendum. Trajanus qui hic non velatus comparet, velatus tamen eft in duobus aliis Suovetauriliis, quæ in
fecundo Antiquitatis explanatæ tomo proferuntur
Tab. LXXX. & LXXXI. Velatufque etiam eft Sacerdos, qui eodem in Suovetauriliis officio fungitur Tab. LXXXII. Imperator pateram effundit in
tripodem flammigerum, cum tamen in tribus illis aliis Suovetauriliis in ara facrificetur. Camillus
lauro coronatus longo ornatur capillitio, cincinnis ad humeros ufque defluentibus. Tibicen qui
duplici ludit tibia, etiam ipfe lauro coronatur :

c'eſt un jeune garçon comme ci-devant. Les deux joüeurs de trompette ſont deux ſoldats:on voit à découvert l'épée de l'un,dont la lame meſurée ſur la taille du ſoldat,peut avoir un pied & demi de long.Les quatre autres qui ont des ai-grettes à leur caſque , ſont ou porte-étendars , ou Officiers. Ces étendars ſont des bandes d'étoffe carrées. Le porte-enſeigne qui eſt derriere Trajan a la peau de lion ſur la tête,comme la portoient en ce tems-là ceux qu'on appelloit *Primipili* & les porte-enſeignes. Cette enſeigne eſt ſurhauſſée d'une aigle ; au deſſous de l'aigle ſont quatre medailles miſes perpendiculairement, qui re-préſentent autant de buſtes d'hommes ou de divinitez , qu'on ne peut recon-noître ſur de ſi petites images.

I I I. L'aigle qui vient après eſt plus ſinguliere : elle tient une foudre entre ſes ſerres : ce n'eſt point le *fulmen triſulcum*,ou la foudre qui a trois pointes de chaque côté,dont deux ſont comme des fleches.Cette foudre n'a qu'une pointe de chaque côté. Il y a trois ſortes de foudre , dit Servius , ſur le ſecond Livre de l'Eneide , celui qui ſouffle ou qui amene un grand vent, celui qui brûle , & celui qui fend. Les foudres ſe voient ailleurs entre les ſerres de l'aigle ro-maine, mais ce qu'il y a de ſingulier ici , c'eſt que cette aigle tient de ſon bec un anneau : que peut ſignifier cet anneau ? il y en a qui croient qu'il peut avoir été mis là pour y pendre quelque ſignal, quelque piece d'étoffe de couleur, quelque ruban , ou enfin quelqu'autre marque pour diſtinguer une legion d'une autre. Si cela n'eſt pas certain , il faut avoüer au moins qu'il y a quelque vrai-ſemblance. Après cette aigle, un autre ſigne militaire ſe comprendra mieux d'un coup d'œil que par une deſcription : à l'extrémité de l'image on voit un de ces ſerfs barbares, qu'on reconnoît à des bas larges qui deſcendent ſur la cheville.

---

puellus autem eſt , ut in præcedenti ſacrificio. Tubicines duo ſunt milites : unius vero militis gladius aſpectui patet, cujus gladii lamina men-ſura ex ſtatura militis ducta, ſeſquipedem regium longitudinis videtur habere. Cæteri quatuor , quo-rum galeæ criſtatæ ſunt, aut vexilliferi aut aliquo in militari officio conſtituti videntur. Vexilla au-tem ex panno quopiam quadrata ſunt. Vexillifer ille qui pone Trajanum eſt leonis pellem capite geſtat, id quod erat illo ævo primipilorum & ſigniferorum forteque aliorum inſigne. Vexillo imminet Aquila & ſecundum Aquilam rotundæ inſtar numiſmatum tabellæ ad perpendiculum po-ſitæ viſuntur : in ſingulis autem protomæ ſunt aut inſignium virorum aut numinum , quæ vix inter-noſci poſſunt in tam exiguis imaginibus.

I I I. Quæ ſequitur Aquila longe ſingularior eſt. Ea fulmen unguibus tenet : non fulmen illud tri-ſulcum tribus utrinque cuſpidibus formidandum , quarum cuſpidum ferrum inſtar ſagittæ perhibetur. At hoc fulmen unam utrinque cuſpidem habet. Tria fulminum genera dicit eſſe Servius in II. Æneidos : *eſt quod afflat , quod incendit , quod fin-dit.* Alibi quoque fulmina in Aquilæ unguibus cer-nuntur. Quod vero ſingularius hic eſt , Aquila roſtro annulum tenet. Qyid hoc annulo ſignifica-tur? Sunt qui putent annulum hic Aquilæ roſtro teneri, ut ab eo ſuſpenderetur vel pannus coloris cujuſpiam , vel faſcia , vel aliud quidvis quo Legio alia ab alia diſtingueretur. Quod ſi certum omni-no non ſit, eſt tamen meo judicio admodum ve-riſimile. Prope Aquilam illam ſignum militare aliud uno aſpectu melius , quam deſcriptione per-cipiatur. In extrema imaginis parte cernitur bar-barus quidam ſervus , qui a latis tibialibus ad mal-leolos uſque pertingentibus dignoſcitur.

Marbre Romain

## CHAPITRE III.

*I. Sacrifice rustique fort curieux. II. Trépied singulier sur lequel on offre le sacrifice. III. A quel dieu se fait ce sacrifice. IV. Ce monument ressemble fort à un autre donné par Antoine Salamanca. V. On marque les differences entre les deux.*

I. LE sacrifice suivant est tiré d'un beau bas relief de M. le Maréchal d'Etrées, trouvé à Lion, à la montagne de Fourvieres. Ce bas relief de marbre blanc a un pied neuf pouces de long, & seize pouces de haut: deux arbres qui terminent l'image de chaque côté, marquent que c'est un sacrifice fait dans les champs, ou un sacrifice rustique. Ces bornes d'arbres se trouvent souvent dans les bas reliefs antiques ; ils montrent des actions faites à la campagne. On en voit dans les Orgies Bacchiques, & dans les combats aux colonnes Trajane & Antonine. Le Prêtre est voilé: il semble que le voile qui lui couvre la tête tient au manteau ou à la toge: car ce pourroit bien être une toge; au dessous de ce manteau est une tunique un peu relevée au dessus de la ceinture De la main droite il tient une patere qu'il va verser sur la flamme de l'autel, il met sa main gauche sur le préfericule. Derriere lui est le Camille ; c'est un jeune garçon, qui à l'ordinaire des Camilles a une longue chevelure: revêtu d'une tunique avec une chlamyde pardessus, il tient l'*acerra*, petit coffret où l'on mettoit l'encens, & de l'autre main une espece de rouleau.

PL. XXII.

II. L'autel est fait en forme de trépied dont le haut a un creux fort profond, & qui ressemble à une marmite. Il falloit qu'au dessus de ce vase creux & profond, il y eut quelque grille pour soûtenir le feu. Ce trépied est orné de pilastres, & au dedans de cette premiere enceinte de pilastres, on voit un contour de petites colonnes qui soûtiennent une architrave sur laquelle s'é-

---

### CAPUT III.

*I. Sacrificium rusticum admodum spectabile. II. Tripus insolitæ formæ in quo sacrificium offertur. III. Cuinam Deo hic sacrificium offeratur. IV. Hoc monumentum simile est ei quod Antonius Salamanca publicavit. V. In quo alterum ab altero differant.*

I. QUod in tabula sequenti profertur sacrificium ex elegantissimo anaglypho D. Maresc. d'Etrées prodit, haud a multis annis Lugduni repertum in monte *Fourvieres* dicto. Hoc anaglyphum ex candido marmore est longitudine pedis unius novemque pollicum, altitudine vero sexdecim pollicum. Arbores duæ quæ utrinque imaginem terminant, sacrificium in agro factum seu sacrificium rusticum significant. Hujusmodi limites sæpe occurrunt in anaglyphis veterum, & res in agro gestas significant. Hoc ritu arbores terminantes vi-

deas in Orgiis Bacchicis tomo Antiquitatis explanatæ 1. necnon in columnarum Trajanæ & Antoninæ iconibus tomo 4. Sacerdos velatus est, videturque pallium seu toga, nam toga fortasse est, cum velo esse annexum ; sub pallio tunicam habet zona præcinctam, & supra, zonam tantillum reductam ne nimis effluat. Pateram Sacerdos tenet, qua mox libamen in flammam aræ emissurus est. Manum sinistram præfericulo imponit. Pone Sacerdotem est Camillus, puer qui pro more Camillorum comam habet prælongam : tunica vestitus, & superindutus chlamyde acerram tenet , seu arculam in qua thus reponebatur ; altera vero manu tenet volumen.

II. Ara, Tripodis fere ritu concinnata est , cujus suprema pars concava & tam profunda cavitate, ut ollam pene referat. Supra vas illud sic concavum crates haud dubie erat , quæ ignem sustineret. Tripus , si ita fas sit appellare , parastatis exornatur , atque intra primum illud septum parastatis ornatum , aliud septum conspicimus ex columnis structum cum epistylio ; supra epistylium

leve une pierre qui femble foûtenir le grand vafe dont nous parlions. Pour
monter au trépied, il y a tout autour quatre marches difpofées en quarré; le
trépied avec les marches doit avoir environ quatre pieds & demi de haut, en
le mefuranr fur la taille du Prêtre. De l'autre côté de l'autel eft un victimaire
qui mene un bouc pour le facrifice: c'eft un jeune garçon nu qui doit égorger
la victime.

III. Ce pourroit être un facrifice à Pan ou à Faune, dieux des campagnes &
des bois, marquez par les deux arbres. Il y auroit contre ce fentiment une
difficulté; c'eft que felon M. Fabretti, les facrifices faits par un Prêtre voilé,
n'étoient que pour les grands dieux appellez *dii majorum gentium*; au lieu que
ceux qui facrifioient aux dieux fubalternes appellez *dii minorum gentium*, n'a-
voient point de voile fur la tête; mais cette regle n'eft pas fûre. Nous venons
de voir Trajan facrifiant à Mars fans voile fur la tête; & nous voions auffi fur
les medailles de Poftume, cet Empereur facrifiant avec le voile fur la tête à
Hercule, qui eft un des dieux qu'on appelloit *minorum gentium*. Il faut être
extrémement réfervé à donner pour loi generale ce qu'on a obfervé quelquefois, de peur que quelque nouvel exemple contraire n'oblige dans la fuite à
corriger ces premieres idées.

IV. Je dois avertir que parmi les eftampes d'Antoine Salamanca, que les
curieux recherchent, il y en a une qui reffemble parfaitement à celle-ci, fans
prefque aucune difference; elle eft fans doute faite d'après quelque bas relief
femblable. Elle ne peut pas certainement avoir été tirée d'après ce bas relief
qui fut déterré il y a peu d'années à Fourvieres, dans l'enceinte de la ville
de Lion. Les anciens faifoient quelquefois des monumens fi femblables à
d'autres plus anciens, qu'à peine y remarque-t'on quelque diverfité. D. Emanuel Marti très-habile Antiquaire, m'a envoïé d'Efpagne le deffein d'un bas
relief où étoient repréfentées des Orgies, ou des fêtes Bacchiques, fi reffem-
blantes à celles de la planche L x x x i x. du fecond tome de l'Antiquité, que
n'y aïant prefque aucune difference, je me fuis difpenfé de le donner avec
l'autre.

V. Je vais marquer fucceffivement les petites differences qui fe trou-

---

vero lapis erigitur, qui vas illud concavum magnum, de quo dicebamus, fuftentare videtur. Ut
ad tripodem confcendatur, quatuor circum gradus
funt in quadrum pofiti. Tripus cum gradibus,
quatuor circiter pedes cum dimidio habet, fi ad
ftaturam Sacerdotis menfuram duxeris. Ad aliud
aræ latus eft victimarius, qui hircum ad facrificium
adducit. Puer fcilicet nudus eft qui victimam eft
mactaturus.

III. Eft fortaffe facrificium Pani vel Fauno,
vel Silvano diis agrorum vel filvarum, id quod
arboribus hinc & inde duabus fubindicari videtur.
At contra hanc opinionem quædam difficultas exfurgit. Nam, ut ait Fabrettus, facrificia a Sacerdote velato facta deos refpiciebant, quos majorum
gentium appellabant; contra vero qui diis minorum gentium immolabant, fine velo hoc munere
fungebantur. Verum hujufmodi ritus non ita af-
fertus eft, ut contraria exempla nulla fuppetant:
modo vidimus Trajanum non velatum Marti fa-
crificantem; itemque confpicimus in nummis Pof-
tumi eumdem Imperatorem velatum Herculi facra
facientem, & tamen Hercules ex diis erat minorum gentium. Cavendum femper ne regulas hu-

jufmodi generales facilius quam par fuerit confta-
biliamus, ne contrariis exemplis ab afferta, ut pu-
tabamus, fententia difcedere cogamur.

IV. Lectorem monitum velim inter delineatas
tabulas Antonii Salamancæ, quæ elegantiæ caufa
a peritis in rebus hujufmodi fumma diligentia per-
quiruntur, unam haberi quæ huic fimilis prorfus
fit, fine ullo pene difcrimine. Illa quoque ex anaglypho quodam expreffa haud dubie fuerit. Non
potuit autem ex hoc anaglypho defumi, quod a
paucis annis Lugduni in memorato fupra loco detectum fuit. Veteres enim nonnunquam monumenta aliis prius concinnatis adeo fimilia edebant,
ut vix tantillam inter illa difcriminis obfervetur.
D. Emanuel Martinus Decanus Alonenfis, circa
veterum monumenta eruditiffimus, ex Hifpania
mihi delineatam imaginem mifit ex anaglypho expreffam; ubi Orgia Bacchi adeo fimilia funt iis
quæ in Tabula L x x x i x. fecundi Antiquitatis explanatæ tomi pofuimus, ut cum parum omnino
difcriminis inter ambas imagines effet, hanc cum
alia edendam effe non putarim.

V. Quæ porro inter has, de quibus agimus,
imagines difcrimina interfint hic recenfendum vi-

# SACRIFICE FAIT A LA CAMPAGNE

Bas relief de M. le Marechal d'Estrées.

vent entre l'eftampe de Salamanca & nôtre bas relief. Ici le Camille fe voit
prefque de face, au lieu que dans le Salamanca il ne montre fon vifage que de
profil, & il eft tout-à-fait tourné vers le Prêtre. Le nôtre tient de la main droite
un rouleau, & celui-là tient un Livre fort long, ou quelque chofe qui en a la
forme : celui du Salamanca a une chauffure qui laiffe voir diftinctement tous
les orteils, le nôtre l'a toute unie, & aucune trace d'orteil n'y paroît. Dans
nôtre eftampe le Prêtre tient de la main droite une patere qu'il va verfer fur
la flamme de l'autel, ou du trépied ; dans celle de Salamanca il n'a rien à la
main droite ; mais il montre du doigt cette flamme. Le préfericule du Salamanca eft plus orné que le nôtre, & affez different pour la forme. Il y a dans
nôtre eftampe quatre marches pour monter à l'autel, fans compter celle qui
lui fert de bafe : il n'y en a que trois dans celle du Salamanca, où les pilaftres
du dehors font d'ordre Corinthien, & ceux du dedans d'ordre Dorique, au
lieu que les nôtres font tout fimples ; le haut du trépied ou de l'autel eft auffi
plus orné dans le Salamanca, que dans nôtre eftampe. La frife qui eft au
deffus des pilaftres interieurs du Salamanca repréfente des Dauphins bien
formez ; la nôtre montre des feftons. Nôtre victimaire nu s'appuie contre
l'arbre, celui du Salamanca en eft à quelque diftance : voilà les principales
differences qui s'obfervent entre les deux images : cela prouve qu'elles font
tirées d'après differens originaux, quand même nous n'aurions pas d'autre
preuve pour démontrer cette difference.

---

detur. Hic Camillus de facie pene confpicitur, in
Salamancæ autem imagine Camillus oblique tantum confpicitur, & Sacerdotem refpicit. Camillus
nofter dextera volumen tenet, at alius librum oblongum tenet, vel aliud quidpiam libro fimile.
Salamancæ Camillus calceos habet, ubi omnes ar-
ticuli pedum figillatim numerari poffunt, nofter
calceos rotundos habet, ubi nullum articulorum
veftigium. In imagine noftra Sacerdos dextera pateram tenet, quam effufurus eft fuper flammam
aræ feu tripodis ; in Salamancæ imagine, nihil
manu dextera tenet ; fed flammam illam digito
monftrat. Præfericulum Salamancæ ornatius eft
quam noftrum, & forma ab eo non parum differt. In imagine noftra quatuor gradibus ad aram
afcenditur, non numerata illa quæ bafis effe cenfetur ; tres vero tantum gradus funt in imagine
Salamancæ, ubi paraftatæ exteriores ordinis Corinthii funt, & interiores ordinis Dorici ; noftri
vero prorfus fimplices. Summa item pars tripodis five aræ in imagine Salamancæ ornatior eft,
quam noftra : Zophorus fupra paraftatas interiores in Salamancæ icone delphinos præfert, noftra vero imago ferta exhibet. Victimarius nofter
nudus arbore nititur. Salamancæ ab arbore tan-
tifper difceffit. Hæc præcipua inter ambas imagines difcrimina obfervantur, unde probatur ex diverfis archetypis expreffa fuiffe, etfi non aliud iftius
diverfitatis argumentum fuppeteret.

## CHAPITRE IV.

*I. Mofaïque trouvée depuis peu auprès de Frefcati, qui repréfente un facrifice.
II. Autel revêtu d'étoffe jaune. Autres particularitez. III. Sur la pourpre
violette, & la pourpre rouge. IV. La couleur des habits des affiftans.*

Pl.
XXIII.

I. **C**E monument des plus finguliers qu'on voie a été depuis peu découvert auprès de Rome du côté de Frefcati, dans une vigne du Signor
Cavalieri : c'eft un pavé de quelque bâtiment vouté ; ce pavé de Mofaïque
compofé de petites pierres de differentes couleurs fait une peinture, mais
gâtée en divers endroits où la mofaïque eft enlevée. Il paroît que c'eft un
facrifice, & un facrifice folennel où l'on voit un Prêtre, une Prêtreffe, l'un &
l'autre voilez, un jeune homme fort près de l'autel, des affiftans d'un côté,
dont deux portent de longs bâtons, de l'autre côté quelques-uns font couronnez de laurier ; des victimaires, de l'un defquels on ne voit plus qu'une
jambe, la mofaïque étant fautée de ce côté. L'autre victimaire ne paroît qu'à
demi ; mais la tête eft confervée toute entiere : il eft couronné de feüilles de
laurier, & paroît avoir une jambe entortillée d'un ferpent. Au deffus des
victimaires on voit deux hommes qui paroiffent être des joüeurs d'inftrument, de trompettes ou de hautbois, tels que nous en avons vûs plufieurs
fois : l'un des deux joüeurs porte un cafque.

II. L'Autel caffé par le haut eft rond, pofé fur une bafe quarrée ; ce qu'il y a
de très-remarquable, & que je n'ai point encore obfervé ailleurs, c'eft qu'il
eft entourré d'une étoffe tirant fur le jaune : le Prêtre eft voilé ; fa figure eft
fort gâtée dans la mofaïque, la poitrine & les épaules ne paroiffent plus : il
tient un *extifpicium*, ou un de ces inftrumens deftinez à foüiller dans les entrailles des animaux, pour en tirer des préfages, dont nous avons parlé à la
page 163. du fecond tome de l'Antiquité ; celui-ci eft de forme particuliere,

---

### CAPUT IV.

*I. Mufivum opus non ita pridem prope Tuf-
culum repertum, ubi facrificium repræfentatur. II. Ara panno flavo involuta.
Alia quædam obfervatu digna. III. De
purpura violacea, deque purpura rubra.
IV. De colore veftium eorum qui facrificio interfunt.*

I. **H**Oc monumentum, inter fingularia computandum, haud ita pridem fuit detectum in
vinea quadam prope Tufculum D. Cavalerii. Eft
autem pavimentum ædificii alicujus teftudinati :
ex lapillis autem variis compactum & diverforum
colorum, picturam quamdam efficit, fed diverfis
in locis labefactatam, ubi & lapilli & mufivum
opus evulfa funt. Eft porro facrificium, imo facrificium folenne, ubi Sacerdos vir & Sacerdos femina, ambo velati, vifuntur ; juvenis item quifpiam
proxime aram; ex iis autem qui facrificio interfunt,

duo oblongos baculos feu haftas puras geftant. In
altero latere plurimi lauro coronati funt. Victimarii item comparent, quorum unius tibia una tantum fupereft, quia mufivum opus hoc loco admodum labefactatum eft. Alius victimarius item partim excidit, fed caput integrum totum fervatum
eft. Hic item lauro coronatur, videturque tibiam
habere ferpente circumdatam. Supra victimarios
duo vifuntur viri qui putantur mufici, tibicines
nempe atque tubicines, queis fimiles complures vidimus : horum unus caffide munitus eft.

II. Ara fuperne rupta rotunda eft, quadratæ bafi
infiftens. Quod autem fummopere obfervandum,
quodque nufquam alias videram, ara fubflavo
panno circumdata eft. Sacerdos cujus pectus &
humeri pari cafu exciderunt, quia mufivum opus
hic evulfum fuit ; Sacerdos, inquam, velatus eft,
extifpicium tenet, five inftrumentum quo fcruta-
bantur harufpices victimarum vifcera, ut inde præ-
fagia ducerent. De hujufmodi inftrumento diximus
p. 163. fecundi Antiquitatis explanatæ tomi. Hoc
porro exftifpicium formæ fingularis eft, ramus ex-

une des branches fe termine en haut en une palette ronde. La victime étoit
apparemment derriere les victimaires dans cette grande partie de la mofaïque qui a été enlevée ; refte à favoir à quel dieu fe fait ce facrifice. La jambe
de l'un des victimaires entortillée d'un ferpent, femble marquer que le facrifice fe fait à Efculape & à Hygiea fa fille, auquel cas le Prêtre feroit pour
Efculape, & la Prêtreffe pour Hygiea ; le plus fur eft de laiffer la chofe
indécife.

III. Les couleurs des habits ne font pas à negliger, & c'eft dommage qu'on
n'ait pas confervé les couleurs de tant d'autres monumens de cette efpece, &
des peintures à frefque qu'on a trouvées, fur tout celles du tombeau des Na-
fons. L'habit & le voile du Prêtre & de la Prêtreffe font violets, mais d'un
violet affez different : celui du Prêtre eft plus clair & approche affez du bleu ;
celui de la Prêtreffe eft plus foncé, & tire fur le rouge ; c'eft une efpece de
pourpre : car le violet fe prenoit auffi pour la pourpre. Dans ma jeuneffe, dit
Cornelius Nepos, qui mourut fous Augufte » ( Plin. 9. 39. ) la pourpre violette
» étoit à la mode, on la vendoit cent deniers la livre ( ce feroit aujourd'hui
plus de 120 francs, ) « quelque tems après la pourpre rouge Tarentine fut en
» vogue ; à celle-ci fucceda la pourpre rouge Tyrienne deux fois teinte, qu'on
» ne pouvoit pas avoir à mille deniers, » qui font plus de douze cens francs.
Voilà donc la pourpre violette & la pourpre rouge alternativement en ufage ;
l'une & l'autre étoit plus ou moins à la mode, felon que le caprice le vouloit.
Il fe trouve pourtant des paffages d'Auteurs qui femblent marquer que la
pourpre étoit rouge, du moins celle dont on faifoit des toges & des prétextes ;
habits qu'on voit fouvent emploïez aux facrifices : Macrobe le marque clairement lorfque parlant de ceux qui prenoient la toge prétexte, il fait affez voir
que la toge prétexte étoit rouge, afin, dit il, que la rougeur de la pourpre
leur apprît à fe tenir dans la pudeur fi féante aux gens de qualité. Virgile dit
n. 3. que le facrificateur devoit fe voiler la tête de pourpre,

    *Purpureo velare comas adopertus amictu*

Sans marquer fi c'étoit de la rouge ou de la violette ; mais ces ufages varioient
comme les autres, où nous remarquons dans les monumens des changemens
fort fréquens. Le Prêtre & la Prêtreffe portent donc ici des robes de pourpre
violette : il y a apparence que dans ces actes de religion on fe fervoit auffi de

---

ftifpicii alter in laminam rotundam fuperne terminatur. Victima haud dubie pone victimarios erat
in illa magna mufivi parte quæ evulfa penitus &
erafa fuit. Reftat explorandum cui numini facrificium hoc offeratur. Victimarius ille cujus tibia
ferpente circumdatur, Æfculapio & Hygieæ oblatum facrificium indicare videtur ; ficque facerdos
vir pro Æfculapio, Sacerdos mulier pro Hygiea
effet ; fed hac in re nihil decernendum exiftimo.

III. Veftium colores negligendi non funt : &
fane dolendum, eos qui in monumenta hujufmodi & picturas inciderunt de coloribus explo-
randis non curaviffe ; de iis maxime quæ in fepul-
cro Nafonum repertæ funt : veftes & vela Sacerdotis & Sacerdotiffæ violacea funt, Sacerdotis porro
veftis clarior eft & cæruleo colori vicinior ; Sacerdotiffæ obfcurior & ad rubrum accedens colorem.
Color autem ille violaceus ad rubrum accedens pro
purpura fuit habitus. *Nepos Cornelius,* inquit Plinius

9. 39. *qui divi Augufti principatu obiit, me, inquit,
juvene violacea purpura vigebat, cujus libra denariis
centum venibat : nec multo poft rubra Tarentina.
Huic fucceffit dibapha Tyria, quæ in libras denariis
mille emi non poterat.* Sunt tamen auctorum loca
queis probari videtur purpuram rubram fuiffe, faltem eam qua togæ & prætextæ fiebant, quæ veftes fæpe in facrificantibus obfervantur. Macrobius
id clare fignificat, cum de iis loquens qui prætex-
tam accipiebant, ait, *ut ex purpura rubore inge-
nnitatis pudore regerentur.* Virgilius quoque ait fa-
crificantem velandum effe colore purpureo.

    *Purpureo velare comas adopertus amictu.*

Sed neque rubram ; neque violaceam purpuram
hic exprimit. Hæc admodum variabant, varieta-
tumque notas in monumentis frequenter deprehendimus. Sacerdos itaque & Sacerdotiffa veftes
purpureas violaceas geftant. Verifimile autem
omnino eft rubram quoque purpuram in facris ufur-

la rouge ; mais nous ne fommes pas affez inftruits des coûtumes de ces tems-là, pour dire quand, ni comment, ni en quelles occafions. La difference de couleur entre la pourpre du Prêtre, & celle de la Prêtreffe, avoit auffi fans doute rapport à quelque ufage que nous ne connoiffons pas affez.

Un vieillard dont la figure eft gâtée en plufieurs endroits, femble demander quelque chofe au Prêtre dans le tems qu'il va facrifier. Peut-être lui recommande-t'il ce jeune homme qui eft entre le Prêtre & l'autel. On le prendroit pour un Camille ou un miniftre, s'il portoit l'*acerra*, ou la boëtte à l'encens; mais il n'a rien de tout cela, & fes cheveux font courts à la Romaine, contre l'ordinaire des Camilles, qui les ont longs dans les monumens Romains.

I V. La tunique du jeune homme eft rouge, & relevée par une ceinture ; fa chlamyde eft verte. Quoique la mofaïque foit gâtée, il femble que le vieillard qui eft à l'extrémité du tableau du côté de l'autel, recommande au Prêtre ce jeune homme, peut être fon fils, attaqué apparemment de quelque maladie, pour laquelle on facrifie à Efculape. Entre le Prêtre & la Prêtreffe fe voit une femme vêtuë de rouge, qui femble être là pour affifter la Prêtreffe : il eft tout nouveau de voir dans les monumens un Prêtre & une Prêtreffe facrifier enfemble. Quelqu'un aimera mieux croire que cette femme voilée eft la mere du jeune garçon recommandé à Efculape : & cela pourroit bien être ; on ne peut parler fur tout ceci que par conjecture. Le facrifice fe fait devant la porte d'un temple, comme on les faifoit fort ordinairement en ces tems-là. Des deux hommes couronnez de laurier, l'un a une tunique rouge, & une toge verte ; l'autre a la toge rouge ; un autre revêtu de jaune fait figne du doigt du côté des victimaires, & de la victime : car il y a apparence qu'il y en avoit quelqu'une dans cette grande partie de la mofaïque qui a fauté. Des deux joüeurs d'inftrument, l'un eft habillé en foldat, & porte un cafque bleu, ou de couleur de fer, un thorax verd, & ce qui pend du thorax rouge : l'autre a une chlamyde rouge. Sous le bras du foldat on voit comme un quarré de toile blanche, je ne fai à quel ufage : il a l'air de ces quarrez d'étoffe qu'on mettoit pour les *vexilla* ; cela pourroit peut-être faire croire que ce que nous avons pris pour inftrumens, trompettes, ou hautbois, font de ces hampes ou longs

---

patam fuiffe. Sed ritus illos veteres non fatis callemus, ut dicere valeamus, quando, quomodo, quibufve occafionibus. Coloris difcrimen inter veftes Sacerdotis & Sacerdotiffæ, ad peculiarem quemdam, ut credere eft, ufum referebatur.

Senex ille cujus imago quibufdam in locis evulfa & labefactata eft, aliquid poftulare videtur a Sacerdote mox facrificaturo. Fortaffe juvenem illum commendat inter Sacerdotem & aram pofitum : quem juvenem Camillum effe crederes, fi acerram vel pyxidem teneret, thure plenam pro more. At nihil hujufmodi geftat, & Romanorum more detonfo capillitio eft, contra quam folebant Camilli, qui uni in Romanis monumentis longa cæfarie gaudebant.

I V. Camilli tunica rubra eft, zonaque ftringitur, chlamys eft viridis. Etfi mufivum opus labefactatum fit, videtur fenex ille qui extremam tabulam occupat & prope aram verfatur, juvenem illum, filium fortaffe fuum, aliquo, ut credere eft, morbo detentum Sacerdoti, qui mox Æfculapio facra facturus eft, commendare. Inter Sacerdotem porro & Sacerdotiffam, mulier eft rubra vefte,

quæ forte Sacerdotiffæ adminiftrat. Res plane nova, & nufquam, ut puto, in monumentis obfervata, Sacerdotes fimul marem & feminam facra facere. Non deerunt qui malint credere matronam illam velatam, matrem effe pueri iftius, qui Æfculapio commendatur : id quod certe a vero fimili non abhorret. De iis porro, nonnifi conjecturas efferre poffumus. Sacrificium ante fores & frontifpicium templi cujufpiam peragitur, ut fæpe fæpius illis temporibus offerebantur. Alter ex viris qui lauro coronatur, tunica rubra, toga viridi induitur, alter rubra toga. Alius flavo amictus colore, digito monftrare videtur victimarios, & fortaffe victimam. Verifimile quippe eft, aliquam victimam fuiffe in illa mufivi operis parte, quæ excidit. Ex duobus tibicinibus alter militis more veftitur, & caffidem geftat ferrei coloris, thoracemque viridem. Alter chlamyde rubra amicitur. Sub militis brachio videtur quafi tela alba quadrata ; cui ufui nefcio ; fat fimilis eft pannis illis quadratis, queis pro vexillis utebantur ; indeque forte fufpicio oriatur, illa quæ inftrumenta effe mufica putavimus, haftas effe puras, in quarum extremo ponebantur figna milita-

bâtons,

SACRIFICES A ESCULAPE ET À HYGIÉA.

Trouvé auprès de Frascati.

bâtons, au bout defquels on mettoit les fignes militaires; mais ceux-ci font plus petits par le bas, & vont toûjours en groffiffant; ce qui convient mieux à des trompettes. On s'en rapporte au jugement des lecteurs: les autres fpectateurs du facrifice font vêtus de differentes couleurs, jaune, rouge, verte. La forme des habits de ceux qui font du côté de l'autel n'eft pas ordinaire, ce font quatre jeunes hommes qui ont les cheveux courts à la Romaine, vêtus partie de rouge, partie de verd. Deux d'entr'eux portent chacun un long bâton qui paroît être ce qu'on appelloit *hafta pura*, une hafte, ou une pique fans fer.

---

ria. Verum hæ quas haftas fufpicamur effe, inferne tenuiores funt fenfimque denfiores evadunt, id quod tubis longe melius competit. Judicium penes lectorem efto. Alii facrificii fpectatores, diverfis induti coloribus funt, flavo, rubro, viridi, eorum veftes qui ftant verfus aram, non ordinariæ funt formæ. Quatuor funt adolefcentes detonfis Romanorum more capillis, quorum veftes partim rubræ, partim virides funt. Ex illis autem duo oblongos geftant fcipiones, idipfum videlicet, quod vocabant haftam puram, nullo ferro acuminatam.

## CHAPITRE V.

*I. Victimaire extraordinaire. II. Doute fur fon antiquité. III. Sacrifices à Diane. IV. Sacrifice à Pan. V. Efpece d'Autel non ordinaire.*

I. CE victimaire qui tient un maillet eft tiré du cabinet de M. Petau, il porte une efpece de jufte-au-corps fendu par le devant, & lié d'une corde, ce qui pourroit faire douter fi la figure eft antique, & faite dans le tems de la gentilité, où ces habits à manches ainfi fendus ne paroiffent pas avoir été en ufage. Une autre raifon qui fera peut-être douter s'il eft antique, c'eft que ce jufte au corps qui defcend jufqu'au deffus du genou, eft marqué de petites croix fort bien faites, ce qui paroît ne pas convenir au tems du paganifme; mais cela ne m'arrêteroit pas. La croix eft la marque qui vient le plus à la main: c'eft une ligne qui croife une autre ligne, c'eft ce qui s'offre le plus promptement à l'imagination. Nous voions d'ailleurs affez fouvent des croix bien formées dans des monumens Egyptiens, inconteftablement antiques. Nous remarquons auffi dans plufieurs monumens de la ville de Breffe en Italie, des habits marquez de petites figures, dont quelques-unes approchent affez de la forme d'une croix. Nous en allons voir fur l'habit d'une femme à la pl. xxvi. prefqu'auffi bien formées que celles-ci.

Pl. xxiv. 1

---

CAPUT V.

*I. Victimarius non folitæ formæ. II. De ejus Antiquitate dubitatur. III. Sacrificia Dianæ. IV. Cervi & cervæ Dianæ mactati.*

I. VIctimarius ille malleum, tenens ex mufeo D. Petavii eductus eft. Hodiernæ fimilem exteriorem veftem geftat, anterius ab imo ad fummum apertam, funeque præcingitur. Quæ veftimenti forma, dubii quidpiam injicere poffit an veftis antiqua fit, & profanæ illius numinum complurium religionis ævo facta, quo tempore fimilia vix ulla veftimenta comparent in monumentis.

Aliud novam forte pariat difficultatem, novamque fufpicionem ingerat. Nimirum veftis ifthæc quæ ufque ad genua defluit, crucibus diftincta parvis eft, quæ cruces apte figurantur, id quod ad gentilitatem pertinere minime videtur. At ratio iftæc me non moraretur. Crux enim nota & fignum eft, quod facillime ad manùm veniat; linea eft lineam decuffatim fecans, nulla facilius in mentem fuccurrit nota. Alioquin autem fæpe cruces optime delineatas videmus in monumentis Ægyptiacis antiquiffimis. In monumentis quoque Brixianis, veftes hujufcemodi fignis notatas confpicimus, quorum quædam ad crucis figuram accedunt. Infra vero in tabula num. xxvi. in vefte mulieris

II. C'eft la forme du jufte au-corps qui nous embarraffe ici, & qui nous feroit peut-être rejetter la figure comme moderne; fi nous ne découvrions tous les jours des ufages de l'ancien tems, que les monumens nouvellement déterrez nous apprennent, & dont nous n'avions ci-devant aucune connoif-fance, parmi lefquels ufages il s'en trouve qui ont du rapport à ceux d'aujourd'hui. Il faut toûjours donner ces monumens douteux; mais en marquant le doute. Peut-être que le tems nous en fournira d'autres qui prouveront l'antiquité de celui-ci. Ce victimaire tient le maillet levé de la main gauche, peut-être eft-ce la faute du premier graveur qui l'a gravé comme il étoit, ne prenant pas garde que la droite deviendroit la gauche dans l'eftampe, ce qui eft arrivé fouvent; mais ne fachant fi la petite ftatuë a été bien gravée ou non, nous n'avons ofé rien changer : de l'autre main qui eft caffée & feparée, cet homme tient une petite coupe, apparemment pour le facrifice.

III. Les deux pierres fuivantes montrent un facrifice qu'on va faire à Diane, la premiere ² reprefente une jeune fille, apparemment Prêtreffe de Diane, qui tient d'une main une branche de laurier, & tend l'autre main du côté du cerf qui doit être immolé : entre la Prêtreffe & le cerf eft un autel rond qui jette des flammes; le cerf étoit proprement la victime de Diane, parce qu'elle fe plaifoit à la chaffe, & furtout à celle du cerf, comme nous voions dans tant de monumens : elle atteloit auffi des cerfs à fon char. Dans ³ la figure fuivante la Prêtreffe de Diane tient le cerf par une branche de fon bois, pour le mener fans doute au facrifice. Le facrifice de la biche fait à Diane avant le fiege de Troïe, prouve combien la coûtume de facrifier des cerfs à Diane étoit ancienne. Ce fut Diane elle-même qui fubftitua une biche pour remplacer Iphigenie qui alloit être immolée pour les Grecs. Depuis ces tems-là on facrifia des biches à Diane; & l'on continuoit encore d'en immoler du tems d'Ovide à la même déeffe. On facrifia, dit-il, autrefois une biche à Diane, pour fauver une vierge, & l'on continue encore aujourd'hui ce même facrifice; mais ce n'eft plus pour des vierges qu'on lui immole cette victime. Les vers d'Ovide font rapportez fort differemment dans les éditions de ce Poëte;

---

cujufdam depictas cruces videbimus, his non mul-tum diffimiles.

II. Ipfa autem veftis forma majus faceffit negotium, & fortaffis hac de caufa figuram quafi pofteriori factam ævo repudiaffemus, nifi quotidie novæ circa veterum ufus, modos, veftes, accederent notitiæ, de quibus rebus ne cogita-veramus quidem, quafque monumenta recens eruta docent aperiuntque. Interque ufus hujufmodi quidam perfæpe funt, qui ad hodiernum morem accedunt. Hæc fane dubia monumenta femper in medium proferenda funt, dummodo dubitandi cau-fa fimul afferatur, fortaffis infequenti tempore alia monumenta prodibunt, quæ hujus Antiquitatem afferant & confirment. Hic victimarius malleum tenet erectum, & quidem læva manu. Idque for-taffis ex fculptoris errato, qui prout fefe confpec-tui offerebat, victimarium illum in ære incidit, non advertens fore ut in charta imaginem refe-rente, quæ dextera manus erat in archetypo, fini-ftra evaderet, id quod etiam fæpe accidit. At cum ignorarem recte ne an fecus hoc fignum incifum fuiffet, nihil mutare aufus fum. Altera manu, quæ rupta feparataque eft, tenet victimarius pate-ram parvam, haud dubie in facrificio ad libatio-nem adhibendam.

III. Duæ gemmæ fequentes facrificium Dianæ offerendum monftrant. In prima ² vifitur puella, Dianæ, ut credere eft, Sacerdos, quæ manu altera lauri tenet ramum, alteram vero manum extendit ad cervum mox immolandum. Inter Sacerdotiffam & cervum erigitur ara rotunda flammas emittens. Cervus proprie Dianæ victima erat, quoniam illa venatui delectabatur, cervofque maxime venando infequi folebat, ut in veterum monumentis fæpe confpicimus. Cervos etiam currui fuo non raro jungebat. In fequenti fchemate ³ Dianæ Sacerdo-tiffa cervum cornibus tenet, ut ad facrificium haud dubie ducat. Sacrificium cervæ ante Trojæ obfi-dionem oblatum, probat quam antiquus fit ille ritus mactandi cervos Dianæ. Hæc ipfa dea Iphi-geniæ mox ad Græcorum falutem mactandæ cer-vam fubftituit. Ab hinc vero, cervæ Dianæ macta-bantur. Ovidiique tempore is ipfe ritus ferva-batur, ut ait ille Faft. 1.

*Quod femel eft triplici pro virgine cæfa Dianæ,*
  *Nunc quoque pro nulla virgine cerva datur.*
Sed hoc diftichon quod ita refert Voffius in Theol.

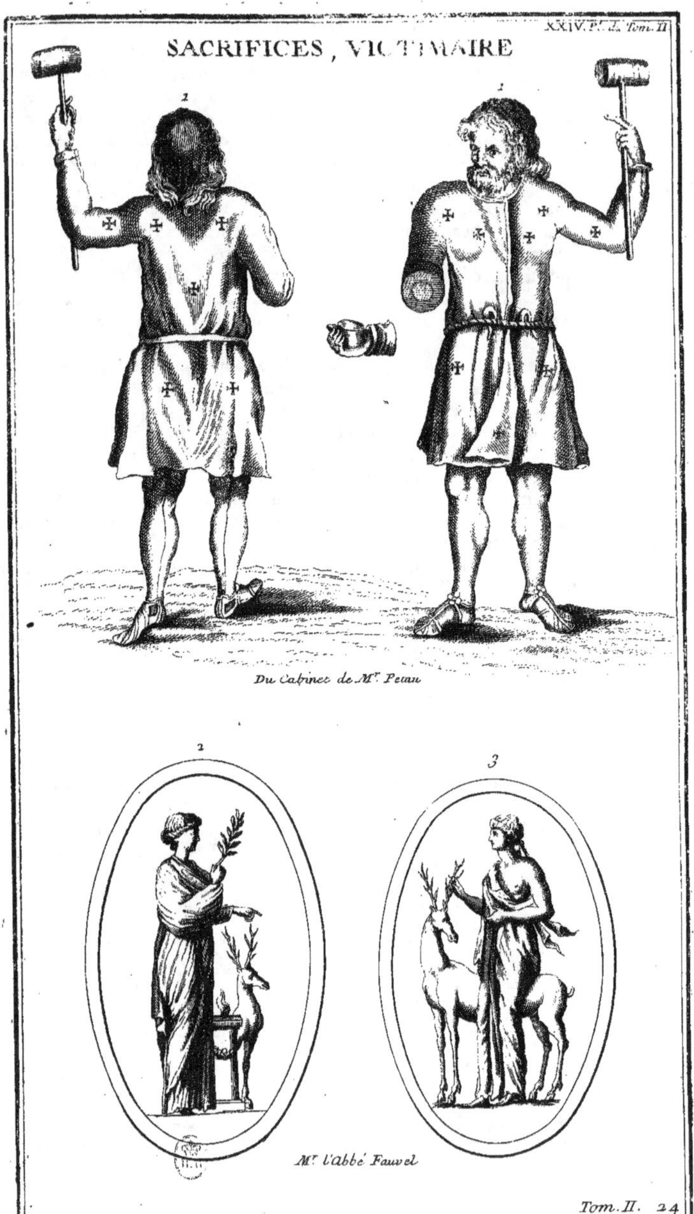

SACRIFICES, VICTIMAIRE
XXIV. Pl. I. Tom. II
1
1
Du Cabinet de Mr. Petau
2
3
Mr. l'Abbé Fauvel
Tom. II. 24

mais ils reviennent toûjours à ce sens. Quoi qu'il ne soit parlé là que des biches, on lui immoloit aussi des cerfs, comme on sacrifioit des victimes mâles à presque toutes les déesses.

---

Gentil. 9. 15. diverse legitur in editis. Edit. Amstelædam. anni 1649. sic habet.

   *Quæ semel est triplici pro virgine cæsa Dianæ,*
    *Nunc quoque, pro nulla virgine, cerva cadit.*

Lilius vero Gyraldus ita legit lib. de sacrificiis Lugd. Batav. anni 1696.

   *Quæ semel est triplici pro virgine cæsa Dianæ,*
    *Nunc quoque pro nulla virginitate cadit.*

Sed quovis modo legas, sensus fere idem erit. Diana vero triplex dicitur, quoniam Diana Hecate tria capita, tresque vultus habet : hinc illud Virg. Æneid. 4.

   *Tergeminamque Hecaten, tria virginis ora Dianæ.*

Etsi porro hic cervæ tantum commemorentur, nihil dubium est quin ipsi cervi etiam mactarentur ; nam omnibus fere deabus mares victimæ sæpe immolabantur.

---

## CHAPITRE VI.

*I. Sacrifice à Pan. II. Temple tout ouvert de trois côtez. III. Autel singulier. IV. Les entrailles de la victime observées.*

I. LE sacrifice suivant au dieu Pan, paroît celebre & solennel. On le fait Pl. devant l'entrée d'un temple, comme on en faisoit beaucoup en ces XXV. tems-là. Les temples étoient ordinairement fort petits ; si on les avoit faits dans l'enceinte de lieux si étroits, & où il n'y avoit presque jamais de fenêtres, la fumée du bois, des victimes, des fruits, des liqueurs qu'on jettoit dans les flammes, auroit presque étouffé, ou du moins beaucoup incommodé les assistans.

II. Le temple paroît fort petit, & ouvert de trois côtez, un mur au fond, & deux colonnes d'ordre Dorique qui font tout le frontispice, soûtiennent une voute legere de pierres plattes, sur le devant de la voute il n'y a que trois globes qui font tout l'ornement ; les païens avoient des temples ouverts ainsi de tous les côtez. Tel étoit celui de Venus Cnidienne, dont nous avons fait la description après Pline : sans entrer dans le temple on voïoit la déesse de tous les côtez, tel étoit aussi celui de Vienne en Dauphiné, qui subsiste encore aujourd'hui : il étoit soûtenu sur des colonnes, dont un espace vuide faisoit l'entrecolonne. Le temple a été converti en Eglise ; & pour la fermer entierement on a fait de tous les côtez un mur entre les colonnes : on s'apperçoit d'a-

---

CAPUT VI.

*I. Sacrificium Pani. II. Templum à tribus lateribus pervium. III. Ara singularis. IV. Exta victimæ.*

I. SAcrificium sequens Pani deo oblatum, solemne videtur. Ante ostium porro templi peragitur ; plurima autem illis temporibus ante templa ædesque sacras fieri solebant. Cum enim templa admodum angusta essent, si intra ædes ipsas sacras perquam minimum spatii occupantes, ubi nullæ ut plurimum fenestræ erant, facta fuissent, nidor, fumusque ligni, victimarum, fructuum, liquorum quæ in ignem & flammas conjiciebantur, eos qui sacrificiis aderant aut suffocasset, aut vehementer læsisset.

II. Templum admodum exiguum videtur, ex tribusque lateribus apertum est : adversum frontispicio latus murus est : frontispicio vero totum efficiunt columnæ duæ ordinis Dorici, columnæ autem & murus testudinem fulciunt ex latis tenuibusque lapidibus structam, frontispicium ornant tres tantum globi lapidei. Hujusmodi templa undique aperta excitabant veteres : sic erat templum quoque Veneris Cnidiæ, cujus descriptionem a Plinio mutuati sumus, suoque loco edidimus. Extra templum positis dea undique conspicienda patebat : hujusmodi quoque erat templum Viennæ in Galliis, quod hodieque visitur. Erat columnis fultum, intercolumnia vero spatia erant vacua. Templum istud in Ecclesiam versum est : utque Ecclesia undique clausa esset, undique muri inter columnas structi fuere : qui muri statim & primo

bord que le mur a été fait dans les bas tems. Ce qu'il y a ici de particulier est que la tête du dieu Pan est représentée à côté, & tout-à fait hors du temple, & que ni dans l'enceinte, ni à l'entrée du temple, on ne voit aucune statuë, ni buste de Pan, ni d'aucune autre divinité. L'autel est rond, & couronné de festons: le victimaire porte sur ses épaules le belier qui va être immolé, il est revêtu d'une tunique, & tient d'une main un vase plein, apparemment de quelque liqueur, ou de fruits pour le sacrifice. Le dessus de l'autel ne présente qu'une table rase, où il n'y a ni bois ni feu : il semble pourtant que le victimaire va jetter dessus l'autel ce belier pour y être immolé. Nous avons vû ci-devant un belier tiré d'un marbre Romain, qui a été immolé & mis sur un autel où il ne paroît ni bois ni flamme : ce n'étoit pas pourtant l'usage ordinaire d'immoler sur l'autel même, il faut que ce soit ici quelque coûtume particuliere : mais donner raison de tout dans ces cerémonies dont il nous reste si peu de monumens, c'est ce qu'on ne peut sans hazarder.

III. A l'autre côté de l'image est comme un grand pieu fiché, qui s'élargit en haut de telle maniere que sa surface égale presque celle d'un autel ordinaire : on ne sait s'il est de fer, ou de cuivre, ou de pierre. Autre singularité que nous n'avons point encore vûë ailleurs ; c'est sur cette surface qu'on voit le feu & la flamme telle qu'on la remarque sur les autels ordinaires, & c'est apparemment sur cette espece de second autel qu'on doit brûler les entrailles de la bête, les fruits & les liqueurs. Le sacrifice se fait au dieu Pan : ce que marque sans doute la tête de ce dieu posée sur une colonne à côté du temple ; cette tête a quelque chose d'affreux, des cornes naissantes, des oreilles de chevre, un air feroce, des moustaches qui débordent bien au de-là de toute la largeur du visage, une longue barbe. Un grand arbre auprès de la colonne & de la tête de Pan, nous désigne le dieu des Forêts & des Campagnes.

IV. Outre le victimaire qui porte le belier sur les épaules, il y a cinq personnes qui assistent au sacrifice, quatre hommes & une femme ; des quatre hommes trois sont couronnez de feüilles d'arbre : on ne sauroit distinguer de quelle espece : il y a apparence que celui qui va faire la fonction de Prêtre, est un jeune homme qui se tient auprès de l'autel, il tient à la main un instrument qu'il considere attentivement ; c'est une espece de palette ronde, atta-

confspectu infimis fæculis facti deprehenduntur. Quodque hic singulare occurrit, caput Panos ad latus templi, & extra limites ejus positum fuit. Neque in templi ingressu vel intra templum aliqua videtur statua vel protome Panos vel alterius numinis. Ara rotunda est fertisque coronata, Victimarius arietem mox mactandum humeris gestat. Tunica autem indutus altera manu vas quodpiam tenet, plenum, ut videtur, vel liquore quopiam, vel fructibus ad sacrificium adhibendis. Ara superne vacua omnino est, non lignum ibi, non flamma conspicitur : videtur tamen victimarius in aram illam arietem conjicere velle, ut ibi mactetur. Supra vidimus mactatum arietem aræ impositum, in qua ara nec ligna, nec flamma comparebant. Non erat tamen hic consuetus usus, ut victimæ supra aram ipsam mactarentur : erit hæc fortasse consuetudo quædam specialis. Verum in hisce ritibus quorum non tam multa suppetunt monumenta, omnium causam & rationem afferre sine errandi periculo non possumus.

III. In altera imaginis parte est quidam seu paxillus in terram defixus, qui sensim crescendo superne sic latus evadit, ut ejus superficies, aræ superficiem pene exæquet, sit ne porro ferreus, an æneus, an lapideus, illud certe ignoramus. Res sane singularis est, quam alibi nuspiam observavimus. In hac porro superficie ignis & flamma conspicitur, qualis in aliis aris observatur ; & in hac secunda ara, si tamen sic appellare fas sit, comburenda sunt victimæ viscera, comburendi fructus & liquores. Sacrificium deo Pani offertur : id quod haud dubie indicat Panos caput columnæ a latere templi impositum, quod Panos caput aliquid tetrum & efferatum præ se fert : ex summa fronte cornua erumpunt, aures caprinæ sunt, labrorum pili extra vultus latitudinem extenduntur, barba admodum densa longaque est. Arbor magna prope columnam, deum silvarum & agrorum haud dubie designat.

IV. Præter victimarium illum, qui arietem humeris gestat, quatuor viri mulierque una sacrificio intersunt ; ex viris porro tres coronam ex ramis concinnatam gestant, cujus autem arboris sint rami vix internosci possit. Qui sacrificuli officio functurus est, uti quidem videtur, juvenis speciem præ se fert, stat propter aram : manuque tenet instrumentum, quod intentis oculis dispicit : est pala parva

# SACRIFICE AV DIEV PAN.

du Cabinet de M.rs Masson

chée à un long manche crochu par l'autre bout. Je croirois volontiers que c'eſt un de ces inſtrumens dont on ſe ſervoit pour foüiller dans les entrailles des victimes, & pronoſtiquer ſur le mouvement des inteſtins de la bête qui venoit d'expirer. Cette ſuperſtition étoit venuë des Hetruſques, comme beaucoup d'autres que les Romains avoient adoptées. Le ſcholiaſte de Martien Capella dit qu'il y avoit ſept choſes que les Haruſpices obſervoient, la langue, le cœur, le foïe, la rate, le poumon, & les deux reins. Quand ces parties étoient ſaines, vermeilles, & en bon point, c'étoit une bonne marque, quand au contraire elles étoient pâles & livides, on n'en pronoſtiquoit rien de bon. La plus mauvaiſe de toutes les marques étoit quand quelqu'une de ces parties, le foïe, le cœur, le poumon, ou les reins manquoient, & ne ſe trouvoit point dans les entrailles : alors c'étoit à recommencer, le ſacrifice n'étoit point parfait, il falloit tuer une autre bête : cela ſe faiſoit par la friponnerie des victimaires, qui arrachoient habillement quelqu'une de ces parties des inteſtins, & la cachoient : on amenoit une nouvelle victime, & la bête morte tournoit à leur profit, la bête qui étoit tuée la premiere s'appelloit *præcidanea hoſtia*, & celle qu'on amenoit pour la remplacer *ſuccidanea*.

---

rotunda cum capulo oblongo, cujus extremum pene aduncum eſt. Libenter credam eſſe exſtiſpicium quo utebantur ad inteſtina exploranda : ex motu namque inteſtinorum victimæ, quæ paulo ante exſpiraverat, ſi quid boni vel mali eventurum eſſet prænoſcebant. Hæc ſuperſtitio ex Hetruſcis ad Romanos manaverat, quemadmodum & aliæ multæ, quas perinde Romani adoptaverant. Martiani Capellæ Scholiaſtes ait Haruſpices hæc ſeptem obſervare ſolitos eſſe , linguam , cor , hepar , ſplenem, pulmonem & renes duos ; cum partes iſtæ ſanæ , vividæ , vegetæque erant, bonum hoc indicium habebatur : cum contra pallidæ lividæque erant, malum erat omen ; tertum vero cum aliquod eorum prorſus aberat ; quando videlicet vel hepar, vel cor, aut ſplen, aut pulmo, ſive renes deſiderabantur. Tunc ſacrificium iterandum, nova hoſtia mactanda erat. Hæc porro fraude victimariorum accidebant, qui aliquam ex hiſce partibus avellebant & occultabant. Tunc denuo incipiendum erat, quia nondum erat litatum , & quæ cæſa erat hoſtia, victimario cedebat : quæ prima fuerat mactata *præcidanea hoſtia* appellabatur, quæ vero in ejus locum ſubſtituebatur, *ſuccidanea.*

## CHAPITRE VII.

*I. Sacrifice tiré d'un monument de Bresse. II. Autre fait peut-être à Mars.*
*III. Autre sacrifice singulier.*

Pl.
XXVI.

1 I. **O**N voit sur un marbre de Bresse en Italie un autre sacrifice d'un belier. La flamme est sur l'autel, le Prêtre verse sa patere sur le feu, la libation se faisoit donc avant qu'on immolât la victime, je ne voudrois pourtant pas établir cela pour regle sûre. Deux victimaires derriere le Prêtre, conduisent le belier : ils tiennent chacun une branche de laurier, & sont couronnez de la-même plante. Ce qu'il y a de fort particulier est que sur leur tunique ils portent une espece de manteau, ou une chlamyde, au lieu que dans presque tous les sacrifices que nous avons donnez, les victimaires sont ou nuds de la ceinture en haut, ou portent seulement une tunique. Le Prêtre au contraire n'a que sa tunique, relevée par une ceinture, ses cheveux sont liez d'une espece de bandelette en forme de diadême : devant l'autel de l'autre côté est un jeune homme couronné de laurier, revêtu de sa tunique & d'une chlamyde qui la couvre. Il tient de la main droite un instrument fort particulier, qui fait un triangle équilatere, dans la base duquel sont passez plusieurs anneaux : voilà bien des singularitez dans un seul sacrifice ; mais combien y doit-il avoir eu dans ce vaste payis de la gentilité de pratiques particulieres, dont les Auteurs n'ont jamais fait mention, & dont il est impossible de rendre raison. Cet instrument triangulaire marque peut-être quelque mêtier, & ce sacrifice se fera fait pour tout le corps du mêtier. Rien de plus fréquent dans les monumens antiques, que les sacrifices & les vœux faits par des corps de mêtier. Le corps des Boulangers *Corpus Pistorum* de Rome fit eriger une statuë à Vesta, dont nous avons donné l'image à la pl. XXVII. du premier tome de l'Antiquité.

2 II. Le sacrifice *2* qui vient ensuite a été aussi donné dans les *Memorie Bresciane*, tiré d'un bronze antique ; l'autel rond est entouré de festons à l'ordi-

---

### CAPUT VII.

*I. Sacrificium in monumento Brixiano. II.*
*Aliud Marti forte oblatum. III. Aliud*
*sacrificium singulare.*

I. **I**N marmore *1* Brixiano anaglyphum habetur sacrificium repraesentans, cujus victima iterum est aries. Ara flammas emittit, Sacerdos pateram in ignem effundit. Libatio igitur victimae mactationem praecedebat, id quod tamen nollem tanquam ritum certum invariabilemque habere. Pone Sacerdotem victimarii duo arietem ducunt : ambo autem lauri ramum tenent, lauroque coronantur : quodque singularius est, tunica, & supra tunicam chlamyde induuntur, cum tamen in sacrificiis pene omnibus quae hactenus protulimus, victimarii aut a zona superne nudi sint, aut tunicam tantum gestent. Sacerdos contra, solam habet tunicam praecinctam : ejus coma fascia quadam circumligatur in modum diadematis. Ante aram ex altero latere juvenis est lauro coronatus, tunica amictus & chlamyde. Manu dextera tenet instrumentum singulare, in formam trianguli aequis lateribus, in cujus basi inserti sunt aliquot annuli. En multa usus insoliti in uno sacrificio. Sed in illis adeo vastis gentilitatis regionibus, quot fuerunt ritus, usus consuetudinesque a scriptoribus nusquam memoratae, & quorum causam originemque deprehendere nunquam valeas. Instrumentum porro illud in trianguli formam concinnatum, mechanicam aliquam forte artem significat. Sacrificiumque illud pro artificum ejusdem generis corpore oblatum fuerit. Nihil frequentius in monumentis & inscriptionibus quam sacrificia & vota ab artificum corpore emissa. Sic *corpus pistorum* statuam Vestae ex voto posuit, ut vidimus in Tab. XXVII. primi Antiquitatis explanatae tomi.

II. Quod deinde conspiciendum offertur sacrificium, inter monumenta item Brixiana comparet ex anaglypho aeneo expressum. Ara rotunda sertis pro more coronatur, supra aram focus est flamma-

naire : il y a au deſſus un braſier qui jette feu & flamme. Le Prêtre a ſur la tête un bonnet de ſacrificateur qu'on appelloit *Apex*, il reſſemble à une calotte, & a au ſommet une pointe qui lui a fait donner le nom d'*Apex* ; quelques-uns prétendent que les bonnets de cette forme, ſont ce qu'on appelloit *Albogalerus*. Nous en avons déja parlé au ſecond tome de l'Antiquité ; c'eſt apparemment un bonnet des Saliens, tels qu'on le voit à la pl. v. du ſecond tome de l'Antiquité. Les Saliens étoient des Prêtres de Mars ; & cela fait croire que ce ſacrifice eſt fait à ce dieu, ce bonnet a une anſe du côté de l'oreille : il y en avoit apparemment autant de l'autre côté, pour le mieux aſſurer. C'étoit un mauvais préſage de laiſſer tomber ce bonnet, quand il étoit une fois ſur la tête : après un pareil accident on obligeoit les Prêtres d'abdiquer le ſacerdoce. Ce Prêtre porte une tunique relevée d'une ceinture, & par deſſus un manteau. Il tient de la main droite une branche de laurier, & appuïe ſa gauche ſur un grand vaſe à deux anſes, qui contenoit apparemment des liqueurs pour le ſacrifice. On appelloit ces vaſes à deux anſes diotes, & l'on s'en ſervoit pour y tenir du vin : diota ſignifie qui a deux oreilles ou deux anſes. Derriere le Prêtre eſt un victimaire couronné de laurier qui mene la victime : c'eſt un taureau couronné auſſi de laurier, de ſes cornes pendent des grains ronds paſſez ſans doute à un fil ou à un ruban, ce qui a toute la forme de nos Chapelets. Je crois que c'eſt par accident qu'après cinq ou ſix grains il s'y trouve des eſpeces de croix comme à nos Chapelets, il n'y a nulle apparence qu'on y ait voulu faire des croix. Le taureau porte outre cela ſur le milieu du corps un grand feſton de fleurs & de feüilles qui lui pend des deux côtez. On immoloit à Mars le taureau : cela pourroit encore faire conjecturer que ce ſacrifice eſt fait à Mars ; mais cette conjecture eſt foible, parce que le taureau étoit la victime de la plûpart des dieux : il vaut mieux s'en tenir à la premiere priſe de l'Apex, ou du bonnet ſacerdotal du Salien.

III. Un autre ſacrifice ¹ de Breſſe a pluſieurs ſingularitez. Une Prêtreſſe revêtuë d'une tunique qui deſcend juſqu'à terre, enſuite d'une autre qui vient au deſſous du genou, & pardeſſus tout cela d'un grand voile qui lui couvre la

---

emittens. Sacerdos apicem geſtat pileo ſimilem, a ſummo vertice virgulam emittentem, ex qua apicis nomen conſequutus eſt. Non deſunt qui putent pileos hujuſcemodi albogaleros vocari : qua de re jam actum eſt in ſecundo Antiquitatis explanatæ tomo Tab. v. Eſtque, ut videtur, apex ille Saliorum, qui in eadem Tabula ſpectandus offertur. Salii Martis Sacerdotes erant ; unde conjicimus hoc ſacrificium offerri Marti. Apex autem anſam ex parte auriculæ habet, & ex oppoſito anſa haud dubie ſimilis habebatur, quam hic non conſpicimus ; ut ſic tutius capiti apex hæreret. Nefas ducebatur ſi apex ille, ſemel capiti impoſitus, caſu quopiam dilaberetur. Id ſi fortaſſe accideret, Sacerdotium Salius abdicare cogebatur. Sacerdos hic tunicam geſtat cingulo ſtrictam & reductam ſuperne, & ſupra tunicam pallio amicitur. Manu dextera lauri ramum tenet, ſiniſtramque imponit peramplo vaſi utrinque anſato, in quo haud dubie liquores continentur in ſacrificio effundendi ! hæc porro vaſa utrinque anſata diotæ appellabantur, & vino ſervando uſu veniebant. Diota enim vas duabus auriculis, ſive duabus anſis inſtructum ſignificat : pone Sacerdotem victimarius eſt lauro coronatus, qui victimam ducit, nempe taurum lauro itidem coronatum ; ex cujus cornibus dependent globuli rotundi, inſerto vel filo vel faſcia detenti, qui roſaria noſtra hodierna referunt. Caſu accidiſſe puto ut poſt quinque ſexve grana, quædam ceu cruces occurrant, perinde atque in roſariis noſtris, neque exiſtimo, eos qui hujuſmodi victimarum ornamenta excogitarunt, cruces in mente habuiſſe. In medio quoque corpore geſtat taurus magnum ſertum ex floribus foliiſque concinnatum, ex utraque parte dependens. Marti taurus mactabatur : unde fortaſſis alia conjectura duci poſſet, qua Marti ſacrificium adſcriberetur. Verum hæc conjectura admodum levis eſſet : quia taurus victima erat omnium ferme deorum. Priori potius conjecturæ hærendum eſt, deſumtæ ex apice, qui Sacerdoti Martis Salio proprium erat.

III. Brixianum aliud ¹ ſacrificium plurima offert non ſolita vixque alibi obſervata. Sacerdotiſſa quæpiam talari induta tunica, inſuperque alia tunica, infra genua defluente, demum ampliſſimo velo, quod caput, humeros & brachia ad cubitum uſque operit ; hæc Sacerdotiſſa inquam libat & ſacrificat, pateram effundens in flammam aræ

tête, les épaules & les bras jufqu'au coude ; cette Prêtreſſe, dis-je , ſacrifie en
verſant une liqueur ſur la flamme d'un autel rond , elle a les pieds nuds auſſi-
bien qu'une autre femme qui eſt auprès d'elle ; celle-ci eſt couronnée de
feüilles , je ne ſai de quel arbre : elle regarde le Ciel,& a un air fort dévot ; elle
étend une main , & tient l'autre ſur la poitrine, au deſſus de ſa tunique elle a
une eſpece de mante.  La tunique eſt marquetée de certaines figures qui reſſemblent à des croix de ſaint André.  Nous avons déja vû ſur les figures de
Breſſe des ornemens à peu près ſemblables ; à côté de cette femme eſt un chien
couché , qui pourroit peut-être marquer que le ſacrifice ſe fait à Diane : mais
cela n'eſt rien moins que ſur.

---

rotundæ. Nudis eſt pedibus ut & alia mulier prope illam ſtans : hæc porro coronatur foliis, neſcio cujus arboris , vel plantæ : hæc poſtrema cælum reſpicit, religioſiſſimum præ ſe ferens animum : manum alteram extendit , alteram pectori admovet : ſupra tunicam vero pallam habet ſe tegentem. Tunica frequentibus notis ſigniſque reſperſa eſt , quæ crucem quam S. Andreæ vocamus , ſatis referunt. In monumentis porro Brixianis alia his ſimilia ornamenta conſpeximus. Ad latus hujuſce mulieris canis eſt decumbens , unde forte conjicias hoc ſacrificium Dianæ offerri. At hoc incertum omnino eſt.

XXVI Pl. du Tom. II
SACRIFICES
1
2
3
Tom. II. 124.

## CHAPITRE VIII.

*I. Sacrifices sur des medaillons. II. Sacrifices à Hygiea. III. Autres sacrifices
sur des medaillons.*

I. UN medaillon du Roi montre un sacrifice fait devant [1] un temple, dont
la façade est à quatre colonnes d'ordre Corinthien. L'aigle qu'on
voit dans le fronton prouve que c'est un temple de Jupiter : cependant il
semble que le sacrifice se fait à Hercule, que nous voïons à l'autre côté de
l'autel avec sa massuë, & la dépoüille du lion. Il n'est pas extraordinaire que
les dieux à qui l'on sacrifie soient représentez comme présens aux sacrifices.
Dans les medailles de Postume, nous voïons cet Empereur sacrifiant à Hercule, qui se tient debout comme ici à l'autre côté de l'autel. Nous avons aussi
vû Minerve en la même situation à un sacrifice qu'on lui faisoit ; mais la premiere difficulté revient toûjours, si c'est un sacrifice à Hercule, d'où vient qu'on
le fait devant un temple de Jupiter ? ou si c'est un sacrifice à Jupiter, pourquoi
Hercule avec sa massuë & la dépoüille du lion, est-il présent au sacrifice ? peut-
être que le sacrifice regarde l'un & l'autre dieu. On pourroit aussi dire que le
sacrifice se fait à Hercule, parce qu'il y avoit dans ce temple de Jupiter quelque Chapelle d'Hercule, ou quelque statuë du même dieu : ce qui se trouvoit
souvent dans les temples des Gentils. Hercule tient une patere comme pour
la verser sur la flamme : on voit souvent les dieux tenans ainsi des pateres
qu'ils versent sur des autels flamboïans. Je remarque ici un victimaire, &
deux autres hommes : il est difficile de savoir lequel doit faire la fonction de
Prêtre, à moins que ce ne soit Hercule lui-même qui sacrifie à Jupiter : il pourroit aussi se faire qu'on a mis quelqu'un en cet équipage d'Hercule, pour
exercer ce ministere. Ces profanes avoient une infinité de pratiques que
nous ignorons, & que nous ne pouvons expliquer que par des exemples répetez sur des monumens. Ce sacrifice se trouve dans un revers de l'Empereur
Antonin le pieux.

Voici un autre sacrifice [2] sur le revers d'un medaillon de Marc-Aurele. La

Pl.
XXVII.
1

2

---

CAPUT VIII.

*I. Sacrificia in nummis. II. Sacrificia Hy-
giea. III. Alia in nummis sacrificia.*

I. NUmmus Regius maximæ molis sacrificium
exhibet, [1] quod ante templum peragitur,
cujus templi frontispicium quatuor columnas habet Corinthio ordine. Aquila in fastigio posita probat Jovis esse templum. Attamen videtur Herculi
sacrificium offerri, quem ad aliud aræ latus conspicimus cum clava & leonis spoliis. Deos sacrificiis quæ sibi offeruntur adstare, nec nova nec
insolita res est. In nummis Postumi, hunc Imperatorem videmus Herculi sacrificantem præsenti,
& ut in hoc nummo ad alterum aræ latus adstanti.
Minervam quoque vidimus in secundo Antiquitatis explanatæ tomo Tabul. xci. sibi sacrificanti
cætui præsentem ; sed prior difficultas redit : si
sacrificium est Herculi cur ante Jovis templum

offertur ; si Jovi, cur Hercules cum clava & leonis pelle sacrificio adest ? Fortasse vero sacrificium
utrique deo offertur. Dici forte posset etiam sacrificium Herculi offerri : quia in illo templo aliquod Herculis sacellum, vel aliqua ejusdem dei
statua : erat quod sæpe in templis Ethnicorum occurrebat. Hercules pateram tenet, ut liquorem
quempiam in flammam effundat. Sæpe dii visuntur pateras tenentes, quas in aram effunduht flam-
migeram. Hic victimarium cernimus duosque
alios viros. Quis vero ex ambobus sit Sacerdotio
functurus, non ita facile est divinare, nisi fortasse Hercules ipse Jovi sacra faciat. Forte etiam
Herculis cultus ad hoc ministerium exercendum
cuipiam datus fuerit. Profani illi innumeros servabant ritus quos ignoramus, nec nisi repetitis
monumentorum exemplis deprehendere possumus.
Hoc sacrificium in nummi Antonini Pii postica
parte repræsentatur.

Aliud sacrificium [2] proferimus ex postica parte

Victoire d'un côté tient un baſſin plein de fruits qu'elle va ſacrifier pour la ſanté de l'Empereur, ce qu'on reconnoît par le ſerpent poſé ſur un autel. Ce ſerpent hauſſe la tête, & fait pluſieurs contours de ſon corps : la ville de Rome de l'autre côté étend ſa main comme pour ordonner le ſacrifice ; ce ſont des faits particuliers dont on ne penetre pas aſſez la cauſe & l'économie. Le me_daillon fut frappé après le troiſiéme Conſulat de Marc-Aurele à ſon vingtiéme tribunat, lorſqu'il prenoit pour la troiſiéme fois le titre d'*Imperator*, ces notes coucourent avec l'an 919. de la fondation de Rome, & l'an 166. de Jesus-Christ : c'étoit en cette année que Lucius Verus Collegue de Marc-Aurele, faiſoit la guerre en Orient. Il y a quelque difficulté ſur la derniere note qui le fait trois fois *Imperator*, dans les autres medailles il eſt dit *Imperator* pour la quatriéme fois, & *Imperator* III. ne concourt jamais avec trois fois Conſul, & Tribun pour la vingtiéme fois, ſelon Mezzabarba. On laiſſe cette difficulté à démêler aux Chronologiſtes. Peut-être a t'on mal lû dans le me_daillon du Roi, au reſte ce grand arbre qui couvre Rome & l'autel, ſemble marquer que le ſacrifice s'eſt fait à la campagne.

3　II. Le ſuivant ³ eſt fort extraordinaire, on y voit d'abord un homme aſſis ſur un autel couronné de feſtons. Il ſe ſoûtient de ſa main ſur l'autel, & paroît être incommodé, de l'autre bras il embraſſe une lyre, derriere la lyre ſont deux hommes qui paroiſſent fort attentifs à ce qui ſe paſſe, l'un eſt couronné de laurier ; celle qui ſemble faire la fonction de Prêtreſſe prend la tête d'un ſerpent qui entortille une colonne, au deſſus de laquelle eſt un vaſe. J'avois d'abord conjecturé ſur la ſituation de l'homme aſſis que c'étoit le malade pour lequel on alloit offrir le ſacrifice : mais il y a plus d'apparence que c'eſt un joüeur d'inſtrument. Le travail de cette pierre eſt exquis, toutes les figures y ſont de la derniere perfection. Quelqu'un a cru que l'homme aſſis qui embraſſe une lyre, eſt un Apollon ; fondé ſur ce qu'il eſt aſſis ſur un autel couronné, ce qui convient mieux à Apollon qu'à un homme mortel, ſur ce qu'il tient une lyre, l'inſtrument ordinaire d'Apollon, & ſur ce que le ſacri_fice ſe fait pour la ſanté : or Apollon étoit un des dieux invoquez pour la ſanté. Les Veſtales l'appelloient *Apollon Medecin*, en ce cas là le ſacrifice ſe feroit

---

nummi Marci Aurelii eductum. Victoria ab uno latere diſcum tenet fructibus plenum, in ſacrificium adhibendis pro ſalute Imperatoris, id quod ex ſerpente cognoſcitur in ara poſito. Serpens ille caput erigit, & corpus circumplicat ; in altero latere urbs Roma manum extendit, quaſi impe-rans ut ſacrificium offeratur. Hujus autem & ſi-milium rerum cauſam & œconomiam non accu-rate novimus. Percuſſus nummus fuit M. Aurelio Coſ. III. Tribunitia poteſtate xx. cum Imperator III. eſſet, quæ notæ conveniunt in annum ab urbe condita 919. ab ortu Chriſti 166. quo anno Lucius Verus M. Aurelii Collega bellum in Oriente ge-rebat. Aliquid occurrit difficultatis in poſtrema nota, qua tertium Imperator dicitur. In cæteris quippe nummis Imperator quartum notatur. Im-perator vero tertium cum Coſ. III. & tr. pot. xx. nunquam conſentiunt ut apud Mezzabarbam videre eſt. Quæ difficultas chronologis mittitur : fortaſſis autem nummi Regii lectio non accurate expreſſa fuit. Cæterum arbor illa quæ Romam & aram operit, indicare videtur ſacrificium offerri in agro.

II. Sacrificium ſequens ³ non ita ſolito ritu pro-cedit : ſtatim viſitur vir ſedens in ara ſertis or-nata. Manu autem aræ impoſita ſeſe ſuſtenta-re videtur ; ſpeciem enim habet viri infirmitate laborantis, altero autem brachio lyram complec-titur. Pone lyram duo viri ſunt, rei quæ agitur admodum intenti, horum alter lauro coronatus eſt. Illa vero ſeu mulier ſeu virgo quæ Sacerdotio fungi videtur, apprehendit ſerpentis qui columnam circumplicat : ſupra columnam vas quodpiam cernitur. Statim conjectaveram virum ſedentem ægrum eſſe ac pro ejus ſalute ſacrificium offerri : at veriſimilius eſt eſſe citharœdum : gem-mæ ſculptura florentiſſimam artis redolet ætatem, figuræ omnes accuratiſſime exprimuntur. Opina-tus eſt quiſpiam, virum ſedentem, qui lyram amplectitur, eſſe Apollinem, eo quod nempe aræ coronatæ inſideat ; id quod magis Apollini quam mortali viro conſentaneum eſt ; eo quod etiam lyram complectatur, inſtrumentum nempe Apollini familiare & quod ſacrificium pro ſalute offeratur : erat enim Apollo inter ea numina, quæ ad ſanitatem incolumitatemque corporis adhi-bebantur. Virgines quippe Veſtales illum Apol-linem Medicum nuncupabant. Si vere ſit Apollo,

# SACRIFICES

Medaillon du Roi

M.<sup>r</sup> Masson

M. l'Abbé Fauvel

M. l'Abbé Fauvel

à Apollon lui-même : il n'est pas nouveau de voir les dieux présens aux sacrifices qu'on leur offre : on s'en rapporte au jugement des habiles. On voit
✦ dans la pierre suivante presque toutes les mêmes choses que dans celle-ci. 4
Il n'y a entre les deux de difference qu'autant qu'il en faut pour juger que ce
n'est pas le même dessein, quoique ce soit le même sacrifice, il ne reste qu'à
marquer en quoi celle-ci differe de la premiere. Les figures sont déja tournées
d'un autre côté, en sorte que la gauche de celle-là devient la droite dans celle-
ci. La colonne qui est ronde dans la premiere est quarrée ici, dans l'autre
la femme tient la tête du serpent qui entortille la colonne ; au lieu qu'ici cette
tête du serpent ne paroît pas. La Prêtresse est coëffée fort différemment dans
les deux ; dans la premiere, l'un des deux hommes qui assistent à la cerémoni e
est barbu, & couronné de laurier, au lieu qu'ici tous deux sont sans barbe ,
& sans couronné ; le vase qui est sur la colonne de cette derniere image, jette
des flammes : il est d'une forme très-differente de l'autre. Le sacrifice se fait
dans la premiere image auprès d'un mur, sur un pavé de pierres quarrées ; &
l'on ne voit rien de tout cela dans l'autre. On y remarque encore quelques
autres diversitez moins considerables.

La femme ⁵ qui tient un serpent dans l'image suivante est ou Hygiéa déesse 5
de la santé, ou une Prêtresse. La femme assise sur un tabouret racommode sa
lyre pour joüer pendant le sacrifice : elle paroît être dans une violente situation ; mais le défaut est dans la pierre même. Les deux dards & le bouclier
orné d'une tête de Meduse, pourroient marquer que c'est pour un guerrier
malade que le sacrifice se va faire , ou peut-être que le sacrifice se fait à
Minerve : tout cela se dit presque en devinant. Il y en aura même qui douteront si c'est un sacrifice , ni aïant ni autel, ni victime ; je n'oserois rien
déterminer là - dessus.

III. C'est l'Empereur Commode lui-même qui sacrifie dans le medaillon
suivant. ¹ Il est voilé & verse sa patere sur la flamme qui s'éleve sur un trépied. P L.
Nous avons vû souvent des sacrifices faits de même sur des trépieds. La grande xxviii.
femme qui porte la corne d'abondance, & qui paroît couronnée d'épis de ¹
bled, pourroit marquer l'Abondance que ces profanes regardoient comme
une déesse. Elle tient de la main droite une pique terminée en haut presque

---

sacrificium ipsi haud dubie offeretur. Nec novum
est deos videre sacrificiis sibi oblatis præsentes. Res
tota eruditorum judicio permittitur. In gemma ✦
sequenti ferme omnia quæ in hac priore conspiciuntur. Neque aliud inter ambas discrimen deprehendi posse videtur, quam id quod suadere
possit eandem non esse imaginem , licet idipsum
sit sacrificium exhibitum : unum restat, ut videlicet
dicamus in quibus hæc rebus a priore differat. Figuræ inversæ sunt, ita ut quod latus dextrum est
in illa , in hac sit sinistrum. Columna quæ rotunda ibi est , hic est quadrata. In alia, mulier
serpentis columnam circumplicantis caput tenet,
in hac vero serpentis caput nusquam compareat.
Ornatus capitis Sacerdotissæ in ambabus longe
differt. In priore ex duobus viris stantibus cære-
moniamque inspectantibus , unus barbatus est &
lauro coronatus, in altera autem uterque imberbis & sine corona est. Vas columnæ hujus postremæ imaginis impositum , flammas emittit ; for-
maque ab alterius columnæ vasi longe differt. In
priore imagine sacrificium offertur prope murum,
supra pavimentum ex quadratis lapidibus structum.

Horum porro nihil in altera imagine compareat.
Aliquæ adhuc , sed minoris momenti, differentiæ
possent annotari.

Quæ serpentem tenet ⁵ mulier in schemate sequenti est forte Hygiéa salutis dea , sive ipsa salus, vel est Sacerdotissa quædam. Mulier altera
in sellula sedens lyram suam concinnat ut in
sacrificio ludat. Videtur sane violentiam inferre
corpori, ita nempe sese contorquet, sed illud ex
una Sculptoris imperitia profectum puto : sagittæ
duæ & clypeus Medusæ capite ornatus , pro
bellatore ægroto sacrificium istud offerri forte significare possint. Verum hæc quasi divinando dicuntur : nec deerunt forte qui dubitent an sacrificium sit, cum hic neque ara neque victima quæpiam compareat. De his porro nihil ausim affirmare.

III. Imperator ipse Commodus ¹ sacrificat in
nummo sequenti , velatus pateram effundit in
flammam ex tripode erumpentem. Multa sacrificia jam vidimus in tripode peracta. Mulier illa
grandi statura quæ cornucopiæ gestat, & quæ spi-
cis coronata esse videtur, posset esse Abundantia ,
quam ut deam colebant profani illi veteres. Has-

comme un caducée ; un victimaire mene un taureau pour le sacrifice.

2    Le sacrifice [2] suivant se fait à Ephese sur le perron du fameux temple de Diane d'Ephese, qui est representée avec ses broches à l'entrée du temple. Un trépied sert ici d'autel comme dans le sacrifice précedent ; les Ephesiens qui ont frappé ce medaillon disent qu'eux seuls entre toutes les Communautez des Villes ont été quatre fois Neocores. Nous avons dit ci devant ce que c'étoit qu'une ville Neocore, & marqué la dispute sur la primauté qui étoit entre Ephese, Smyrne & Pergame villes d'Asie.

3    Les deux sacrifices [3] suivans se font à Pergame, dans le premier on voit un temple dont le toit est tout herissé de pointes, à l'entrée du temple on voit un dieu assis qui tient une pique. On l'a fait si petit qu'il n'est pas possible de distinguer quel dieu ce peut être. Il y avoit plusieurs dieux dont on ne sait aujourd'hui ni le nom, ni la figure. Devant ce temple on offre à ce dieu un sacrifice, le Prêtre tient une patere qu'il va répandre, le victimaire éleve son maillet pour assommer le taureau : on ne voit pourtant point ici d'autel, non plus que dans le sacrifice suivant qu'on offre aussi devant un temple, &

4    où le Prêtre [4] tient la patere de même, & le victimaire un maillet pour assommer la victime.

5    Le sacrifice à la déesse [5] Salus ou la Santé, representé dans le medaillon suivant se fait pour Alexandre Severe. La déesse assise présente sa patere à un serpent qui y vient boire ; aux pieds d'Hygiea est un autel, & au delà de l'autel, l'Empereur la tête nuë implore l'assistance de la déesse. Un soldat armé de casque, de cuirasse & de pique, se tient derriere le Prince.

---

tam illa tenet dextra manu, quæ hasta superne caduceo terminatur. Victimarius taurum mactandum ducit.

Sacrificium [2] sequens Ephesi in porticu templi illius celeberrimi Dianæ Ephesiæ offertur : dea autem ipsa cum verubus ad ingressum templi repræsentatur. Tripus aræ vicem præstat ut in præcedenti sacrificio : Ephesii, qui hunc percussere nummum, inscriptione nummi indicant, hoc sibi solis competere, quod inter Asiæ urbes quater Neocori facti fuerint : jam supra explicatum est quid esset urbs ΝΕΩΚΟΡΟΣ, ubi de tribus æmulis urbibus Epheso, Smyrna & Pergamo, quæ de primatu inter se contendebant, satis diximus.

Duo sacrificia [3] sequentia Pergami peraguntur. In priore templum visitur cujus tectum prominentibus pinnis refertum & quasi hirsutum est.

Ad ostium templi sedet quidam deus hastam tenens : nec potest quis sit in tam exigua imagine discerni : multa certe erant numina quæ ne nomine quidem nota nobis sunt. Ante templum huic numini sacrificium offertur ; Sacerdos pateram tenet mox effundendam : victimarius malleum erigit, quo taurum mactet. Nulla tamen hic ara visitur, id quod etiam in nummo sequenti observatur, ubi similiter ante templum offertur [4] sacrificium, Sacerdos pateram effundit, victimarius taurum mactat.

Sacrificium [5] saluti sive Hygiéæ offertur pro Alexandro Severo. Dea sedens pateram serpenti offert qui bibiturus accedit. Ante Hygiéam ara est, & in opposita aræ parte Imperator stans nudo capite deæ auxilium implorat. Miles casside, thorace & hasta armatus pone Imperatorem stat.

# SACRIFICES

1
2
3
Medaillons du Roy
4
5
6
Medaillons du Roy
M. le Marquis de Chambonas
7
Licetus

## CHAPITRE IX.

*I. Sacrifice rustique par trois Nymphes. II. Sacrifice à Bacchus. III. Sacrifice extraordinaire à Diane. IV. Autre à Mars. V. Autre à Jupiter conservateur VI. Sacrifice de Valerien & de Gallien. VII. Luperce ou Athlete. VIII. le Pulvinar.*

I. L'Image[6] suivante montre un sacrifice rustique, ou fait à la campagne, [6] comme le marque la branche d'arbre qui s'éleve entre ces filles, ou ces Nymphes qui sacrifient: celle qui fait la fonction de Prêtresse, jette dans la flamme d'un autel rond quelque chose qu'on ne peut distinguer: celle qui vient après éleve une couronne de laurier, comme voulant couronner la Prêtresse. La derniere est attentive au sacrifice; dans l'Exergue on voit deux branches de laurier qui se croisent, ce qui pourroit signifier que le sacrifice se fait en action de graces de quelqu'insigne bienfait.

II. Le sacrifice[7] qui vient ensuite se fait à Bacchus, ou à quelque dieu de [7] sa bande. Le premier de l'image porte quelques fruits dans un plat, un autre tient d'une main un bassin plein de fruits, & de l'autre un coûteau pour égorger un cochon destiné au sacrifice: ce cochon étoit apparemment bandé par le milieu du corps, comme l'étoient ceux qu'on menoit pour être immolez; mais le victimaire cache plus de la moitié de l'animal; & l'on ne voit point cette bande. Le dernier personnage a tout l'air de quelque Silene, & une queuë comme les Satyres: il joüe des instrumens, & ce qu'il y a de singulier est que l'un est une flute droite, & l'autre un cor tout tortu: cependant il soufle en même tems l'un & l'autre; c'est une chose fort ordinaire de voir joüer de deux flutes à la fois, sur tout dans les sacrifices; mais joüer en même tems d'une flute, & d'un autre instrument tortu, cela est tout nouveau pour moi, je ne l'avois vû qu'ici.

III. Tout est extraordinaire dans le sacrifice suivant, Diane nuë, ce qu'on

Pl.
XXIX.

---

## CAPUT IX.

*I. Sacrificium rusticum trium nympharum. II. Sacrificium Baccho. III. Insolitæ formæ sacrificium Dianæ. IV. Aliud sacrificium Marti. V. Aliud Jovi conservatori. VI. Sacrificium Valeriani & Gallieni. VII. Lupercus, vel athleta.*

I. Schema sequens[6] sacrificium monstrat rusticum, ut ex arboris ramo inter tres illas seu nymphas seu virgines surgente indicari videtur, quæ nymphæ hic sacra faciunt. Illa quæ Sacerdotis vice fungitur in flammam aræ rotundæ aliquid conjicit: quod quidnam sit vix internosci potest, quæ postea sequitur lauream coronam erigit, ac si Sacerdotissam ea coronare velit. Quæ sequitur, rem quæ agitur, intento, ut videtur, animo respicit. In exergo duo rami laurei sunt sese mutuo decussantes, qua re forte significatur sacrificium in gratiam collati cujuspiam beneficii offerri.

II. Sacrificium[7] illud aliud quod sequitur aut Baccho, aut alicui ex Bacchica caterva deo offertur. Qui prior in schemate est fructus aliquot in disco gestat: alius altera manu pelvim fructibus plenam, altera cultrum jugulando sui tenet: nam hic sus mactandus offertur. Eratque, ut credere est, sus medio corpore fascia ligatus, ut vulgo erant sues quos diis mactandos adducebant: sed cum victimarius plus quam dimidium suum obtegat, non potest hæc fascia cerni. Postremus esse Silenus quispiam videtur, caudamque habet perinde atque Satyri: instrumentis quibusdam ludit; quodque observes velim, simul flat in tibiam rectam, & in aliud instrumentum contortum, cornu referens. Res admodum trita est tibicines videre duabus simul tibiis ludentes, id quod in sacrificiis passim conspicitur; at simul tibia, & contorto illo instrumento ludere, id cette novum insolensque est, & nusquam alias me videre memini.

III. Nihil non singulare in sacrificio sequenti observatur. Diana nuda quod[1] sane perquam raro

M iij

1 ne voit guere , est sur un autel rond , a sur 1 la tête un croissant , & tient un chien par les pattes : elle fait signe de la main à la victoire qui sacrifie devant l'autel. Cette victoire est nuë , ailée , armée d'un casque qui a une longue aigrette ; elle sacrifie un taureau qu'elle vient d'atterrer, pour lui plonger plus aisément le coûteau dans la gorge, elle le tient par le muffle , & lui fait lever la tête. Quelque vainqueur, après le combat où il croïoit avoir été secouru par Diane, aura peut-être imaginé cet acte de reconnoissance ; si ce n'est pas cela, c'est quelque chose qu'il est mal-aisé de deviner. Après les images de Mithras , nous en avons vû d'autres fort semblables à celle-ci, au premier tome de l'Antiquité planche CCXIX. & une autre sur une lampe au cinquiéme tome, planche CXC. Mais nous n'avons point encore trouvé de monument qui aide à expliquer ceux de cette espece. Nous trouvons si souvent Mithras sur le taureau presqu'en la même posture, qu'on a mis quelquefois ces sortes d'images avec les Mithriaques.

2 IV. Le sacrifice suivant 2 est des plus solemnels : c'est pour la victoire de Gordien Romain , comme le marque l'inscription *Victoria Augusti :* c'est la victoire qu'il remporta contre les Perses l'an de la fondation de Rome 996. de JESUS-CHRIST 243. où il reprit Antioche , & se saisit de Carres & de Nisibe , villes de l'Empire des Perses. Ce sacrifice se fait devant le temple de Mars , temple rond fort élevé , & qui a une espece de coupole : dans le fronton & sous l'entablement, on voit cette inscription grecque ΘΕΟΣ ΟΠΛΟ- ΦΟΡΟΣ, qui signifie *deus armis munitus* le dieu armé ; en effet Mars paroît armé sur la porte du temple , le dernier mot ὁπλόφορος est clairement exprimé sur l'image , le premier n'est pas si lisible ; mais comme M. Vaillant dans son Traité des Medaillons a lû ainsi , & qu'il en avoit peut-être vû plusieurs dont les uns aidoient à lire les autres, nous avons crû devoir lire comme lui : il y a sur le milieu du temple trois grandes portes en arcades, dans celle du milieu qui est la plus large, se voit Mars en habit militaire, armé d'une pique. Le sacrifice se fait en cette maniere ; l'autel est un trépied, l'Empereur avec la toge est couronné de laurier, jette quelque chose dans le feu, deux hommes qui le suivent sont aussi revêtus de la toge ; de l'autre côté l'on voit deux

---

cernimus , stat super ara rotunda , 1 crescentem pro more lunam capite gestans, canem aliudve animal pedibus tenens. Extensa manu aliquid imperare videtur victoriæ nudæ , alatæ , cristata casside munitæ , quæ ante aram sacrificat , taurumque mactat , quem antea prostravit , ut facilius gladium in jugulum immittat, taurum naribus apprehendit , ut caput erigat. Victor quispiam post victoriam Dianæ ope, ut ipse putabat, partam, hoc forsitan grati animi signum excogitavit. Aut hoc est, aut aliud quidpiam longo & forsan inutili conatu explorandum. Post Mithræ schemata figuras pene similes vidimus tomo primo Antiquitatis explanatæ Tab. CCXIX. Aliam quoque dedimus in Lucernis tomo v. Tab. CXC. Sed nondum schema quodpiam hujusmodi prodiit, quod ad alia explananda juvet. Adeo frequentes exstant Mithræ tauro eodem modo insistentis imagines, ut hæ , quibusde agimus, icones cum Mithriacis nonnunquam positæ sint.

IV. Sacrificium 2 sequens inter solenniora computandum. Pro victoria enim Gordiani Romani oblatum fuit, ut inscriptione fertur. VICTORIA

AUGUSTI. Illa nempe victoria est, quam de Persis reportavit anno urbis Romæ conditæ 996. Christi 243. qua Antiochiam recuperavit , & Carras Nisibinque sub imperio Persarum urbes cepit. Offertur porro sacrificium ante templum Martis ; templum rotundum sublime, in quo videtur tholus esse. Sub fastigio & tabulato legitur hæc inscriptio Græca. ΘΕΟC ΟΠΛΟΦΟΡΟC, *Deus armis munitus.* Et vere Mars hic armatus visitur in ostio templi. Postrema vox ὁπλόφορος clare legitur in nummo , prima non ita facile legitur : quia vero Valentius in libro de nummis maximæ molis ita legit, quia fortasse plurimos viderat nummos quorum alii aliis legendis opem attulere, ita legendum esse censuimus. In medio templo tria magna ostia in arcus formam concinnata visuntur , in media autem porta, quæ latior est cæteris, Mars comparet cum veste militari hastam tenens ; sacrificium hoc modo peragitur. Aræ loco tripus erigitur. Imperator togatus & lauro coronatus, in ignem quidpiam conjicit. Duo viri Imperatorem sequentes toga & ipsi sunt induti. Ad aliud latus duo victimarii sunt , quorum al-

victimaires dont l'un éleve fa hache pour frapper la victime qui eſt un taureau. Dans un autre medaille frappée pour le même ſujet, l'Empereur eſt
couronné par la victoire. *Voyez Mezzabarba* , *p.* 340.

V. L'Empereur Alexandre [3] Severe, ſacrifie à Jupiter conſervateur, qui [3]
ſe voit au-de là de l'autel tenant un ſceptre , & qui par deſſus la flamme de
l'autel donne la main à l'Empereur qui eſt en habit militaire, couronné de
laurier , & tient une pique : du côté de Jupiter paroît le plus grand ſigne
militaire, deux porte-enſeignes qui ſuivent l'Empereur en tiennent de plus
petits : ce qui eſt à remarquer ici, c'eſt que Jupiter conſervateur eſt revêtu
de la peau du lion comme Hercule; on voit ſur ſa tête le muffle, les yeux &
les oreilles du lion. Ce manteau qu'il porte paroît n'être que la peau du lion ;
& l'on voit effectivement la peau de la jambe avec le pied du lion, ſur le
derriere entre les jambes de Jupiter. Pourquoi Jupiter porte-t'il ici la dépoüille du lion, qui eſt la marque particuliere d'Hercule ? la raiſon en eſt ici
évidente ; c'eſt qu'on lui a remis le principal ſigne de l'Armée Romaine, il
eſt devenu le *ſignifer*, ou le porte-enſeigne des troupes : or les porte-enſeignes alloient ainſi revêtus de la peau du lion, comme on peut voir dans un
grand nombre de planches du tome quatriéme de l'Antiquité, qui repréſentent l'Armée Romaine : les porte-enſeignes y ont toûjours la dépoüille
du lion ſur la tête. Il y a grande apparence qu'Alexandre Severe allant faire
la guerre en Orient, fit frapper cette medaille ; & que Jupiter conſervateur
y eſt repréſenté en porte-enſeigne, dont l'office eſt de guider les troupes,
parce qu'il eſperoit que Jupiter, propice à ſes vœux & à ſes ſacrifices, le gui-
deroit dans cette entrepriſe,& le rameneroit victorieux. Dans cette confianec
il a fait mettre ſur le medaillon Jupiter qui lui donne la main, comme en-
gageant ſa foi, qu'il le conſervera, & le protegera dans cette expedition
militaire. Jupiter étend ici ſon manteau qui eſt la peau du lion, comme pour
couvrir & conſerver ceux qu'il veut mettre ſous ſa protection : ce qui ſe voit
aſſez ſouvent dans les medailles, & dans d'autres monumens.

VI. Un beau medaillon de Valerien [4] & de Gallien , nous préſente d'un [4]
côté les têtes de ces deux Princes. Valerien porte une couronne radiale ,

---

ter ſecurim erigit, ut taurum victimam percutiat.
In alio nummo eadem de cauſa percuſſo Imperator a victoria coronatur. Vide Mezzabarbam p.
340.

V. Alexander Severus [3] Imperator Jovi conſer-
vatori ſacrificat, qui deus ad aliud aræ latus eſt
ſceptrum tenens, & ſupra aræ flammam manum
porrigit Imperatori militarem veſtem geſtanti ;
laureâ coronâ decorato & haſtam tenenti. Juxta
brachium Jovis ſignum militare erigitur, duo ſigniferi Imperatorem ſequentes minora geſtant
militaria ſigna. Quod hic notandum, Jupiter
conſervator leonina pelle, ut Hercules, obtectus
eſt : capiti Jovis cùm pelle impoſitæ cernuntur
nares, item oculi & aures leonis. Pallium quo
operitur, nihil aliud eſſe videtur, quam leonina
pellis. Et vere tibiæ pellis cum pede leonis a
tergo viſitur inter crura Jovis. Quare Jupiter
pellem leonis hic geſtat ; quæ propria eſt Herculis
nota ? Quia nempe ipſi militare ſignum exercitus Romani præcipuum datum eſt, & quaſi ſignifer exercitus hic repræſentatur. Nam ſigniferi ſic

leonina induti pelle erant ; ut videre eſt in multis
Antiquitatis explanatæ tomo quarto Tabulis, exer-
citum Romanum vel partem ejus repræſentantibus,
ubi ſigniferi ſemper leonis pelle ſunt obtecti. Veriſimile autem eſt Alexandrum Severum bellum
orientale ſuſcepturum, hunc cudi nummum curaviſſe, Jovemque conſervatorem hic ſigniferum
agere, cujus ſigniferi officium eſt legiones & ma-
nipulos ducere, quia nempe ſperabat Jovem ,vo-
tis & ſacrificiis ſuis propitium, in hoc gerendo
bello ſibi ducem & anteſignanum fore, ſeque victorem deducturum eſſe. Hac fiducia fretus Jovem
hic exprimi juſſit, manum ſecum jungentem, fi-
demque dantem, ſe auxilio Imperatori futurum,
dum hanc militarem expeditionem perageret. Jupiter hic pallium ſive leonis pellem extendit hinc
inde, quaſi ut operiat obtegatque eos, quibus
patrocinari peroptat ; id quod non raro in nummis in cæteriſque monumentis obſervatur.

VI. Nummus elegans [4] Valeriani & Gallieni,
ab altera facie capita amborum Imperatorum
monſtrat ; Valerianus radiatam geſtat coronam

Gallien eſt couronné de laurier. Au revers les deux Empereurs ſacrifient ſur
un autel flamboïant, tous deux couronnez comme ci-devant, en habit militaire, tenant la pique à la main gauche. Ce qui eſt à remarquer eſt que
Gallien étant de bien moindre taille que ſon pere, pour ſuppléer à cela, il
tient les deux pieds ſur deux monceaux de terre. Une victoire qui étend ſes
ailes & ſes bras, tient à chaque main une couronne de laurier, comme pour
la mettre ſur les têtes des Empereurs. Cependant Gallien eſt ſur cette medaille déja couronné de laurier, comme nous avons dit; & Valerien ſon pere
porte une couronne radiale : de ſorte que la victoire va mettre couronnes
ſur couronnes.

5 VII. Le Luperce ⁵ qui vient enſuite eſt tiré d'une pierre gravée. Nous ne
l'appellons Luperce que par conjecture; il y a d'aſſez fortes raiſons pour le
prendre pour un athlete, comme nous dirons plus bas. Les Luperces étoient
des jeunes garçons qui faiſoient des ſocietez de religion, tant à Rome que
dans d'autres Villes, comme Preneſte & Nîmes. Ils celebroient la fête de
Luperce, ou de Pan Lycée, fête qu'Evander apporta d'Arcadie. Nous en
avons parlé à la page 232. du ſecond tome de l'Antiquité. A cette fête les
Luperces couroient nus par la Ville, c'étoit au mois de Février : ils portoient
des foüets, dont ils frappoient tous ceux qu'ils trouvoient ſur leur chemin.
Les femmes loin d'éviter leur rencontre, leur alloient au devant pour attraper quelques coups de foüet, perſuadées que cela leur ſerviroit à devenir
fécondes, ou ſi elles étoient enceintes, que cela leur aideroit à accoucher
heureuſement. Voici apparemment un de ces Luperces, qui fatigué d'un
exercice ſi violent ſe repoſe en s'appuïant ſur une colonne. Il eſt tout nu, il
porte ſeulement une bande d'étoffe : auſſi les Luperces en portoient ils faites
de peaux de bêtes qu'ils avoient immolées. La petiteſſe de l'image dans ſon
original empêche de diſtinguer de quoi eſt compoſée cette bande d'étoffe.
Ce luperce tout fatigué qu'il eſt, & appuïé ſur ſa colonne, tient ſon foüet
levé, comme pour frapper les femmes qui ſe préſenteront, & qui viendront
à la portée de ſes coups favorables. Je remarque ici que ce foüet a l'air d'une
branche de palmier.

La pierre eſt fort petite, comme on voit par le diametre de l'ovale, pris

---

Gallienus autem lauro coronatur. In poſtica facie duo Imperatores ſacrificant, ambo coronati
ut ante, militari induti veſte, haſtam ſiniſtra tenentes, quodque obſervandum cum Gallienus
minoris ſit ſtaturæ, quam pater, ut adæquet patrem glebas duas ſub pedibus habet. Victoria alas
extendens coronas laureas ſingulas ſingulis manibus tenet, quaſi impoſitura capitibus Imperatorum. Et tamen Gallienus jam lauro coronatus eſt,
ut diximus. Valerianuſque ejus pater coronam
geſtat radiatam, itaque victoria coronas coronis
impoſitura eſt,

VII. Lupercus ille ⁵ qui ſequitur ex gemma ex-
preſſus eſt. Lupercum porro ex conjectura tantum dicimus : neque enim improbabile eſt Athle-
tam eſſe poſſe ut modo dicemus. Luperci juvenes
erant quidam, qui ſodalitia habebant Romæ,
Preneſte & Nemauſi. Feſtum diem celebrabant
Luperci ſeu Panos Lycei : quem feſtum diem
Evander ex Arcadia attulerat. Qua de re jam egimus in ſecundo Antiquitatis explanatæ tomo p.

232. Hoc die feſto Luperci nudi per urbem currebant, id quod menſe Februario contingebat;
flagella geſtabant, queis eos percutiebant quos
haberent obvios. Mulieres porro ſponte illis oc-
currebant, nedum ab eis declinarent, ut ab eis
flagello cæderentur, exiſtimantes id ſibi fecundi-
tatem conciliare, vel felicem partum ſi prægnan-
tes eſſent. En Lupercum hujuſmodi, ut probabile
omnino eſt, qui poſt tam violentum exercitium
feſſus, animos reſumit columnæ nixus. Nudus eſt,
pannum tantummodo oblongum geſtans, hujuſmodi autem faſcias & pannos geſtabant Luperci,
ſed ex pellibus animalium quæ immolaſſent. Verum tam exigua eſt archetypi imago, ut nullo
modo poſſit diſtingui an pannus ille ſit ex pellibus animalium confectus. Hic Lupercus etſi de-
fatigatus & columna nixus, flagellum tamen erigit, quaſi mulieres quæ ſibi pro fecunditate aut
felici partu occurere velint percuſſurus. Ejus porro
flagellum palmi ramus videtur eſſe.

Lapis admodum exiguus eſt, ut ex ejus longiore

dans

SACRIFICES
XXIX. Pl. du Tom. II.
VICTORI A. AVGVSTI
IOVI. CO NS ERVATORI
KAΘOBOYAOC THMENω
ΘYPΘYCIN
Mr. le Mar. d'Estrées
Medaillon du Roi
Medaillon du Roi
Medaillon du Roi
M. de Sorte
Tom. II.  29

dans ſa longueur, & mis à côté de l'image, & l'on ne peut diſtinguer clairement ſi c'eſt une palme, ou un foüet. Si c'eſt veritablement une palme ;
j'aimerois mieux croire que ce jeune homme eſt un de ces athletes qui com-
battoient à l'un des cinq exercices gymniques, qu'on appelloit en grec πέν-
ταθλος, & en latin *quinquertium*. Ces jeux gymniques étoient, le combat à
coup de poing, la lutte, le diſque ou le palet, la courſe, & la danſe. C'étoit
peut-être à quelqu'un de ces jeux que ce jeune homme étoit demeuré vainqueur, & avoit remporté la palme. Fatigué après ce long exercice, il
s'appuïe à une colonne, & tient la palme élevée pour faire montre de ſa
victoire.

---

diametro ad latus imaginis poſito percipies : neque facile internoſcere poſſis palma, ne ſit illud quod hic juvenis tenet, an flagellum. Si vere palma ſit credere malim, juvenem ex numero athletarum eſſe, qui decertabant in aliquo exercitiorum gymnicorum quinque, qui Græce πέντταθλος latine quinquertium vocabantur. Hi porro Gymnici ludi erant, pugilatus, luĉta, diſcus, curſus, ſaltatio. Poſt aliquam fortaſſe hujuſmodi exercitationem hic juvenis cum victor evaſiſſet palmamque retuliſſet, longo feſſus exercitio in columna nititur, & palmam erigit reportatæ victoriæ ſignum.

# LIVRE V.

## Fêtes, Vœux.

### CHAPITRE I.

#### *Ce qu'on appelloit* pulvinar.

I. **V**Oici, si je ne me trompe, le *pulvinar* dont il est souvent parlé dans les Auteurs, & dont on n'a pas encore bien découvert l'usage. Les *pulvinaria*, selon Servius Georgic. 3. 533. étoient des lits qu'on étendoit dans les temples où ils étoient exposez à la vûë du peuple & de la foule, *lectuli qui sterni in templis supervenientibus plerisque consuerunt.* En certaines fêtes on mettoit des statues des dieux sur ces *pulvinaria*. Des savans ont crû qu'on les couchoit comme dans des lits, & que les *pulvinaria* leur relevoient la tête comme des oreillers ; mais cette opinion a été solidement refutée. Acron sur Horace Od. 1. 37. 3. dit que c'étoit une machine de bois, sur laquelle les dieux étoient mis debout, pour qu'ils parussent plus grands, *tabulatum in quo stabant numina ; ut eminentiora viderentur.* Un fait rapporté par Capitolin dans la vie de Marc-Aurele chap. 4. prouve que les dieux se tenoient sur le *pulvinar* debout, & non pas couchez. Tous les Saliens jettoient des couronnes sur le *pulvinar* où étoit le dieu Mars leur patron. Le jeune Marc-Aurele qui étoit de l'ordre des Saliens, jetta aussi la sienne ; celles que jetterent ses confreres Saliens tomberent de côté & d'autre, où le hazard les porta, & celle de Marc-Aurele tomba sur la tête de Mars, où elle se plaça comme si on l'avoit agencée avec la main. Ce qui n'auroit jamais pû se faire si la statue avoit été couchée, cela fut regardé comme un présage qu'il seroit un jour Empereur.

Il ne faut point douter que cette machine ne fût garnie pardessus d'une

PL.
aprésla
XXIX.

---

# LIBER V.

## *Festa & Vota.*

### CAPUT PRIMUM.

#### *I. Pulvinar quid esset.*

I. **E**N, ni fallor, pulvinar, cujus sæpe mentio apud Scriptores, cujusque usus nondum satis cognitus fuit. Pulvinaria, ut ait Servius in 3. Georgicon Virgilii v. 533. erant *lectuli, qui sterni in templis supervenientibus plerisque consuerunt.* Quibusdam occurrentibus solennitatibus deorum statuæ pulvinaribus imponebantur. Nec defuere inter doctos qui putaverint statuas illas quasi in lectis decubuisse, & pulvinaribus pro more caput fuisse suffultum : verum isthæc opinio rejecta depulsaque fuit. Acron in Horatii Od. 1. 37. 3. ait fuisse *tabulatum, in quo stabant numina, ut eminentiora* viderentur. Ex loco Capitolini in vita M. Aurelii cap. 4. probatur deos in pulvinaribus stetisse, non decubuisse. *In Saliatu,* inquit, *omen accepit imperii. Coronas omnibus in pulvinar ex more jacientibus, alia aliis locis hæserunt ; hujus, velut manu, capiti Martis aptata est.* Et illud ominis loco fuit, fore ipsum aliquando Imperatorem.

Neque dubitandum est machinam hujusmodi,

eſpece de couſſin. Le mot *pulvinar* l'indique. La premiere machine que nous donnons ici a tout l'air d'avoir ſervi pour cela. Il y a ſur le devant un bas relief, qui repréſente quatre figures, dont deux ſont ailées ; l'une de celles-ci joüe du tympanon, l'autre ſoûtient un homme nu qui ſemble ſe laiſſer tomber : il y a encore une autre figure qu'on ne diſtingue pas bien.

L'autre *pulvinar* differe beaucoup de celui-ci, par l'ornement. Au deſſus du couſſin il y a un grand tapis étendu, & frangé par les bords ; & ſous le couſſin un grand vaſe plein de fleurs qui paroît comme dans une concavité.

Tite-Live Decade 3. l. 2. c. 10. dit que dans la ſeconde guerre Punique, on mit pluſieurs *pulvinars* pour les dieux, un pour Jupiter & Junon ; le ſecond pour Neptune & Minerve ; le troiſiéme pour Mars & Venus ; le quatriéme pour Apollon & Diane ; le cinquiéme pour Vulcain & Veſta ; le ſixiéme pour Mercure & Cerés.

---

pulvino quopiam fuiſſe munitam. Prior quam proferimus ad hoc omnino inſerviviſſe videtur. In anteriore facie eſt anaglyphum, quatuor exhibens figuras, quarum duæ alatæ ſunt. Ex hiſce altera tympano ludit ; altera virum nudum fulcit, qui ſponte ſua cadere videtur. Alia quoque ibidem viſitur figura, quam internoſcere non ita facile eſt.

Alterum pulvinar quod ad ornatum, ab hoc longe differt. Supra pulvillum pannus grandis extenſuſque eſt & ab oris fimbriatus, & ſub pulvillo vas grande floribus plenum, quod quaſi in loco abdito conſpicitur. Secundo bello Punico, ut ait Livius Decad. 3. l. 2. c. 10. *pulvinaria in conſpectu fuere Jovi & Junoni unum ; alterum Neptuno & Minervæ ; tertium Marti & Veneri ; quartum Apollini ac Dianæ ; quintum Vulcano & Veſtæ ; ſextum Mercurio & Cereri.*

## CHAPITRE II.

*I. Inscription mal lûë par Spon. II. Les Dionysies d'Athenes, avec le nom de l'Arconte & des autres premiers Magistrats. III. Les mysteres de Bacchus alloient avec ceux de Cerés. IV. L'Arconte éponyme. V. Qui étoit le Roi. VI. Le Polemarque. VII. Les six Thesmothetes. VIII. Les autres plus bas Officiers.*

PL.
XXX.

I. UN beau marbre d'Athenes transporté de-là à Constantinople, & depuis de Constantinople à Paris, où il se trouve à la Bibliotheque de M. le Comte de Seignelai; ce beau marbre, dis-je, est trop curieux & trop utile pour le passer ici. Il contient les Magistrats d'Athenes dans leur ordre; les grands avec les petits, & cela par rapport à la grande fête des Diony-siaques. Quoique j'aïe déja donné cette table dans la Paleographie grecque: elle entre si naturellement dans ce Supplément, que j'ai crû la devoir encore mettre ici en la même forme que je l'ai représentée dans cet autre ouvrage. Je ne parlerai point en l'expliquant de la figure de certains caracteres grecs, & de quelques particularitez qui regardent la langue greque: cela est déja fait en son lieu. Spon avoit déja copié cette inscription à Constantinople, & l'a fait imprimer dans son voïage, tom. 3. p. 106. mais il l'a tellement défigurée, que sa copie n'est bonne qu'à induire à erreur ceux qui voudront s'en servir. L'inscription n'est pourtant pas difficile à lire, mais il faut que la conjoncture du tems ne lui ait pas permis d'y apporter toute l'attention requise. Il a souvent changé le cas des noms, & par une suite necessaire fait un sens tout different: il a mis le singulier pour le plurier, sauté des mots necessaires, joint des mots à d'autres qu'à ceux qu'il falloit; en un mot il a fait une inscription nouvelle, dans laquelle on a peine à trouver quelque sens: voici ce qu'on en peut tirer.

---

### CAPUT II.

*I. Inscriptio ab Sponio perperam lecta. II. Dionysia Athenarum festa cum nomine Archontis cæterorumque magistratuum præcipuorum. III. Mysteria Bacchi cum Mysteriis Cereris. IV. Archon eponymus quis. V. Quis rex sacrorum erat. VI. Polemarchus. VII. Sex Thesmothetæ. VIII. Inferiores alii ministri.*

I. MArmor elegans Atheniense, Athenis Constantinopolim, deindeque Constantinopoli Lutetiam translatum, jam exstat in Bibliotheca Illustrissimi Marchionis de Seignelai. Marmor, inquam, illud ita spectabile, ita ad multarum rerum notitiam utile est, ut non liceat illud prætermittere. Magistratus Athenarum complectitur sive majores sive minores suo ordine; referturque illud ad magnum Dionysiorum festum. Etsi hoc monumentum jam in Palæographia mea dederim; ita tamen præsenti, de qua agitur, rei competit, ut putarim hic etiam ipsi locum esse dandum, eadem qua ibi repræsentatur forma. Non loquar hic de figura quorumdam characterum Græcorum, deque aliis ad Græcam linguam pertinentibus; illud enim in memorata Palæographia jam actum est. Jacobus Sponius hanc eamdem inscriptionem Constantinopoli jam exscripserat; & in itinere suo, Gallico idiomate descripto, publicavit tomo 3. p. 106. Verum illam tam crassis erroribus deformavit, ut ejus exemplar in errorem necessario inducat eos, qui illa uti voluerint. Inscriptio tamen lectu difficilis non est. Verum fortasse non licuit ipsi per tempus majorem adhibere diligentiam. Sæpe nominum casus mutavit: sicque necessario sensum alio transtulit: singularem pro plurali numero adhibuit; seriei necessaria verba prætermisit; alias voces cum aliis male conjunxit: ut uno verbo dicam, novam inscriptionem fecit, cujus mentem vix eruas. En illam ut Sponius edidit.

# PULVINARS

1.

2.

*Drusus Consul étant Arconte & Prêtre*

*Xenon fils de Menneus Phlyen*

*Heraclite fils d'Aristocle Sphettien Polemarque*

*....ete fils d'Alcete Thesmothete Perithoïde*

*Lucius Sphettius Cephisien*

*Philotas fils de Theodore de Myrinunte*

*Demetrius fils de Cineas Cydathenien*

*Sextius fils de Lucius Diradiote*

*Athenodore fils d'Eugiton Phrearrien*

*Alexandre fils d'Alexandre Thriasien*

*Le Heraut du Senat de l'Areopage*

*Leonidés fils de Leonidés, heraut de l'Arconte*

*Diodore Hermius joüeur de flute*

*Isiphile fils d'Asclepiade Athmonien*

*Hestiée fils de Denys Milesien*

C'est ainsi qu'il a donné cette inscription d'Athenes, la plus claire dans l'original qu'on puisse voir ; & une des plus instructives qui aïent encore paru. Le précis qu'en donne Spon au même endroit, fait voir qu'il n'a pû lui même rien entendre dans sa copie.

*C'étoit un marbre, dit-il, mis apparemment en memoire de quelque édifice, auquel plusieurs personnes avoient contribué ; lorsque Drusus fils de Tibere fut Arconte à Athenes, qui est une particularité que l'histoire ne nous apprend pas. Le Polemarque dont il est aussi fait mention, étoit celui à qui les Atheniens donnoient l'Armée à commander ; & le Thesmothete celui qui présidoit aux jeux*

---

ΑΡΧΟΝΤΟΣ

Και Ιερεως Δρυσυ υπατυ

Ξενων Μεννεα Φλυευς

Ηρακλιτος Αειστοκλευς Σφηττιος πολεμαρχος·

..... ετησα Αλκετου Πιειθοιδης Θεσμοτητυ

Λευκιος Σεπτιος Κηφησιευς

Φιλωτας Θεοδωρυ εν Μυεινουττι     (sic)

Δημητριος Κινεα Κυδαθηναευς

Σεξτος Λευκιυ Διραδιωτης

Αθηνοδωρεις Ευγιτονος Φρεαρριος

Αλεξανδερς Αλεξανδρυ Θειασιος

Κηρυξ της εξ Αρειικπαγυ βυλης

Λεωνιδης Λεωνιδυ Μελιτευς κηρυξ αρχοντι

Διοδωρος Ερμειος αυλητης

Ισιφιλος Ασκληπιαδου Αθμονευς

Εστιαιος Διονυσιυ Μιλησιος.

Hoc est,       *Archonte*

*Et Sacerdote Druso Consule*

*Xenon Mennei Phlyeus*

*Heraclitus Aristoclis Sphettius Polemarchus,*

*..... etas Alcetæ Thesmotheta filius Perithoïdes*

*Lucius Seppius Cephisieus*

*Philotas Theudori ex Myrinunte*

*Demetrius Cineæ Cydathenæus*

*Sextius Lucii Diradiotes*

*Athenodorus Eugitouis Phrearrius*

*Alexander Alexandri Thriasius*

*Præco Senatus Areopagi*

*Leonides Leonidæ filius præco Archonti*

*Diodorus Hermius tibicen*

*Isiphilus Asclepiadis Athmoneus*

*Hestiæus Dionysii Milesius.*

Sic ille nobilem Atheniensem inscriptionem edidit, quæ in archetypo omnium clarissima est, nullique obnoxia difficultati, quæ plurima præclaraque docet ad historiam pertinentia. Inscriptionis synopsin & argumentum eodem loco dedit Sponius, qua synopsi se nihil sani in exemplari suo percepisse commonstrat : *Marmor*, inquit, *ut videtur positum in memoriam cujusdam ædificii, plurimorum sumtibus constructi, quo tempore Drusus Tiberii filius Archon Athenis fuit, id quod in historia prætermissum est. Polemarchus hic memoratus, is erat cui exercitus ductum tradebant Athenienses : Thesmotheta vero, is qui ludis publicis præerat ; qui*

*publics.* Voilà un Commentaire pire encore que le texte, & capable d'égarer ceux qui voudront s'en servir : il n'est parlé là d'aucun édifice ; il n'est point dit dans le vrai texte que Drusus fût Arconte : il y a six Thesmothetes, & non pas un seul Thesmothete, comme dit Spon, & tout le reste est si alteré, qu'on ne peut s'en servir sans risquer. En effet M. Vandale un des plus habiles hommes du siecle, n'a fait Drusus Archonte d'Athenes, qui certainement ne l'a jamais été, que parce que Spon l'avoit mis ainsi dans sa miserable copie, & dans sa glose. Voici le sens de cette inscription tirée exactement de l'original.

*Sous le Consulat de Drusus, l'Archonte & le Prêtre étoit Xenon fils de Menneus Phlyen.*

*Le Roi, Heraclite fils d'Aristocle Sphettien.*

*Le Polemarque Alcete fils d'Alcete Perithoïde.*

*Les Thesmothetes : Lucius Seppius Cephisien ; Philotas fils de Theodore de Myrinusse ; Demetrius fils de Cineas Cydathenien ; Sextus fils de Lucius Diradiote ; Athenodore fils d'Eugiton Phrearrien ; Alexandre fils d'Alexandre Thriasien.*

*Le Heraut du Senat de l'Areopage : Leonidés fils de Leonidés Melitien.*

*Le Heraut de l'Archonte, Diodore fils d'Hermias*

*Le joüeur de flute, Isiphile fils d'Asclepiade Athmonien*

*Le Liturgue, Hestiée fils de Denys Milesien.*

Les noms des Tribus sont écrits sur chacun des Magistrats & des Officiers : il n'y en a qu'un où il n'est pas. Trois noms de Tribus ont sauté quand on transportoit ce marbre de Constantinople à Paris, nous les avons pris de Spon qui avoit vû le marbre avant qu'il fût ainsi cassé. Ce même Auteur a fait un Recüeil des 174. Tribus de l'Attique, tirées de plusieurs inscriptions avec plus de soin qu'il n'en a apporté dans les autres parties de son voïage : je crois qu'on ne risque point en le suivant, d'autant plus qu'il a copié exactement sur la fin les autres noms, qui se lisent encore aujourd'hui sur le marbre. Les

---

commentarius certe longe deterior est ipsa inscriptione prout ab Sponio lecta fuit. De nullo quippe hic agitur ædificio, neque in inscriptione dicitur Drusum Archontem fuisse, si quidem ipsa in archetypo legatur. Sex sunt Thesmothetæ, non unus, ut Sponius dicit ; cæteraque omnia ita ἀσύςατα sunt, ut non possint sine periculo adhiberi. Certe Dalenius inter eruditissimos sæculi nostri computandus, ideo Drusum Athenarum Archontem fuisse dixit, qui certe nunquam Archon fuit, quia sic perperam exscripserat Sponius, & in nota commentus fuerat. En inscriptionem illam ut in marmore legitur.

Ἄρχων
ᾗ ἱερεὺς Δρούσου ὑπάτου
Ξένων Μεννέα Φλυεὺς
Βασιλεὺς
Ἡράκλιτος Ἀριστοκλέους Σφήττιος
Πολέμαρχος
Ἀλκέτης Ἀλκέτα Περιθοίδης
Θεσμοθέται,
Λεύκιος Σέππιος Κηφισιεὺς,
Φιλώτας Θεοδώρου ἐγ Μυρινούσης
Δημήτριος Κινέα Κυδαθηναιεὺς,

Σέξτος Λευκία Διραδιώτης.
Ἀθηνόδωρος Εὐγίτονος [ Φρεάρριος, ]
Ἀλέξανδρος Ἀλεξάνδρου [ Θριάσιος, ]
Κῆρυξ τῆς ἐξ Ἀρειοπάγου βουλῆς
Λεωνίδης Λεωνίδου Μελιτεὺς,
Κῆρυξ ἄρχοντι.
Διόδωρος Ἑρμείου,
Αὐλητὴς
Ἰσίφιλος Ἀσκληπιάδου Ἀθμονεὺς
Λιτουργὸς
Ἑστιαῖος Διονυσίου Μιλήσιος.

Hic ut vides nomina tribuum ad singulos magistratus atque ministros, uno excepto, adscribuntur : tria vero tribuum nomina, quæ in marmore erant, quæque dum Constantinopoli Lutetiam veheretur, excussis aliquot frustulis, exciderant, ex Sponio supplevimus. Sponius autem nomina tribuum Atheniensium numero 174. accuratius quam soleret alias, ex diversis marmoribus collegit, & descripsit ut habentur in tertio tomo ejus itinerum. Cum porro nomina tribuum istæc descripsit, marmor adhuc integrum erat ; quapropter puto ejus exscripto hac in parte fidem esse habendam : nam quæ circa finem sunt accuratius

noms de deux Tribus font tombez ; nous avons enfermé ceux-là entre deux crochets, comme tirez de Spon, les dernieres lettres du troifiéme avoient fauté. Voilà tous les Magiftrats d'Athenes avec des Officiers fubalternes affemblez pour des cerémonies de religion.

II. La grappe qui eft figurée au bas de l'infcription, marque la grande fête de Bacchus, appellée les Dionyfies ; on l'a mife entre des épis, fymbole de Cerés : car comme nous avons dit en plufieurs endroits, les orgies & les cerémonies de Bacchus & de Cerés, fe réüniffoient fouvent. La fable dit que Cerés & Bacchus vinrent dans l'Attique, lorfque Pandion regnoit à Athenes. Ce fut Orphée qui inftitua les myfteres de Bacchus. Les fêtes & les orgies de Bacchus & de Cerés fe celebroient donc du moins quelquefois enfemble, comme le prouve encore ce beau marbre d'Athenes que nous avons donné à la planche xlv. du premier tome de l'Antiquité, où Cerés & Bacchus chacun avec fa compagnie font repréfentez celebrant leurs orgies nocturnes. Le marbre que nous donnons ici le confirme, on y voit la grappe au milieu qui marque Bacchus & fes orgies, & deux épis de chaque côté, qui font des fymboles de Cerés & de fes myfteres. Ces deux divinitez dont l'une fournit le pain & l'autre le vin, alloient naturellement enfemble. La corbeille myftique qui fe voïoit dans leurs myfteres étoit commune à l'un & à l'autre, comme nous avons fait voir au tome précedent p. 161. c'étoit la corbeille de Bacchus que l'on voit fi fouvent dans les bas reliefs qui repréfentent là troupe Bacchique : elle appartenoit auffi à Cerés, comme le prouvent la même deux épis qui s'élevent à droite & à gauche de la corbeille.

III. Tous les neuf premiers ici nommez l'Arconte, le Roi, le Polemarque,

---

exfcripfit Sponius, & nomina ut in marmore leguntur. Duo tribuum nomina penitus exciderunt, quæ ideo uncinis inclufimus, tertii nominis poftremæ folum literæ diruptæ funt. Infcriptionis interpretationem latinam hic damus.

*Archon*

*Et Sacerdos Drufo Confule*

*Xenon Mennei Phlyeus,*

*Rex*

*Heraclitus Ariftoclis Sphettius,*

*Polemarchus*

*Alcetes Alcetæ Perithoïdes*

*Thefmothetæ*

*Lucius Seppius Cephifieus,*

*Philotas Theodori ex Myrinuffa,*

*Demetrius Cineæ Cydathenæus,*

*Sextus Lucii Diradiotes,*

*Athenodorus Eugitonis Phrearrius,*

*Alexander Alexandri Thriafius,*

*Præco Senatus Areopagi*

*Leonides Leonidæ Meliteus,*

*Præco Archonti,*

*Diodorus Hermiæ*

*Tibicen*

*Ifiphilus Afclepiadis Athmoneus*

*Minifter*

*Heftiæus Dionyfii Milefius,*

En omnes Athenarum magiftratus, cum aliquot miniftris inferioris ordinis, qui omnes ad feftum diem, five ad Dionyfia celebranda coacti funt.

II. Uva illa quæ in ima Tabula poft infcriptionem pofita eft, magnam Bacchi folennitatem, quam Dionyfia vocabant fignificat. Uva autem inter fpicas ponitur, quæ funt fymbola Cereris. Nam ut multis in locis diximus, Orgiæ & Cærimoniæ Bacchi & Cereris ut plurimum fimul celebrabantur. Ceres & Bacchus, inquiunt Mythologi ex Apollodoro lib. 3. in Atticam venerunt cum Athenis regnaret Pandion. Orpheus vero Bacchica myfteria inftituit. Quod autem Orgia & fefta Bacchi & Cereris fimul aliquando faltem celebrarentur, tum ex hoc marmore, tum ex alio Athenienfi probatur, quod protulimus Tabula xlv. primi Antiquitatis explanatæ tomi, ubi Ceres & Bacchus, cum fuo uterque cœtu Orgia fimul fua nocturna celebrantes exhibentur ; id quod hoc ex marmore confirmatur, in quo uva in medio, Bacchum ejufque Orgia denotat, ac duæ hinc & inde fpicæ, Cererem ejufque myfteria fubindicant. Hæc duo numina, quorum aliud panem, aliud vinum fubminiftrat, jure fimul procedere videbantur. Ideoque corbis myftica in eorum arcanis celebritatibus adhibita utrique numini communis erat, ut in primo hujus Supplementi tomo commonftravimus. Hæc erat corbis Bacchi, quæ fæpiffime in anaglyphis catervam Bacchicam exprimentibus obfervatur. Quæque etiam ad Cererem pertinet, ut ibidem in pag. 161. perfpicitur, ubi fpicæ duæ Cereris a lateribus corbis erumpunt.

III. Novem primi qui nominantur in Tabula,

& les six Thesmothetes faisoient le nombre des neuf Arcontes que les Atheniens élisoient tous les ans. Le premier Arconte qui étoit cette année Xenon
fils de Menneus, étoit nommé par excellence ἄρχων ἐπώνυμος. L'Arconte
éponyme; c'est-à-dire, celui à qui ce nom d'Arconte convenoit plus proprement. Originairement c'étoit celui qui gouvernoit la République. Lorsque
la succession des Rois finit à Athenes, les Atheniens élurent un Magistrat
perpetuel qu'ils appellerent ἄρχων Arconte. Ces Magistrats perpetuels faits
par élection gouvernerent la République 316. ans. Après quoi les Atheniens
pour diminuer l'autorité de ce Magistrat souverain, élurent des Arcontes de
dix en dix ans : il n'y en eut que sept de suite qui gouvernerent l'espace de
soixante-dix ans. Ces peuples amoureux de leur liberté, qui subissoient im-
patiemment le joug de la domination, jugerent cet espace trop long, &
crurent trouver mieux leur compte à changer plus souvent, ils élurent donc
des Magistrats annuels, & firent des Arcontes, dont la magistrature ne duroit
qu'une année. Ils marquoient leurs années par les Arcontes comme les
Romains les marquoient par leurs Consuls. Ces Arcontes gouvernoient la
République, tant en paix qu'en guerre : ils avoient aussi la principale ad-
ministration des choses sacrées, & étoient souverains Prêtres; ainsi voïons
nous que Xenon est appellé sur ce marbre ἄρχων κὶ ἱερεύς, Arconte & Prêtre.
Cette inscription nous apprend donc que Xenon étoit premier Archonte, &
Prêtre, & qu'en cette qualité il présida sous le Consulat de Drusus, aux Diony-
siaques, qui étoient les grandes fêtes de Bacchus, le Consulat de Drusus avec
Tibere tombe en l'an 23. de Jesus-Christ.

IV. Après Xenon, Arconte éponyme, vient le Roi qui s'appelloit cette
année Heraclite. Lorsque les Rois furent abolis à Athenes, le peuple ne voulant pas éteindre absolument le titre de Roi, quoiqu'il voulut en ôter la puissance & la domination, élut, dit Demosthene dans son Oraison contre
Neæra, un Roi d'entre les plus respectables de ses citoïens : ce Roi devoit
avoir épousé une Athenienne, qui n'eut jamais eu d'autre mari. L'un & l'autre
présidoient aux choses sacrées & aux mysteres; le mari sous le titre de Roi,
& la femme sous celui de Reine : ce Roi étoit pourtant soumis à l'Arconte,

---

Archon, Rex, Polemarchus, sexque Thesmothetæ, novem erant Archontes. Primus Archon,
qui hoc anno erat Xenon filius Mennei, per An-
tonomasiam vocabatur ἄρχων ἐπώνυμος, *Archon
eponymus*; quasi dicas, is cui proprie Archontis
nomen competebat. Ab origine autem ille ipse
erat qui rempublicam administrabat. Quando
regum successio Athenis desiit, magistratum perpetuum Athenienses delegerunt, quem Archontem vocarunt. Magistratus porro illi perpetui
electione constituti per trecentos sedecim annos
rempublicam administrarunt. Exinde vero ut magistratus hujusmodi supremi auctoritatem minue-
rent Athenienses, Archontes ipsis decennales tantum substituerunt : hi decennales Archontes septem
tantum fuere, qui septuaginta expleverunt annos.
Tum libertatis amans populus ille qui servitutem
ægre ferebat, magistratus deligere cœpit annuos.
Archontes igitur constituit, quorum dominatus
anno uno absolvebatur. Annosque postea per Archontas numerabant, signabantque, quemadmodum Romani per Consules. Hi Archontes &
belli & pacis tempore regebant omnia; illis quoque concedebatur præcipua rerum sacrarum ad-
ministratio : erant enim summi Sacerdotes; sic
conspicitur hoc in marmore Xenon ἄρχων ἐ
ἱερεύς, Archon & Sacerdos dictus. Hac igitur
inscriptione discimus Xenonem hoc anno primum
Archontem & Sacerdotem fuisse, eoque nomine
Druso Consule Dionysiis, seu magnis Bacchi fe-
stivitatibus præfuisse. Drusus porro cum Tiberio
Consul fuit anno ab incarnatione Christi vigesimo
tertio.

IV. Post Xenonem Archontem eponymum,
sequitur rex, qui hoc anno Heraclitus vocabatur. Quando reges Athenis abrogati sunt, Athe-
niensis populus cum regis nomen prorsus exstin-
guere nollet, sed potestatem tantum & domina-
tum ejus abrogare cuperet, inquit Demosthenes
oratione contra Neæram, regem inter honestio-
res venerabilioresque cives delegit, qui rex Atheniensem sponsam, quæ alteri viro non nupsisset,
ducere debebat. Uterque autem vir nempe &
uxor rebus sacris atque mysteriis præsidebat, vir
regis, uxor reginæ nomine. Rex tamen Archonti
eponymo subditus erat : regis nomen amabant

surnommé

furnommé éponyme : les Atheniens aimoient ce nom , quoiqu'ils abhor-
raffent la puiffance qui y étoit jadis attachée. C'eft de-là que les Romains
avoient pris leur *Rex facrificulus* , & leur *Regina facrorum* , qu'ils eurent foin
de mettre en un grade inferieur & fubalterne , à l'imitation des Atheniens , &
par les mêmes interêts qu'eux. Chez les Atheniens comme chez les Romains ,
ces Rois ne fe mêloient que des chofes facrées , & n'entroient point du tout
dans le gouvernement de la République. En un mot ils y mirent fi bon ordre
les uns & les autres , que je ne fai s'il a jamais été dit dans l'hiftoire , qu'aucun
de ces Rois facrificateurs ait remué à Athenes ou à Rome : tant ils avoient
eu foin de tenir fur le bas pied ces Rois , dont le feul nom auroit pû faire
craindre fans ces précautions.

V. Le Polemarque étoit le troifiéme des Arcontes. Celui qui en exerçoit la
fonction cette année s'appelloit Alcetés fils d'Alcetés. Ce Polemarque com-
mandoit anciennement les troupes , comme le nom le porte. Mais depuis
que les Atheniens furent foûmis aux Romains , le Polemarque ne fe mêla plus
que des affaires civiles , & des chofes facrées. Le Polemarque , dit Pollux ,
facrifioit à Diane Agrotere , & à Enyalius ; c'eft-à-dire à Mars. C'étoit lui
qui difpofoit les combats faits pour les funerailles de ceux qui étoient morts
à la guerre ; & qui jugeoit les affaires des étrangers établis dans Athenes. Il
étoit à l'égard de ces étrangers , ce que l'Arconte étoit à l'égard des citoïens.
Il faut entendre Harpocration fur les devoirs du Polemarque. » Ifée Rheteur
dans fon Apologie fur l'affranchiffement contre Apollodore , dit que le »
Polemarque eft un Magiftrat chez les Atheniens , & qu'il eft un des neuf »
Arcontes. Ariftote dans fa République des Atheniens , parle ainfi des de- »
voirs & des fonctions du Polemarque ; c'eft lui qui affigne les Juges pour »
les caufes des affranchis , & des heritages qui regardent les étrangers. Car »
ce que l'Arconte fait à l'égard des citoïens , le Polemarque le fait à l'égard »
des étrangers. C'eft donc avec raifon que le Rheteur dit dans l'oraifon que »
nous venons de citer , qu'Apollodore s'étoit obligé de comparoître devant »

---

Athenienfes , etfi poteftatem horrerent regiam.
Hinc etiam Romani *regem* fuum *facrificulum* ac-
ceperant , nec non *reginam facrorum* , quos & ipfi
inferiore gradu conftituerunt. Athenienfes imitati,
iifdemque permoti rationibus : Athenienfes hof-
que imitati Romani , reges hujufmodi rebus facris tantum addictos , a reipublicæ adminiftratione
prorfus arcebant. Ut uno verbo dicam , reges
illos eum in ordinem redegerunt , ut nefciam
utrum in hiftoria ufpiam memoretur , reges iftos
facrificulos aliquid turbarum moviffe vel Athenis
vel Romæ ; ufque adeo illos dejecerant & in
gradum infimum egerant. Certe nifi cautiones
hujufmodi præceffiffent , vel ipfum regis nomen
formidandum erat.

V. Polemarchus Archontum tertius erat. Qui
functionem hujufcemodi hoc anno exercebat , Alcetes erat Alcetæ filius. Polemarchus olim , quod
ipfum nomen præ fe fert , rei bellicæ præerat.
At pofteaquam Athenienfes Romanis fubditi fuerunt , Polemarchus rebus folum civilibus tractan-
dis incubuit , necnon etiam rebus facris. Polemarchus , inquit Julius Pollux , Dianæ agroteræ , &
Enyalio facrificabat ; Enyalius Mars erat. Ille
certamina funeribus eorum qui in bello ceci-
diffent adhibita , difponebat. Judicabat item de

rebus extraneorum , qui Athenis habitarent. Ex-
traneifque erat id quod Archon eponymus civibus. Audiendus autem eft Harpocration , Πολέμαρχος. Ἰσαῖος ἐν ἀπολογία ἀποςασίν πρὸς Ἀπολλόδωρον. ἀρχῶτις ἦν παρ' Ἀθηναίοις οὕτω καλουμένη. ἔςι δὲ εἷς
τῶν ἐννέα ἀρχόντων. Ἀριςοτέλης δ' ἐν τῇ Ἀθηναίων πολιτείᾳ,
διεξελθὼν ὅσα διοικεῖ ὁ πολίμαρχος πρὸς ταῦτά φησιν. οὗ-
τος τε εἰσάγει δίκας, τε τῶ ἀπιςασίν, καὶ ἀποςασίν ἢ κλή-
ρων ἢ ἐπικλήρων, τοῖς μετίκοις, καὶ τἆλλα ὅσα τοῖς πολί-
ταις ὁ ἄρχων, ταῦτα τοῖς μετίκοις ὁ πολέμαρχος. εἰκότως
οὖν ὁ ῥήτωρ ἐν τῷ προειρημένῳ λόγῳ ἐγγυῆσαί φησι πρὸς τῷ
πολεμάρχῳ Ἀπολλόδωρον, ὁ γὰρ Σάμιος τὸ γένος μέτοικος ἦν.
*Polemarchus. Ifæus hac voce utitur in Apologia de*
*Liberto adverfus Apollodorum. Magiftratus apud*
*Athenienfes erat. Eft vero Polemarchus unus ex*
*novem Archontibus. Ariftoteles autem de republica*
*Athenienfium , de Polemarchi officiis edifferens hæc*
*habet : hic inducit judices circa actiones de libertis*
*& manumiffis , de fortibus , actiones , inquam , quæ*
*ad peregrinos fpectant : quod erga cives agit Archon,*
*id erga peregrinos Polemarchus. Jure igitur Rhetor in*
*memorata oratione dicit , Apollodorum vadimonium*
*præftitiffe Polemarcho , nam is Samius cum effet , ge-*
*nere peregrinus erat. Hæc porro quæ Athenienfis*
*fori formulas fpectant explicatu difficillima funt,*
*nec nifi divinando intelligantur.*

„ le Polemarque, car étant Samien de naiſſance, il étoit compté parmi les
» étrangers.

VI. Les ſix Theſmothetes dont les noms ſe trouvent dans l'inſcription
précedente, faiſoient avec les trois précedens le nombre de neuf Arcontes.
Leur fonction étoit de corriger les loix, de voir s'il n'y en avoit pas qui fuffent contraires à d'autres, s'il y en avoit pluſieurs ſur le même ſujet. Quand ils
remarquoient quelque choſe de ſemblable; ils le rapportoient aux aſſemblées publiques, & l'on corrigeoit ce qui étoit à corriger, ſi on le jugeoit à
propos. Ces devoirs des Theſmothetes ſe trouvent dans l'oraiſon d'Eſchine
contre Cteſiphon. Cette coûtume de corriger les loix étoit établie en d'autres
lieux. Dans la grande inſcription de Corfou que nous avons imprimée dans
notre Journal d'Italie p. 42c. il eſt dit : *S'il y a quelque correction à faire dans
les loix, que les correcteurs*, διορθωτῆρες, *établiſſent de quelle maniere il faut
diſtribuer cet argent.* Les Theſmothetes, dit Julius Pollux, doivent annoncer
les jours où les Tribunaux doivent être ouverts, & où l'on doit rapporter les cauſes devant le peuple, faire les élections, traiter des affaires cri-
minelles, rechercher ſi l'on a établi quelque loi qui ne convienne pas, établir
des peines contre ceux qui commandent les troupes, s'ils tombent en faute.
Devant eux ſe portoient les cauſes de ceux qui ſe diſoient citoïens, & qu'on
prétendoit étrangers, de ceux qui étant déferez comme étrangers, avoient
corrompu les Juges pour être declarez citoïens; & un grand nombre d'autres
affaires qu'il ſeroit trop long de rapporter.

VII. Après ces neuf Arcontes, vient le heraut du Senat de l'Areopage,
qui étoit cette année Leonide fils de Leonide. C'étoit une eſpece d'Officiers
dont nous avons parlé ſuffiſamment dans le ſecond tome de l'Antiquité p. 9.

Outre le heraut de l'Areopage, nous voions encore ici celui de l'Arconte,
qui s'appelloit Diodore fils d'Hermias. Enſuite vient le joüeur de flute qui
étoit cette année Iſiphile fils d'Aſclepiade. Quelque bas que paroiſſe ce mi-
niſtere, le joüeur de flute étoit élu par ſort : c'étoit l'Arconte qui tiroit au
ſort qui feroit cette fonction. Dans les inſcriptions d'Athenes que Spon a
rapportées à la fin de ſon troiſiéme tome, il eſt toûjours dit qui a joüé de la
flute dans l'année marquée.

---

Hinc inferas illa Polemarchi munia circa ex-
teros, qui Athenis ſedes fixerant, etiam antequam
Romani Athenas ſubigerent, viguiſſe.

VI. Sex Theſmothetæ quorum nomina in inſcriptione ſunt, cum tribus præcedentibus, novem
Archontum numerum complebant. Eorum hæc
erant munia, leges corrigere, perſpicereque an
aliæ aliis contrariæ eſſent, ſi plures eadem de re
eſſent. Si quid hujuſcemodi in legibus deprehen-
derent, id conventibus publicis referebant, &
quod emendatione opus habebat emendabatur,
ſi quidem ſic placitum eſſet. Hæc eorum officia
exſtant in Oratione Æſchinis contra Cteſiphontem.
Hæc leges corrigendi conſuetudo aliis etiam in locis vigebat. In magna illa inſcriptione Corcyrea,
quam edidi in Diar. Italico p. 420. hæc legimus :
εἰ δὲ κᾳ διόρθωσις τῶν νομων γίνηται, ταξάντων οἱ διορθωτῆρες εἰς τὰς νόμας, καθὼς κᾳ δὴ τὸ ἀργύειον χειρίζεσθαι. *Quod
ſi legum correctio & emendatio acceſſerit, ſtatuant
legum correctores circa ipſas leges, quo pacto eadem
ipſa pecunia adminiſtranda ſit. Theſmotheta*, inquit
Julius Pollux, *præſcribunt quando tribunalia ape-
riantur, & quando actiones deferri debeant ad po-*
*pulum, ſicut & electiones, & actiones in facinoroſos :
tum ſi quis legem reipublicæ non conducentem ſcripſe-
rit : quin & militiæ præfectis pœnas ſtatuunt. Coram
ipſis etiam actiones afferebantur, an quis civis, an
contra peregrinus ſit, an quis peregrinitatis accuſa-
tus, judices corruperit*, aliaque multa negotia, quæ
recenſere longum eſſet.

VII. Poſt novem illos Archontas, præco Senatus Areopagi nominatur, qui hoc anno erat Leonides Leonidæ filius. Erat hoc miniſtrorum genus,
de quibus jam diximus in ſecundo Antiquitatis explanatæ tomo p. 9.

Præter Areopagi præconem, hic etiam cernimus Archontis præconem, qui appellabatur Diodorus Hermiæ filius. Deinde ſequitur tibicen qui
hoc anno erat Iſiphilus Aſclepiadis filius. Etſi inferioris gradus hic miniſter videatur eſſe, tibicen
tamen ſorte deligebatur : ſortes jaciebat Archon
ipſe ut tibicinem deligeret. Inſcriptiones a Sponio in fine tertii ſui tomi allatæ, ſemper notant
eum qui in anno ibidem memorato tibicinis munere functus eſt.

GRANDE FESTE DE BACCHUS

ΑΡΧΩΝ

ΚΑΙΕΡΕΥΣΔΡΟΥΣΟΥΥΠΑΤΟΥ

ΞΕΝΩΝΜΕΝΝΕΟΥΦΛΥΕΥΣ

ΒΑΣΙΛΕΥΣ

ΗΡΑΚΛΙΤΟΣΑΡΙΣΤΟΚΛΕΟΥΣΣΦΙΙΤΤΙΟΣ

ΠΟΛΕΜΑΡΧΟΣ

ΑΛΚΕΤΙΙΣΑΛΚΕΤΟΥΠΕΡΙΘΟΙΔΗΣ

ΘΕΣΜΟΘΕΤΑΙ

ΛΕΥΚΙΟΣΣΕΠΠΙΟΣΚΗΦΕΙΣΙΕΥΣ

ΦΙΛΩΤΑΣΘΕΟΔΩΡΟΥΕΚΜΥΡΙΝΟΥΤΤΗΣ

ΔΗΜΗΤΡΙΟΣΚΙΝΕΟΥΚΥΔΑΘΗΝΑΙΕΥΣ

ΣΕΞΤΟΣΛΕΥΚΙΟΥΔΙΡΑΔΙΩΤΗΣ

ΑΘΗΝΟΔΩΡΟΣΕΥΓΙΤΟΝΟΣ

ΛΛΕΞΑΝΔΡΟΣΑΛΕΞΑΝΔΡΟΥ

ΚΗΡΥΞΤΗΣΕΞΑΡΕΙΟΠΑΓΟΥΒΟΥΛΗΣ

ΛΕΩΝΙΔΗΣΛΕΩΝΙΔΟΥΜΕΛΙΤΕΥΣ

ΚΗΡΥΞΑΡΧΟΝΤΙ

ΔΙΟΔΩΡΟΣΙΕΡΜΕΙΟΥ

ΑΥΛΗΤΗΣ

ΙΣΙΦΙΛΟΣΑΣΚΛΗΠΙΑΔΟΥΑΘΜΟΝΕΥΣ

ΛΙΤΟΥΡΓΟΣ

ΕΣΤΙΑΙΟΣΔΙΟΝΥΣΙΟΥΜΙΛΗΣΙΟΣ

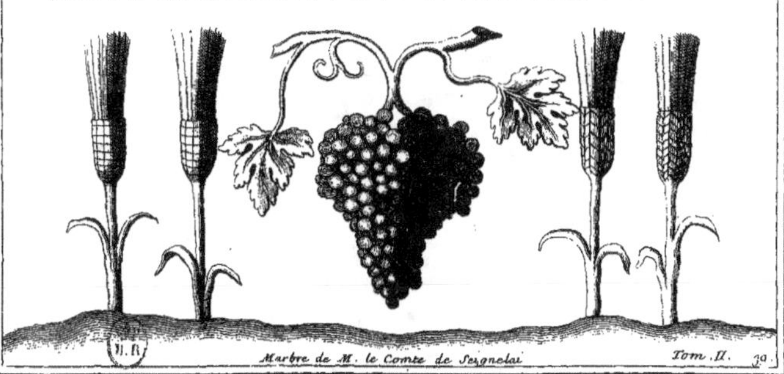

Le Liturgue qui va le dernier, & qui s'appelloit Hestiée fils de Denys, étoit,
ce semble, le directeur des cerémonies, quoiqu'on n'ose l'assurer. On ne
trouve cet Officier nulle part dans les autres inscriptions.

---

Liturgus in marmore postremus, Hestiæus Dionysii filius, erat, ut quidem videtur, cæremoniarum

rector, etsi id affirmare non ausim. Nusquam autem alibi in inscriptionibus Liturgum reperimus.

## CHAPITRE III.

*I. Honneur fait à Athenes à Eubule qui avoit eu successivement trois sacerdoces.
II. Signatures singulieres d'un decret. III. Remarques sur ce decret.*

I.   IL y a dans la Bibliotheque de saint Marc de Venise, un marbre [1] qui y   P L.
a été transporté d'Athenes. Ce marbre contient un decret du Senat des   XXXI.
Atheniens en faveur d'un certain Eubule fils de Demetrius Marathonien, 1
qui s'étant dignement acquitté de plusieurs emplois que la République lui
avoit confiez, & des sacerdoces, premierement des grands dieux, puis d'Esculape, & ensuite de Bacchus, qu'il avoit exercez, est honoré d'une couronne. Voici la forme du decret. » Aristechme étant Arconte le dixiéme
jour du mois de Gamelion, & l'assemblée s'étant tenuë au lieu destiné pour »
cela, Menandre fils de Menandre Melitien a dit : Eubule fils de Demetrius »
s'est toûjours acquitté avec honneur, & d'une maniere irréprochable des »
emplois d'Arconte qu'on lui a confiez : élu pour inspecteur des jeux & com- »
bats gymniques avec son fils & d'autres collegues, il a montré beaucoup »
d'équité dans la distribution des prix. C'est lui qui a le premier obtenu dans »
les Panathenées, que le peuple Athenien qui habite en l'isle de Delos, seroit »
honoré d'une couronne d'or, & que cela seroit proclamé dans le theatre »
de la Ville. Emploié souvent dans des légations & dans des affaires, il a »
procuré avec beaucoup de soin & de fatigues des avantages considerables »
au peuple Athenien, qui habite à Delos. Etabli Prêtre des grands dieux, en- «
suite d'Esculape, & depuis encore élu au sort par le peuple Prêtre de Bacchus, »
il a fait tous les frais des pompes ou processions, & des sacrifices offerts pour »
les Atheniens, & pour les Romains ; & cela avec toute la magnificence »

---

CAPUT III.

*I. Qui honores Athenis conferebantur Eu-
bulo, qui tria diversis temporibus Sacerdotia gesserat. II. Decreti sive Senatus-
Consulti subscriptiones singulares. III.
Observationes in hujusmodi decretum.*

I.   IN Bibliotheca S. Marci Venetiis [1] marmor
exstat Athenis eo translatum, ubi decretum
seu Senatusconsultum Atheniense est in gratiam
cujuspiam Eubuli Demetrii filii Marathonii, qui
muneribus plurimis a republica sibi commissis
egregie perfunctus, postquam Sacerdotia cum laude
gesserat primo magnorum deorum, hinc Æsculapii,
postremo Bacchi, corona honoratur. En decreti
formam & verba.

*Sub Aristechmo Archonte Gamelionis X. conven-
tus legitima auctoritaris in loco Comitiorum, Menan-
der Menandri filius Melitensis dixit : Quandoquidem
Eubulus Demetri'i filius Marathonius, & in magistra-
tibus ad quos electus est probe atque honorifice se ge-
rens inculpatum se præstitit, & postquam spectaculo-
rum quoque præfectus electus est, cum filio caterisque
collegis probe & pro merito præmia distribuit. Ac
primam in Panathenæis id effecit, ut populus Atheniensium qui in Delo sunt, honoraretur aurea corona,
proclamata in theatro, quod in urbe situm est : lega-
tionibus item sæpe functus, strenueque rem agens,
multa utilia Atheniensibus qui in Delo sunt procura-
vir. Sacerdos insuper magnorum deorum factus, ac
deinde Æsculapii : rursusque cooptatus a populo &
nactus Bacchi Sacerdotium, prop'io sumtu pompas &
sacrificia pro Atheniensibus & Romanis pulcre, atque ut Sacerdotem decebat, peregit. Ut igitur populus*

» requife. Afin donc que le peuple lui témoigne fa reconnoiffance, & lui
» rende les graces que fes bonnes actions meritent, le Senat a ordonné ( ce
» que la fortune veüille favorifer ) que ceux qui feront élus par fort pour pré-
» fider à l'affemblée prochaine, prononcent fentence fur ces chofes, & qu'ils
» referent au peuple ce que le Senat a établi, & lui fignifient que le Senat
» a ordonné qu'Eubulus fils de Demetrius Marathonien fera couronné de la
» facrée couronne de Dieu, en récompenfe de fa vertu, & de la bienveillance
» qu'il a témoignée au peuple ; & qu'on élira dès à préfent trois Legats qui
» iront à Athenes pour fe préfenter au Senat, & à l'Affemblée, & prieront
» le peuple de confentir à ce qui a été ordonné en faveur d'Eubulus ; & de
» faire graver ce decret fur une table de marbre, & l'ériger dans l'Heracléon.
» Selon ce decret les Legats fuivans furent élûs, Anthefterius de Myrrhinufe,
» Xenophile Oenéen, Demetrius Marathonien. Ce decret fut auffi con-
» firmé à Athenes.

II.

|  |  |  |
|---|---|---|
| LE SENAT ET LE PEUPLE. | LE SENAT ET LE PEUPLE. | LE SENAT ET LE PEUPLE. |
| PRESTRE DES GRANDS DIEUX. | PRESTRE DE BACCHUS. | PRESTRE DES GRANDS DIEUX. |
| LE SENAT ET LE PEUPLE. | PRESTRE D'ESCULAPE. | LE SENAT ET LE PEUPLE. |

Ces neuf fignatures, comme on peut voir fur la planche font ainfi difpofées fur le marbre, & toutes dans des couronnes. Les trois premieres qui
font le premier rang ont ces mots trois fois répetez, *le Senat & le peuple*, &
font dans trois couronnes de laurier. Des trois du fecond rang la premiere
& la derniere qui contiennent ces mots *Prêtre des grands dieux*, font des
couronnes fimples, qui n'ont point de feüilles, mais feulement neuf fort
petefit branches fur le haut, qui fortent du cercle. Celle du milieu eft une
couronne de pampres, & de feüilles de vigne, & contient l'infcription, *Prêtre*

---

*videatur iis qui fibi bona & utilia conferunt dignas rependiffo gratias ; quod bene vertat, decretum eft in Senatu, ut qui electi prafides erunt in proximo concilio his de rebus loquantur, utque fententia Senatus ad plebem referatur, quod fcilicet placeat Senatui, ut coronetur Eubulus Demetrii filius Marathonius facra Dei corona, virtutis caufa, necnon benevolentia erga populum ; utque jam tres legati eligantur, qui*

*adeuntes Athenarum Senatum & Concilium, rogent ut annuant decretis in gratiam Eubuli latis ; utque hoc decretum fcribatur in cippo lapideo, & erigatur in Heracleo. Legati Athenas fecundum prafens decretum electi funt ifti, Anthefterius ex Myrrhinufa, Xenophilus Oeneus, Demetrius Marathonius. Decretum Athenis quoque confirmatum eft.*

II.

| | | |
|---|---|---|
| Senatus Populufque. | Senatus Populufque. | Senatus Populufque. |
| Sacerdos magnorum deorum. | Sacerdos Bacchi. | Sacerdos magnorum deorum. |
| Senatus Populufque. | Sacerdos Æfculapii. | Senatus Populufque. |

Hæ novem fubfcriptiones, ut in Tabula videre licet, fic in marmore concinnatæ funt, omnefque in coronis. Tres primæ eadem linea, hæc verba ter repetita habent, *Senatus populufque*, & in totidem coronis laureis defcripta. Ex tribus illis quæ in fecundo ordine funt, prima & poftrema, quæ his verbis conftant *Sacerdos magnorum deorum*, in coronis funt nullo foliorum ornatu decoratis, fed ex fuprema tantum parte aliquot ceu virgulæ erumpunt. In medio eft corona pampinea vitis foliis ornata, & hæc continet, *Sacerdos Bacchi.*

*de Bacchus.* La premiere & la derniere couronne du troifiéme rang qui font de laurier, contiennent ces mots, *le Senat & le peuple* : celle du milieu a ces mots, *Prêtre d'Efculape.*

Il eft à remarquer que ces fignatures, *Prêtre d'Efculape* & *Prêtre de Bacchus,* ne s'y trouvent qu'une fois, & que celle de *Prêtre des grands dieux* s'y trouve deux fois, peut - être parce que ceux qui portoient ce nom - là étoient au deux, comme nous avons vû au premier tome de cè Supplément au chapitre Diofcures.

III. Nous apprenons ici bien des chofes : que les Atheniens de l'ifle de Delos avoient un Senat, qui rendoit des decrets & des fentences ; mais que ces decrets étoient renvoïez au Senat d'Athenes pour y être confirmez & executez. L'Heracléon dont il eft parlé ici étoit un temple d'Hercule, ou un gymnafe. Les gymnafes étoient ordinairement dédiez à Hercule : on y mettoit fa ftatue.

Les grands dieux étoient les Diofcures Cabires qu'on appelloit à Athenes par antonomafe les grands dieux, comme nous l'apprend un autre marbre érigé par Gaius fils de Gaius Prêtre des grands dieux Diofcures Cabires. Nous avons expliqué au long ce marbre qui a été tranfporté d'Athenes à Venife, & qui fe voit au Palais Grimani.

---

Tertii ordinis coronæ omnes laureæ funt ; prima & ultima habent, *Senatus populufque*, quæ medium tenet, *Sacerdos Æfculapii.*

III. Hic multa nec levis momenti difcimus ; nempe Athenienfes qui Delum infulam incolebant Senatum habuiffe, qui decreta proferret ; fed decreta illa Athenas miffa fuiffe ut ab Athenienfium Senatu confirmarentur & fancirentur. Heracleon cujus hic mentio habetur, vel templum erat Herculis,

vel gymnafium. Gymnafia enim ut plurimum Herculi dicata erant, ejus ibi ftatua erigebatur.

Magni dii erant Athenis Diofcuri Cabiri, qui per antonomafiam magni dii illic appellabantur, ut ab alio difcimus Athenienfi marmore, quod erexit Gaius Gaii filius Sacerdos magnorum deûm Diofcurorum Cabirorum : cujufque infcriptionem fufe explicavimus tomo primo hujus Supplementi, capite de Diofcuris.

## CHAPITRE IV.

*I. Les vœux des Romains. Differentes manieres dont ils les faisoient. II. Vœux en très-grand nombre. III. Marbres Romains qui repréſentent des vœux de differente eſpece.*

I. UN grand nombre de ſtatues, de bas reliefs, & d'autres monumens, ſont ou des vœux, ou des accompliſſemens de vœux. On en trouve pluſieurs de ce genre dans les differentes parties de l'Antiquité expliquée. Ces vœux ſe faiſoient pour la ſanté des Empereurs, des Préfets du Prétoire, des Conſuls, Proconſuls, Préteurs, & pour les principaux Officiers de l'Empire; pour les Provinces, pour les Villes. On en faiſoit pour les expeditions militaires, pour le bon ſuccès de quelque affaire, & on les accompliſſoit quand la choſe avoit tourné comme on deſiroit. Les particuliers en faiſoient auſſi pour la ſanté, pour l'heureux ſuccès d'un voïage, d'une négociation, &c. Leur imagination vivement occupée de ce qu'ils ſouhaitoient obtenir, jointe à la prévention où ils étoient, que des dieux leur commandoient ſouvent en ſonge de faire tel & tel vœu, de ſe ſervir de tel & de tel moïen : tout cela, dis-je, faiſoit qu'ils croioient avoir ſouvent des apparitions des dieux, & des commandemens de faire telle ou telle choſe. De-là vient que dans un grand nombre d'inſcriptions on trouve ces viſions exprimées en ces termes, *ex imperio*, ou *ex præcepto deorum*, *par le commandement des dieux*, & quelquefois d'un dieu particulier, comme *imperio domini Silvani* par le commandement du Seigneur Silvain, *ex præcepto Jovis* par le commandement de Jupiter, *ex monitu Iſidis* averti par Iſis, *ex oraculo, ex vaticinatione, ex religione, ſomnio monitus, juſſu numinis*, *par l'oracle*, *par le commandement de dieu, averti en ſonge.* Tous ces termes, & d'autres ſemblables ſont fort en uſage dans les inſcriptions. Quoiqu'il arrivât ſouvent que ces viſions & ces ſonges n'étoient qu'une pure invention des Prêtres, des devins, & des fanatiques : il eſt pourtant certain que pluſieurs croioient avoir vû ou entendu ce qu'ils gravoient ſur les marbres ; tant ils étoient frappez de la réalité de ces viſions.

---

CAPUT IV.

*I. Vota Romanorum : votorum ſuſcipiendorum varii modi. II. Vota ingenti numero. III. Marmora Romana quæ diverſi generis vota repræſentant.*

I. NUmerus ingens ſtatuarum, anaglyphorum monumentorumque aliorum, aut vota ſuſcepta ſunt, aut vota ſoluta. Multa hujuſce generis occurrunt variis in partibus Antiquitatis explanatæ. Hæc porro vota ſuſpiciebantur aut pro ſalute & incolumitate Imperatorum, vel Præfectorum Prætorio, Conſulum, Proconſulum, Prætorum, vel aliorum imperii Optimatum item provinciarum aut civitatum cauſa. Similiter ſuſcipiebantur, pro expeditionibus militaribus, pro felici exitu cujuſvis negotii. Solvebantur autem quando res pro voto ceſſerat. Privati vero homines & ipſi vota ſuſcipiebant pro ſalute ſua, pro felici exitu itineris, expeditionis, aut negotii cujuſvis. Imaginatio ipſorum vehementer perculſa, circa rem quam impetrare cupiebant agitata erat, iis adjuncta hæc opinio erat, deos nempe in ſomnio ſæpe præcipere, ut illi talia taliaque vota ſuſciperent, taliaque agerent : hinc multa ſe viſu percepiſſe, ſomnia vidiſſe, monita audiviſſe pictabant. Hinc evenit ut ſæpe in monumentis inſcriptum videamus, *ex imperio, ex præcepto deorum :* aliquando autem dei cujuſpiam, ut *imperio domini Silvani, ex præcepto Jovis, ex monitu Iſidis, ex oraculo, ex vaticinatione, ex religione, juſſu numinis, ſomnio monitus.* Hæ formulæ in monumentis paſſim occurrunt. Etſi vero nonnunquam hæc ex ſimulatione quadam, & lucri gratia a ſacerdotibus, vatibus, fanaticiſque proficiſcerentur; certum tamen eſſe videtur putaſſe multos, ſe id quod in marmore ſculpebatur, aut vidiſſe aut audiviſſe : tantum præjudicata opinio valebat.

II. Chacun faifoit des vœux felon fa dévotion, à tel ou à tel dieu, ou déeffe, très-fouvent à plufieurs dieux, & quelquefois à tous les dieux enfemble. Ce qui eft certain, c'eft qu'après les tombeaux, les épitaphes, les urnes, & les infcriptions fepulcrales, dont le nombre paffe tout, les vœux font la plus confiderable partie des monumens de l'Antiquité. C'eft-là où nous voïons tout ce que la dévotion, ou plûtôt la fuperftition infpiroit à ces gens plongez dans les folles erreurs du paganifme; & ce qu'ils faifoient pour fe rendre les dieux propices, foit quelques-uns en particulier, foit plufieurs, foit tous enfemble.

III. Il s'en trouvoit qui pour réünir toutes les divinitez fous un feul nom, faifoient leurs vœux au dieu Pantheus. Ce Pantheus étoit peint en dieu, qui portoit les fymboles de plufieurs divinitez. Une infcription porte que C. Hofidius Marcianus & les fiens, ont dédié à Pantheus un autel. Dans une autre qui étoit dans un temple il eft dit, que c'eft pour accomplir un vœu qu'on a dedié ce temple à Hercule, à Mercure, à Silvain, & au dieu Pantheus. Quelquefois ceux qui faifoient ces vœux, les laiffoient par teftament à accomplir à leurs heritiers : par exemple Publius Numerius Martialis Sevir ( c'étoit une efpece de facerdoce ) ordonna par fon teftament qu'on feroit une ftatue d'argent de Pantheus, du poids de cent livres, fans aucune diminution, *fine ulla deductione*, pour la placer fans doute en un lieu convenable.

Un vœu plus extraordinaire, & auffi plus rare eft celui que Caius Terentius Dexter fait à un dieu, ou à une déeffe quel qu'il puiffe être, & fans déterminer auquel. Ce vœu fut accompli à Rome, où fut trouvée l'infcription.

Il s'en trouve un grand nombre faits à tous les dieux, & à toutes les déeffes enfemble. Tel eft un vœu accompli dans la Carinthie. C'eft un autel érigé à tous les dieux par Marcus Ulpius Servatus, & par Peccia Primitiva, qui accomplirent leur vœu fait pour eux & pour leur famille, en confequence d'une vifion *ex vifu*, ou peut-être de quelque fonge. C'étoient de grands préparatifs pour en avoir qu'une imagination échauffée par les rapports de ceux qui difoient en avoir eu de femblables, & par le grand défir d'en être favorifé.

---

II. Secundum varias religiones diverfofque animi affectus vota emittebantur, tali vel tali numini, fæpe multis diis, haud raro omnibus. Illud porro exploratum certumque eft, exceptis Sarcophagis, Epitaphiis, urnis infcriptionibufque fepulcralibus, quæ cætera omnia monumenta numero fuperant, vota nobiliorem majoremque partem reliquorum monumentorum complere. In his confpicimus quid pietas, five potius fuperftitio, ftultis addictos religionibus mortales fufcipere & aggredi compellebat, quid placandis adhiberent numinibus, modo fingulis, interdum multis, nonnunquam univerfis.

III. Nec deerant qui ut omnia fimul numina copularent unoque nomine complecterentur, Pantheo numini vota emittebant. Pantheus, ut nomen ipfum fonat, omnis deus effe fingitur, & figura expreffus plurimorum numinum fymbola geftat. In ara quadam Gruter. p. 1. legitur C. HOSIDIVS MARCIANVS CVM SVIS, & infra in corona, PANTHEO SACRVM, quo fignificatur C. Hofidium Marcianum cum fuis hanc aram Pantheo dedicaviffe. Altera infcriptio ibidem, ex templo quopiam veteri expreffa, fic habebat :

HERCVLI, MERCVRIO, ET SILVANO SACRVM ET DIVO PANTHEO EX VOTO. Qui hæc fufcipiebant vota, nonnunquam ipfa heredibus teftamento relinquebant; fic ( *ibid.* ) P. NVMERIVS MARTIALIS ASTIGITANVS SEVIRALIS SIGNVM PANTHEI TESTAMENTO FIERI PONIQVE EX ARGENTI LIBRIS CENTVM SINE VLLA DEDVCTIONE JVSSIT. Quod fignum in affignato ac decenti haud dubie loco poni curavit.

Votum fane fingulariffimum eft, quod cuivis deo deæve emittitur, nullo nominatim expreffo, quale eft iftud : SIVE DEO SIVE DEAE C. TERENTIVS DEXTER EX VOTO POSVIT, Romæ videlicet, ubi repertum marmor fuit.

Bene multa occurrunt vota diis deabufque omnibus emiffa : hujufmodi eft votum illud Gruter. II. in Carinthia erutum, quod *diis omnibus facrum Marcus Ulpius Servatus & Peccia Primitiva ex vifu pro fe & fuis omnibus pofuerunt.* Vifus ille fomnium aliquod fuiffe videtur. Qui vifus & fomnia facile tunc contingere poterant, quando & multorum talia narrantium teftimonio, & fimilia habendi defiderio, imaginatio excitabatur.

Celui-ci est plus curieux : Aurelius Faustus protecteur fait bâtir un petit temple à l'assemblée de tous les dieux & déesses, leur recommandant de procurer un heureux voïage, & un heureux retour à l'Empereur Tibere. Faustus fut porté à faire cette bonne œuvre par une vision qu'il eut de la déesse Valentia, dont il n'est fait mention que je sache que dans cette inscription, qui fut trouvée à Otricoli.

Un vœu à Jupiter & à l'assemblée de tous les dieux & déesses, fut accompli pour le salut de l'Empire Romain, & de la Legion treizième, appellée Gemina, & en action de graces de ce qu'étant en peine de trouver de l'eau, les dieux leur montrerent où ils en trouveroient : en reconnoissance de cela, on érigea une statue & un autel à Jupiter.

On faisoit aussi quelquefois ces vœux à quelques dieux seulement. Il s'en trouve un à Rome fait à Jupiter très-bon & très grand, à la déesse Syrienne, & au Genie de Venalicius : c'est Caius Granius Hilarus & Lissia Sabina, qui font ce vœu. Un autre à Jupiter très-bon & très-grand, au Soleil divin, & au Genie de Venalicius ; accompli par Quintus Junius Maximus, & par Julia Romana fille de Quintus sa femme.

*Antonia Aphrodisia,* affranchie de Marc, offre à Jupiter, à Junon & à Minerve, des vases & un miroir venerien, *venereum speculum.* C'étoit quelque espece de miroir dont nous n'avons pas connoissance : ce miroir venerien a rapport à son nom *Aphrodisia,* qui veut dire *Veneria.* Tout étoit bon à offrir aux dieux, on se les rendoit propices par des présens de toute espece.

Un vœu curieux & assez singulier, fut fait & accompli par Memmius Onesimianus à Jupiter & aux dieux Manes, pour la santé de Memmia Prisca, fille de Caius, & pour les fruits de la terre. Un vœu aux dieux Manes pour la santé de quelqu'un ne m'étoit pas encore tombé sous la main.

Par le commandement de Jupiter très-bon & très-grand, Lucius Tettius Hermes, sa femme, ses enfans, & tous les siens érigerent sur une base un vaisseau appellé *Cantharus.* Hermes ne dit pas par quelle voïe ce commandement de Jupiter lui étoit venu ; s'il lui avoit apparu en songe, ou en vision, ou s'il lui avoit fait porter l'ordre par quelque prêtre, prophete, ou fanatique.

On trouve quelquefois des vœux accomplis par des gens ausquels Dieu

---

Hoc sane singularitate conspicuum votum fuit, cum Aurelius Faustus protector, pro salute itus ac reditus Domini Sanctissimi Tiberii Augusti adiculam concilii deorum dearumque ex visu deæ Valentiæ sua pecunia fieri curavit. Quæ dea Valentia nescio an alibi uspiam memorata occurrat. Inscriptio autem Ocriculi reperta est.

Votum aliud Jovi optimo maximo & confessui deorum solutum est, quod legioni XIII. Geminæ aquam quærenti demonstravissent, sic enim legendam opinor inscriptionem Grut. II. *Jovi optimo maximo & confessui deorum dearumque pro salute imperii Romani, & virtute legionis XIII. Gemina sub Marco Statio Prisco Consule designato, demonstrantibus ipsis aquas aperiendas per Lucium Aurelium Trophimum, ponenti signum Jovis & aram sua pecunia fecit.*

Sæpe etiam vota emittebantur diis aliquot ut Grut. V. *Jovi optimo maximo & deæ Suriæ & Genio Venalici Caius Granius Hilarus cum Lissia Sabina voverunt.* Aliud autem. *Jovi optimo maximo & soli divino & Genio Venalici Quintus Junius Maximi Libertus Felix, cum Julia Quinti filia Romana conjuge libenti animo votum solvit.*

*Jovi, Junoni, Minervæ Antonia Marci liberta Aphrodisia, Scyphos, & Venereum Speculum donum dedit.* Quid sit Venereum Speculum non sat novimus ; at Venereum Speculum aliquid affinitatis habet cum offerentis nomine : Aphrodisia enim idipsum est quod Veneria. Numina quippe illa cujusvis generis muneribus placabantur.

Nec vulgare nec solitum est id quod apud Gruterum p. x. fertur : *Jovi optimo maximo dis Manibus pro salute Memmiæ Priscæ Caii filiæ Memmius Onesimianus pro fructibus votum solvit lubens merito.* Nondum occurrerat mihi votum dis Manibus emissum ad restaurandam cujuspiam valetudinem.

*Ex jussu Jovis optimi maximi Lucius Tettius Hermes cum conjuge sua & filiis & omnibus suis Cantharum cum vase, ( l. base ) sua posuerunt.* Non declarat Hermes qua via quove nuncio jussus ille Jovis ad se pervenerit : utrum nempe per visum aut per somnium ; an vero aliquem Sacerdotem, aut Prophetam vel Fanaticum ad se miserit.

Nonnunquam vota solvuntur ab iis qui se deo-

avoit accordé leur demande. C'est ainsi que Lucius Statius Diodorus accomplit volontiers le vœu qu'il avoit fait au dieu grand & éternel , parce
qu'il avoit exaucé sa priere.

Un autel trouvé à Rome fut dedié au dieu foudroïant par Quintus Publius
Fronto , selon l'ordre qu'il avoit reçû des Haruspices. Ces Haruspices étoient
ceux qui devinoient sur le mouvement des membres, & des entrailles des
bêtes qui venoient d'être immolées. Cette espece de sacerdoce étoit venu de
l'Hetrurie ; ce qu'ils disoient après l'inspection de cette victime passoit pour
un Oracle. Le terme d'Oracle ne se trouve pas ici, & n'a peut-être pas été
emploïé pour cette maniere de prédire, de deviner, & de connoître la volonté des dieux. Une inscription moitié greque & moitié latine, dit que le
vœu a été fait au Jupiter de la patrie, en suivant l'Oracle, *ex Oraculo*, on
ne peut savoir comment l'Oracle avoit été rendu.

Ce fut après une vision *ex visu* que Caius Ducenius Phœbus, affranchi de
Caius, & fils de Zenon, né en Syrie à Nisibe, ainsi porte l'inscription, fit
ériger un autel pour accomplir son vœu comme le devoir le demandoit. Ce
vœu étoit fait au Soleil. C'étoit la divinité le plus en vogue du côté de Nisibe,
& dans ces régions Orientales. Ducenius Phœbus né dans ce payis-là, avoit
fait un vœu au Soleil pour le recouvrement de sa liberté, une vision ou un
songe lui fit esperer qu'il seroit affranchi, cela arriva selon la vision, & il
accomplit volontiers son vœu.

Tibere Claude Thermodore, fils de Tibere aïant fait un vœu au dieu Soleil,
à l'invincible Mithras, & aïant obtenu la grace qu'il demandoit, accomplit
ce vœu en faisant au dieu Mithras un antre, accompagné des ornemens con-
venables. On mettoit le dieu Mithras dans des antres, comme nous avons
vû sur Mithras à la fin du premier tome de l'Antiquité.

Ce fut par l'ordre de Diane que Junianius Amabilis, Sevir Augustale fit
ériger un autel à la même déesse ; c'est lui-même qui nous l'apprend, sans nous
dire comment cet ordre lui avoit été signifié.

On ne finiroit point si on vouloit mettre toutes les especes de vœux qu'on
remarque sur les marbres. La matiere est des plus vastes : ce que je viens d'en
dire en donne une idée suffisante. J'en ajoûterai seulement un qui frappe par sa

---

rum beneficia expertos arbitrantur , *sic deo magno*
*æterno Lucius Statius Diodorus quod se precibus*
*compotem fecisset* ( *sic* ) *votum solvit Lubens merito.*
Gruter XVII.

*Deo Fulgeratori aram & locum religiosum ex Ha-*
*ruspicum sententia Quintus Publicius Fronto posuit*
*& dedicavit.* Erant Haruspices Sacerdotum genus,
qui victimas cæsas statim explorantes ex motu in-
testinorum & membrorum hariolabantur. Hoc genus Vatum & Sacerdotum ex Hetruria venerant.
Quod post victimæ inspectionem proferebant,
oraculi loco habebatur. Oraculi tamen vox hic
non occurrit , neque fortasse unquam pro hujus
generis vaticinatione adhibita fuit. Inscriptio autem alia partim græca, partim latina, indicat
votum emissum Jovi patrio ex oraculo. Sic autem habet Gruter XXI. ΔΙΙ ΠΑΤΡΙΩΙ ex oraculo.

Ex visu solutum fuit votum sequens , quod in
marmore quodam Romano exprimitur hoc pacto
Gruter XXXII. *Soli Sacrum Caius Ducenius Caii*
*Libertus Phœbus filius Zenonis natus in Syria Ni-*
*sibyn liber factus Romæ ex visu votum solvit lubens*

*merito.* Sol circa Nisibyn & orientales illas regiones numen præcipuum habebatur. Ducenius
vero Phœbus ex Syria oriundus votum Soli sol-
vendum susceperat si libertatem recuperaret , ex
visu autem de illa obtinenda certior factus , deindeque consequutus illam, votum solvit.

*Soli invicto Mithræ , Tiberius Claudius Tiberii fi-*
*lius Thermodorus Speleum cum signis et . . . . . cæ-*
*terisque, voti compos* dedit. Mithras in antris &
spelæis locabatur, ut vidimus cum de Mithra pluribus ageretur in fine primi Antiquitatis expla-
naræ tomi. Gruter P. XXXIV.

*Dianæ Junianius Amabilis Sevir Augustalis C.V.T.*
*ex jussu ipsius lubens merito.* Gruter XL. Non indicat scilicet Junianius Amabilis quo pacto Diana
jussum sibi significaverit. Tres porro literas C V T.
interpretatus est Jos. Scaliger *curavit usus titulo ,*
quam lectionem vix probare possim , sed aliam
huic substituendam non ad manum habeo.

Nullus esset finis , si omnia votorum genera quæ
in marmoribus & in monumentis occurrunt recensere vellemus : argumentum enim vastissimum
amplissimumque est. Quæ præmisimus ad noti-

fingularité, & qui m'eft venu trop tard pour le mettre dans une des planches qui regardent les vœux. C'eft M. Fritfch qui m'en a communiqué l'eftampe dont je vais faire la defcription : c'eft un navire repréfenté dans un bas relief. Il a vers la pouppe un gouvernail, & des trous fur les flancs pour les rames qui ne s'y voient point. A la pouppe on voit une loge telle qu'on la voit dans les triremes de la colonne Trajane. Le vaiffeau a un pont, fur le milieu duquel eft affife fur une chaife une femme que l'infcription nous apprend être la mere des dieux. Elle n'a pas ici des tours fur la tête, qu'on voit ordinairement dans fes autres images. Hors du navire, & fur une bafe quarrée eft une femme voilée, qui femble tirer à elle ce vaiffeau par un lien attaché au haut de la prouë. L'infcription qui eft au deffous du navire eft curieufe, & fe doit lire ainfi *Matri Deum & navi Salviæ Salviæ voto fufcepto Claudia Syntyche dedicavit.* Le fens eft que Claudia Syntyché aïant fait un vœu, a dedié ce monument à la mere des dieux, & au navire de Salvia Salvia. De forte que le monument qui repréfente la mere des dieux fur le navire eft dedié, & à la mere des dieux & au navire enfemble, ce qui eft affez extraordinarie ; c'eft comme fi l'on dédioit quelque monument à Jupiter & à fon temple. Il y a apparence que Claudia Syntyché eft la Prêtreffe de la mere des dieux, & que c'eft elle qui tient le navire attaché à un lien, & qui femble le tirer vers elle.

Voilà bien des vœux faits en confequence de quelque vifion, ou fonge, ou commandement des dieux. Selon l'opinion commune de prefque tous les Païens, les dieux fe manifeftoient aux hommes, ou par le fonge que les Grecs appelloient *Onar*, ou par quelque réalité, foit en fe montrant eux-mêmes, ou en donnant des marques fenfibles de leur préfence par quelque merveille, comme quand Æmilia Veftale accufée d'avoir par fa faute laiffé éteindre le feu perpetuel, invoqua Vefta, & jetta fa robe de lin fur un autel où il n'y avoit que de la cendre froide, priant la déeffe que s'il n'y avoit point de fa faute, elle fit en forte que fa robe s'enflammât dans le moment, ce qui arriva felon fa priere. Les Grecs exprimoient ces deux marques fenfibles de la préfence des dieux par ce mot *Hypar*. Ils étoient fi perfuadez que les dieux fe montrôient en ces deux manieres, que Denys d'Halicarnaffe traite d'Athées les Philofophes qui le nioient ; fi pourtant, ajoûte-t'il, on peut donner le

titiam cæterorum affequendam funt fatis. Unum tantummodo adjiciam fingularitate fua fpectabiliffimum, mihique tardius oblatum, quam ut potuerim ipfum in aliqua tabularum vota fpectantium locare. Incifam porro ejus imaginem mecum communicavit vir clariffimus D. Fritfch, cujus hic defcriptionem aggredior. Navis eft in anaglypho exhibita ; juxta puppim ejus gubernaculum vifitur ; in lateribus autem foramina remis inferendis. In puppi cafula quædam confpicitur quales in triremibus columnæ Trajanæ obfervantur. Supra tabulatum interiora navis operiens, fedet in fella mulier, quam docet infcriptio matrem deûm effe : quæ turritam coronam minime geftat, qualem in aliis iconibus. Extra navim quadratæ bafi infiftit mulier velata, quæ navim vinculo a prora alligatam ad fe pertrahere videtur. Infcriptio fub navi pofita fpectabilis fane eft ficque legitur. *Matri deûm & navi Salviæ Salviæ voto fufcepto Claudia Syntyche dedicavit.* Id quod certe infolens prorfus eft, cum nempe dicitur monumentum ex voto dedicatum effe Matri deûm & navi ; perinde autem eft ac fi diceretur monumentum aliquod dicatum effe Jovi ejufque templo. Videtur porro Claudia Syntyche Sacerdos effe Matris deûm, & ipfa effe Syntyche quæ navim vinculo alligatam ad fe pertrahit.

En vota quam plurima poft vifum, aut fomnium aut juffum deorum. Erat hæc fere communis omnium profanorum veterum opinio : deos fefe hominibus confpiciendos præbere, aut per fomnium, ὄναϱ Græci vocabant ; aut reipfa ; nempe vel fefe confpiciendos exhibentes ; vel præfentiæ fuæ quædam figna dantes per aliquod patratum miraculum, ut cum Æmilia virgo Veftalis, delata quod ex culpa fua facer ignis ille perpetuus exftinctus effet, narrante Dionyfio Halicarnafeo p. 128. Veftam invocavit, & lineam fuam veftem in aram projecit, qua in ara frigidus tantum cinis aderat, deam precata, ut fi nulla fua culpa illud accidiffet, veftis ftatim inflammaretur, id quod etiam accidit : hafce fub fenfum cadentes præfentiæ deorum notas, Græci per ὕπαϱ exprimebant. Ufque adeo autem perfuafum habebant, deos fefe hifce modis exhibere, ut Dionyfius Halicarnafeus p. 128. Philofophos hoc ipfum negantes ἀθέἐς appellet, fi tamen, pergit ille, ii Philofophi vocandi funt, qui deos unquam, vel

nom de Philofophes à ceux qui fe mocquent de ces apparitions des dieux
arrivées ou chez les Grecs, ou chez les Barbares, & qui tournent en ridicules
toutes les hiftoires de cette nature, prétendant que ce ne font que de vaines
fictions, & qu'aucun des dieux ne fe mêle de ce qui fe paffe parmi les
hommes.

On étoit fi prévenu de ces apparitions, ou en fonge, ou en vifion ; que
chaque payis, & chaque Ville avoit des hiftoires de cette forte ; & il n'étoit
pas fûr de les nier, ou de témoigner qu'on ni ajoûtoit pas trop de foi. Ciceron
qui dans le fonds n'étoit pas des plus crédules, après avoir rapporté plufieurs
exemples des dieux qui s'étoient montrez en l'une ou en l'autre maniere,
dit vers la fin du fecond Livre de la nature des dieux : » Les apparitions
fréquentes des dieux, que j'ai rapportées ci-devant, prouvent qu'ils veillent »
& fur les Villes, & fur chaque particulier. Cela fe prouve auffi par la con- »
noiffance des chofes futures que plufieurs reçoivent, foit en fonge, foit en »
veillant. Le préjugé étoit fi grand fur cet article que plufieurs croioient
que le monde étoit plein de ces divinitez. De là vient que Quartilia difoit :
Nôtre payis eft fi plein de divinitez, qui l'honorent de leur préfence, que »
vous y trouverez plus facilement un dieu qu'un homme. »

Les anciens Auteurs font pleins de ces fortes d'apparitions ; Paufanias
donnant raifon pourquoi ceux de Smyrne avoient donné des ailes à Nemefis ;
c'eft, dit-il, qu'elle apparoît fouvent aux amans, voilà pourquoi on lui a
donné des ailes comme à Cupidon. Le préjugé alloit fi loin, que plufieurs
croioient que les dieux venoient quelquefois dans les Villes dont ils paffoient
pour les fondateurs ; qu'ils converfoient avec les citoïens, qu'ils étoient préfens aux facrifices, & aux grandes fêtes, vûs de tous ceux de la Ville, mais
invifibles aux étrangers ; c'eft ce que rapporte Dion Chryfoftome en la 33.
Oraifon p. 408.

---

apud Græcos vel apud Barbaros fic apparuiffe cum ludibrio negant, atque hujufmodi hiftorias ut ridiculas habent, a vanis hominibus confictas. Negant enim quempiam deorum ea, quæ apud homines geruntur, curare.

De vifis & fomniis hujufmodi tanta infidebat in hominum animis opinio, ut quæque urbs, regio quæque hiftorias ejus generis haberet, quas fine periculo vel negare, vel in dubium vocare nemo aufus effet. Cicero, quem nemo adeo credulum fuiffe dixerit, poftquam multa attulerat exempla deorum, qui fe alterutro modo exhibuiffent, in fine fecundi de natura deorum libri ait : *præterea ipforum deorum fæpe præfentia, quales fuprà commemoravi, declarant ab his & civitatibus & fingulis hominibus confuli : quod quidem intelligitur etiam fignificationibus rerum futurarum, quæ tum dormientibus, tum vigilantibus portenduntur.* Tantum præ-

judicata opinio valebat, ut multi crederent orbem numinibus effe plenum. Hinc Quartilia dicebat : *noftra regio tam præfentibus plena eft numinibus, ut facilius poffis deum quam hominem invenire.*

Prifci fcriptores hæc vifa paffim commemorant : Paufanias, quærens cur Smyrnæi alas Nemefi dederint, hæc habet : ἐπιφαίνεσθαι γὰρ τὴν θεὸν μάλιστα ἐπὶ τῆς ἑρῶν ἐθέλουσιν, ἐπὶ τούτων Νεμέσει πτερὰ ὥσπερ ἔρωτι ποιῶσι, *apparere enim deam aiunt iis maxime, qui amori fe dediderunt ; ideoque illi, ut & Cupidini, alas addunt.* Eo ufque autem id opinionis invaluerat, ut crederent plurimi deos aliquando in eas urbes adventare quarum fundatores habebantur, cum civibus verfari, facrificia & dies feftos præfentia fua honorare, civium tantum, non externorum oculis patentes, referente Dione Chryfoftomo Oratione 33. p. 408.

## CHAPITRE V.

*I. Vœu pour cinq, pour dix, & pour vingt ans, & au-de là. II. Villes d'Asie
Greques, avec des murs sur la téte.*

I. IL se trouve aussi des vœux faits, exprimez dans les inscriptions avant
qu'on eût obtenu la chose demandée. Tels étoient ceux qu'on faisoit
pour la longue vie des Empereurs, & d'autres semblables qu'on trouve sur
les monumens. Le marbre Romain [2] dont nous voïons ici l'image, nous
représente des vœux faits pour la santé & la prosperité des Empereurs, tels
les voïons-nous souvent sur les medailles de Constantin *le Grand*, & autres.
Ce sont des vœux pour dix ans, & pour vingt ans.

II. Originairement ces vœux étoient pour la République Romaine, on
faisoit des vœux pour elle, pour sa conservation, pour sa délivrance quand
elle se trouvoit dans un état perilleux, après quelque bataille perduë, dans
des tems fâcheux & difficiles, quand les ennemis se trouvoient en armes dans
les payis soûmis à la République, & que l'on craignoit les suites de la guerre.
Ces vœux se faisoient pour cinq ans, pour dix, pour quinze, pour vingt, selon
les occurrences, & par rapport à la necessité présente. On fit des vœux après
la bataille du Thrasiméne, pour que la République se trouvât à la fin de la
guerre au même état qu'elle étoit au commencement. La coûtume étoit,
dit Suetone, de faire des vœux pour un lustre, ou pour l'espace de cinq années. On en faisoit aussi pour dix ans. Caius Attilius Seranus Préteur, dit
Tite-Live Decad 3. l. 1. reçût ordre de faire des vœux, qui se devoient accomplir si la République restoit dix ans dans le même état : ce qui marquoit
la grandeur du péril où elle étoit. Si la République se trouvant dans le même
état au bout de dix ans, étoit engagée à acquitter son vœu, elle l'étoit bien
davantage, si elle se trouvoit dans une beaucoup meilleure situation, comme
effectivement elle s'y trouva. Du tems des Empereurs on faisoit des vœux
pour la conservation de celui qui regnoit actuellement. Ces vœux étoient
pour cinq ans, ou pour dix, ou pour vingt, quelquefois pour trente, &

---

CAPUT V.

*I. Vota pro decem, pro viginti & pluribus
annis. II. Urbes Asiæ Græcæ muris & tur-
ribus coronatæ.*

I. VOta etiam aliquando occurrunt suscepta
tantum & nondum soluta, ut erant illa
quæ suscipiebantur pro diuturna Imperatorum vita,
& alia hujusmodi, quæ recensere non ita difficile
esset. Marmor Romanum [2] cujus hic expressum
schema videmus, vota suscepta pro salute Imperatorum tunc rem moderantium, effert, ut quidem arbitror, qualia sæpe videmus in nummis
Constantini aliorumque. Hæc vota decennalia vi-
cennaliaque sunt.

II. Ab initio hæc vota fiebant pro republica
Romana: pro conservatione videlicet illius, pro
liberatione, cum in periculis versabatur, post cladem acceptam, afflictis labantibusque rebus, sive
cum hostium exercitus imperii fines invaserat, &

de belli exitu sollicita respublica erat. Hæc vota
pro quinque annis suscipiebantur, pro decem,
quindecim, viginti, ut rerum conditio suadebat.
Hujusmodi suscepta sunt vota post cladem ad
Thrasymenum acceptam teste Livio Decad. 3. l. 1.
ut respublica eodem statu in fine belli esset, quo
initio belli fuerat. In more erat, inquit Suetonius
in Augusto, vota suscipere ad lustrum sive quinque annorum spatium. Aliquando etiam decennalia vota erant. Caius Attilius Seranus Prætor,
inquit Livius Decad. 3. l. 1. jussus est vota emit-
tere, quæ solvenda erant si respublica eodem in
statu per decem annos perseverasset : hincque periculum ingens significabatur. Si porro respublica
eodem in statu permanens vota solvere tenebatur,
longe magis id obsequii præstare debebat, si melio-
ri in statu foret, ut tunc accidit. Imperatorum
tempore vota suscipiebantur pro Imperatore tum
regnante; quæ vota quinquennalia erant decen-
naliave, aut vicennalia, imo & tricennalia, atque
etiam ad annos usque quadraginta, ut sæpe in

jusqu'à quarante, comme on le voit assez souvent exprimé dans les medailles du bas empire, où les vœux sont quelquefois pour dix, & pour vingt ans, comme on les voit sur ce marbre, *votis decem & viginti.*

III. Ce bas relief paroît d'un trop bon goût pour avoir été fait du tems de la République, où les bons maîtres sculpteurs n'étoient pas encore venus. à Rome; il a été mis apparemment du tems des Empereurs. On voit sur un piedestail une medaille sur laquelle une femme écrit VOTIS X. & XX ce sont des vœux pour dix & pour vingt ans; une autre femme qui a des tours sur la tête comme Cybele, fléchit le genou devant la femme qui écrit, lui tend les mains, & lui présente un rouleau; c'est peut-être un placet. De l'autre côté du marbre est un jeune homme armé d'une demi pique, dont le fer est cloüé au bois avec trois clous: dans un plus grand éloignement est la ville de Rome qui tient un signe militaire, au bout duquel est l'aigle qui a la foudre entre ses serres. Elle porte une espece de bottes ou d'*Ocrea* qui ne montent qu'au gras de la jambe. Elles couvrent tout, & ne laissent pas voir la chäir par intervales, comme on remarque en plusieurs autres chaussures militaires. Il y a grande apparence que la femme qui a les tours sur sa tête est quelque Ville d'Asie qui vient faire des vœux à Rome, pour la conservation de l'Empereur. C'est tout ce qu'on peut dire de plus vrai-semblable sur un monument où rien ne guide pour savoir précisément le dessein de celui qui l'a posé. Nous voïons dans les monumens Romains d'autres femmes, avec des tours sur la tête qui marquent des Villes. On en voit trois de même à la premiere planche du premier tome de ce Supplément. On en trouve aussi à la planche CXVIII. du troisiéme tome de l'Antiquité. Tous ces monumens sont faits à Rome, ou dans l'Italie, où l'usage de représenter les Villes avec ces tours n'étoit pas bien établi : mais quand il s'agissoit des Villes de l'Orient, ils les exprimoient comme dans le payis même. Rien de plus commun dans les medailles grecques, que des Villes représentées par des femmes couronnées de tours & de murs.

---

nummis Imperatorum inferioris ævi reperimus, ubi vota sunt pro decem, aut pro viginti quandoque annis, ut in hoc marmore.

 Hoc anaglyphum florentis ætatis artem redolet, quapropter non reipublicæ Romanæ tempore factum arbitror ; quo præclari illi Græci artifices nondum Romam venerant ; sed sub Imperatoribus. Stylobate nixus circulus in numismatis formam concinnatus est : in nummi area scribit mulier VOTIS X. ET XX. Vota sunt pro decem & pro viginti annis. Ante mulierem scribentem mulier altera genu flectit, manusque tendit, & volumen ipsi offert; fortassisque libellus supplex est. In alio marmoris latere est juvenis hasta armatus, cujus ferrum tribus clavis hastæ ligno affixum est ; & ad cujus latus, Roma quæ signum militare tenet, cujus culmen est, aquila fulmen tenens unguibus. Ocreas illa gestat ab imo ad mediam usque tibiam perringentes. Ocreæ autem totam cutem operiunt, neque per intervalla monstrant, ut in cæteris militaribus calceamentis passim observatur. Verisimile certe est mulierem illam turritam, esse aliquam Asiæ urbem, quæ Romam per Legatos venit, ut vota pro Imperatore susciperet. Hæc probabiliter dici posse videntur de monumento, nihil præ se ferente, quod aliam circa auctorem ejusque consilium parere notitiam possit. In monumentis Romanis, mulieres etiam alias nonnunquam conspicimus turritas, & muralem coronam capite gestantes, queis significantur urbes. Tres hujuscemodi cernuntur in prima tabula primi Antiquitatis explanatæ tomi. Alias videre est in Tabula CXVIII. tertii ejusdem tomi. Hæc porro monumenta Romæ & in Italia facta sunt, ubi tamen usus turritarum mulierum pro urbibus significandis non fuisse videtur. Verum Orientales illi urbes, secundum ritum Orientalem repræsentabant. Nihil in nummis Græcis frequentius illis mulieribus turritis muralesque coronas gestantibus, urbesque significantibus.

## CHAPITRE VI.

### I. Vœu singulier pour Apolauftus.

Pl.
xxxii.

I. LE monument fuivant eft remarquable : c'eft dommage que l'infcription ne foit pas entiere. Je crois pourtant qu'on la peut lire ainfi , &
fuppléer à coup fûr quelques lettres qui ont fauté ; mais quelques autres avec
moins de certitude. Je lis donc , *Pro incolumitate & falute Titi Cicionii .....
Apolaufti & Caii Fortunati Manubini Collegium Augurum , quod fecuritati æternæ
effe voluerunt.* Après *Titi Cicionii* , la piece de marbre qui a fauté avoit fans
doute quelques lettres , comme T. F. ou P. F. *Titi* ou *Publii filii* , ou peut-
être le nom de la tribu exprimée par les lettres du commencement , comme
*Pal.* pour *Palatina* , *Vol.* pour *Voltinia* , ou quelqu'autre. Le fens de l'infcription eft , que le College des Augures a fait ce vœu , & ce monument pour
la fanté de Titus Cicionius Apolauftus , & de Caius Fortunatus Manubinus ;
& que le même College fouhaite que fon vœu leur donne une fûreté éter-
nelle. Il eft fort difficile de connoître quel rapport peut avoir l'infcription
avec l'image. Noùs y voïons un homme nu , qui paroit malade , & derriere
lui un autre homme nu plus jeune , qui le foûtient de fes deux mains enveloppées d'un grand drap. L'homme qui eft foûtenu par l'autre , & qui paroît
malade , eft felon toutes les apparences Titus Cicionius Apolauftus , & peut-
être que celui qui le foûtient eft Caius Fortunatus Manubinus. Il ne paroît
point de doute fur le premier , & ce qui fait beaucoup pour le fecond , c'eft
qu'étant dans l'infcription comme un de ceux pour qui le vœu a été fait : il
femble qu'il doit avoir été mis dans l'image comme l'autre. A l'autre côté du
tableau font deux femmes , dont l'une à genoux femble mêler dans un grand
vaiffeau des herbes , ou des drogues pour préparer un remede. Elle fe tourne
vers Apolauftus , lui tendoit une main qui eft caffée , tenant toûjours l'autre
main dans ce grand vaiffeau qui pourroit être un pannier. Derriere cette
femme , une autre qui eft debout femble être attentive à ce qui fe paffe. Ce

---

### CAPUT VI.

#### Votum fingulare pro Apolanfto.

MOnumentum fequens admodum fpectabile
eft ; at damno noftro accidit , ut infcriptio
detruncata ad nos perveniret. Puto tamen illam
fic legi poffe & quafdam literas tuto fuppleri , cæteras autem non fine periculo : *Pro incolumitate &
falute Titi C'cionii . . . Apolanfti & Caii Fortunati Manubini collegium Augurum , quod fecuritati
æternæ effe voluerunt.* Poft hæc verba , *Titi Cicionii*
fruftum illud marmoris quod excidit aliquot haud
dubie literas continebat ; puta T. F. aut P. F. *Titi
Filii* , five *Publii Filii* ; aut fortaffe tribus nomen
primis expreffum literis , verbi gratia , *Pal* id eft
*Palatina* ; *Vol.* five *Voltinia* , vel alia quæpiam.
Id autem fibi vult , ni fallor , infcriptio : collegium Augurum hoc votum hocque monumentum
erexiffe pro incolumitate & falute Titi Cicionii
Apolaufti & Caii Fortunati Manubini , idemque ipfum collegium fummopere defiderare , ut votum

fuum fecuritatem ipfis perpetuam præftet. Difficile
fane eft affequi , quid fit affinitatis infcriptionem inter & imaginem. Comparet ibi vir nudus, qui morbo
laborare videtur , & pone illum juvenis alius item
nudus qui manibus grandi panno obductis priorem fuftentat. Vir ille qui ab alio fuftentatur , omnino videtur effe ille Titus Cicionius Apolauftus ,
quem infcriptio memorat , ac fortaffe ille alius ,
qui ipfum fuftentat eft Caius Fortunatus Manubinus. De primo nihil videtur dubii fubeffe ; quod
autem conjecturæ circa fecundum propofitæ multum favere putatur , id fane eft , quod cum in
infcriptione memoretur cum Apolaufto , ac fi votum pro utroque emiffum fit , in imagine perinde
atque in infcriptione locum meruiffe videtur. Ad
aliud depictæ imaginis latus duæ mulieres vifuntur ,
quarum altera genibus flexis herbas , five phar-
maca mifcere videtur , ut medicinam quampiam
paret. Ad Apolauftum verfa alteram ipfi manum porrigebat , quæ injuria temporum collapfa
eft , alteram vero femper manum in vafe , vel fortaffis in corbe tenet. Pone mulierem illam altera

# HONNEUR RENDU À UN PRÊTRE

Marbre de Venise

# VOEUX

Marbre Romain

# VOEUX

INCOLVMITATE ET SALVTE T CICIONII
APOLAVSTI ET C FORTVNATI MANVBINI
GIVM AVGVRVM QVOD SECVRITATI AETER
SE VOLVERVNT

*Boissard*

qu'on peut dire, ce femble, de plus raifonnable fur cette image, eft qu'Apolauftus malade eft aux remedes ; & que le College des Augures a fait un vœu
pour le rétabliffement de fa fanté, & de celle de Fortunat qui paroît moins
malade que l'autre, puifqu'il le foûtient. Il y a apparence que tous les deux
étoient du College des Augures, puifqu'ils prennent tant d'interêt à leur
fanté.

---

mulier ftat, & iis quæ geruntur attendere videtur. Id quod autem magis confentaneum ad imaginis explicationem proferri poffe videtur, hoc eft, Apolauftus ægrotans pharmacis remediifque curatur: Collegium porro Augurum votum fufcepit pro ejus falute & incolumitate, atque medicamen-torum felici exitu, nec non pro Fortunati incolumitate, qui minus ægrotare videtur quam Apolauftus, quandoquidem ipfum fuftentat. Verifimileque eft ambos ex Collegio Augurum fuiffe, qui ufque adeo eorum incolumitati advigilant.

## CHAPITRE VII.

*I. Oreilles votives. II. Vœux de l'ancienne ville de Metz : Combien cette Ville
étoit confiderable. III. Vœu d'un quartier de Metz, appellé la ruë de l'Honneur.
IV. Vœu de Cornelius Secundus. V. Vœu de Maximien Hercule Empereur.
VI. Vœu à Mercure le Negociateur.*

I. **L**A coûtume d'offrir à Dieu la figure des membres malades, foit PL.
pour être delivré du mal, foit en action de graces de la guérifon ob- aprèsla
tenuë ; cette coûtume, dis-je, eft des plus anciens tems. Nous en avons un XXXII.
exemple dans le premier livre des Rois, où nous voïons les Philiftins frappez
de Dieu, pour avoir ofé toucher & regarder l'Arche, faire pour obtenir la
guerifon, des préfens à Dieu de l'image de la partie malade, reprefentée en or;
cet ufage eft pieux & légitime lorfqu'on fait ces offrandes au vrai Dieu & à fes
Saints : mais fuperftitieux & damnable, quand on a recours ou aux idoles, ou
à des forciers, & à des gens qui fe fervent de preftiges pour la guerifon des
maladies. Voici deux ¹ oreilles votives ou voüées par des gens qui par le fecours ¹
des Dieux, croïoient avoir été gueris du mal d'oreille, ou de la furdité. Il fe
peut faire auffi que c'eft un vœu fait pour la guerifon, & non en action de graces. Ces deux oreilles étoient dorées ; il paroît encore des traces de la dorure,
que l'injure du tems a gâtée.

---

### CAPUT VII.

*I. Auriculæ votivæ. II. Vota veteris urbis
Metenfis : Quanta hæc urbs olim effet.
III. Votum cujufdam urbis Metenfis re-
gionis, quæ vicus Honoris vocabatur.
IV. Votum Cornelii Secundi. V. Votum
Mercurio Negotiatori.*

I. **M**Os offerendi Deo figuram ægrotantium membrorum, aut aliqua tabe laborantium, tum ut fanarentur, tum in gratiarum actionem pro impetrata valetudine ; hic mos, inquam, ad vetuftiffima pertinet tempora. Exemplum talis confuetudinis in primo Regum libro exftat, ubi Philiftæos videmus a Deo caftigatos & percuffos, quod arcam Domini afpicere tangereque aufi effent, Deo offerentes imaginem læfi membri in auro expreffam, ut fanitatem impetrarent. Ufus certe pius eft, quando Deus ipfe verus talibus placandus muneribus aditur; fed damnandus & impius, quando aut idola, aut fortilegi, aut præftigiatores ad bonam impetrandam valetudinem accerfuntur. En duas ¹ auriculas votivas, quas fcilicet voverant ii, qui fe putabant deorum ope, aut male affectas aures curaviffe, aut furditatem depuliffe. Fortaffis votum eft pro impetranda aurium valetudine, non in gratiarum actionem, oblatum. In fecundo Antiquitatis explanatæ tomo vidimus oculos, brachia, crura, pedes eadem de caufa oblatos. Hæ duæ auriculæ inauratæ erant, adhuc veftigia quædam auri cernuntur, cujus maxima pars injuria temporum excidit.

Les pieds étoient fous la tutele de Mercure, comme nous avons dit au fecond Tome de l'Antiquité, p. 248. les langues étoient encore confacrées à
Mercure. Selon ce paffage d'Athenée p. 16. Anciennement on faifoit après
„ le fouper des libations à Mercure, & non pas, comme on a fait depuis, à Jupi-
„ ter parvenuà l'âge viril, ils prétendoient que Mercure préfidoit au fommeil:
„ on lui fait auffi des libations, lorfqu'on fe retire après le fouper, comme à ce-
„ lui qui préfide fur les langues. Car les langues luy font confacrées, parce qu'il
fait l'office d'interprête. προσνέμονται δ᾽αὐτῷ αἱ γλῶσσαι διὰ τὴν ἑρμηνείαν ; les
doigts étoient fous la tutele de Minerve ; l'œil, felon l'opinion des Egyptiens,
étoit confacré à Apollon, ou plûtôt au Soleil, felon Plutarque. A quel Dieu
étoient donc confacrées les oreilles ; quelle eft la divinité qui les avoit prifes
fous fa tutele ? Je ne me fouviens pas d'avoir encore rien fçu qui puiffe nous
inftruire fur cela.

2    II. Le vœu fuivant a été tiré de Mets, grande & puiffante Ville fous les Empereurs Romains, comme il eft aifé de juger par les infcriptions qui s'y voïent
encore aujourd'hui, par les reftes des monumens antiques, & fur tout par cet
Aqueduc que nous avons donné entier au quatriéme Tome de l'Antiquité, &
dont nous donnerons encore au quatriéme Tome, quelques Arches en grand
& exactement deffinées. Cette Ville avoit plufieurs grandes ruës. Ses monumens nous ont confervé le nom de trois. L'une étoit le *Vicus Sandaliaris*, la
ruë des Cordonniers. Il y en avoit une de même nom à Rome, appellée le *Vicus
Sandaliarius*, qui étoit à la region 4. de la Ville. L'autre étoit la ruë de la Paix,
dont il eft fait mention à la planche LXXXV du premier Tome de ce Supplément dans l Infcription des déeffes Maires. Une autre ruë enfin étoit celle de
l'Honneur, dont il eft parlé dans cette Infcription.

III. C'eft un vœu des Habitans de la ruë de l'Honneur, comme il eft dit là-
même. Cette infcription fe lit un peu differemment dans Gruter & dans Meu-
riffe, qui a fait l'Hiftoire de Mets. La voici à la maniere & dans l'ordre qu'elle
doit être lûë. Le graveur a tranfpofé les deux faces, je remets le tout ainfi. *Jovi
optimo maximo in honorem domus divinæ vicus Honoris. Publice pofuerunt hi qui
infra fcripti funt cura eorum Titus Julius Martialis, Publius Donna. Quintus Giamius Delius & Communis Giamii filius Elvorix Varicilli, Emelus Cintus. M. Macirius Atrectus maniprecium donavi. Terentinus & Peregrinus Illanvifæ filii Gaius
Germinius Corobus ; Sextus Elvius Clemens. Publius Attius Anticus. Lucius Vet-*

Pedes fub Mercurii tutela erant, ut diximus in
fecundo Antiquitatis explanatæ tomo p. 248. linguæ
etiam Mercurio facræ erant, ut inquit Athenæus p.
16. *Olim poft cœnam Mercurio libabant, non autem
Jovi adulto, id quod poftea ufu venit, quoniam opinan-
tur Mercurium p æeffe fomno. Libant etiam ei cum
poft cœnam fe recipiunt, ut ei qui linguis præeft : linguæ
namque ipfi ut interpreti facræ funt.*

II. Votum fequens in urbe - Metenfi repertum
fuit. Hæc vero urbs fub Imperatoribus Romanis
perampla potenfque erat ; ut ex infcriptionibus
quæ frequentiffime ibidem occurrunt æftimare
licet ; necnon ex veteribus magnificifque monumentis ; maximeque ex aquæ ductu illo, quem integrum dedimus tomo Antiquitatis explanatæ
quarto, cujufque adhuc aliquot arcus majoris formæ in fpecimina dabimus in hoc Supplemento.
Urbs ergo ifthæc vicos habebat multos, trium autem hujufmodi vicorum nomina in monumentis
fervata funt. Unus erat *vicus Sandaliaris*, cujus
nominis etiam Romæ vicus erat Sandaliarius appel-

latus in quarta urbis regione. Alter erat vicus pacis
cujus mentio habetur in Tabula LXXXV. primi tomi
hujus Supplementi, infcriptione de deabus Mairabus,
tertius demum vicus Honoris erat, de quo agitur
in hac infcriptione.

III. Votum eft Metenfium civium eorum qui
vicum Honoris incolebant, ut ibidem dicitur. Infcriptio autem diverfe legitur apud Gruterum, &
apud Meuriffum qui Metenfis urbis fcripfit hiftoriam. En illam quo ordine modoque legi debet.
Sculptor duo infcriptionis latera tranfpofuit, hic
autem verus ordo, verus legendi modus eft. *Jovi
optimo maximo in honorem domus divinæ vicus Honoris publice pofuerunt hi qui infra fcripti funt cura
eorum, Titus Julius Martialis, Publius Donna,
Quintus Giamius Delius & Communis Giamii filius,
Elvorix Varicilli, Emelus Cintus, Marcus Macirius Atrectus Maniprecium donavi, Terentinus &
Peregrinus Illanvifæ filii, Gaius Germinius Corobus,
Sextus Elvius Clemens, Publius Attius Anticus,
Lucius Vettius Dercoledus, Marcus Vettius Mercator.*

*tius*

*tius Dercoledus Marcius Vettius Mercator.* Il paroît qu'il y a bien des fautes dans cette inscription. Gruter a lû differemment en quelques endroits. Après P. DONNA, il ajoûte XI. Au lieu de Delius, il lit BELLUS. Il finit la seconde face ainsi, F. MELUS CINTUS M. I. F. *Maniprecium donavi :* se trouve de même dans les deux ; on ne sçait ce que c'est que *Maniprecium.* On voit bien que cela signifie en general quelque present. Le sens de l'inscription est. *A Jupiter très-bon & très-grand : en l'honneur de la maison divine, ceux de la ruë de l'Honneur ont dedié ce monument qui a été posé par les soins de ceux dont le nom est écrit ci-dessous, Titus Julius Martialis, Publius Donna, Quintus Giamius Delius & Communis, fils de Giamius, Elvorix, fils de Varicillus, Emelus, Cintus, Marcus Macirius Atrectus, qui a fait un present. Terentinus Corobus & Peregrinus, fils d'Illanvisa, Gaius Germinius Corobus, Sextus Elvius Clemens. Publius Attius Anticus, Lucius Vettius Dercoledus. Marcus Vettius mercator,* ou Marchand ; si *mercator* est le nom de sa profession. La maison divine dont il est parlé ici, est apparemment quelque temple fameux en ces tems là. Cette expression, *in honorem domus divinæ*, en l'honneur de la maison divine, se trouve dans d'autres inscriptions. On la voit dans une de Gruter, qui regarde les déesses Maires, données à la fin du premier tome de ce Supplément, on la trouve communément dans les inscriptions déterrées aux environs du Rhin.

IV. L'autre pierre 3 qui suit, est aussi un vœu. Le haut est taillé comme une 3 espece de fronton d'un temple, où l'on a mis la foudre de Jupiter, l'inscription a ce sens. *A Jupiter très-bon & trés grand, à la grande Junon, à Hercule & au Genie du lieu.* C'est un vœu que *Cornelius Secundus* a fait pour sa santé & pour celle de toute sa famille. *Gentis suæ* se pourroit aussi entendre de toute la nation ; mais l'autre sens me paroît plus naturel ; *Gens* se prend souvent chez les anciens Latins pour toute la famille, comme *gens Fabia*, signifie tous ceux qui portoient le nom *Fabius*, la tige & les branches, & de même *Gens Cornelia, Gens Furia.*

V. Le vœu suivant 4 est fait par Maximien Hercule, collegue de Diocletien, qui l'avoit associé à l'Empire. Il le fit apparemment lorsqu'il faisoit la 4 guerre dans les Gaules, pour l'heureux succès de ses expeditions qui lui réüssirent à souhait. Il fut victorieux, & les vaincus subirent le joug qu'il leur imposa. Ce vœu est au dieu Mercure, qu'il appelle *numen sanctissimum*, une très-sainte divinité. Maximien est ici appellé simplement *Herculius* ; il est pourtant hors de doute que c'est Maximien Hercule. Le mot *Junior*, ne veut pas dire

---

In hac inscriptione errata quædam esse videntur, Gruterus alio modo quibusdam in locis legit. Post P. DONNA addit XI. pro DELIVS legit BELLVS. Secundam vero marmoris faciem ita terminat. F. MELVS. CINTVS. M. I. F. *Maniprecium donavi* in utroque similiter occurrit, quid vero sit Maniprecium non sat perspicio : videtur certe aliquod qualecumque munus & donum esse. Postrema vox Mercator an artis nomen est, an nomen proprium ? Domus divina de qua hic sermo, erat, ut credere est, templum illa ætate celebre. Hæc loquendi ratio, *in honorem domus divinæ*, in aliis inscriptionibus occurrit. In illa etiam Gruteri legitur, ubi de deabus Mairabus mentio habetur, quam circa finem primi hujus Supplementi tomi dedimus. Hæc inscriptio, *in honorem domus divinæ*, in illis maxime regionibus occurrit, quæ Rheno vel vicinæ vel conterminæ sunt.

IV. Monumentum item sequens 3 votum est. Lapis superne desinit quasi in frontispicii cujusdam fastigium, ubi sculptum fuit Jovis fulmen. Inscriptio sic legitur. *Jovi optimo maximo, Junoni magnæ, Herculi, & genio loci, pro salute sua & gentis suæ. Cornelius Secundus ex voto.* Gentis suæ intelligi forte posset de tota gente & natione ; verum hic de familia videtur sua loqui, Gens enim apud Romanos pro familia accipiebatur : verbi gratia, gens Fabia illos omnes significat, quibus nomen Fabius erat, sive radicem sive ramos spectares, sicque *Gens Cornelia, Gens Furia.*

V. Votum sequens a Maximiano 4 Herculio factum est, Collega Diocletiani, qui ipsum ad imperium quasi socium evexerat. Monumentum porro hoc erexisse videtur quando in Galliis bellum gerebat, idque ad felicem expeditionum suarum exitum ; & certe pro voto suo res cecidere. Victor namque fuit, & qui devicti fuere, impositum subiere jugum. Votum Deo Mercurio dirigitur. Qui hic vocatur *numen sanctissimum.* Maximianus autem hic, tacito priore nomine Herculius vocatur. Nihil tamen dubium est, de Maximiano Herculio hic agi. Vox autem illa *Junior* non significat alium

qu'il y eût un autre Maximien Hercule plus âgé que lui ; mais il est mis ici par rapport à Dioclétien qui étoit & le plus âgé & le premier des Empereurs.

VI. Le vœu suivant est à Mercure ⁵ le Negociateur, fait par *Numisius Albi-nus*, qui étoit apparemment négociant lui-même. Mercure étoit le patron des Négocians. C'est en cette qualité qu'il porte souvent la bourse, c'est un de ses symboles les plus ordinaires, symbole, dis-je, propre à luy attirer bien des de-vots. Les négocians, les maltotiers, les filoux de ce tems-là, tout couroit après le dieu qui portoit la bourse.

*Tous les Marchands vous offrent de l'encens.*

*Ils attendent de vous tout le gain du négoce*, dit Ovide. Oppien appelle Mercure le plus grand des fils de Jupiter, & le plus admirable genie pour ce qui re-garde l'interêt du gain.

---

fuisse Maximianum Herculium ipso seniorem ; sed hæc vox *junior* Diocletianum respicit, qui & senior & primus Imperator erat.

VI. Votum sequens ⁵ Mercurio Negotiatori factum est a Numisio Albino qui fortassis & ipse negotiator erat. Mercurius enim Negotiatorum deus erat. Qua de causa crumenam sæpe gestat. Est vero crumena symbolum ejus frequentissimum. Quod sane symbolum multos illi clientes cultoresque allicere potuit. Negotiatores, publicani, fures & prædones ævi illius, omnes, inquam, post deum crumenam gestantem currebant. Ovidius in Fastis lib. 5.

*Te quicumque suas profitentur vendere merces,*
*Thure dato, tribuas ut sibi lucra rogant.*

Oppianus vero ἁλιωτ 3. 9.

Ερμεία σὺ δέ μοι πατρώιε φέρτατε παίδων
Αἰγιόχυ κέρδσον ἐν ἀνθρώποισι νόημα.

Hoc est

*Mercuri, tu vero mihi, patrite, præstantissime filiorum, Ægiochi Jovis, lucrosissimum inter homines ingenium.*

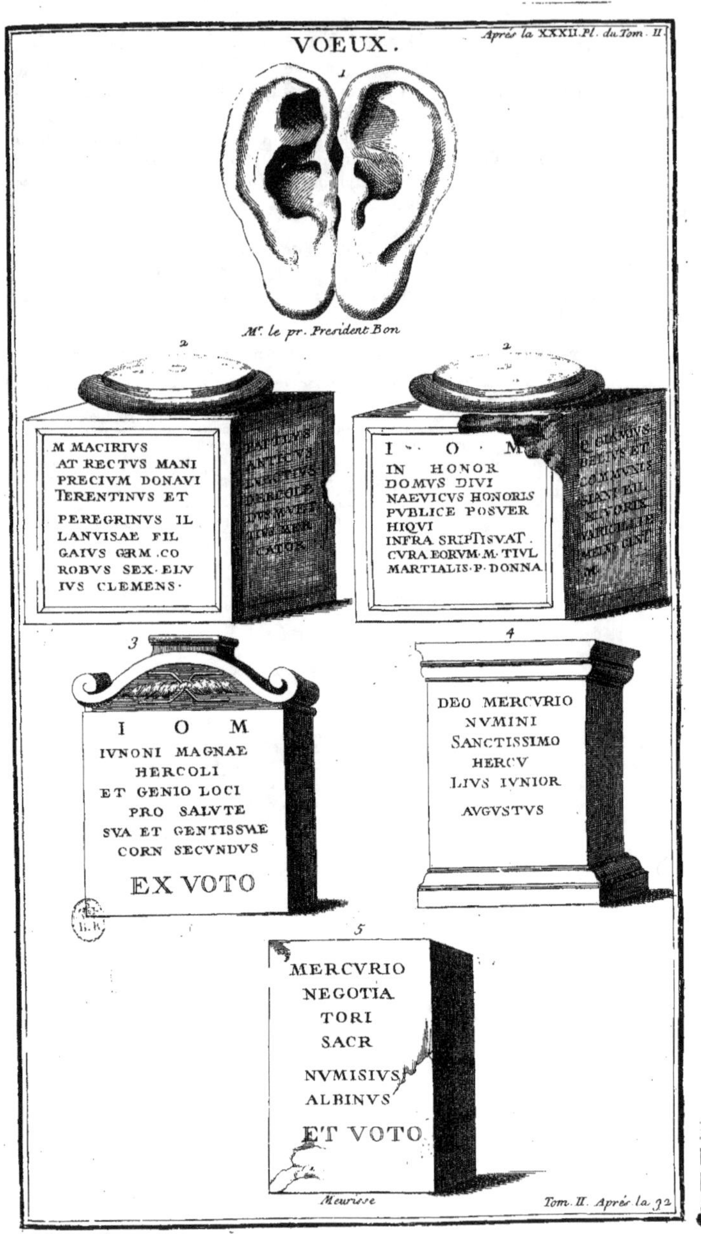
VOEUX.
Aprés la XXXII. Pl. du Tom. II
1
Mr. le pr. President Bon
2
M MACIRIVS
AT RECTVS MANI
PRECIVM DONAVI
TERENTINVS ET
PEREGRINVS IL
LANVISAE FIL
GAIVS GERM .CO
ROBVS SEX. ELV
IVS CLEMENS
2
I . O . M
IN HONOR
DOMVS DIVI
NAEVICVS HONORIS
PVBLICE POSVER
HIQVI
INFRA SRIPTISVAT
CVRA EORVM. M. TIVL
MARTIALIS. P. DONNA
3
I O M
IVNONI MAGNAE
HERCOLI
ET GENIO LOCI
PRO SALVTE
SVA ET GENTISSVAE
CORN SECVNDVS
EX VOTO
4
DEO MERCVRIO
NVMINI
SANCTISSIMO
HERCV
LIVS IVNIOR
AVGVSTVS
5
MERCVRIO
NEGOTIA
TORI
SACR
NVMISIVS
ALBINVS
ET VOTO
Meurisse
Tom. II. Aprés la 92

## CHAPITRE VIII.

*1. Vœu de Fortunatus. II. Autel dedié à Jupiter. III. Vœu d'Ulpius Martinus.
IV. Vœu qui paroît un Enigme.*

I LA figure & l'inscription qui suit, est tirée du manuscrit de Boissard,  P L.
qui l'a copiée à Pettaw dans la Stirie. C'est un vœu d'un nommé For- xxxiii
tunatus, pour la santé de Fortunius son fils, encore enfant, que nous voïons ici
sur le giron de sa mere, assise sur une grande chaise de forme assez extraordinaire. Elle est devant un autel. De l'autre côté de l'autel on voit une femme qui
a tout l'air d'unePrêtresse. D'une main elle tient une pomme, ou quelqu'autre
fruit pour le sacrifice. De l'autre elle verse un prefericule sur l'autel pour la
libation. Les coëffures de ces deux femmes, sont assez extraordinaires, & apparemment en usage dans ce païs. Il faut necessairement que l'autel sur lequel
la femme verse de l'eau ou quelqu'autre liqueur, soit creux pour la recevoir.
Il ne paroît sur cet autel ni feu ni flamme.

II. Le vœu qui vient après, est un autel dedié à Jupiter très bon & très grand  Premiere
par Marc-Aurele Cecinna, Claude Plautien & C. Vettius Celer, comme por-  Pl. aprés
te l'inscription renfermée dans une couronne de chêne; les figures qu'on voit  la xxxiii.
à droite & à gauche, semblent signifier que l'autel a été mis & dedié en action
de graces de quelque victoire insigne.La victoire à l'un des côtez écrit sur un
bouclier, &tient le pied sur un globe, & de l'autre côté un esclave tient un
gouvernail. Je ne sai si cela marque une victoire gagnée sur mer. Il est difficile de dire à quelle histoire ce monument peut avoir rapport; rien ne guide
pour découvrir quelque chose sur un fait dont l'inscription ne dit pas un mot.

III. Boissard dans son manuscrit p. 499. a donné un autre curieux monument qu'il a trouvé, dit-il, *in Feystris non longe a Græcio & Cilia;* ce sont deux
Villes de la Stirie. C'est un vœu à Jupiter, à Mars & à tous les autres dieux, fait
par Ulpius Martinus, pour lui & pour ses enfans. L'inscription se doit lire ainsi. *Jovi optimo maximo & Marti Augusto & cæteris diis omnibus Ulpius Marti-*

---

### CAPUT VIII.

*I. Votum Fortunati. I I. Ara Jovi dicata.
III. Votum Ulpii Martini. IV. Votum
quod ænigma esse videtur.*

I. Figura inscriptioque sequens ex Boissardi
Manuscripto educta est qui ipsam Petavii
in Stiria ex archetypo expressit. Votum est cujuspiam nomine Fortunati pro salute Fortunii filii
sui infantis, qui hic super genua matris visitur,
sedentis in sella magna insolitæ formæ. Mater est
ante aram. Ad alterum aræ latus, conspicitur
femina quæ sacerdos esse videtur, & manu vel
malum, vel fructum alium quempiam ad sacrificium tenet; altera vero manu præfericulum effundit in aram ad libationem. Muliebria capitis ornamenta in utraque non ordinaria sunt, & ad gentis
istius consuetudinem aptata. Ara illa supra quam
mulier aquam effundit, vel liquorem alium, concava sit oportet ut recipiat. Nec ignis nec flamma
in hac ara comparet.

II. Votum sequens ara est Jovi optimo maximo
dicata a Marco Aurelio Cecinna, Claudio Plau-
tiano, & Caio Vettio Celere, ut habet inscriptio
intra coronam quernam inclusa. Quæ hinc & inde
repræsentantur figuræ significare videntur Aram
erectam dicatamque fuisse in gratiarum actionem
insignis cujuspiam victoriæ. Ad alterum quippe
latus victoria in clypeo scribit, ac pede globum
terit; ad alterum latus, servus quispiam gubernaculum tenet: Nescio utrum hisce navalis victoria
significetur. Difficile prorsus est deprehendere de
qua historiæ parte hic agatur. Nulla ducimur nota
ad rem aperiendam, quandoquidem inscriptio ne
verbum quidem de victoria habet.

III. Boissardus in manuscripto suo p. 499. sequens singulare monumentum dedit, ab se repertum ait *in Feystris non longe a Græcio & Cilia,* quæ
sunt duæ Stiriæ urbes. Votum est Jovi, Marti cæte-
risque omnibus diis, quod suscepit Ulpius Martinus sibi & liberis suis: Inscriptio autem sic legenda. *Jovi optimo maximo & Marti Augusto & cæteris diis omnibus. Ulpius Martinus pro se suisque*

*nus pro ſe ſuiſque liberis ex voto poſuit.Votum ſolvit lubens merito.* Ces dernieres paroles marquent qu'il a volontiers accompli ſon vœu, comme le devoir le demandoit. Ce qu'il y a de remarquable ici, ce ſont les figures repreſentées de gens qui jouënt & ſe divertiſſent. Au bas de l'inſcription & ſur un côté, on voit un jeune garçon nu, qui jouë de deux flutes à la fois, & une femme qui tournant le dos ſemble danſer, & tient d'une main une Cymbale, & de l'autre elle ſemble raſſurer ſon bonnet, qui eſt d'une forme aſſés ſinguliere. Il reſſemble à une taſſe renverſée qui a un aſſez long pied. C'eſt à ce bonnet qu'on la reconnoît pour une femme : nous en voyons un autre de même, à côté de ſon mari, à la x. planche du quatriéme tome de l'Antiquité. Sur le côté une autre femme qui porte un bonnet de même forme, tient une eſpece de ſac ouvert : on ne ſait pourquoi ; & plus haut une autre femme avec un bonnet ſemblable boit dans une taſſe : on ne peut entrer dans la penſée de celui qui a donné une telle image. Ce qu'on en peut dire de plus vrai-ſemblable eſt, que la famille d'Ulpius Martinus eſt en réjouïſſance de ce que ſes vœux & ſes ſouhaits ſont accomplis.

Deuxié-<br>me Pl. a-<br>près la<br>xxxiii. IV. C'eſt une énigme perpetuelle que la planche ſuivante : on ne ſait ni qui ſont les perſonnages, ni quel rapport ils peuvent avoir les uns avec les autres. A peine peut-on tirer le moindre éclairciſſement de l'inſcription qui eſt au bas : L'homme nu qui ſemble vouloir ſe couvrir la tête d'un manteau qu'il tient ſur le bras, a la tête liée d'un diadême. Il a aſſez l'air & la taille d'un Hercule; quoiqu'il n'en ait pas les ſymboles : il y a plus d'apparence que c'eſt Hemathion, dont il eſt parlé dans l'inſcription. Un Satyre aſſis auprès de lui tient d'une main une grande corne d'abondance, remplie de grenades, de pommes, avec d'autres fruits,& des feüilles. De l'autre côté on voit une femme dont la coëffure eſt aſſez ſinguliere. Elle a à ſon côté un petit garçon nu, qui paroît être ſon fils. Entre cette femme & l'homme dont nous venons de parler, on voit une lyre, un grand vaſe avec ſon couvercle, deux eſpeces de leviers, dont l'un a aſſez la forme d'une maſſuë, & l'autre eſt recourbé par le haut comme un bâton augural. L'inſcription au bas de l'image eſt telle : *Securitati Hemathion & Carpo.* Ce qui à la lettre voudroit dire, qu'Hemathion a fait ce vœu à la Sûreté & à Carpus. Je n'oſerois rien hazarder ſur cela.

---



*Ulberis ex voto poſuit, votum ſolvit lubens merito.* Quæ poſtrema verba uſus ſunt frequentis in marmoribus. Obſervatu digna ſunt hic ſchemata ludentium. Sub inſcriptione ad alterum latus juvenis eſt nudus qui duplici ludit tibia: Mulierque averſa quæ tripudiare videtur, & altera manu cymbalum tenet, altera vero biretum ſeu ornamentum capitis aſſerere & firmare videtur, ne cadat. Biretum autem ſpectabili eſt forma, inverſum eſſe craterem diceres. Ex hoc capitis ornamento mulier eſſe dignoſcitur, quia illo alibi mulieres ſolæ utuntur, ut videas in Tabula x. quarti Antiquitatis explanatæ tomi. E latere altera mulier eodem ornata bireto, quemdam quaſi ſaccum apertum tenet, quid porro agat ignoratur : & ſuperiore in loco mulier ſimili inſtructa bireto in cratere bibit. Qua vero mente hæc omnia repræſententur vix dici queat. Id quod probabilius de tali imagine proferri poteſt, hoc ni fallor eſt, nempe Ulpii Martini familiam gaudere lætitiæque ſigna dare, quod is voti compos ſit.

IV. Tabula ſequens ænigma perpetuum eſt : nec quæ ſint perſonæ in tabula repræſentatæ deprehendi poteſt, nec quid altera cum altera rei habeat dignoſci. Inſcriptio autem in ima tabula ſculpta vix quidpiam notitiæ conferre poteſt. Vir ille nudus, qui pallium brachio geſtat, illoque caput ſuum operire ſatagit, caput diademate redimitum habet. Si ſtaturam, humeros, barbam comamque ſpectes,Herculem pene refert ; ſed nullum ejus ſymbolum adeſt. Malo credere Hemathionem eſſe, quem inſcriptio commemorat. Satyrus juxta illum ſedens, altera manu cornucopiæ tenet refertum malogranatis, aliis pomis, & foliis. In altera Tabulæ parte mulier viſitur, ornatu capitis ſpectabilis : Stat a latere ejus puer tenellus nudus, fortaſſis ejus filius. Inter mulierem & virum de quo ante ſermo erat hæc poſita ſunt, lyra, vas magnum cum operculo, duo ceu vectes, quorum alter ad clavæ formam accedit, alter ſuperne retortus eſt ſicut lituus. Inſcriptio in ima parte marmoris talis eſt : *Securitati Hemathion & Carpo*, id quod ad literam ſignificare videtur Hemathionem hoc votum emiſiſſe Securitati & Carpo. Rei tam obvolutæ explicationem tentare non auſim.

VOEU

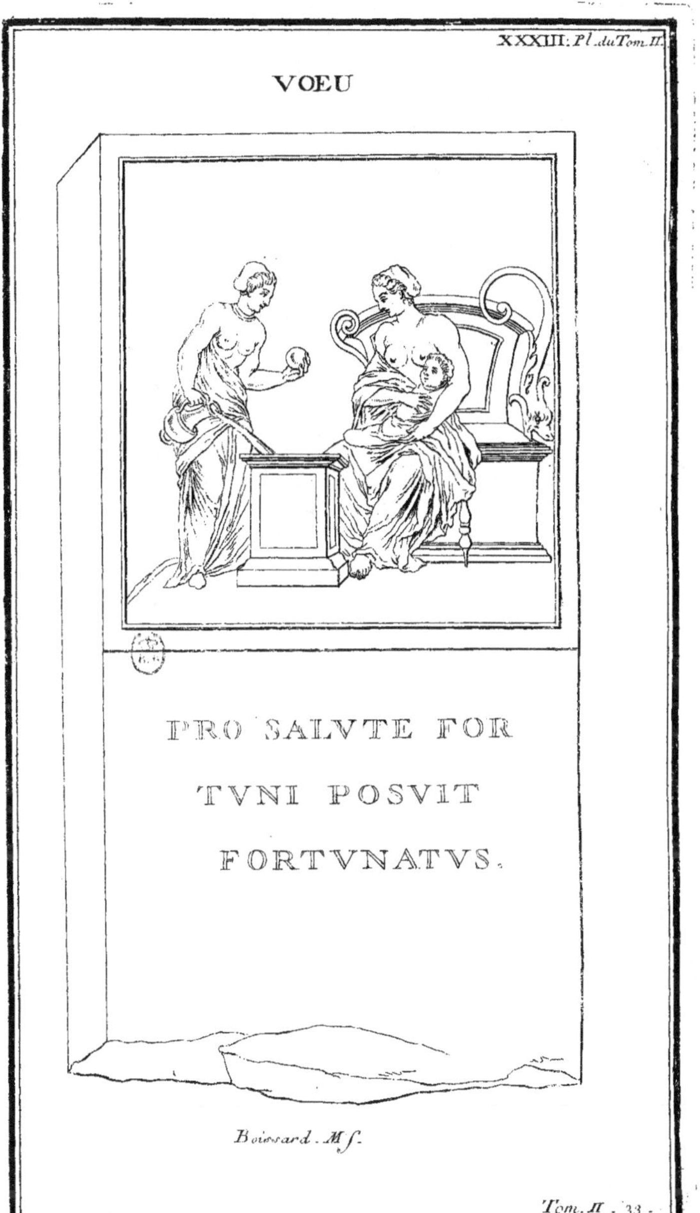



*Boissard. M f.*

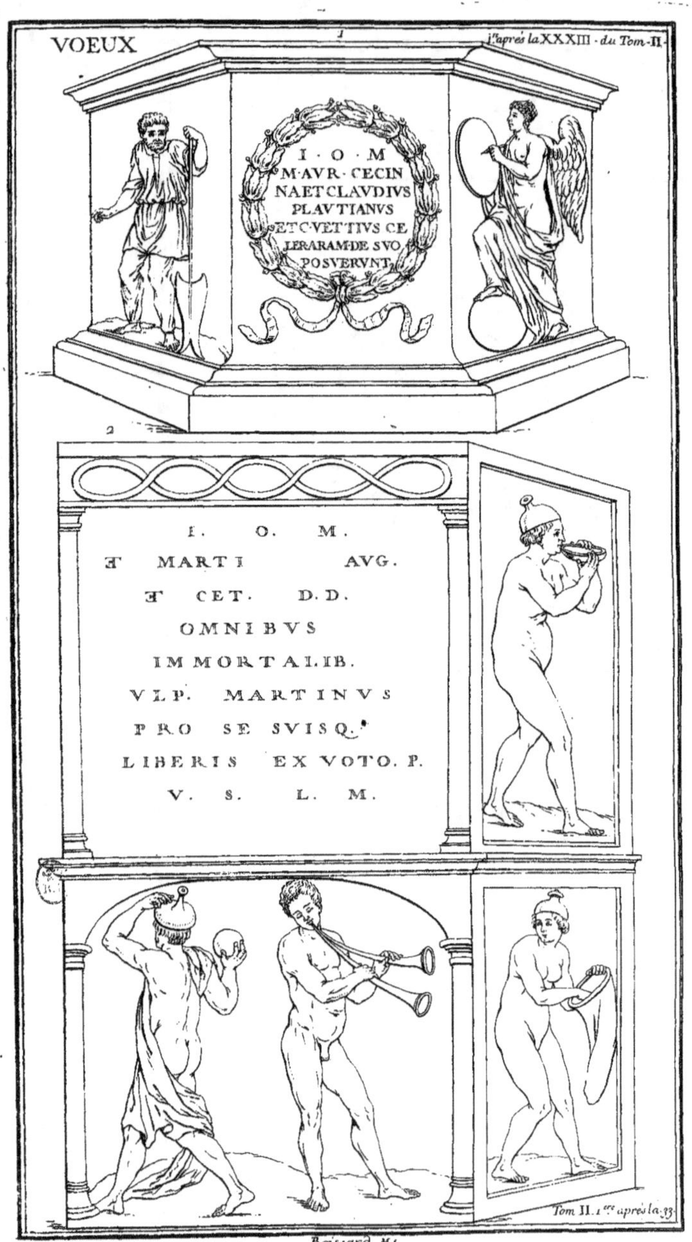
VOEUX
j.aprés la XXXIII. du Tom. II.
I · O · M
M · AVR · CECIN
NAET CLAVDIVS
PLAVTIANVS
ET C · VETTIVS CE
LERARAM DE SVO
POSVERVNT
I. O. M.
MARTI AVG.
CET. D.D.
OMNIBVS
IMMORTALIB.
VLP. MARTINVS
PRO SE SVISQ.
LIBERIS EX VOTO. P.
V. S. L. M.
Tom II. 1ere aprés la. 33.
Boissard. Ms.

# VOEUX

*Boissard*

# LIVRE VI.

## Les dieux Egyptiens.

## CHAPITRE I.

*I. Découverte de quatre Statuës Colossales , qu'on croit être trois d'Isis & une d'Osiris. II. Le goût de sculpture Egyptien a quelque chose de grand. III. Description de ces Statuës par Monseigneur Bianchini. IV. Tronçons d'une cinquiéme Statuë de taille ordinaire. V. Ces Statuës furent trouvées dans les Jardins de Salluste l'historien , qui pilla la Numidie. VI. Isis singuliere de Basalte. Ce que c'étoit que le Basalte. VII. Trois Croix sur trois bases , ou sur trois monticules.*

I. ON a donné au second Tome de l'Antiquité, trois des Statuës Colossales d'Isis, déterrées à Rome l'an 1710. Mais les desseins faits à la hâte, en étoient fort défectueux, & l'on nous en a envoïé d'excellens des quatre déterrées au même tems & au même lieu, avec un memoire exact de Monseigneur Bianchini, Prelat de la Cour de Rome, très-savant homme, habile Antiquaire, & connu pour tel dans toute l'Europe. J'ai donc crû faire plaisir au public, si je redonnois ici avec toute l'exactitude & la perfection possible, ce que je n'avois donné qu'imparfaitement ci-devant. On déterra cinq statuës, mais la cinquiéme étoit trop mutilée & defigurée, pour qu'on la puisse peindre ici. C'est pour cela que le R. P. Conrade nôtre Procureur General en Cour de Rome, aux attentions duquel nous devons un grand nombre de pieces des plus considerables de ce Supplément, ne jugea pas à propos de me le faire dessiner.

---

## LIBER VI.

### Dii Egyptii.

**CAPUT PRIMUM.**

*I. De quatuor statuis colosseis nuper effossis , ex quarum numero tres Isides. Una Osiris esse videtur. II. Sculpturæ apud Ægyptios ratio , nescio quid magni habet. III. Harumce statuarum descriptio per D. Blanchinium. IV. Quintæ statuæ vulgaris magnitudinis truncus. V. Hæ statuæ repertæ sunt in hortis Sallustii historici ; qui Numidiam expilavit. VI. Isis singularis ex basalte , quid esset basaltes. VII. Tres cruces tribus basibus sive tribus monticulis impositæ.*

I. TRes jam Isidis Colosseas statuas dedimus in secundo Antiquitatis explanatæ tomo quæ statuæ anno 1710. Romæ ex terra sunt eductæ. Sed admodum imperfecta nobis delineata exempla missa sunt : deindeque vero accuratissime depictas quatuor illas effossas statuas nacti sumus , quæ eodem tempore eodemque loco repertæ sunt ; una cum descriptione a viro clarissimo D. Blanchinio concinnata Curiæ Romanæ *prælato*, ut vocant, viro doctissimo & in re Antiquaria peritissimo, ut norunt omnes per Europam literati. Lectori me pergratam rem facturum putavi, si id quod minus accurate delineatum dederam , hic diligentissime quantum licuit iterum proferrem. Quinque porro statuæ detectæ sunt ; sed quinta adeo mutila & truncata erat, ut R. P. D. Carolus Conrade , cujus operæ studioque multa debemus , quæ inter præcipua hujus Supplementi monumenta censeri debent, eam non delineandam , sed prætermittendam esse omnino judicaverit.

II. L'Egypte qui nous fournit tant de monumens, n'en a jamais donnez qui faſſent mieux connoître le goût de cette nation ſi celebre ; goût qui cede de beaucoup à celui des anciens Grecs, ſi on regarde la correction du deſſein, & une certaine élegance du travail, mais qui au jugement de pluſieurs habiles gens, l'emporte au-deſſus d'eux, quant à la grandeur de l'expreſſion, & une certaine force de deſſein qu'on ne remarque point dans les anciens Sculpteurs Grecs. Je ne parle ici que des pieces qui ſe diſtinguent du commun; car tout le monde ſait qu'il y a un grand nombre de magots Egyptiens de figure bizarre ; de même qu'il ſe trouve des ouvrages d'anciens Sculpteurs Grecs & Romains, que les plus médiocres ſculpteurs de ce tems ne voudroient pas avoüer. Mais ce n'eſt pas ſur ces mauvaiſes pieces qu'on juge de l'habileté des ſculpteurs de quelque nation, c'eſt ſur de certains grands ouvrages qui ſe diſtinguent par deſſus les autres : & il y en a d'Egyptiens qui pour la majeſté & la force du deſſein, ſemblent ſurpaſſer les autres. Leur goût eſt fort different de celui des bons maîtres grecs. Il eſt ſi marqué, que pour peu qu'on ait d'expérience & d'uſage, on diſtingue d'abord les ouvrages Egyptiens de tous les autres. On croit qu'ils ont été les maîtres des Grecs dans la Sculpture, comme en bien d'autres choſes. L'eſtime que les Romains faiſoient de ces ſortes d'ouvrages Egyptiens, ſe declare par la grande quantité de ſtatuës & d'autres pieces de cette nation, qu'on voit & qu'on déterre tous les jours à Rome. Voici comment s'explique ce digne Prélat, au ſujet de ces ſtatuës nouvellement découvertes.

» III. Ces ſtatuës furent donc déterrées l'an 1710 au nord de la vigne Veroſ-
» pi, ſituée prés du Cirque de Salluſte, vers la porte appellée Salaria. La ma-
» tiere, la grandeur, l'art & le travail, les nouvelles connoiſſances qu'elles
» nous donnent ; tout conſpire à les rendre celebres, comme on jugera par
» la deſcription que nous en allons faire.

» Les trois premieres ſont de Granite Oriental, ou de pierre Syenitique, ſem-
» blable à celle des Obeliſques, tant par la couleur que par la dureté. La troiſiéme
» a pourtant des taches plus grandes & plus longues que les deux autres; de ſor-
» te qu'entre les marbres granites, elle eſt ce qu'eſt le marbre Africain entre les
» marbres mêlés. Chacune en y comprenant la baſe, à douze palmes Romains

II. Ægyptus quæ tot nobis monumenta ſuppeditat, nuſquam alia nobis dedit queis ſculpturæ rationem penes hanc celeberrimam nationem adhibitam melius dignoſcamus. Quæ ſculpturæ ratio ſi cum veteri illa Græca comparetur longe retro relinquitur, ſi ſpectes accuratam delineandi peritiam, laboriſque elegantiam ; ſed peritorum quorumdam judicio Græcam ſuperat quantum ad expreſſionis majeſtatem & ἐνέργειαν. Hic autem agitur tantum de quibuſdam majoris precii ſtatuis & ſchematibus ; ignorat quippe nemo, multa eſſe Ægyptia ſigna minoris molis, rudi admodum more elaborata, ut etiam apud Græcos & Romanos multa habentur, quæ imperitiſſimam manum oleant, quæque ne mediocres quidem hujus ævi ſculptores adſcribi ſibi optarent. Verum non ex hujuſmodi ſtatuis ac monumentis rudi manu ſculptis de nationis cujuſpiam peritia judicatur, ſed ex aliis peritæ manus operibus, quæ aliis antecellere deprehenduntur. Ægyptia porro quædam ſunt, quæ dignitate & ἐνεργείᾳ cætera ſuperare videntur. Ægyptiorum ſculpendi ratio, a Græcorum ſculptorum, etiam periciorum modo longe differt, adeoque certis notis atque indiciis ſeſe prodit, ut ſi vel paululum uſus & experientiæ adſit, Ægyptia opera a cæteris facile diſtinguantur. Putantur Ægyptii Græcorum fuiſſe in ſculptura doctores, quemadmodum etiam in rebus aliis bene multis eorum magiſtri fuerunt. Quanta in exiſtimatione apud Romanos eſſent Ægyptia hujuſcemodi opera, vel ex ingenti numero ſignorum monumentorumque Ægyptiorum, quæ quotidie Romæ eruuntur, arguitur & declaratur : En narrationem laudari viri circa ſtatuas illas & modum quo ex terra ſunt erutæ.

*III. Hæ ſtatuæ ex terra eductæ ſunt anno 1710. ad Septentrionale latus vineæ Veroſpiorum ſita prope circum Salluſtii verſus portam Salariam. Materia ipſa, moles, ars operiſque ratio, novæ quæ ex illis accedunt notitiæ, omnia, inquam, celebritatem ipſis parant ; ut ex deſcriptione illarum hic facienda judicabitur.*

*Tres priores ex marmore granito Orientali ſunt, lapideque Syenitico, obeliſcorum marmori ſimili, ſive colorem, ſive duritiem ſpectes. Tertia tamen maculas præ ſe fert majores longioreſque, quam duæ cætera, ita ut inter granita marmora idipſum ſit hujus ſtatuæ marmor, quod marmor Africanum inter marmora maculis permixta. Singula ſtatua cum baſi ſua ſunt duodecim Romanorum palmorum. Palmus vero Ro-*

de hauteur. ( Le palme Romain a environ huit pouces & demi des nôtres; c'est-
à-dire, que ces statuës ont un peu moins de neuf pieds de Roi de hauteur. )

La premiere qui est entiere est d'un homme. La seconde & la troisiéme «
sont de femmes. Elles seroient de grandeur égale à la premiere, si elles étoient «
entieres. Mais la seconde est rompuë à la ceinture en deux pieces, & mu- «
tilée du bras droit, & la troisiéme a perdu la jambe gauche & un peu de la «
cuisse au-dessus du genou, & n'a plus que la jambe droite. «

Le dessinateur les a représentées toutes entieres, en suppléant ce qui manque sur la forme de ce qui reste. En bien d'occasions un habile dessinateur
peut suppléer à coup sûr, à ce qui manque à une statuë; quoique non pas toûjours. Ce que dit le Prélat, que la premiere statuë est d'un homme, ne s'accorde pas tout-à-fait avec les desseins de Carlo Lera, dessinateur Romain, qui
semble lui donner un sein de femme, quoiqu'il ne soit pas si marqué que dans
les autres.

La quatriéme & la cinquiéme statuë sont de marbre Egyptien, plus noir «
que nos cailloux, & moins noir que la pierre de touche. La plus grande est «
d'une femme, dont la tête est extraordinairement ornée. Elle soutient un «
espece de cylindre, couvert d'hieroglyphes. De ce cylindre pendent des «
feüilles de palmes, tressées avec les cheveux d'une maniere assés bizarre. «
Cela fait comme une grande perruque, qui se termine en bas en des bou- «
cles distinctes de la chevelure de dessus. Cette perruque couvre les épaules, «
& vient bien avant sur la poitrine. Si cette statuë étoit entiere elle seroit «
plus haute que les précedentes, & auroit treize ou quatorze palmes;( c'est-à- «
dire, environ dix pieds de Roi ) de hauteur; mais elle est cassée depuis le «
milieu des jambes, & le tronçon ne s'est pas trouvé. Le dessinateur l'a pour- «
tant dessinée entiere, en suppléant ce qui y manquoit. «

IV. La cinquiéme statuë étoit aussi de marbre noir, plus petite, mais d'u- «
ne plus habile main que les autres. Je ne sai si l'on a jamais vû une statuë «
Egyptienne d'un travail plus exquis. Elle representoit un homme de taille «
ordinaire de sept à huit palmes de haut : mais par malheur la tête & les pieds «
y manquent. 	«

Ces statuës sont comme addossées à une espece de colonne esquarrie de »

---

manus est octo circiter pollicum & dimidii nostrorum, ita ut statuæ illæ plus minus novem pedes
Regios altitudinis habeant.

*Prima, quæ integra est, & nulla parte mutila, viri
est, secunda & tertia mulierum, Essent porro primæ
magnitudine æquales, si integra essent. Verum secunda circa zonam duas in partes rupta est, & toto
brachio dextro mutila : tertia vero crus sinistrum amisit
& genu simul, & solum habet tibiam dextram.*

Is vero qui delineavit, integras illas omnes statuas exhibuit, ex iis quæ supersunt, quid amissæ
illæ partes repræsentarent conjiciens. Sæpe contingit peritum delineatorem posse, id quod deficit
nullo periculo supplere; sed non semper id tentare
fas est. Quod ait autem D. Blanchinius primam
statuam viri esse, non quadrat omnino ad schemata
a Carolo Lera delineatore Romano facta, qui
sinum illi muliebrem indidisse videtur, etsi non
tam clare quam in aliis statuis sinus muliebris
dignoscatur.

*Quarta & quinta statua ex marmore Ægyptio sunt,
quod magis ad nigrum colorem accedit, quam silices
nostri, & minus quam lapis Lydius. Quæ maxima
omnium est mulierem refert, cujus caput est ornatis-
simumc : ceu cylindrum quemdam capite sustinet, hieroglyphis opertum. Ex hujusmodi cylindro pendent pal-
mitis folia, cum capillis insolito more decussata. Id
quod magnum quempiam capillitii apparatum efficit,
infra vero cincinni apparent, qui videntur a superno
capillitio distincti. Hic ergo tam amplus capillitii ap-
paratus humeros operit, & ad usque medium pectus
defluit. Si statua isthæc integra esset, cæteras altitudine superaret, ac tredecim quatuordecimve palmos altitudinis haberet ( videlicet decem circiter pedes
Regios. ) Verum a mediis tibiis fracta est, neque reperta illa pars est, quæ excidit. Integram tamen exhibuit is qui delineavit ea supplendo quæ desiderabantur.*

*IV. Quinta statua ex marmore & ipsa quoque nigra
erat, aliisque minor, sed peritioris artificis. Nescio an
uspiam visa sit Ægyptiaca statua, tam exquisiti la-
boris. Verum illa repræsentabat statura vulgaris septem
vel octo palmorum; sed & caput & pedes exciderunt.*

*Hæ columnæ a dorso hærere videntur parastatæ seu
quadrata columna ex eodem lapide, cujus posterior*

la même piece, dont la face oppofée, eft pleine d'Hieroglyphes, femblables »
à ceux qu'on voit fur les obelifques. Ces caracteres Hieroglyphiques dont «
on ignore la fignification, marquent toûjours qu'on a reprefenté ici des «
perfonnages de conféquence. Je croirois volontiers que les deux hommes «
font des Prêtres, & les trois femmes des Prêtreffes. Au Temple de Bubafte, «
qui eft la même qu'on appelle en Grec Artemis, ( c'eft Diane; ) il y avoit un «
Veftibule plein de ftatuës coloffales de fix coudées de haut, c'eft à peu près «
la taille des trois premieres ftatuës dont nous venons de parler J'ai une lame «
de cuivre où font marquées par le celebre mathématicien M. Caffini, plu- «
fieurs fortes de mefures. La coudée des Hebreux s'y trouve; elle a un palme «
& dix onces. La palme fe divife en douze onces, & felon cette fuppuration, «
fix coudées feroient 132. onces, qui font onze palmes Romains : & c'eft jufte- «
ment la mefure de nos ftatuës, en ôtant la bafe. «

V. Ce que Mgr. Bianchini dit touchant le lieu où l'on a trouvé ces ftatuës,
merite d'être rapporté ici.

J'ajoûterai ici une conjecture fur ce qui regarde le tranfport de ces cinq «
ftatuës de l'Egypte, au lieu où on les a trouvées; c'eft à-dire, au Cirque de »
Sallufte; c'eft à côté de ce Cirque qu'on les a déterrées. Elles ont apparem- «
ment fervi d'ornement ou à ce Cirque, ou aux jardins de Sallufte, ou à fa «
maifon de campagne, située au même endroit. C'eft lui qui enrichit d'un «
grand nombre d'ornemens toute cette colline, la maifon, le Cirque, les «
jardins, & le marché, qui étoit à l'autre côté du Cirque, où eft aujourd'hui «
l'Eglife de Sainte Sufanne; c'eft de quoi conviennent tous les Antiquaires. «
Ces mêmes Antiquaires, c'eft-à-dire, Fulvio Orfini, le Marlien, le Nardi- «
ni, Onufrio, & tous ceux qui ont fait la defcription de Rome, obfervent auf- «
fi que Sallufte Crifpe, ce celebre hiftorien de la guerre de Catilina, affifté «
de Jules Céfar, obtint le Gouvernement de la Numidie. Il abufa du pouvoir «
que lui donnoit fa nouvelle magiftrature; il pilla toute cette Province, & la «
réduifit en un tel état, que Dion n'a pû s'empêcher de faire cette vive def- «
cription de fes violences. « Céfar, dit-il, fubjugua auffi les Numides : il leur «
donna pour Gouverneur, Sallufte, non pour gouverner la Province comme «
le nom de fa charge portoit; mais pour la piller. En effet, il fut accufé d'a- «
voir enlevé & extorqué de groffes fommes de la Numidie, & cela tourna à «

---

*facies hieroglyphis plena eft, iis fimilibus, quæ in obe-
lifcis vifuntur. Characteres illi hieroglyphici, quorum
fignificatio ignoratur, denotant tamen hic perfonas ex-
fe fpectabiles fuiffe repræfentatas. Libenter crederem
viros duos facerdotes, trefque mulieres facerdotiffas effe.
In templo Bubaftis, inquit Herodotus l. 2. c. 37. quæ
eadem ipfa eft, quam Græci Artemidem, nos Dianam
vocamus, veftibulum erat plenum ftatuis coloffeis, fex
cubitorum altitudinis. Hæc proprie ftatura eft trium
priorum ftatuarum de quibus paulo ante loquebamur.
Penes me eft lamina ænea, ubi a D. Caffino Mathe-
matico celeberrimo multa menfurarum genera funt
annotata. Ibi cubitus Hebræorum comparet palmum
decemque uncias habens. In duodecim uncias palmus
dividitur. Secundum hanc vero computationem, fex cubiti 132. uncias complerent, quæ undecim palmos Romanos efficiunt. Hæc porro menfura ftatuarum eft, demta
bafi.*

V. Hic opportune referemus ea quæ laudatus
vir D. Bianchinius circa locum ubi repertæ ftatuæ
funt edifferuit.

» Hic conjecturam addam circa tranfvectas ex
Ægypto in locum, ubi repertæ funt, ftatuas, in «
circum videlicet Salluftii : nam ad hujus circi latus «
effoffæ illæ fuerunt atque in ornatum adhibitæ «
fuerant, ut credere eft, vel circi, vel hortorum, «
vel ipfius villæ Salluftii Crifpi, quæ villa juxta «
hortos fita erat. Nam is ipfe Salluftius collem «
totum magnificis decoravit ornatibus; ædes «
nempe ipfas, circum, ubi eft hodie ecclefia fanctæ «
Sufannæ, qua de re inter Antiquarios convenit. «
Iidem porro ipfi Antiquarii, ni mirum Fulvius «
Urfinus, Marlianus, Nardinus, Onuphrius, & «
quotquot Romæ defcriptionem funt aggreffi, ob- «
fervant, Salluftium Crifpum, Catilinarii belli «
celeberrimum fcriptorem a Julio Cæfare Numi- «
diæ Præturam confequutum effe, quo munere per «
fas & nefas functus Provinciam iftam expilavit, «
atque ita rapinis oppreffit; ut Dio Caffius tantam «
violentiam ποθητικῶς ita defcripferit. " Cæfar Nu- «
midas quoque in fuam poteftatem & ditionem accepit,
illifque Salluftium, verbo quidem regenda; re autem
ipfa diripiendæ Provinciæ caufa præfecit. Enimvero
Salluftius & munera exegit & Provinciam compilavit :

fon

son infamie avec d'autant plus de raison, qu'après avoir censuré si vivement «
dans ses ouvrages, ceux qui dans les Provinces s'enrichissoient aux dépens «
du peuple, il avoit fourni des armes à ceux qui voudroient le censurer à «
leur tour. Il fut pourtant absous par César, mais ses propres écrits rendront «
toûjours son crime detestable à la posterité. Du fruit de tous ces pillages faits «
dans cette partie de l'Afrique, il enrichit cette colline de Rome de toute «
sorte d'ornemens, peut-être pour diminuer par ces dépenses faites pour em- «
bellir tout ce quartier, la haine que ses pilleries lui avoient attirée. Vossius «
parle de lui en mêmes termes que les Antiquaires ci-devant nommez. Il «
fut, dit-il, si enrichi des dépoüilles des Numides, qu'il acheta sur le Mont «
Quirinal le marché qu'on appelle aujourd'hui de Salluste, où est à present »
l'Eglise de Sainte Susanne; & les jardins qu'on appelloit Sallustiens. Le Nar- »
dini observe encore que dans les Actes de Saint Cyriaque il est parlé des Ther- «
mes de Salluste. Il parle aussi des conduits souterrains des eaux&des vou- «
tes trouvées en la même vigne de M. Ferrante Verospi, où l'on a deterré «
les statuës dont nous parlons, qui avoient apparemment été placées là par «
Saluste Crispe, avec les autres dépoüilles portées de l'Afrique, & acquises «
dans les Provinces voisines de son Gouvernement dans la Libye & dans l'E- »
gypte, &c. «

Monsignor Bianchini ajoûte à tout ce qu'il a dit de ces statuës deterrées, plusieurs reflexions savantes sur le Piromis d'Herodote, sur les habits des Prêtres, & sur plusieurs autres choses qui ne sont pas de nôtre sujet. Il ne dit que
comme une simple conjecture que les cinq statuës representent des Prêtres
& des Prêtresses; ainsi il nous laisse la liberté d'adopter sur cela le sentiment
qui nous paroîtra le plus plausible. Herodote ne dit pas que les statuës de six
coudées, qu'on voïoit au vestibule du temple de Bubastis, fussent de Prêtres:
il y a plus d'apparence que c'étoient des divinitez. La conformité de la taille,
quand elle seroit la même, ce qui n'est pas sûr, ne prouve rien. Le vestibule,
dit Herodote, est de dix orgyies ou de dix toises de haut, orné de belles statuës de six coudées, qui font neuf pieds de haut, sans dire que ce sont des figures de Prêtres; je croirois plûtôt que ce sont ou de dieux, ou peut-être de
Rois. La femme à la grande perruque est si semblable à l'Isis suivante, de la

---

quapropter accusatus, infamiam summam reportavit,
quod postquam in scriptis suis, eos qui ex Provinciis
quæstum facerent, multis acerbisque verbis notasset;
scriptis contraria omnino gesta edidisset. Itaque etsi a
Cæsare absolutus fuit, tamen suis ipsius verbis proprium
crimen abunde quasi in tabula propositum divulgavit.
„ Expilata ergo hac Africæ parte, ex præda tanta
„ collem istum Romanum ómni ornamentorum
„ genere decoravit, ut fortasse tantis impensis ad
„ collis hujus ornatum profusis, direptæ Provinciæ
„ odium minueret. Vossius eadem ferme ipsa, quæ
„ Romani illi Antiquarii, de Sallustio loquitur: Ex
hac autem præda Numidica, inquit, ita ditatus fuit,
ut in Quirinali monte forum emerit, quod Sallustii vocatur, ubi nunc ædes sancta Susanna: item hortos, qui
& Sallustiani nominantur. „ Observat quoque Nar-
„ dinus in Actis sancti Cyriaci Sallustianas Ther-
„ mas commemorari. Loquitur etiam Nardinus
„ de aquarum ductibus canalibusque subterraneis
„ deque fornicibus in vinea D. Ferrantii Verospi
„ detectis; ubi hæ statuæ, de quibus agimus, erutæ
„ sunt: quæ statuæ, ibi ut credere est, locatæ fue-

rant a Sallustio Crispo, cum cæteris spoliis ex «
Africa eductis & exportatis, atque acquisitis in «
Provinciis præturæ suæ vicinis, in Libya nempe »
& in Ægypto, &c. »
His multa alia adjicit vir eruditissimus in Piromin
illum Herodoti, in sacerdotum vestes, & in alia
multa, quæ ad institutum non pertinent nostrum.
Ex conjectura vero tantum dicit statuas illas quinque Sacerdotes exhibere utriusque sexus: atque
libertatem nobis haud dubie concedit, ut quam
verisimiliorem ea de re putabimus esse sententiam
adoptemus. Non dicit autem Herodotus illas sex
cubitorum statuas, quæ in vestibulo templi Bubastis visebantur, sacerdotes repræsentavisse. Vero
similius est hæc numina fuisse. Staturæ æqualitas,
etsi eadem fuisse liquidum esset, quod tamen non
certum puto, nihil probaret. Vestibulum, inquit Herodotus, est decem orgyiarum altitudine, ornatum
eximiis statuis sex cubitorum; nec dicit esse simulacra sacerdotum: crederem potius esse deorum, vel
forte regum. Illa mulier quæ tantum capillitii apparatum habet ita similis est Isidi sequentis Tabulæ

planche 38°. qu'on ne peut douter que l'une & l'autre ne foient une Ifis. L'ornement de tête, & l'habit font les mêmes : il n'y a d'autre difference , finon que celle-ci eft debout, & l'autre affife tenant le petit Orus qu'elle allaite ; en quoi on la reconnoît indubitablement pour Ifis. Les deux autres femmes feront auffi des Ifis. On voit dans plufieurs monumens cette déeffe coëffée en la même maniere qu'elle l'eft dans ces deux images, & l'habit eft tout femblable à celui de l'Ifis à la grande chevelure : je les prens donc pour des Ifis, & le premier que nous mettons ici pour ne le pas féparer des quatre ftatuës coloffalles, fera un Ofiris. Ces ftatuës étoient enfemble ; fi les trois marquent une divinité, l'autre la marquera fans doute auffi : & je l'a prens comme j'ai dit , pour Ofiris , qui va fouvent avec Ifis.

Pl.<br>xxxiv.

Les mamelles paroiffent un peu grandes pour un homme ; mais elles ne paroiffent plus telles quand on les compare avec celles des trois Ifis fuivantes ; d'ailleurs la quarruré des épaules, le corps, les bras & les jambes font d'un homme. L'ornement de tête eft remarquable : une fleur de lis fur le devant , approche fort de nos fleurs de lis d'aujourd'hui : c'eft par un pur accident ; car il eft certain que cela n'a jamais été fait pour fleur de lis : tout le derriere reffemble à une coquille des plus raïées. Il eft difficile de diftinguer qu'eft-ce qu'il tient à chaque main. La ceinture qu'il porte eft toutec hargée de caraćteres Hieroglyphiques: on l'a peinte à part pour les faire mieux remarquer. Ce font une palme, des yeux qui fignifient Ofiris ou le Soleil, un ovale qui renferme quelques animaux, une Ibis, un anneau ou eft attaché un T. qui fait prefque la figure d'une Croix, un ferpent ; autant de myfteres inintelligibles. La pierre où tient le dos de la ftatuë, en montre bien d'avantage. On y voit outre ce que nous venons de dire, deux animaux qui fe regardent, des éperviers , une tête d'homme , & bien d'autres fymboles.

Pl.<br>xxxv.

Nous prenons pour une Ifis, la figure d'après qui n'a rien de fort particulier, finon cette forte d'habit depuis les pieds jufqu'à la tête, fi jufte au corps, qu'il laiffe voir la forme de tous les membres, la coëffure n'a rien qu'on n'ait vû dans d'autres images. Elle tient de chaque main l'extremité de quelque bâton, ou de quelque iuftrument qui eft caffé. Je prens cette figure pour une Ifis ; on la voit ailleurs coëffée de même. Ce qu'elle a, qu'on ne voit pas dans les

---

xxxviii. ut dubitare non poffimus & hanc & illam effe Ifidem. Capitis ornatus veftifque eadem ipfa funt. Illud tantum inter ambas intereft difcriminis , quod hæc ftet , illa vero fedeat, puellum Orum tenens , quem laćtat ; hac vero nota Ifis fine controverfia effe deprehenditur. Duas item alias mulieres Ifides effe vix dubitaverim. Sæpe enim Ifis in variis monumentis eodem capitis ornatu compareat. Veftis quoque fimilis eft vefti Ifidis illius prioris. Ifides igitur omnes puto effe. Primus autem quem hic reponimus , ne ab aliis feparetur coloffeis ftatuis , erit Ofiris. Hæ ftatuæ fimul erant ; fi tres illæ deam repræfentant , haud dubie vir qui cum illis erat , deum etiam repræfentabit. Cum Ifide autem Ofiris pingi folebat. Hunc ergo Ofirin effe exiftimo.

Mammæ ampliores funt quam quæ viriles effe poffe videantur. Attamen non illas muliebres effe dixeris , fi conferas cum mammis trium Ifidum fequentium. Deinde etiam quadrati illi humeri, corpus , brachia , crura virum certe referunt. Cultus porro capitis obfervandus eft. Lilii flos capiti impofitus , lilii flores hodiernos noftros optime refert, id quod cafu haud dubie accidit. Certumque habeo ,

fculptorem hic lilium depingere in animo non habuiffe. Poftrema vero capitis cochleam marinam referunt , fulcis radiifque admodum diftinćtam. Quænam utraque manu teneat non ita facile eft internofcere. Zona qua præcingitur hieroglyphicis eft charaćteribus oppleta. Illa vero feorfim depićta fuit, ut quivis facilius charaćteres illos difpicere & explorare valeat. Hi vero charaćteres funt palma, oculi qui Ofirin five folem fignificant; ovata figura aliquot animalia complećtens, Ibis, annulus, cui hæret figura T. crucem pene referens , ferpens : quæ totidem inexplicabilia arcana funt. Quadrata illa paraftata, cui hæc ftatua adhæret , plures hieroglyphicos charaćteres habet ; præter eos quos jam recenfuimus , hic vifuntur etiam accipitres, caput hominis aliaque multa fymbola.

Ifidem effe putamus figuram fequentem, in qua nihil fere novi obfervatur , nifi veftis illa corpori ita adaptata , ut membra omnia a capite ad calcem compareant : ornatus capitis idem ipfe eft quem alibi fæpe obfervavimus. Utraque manu illa tenet baculi aut cujufpiam inftrumenti rupti fruftum. Hanc ideo ut Ifidem habeo, quod alibi etiam Ifides eodem capitis ornatum habeant. In hac ftatua,

# DIVINITÉ EGYPTIENNE, COLOSSALLE

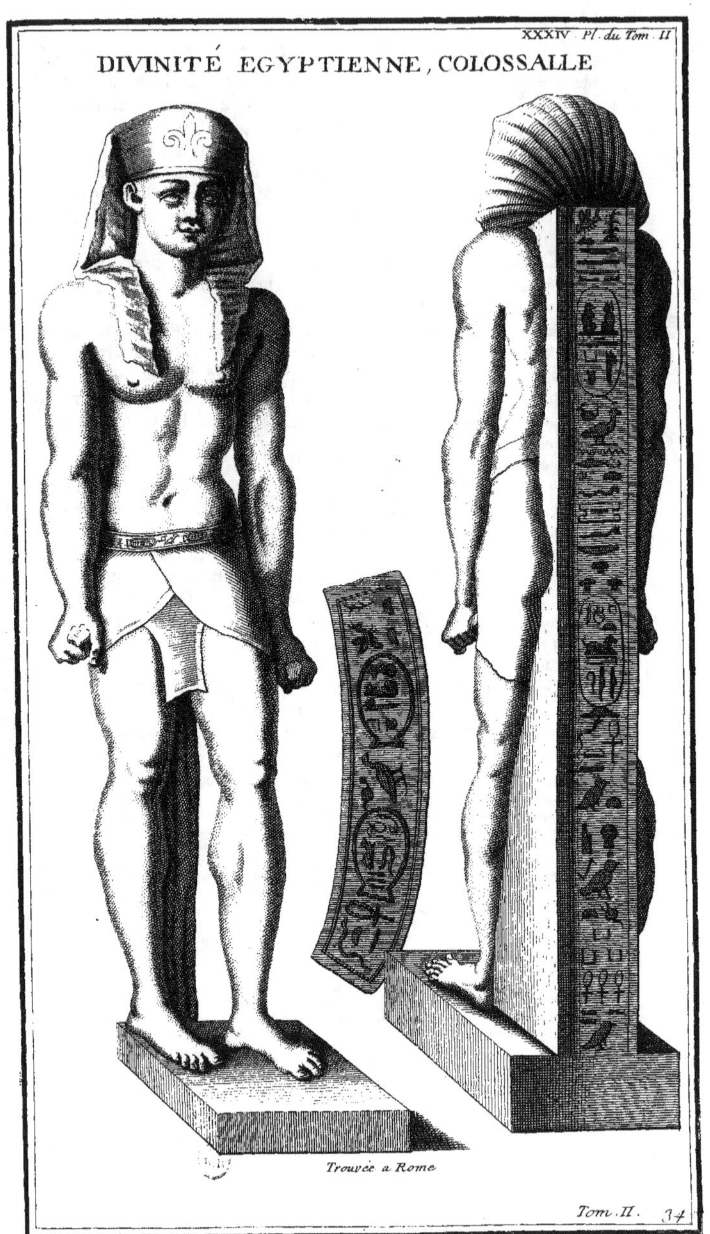

*Trouvée a Rome*

# ISIS COLOSSALLE

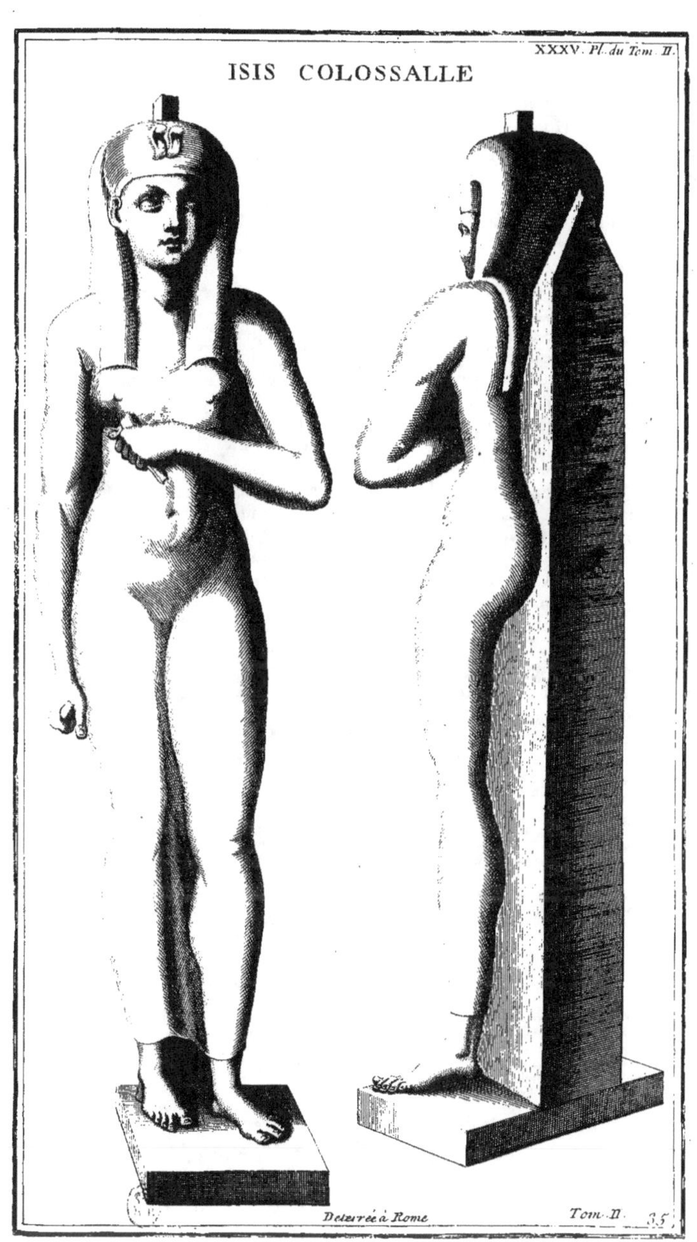

Deziree à Rome.

autres, c'eft que cette efpece de pilaftre où elle eft attachée, fe termine en pointe.

VI. L'Ifis fuivante, eft une figure coloffale, plus grande que les precedentes: elle a environ dix pieds de Roi de haut. Elle eft; dit M. Bianchini, d'un marbre très dur, moins noir que la pierre de touche, & plus noir que nos cailloux. Le caillou de Rome dont on fe fert pour paver les ruës eft approchant de la couleur de fer; cela veut dire que cette ftatuë eft de Bafalte; en voici les preuves: *les Egyptiens, 36. 7. dit Pline, ont trouvé en Ethiopie le marbre qu'ils appellent bafalte, qui a la couleur & la dureté du fer; & c'eft ce que ce nom exprime en leur langue. On n'en a jamais vû de plus grand bloc que celui que l'Empereur Vefpafien a dedié au Temple de la Paix. C'eft la figure du Nil avec feize petits garçons qui joüent au tour de lui, & qui marquent les feize coudées d'accroiffement de ce fleuve dans fes plus grandes cruës.* Ce bafalte approche-donc de la couleur du fer, felon M. Bianchini le marbre dont eft faite cette ftatuë, eft un peu plus noir que les cailloux de Rome dont la plûpart des ruës font pavées, & qui font de couleur de fer. Pline nous donne moïen de connoître ce bafalte, en difant qu'il a la couleur & la dureté du fer; car quoiqu'il foit un peu plus noir que le fer; cela n'eft pas affez confiderable pour que Pline ait dû exprimer cette petite difference. Il nous donne un autre moïen plus fûr de le connoître lorfqu'il dit, que le plus grand bloc de Bafalte eft celui qui reprefente le Nil avec les feize petits garçons, qui expriment les feize coudées d'accroiffement: on voit encore aujourd'hui à Rome cette figure, & nous l'avons donnée à la planche CVIII. du troifiéme tome de l'Antiquité. Il fe trouve un nombre prefqu'infini de ces antiques de bafalte à Rome, en Italie, & dans nos cabinets. Il y en a quantité dans celui de cette Abbaye: les principales font une femme accroupie, moins grande que nature, qui a entre fes jambes une grande infcription en caracteres hieroglyphiques: la tête manque à la figure: une belle tête grande comme nature, une autre tête un peu moins grande, & d'autres petites pieces. Tous les monumens que j'ai vûs jufqu'ici en bafalte, étoient Egyptiens; Pline nous apprend que ce marbre venoit d'Ethiopie.

Cette Ifis eft des plus fingulierement ornées. L'ornement de la tête & des épaules à quelque chofe de grand & de majeftueux. Au plus haut & fur la tête

PL. XXXVI.

---

fecus quam in aliis tribus ftatuis obfervatur; paraftas illa, cui Ifis hæret, in acumen definit.

V I. Ifis fequens coloffea figura eft, præcedentibus grandior pedum circiter decem Regiorum. Ex marmore, inquit V. cl. Blanchinus, eft duriffimo, minus quam lapis Lydius, magis quam filices noftri nigro. Silices Romani, queis utuntur ad ftrata & pavimenta vicorum, ad ferri colorem accedunt; quo indice Bafaltes effe dignofcitur: de quo hæc Plinius. 36. 7. *Invenit eadem Ægyptus in Æthiopia, quam vocant Bafalten, ferrei coloris atque duritia. Unde & nomen ei dedit. Nunquam hic major repertus eft, quam in templo Pacis, ab Imperatore Vefpafiano Augufto dicatus augmento Nili fedecim liberis circa ludentibus, per quos totidem cubiti fummi incrementi augentis fe amnis.* Bafaltes igitur nigrore ferrum tantillum fuperat, Blanchinius enim dicit, marmor, ex quo ftatua facta eft, filices illos referre, queis omnes pene Romæ vici ftrati funt; qui filices ferrei funt coloris. Plinius qui fit Bafaltes indicat cum ait, effe ferrei coloris atque duritiæ: etfi namque ferrum nigrore paulum fuperet; non

ita tamen, ut difcrimen a Plinio exprimi debuerit. Modum autem alium cognofcendi bafaltis certiorem affert cum ait, non majorem reperiri bafaltem eo qui Nilum repræfentat, fexdecim pueris circa ludentibus, per quos totidem cubiti fummi incrementi augentis fe amnis ejus, intelliguntur. Infinita prope monumenta antiqua ex bafalte Romæ reperiuntur, ac per Italiam & in Mufeis quoque noftris. In hujus cœnobii mufeo non pauca hujufcemodi exftant: hæc præcipua funt: Mulier fedens contracta, a vulgari magnitudine haud ita multum recedens, inter crura infcriptionem habens characteribus hieroglyphicis: hujus caput excidit. Caput perpulcrum mulieris naturali capiti par magnitudine, aliud caput minus, aliaque minora figna, Quotquot hactenus monumenta vidi ex bafalte, Ægyptia erant. Docet autem Plinius hoc marmor ex Æthiopia exportatum fuiffe.

Hæc porro Ifis fingularibus prorfus & infolitis fplendet ornamentis. Ornatus certe capitis, ut ut eft, aliquam præ fe fert majeftatis fpeciem. Capiti imminet infidetque rotunda turris cum feneftris

eſt une tour ronde , percée de pluſieurs fenêtres, que le Prélat a pris pour des hieroglyphes. Mais celui qui l'a deſſinée pour moi, a exprimé des fenêtres, ou pour mieux dire des arcades au bas d'une tour baſſe & ronde. Elles y ſont ſi bien marquées, qu'il n'y a aucun lieu d'en douter. La tour ſe voit ſouvent ſur la tête de Cybele : elle eſt ici ſur celle d'Iſis, qui eſt priſe pour Cybele, pour la terre, & pour toutes les déeſſes, comme nous avons fait voir au chapitre d'Iſis, tome II. de l'Antiquité. C'eſt je crois la premiere Iſis que j'ai vûë avec la tour ſur la tête ; nous en trouverons de ſemblables plus bas. Cette grande chevelure qui couvre les épaules, eſt compoſée de palmes , ou peut-être de plumes à quatre rangs proprement agencez : une aſſez large bande, comme un diadême lie la tête d'Iſis au-deſſous de la tour. Le bas de la chevelure ſe termine en une longue ſuite non interrompuë de boucles de cheveux friſez & cannellez, qui regnent tout au tour, & ne laiſſent qu'un aſſez petit eſpace vuide ſur le devant.

C'eſt dans cet eſpace qu'on voit un collet ou un ornement à pointes, qu'on laiſſe à conſiderer au lecteur. La déeſſe a ſur les poignets deux larges bracelets, & tient d'une main une eſpece de faucille : c'eſt apparemment une branche de palmier tournée comme une faucille. Dans l'autre main on voit les reſtes d'un inſtrument caſſé qui ſortoit, & dont il ne paroît plus que le tronçon. Les hieroglyphes de la pierre addoſſée, ſont aſſez ſemblables aux précedens. On y remarque un oiſeau que ſon cou long feroit prendre pour une Ibis, s'il avoit les jambes plus longues, un papillon, un autre oiſeau qui pourroit être l'épervier, qui paſſoit pour le dieu Oſiris, le taureau Apis, & pluſieurs autres divinitez, une croix ſurhauſſée d'un ovale , un triangle & quelques autres figures : on en voit encore ſur le côté de la pierre, où l'on obſerve un couteau bien formé, & au-deſſous de tout un aſſés grande image d'un homme qui pourroit bien être un Oſiris, à moins qu'on ne voulut dire que c'eſt un Serapis marqué par le boiſſeau qu'il a ſur la tête. On pourra peut-être me dire que Serapis & Oſiris étoient les mêmes. Il eſt vrai que c'eſt la commune opinion ; mais quoique ceux qui ont raiſonné ſur l'ancienne Théologie Egyptienne, aïent reconnu qu'Oſiris étoit le même que Serapis, on les a toûjours diſtinguez dans la figure , dans l'habit & dans le culte, de même qu'on a diſtingué Apollon du So-

---

plurimis , quas putavit V. cl. Blanchinius hieroglyphicos eſſe charaéteres , ſed qui delineavit exemplum mihi tranſmiſſum feneſtras expreſſit, aut potius arcus in ima turri rotunda, nec alta qui arcus ita clare delineantur , ut nullus ſuperſit ea de re dubitandi locus. Turrim ſæpe capite geſtat Cybele. Hic turris geſtatur ab Iſide, quæ pro Cybele, pro terra, proque deabus omnibus habebatur, ut probavimus Tomo Antiquitatis explanatæ ſecundo , ubi de Iſide ac de diis Ægyptiis. Eſt illa, ut puto , prima Iſis , quam capite turrito vidi ; ſed alias infra ſimiles videbimus. Ingens illa coma quæ humeros operit, ex palmis & ex Iſidis capillis concinnata eſt, vel forſitan ex plumis in quatuor ordines concinne digeſtis : ſub illa turri caput Iſidis redimiculo , ſive diademate ligatur. Infima comæ pars ex cincinnis undique longa ſerie humeros circumdantibus & calamiſtratis apparatur, ſpatio perquam minimo ad pectus vacuo relicto. In hoc autem ſpatio viſitur velum a collo pendens parvum acuminibus quibuſdam undique decoratum, quod explorandum oculis lectori relinquimus. Supra pugnos dea latiores armillas duas geſtat , & altera manu tenet falculam :

credere malim eſſe palmulam falculæ more reclinatam. In altera manu fracti cujuſdam inſtrumenti reliquiæ permanent, cujus ſolum modo fruſtum conſpicitur. Hieroglyphi charaéteres in averſo ſchemate inciſi præcedentibus ſat ſimiles ſunt. Obſervantur inter illos avis, quam ex colli longitudine ibidem diceremus, ſi crura perindè longa eſſent , papilio, avis alia, quæ accipiter eſſe poſſit : accipiter vero pro Oſiride habebatur : Taurus quoque Apis, aliaque numina : crux cui imminet ovata figura , triangulus & quædam alia diverſi generis. Ad latus etiam aliud lapidis alia viſuntur, ubi culter ſolita forma comparet. Superne autem ſat magna ſeſe exerit figura viri , forſan Oſiridis ; niſi forte dicat quiſpiam eſſe Serapidem , calathum nempe capite geſtantem , quod eſt vulgatum ejus ſymbolum. Dicet forte quiſpiam Serapidem & Oſiridem eumdem fuiſſe. Hæc utique communis omnium eſt opinio. At licet illi , qui veterem Ægyptiorum Theologiam accuratius rimati ſunt, Oſiridem eumdem quem Serapidem eſſe dixerint ; tamen illi quod ad figuram , habitum religioniſque cultum pertinet, diſtincti & quaſi diverſi habiti ſunt

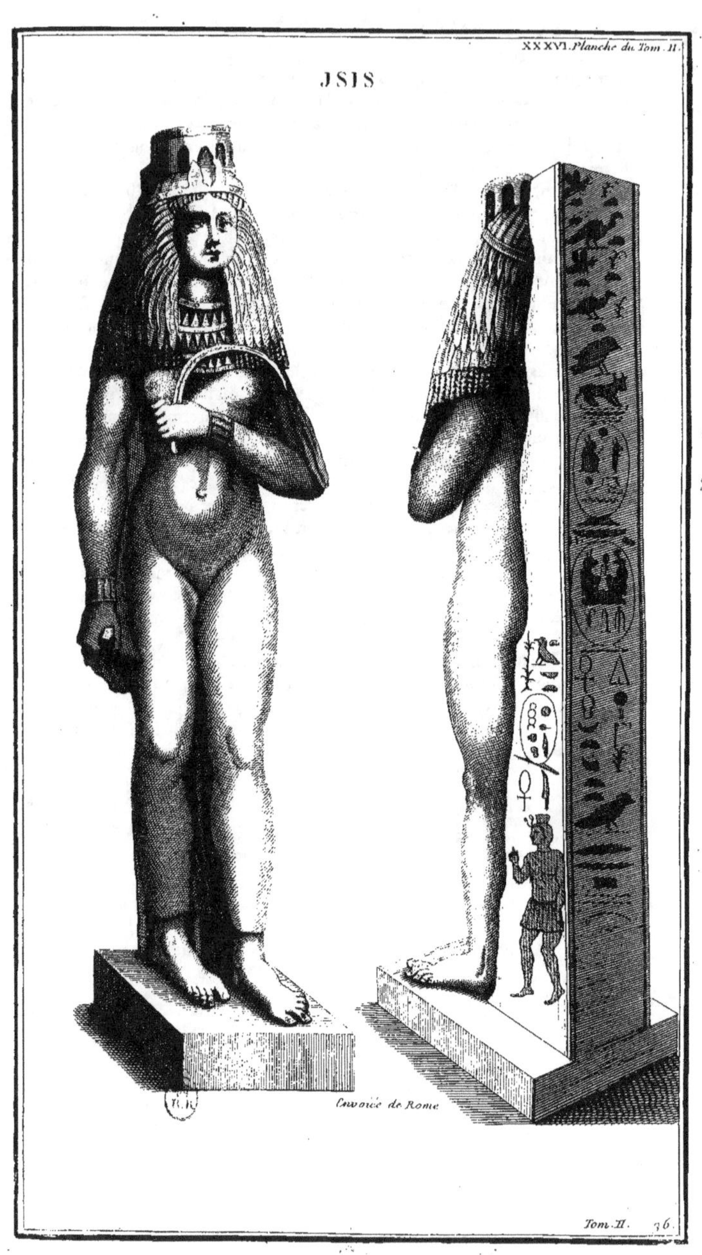

ISIS
XXXVI. Planche du Tom. II.
Conservé de Rome
Tom. II. 36.

leil, & Diane de la Lune; quoique dans le fond ils fuſſent les mêmes. Ce qui
m'empêcheroit de croire que ce ſoit Serapis ; c'eſt que je ne l'ai jamais vû
dans les images purement Egyptiennes comme l'eſt celle-ci : Serapis eſt ordinairement d'un goût Grec ou Romain , & je ſuis du ſentiment de ceux qui
croïent que Serapis n'étoit point connu en Egypte avant les Ptolemées, comme je l'ai prouvé au ſecond tome de l'Antiquité. Le boiſſeau qu'il a ſur
la tête ne prouve pas qu'il ſoit Serapis ; car il n'a que cela qui puiſſe ſe rapporter à lui, & c'eſt peut-être par accident que ce vaſe a la forme du boiſſeau.
C'eſt plûtôt un de ces vaſes que les plus anciens des dieux Egyptiens portent
ſi ordinairement ſur la tête. Il a comme des cornes ſur le front ; la penſée me
vient que ce pourroit bien être un Prêtre. Il eſt en effet fort ſemblable à un Prêtre que nous donnons plus bas, & qui a un haut de chauſſe preſque de même.

VII. Je prens auſſi pour une Iſis la ſtatuë ſuivante, qui ne differe pas beaucoup d'une que nous venons de voir. Elle a ſur la tête comme un petit tronçon
de colonne ronde. Les Hieroglyphes ſont ici conformes à ceux que nous avons
vûs ci-devant. Le bœuf Apis s'y trouve : ce qu'il y a de particulier ce ſont trois
croix bien formées poſées de niveau ſur trois eſpeces de piedeſtaux, ou de
monticules.  Voir des croix dans des monumens Egyptiens, cela n'eſt pas rare.
Il y en a de très bien formées dans l'image d'Iſis donnée à la planche CVI. du ſe-
cod tome de l'Antiquité : l'on en voit auſſi dans la même table Iſiaque : mais
en voir trois en même ligne & ſur le même niveau poſées ſur des piedeſtaux ;
c'eſt ce que je n'avois point encore obſervé : cela eſt tout nouveau pour moi
& peut donner lieu à bien des reflexions. On ne peut pas rapporter cela à la
Croix de Jeſus-Chriſt & des deux larrons, ni dire que les Egyptiens ont imité
cela de nôtre religion. Ces figures là ſont plus anciennes que le Chriſtianiſme,
& faites même ſelon toutes les apparences, avant les Ptolemées. Les autres Hieroglyphes ſont ordinaires, & ſe trouvent repetez en beaucoup d'autres monumens.

Pl.<br>xxxvii.

quemadmodum Apollo a Sole , Diana a Luna di-
ſtinɥta fuit , etſi reapſe eadem eſſent numina. Quod
autem mihi eſſe alium a Serapide ſuadet , illud eſt ,
quod nunquam Serapidem viderim in monumentis
pure Ægyptiacis , nihil Græci vel Romani cultus
præ ſe ferentibus , ut hoc eſt quod jam præ manibus
habemus : Serapis quippe vulgo Romani quidpiam
aut Græci præ ſe fert ſchematis. Cumque aliis
doɥtis viris exiſtimo Serapidem in Ægypto notum
non fuiſſe ante Ptolemæos , ut in ſecundo Antiquitatis explanatæ tomo probavi. Modius ſeu calathus
quem capite geſtat minime probat eſſe Serapidem ,
nihil enim præterea habet ad Serapidis formam &
cultum accedens , & quod calathi formam habeat illud quod capite geſtat , caſu accidiſſe videtur :
aliunde vero trita res eſt Ægyptios deos, eoſque an-
tiquiſſimi cultus , vas aliquod capite geſtare. Ex
ejus fronte hic quædam ceu cornua erumpere videntur. In mentem ſubit eſſe forte ſacerdotem.
Et vero ſacerdotem huic vere ſimilem infra dabi-

mus , femoralibus pene iiſdem inſtruɥtum.

VII. Iſidem etiam ſequentem figuram agnoſco ,
quæ parum differt ab alia quam paulo ante vidimus.
Hieroglyphici charaɥteres conſimiles ſunt iis qui
ante conſpeɥti nobis ſunt. Hic Apis comparet.
Quod autem ſingulare eſt : Tres ordine poſitæ cruces optime efformatæ viſuntur , tribus ſtylobatis
ſeu monticulis impoſitæ. In monumentis quippe
Ægyptiis cruces videre , id vulgare , id tritum eſt ;
Cruces enim habentur in tabula Iſidis cvi. ſecundi
Antiquitatis explanatæ tomi , cruces quoque ſunt
in menſa Iſiaca. Sed tres una cruces conſpicere &
quidem e regione & ordine poſitas ; id certe novum
atque mirandum eſt. Hæc quippe non poſſunt ad
Cruces Chriſti & latronum referri , neque hinc
omnino vel originem ſumſiſſe , vel uſurpatas ab
Ægyptiis inde fuiſſe , ut in profana ipſorum myſteria inducerentur. Imo ante Ptolemæos , facta
fuiſſe videntur. Alii hieroglyphici charaɥteres vul-
gati ſunt , inque diverſis obſervantur monimentis.

## CHAPITRE II.

*I. Nouvelle Table Isiaque tirée d'une mumie. II. Isis qui soutient sur sa tête les quatre élemens, & sur ses bras toute la religion. III. Le sein d'Isis avec une Croix de Saint André. IV. Isis assise, étend ses grandes aîles : mystere qu'on tâche de développer. V. Que signifient les deux Sphinx au bas d'Isis.*

I. CE grand nombre de figures Egyptiennes mysterieuses, qu'on voit en differens cabinets, & qu'on deterre tous les jours, nous sont souvent impenetrables. Elles n'étoient guere plus intelligibles à la plûpart des Egyptiens : il n'y avoit que leurs Prêtres & peut-être ceux qui étoient initiez à leurs mysteres, qui entrassent dans les secrets de leur Théologie. Ce grand air de mystere donnoit beaucoup de dignité à des points de religion, qui auroient sans doute paru extravagans & ridicules, s'ils avoient été à la portée de tout le monde. Nous avons vû en onze tableaux, dans la table Isiaque, une representation des mysteres des Egyptiens. Il semble d'abord qu'on voit là d'un coup d'œil, tout ce que les Egyptiens ont imaginé touchant leurs divinitez, & non seulement les tableaux, mais aussi leurs bordures, & surtout celle qui regne au tour de la table, sont chargées de symboles & d'histoires muettes, de la plûpart desquelles nous ne saurions donner raison. Cette table Isiaque semble épuiser tout ce que les Egyptiens honoroient d'un culte divin : on y voit tous ceux qu'ils adoroient sous la pure forme humaine ; ceux qui avoient de l'homme & de la bête, tous les animaux dont la plûpart entroient dans leur religion ; un grand nombre de plantes, que cette nation la plus superstitieuse de toutes les nations, avoit aussi mises au nombre des divinitez. Ce prodigieux détail se voit dans la table Isiaque. Mais les Egyptiens avoient sans doute d'autres tableaux, où ils representoient leur religion plus brievement & en un autre sens.

Voici une autre image qui semble faire un plan general de l'ancienne reli-

Pl. aprèsla XXXVII.

---

### CAPUT II.

*I. Nova Tabula Isiaca ex Mumia. II. Isis capite quatuor elementa sustentat, & brachiis totam religionem. III. Sinus Isidis cum cruce S. Andreæ, ut vocant. IV. Isis sedens magnas extendit alas, quod arcanum explicare conamur. V. Quid significent duæ Sphinges sub alis Isidis inferne positæ.*

I. INgens ille numerus schematum Ægyptiorum, quæ in Museis habentur, quæque in dies ex terra eruuntur, res ita arcanas persæpe complectuntur, ut vix illas adire & intelligere fas sit. Ne Ægyptiis quoque ipsis intellectu faciliores erant. Unis vero sacerdotibus, & fortasse iis etiam qui mysteriis initiati erant, datum erat ut in secretam hujusmodi theologiam penetrarent. Hæc arcanorum affectata ratio multum dignitatis conferebat hujusmodi religionibus, quæ si in vulgi notitiam venissent, & omnium oculis expositæ fuissent, nugæ & quisquiliæ habitæ fuissent. In Mensa Isiaca, undecim tabellis depicta vidimus mysteria illa Ægyptiaca. Statim credatur illic uno conspectu videri ea omnia, quæ Ægyptii circa numina sua commenti fuerant. Non modo enim tabellæ, sed etiam oræ omnes, maxime vero illa quæ circa totam mensam extenditur, repletæ symbolis sunt mutisque historiis, de quarum plurimis, deque earum significatione ne γρῦ quidem possumus proferre. Tabula illa Isiaca omnia complecti videtur ea, quæ Ægyptii divinis honoribus prosequebantur. Ibi omnes dii, qui humana sub forma ab ipsis colebantur : illi etiam, qui humanam simul formam & ferinam admixtam, habebant, nec non animalia & feræ, quas insana religio complectebatur : herbarum plantarumque numerus ingens, quas omnium superstitiosissima natio, inter deos suos locaverat. Hæc portento similis caterva in magna illa mensa Isiaca suspicitur. Verum Ægyptii alias haud dubie tabellas habebant, ubi compendio & secundum aliam rationem numina sua repræsentarent.

En alteram tabulam generalem Ægyptiacæ reli-

# ISIS COLOSSALLE

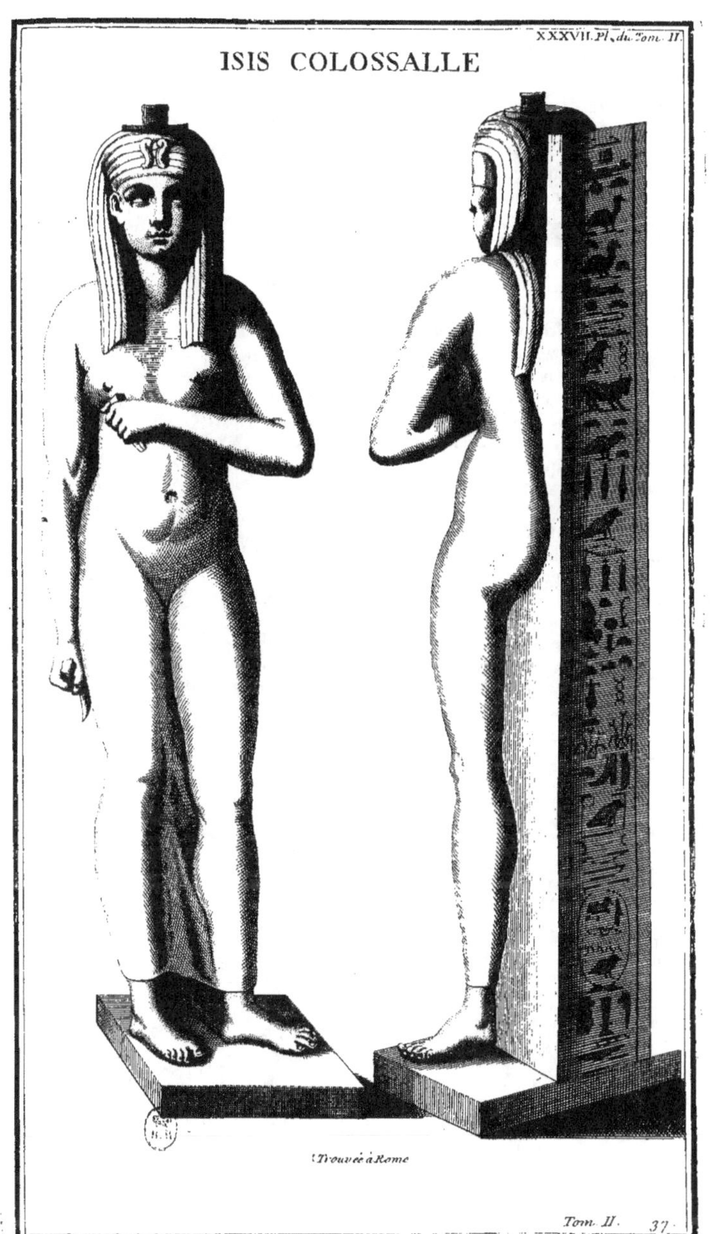

*Trouvée à Rome*

gion des Egyptiens. Le tableau eſt bien moins chargé de figures que la table Iſiaque , & ſemble pourtant comprendre quoique plus en abregé , cette Théologie Egyptienne , c'eſt le deſſus d'une mumie qu'on voit à la Bibliotheque des RR. PP. Auguſtins Déchauſſez. Elle m'a été communiquée par le P. Euſtache , qui y occupe ſi dignement la charge de Bibliothécaire. C'eſt une peinture que nous repreſentons ici preſque de la grandeur de l'original. Elle eſt ſur la toile. Après une couche de blanc , on a mis les couleurs , & le tout fait une carte aſſés forte. Malgré le grand nombre de ſiécles écoulez depuis que cette peinture eſt faite , les couleurs n'ont preſque rien perdu de leur vivacité , quoique la mumie ſoit du goût des plus anciens tems , & qu'elle ait apparemment deux ou trois mille ans. Ces mumies ſont ordinairement hiſtoriées & couvertes de toile peinte , où l'on repreſente bien des choſes qui regardent la religion des Egyptiens ; des Iſis, des Oſiris, & d'autres dieux qu'ils adoroient, des inſcriptions en caracteres hieroglyphiques , & quelque fois auſſi avec le caractere ordinaire. Nous donnerons plus bas le Calendrier Egyptien , tiré du deſſus d'une mumie & diviſé en douze colonnes pour autant de mois. Tel étoit l'art de cette nation celebre , après trois ou quatre mille ans ces peintures & ces couleurs ſortent de terre auſſi vives que ſi l'on venoit de les mettre.

II. Le fond de l'image à quoi il ſemble que tout ſe doive rapporter, eſt une Iſis aſſiſe ſur ſes talons. Elle a ſur la tête un grand cercle , qui renferme d'autres petits cercles qui ſemblent marquer indubitablement les quatre élemens , comme nous dirons plus bas. Iſis étend ſes deux bras ; enſorte qu'ils occupent toute la largeur du tableau. Les bras ainſi étendus ſoutiennent deux petits tableaux de divinitez Egyptiennes : on n'en voit que quatre dans les deux, dont une ſeule a la face humaine. Au-deſſous des bras ſont deux grandes aîles à trois grandes rangées de plumes, qui occupent auſſi toute la largueur du tableau , & ſous les ailes deux ſphinx noires, coëffées de blanc. Voilà le premier coup d'œil.

Cette Iſis aſſiſe ſoutient donc toutes choſes de la tête, des bras, & des ailes ; la terre , les élemens , & tout ce qui regarde la Religion. C'étoit là l'opinion la plus commune des Egyptiens ; qui diſoient même qu'Iſis étoit toutes cho-

---

gionis , quam totam complecti videtur. Illa autem figurarum numerum longe minorem præ ſe fert , quam menſa ipſa Iſiaca , videturque tamen , quaſi compendio illam ipſam totam religionem comprehendere. Eſt vero in operculo Mumiæ jam in Bibliotheca R R. P P. Auguſtinianorum diſcalceatorum. Illam mecum communicavit Reverendus P. Euſtachius , qui digne ibi Bibliothecarii munus obtinet. Eſt vero pictura , quam pene ſecundum archetypi magnitudinem hic repræſentamus. In tela autem depicta fuit , quæ albo primum liquore tincta , deinde colores alios excepit. Hi colores cum tela ſat firmam tabellam efficiunt. Etſi vero a multis retro ſæculis pictura facta fuerit , tamen vividos ſemper colores retinuit , quod in aliis etiam hujuſmodi mumiis obſervatur. Hæc vero Mumia ut et multæ aliæ annorum fortaſſe pluſquam bis millenorum & forte ter millenorum eſt. Hæ Mumiæ tela obductæ ſolent eſſe : tela, inquam, depicta hiſtoriiſque plena , ubi multa depinguntur ad Ægyptiorum religiones pertinentia ; Iſides , Oſirides aliaque numina ab ipſis culta , inſcriptiones characteribus hieroglyphicis , nonnunquam etiam charactere vulgari. Kalendarium Ægyptiacum infra dabimus , ex Mumia quadam eductum , & in duodecim co-

lumnas pro totidem menſibus diviſum. Ars tanta erat celeberrimæ iſtius nationis , ut poſt emenſos bis mille & ter mille annos , hæ picturæ, hi colores ex terra educti , perinde vividi ſint , ac ſi nuper appoſiti fuiſſent.

II. Imago præcipua ad quam cætera omnia referenda videntur, eſt Iſis ſedens ſupra talos. Capite vero ſuſtentat circulum magnum , alios minores circulos complectentem , qui quatuor elementa complecti & ſignificare omnino videntur , de quibus ſermo erit infra. Iſis duo brachia extendit , ita ut totam tabellæ latitudinem occupent. Duo brachia ſic extenſa , duas minores tabulas numinum Ægyptiacorum ſuſtinent : Hæc porro numina quatuor tantum comparent , quorum unum tantummodo , humana præditum eſt facie. Sub brachiis alæ duæ tribus plumarum ordinibus inſtructæ , ejuſdem cujus brachia longitudinis ſunt. Sub alis vero duæ Sphinges , nigræ , ornatu capitis albo. Hic primus eſt tabulæ conſpectus.

Hæc igitur Iſis ſedens omnia ſuſtentat , capite , brachiis , alis ſuis , orbem nempe , elementa , & quidquid ad religionem pertinet. Hæc communis erat Ægyptiorum opinio; qui etiam dicebant Iſidem omnia eſſe. *Quod Sai eſt templum Minervæ , quam*

fes. Au temple de la Minerve de Saïs, qui paſſoit pour la même qu'Iſis, on voïoit ſur le pavé cette inſcription : *je ſuis tout ce qui a eſté, qui eſt, & qui ſera : & aucun des mortels n'a encore levé mon peple ou mon voile ;* ce qui vouloit dire que perſonne n'avoit encore penetré dans ſes myſteres. Iſis étoit, dit ailleurs Plutarque, la nature feminine ou la mere nature, qui contient en elle-même la generation de toutes choſes, ſelon Platon elle nourrit & reçoit tout. Pluſieurs l'appelloient myrionyme, parce que ſe tournant en toute ſorte de formes, & étant ſuſceptible de toute eſpece d'idées, on l'a pouvoit appeller d'une infinité de noms. C'eſt apparemment pour cela qu'on la voit peinte en tant de manieres, & toutes differentes ſelon les differentes fonctions qu'on lui attribuoit.

Les Egyptiens rapportoient donc tout à Iſis. Elle étoit tout ſelon les uns, elle renfermoit & nourriſſoit tout ſelon les autres. Ici elle porte ſur la tête un grand cercle, qui en renferme d'autres, enſorte qu'il s'en trouve quatre en tout. Le premier & le plus grand cercle eſt blanc, le ſecond bleu, le troiſiéme gris brun, le quatriéme rouge ; cela paroît marquer les quatre élemens ; le rouge ſera le feu ; le gris brun la terre ; le bleu l'eau ; le blanc l'air. Le feu eſt au centre, comme celui qui donne la chaleur & la vie à toutes choſes. Il n'y a que ces quatres couleurs emploiées dans tout ce tableau : ce qui peut avoir ſa raiſon, en ce que ce ſont les quatre élemens qui compoſent tout le monde. Si le jaune s'y trouve quelquefois, il n'y eſt que pour quelques ornemens & non pour repréſenter les choſes. Iſis porte une coëffe bleüe, qui lui pend ſur la poitrine. Je ne ſai s'il y a là-deſſous quelque myſtere. Ses deux bras ſont étendus : elle montre le dedans des mains, & replie ſes doits. Sur ſes deux bras ſont deux tableaux dont les bords ſont bleus & jaunes, & les fonds rouges. Dans le tableau ſoutenu ſur le bras droit, on voit d'abord d'un côté Iſis coëffée de bleu comme la grande Iſis qui eſt au milieu : il eſt aſſez ordinaire dans les images Egyptiennes de voir la même figure revenir deux fois ſur le même tableau. Cette Iſis a d'abord une robe blanche marquée de lignes noires ſur l'épaule : une autre eſpece d'habit brun étroit qu'elle porte, laiſſe voir un pan de la robe blanche, qui paroît être de toile. Iſis tient de ſes deux mains une

---

*Iſidem eſſe putant*, inquit Plutarchus de Iſide & Oſiride p. 354. *hanc habebat inſcriptionem*, Ε᾽γώ εἰμι πᾶν τὸ γεγονὸς κ̀ ὸι, κ̀ ἐσομᾲνον, κ̀ τὸν ἐμὸν πέπλον ουδᾲις πω θνητὸς ἀπεκάλυψε ; id eſt, *ego ſum omne quod fuit, eſt & erit : meumque peplum nemo hactenus mortalium detexit :* quo ſignificabatur mortalium neminem adhuc in ejus myſteria penetraviſſe. Iſis erat, inquit eodem libro pag. 372. Plutarchus, natura feminina, ſeu mater Natura, quæ rerum omnium generationem in ſe continet, ſecundum Platonem, alit illa recipitque omnia. Multi illam myrionymam appellabant, quia in omnes ſeſe tranſmutans formas & cujuſvis generis ideas in ſe recipiens, innumeris poterat nominibus appellari. Ideoque, ut credere eſt, tot modis & formis depicta occurrit, iiſque variis, ſecundum earum, quæ ipſi attribuebantur, functionum diverſitatem.

Ægyptii ergo ad Iſidem referebant omnia. Omnia erat ipſa ſecundum quoſdam, omnia in ſe continebat & alebat ſecundum alios. Hic vero circulum magnum capite geſtat, qui alios continet circulos, ita ut quatuor ſimul circuli reperiantur, primus maximuſque circulus, albus eſt ; ſecundus cæruleus ; tertius, cinereus obſcurus ; quartus, rubeus. Quæ videntur omnino quatuor eleemnta indicare : rubens circulus, ignis erit ; cinereus obſcurus, terra ; cæruleus, aqua ; albus, aer. In centro ponitur ignis, quaſi ſcilicet ipſe foveat omnia, caloremque atque adeo vitam indat. Hi vero quatuor tantum colores in hac myſtica Iſidis pictura adhibentur : id illa de cauſa ſic concinnari potuit, quod quatuor elementa totum orbem conſtituant. Si autem flavus color aliquando adhibeatur, ad ornatum tantum non ad res exprimendas admittitur. Iſis cæruleo velo tectum caput habet, quod velum ad pectus uſque deſcendit : neſcio autem utrum hac in re quidpiam arcanum lateat. Duo brachia ejus extenſa ſunt, & volas manuum illa monſtrat, quarum plicati digiti ſunt. Ejus brachiis hinc & inde ſuſtentantur tabulæ duæ depictæ, quarum oræ cæruleæ flavæque ſunt, fundus autem picturæ ruber eſt. In tabula illa quæ brachio dextro ſuſtentatur, in alteto latere ſtatim videtur Iſis, cujus caput cæruleo velo tectum eſt ut in imagine majore : non inſolitum, eſt in tabulis depictis Ægyptiacis eamdem ipſam perſonam bis terve repræſentari. Iſis hæc veſte induitur alba, nigris diſtincta lineis ad humeros. Veſtimento item alio nigricante tegitur, ita ut veſtis albæ extrema pendentia cernantur : hæc porro alba veſtis ex tela videtur eſſe confecta. Iſis vero faſciam complicatam manibus tenet, quæ faſcia ſuperne ceu

bande

bande pliée en deux, dont le pli fait au-deſſus des mains une eſpece d'anneau.
L'habit de l'autre figure du même tableau, & des deux du tableau oppoſé,
eſt tout-à-fait ſemblable à celui-ci, elles tiennent la bande en la même maniere; mais les têtes ſont très-differentes, & les trois repreſentent des animaux.
La figure qui occupe l'autre côté du tableau a la tête du Cynocephale, telle
que nous l'avons donnée à la planche CXXIX. du ſecond tome; elle regarde
Iſis qui eſt de l'autre côté. Entre les deux eſt une eſpece de colonne qui pourroit être un autel, ſur lequel on voit comme des vaſes ronds, qu'il eſt mal-
aiſé de diſtinguer, tant cela eſt mal formé; le tableau de l'autre côté eſt ſur le
bras gauche d'Iſis. On y voit la même eſpece d'autel que ci-devant. Le Dieu
qui eſt à l'un des côtez eſt Oſiris à tête d'épervier; car on le repreſentoit ainſi,
dit Plutarque. Au côté oppoſé eſt Anubis à tête de chien.

III. Iſis porte donc ici ſur ſa tête les quatre élemens, diſpoſez en cercle ou
peut-être en globe, coupé par le milieu pour en faire voir la diſpoſition : c'eſt
à-dire, qu'elle ſoûtient toute la nature : elle porte auſſi ſur ſes bras toute la
Religion, marquée par les principaux dieux. Chacun de ces dieux avoit rapport à Iſis. Il ne faut donc pas s'étonner ſi le culte d'Iſis étoit ſi general dans
l'Egypte. Après la tête & les bras d'Iſis vient le ſein de cette déeſſe, qui paroît nu, & eſt marqué d'une croix de Saint André; on remarque de même
cette forme de croix ſur le corps d'Oſiris, dans l'autre image de cette planche. La croix ſe voit aſſez ſouvent entre les mains des dieux Egyptiens comme nous venons de voir, & comme nous avons dit au ſecond tome de l'Antiquité p. 277. & ailleurs : au-deſſous de cette croix de Saint André, le corps
d'Iſis eſt peint en petits carreaux de bleu, rouge & brun, avec quelque ſorte
de ſymmetrie:Il ſemble que ce ne ſont que des couleurs appliquées ſur la chair,
ou ſi c'eſt un habit, il eſt extrêmement juſte au corps. Ces couleurs regnent
juſqu'à la cheville du pied.

IV. Sous les bras étendus d'Iſis, ſont de grandes ailes qui vont de chaque
côté juſqu'à l'extrêmité du tableau. On y voit d'abord quatre rangées de ces
petites plumes qui ſont au plus haut des aîles comme un duvet. Les premieres ſont bleuës, les ſecondes rouges, les troiſiémes bleuës, les quatriémes
brunes. Enſuite viennent trois rangées de grandes plumes: la premiere ran-

---

annulum efficit. Altera hujus tabulæ figura, necnon duæ aliæ in oppoſita tabula eodem prorſus
cultu veſtituque indutæ ſunt, faſciamque tenent
omnes eodem prorſus ritu. Sed capita omnino differunt, tria enim animalium & capita & roſtra
habent. Alia perſona hanc priorem tabulam occupans caput habet Cynocephali, qualem dedimus
in tabula CXXIX. ſecundi tomi Antiquitatis explanatæ. Cynocephalus Iſidem reſpicit in altero poſitam latere. Inter ambos ceu columna quædam
viſitur, aut fortaſſis ara, cui impoſita ſunt quædam
vaſa, quæ internoſcere admodum difficile eſt,uſque
adeo ſunt rudi penicillo delineata. In oppoſito latere tabula depicta brachio Iſidis ſiniſtro nititur.
Eadem ipſa ibidem ara viſitur quæ in præcedenti
tabula : in altero latere Oſiris ſtat cum accipitris
capite. Sic autem ille,Plutarcho de Iſid. & Os. teſte,
repræſentabatur, huic oppoſitus eſt canino capite
Anubis.

III. Iſis ergo quatuor elementa capite geſtat, in
circulum diſpoſita, imo fortaſſis in globum, qui
conſpectus cauſa ſectus ſit; quo ſignificatur ab illa
naturam totam ſuſtentari; brachiis item portat
religionem totam præcipuorum deûm figuris ſigni-

ficatam. Dii vero ſinguli ad Iſidem aliqua ratione
referebantur, quid ergo mirum ſi tantus eſſet in
Ægypto Iſidis cultus ? Poſt caput & brachia Iſidis,
infra videtur pectus illius, nudum, & ſancti
Andreæ, ut vocant, cruce notatum, eadem quoque
crucis S. Andreæ forma obſervatur infra in hac
ipſa Tabula ſupra pectus Oſiridis defuncti. Crux
ſæpe in manibus Ægyptiorum deorum cernitur,
ut modo vidimus, utque diximus in ſecundo Antiquitatis explanatæ tomo p. 277. atque alibi. Sub
illa ſancti Andreæ cruce corpus Iſidis quadratis
tabellulis opertum eſt, cæruleis, rubris, nigrican-
tibus cum ſymmetria quadam concinnatis. Videntur autem hîc colores in cute poſiti; aut ſi veſtis
ſit, ea admodum anguſta & arcte corpori aptata
eſt. Colores autem illi varii ad uſque malleolos
pedum pervadunt.

IV. Sub brachiis Iſidis extenſis, alæ ſunt grandes,
quæ ex utraque parte ad extremam tabulam per-
tingunt. Statim autem conſpiciuntur quatuor ordines plumarum illarum tenuium molliorumque,
quæ in extremis avium alis obſervantur : Primæ
cæruleæ ſunt,ſecundæ rubræ, tertiæ cæruleæ,quartæ
nigricantes. Deinde ſequuntur tres magni penna-

gée est de plumes brunes sur un fond jaune, la seconde, de plumes rouges sur un fond bleu, la troisiéme, de plumes bleuës sur un fond blanc. Voilà bien du mystere, Isis assise sur ses talons étend ses bras ; à quoi bon ces grandes ailes étenduës : à quoi peuvent-elles servir à Isis assise ? Isis étant ici prise pour la nature, il semble qu'on peut dire qu'elle est assise pour marquer la stabilité de l'univers, & qu'elle étend ses grandes ailes, pour marquer le mouvement perpetuel qui s'observe dans ses parties ; mouvement qui ne trouble jamais l'ordre, & qui sert même à le soûtenir toûjours dans le même état. C'est ce qu'il semble qu'on peut dire de plus solide. Les Prêtres & les initiez Egyptiens l'expliquoient peut-être autrement ; mais s'il faut s'en tenir à ce qu'en disent plusieurs Auteurs citez dans le traité de Plutarque, sur Isis & Osiris : les Prêtres ne s'accordoient guere entr'eux dans l'explication de ces mysteres : entre les differens sens qu'ils donnoient à ces énigmes, on en remarque un physique, qui consiste à rapporter tout aux operations de la nature, qui étoit Isis ; & un autre moral du moins en partie, qui regardoit les deux principes, l'un du bien & l'autre du mal ; le principe du bien étoit Isis, Osiris & les autres divinitez bienfaisantes ; le principe du mal étoit Typhon.

V. La grande image d'Isis que nous donnons ici, renfermoit sans doute bien des sens mysterieux : c'est apparemment pour cela qu'on a mis au bas de l'image deux Sphinx qui font un regard ; l'un est devant les genoux, & l'autre devant les pieds d'Isis. On mettoit, dit Plutarque p. 352. des Sphinx devant les temples, pour marquer que la théologie Egyptienne étoit énigmatique, & difficile à expliquer. Ces deux Sphinx ont le visage & le corps noir, & sont coëffées de blanc. Il pourroit encore y avoir du mystere là-dedans ; mais quel Oedipe en donnera l'explication ? Peut-être les a-t-on peintes noires, parce qu'on les faisoit ordinairement de basalte, qui est un marbre noir. Il y a dans le cabinet de cette Abbaye la tête d'une Sphinx d'un très-bon goût, qui est aussi de basalte. Il est aussi à remarquer que devant les deux Sphinx il y a deux trous faits exprès & dès le commencement, dont l'un se termine aux genoux d'Isis, & l'autre à ses pieds & à son dos. Ces trous faits à dessein & dès l'origine, sont exprimés par les blancs qui restent sur la planche. On voit en-

---

rum ordines, primi ordinis pennæ nigricantes sunt, in flavo fundo, secundæ rubræ in fundo cæruleo; tertiæ cæruleæ in fundo albo. Hæc porro omnia mysteria esse videntur : neque enim casu sic posita esse puto, apud Ægyptios enim in arcanis omnia erant, neque fortuito, & ut res sese ad manum dabant, sic eas concinnabant ; sed omnia illi ad mysteria sua referebant. Isis sedens brachia extendit talis tamen suis insidens & immota manens. Cur sedentis Isidis extensæ alæ sunt ? Cui vero usui extensæ alæ sunt ei quæ immota maneat ? Cum Isis hic naturam significet, dici posse videtur Isidem sedere, ut significetur universi stabilitas, alasque extendere, ut indicetur motus ille perpetuus, qui in ejus partibus observatur ; motus, inquam, qui ordinem nunquam perturbat, imo qui ad eum eodem in statu continendum conducit. Nihil, ut puto, ad rem licet arcanam explicandam accommodatius afferri potest. Sacerdotes Ægyptii atque ii qui mysteriis erant initiati alio fortasse modo rem explicabant. Verum si standum plurium scriptorum dictis, qui a Plutarcho in medium afferuntur in libro de Iside & Osiride, sacerdotes ipsi in explicandis hujusmodi arcanis inter se minime consentiebant. Inter varia autem sensa queis ænigmata illa solvebant : Physicum erat illud, quo omnia ad naturæ operationes referebant, quæ natura ipsa est Isis ; aliud vero morale erat, quod ad duo principia spectabat, alterum boni, alterum mali ; omnis boni principium erant Isis & Osiris ; mali vero Typhon.

V. Magna illa Isis quam hic proferimus, ænigmata haud dubie multa complectebatur. Ideoque sphinges duæ sub alis Isidis in ima tabula exhibentur : hæ duæ sphinges adversos mutuo habent vultus ; alia ante genua, alia ante pedes Isidis est. Sphinges, inquit Plutarchus p. 352. ante templa ponebantur, ut significaretur religionem Ægyptiacam ænigmaticam & explicatu difficilem esse. Ambæ vero sphinges & corpus, & vultum nigrum habent, ornatum vero capitis album. Et hic fortasse arcanum quidpiam subintelligendum, sed quis Oedipus arcana hujusmodi aperuerit ? Fortassis etiam nigræ depictæ fuerunt, quia ut plurimum ex basalte fieri solebant, basaltes autem marmor est nigricans. In hujus cœnobii Museo caput sphingis est elegantissimum ex basalte factum. Notandum insuper est ante sphinges duo esse foramina ex industria, & a principio facta, quorum aliud ad genua usque Isidis continuatur ; aliud ad usque pedes dorsumque illius, data opera, ut dixi, & a principio

core des trous femblables devant & derriere la tête d'Ifis, & le globe qu'elle
porte. Il y a là peut-être encore quelque myftere qu'on n'oferoit tenter de développer. Je ne parle pas de certains ornemens qu'on voit autour du tableau,
& qui pourroient avoir auffi leur myftere ; car dans ces monumens Egyptiens
il faut être en garde fur tout.

---

funt facta , quodque album in tabula his in partibus relinquitur , eorum & figuram & fpatium exprimit. Similia quoque foramina confpiciuntur
ante & poft Ifidis caput globumque capiti impofitum. Et hic fortaffe aliquid arcani latet, quod
revelare quis aufit & poffit ? Non loquor de quibufdam ornamentis circum tabulam appofitis &
depictis, & quæ forte quædam complecti myfteria
poffent ; in his enim monimentis Ægyptiacis, femper cum fufpicione myfterii procedendum.

---

## CHAPITRE III.

*I. Le corps d'Ofiris mort , étendu fur un banc qui a la forme d'un lion. II. Cette
image qui n'avoit pas été remarquée , fe trouve plufieurs fois. III. Hiftoire de
la mort d'Ofiris felon Diodore de Sicile. IV. La même hiftoire felon Plutarque.*

I. L'Autre image tirée de la même mumie, reveille auffi nos attentions ;
je ne fai fi elle a jamais été obfervée ; c'eft un corps mort étendu fur
un lion, ou plûtôt fur un banc qui a la tête, la queuë, les pieds & les griffes
d'un lion. Ce corps eft vêtu à-peu-près comme les figures Egyptiennes des
deux petits tableaux appuiez fur les bras d'Ifis, que nous venons de voir. Un
efpece de capuchon bleu lui couvre la tête & les épaules , un habit brun le
couvre enfuite jufqu'aux pieds : il a fur la poitrine une croix de faint André ,
pareille à celle que nous avons vûë fur la poitrine d'Ifis. Anubis avec fa tête
de chien , eft auprès de ce corps , lui met une main fur la poitrine , & leve
l'autre main vers le Ciel , comme s'il menoit un grand deüil fur ce corps mort.
A la tête & aux pieds du mort, font deux femmes qui reffemblent à deux Ifis.
Elles élevent une main vers le Ciel , & paroiffent nuës jufqu'à la ceinture, re-
vêtuës de la ceinture en bas d'une efpece de cotillon de couleur brune,& elles
portent fur la tête chacune un vaiffeau de forme particuliere. Sous le lion

---

### CAPUT III.

*I. Corpus Ofiridis mortui extenfum in fcamno,
cujus forma eft leonis. II. Hæc imago nondum , ut puto , obfervata non infrequenter
occurrit. III. Hiftoria mortis Ofiridis fecundum Diodorum Siculum. IV. Eadem
hiftoria fecundum Plutarchum.*

I. ALtera imago ex eadem mumia educta, ad
novam nos rerum perquifitionem excitat.
Nefcio autem utrum obfervata unquam fuerit.
Cadaver eft extenfum fupra leonem , feu potius
fupra fcamnum ad formam leonis concinnatum, ubi
caput , cauda , crura , pedes , ungulæ, demum omnia

leonina obfervantur. Corpus autem illud mortuum,
iifdem eft fere veftibus indutum , queis figuræ aliæ
Ægyptiacæ in tabulis fupra brachia Ifidis pofitis ,
quas modo videbamus, Quidam ceu cucullus cæruleus ejus caput operit & humeros. Veftimentum
inde coloris nigricantis corpus ejus ad ufque pedes
operit. Crucem S. Andreæ , ut vocant , ad pectus
habet depictam , qualem ferme vidimus in pectore
Ifidis. Anubis prope cadaver ftat , manum ipfius
pectori imponit , alteramque manum verfus cælum
extendere videtur , ac fi luctu magno ob defuncti
vicem teneretur. Ad caput & ad pedes mortui duæ
funt mulieres, quæ duæ Ifides effe videntur : manum vero ad cælum extendunt , nudæ ad zonam
ufque videntur effe , a zona autem inferne nigricantis coloris crocotulam habent. Sub leone qua-

font quatre Canopes, dont le premier a la tête d'homme, le second celle d'un animal peu reconnoiffable, le troifiéme a la tête d'un épervier, le quatriéme celle d'un autre oifeau ou de quelque animal. On ne le voit qu'à demi, parce qu'il eft un peu caché fous la cuiffe du lion.

II. Refte à expliquer cette image, que j'avoüe n'avoir pas bien entendue d'abord. Ce n'eft qu'à force d'en trouver de femblables, que je fuis enfin parvenu à comprendre ce que cela pouvoit être. J'en ai mis une au cinquiéme tome de l'Antiquité, à la planche des Pyramides d'Egypte. On voit là un corps mort étendu fur un lion comme ici, ou plûtôt fur un banc qui a la tête, les pieds & la queuë du lion, Anubis embraffe ce corps mort : je n'en ai donné aucune explication, croïant qu'il valoit mieux n'en point donner du tout, que d'en hazarder quelqu'une, que des monumens nouvellement découverts obligeroient dans la fuite à rejetter. J'en remarque une autre dans la bordure du deffous de la table Ifiaque pl. cxxxviii. du fecond tome, & encore une autre plus finguliere à la planche du Calendrier Egyptien, qu'on verra plus bas. Dans celle de la table Ifiaque l'homme étendu fur le lion eft couché fur le ventre, & hauffe la tête comme une perfonne vivante. Au-deffous du lion font trois Canopes, le premier a la tête d'homme, le fecond a la tête d'épervier, & le troifiéme a la tête d'un animal qu'on ne peut reconnoître. Au deffus de l'homme couché, on voit des ailes attachées à un globe : ce qui eft ordinaire dans la table Ifiaque, & fur la tête du lion une croix bien formée. Pignorius a crû que cet homme couché étoit le petit Orus, & femble avoir pris pour une Sphinx ce lion fur lequel il eft couché ; mais les autres images fi femblables à celle-ci, ne nous permettent pas de douter que ce ne foit un mort étendu fur un lion. Si dans la table Ifiaque il a la tête levée, cela ne dit pas qu'il foit vivant, on l'a mis ainfi ou par pur caprice, ou par quelque raifon qui nous eft inconnuë. Pour le refte il eft tout enveloppé, & a les mains cachées comme un mort. Nous verrons plus bas la même image dans un Abraxas ; mais avec des particularitez remarquables, & qu'on n'obferve pas dans les autres. Voilà donc déja la quatriéme image qui reprefente la même chofe, Ofiris mort étendu fur un lion.

---

tuor funt Canopi, quorum primus caput hominis habet, fecundus animalis caput, quod vix internofci poffit, tertius caput accipitris, quartus avis aut animalis cujufpiam, hic vero poftremus, a leonis crure partim obtegitur.

II. Jam explicanda hæc imago eft, quam me fateor principio non intellexiffe, fed aliis deprehenfis huic fimilibus, demum ad rei qualemcumque notitiam perveni. Aliam pofui fimilem in quinto Antiquitatis explanatæ tomo in Tabula Pyramidum Ægyptiacarum; ubi cadaver fupra leonem extenfum, ut hic confpicitur, feu fupra fcamnum caput, pedes, caudam leonis habens. Anubis corpus illud mortuum amplectitur. Nullam autem explicationem emifi, quod putarem prudentius me facturum fi rem ignotam filentio præterirem, quam fi de illa cum periculo errandi temere quidpiam proferrem, quod poftea novis accedentibus ejus generis monimentis repudiare cogerer. Aliam fimilem deprehendi in ora infima menfæ Ifiacæ, Tabula cxxxviii. fecundi Antiquitatis explanatæ tomi, & alia fpectabilior eft in tabula Calendarii Ægyptiaci, quæ infra dabitur. In illa autem quam exhibet menfa

Ifiaca, vir ille fupra leonem extenfus pronus jacet & caput tamen erigit ac fi viveret. Sub leone tres funt Canopi. Primus caput hominis habet, fecundus accipitris, tertius cujufpiam ignoti mihi animalis. Supra hominem illum decumbentem alæ vifuntur globo affixæ, quod frequentiffimum eft in menfa Ifiaca. Supra caput autem leonis crux eft optime delineata. Pignorius lib. de menfa Ifiaca p. 78. putavit hominem illum decumbentem Orum effe puerum, & leonem in quo decumbit pro fphinge habuiffe videtur : Verum aliæ imagines huic adeo fimiles, nullum relinquunt dubitandi locum, quin fit cadaver mortui extenfum fupra leonem. Si in Tabula Ifiaca caput erigit, non inde fequitur ipfum effe viventem. Ita namque pofitus fuit, vel ex mero arbitrio, vel ob quamdam nobis ignotam caufam. De reliquo autem obvolutus totus eft, manufque obtectas habet ut mortuus. Infra porro eamdem ipfam imaginem videbimus in Abraxæo fchemate ; fed fingulari adornatam modo ab aliorum fchematum ritu divertente. En itaque jam quartam imaginem idipfum referentem, nempe Ofirin mortuum fupra leonem extenfum.

III. Ofiris, dit Diodore, regnant avec juftice & felon l'équité des loix ,
Typhon fon frere, homme violent & impie, le tua, divifa fon corps en vingt-
fix parties, qu'il diftribua à autant de conjurez, pour les engager par-là, en
les rendant également coupables, à le maintenir dans la poffeffion du Roïaume
d'Egypte qu'il ufurpa. Mais Ifis femme & fœur d'Ofiris, & Orus leur fils, ti-
rerent vengeance de ce crime, & firent mourir Typhon avec fes conjurez.
Ifis ramaffa enfuite toutes les parties du corps de fon mari, hors celles que la
pudeur cache. Elle fit faire avec de la cire & des aromates une ftatuë de la
taille d'Ofiris, l'a confia à des Prêtres, & les engagea par ferment de ne jamais
declarer à perfonne le lieu où elle avoit été dépofée. Cela eft rapporté bien
différemment par d'autres. Selon Plutarque p. 354. quelques-uns difoient que
Typhon pourfuivant un cochon lorfque la lune étoit pleine, trouva une biere
de bois ou étoit le corps d'Ofiris, qu'il le mit hors de la biere & le jetta διέρριψεν.

IV. D'autres prenant l'Hiftoire dès le commencement difoient que Typhon qui dans l'abfence d'Ofiris n'avoit ofé rien entreprendre, parce qu'Ifis
regnoit avec trop de vigilance, pour qu'on pût cabaler ni rien faire contre
l'Etat ; recommença fes menées après le retour d'Ofiris. Il attira à fon parti
foixante-dix hommes, & la reine d'Ethiopie nommée Afo, qui vint elle-même
à fon fecours, & étoit de la confpiration pour furprendre Ofiris , & le faire
périr par trahifon ; il fit faire un coffre très-magnifique mefuré fur la taille
d'Ofiris, il l'invita à un repas, & il montra ce coffre à Ofiris, & aux autres con-
vives qui étoient de la confpiration, & comme par divertiffement il promit
de donner cet admirable coffre à celui des affiftans, à la taille duquel il conviendroit, Ofiris fe mit dans le coffre & s'y coucha, & alors les conjurez y
accoururent y mirent un couvercle, qu'ils arrêterent avec des clous & du
plomb, & jetterent le coffre avec Ofiris dans le Nil, au canal & à l'embou-
chure de Tanis, qui fut depuis à caufe de cela, en abomination ; qu'après
bien des recherches, qu'il feroit trop long de rapporter ici, Ifis trouva le coffre
& le cacha. Mais que Typhon chaffant la nuit à la clarté de la lune, trouva
le corps d'Ofiris, le tira du coffre, le coupa en quatorze parties & les difperfa

---

III. Ofiris , inquit Diodorus Siculus l. 1. cum
fecundum juftitiam & legum æquitatem imperium
moderaretur, a Typhone fratre fuo, violento im-
pioque homine, trucidatus eft. Typhon fratris corpus viginti fex in partes divifit, quas totidem con-
juratis diftribuit, ut hoc pignore vinctos, & quafi
cædis confortes ad ufurpati ab fe regni defenfionem
obftringeret. Verum Ifis Ofiridis foror & conjux,
& Orus utriufque filius , hoc fcelus ulti funt , &
Typhonem conjuratofque peremerunt. Ifis vero
poftea partes omnes corporis ejus collegit præter
eas quæ pudor obtegere jubet. Deindeque ex cera
& aromatibus ftatuam ad Ofiridis menfuram effor-
mari juffit, quam facerdotibus commifit ad juran-
dum coactis, ne cuipiam revelarent quo arca loco
pofita faiffet. Alii autem longe diverfo modo rem
narrant. Dicebant quidam tefte Plutarcho eodem
libro p. 354. Typhonem cum plena luna fuem per-
fequeretur, reperiffe ligneam arcam, in qua Ofiridis
corpus jacebat , idque difjeciffe διέρριψεν.
IV. Alii rem a principio narrantes dicebant, inquit idem fcriptor p. 357. Typhonem , qui abfente
Ofiride res novas moliri non effet aufus, quod Ifis

magno ftudio & attentione fibi caveret, reverfo
infidias ftruxiffe , adfcitis in conjurationem viris
feptuaginta duobus , & conatum adjuvante Regina
Æthiopiæ, quæ ad ipfum fe contulerat præfenfque
erat : huic autem Reginæ nomen Afo erat. Typho-
nemque ftaturæ Ofiridis menfuram nactum ad magnitudinem ejus arcam apparaffe elegantem, egre-
gieque ornatam, eamque in convivium intuliffe.
Quam cum convivæ cum voluptate & admiratione
confpicerent, per jocum promififfe Typhonem fe
dono arcam illi daturum, qui inclufus menfuram
ejus exæquaret. Cum omnes periculum feciffent,
ad neminemque quadraret, Ofirim in eam ingref-
fum decubuiffe ; ibi eos qui intererant accurriffe,
& operculum arcæ injeciffe, & cum eam clavis ex-
terne & liquido plumbo immiffo obfirmaffent, ad
Nilum detuliffe, ac in mare demififfe per Taniticum
oftium : quod eam ob rem hodie nominatu abo-
minabile eft. Ne vero fingula perfequentes longiores æquo fimus, Ifis diu multumque perquifitam
arcam invenit , atque occultavit. Typhon autem
cum noctu venaretur ad illam arcam incidit , ca-
daverque in quatuordecim partes difcerpfit ac dif-

en differens endroits. Il y avoit plusieurs sentimens touchant le corps & la biere d'Osiris. Plusieurs villes d'Egypte se vantoient de l'avoir, une entre autres s'appelloit Taphosiris; cela veut dire le sepulcre d'Osiris.

On racontoit mille autres choses touchant la biere & le cadavre d'Osiris, & comme la fable varie sur tout, les opinions étoient fort différentes; ce qui est certain, est que le meurtre, la biere, & les membres d'Osiris faisoient une bonnepartie de la mythologie Egyptienne. On representoit souvent Osiris défunt, & les monumens nous apprennent bien des choses que les Auteurs ne disent point. Le corps d'Osiris déposé sur un banc, qui a la forme d'un lion, Anubis qui embrasse le défunt, ou qui lui met la main sur la poitrine, Isis en deüil sur la mort de son mari; plusieurs Canopes rangez sous le corps d'Osiris. Toutes ces choses ne s'apprennent que sur les monumens : en voilà déja quatre. Le tems nous en découvrira peut-être bien d'autres.

---

jecit. De corpore ergo deque arca Osiridis varia tradebantur. In Ægypto autem multæ urbes erant quæ se corpus habere Osiridis jactitabant. Inter eas Taphosiris quædam appellabatur, quod nomen sepulcrum Osiridis significat.

Sic millia narrabant de arca, deque cadavere Osiridis, utque mythologia in sexcentas abit sententias, nec constat unquam in narrandi modo; non mirum si de re eadem tam diversa narrarentur. Illud vero certum exploratumque est, Osiridis nempe cædem, arcam, membra, Ægyptiacæ theologiæ partem non spernendam fuisse. Sæpe quoque Osiris defunctus repræsentabatur. Monumenta certe multa docent, quæ tacentur a Scriptoribus. Nam corpus Osiridis in scamno formam leonis habente depositum, Anubis defunctum Osiridem amplectens, aut manum in ejus pectus immitens, Isis de morte conjugis luctum agens ; Canopi sub Osiridis corpore ordine positi; hæc, inquam, omnia in multis tantummodo monumentis habentur. Jam quatuor hujuscemodi deteximus : plura, ut credere est, ævum suppeditabit.

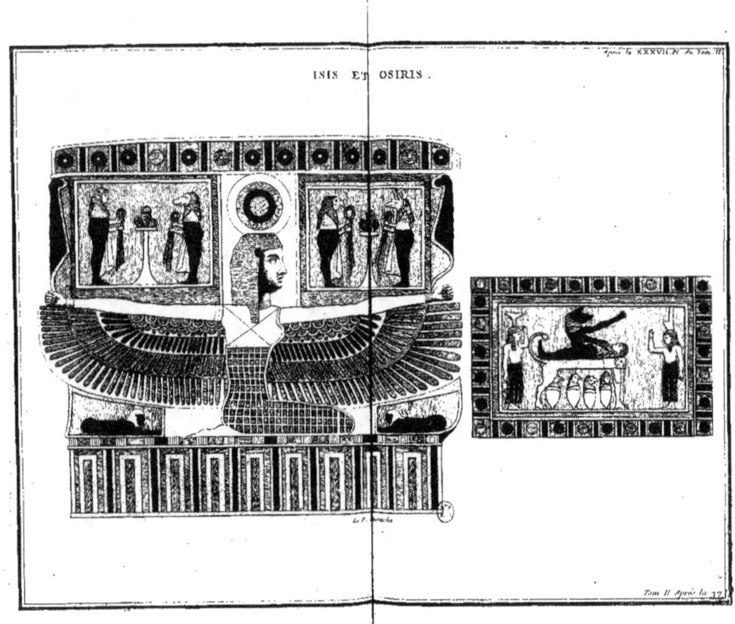

# CHAPITRE IV.

*I. Ifis extraordinaire. II. Autre Ifis à la grande chevelure. III. Ifis à la grande cruche. IV. Ifis emmaillotée. V. Figure bizarre Egyptienne.*

I. L'Ifis du cabinet de M. le premier Préfident Bon, dont l'original a environ neuf pouces de haut, comprend bien des myfteres, & raffemble en une image ce qu'on voit ailleurs difperfé dans beaucoup d'autres. L'ornement de fa tête eft fait à plufieurs étages. Ces grandes cornes qui s'élevent par-deffus tout, marquent apparemment celles qu'elle avoit lorfque felon la fable elle fut métamorphofée en vache. Ici elle n'a que les cornes ; mais nous l'avons vûë à la cv. planche du fecond tome, avec toute la tête de vache fur un corps de femme. Entre ces deux grandes cornes on voit la figure d'un œuf, ce qui pourroit fe rapporter à cette ancienne opinion des Egyptiens dont parle Porphyre dans le dernier livre de la Préparation Evangelique d'Eufebe. Les anciens Égyptiens, felon lui, n'adoroient qu'un dieu qu'ils appelloient Cneph, & qu'ils exprimoient fymboliquement par un ferpent qui tenoit un œuf à la bouche, & cet œuf fignifioit le monde dont Dieu étoit le Créateur. Tout cela peut convenir à Ifis que les anciens prenoient pour la nature. Nous l'avons vûë ci-devant portant fur la tête les quatre élemens, & rien n'eft plus commun que les monumens où elle porte les fymboles de la nature & du monde. Ces grandes cornes fortent d'une efpece de couronne, qui a affés l'air du circuit des murs d'une ville qu'on a ci-devant remarquée dans la grande Ifis déterrée à Rome, & qu'on obferve de même dans la figure qui eft auprès. Je n'oferois pourtant l'affûrer. Cette coëffure fe fait remarquer par fa fingularité. Il eft beaucoup plus aifé de la comprendre fur l'image que de la décrire. Ifis tend les bras d'une maniere affectueufe, comme la mere nature, qui malgré l'inégalité des conditions donne également la vie à fes nourriffons de toute efpece. Une efpece de cotillon, ou pour mieux dire, des ailes qu'elle porte , s'élargiffent de tous côtez de la ceinture en bas. Il femble qu'elle veüille tout

P L. xxxviii.

### CAPUT IV.

*I. Ifis infolitæ formæ. II. Alia Ifis ex coma fpectabilis. III. Ifis amphoram capite geftans. IV. Ifis obligata pannis. V. Ægyptiaca figura cultu enormi.*

I. Is illa ex Mufeo illuftriffimi Domini Bon. Monfpelienfis Senatus principis , in archetypo novem circiter pollices regios habet multaque arcana complectitur , atque ea fimul concludit, quæ in aliis non paucis difperfa confpicimus. Ornatus capitis varius aliufque alii fuperinjectus. Cornua illa magna , quæ in altum protenfa alia omnia fuperant , illa forte fubindicant quæ geftabat , poftquam fecundum mythologos in vaccam mutata fuit. Hic cornua tantum comparent : at vidimus eam in fecundo Antiquitatis explanatæ tomo Tab. cv. cum toto vaccæ capite muliebri corpori impofito. Inter cornua illa fublimia ovi figura cernitur : id vero poffet ad veterem illam Ægyptiorum opinionem referri, de qua Porphyrius apud Eufebium libro ultimo præp. Evang. Veteres Ægyptii, inquit ille, unum deum colebant quem Kneph appellabant , fymboliceque exprimebant ut ferpentem ovum ore ferentem. Ovum vero mundum fignificabat a Deo conditum. Hæc poffunt etiam Ifidi competere., quam antiqui naturam effe exiftimabant. Modo vidimus illam quatuor elementa capite geftantem ; nihilque frequentius monumentis illis ubi illa naturæ & mundi fymbola geftat. Cornua autem illa prægrandia ex corona quadam exeunt, quam geftat Ifis. Hæc vero corona circuitum mœnium urbis fatis refert , qui circuitus murorum in magna Ifide Romæ eruta vifus eft , atque etiam in vicina Ifide obfervatur. Illud tamen affirmare non aufim. Hic certe capitis cultus afpectu facilius , quam defcriptione, percipitur. Ifis brachia extendit, ac fi affectum magnum indicare velit, ut natura mater, quæ nulla habita conditionum ratione vitam omnibus largiter præbet. A zona porro nefcio quid tegumenti geftat ; quod undique dilatatur , quafi

couvrir comme une poule qui couvre ses poussins. Dans la table Isiaque &
ailleurs on voit Isis qui a à la ceinture de grandes ailes qu'elle étend de toutes parts. Ce sont peut-être des ailes semblables que l'ouvrier a voulu faire ;
cela n'est pas si clair ici que dans d'autres antiques ; mais dans le dessein qu'on
m'a envoïé, & que le graveur n'a pas assés bien suivi, les ailes s'y reconnoissent
mieux.

II. L'Isis qui vient après, dont l'original a un pied de haut, est remarquable par sa grande chevelure assez semblable à celle de l'Isis colossale, que nous
avons vûë ci-devant. Elle semble aussi composée de feüilles, mais plus quarrées
par le bas que ci-devant, & a tout l'air d'une grande perruque comme l'autre
Isis colossale. C'est cette chevelure qui nous a portez à la mettre ici, pour
prouver que la figure colossale dont la perruque est si semblable, est aussi une
Isis. Celle-ci allaite le petit Orus, figure ordinaire, & qui se trouve dans un
grand nombre de cabinets. Je ne sai si la tête qui vient après est d'Isis. Ce qui
est certain est qu'on peignoit cette déesse en bien des manieres. Cette tête est
remarquable par sa coëffure & par cet ornement bizarre qu'elle a sous le menton, & que l'on voit assez souvent dans les figures Egyptiennes.

PL.
XXXIX.
III. Une autre Isis se distingue sur ce grand théatre des dieux Egyptiens
Elle a sur la tête une grande cruche de forme extraordinaire. Au lieu d'anse
la cruche a de grands bras qui s'étendent à droit & à gauche. Ces cruches
aussi-bien que les seaux qu'on mettoit entre les mains de presque tous les dieux
Egyptiens, marquoient les eaux du Nil, que cette nation mettoit au rang
des divinitez. Ces eaux leur fournissoient avec abondance les choses necessi-
faires à la vie ; raison plus que suffisante en Egypte pour les deifier. La cruche
sur la tête d'Isis se voit encore dans la planche c v i i. du second tome de l'Antiquité ; mais fort differente de celle-ci. Le seau à la main s'y trouve plus souvent. Isis le tient à la planche c x. & à la c x v i. Ælurus ou le Chat à la
c x x v i i. & le lion à la c x x i x. avec les Abraxas. Le lion porte le seau,
parce que selon un Auteur Grec imprimé par Estienne le Moyne, l'inonda-
tion & l'accroissement du Nil se fait dans le tems où le soleil est dans le signe

---

omnia operire vellet ut gallina pullos. In mensa
Isiaca & alibi Isis conspicitur a zona magnas emittens alas, quas undique extendit. Hic etiam quoque
alas prior artifex exhibere voluerit, etsi non tam
clare hic quam in aliis monumentis alæ dignos-
cantur : at in delineata tabella mihi transmissa alæ
melius exhibentur, quas sculptor accurate reddere
neglexit.

II. Isis sequens cujus archetypus unum altitudine
regium pedem habet, a coma spectabilis admodum
est, quæ coma sat similis est ei, quam in Iside colos-
sea illa supra vidimus, vel ex foliis palmæ, vel ex
plumis concinnatæ ; sed hic plumæ in ima parte quadratæ sunt. Hæc coma occasio nobis fuit ut illam hoc
loco statueremus, ut ex hac probaretur etiam illam
colosseam vere Isidem esse, quæ eadem coma gau-
deret. Hæc porro quam describimus puellum Orum
lactat. Isis vero Orum lactans in Museis haud raro
reperitur. Nescio utrum caput sequens Ægyptium
Isidem etiam referat : exploratum certe est deam
illam multis depictam modis fuisse. Hæc a cultu
capitis spectabilis est, & ab ornatu illo insolito aliàs,

sed apud Ægyptios non infrequenti, qui sub mente
visitur.

III. Isis alia in theatro deorum Ægyptiorum singularitate sua ad sui spectaculum evocat. Amphoram illa magnam insuetæ formæ capite gestat. Pro
ansis magna habet brachia, quæ ad dextram sini-
stramque protenduntur. Amphoræ ut & situlæ, quæ
in omnis fere Ægyptii dei manu quandoque ge-
stantur, aquas Nili significabant, quem fluvium natio
illa superstitiosa deorum numero adscribebat.
Aquæ, inquam, illæ ad victum necessaria ipsis af-
fatim suppeditabant, quæ plusquam idonea ipsis
erat divinos honores adscribendi causa. Amphora
capiti Isidis imposita, videtur etiam in secundo Antiquitatis explanatæ tomo, Tab. cvii. sed amphora
illa ab hac multum formâ differt : Situla vero frequentius usurpatur ; exempli causa in manu Isidis
Tab. cx. & cxvi. Æluri sive felis cxxvii. Leonis
cxxix. in Abraxæis figuris. Leo situlam gestat,
quia secundum scriptorem quemdam Græcum a
Stephano le Moyne cusum, inundatio & incremen-
tum Nili fiebat quo tempore Sol in signo leonis est.

du

ISIS
XXXVIII. Pl. In Tom. II
1
2
3
M. le pr. President Bon
Tom. II.   38

du lion. C'étoit alors que les Egyptiens ouvroient les canaux qui conduisoient l'eau daus les bains publics; tous les tuyaux par où l'eau couloit avoient la forme du lion.

IV. Bien des gens prennent aussi pour des Isis ces figures emmaillotées , telle est celle qui vient après que nous donnons de sa propre grandeur , remarquable en ce que ces ornemens sont tous differens des autres ; hors la tête , coëffée comme la plûpart des figures semblables , avec cette pointe sous le menton que l'on observe si souvent dans ces sortes de monumens. Au lieu des Hieroglyphes & des caracteres Egyptiens qu'on voit dans les autres , ce sont ici des rangées de fleurs dans des bandes circulaires. Le bas de la figure sur le devant est remarquable. C'est un piedestail , sur lequel est une tête d'Isis posée sur de grandes ailes, pareille à une autre plus grande qu'on a vûë ci-devant. Au-dessus de cette tête est une machine ronde à plusieurs cercles. Derriere la tête est comme une balustrade à douze fenêtres, qui pouroient bien marquer les douze mois de l'année. La tête cache une partie des fenêtres ; mais on voit bien en comparant ce qu'elle cache avec ce qui est découvert , qu'il doit y en avoir douze. Plus haut sont sur la même ligne sept étoiles qui marquent indubitablement les sept planetes: si l'on examinoit cette image plus à fond , peut-être trouveroit-on encore d'autres notes du tems & de ses parties. Tout cela doit s'expliquer par ce que nous disions ci-devant après plusieurs anciens, qu'Isis passoit pour la nature & pour toutes choses.

Quant à ces figures emmaillotées , dont les bras & les mains ne paroissent pas; je ne sai si cela auroit raport à ces statuës des Juges qu'on voïoit à Thebes, & qu'on appelloit ἄχειρας ou sans mains , dont Plutarque fait mention dans le livre d'Isis & d'Osiris p. 355.

V. Les Egyptiens, dont l'imagination vive se declaroit par mille inventions bizarres, étoient feconds en images monstrueuses. Telle est cette petite figure cassée par le bas, qui a pour ornement un corps humain , qui semble avoir les bras liez derriere le dos. Au lieu de la tête s'éleve au milieu du tronc une longue pointe.

---

Tunc Ægyptii canales aquam in balnea publica ducentes aperiebant ; tubi in queis manabat aqua, formam leonis habebant.

IV. Non desunt etiam qui Isides esse putent schemata illa fasciis & pannis involuta, ut illa sequens est quam ad archetypi magnitudinem exprimimus , eo spectabilis quod ornamenta ejus differant ab aliis , uno capite excepto , ubi cultus vulgaris cum mento accuminato, id quod in hujusmodi monumentis frequentissime observatur. Pro characteribus hieroglyphicis & Ægyptiis qui in aliis hujusmodi figuris cernuntur. Hic florum ordines inter circulares lineas , infima figuræ pars anterior ad sui observationem nos evocat. Quidam ceu stylobates est , cui imminet caput Isidis alis permagnis impositum & hærens , aliam jam supra conspectam referens. Supra caput illud machina est rotunda circulis multis instructa. Pone caput ceu cancelli quidam sunt , duodecim fenestras efficientes , quæ possent duodecim anni menses significare. Fenestrarum partem caput obtegit : sed id quod occul-tatur cum iis quæ patent oculis conferendo , hunc esse numerum debere deprehenditur. Septem vero stellæ superne positæ septem planetas , vel septem hebdomadæ dies indicare prorsus videntur , & fortassis accuratius rimanti aliæ hic temporum notæ deprehendentur. Hæc porro omnia per ea quæ supra diximus explicari debent secundum veterum sententiam , qui testificantur Isidem pro natura & pro rebus omnibus habitam fuisse.

Hæ figuræ quarum brachia manusque occultantur, nescio utrum referri possint ad illas Judicum statuas, quæ Thebis visebantur , quæque ἄχειρας vel *sine manibus* appellabantur teste Plutarcho de Iside & Osiride p. 355.

V. Ægyptii quorum vivida imaginatio, monstris & portentis fecunda erat , portentosas imagines pariebant : cujusmodi est schema illud exiguum imis truncatum partibus, cujus capitis ornatus est humanum corpus , ligatis a tergo manibus ; quod capitis loco , virgam oblongam habet in acumen desinentem.

## CHAPITRE V.

*I. Belle Isis de goût Grec ou Romain. II. Osiris représenté en épervier. III. Osiris de figure humaine.*

P L.
X L.

I. LA belle Isis qui suit, n'a rien du goût Egyptien. Elle est Greque ou Romaine & de bonne main. Elle n'a point de ces habits ou coëffures bizarres, que nous voions sur les Isis Egyptiennes. Elle est voilée & porte sur le devant de la tête une fleur. Sa tunique lui descend jusqu'aux pieds, & sur la tunique on voit un autre habit qui va jusqu'au bas de la jambe ; & par-dessus tout cela une espece de mante qu'elle rejette sur le derriere. On n'a jamais vû d'Isis mieux fourrée que celle-ci. Elle tient d'une main le sistre, instrument, selon Apulée, qui par le moïen de quelques petites verges qui le traversoient rendoit un son aigu. Elle porte de l'autre main un vase qui ressemble à un prefericule, & qui marque les eaux du Nil. Ces eaux qui donnoient la vie à l'Egypte, entroient par la même raison dans la religion des Egyptiens.

P L.
X L I.

II. Nous apprenons de Plutarque, la maniere dont les Egyptiens peignoient Osiris ; c'est dans son livre d'Isis & d'Osiris. Ils le peignent, dit il, souvent sous la forme d'un épervier, qui a la vûë perçante & le vol rapide ; ils le representent aussi plus ordinairement avec une forme humaine. Il ajoûte qu'on couvroit son image d'un voile couleur de flamme qui marquoit le soleil, & il dit plus bas que plusieurs prenoient Osiris pour le soleil, & Isis pour la lune. Les images d'Osiris couvert d'un voile de couleur de flamme, ne sont pas venuës jusqu'à nous. Nous le trouvons quelquefois avec figure d'homme, d'autres fois le corps est d'un homme qui a la tête d'un épervier : on le voit en ces manieres aux planches C X V I I I. & C X I X. du second tome de l'Anti-

---

### CAPUT V.

*I. Isis elegans Græcæ Romanæve manus. II. Osiris accipiter. III. Osiris humana forma.*

I. ISis illa elegans, quæ sequitur, ab Ægyptiaca forma prorsus discedit. Est quippe aut Græca, aut Romana, peritissimamque artificis manum olet. Non illis vestibus capitisque ornamentis gaudet, quæ apud politiores nationes insoliti usus esse videntur, ac quæ vulgo gestant Ægyptiæ Isides. Hæc velata est, florem capite gestat. Tunica ejus talaris est, supra tunicam autem vestis alia est quæ ad mediam usque tunicam defluit, hisque omnibus imposita palla est, cujus magna pars ad tergum rejicitur. Nusquam visa Isis fuit tot amicta vestibus. Altera manu sistrum tenet, instrumentum, secundum Apuleium, quod ex transversis quibusdam virgulis sonum reddebat acutum. Altera manu Isis vas gestat præfericulo simile, id quod ad Nili aquas refertur. Aquæ enim illæ, quæ Ægyptiis vitam præstabant, ideo in eorum religionem admittebantur.

II. Ex Plutarcho discimus quot modis Ægyptii Osirin depingerent. Ex imaginibus autem queis Osirin exprimebant, aliæ symbolicæ erant, aliæ formam exhibebant humanam. *Osirin*, inquit ille p. 371. *Oculo & sceptro pictis exprimunt, oculo providentiam, sceptro potentiam demonstrante. Homerus etiam Jovem omnium principem atque regem appellat,* ὕπατον κι μήςωρα κηλῶν *Principem & consultorem vocans,* ὕπάτῳ *sive Principatu, Imperium ;* μήςει *Consilium sive prudentiam indicans. Accipitre etiam picto Osirin sæpe proponunt. Avis enim ea pollet acumine visus & volatus celeritate, eaque est natura ut celerrime alimentum digerat.* Infra vero adjicit. *Ubique porro ostenditur simulacrum Osiridis humana specie, erecto pene, ob vim gignendi & alendi. Amiculum vero flammeum, quo imagines ejus velantur, solem exprimit, quod corpus benefica præditum facultate visu percipitur, & exemplum est sola mente cernendæ substantiæ.* Infra vero dicit multos Osiridem Solem, Isidem Lunam existimare. Osiridis velo flammeo operti imagines ad nos usque non pervenerunt. In aliquot Osirides humana forma incidimus ; alios autem vidimus humano corpore, accipitrino capite : hoc postremo modo in Tabulis C X V I I I. & C X I X.

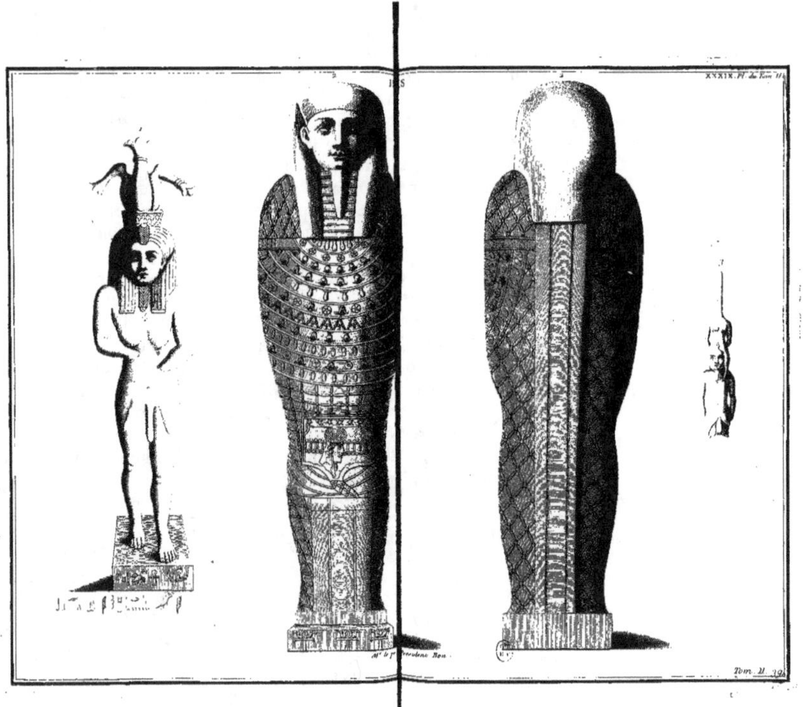
XXXIX. Pl. du Tom. II.
Tom. II. 19

# ISIS

quité. Le voici en épervier tel que me l'a envoïé M. le premier Président Bon.
L'original qui eſt dans ſon cabinet, une fois plus grand qu'on ne le voit ici,
eſt de bois peint & doré, trouvé parmi cette quantité immenſe de figures
qu'on déterre tous les jours en Egypte, & qu'on voit répanduës au champ des
Mumies. C'eſt le premier que j'ai vû en relief : mais on le trouve ſouvent
figuré dans les obeliſques & dans les autres monumens Egyptiens.

III. L'Oſiris à figure humaine, qu'on voit là même, eſt fort ſemblable à
celui que nous avons donné à la planche cxx. du même tome, hors la machine qu'il porte ſur la tête. Là c'eſt une cruche aſſez bien formée. Ici c'eſt
d'abord un panier ſurhauſſé d'une eſpece de cruche avec quelques ornemens. J'ai dit là-même qu'on ne pouvoit pas bien diſtinguer ſi c'étoit Oſiris
ou Orus : ici les deux chiens qu'on voit aux deux côtez de la baſe, me déter-
minent à le prendre pour Oſiris. On y met apparemment ces chiens parce
que ſelon Elien, lorſque Iſis cherchoit Oſiris, des chiens cherchoient avec
elle, & écartoient les bêtes feroces qui ſe trouvoient ſur leur chemin. Diodore qui dit à peu-près la même choſe, ajoûte au même endroit l. c. p. 77.
qu'Anubis, dieu à tête de chien, étoit le garde de corps d'Iſis & d'Oſiris. Ce
qui faiſoit que les chiens étoient en grand honneur dans l'Egypte. Mais, dit
Plutarque dans ſon livre d'Iſis & d'Oſiris, la veneration des Egyptiens pour
les chiens plus que pour tous les autres animaux, diminua beaucoup lorſque
Cambyſe aïant tué Apis, & l'ayant fait jetter à la voirie; il n'y eut que le
chien entre tous les animaux, qui alla ſe repaître de ſon cadavre.

---

Secundi Antiquitatis explanatæ tomi. En illum accipitrem, qualem tranſmiſit Monſpelienſis Curiæ
Princeps D. Bonus Archetypum in ejus Muſeo duplo
grandius quàm hic conſpicitur, picturis ornatum au-
ratumque eſt, repertum haud dubie inter illas ſignorum, infinitas immenſaſque ſtrues, quæ quotidie ex
Ægypto in haſce regiones tranſportantur, quas in
campis etiam Mumiarum ſtratas jacenteſque in dies
colligunt noſtrates, atque alii Europæi illo peregri-
nantes. Hunc primum Oſiridem accipitrem quaſi
ſtatuam vidi; at ſæpe in Obeliſcis in aliiſque monumentis Ægyptiacis depinguntur accipitres.

III. Oſiris autem ille humana forma qui hic
eadem in tabula adjicitur, admodum ſimilis illi eſt,
quem dedimus in Tabula cxx. ſecundi Antiquitatis tomi, una excepta machina illa, quam capite
geſtat. In illa imagine amphora eſt conſpicua &
ſola; hic vero ſtatim caniſtrum ſeu calathus eſt
cui impoſita amphoræ quædam ſpecies. De illa
imagine ibidem dixi vix internoſci poſſe an Oſiris
an Orus eſſet; hic vero canes duo ad baſis latera
poſiti, Oſiridem omnino eſſe ſuadent. Hi canes,
ut veriſimile eſt, hic apponuntur, quoniam, ut ait
Ælianus Hiſt. Animal. to. 45. quando Iſis Oſiridem quærebat, canes cum illa ſimul inveſtigabant,
& occurrentes feras abigebant. Qui idipſum fere
dicit Diodorus Siculus, hoc adjicit l. 1. p. 77. Anubin
deum canino capite, Iſidis & Oſiridis eſſe corporis
cuſtodem, hincque canes per Ægyptum magno in
honore haberi. Verum, inquit Plutarchus lib. de
Iſide & Oſiride, veneratio illa Ægyptiorum erga
canes, pluſquam erga cætera animalia, admodum
diminuta eſt, quando Cambyſe occiſum ab ſe
Apim diſjici jubente, ex omnibus animalibus ſolus
canis carnes ejus eſum accurrit.

## CHAPITRE VI.

*I. Le grand dieu Jupiter, Soleil Serapis, repreſenté dans une image. II. En-
tortillé d'un ſerpent à pluſieurs tours, avec les douze ſignes du Zodiaque.
III. Les quatre eſpaces entre ces tours, marquent les quatres ſaiſons de l'an-
née. IV. Remarques ſur d'autres images entortillées d'un ſerpent. V. Jupiter
Soleil, Serapis pris pour Pluton. VI. Jupiter ſtigius & Jupiter inferus, eſt
Pluton. VII. Serapis pris pour Eſculape ou pour le dieu de la Medecine.*

PL.
XLII.

I. Oici une image des plus curieuſes, & peut-être des plus inſtructives
qui aïent encore paru dans ce grand théatre de l'Antiquité. Elle ne
ſemble pas être de goût Egyptien, quoiqu'au premier coup d'œil elle ait quelque air de la bizarrerie des figures Egyptiennes. La tête eſt ſurhauſſée d'un
boiſſeau, elle jette des raïons. La barbe & les cheveux ſont tels qu'on les voit
dans les images de Jupiter. Le corps revêtu depuis la tête juſqu'aux pieds, eſt
entortillé d'un ſerpent dont la tête eſt au deſſus des pieds de l'homme ; & le
corps du ſerpent ſerre l'homme en remontant par pluſieurs contours, qui ſe
terminent aux épaules, & l'homme tient la queuë du ſerpent de la main gauche, qui paroît être la ſeule libre. L'autre main eſt cachée ſous un des contours
du ſerpent, & ſous l'habit. Ce même bras eſt enveloppé ; mais le coude paroît
nud, ce qui n'eſt peut-être pas ſans myſtere. Ces contours du ſerpent laiſſent
quatre eſpaces vuides, dans leſquels ſont marquez les douze ſignes du Zodiaque, trois dans chaque eſpace. C'eſt inconteſtablement le grand dieu Jupiter, ſoleil Serapis ſi celebré dans les inſcriptions, tant Greques que Latines.
Une Greque dit, *au grand Jupiter, ſoleil Serapis, & aux autres dieux, honorez dans le même temple:* une autre repete les quatre premiers mots de celle là;
ces deux ſont Greques. Une autre inſcription latine dit, *A Jupiter ſoleil,*

---

CAPUT VI.

*I. Magnus deus Jupiter, Sol Serapis, in ſigno
quodam repræſentatus. II. Serpente multis
circumplicatus gyris, duodecim Zodiaci
ſigna exhibet. III. Quatuor inter gyros
ſpatia, quatuor anni tempeſtates ſignificant. IV. Obſervationes in alias imagines
ſerpente circumplicatas. V. Jupiter Sol
Serapis pro Plutone habitus. VI. Jupiter
Stygius, & Jupiter inferus ipſe Pluto eſt.
VII. Serapis pro Æſculapio & pro Medicinæ deo acceptus.*

I. EN imaginem inter eas quæ hactenus pro-
dierunt ſingulariſſimam: nullam certe, quæ
plura doceat, in vaſtiſſimo illo monumentorum
theatro hactenus inſpeximus. Non videtur autem
ab Ægyptia manu profecta, etſi primo conſpectu
inſolitam illam & peculiarem Ægyptiis formam
præ ſe ferat. Caput radiis fulgens calathum geſtat.
Coma & barba tales ſunt, quales in Jovis ſignis
conſpicimus. Corpus a capite ad pedes amictum,
ſerpente circumplicatur, cujus caput ſupra pedes
conſpicitur ; corpus vero ſerpentis, corpus hominis
aſcendendo ſtringit, ac gyris multis circumdat,
qui ad humeros terminantur ; Serapiſque caudam
manu ſiniſtra tenet, quæ ſola manus libera videtur
eſſe. Altera vero manus ſub extremo ſerpentis gyro
& ſub veſte abſcondita videtur. Brachium iſtud
totum obtectum eſt ; at cubitus nudus videtur, id
quod non ſine arcana quadam ratione factum eſt.
Illi vero ſerpentis gyri & ſinuoſi flexus quatuor
vacua ſpatia relinquunt, in quibus exhibentur duodecim Zodiaci ſigna, tria videlicet in quolibet ſpatio. Eſt autem procul dubio magnus ille Jupiter
Sol Serapis, in Græcis atque Latinis inſcriptionibus tantopere celebratus. Una quæ Græca eſt,
ſic habet Gruteri p. XXII 13.

ΔΙΙ. ΗΛΙΩ
ΜΕΓΑΛΩ
CΑΡΑΠΙΔΙ
ΚΑΙ. ΤΟΙC. CΥΝΝΑ
ΟΙC. ΘΕΟΙC.

Hoc eſt *Jovi Soli magno Sarapidi, & ejuſdem templi
conſortibus diis.* Alia ibidem inſcriptio Græca eadem
ipſa verba repetit. Latina autem alia ibidem ſic

# OSIRIS

*M. le pr. président Bon*                    *Tom. II*    41

*l'invincible Serapis*. Où il faut remarquer que les monumens tant Grecs que Latins, & même les auteurs des deux langues l'appellent plus souvent Sarapis que Serapis. Il est ici appellé l'invincible Sarapis. La qualité d'invincible lui convient, comme étant le soleil, c'est par la même raison que Mithras qui étoit aussi pris pour le soleil, est honoré de cette épithete dans l'inscription qui porte.

*Au dieu soleil, l'invincible Mithras.*

Le soleil est appellé invincible, parce que rien ne peut arrêter sa course, & qu'il va toûjours d'un pas égal, sans que rien puisse ni empêcher ni retarder ses voïages journaliers. Une autre inscription plus remarquable, nous apprend que l'ordre sacré des Pæanistes de Rome, du grand Jupiter soleil Sarapis, a honoré le Prophete Embés, pere du même ordre des Pæanistes, d'un buste de marbre, posé dans la maison de cet ordre. Cela fut fait le onziéme jour du mois Pacon, selon les Alexandrins; c'étoit le jour avant les Nones de Mai; c'est-à-dire, le huitiéme du même mois, sous le Consulat de Sextus Erucius Clarus, & de Cneius Claudius Severus. C'étoit l'an 146. de Jesus-Christ. Il semble que c'étoit principalement en ce tems que fleurissoit le culte de Jupiter Soleil le grand Sarapis, sous le bon Empereur Antonin Pie, qui regnoit en la même année de Jesus-Christ 146. un ordre entier à Rome consacré au grand Jupiter soleil Sarapis, est une preuve que le culte étoit alors dans sa plus grande vogue. Et c'étoit peut-être cet ordre qui avoit inventé cette image mysterieuse. Un ordre entier consacré à Jupiter soleil Serapis, étoit apparemment occupé à inventer de nouveaux moïens de rendre son culte celebre, & comme ces images par leur singularité & par ces grands airs de mystere, reveilloient l'attention des devots; ou ces Pæanistes on d'autres gens interessez, auront imaginé cette maniere de le peindre. Toutes les marques du grand dieu Jupiter soleil Serapis, se trouvent sur cette image. La tête, les cheveux & la barbe sont de Jupiter; les raïons marquent indubitablement le soleil, & le boisseau Serapis.

II. Ce serpent qui entortille de plusieurs tours son corps, marque les circuits que fait le soleil dans sa course au tour des signes du Zodiaque. Les douze signes se voïent peints dans les quatre espaces que laissent les contours

---

incipit *Jovi soli invicto Sarapidi*. Ubi advertas velim in monumentis tam Græcis quam Latinis, necnon etiam apud scriptores frequentius dici Sarapidem, quam Serapidem. Hic appellatur invictus Sarapis; invicti nomen Soli convenit; ideoque Mithras, qui & ipse quoque Sol esse credebatur, hoc ornatur epitheto in ea quæ sic habet inscriptione.
DEO SOLI INVICTO MITHRAE
Sol invictus vocatur, quia nihil cursum ejus cohibere potest, & pari semper gressu procedit, ita ut ejus itinera diurna nihil impedire, vel tardare possit. Alia autem inscriptio longe insignior est, de qua jam actum est supra, hæc dicit; sacrum Ordinem Pæanistarum Romæ, magni Jovis Solis Sarapidis Emben prophetam ejusdem ordinis Pæanistarum patrem honoravisse protome marmorea, in domo ejusdem ordinis posita. Idque factum esse undecima die mensis Pachon apud Alexandrinos, nempe pridie Nonas Maii, quæ est octava ejusdem mensis dies Consulibus Sexto Erucio Claro, & Cneio Claudio Severo, qui consulatus incidit in annum Christi 146.

Imperante Antonino Pio. Unde videatur hoc maxime tempore viguisse cultum illum, Jovis Solis magni Sarapidis. Ordo sacer Romæ virorum, qui Jovi Soli Sarapidi addicti erant, quantus, quam frequentatus tunc ille cultus esset, significat. Et fortassis hic ipse ordo erat, qui hancce mysticam imaginem commentus est. Ordo quippe totus Jovi Soli Sarapidi sacer, ea semper nova excogitabat, ut credere est, quæ ejus possent cultum celebriorem reddere, & arcanarum imaginum inexspectata conditione, religiosorum & ad talia inhiantium animos concitare. Utique vel hi Pæanistæ, vel alii quorum, lucri causa, intererat, hanc depingendi rationem commenti sunt. Notæ omnes magni dei Jovis Solis Sarapidis in hac imagine deprehenduntur, caput, capilli, barba Jovis sunt; radii procul dubio Solem indicant, & Calathus Sarapidem.
II. Serpens ille qui multis flexibus corpus ejus circumplicat, nota evidens est circuituum Solis, quos circa Zodiaci signa currendo peragit. Duodecim porro illa signa in quatuor spatiis inter flexus

du ferpent fur le corps de Serapis. Dans le premier efpace qui eft le plus près de la tête, font le belier, le taureau & les jumeaux; dans le fecond, le cancer, le lion & la Vierge; dans le troifiéme, la balance, le feul des fignes qui ne paroît pas ici, le fcorpion, le fagittaire; dans le quatriéme, le capricorne, le verfeau & les poiffons. Je croirois volontiers que ce corps de Serapis, renfermé dans les contours du ferpent & les fignes du Zodiaque, fignifie la terre, fur laquelle influent les raïons du foleil qui la rendent feconde, & lui fourniffent la mefure du tems, de l'année & de fes parties.

III. Ces quatre claffes de fignes, marquent fans doute les quatre faifons de l'année : & comme ces anciens mettoient du myftere par tout, ce n'eft peut-être pas fans quelque raifon cachée, que le printems qui comprend le belier, le taureau & les jumeaux, eft fur le ventre; l'été qui a le cancer, le lion & la Vierge, fur les cuiffes; l'autonne qui eft fous les fignes de la balance, du fcorpion & du fagittaire, eft fur les genoux; & l'hyver fous le capricorne, le verfeau & les poiffons, eft au bas des jambes. Quelque curieux s'exercera peut-être à trouver des fens myfterieux à tout cela. Mais s'il y a là du myftere, (il y en avoit prefque fur tout dans ces tems-là;) il eft très-difficile de le penetrer.

IV. Serapis fe prend donc pour Jupiter & pour le Soleil : il fe prenoit auffi pour Pluton & pour Efculape, & en tous ces fens le ferpent qui l'entortilloit & qui faifoit la diftinction des faifons, lui convenoit. Les figures entortillées d'un ferpent, que nous trouvons dans un grand nombre de monumens, s'expliquent par cette image. Il y en a deux dans la grande image de Mithras, au premier tome de l'Antiquité pl. c c x x v. Ces deux font de même entortillées du ferpent depuis les pieds jufqu'à la tête, & ce qui eft fort à remarquer; c'eft que tous les tours que fait ce ferpent fur leurs corps, laiffent de même quatre efpaces pour marquer les quatre faifons, fur lefquelles préfident les douze fignes du Zodiaque; trois fur chacune. On voit dans la même planche une figure mutilée, qui étoit fans doute la même que celle-ci avant que l'injure des tems lui eut fait perdre la tête, les épaules, les bras & les

---

ferpentis vacuis depinguntur fupra Serapidis corpus. In primo fpatio, quod capiti vicinius eft, funt aries, taurus & gemini; in fecundo, cancer, leo & virgo; in tertio, libra quod unum fignum excidit, fcorpius & fagittarius; in quarto Capricornus, Aquarius & Pifces. Crederem porro corpus illud Sarapidis, qui inter circulos ferpentis & figna Zodiaci concluditur & ftringitur, mundum five terram fignificare, in quam influunt Solis radii, quamque afficiunt & fœcundant, ipfique temporis annorumque fingulorum fuis notatam fpatiis menfuram præbent.

III. Hæ certe quatuor fignorum claffes, quatuor anni tempora five tempeftates certiffime denotant. Quia vero veteres illi omnibus ferme in rebus arcana quæpiam atque myfteria intelligebant; hoc ipfum fortaffe non caret fua fignificatione, quod ver, arietem, taurum, & geminos complectens, ventri immineat; æftas vero, quæ cancrum, leonem & virginem habet, femoribus; Autumnus, figna habens libræ, fcorpii & fagittarii, genibus; Hyems cujus figna funt Capricornus, Aquarius & Pifces, imis tibiis. Hæc fortaffis ftudiofus quifpiam

diligentius perpendet, ut arcana quæque exploret & detegat, fed fi myfterium hic adfit quodpiam, ita obvolutum eft, ut detegere non facile fuerit.

IV. Serapis ergo, & Jupiter & Sol effe credebatur, Pluto etiam quandoque habebatur & Æfculapius; fecundum illas autem rationes omnes ferpens corpus circumplicans, & tempeftates flexibus diftinguens, ipfi competebat. Schemata illa humanorum corporum, quæ ferpente circumplicantur, in multis comparent monumentis, & hac quam nunc damus imagine explicantur. Duæ funt hujufmodi in magna Mithræ imagine primo Antiquitatis explanatæ tomo Tabula ccxxv. hæ ambæ figuræ a pedibus ad ufque caput ferpente circumplicatæ funt. Quodque accurate obferves flexus illi ferpentis corpus circumdantis, quatuor, ut in hac imagine, fpatia relinquunt vacua, queis fignificantur quatuor anni tempora, quibus præfunt duodecim figna Zodiaci, tria cuilibet tempeftati. In eadem vero tabula, trunca videtur alia imago, quæ haud dubio huic fimilis omnino fuit, antequam injuria temporum capite, humeris, brachiis & cruribus

jambes : & qui en cet état n'a pas laissé de nous fournir quelques connoissances, avant que ce Jupiter soleil Serapis entortillé d'un serpent fût découvert. Quant aux deux figures du Mithras à tête de lion, gravées sur la même planche ; comme on n'a pas vû les originaux, & que nos desseins n'ont pas été faits d'après eux ; il ne faut pas s'étonner si les quatre espaces ne s'y trouvent pas : ces figures en l'état qu'elles sont, ne font point autorité pour ce nombre de contours. Il n'en est pas de même des deux autres de la table Mithriaque qui ont été dessinez d'après un bas relief. Les quatre espaces se trouvent sur chacune ; ainsi ces Mithriaques conviennent avec nôtre image de Serapis, parce que Mithras aussi-bien que Serapis, étoit pris pour le Soleil.

Cette figure entortillée du serpent, qui marquoit le soleil & ses circuits, se trouve aussi sur les tombeaux. On la voit au cinquiéme tome, à la planche x x x. à l'urne d'Egnatius Nicephorus, & à la planche l x v i i. à celle d'Herbasia Clymene, & d'une maniere fort singuliere dans l'une & dans l'autre ; un jeune homme entortillé d'un serpent, tombe la tête premiere de haut en bas, des jeunes gens qui le voïent tomber sont effraïez & semblent vouloir prendre la fuite. Cela signifie à mon avis, que le soleil marqué par ce jeune homme entortillé d'un serpent, tombe & ne luit plus pour ceux qui cessent de vivre. Les quatre espaces entre les tours que fait le serpent, ne se trouvent pas dans ces images là, & ne doivent pas s'y trouver ; ces quatre espaces marquent les quatre saisons, & il n'y a plus de distinction de saisons pour ceux qui passent au roïaume de Pluton. On remarque aussi sur tout dans la derniere image, que la chute apporte quelque désordre dans la situation du serpent, qu'il se relâche & ne serre plus le corps à son ordinaire.

V. Serapis selon un sentiment fort reçû dans l'Antiquité, étoit le même que Pluton. Aïant été apporté de Sinope à Alexandrie, dit Plutarque dans Isis & Osiris, les Egyptiens lui donnerent le nom qu'ils donnoient à Pluton, c'est-à-dire Serapis, nom qu'il n'avoit pas auparavant. Οὐ γὰρ ἐκεῖθεν οὕτως ὀνομα-ζόμενος ἧκεν, ἀλλ' εἰς Ἀλεξάνδρειαν τὸ παρ' Αἰγυπτίοις ὄνομα τῦ Πλύτωνος ἐκτήσατο τὸν Σάραπιν. Nous croïons dit Porphyre, dans Eusebe Pr. Ev. 4. 23. que Serapis

---

illam detruncasset : quæ qualis est non spernendas nobis notitias suppeditavit, antequam hic Jupiter Sol Serapis serpente circumdatus in medium prodiret. Quod spectat autem duo illa ibidem posita Mithræ leonino capite schemata, cum archetypa non viderimus, nec iis præsentibus imagines nostræ delineatæ fuerint, nihil mirum si illa quatuor spatia ibi non observentur. Hæ certe figuræ ut jam sunt nullam nobis quantum ad gyrorum numerum præstant autoritatem. Non idem dicendum de duabus aliis, quæ in Tabula Mithriaca observantur figuris, quia illæ ad archetypi anaglyphi fidem delineatæ sunt. Quatuor illa spatia in singulis observantur : atque ita Mithriaca illa cum nostra Serapidis imagine consentiunt, quoniam Mithras, quemadmodum & Serapis, pro Sole habebatur.

Hæc figura serpente circumplicata, quæ Solem circuitusque ejus significabat, in sepulcris etiam occurrit. Conspicitur enim quinto Antiquitatis explanatæ tomo in urna Egnatii Nicephori Tabula x x x. itemque Tabula l x v i i. in urna Herbasiæ Clymenes : in utraque certe modo singularissimo,

puer serpente circumplicatus inverso capite cadit, præsentes vero juvenes casum conspicientes perterrefacti fugam capessere videntur. Illo significatur, ut puto, Solem hoc juvene, quem serpens circumplicat, figuratum cadere ; neque ultra lucere iis qui finem vivendi faciunt. Quatuor autem illa spatia in istis imaginibus non occurrunt, neque occurrere debent, quia nulla tempestatum distinctio iis qui ad regnum Plutonis pervenerint. Illud etiam observatur, maxime vero in postrema imagine, casum scilicet & cadentis motum aliquam in situ serpentis perturbationem afferre, qui serpens relaxatur, neque ultra stringit corpus ut antea.

V. Serapis ut a veterum multis credebatur idem ipse erat qui Pluto. Sinope Alexandriam delatus, inquit Plutarchus, in libro de Iside & Osiride, ab Ægyptiis illo donatus nomine est, quem ipsi Plutoni dabant. Serapis nimirum appellatus fuit, quo antea nomine non gaudebat Οὐ γὰρ ἐκεῖθεν οὕτως ὀνομαζόμενος ἧκεν, ἀλλ' εἰς Ἀλεξάνδρειαν τὸ παρ' Αἰγυπτίοις ὄνομα τῦ Πλύτωνος ἐκλήσατο τὸν Σάραπιν. *Putamus*, inquit Porphyrius apud Eusebium Præp. Evang.

domine ſur les mauvais demons. C'eſt, dit-il, le même que Pluton : il donne
des ſymboles pour les chaſſer. Il ajoûte plus bas que le ſymbole de ces mauvais démons eſt le chien à trois têtes. Cela s'accorde avec les anciens monumens qui peignent Serapis avec le chien Cerbere. On en voit trois de même
aux planches cxxi. & cxxii. du ſecond tome de l'Antiquité. Le plus remarquable de tous, eſt celui où il eſt repreſenté avec un boiſſeau ſur la tête,
tenant une pique de la main droite. L'inſcription eſt telle, εἷς Ζεὺς Σάραπις,
*Il n'y a qu'un Jupiter Sarapis.* Le chien cerbere à trois têtes qu'on
voit à ſes pieds, fait foi que ce Jupiter Serapis eſt le même que Pluton. La
même inſcription εἷς Ζεὺς Σάραπις. *Il n'y a qu'un Jupiter Serapis*, ſe trouve
parmi les Abraxas à la planche cliii. mais l'image de Serapis n'y eſt pas.
On y voit Iſis aſſiſe ſur la fleur du Lotus, tenant un foüet à la main, & devant
elle le ſinge ou le cercopitheque diviniſé par les Egyptiens. Devant Iſis eſt
un croiſſant de lune, & plus loin une grande étoile qui marque le ſoleil où
Jupiter Serapis, ſignifié par cet aſtre.

Jupiter Serapis étoit donc Pluton, ce qui eſt encore marqué par deux autres images ou Jupiter Serapis eſt avec le chien Cerbere, & par une quatriéme
qu'on voit auſſi parmi les Abraxas pl. cliii. où Jupiter Serapis qui porte à
la main une victoire, a le chien Cerbere devant lui. On peut y en ajoûter une
cinquiéme de la planche cxxi. du ſecond tome de l'Antiquité, où Jupiter
Serapis tient d'une main la corne d'abondance, & de l'autre main une patere, ſur laquelle vole un papillon ſymbole de l'ame : preuve qu'il eſt le
maître du payis des ames, ou que c'eſt le même que Pluton. Voila donc Jupiter Serapis Pluton.

VI. Jupiter Pluton étoit Jupiter *inferus*, le même qu'une inſcription de
Gruter appelle Jupiter *Stygius*, le Jupiter Stigien. Pluton paſſoit pour le ſoleil d'hyver, dit Porphyre dans Euſebe, Pr. Ev. 3. 3. *Les ſemences*, dit-il, *jettées
ſoûs la terre ont quelque vertu, que le ſoleil attire lorſqu'il court en hyver ſous
l'Hemiſphere. Proſerpine eſt cette vertu des ſemences ; & Pluton qui eſt le ſoleil
va ſous terre, & cache ſa courſe au ſolſtice d'hyver. C'eſt pour cela qu'on dit qu'il
enleve Proſerpine.* Macrobe l. 1. ſat. c. 19. & Phurnutus, diſent à peu-près la

---

lib. 4. c. 23. *Sarapidem ſupra malos dæmones domi-
nari :* idem, inquit ille, ipſe eſt qui Pluto ; ſymbo-
laque dat ad ipſos expellendos. Adjicitque inferius, malorum dæmonum ſymbolum eſſe tricipitem
canem. Illud vero cum veterum monimentis con-
ſentit, quæ Serapidem cum Cerbero cane pingunt.
Tria hujuſmodi ſchemata viſuntur ſecundo Antiquitatis explanatæ tomo Tab. cxxi. & cxxii.
ubi omnium ſpectabiliſſimus is eſt, qui calathum
capite geſtat, haſtamque dextera tenet. Inſcriptio
eſt hujuſmodi, εἷς Ζεὺς Σάραπις, *unus eſt Jupiter
Sarapis.* Cerberus canis ad ejus pedes arguit Jovem
hunc Sarapidem eſſe Plutonem. Eadem inſcriptio
εἷς Ζεὺς Σάραπις, *unus tantum Jupiter eſt Serapis ;*
inter Abraxæas etiam figuras occurrit Tabula cliii.
ſecundi Antiquitatis explanatæ tomi : Sed ibi Serapidis imago non comparet. Iſis ibi conſpicitur Loti
flori inſidens, flagellum manu tenens, & coram illa
ſimia ſive Cercopitheus inter deos ab Ægyptiis
relatus. Ante Iſidem eſt creſcens Luna, & paulo
remotior ſtella magna Solis aut Jovis Sarapidis
ſignum, qui hujuſmodi aſtro ſignificatur.

Jupiter ergo Sarapis Pluto erat : id quod etiam ex
duabus aliis imaginibus confirmatur ubi Cerberus
canis cum Jove Sarapide eſt, & ex quarta, quæ item
inter Abraxæas figuras viſitur Tab. cliii. His etiam
quinta adjici poteſt, quæ habetur in Tab. cxxi.
ejuſdem tomi ; ubi Jupiter Serapis altera manu
tenet cornu copiæ, altera pateram ſupra quam vo-
litat papilio ſymbolum animæ : unde probatur eum
in animarum patria & regione dominum eſſe, vel
eumdem eſſe atque Plutonem. En igitur Jovem
Serapidem ſimul Plutonem.

VI. Jupiter Pluto, Jupiter inferus erat & Stygius, ut vocatur apud Gruterum p. xxiii. Pluto pro
hyberno Sole habebatur, inquit Porphyrius apud
Euſebium Præp. Evang. l. 3. cap. 3. *Quoniam vis
eſt quædam projectorum humi ſeminum, quam Sol ſub
inferius hæmiſpherium currens, hyberno tempore attrahit. Proſerpina vis eſt ſemen continens ; Pluto autem
Sol terram ſubiens, atque occultum percurrens orbem
hibernumque Solſtitium, dicitur Proſerpinam rapere,
quam ſub terra latentem Ceres deſiderat.* Macrobius
l. 1. Saturnalium c. 19. & Phurnutus idipſum pene

même

M. le pr. President Bon

même chose. Selon cette explication, nôtre image de Jupiter soleil Serapis
sera Pluton ; sur tout par rapport à la derniere saison qui comprend les signes
du capricorne, du verseau, & des poissons, qui marquent l'hyver. Cette
saison est immédiatement sur les pieds de Serapis : sur quoi il faut remarquer
que dans l'image de la planche c x x i i. du second tome de l'Antiquité, où
Serapis avec cerbere est d'un côté, & Isis avec son sistre de l'autre ; il y a un
pied humain entouré d'un serpent, qui pourroit bien avoir quelque rapport
à cette saison d'hyver, marquée sur les pieds de Serapis. Ce n'est qu'une conjecture que je n'oserois suivre, à moins qu'elle ne soit autorisée de quelque
autre monument.

V I I. On prenoit Serapis pour Esculape, dit Tacite à la fin du quatriéme
livre de son Histoire. *Plusieurs croïent, dit-il, que ce dieu est Esculape, parce
qu'il guerit des maladies ; quelques-uns le prennent pour Osiris, dieu très-ancien
de la nation Egyptienne ; un grand nombre le disent Jupiter, comme aïant la puissance sur toutes choses, d'autres le prennent pour Pluton, se fondant tant sur
certaines marques assez claires, que sur des conjectures.* Serapis passoit pour le
dieu de la santé, comme nous avons fait voir assés au long dans son Chapitre, au second tome de l'Antiquité. De-là venoit sans doute que plusieurs
le prenoient pour Esculape ; d'autres qui le prenoient pour le dieu de la santé,
le distinguoient pourtant d'Esculape, comme Ciceron au second livre de la
divination p. 297. *Pourquoi demander plûtôt des remedes à l'interprete des son-
ges qu'aux medecins ; Esculape ou Serapis peuvent-ils prescrire en songe les remedes necessaires pour la guerison.* Plusieurs autres Auteurs prennent Serapis
pour le dieu de la Medecine. Il paroît qu'il étoit invoqué pour les maladies.
Dans les inscriptions de Gruter p. l x x x v. l'on voit des vœux à Serapis pour
le recouvrement de la santé : les marbres confirment ce que dit Tacite, que
plusieurs le prenoient pour Esculape. Nous voïons en effet Esculape avec le
boisseau de Serapis sur la tête. Il y en a deux de cette espece à la planche
c l x x x v. du premier Tome de l'Antiquité ; dans l'un des deux le serpent qui
entortille à plusieurs tours le bâton, laisse quatre espaces comme dans la figure
presente. Seroit-ce pour marquer les quatre saisons comme ici ? ce qui est cer-

---

dicunt. Hac admissa sententia signum Jovis Solis
Serapidis nostrum, Pluto etiam erit ; maxime vero
ratione ultimæ tempestatis, quæ signa complectitur
Capricorni, Aquarii & Piscium, quæ hyberna sunt
signa. Hæc porro anni tempestas cum signis suis
supra pedes Serapidis sita est. Cujus rei occasione
observandum est in imagine illa secundi Antiquitatis explanatæ tomi Tabula c x x i i. Ubi Serapis
atque Cerberus in uno latere, Iiis vero cum sistro
in altero est, pedem humanum haberi serpente cir-
cumplicatum, quæ possent fortasse referri ad hiber-
nam illam tempestatem ad pedes Serapidis positam.
Sed conjectura tantum est, quam ego sequi nollem
nisi aliis firmaretur exemplis.

V I I. Serapis etiam pro Æsculapio habebatur, ait
Tacitus in fine quarti historiæ suæ libri. *Deum ipsum,
inquit, multi Æsculapium, quod medeatur agris cor-
poribus ; quidam Osirin, antiquissimum illis gentibus
nomen ; plerique Jovem, ut rerum omnium potentem ;
plurimi Ditem patrem, insignibus quæ in ipso mani-
festa, aut per ambages conjectant.* Serapis deus valetudinis & sanitatis habebatur, ut pluribus diximus

cum de illo ag500eretur in secundo Antiquitatis explanatæ tomo. Hinc haud dubie a multis Æscula-
pius esse putabatur ; alii vero qui ipsum valetudinis
deum habebant, ab Æsculapio tamen distingue-
bant, ut Cicero secundo libro de divinatione :
*Quid igitur convenit ægros a conjectore somniorum
potius, quam a medico petere medicinam ? An Æscu-
lapius, an Serapis potest præscribere per somnium
curationem valetudinis ?*

Multi alii scriptores Serapidem habent pro deo
Medicinæ. In morbis enim, Serapidis opem implo-
rabant multi. In Gruteri inscriptionibus p. l x x x v.
vota occurrunt Serapi facta pro curatione valetudinis. Monimenta autem veterum confirmant ea
quæ supra dixit Tacitus, nempe multos Serapidem
pro Æsculapio habuisse. Sane videmus Æsculapium
capite calathum gestantem, ut Serapin. Duos hujuscemodi protulimus in primo Antiquitatis explanatæ tomo Tabula c l x x x v. In altero autem serpens qui baculum Æsculapii multis flexibus circumplicat, quatuor spatia vacua relinquit, qualia in
præsenti schemate : an ut quatuor anni tempora

tain eft que les faifons ont beaucoup de rapport à la fanté fignifiée par le ferpent. Ce qui eft auffi fort à remarquer, c'eft qu'Hygiéa fille d'Efculape, déeffe
de la fanté, dont nous avons donné plufieurs images, & qui a comme fon
pere le ferpent pour fymbole, fe trouve dans l'une de ces images pl. CLXXXIX.
du premier tome de l'Antiquité, entortillée d'un ferpent comme l'eft Serapis ici : avec cette difference que le ferpent a la tête en bas, & vers les pieds
fur Serapis, & que fur Hygiéa le ferpent a la queuë en bas, & aprés avoir
entortillé le corps de la déeffe, il vient boire dans fa taffe à l'ordinaire.

Voilà donc Serapis qui eft en même-tems Jupiter, le foleil, Pluton & Efculape,
reprefenté ici avec les attributs de toutes ces divinitez. Tant il eft vrai que
les monumens, qui font des hiftoires muettes, nous apprennent bien des
chofes qu'on chercheroit inutilement dans les Auteurs.

PL.
XLIII.
VIII. Je ne fai fi c'eft par rapport à Serapis entortillé d'un Serpent que
l'Ifis fuivante, qui eft une ftatuë Romaine, eft auffi entortillée d'un ferpent
comme fon mari ; cela eft pourtant affés vrai-femblable. Quoiqu'il en foit
nous avons crû ne la devoir pas féparer du Serapis foleil. Cette figure eft
extraordinaire en tout. La coëffure, le collet, l'habit, tout eft remarquable.
Elle a comme un collier de perles, & fon grand collet eft affés femblable à
celui qu'on portoit il n'y a pas long-tems. Elle eft revêtuë d'une efpece de
robe de chambre, dont les manches vont jufqu'au poignet; le refte fe remarquera mieux à l'œil que par une defcription. Le ferpent l'enveloppe & la
ferre du côté des jambes, où il ne fait qu'un tour, & remonte aprés cela par
plufieurs plis & replis jufques fur fa poitrine. Il ne faut pas douter qu'il n'y
ait là quelque myftere. Cette maniere de reprefenter Ifis, n'a nullement l'air
d'un pur caprice : il faut qu'il y ait des fens cachez fous ces figures. Ifis eft
la lune, Serapis eft le foleil, le ferpent eft auffi le foleil ou fa figure, comme
nous avons fi fouvent dit. Ce ferpent qui entortille Ifis, marqueroit-il que
c'eft le foleil qui communique à la lune fa lumiere & fa clarté? Il ne l'entortille qu'à demi, ce qui pourroit bien fignifier les accroiffemens & décroif-
femens de la lune, par rapport au plus ou moins de clarté qu'elle paroît re-

---

fubindicet ? Utique certum eft anni tempeftates,
multum conferre fanitati, quæ per ferpentem in-
dicatur. Serpens autem perinde Serapidi convenit,
atque Æfculapio, fi tamen Serapis alius ab Æfculapio habeatur. Notandum autem eft, Hygieam
ipfam Æfculapii filiam fanitatis deam cujus multas
protulimus imagines, quæque perinde atque pater
fuus ferpentem habet fymbolum, in una ex imaginibus Tabula CLXXXIX. fecundi Antiquitatis
explanatæ tomi, a ferpente circumplicari, quemadmodum in hac imagine Serapis illo circumdatur ;
hoc tamen difcrimine, quod ferpens in Serapidis
imagine caput ad pedes ejufdem ; in Hygieæ
autem fchemate ferpens caudam inferne pofitam
habeat, & poftquam deæ corpus circumvolvit, in
patera bibiturus pro more accedat.

Itaque Serapis fimul Jupiter, Sol, Pluto & Æfculapius eft, & cum fymbolis illorum omnium repræfentatur. Ufque adeo verum eft veterum monumenta hiftoriam quamdam mutam effe, ubi multa
difcimus, quæ apud fcriptores fruftra quæreremus.

VIII. Utrum Ifis illa fequens, quæ Romæ vifitur & a ferpente circumdatur, ad Serapidem refe-

ratur conjugem & ferpente circumdatum : id certe
fi non conftat, veri tamen fimile eft. Ut ut res eft,
non putavimus eam a Serapide Sole feparari opor-
tere. Hæc imago nihil non infolitum habet ; capitis
& colli ornatum, veftem : hic omnia fpectabilia
funt. Torquem collo geftat, quafi ex unionibus
concinnatum. Strophium illud magnum a collo
humeros ornans, fimile eft iis quæ non ita pridem
geftabantur. Vefte quadam aperta induitur ; cætera
uno confpectu percipias. Serpens illam circumdat,
& circa tibias ftringit, fed uno tantum ambitu;
pofteaque multis fefe plicans gyris ad ufque pectus
afcendit. Nec dubium eft quin aliquid arcanum in
his omnibus lateat. Hic quippe modus depingendæ
Ifidos non ex fubita artificis imaginatione prodit:
hæc potius fingula fecretum videntur habere fignificatum. Ifis Luna, Sarapis Sol eft : ferpens item
Sol eft, five fymbolum Solis, uti fæpe diximus. An
ferpens ille, qui Ifidem circumdat, fignificaverit
Solem Lunæ claritatem lucemque indere ? Ipfam
vero non omnino nec totam circumdat, id quod
ad Lunam crefcentem ac decrefcentem referatur,
cum vel plus vel minus lucis a Sole, uti quidem

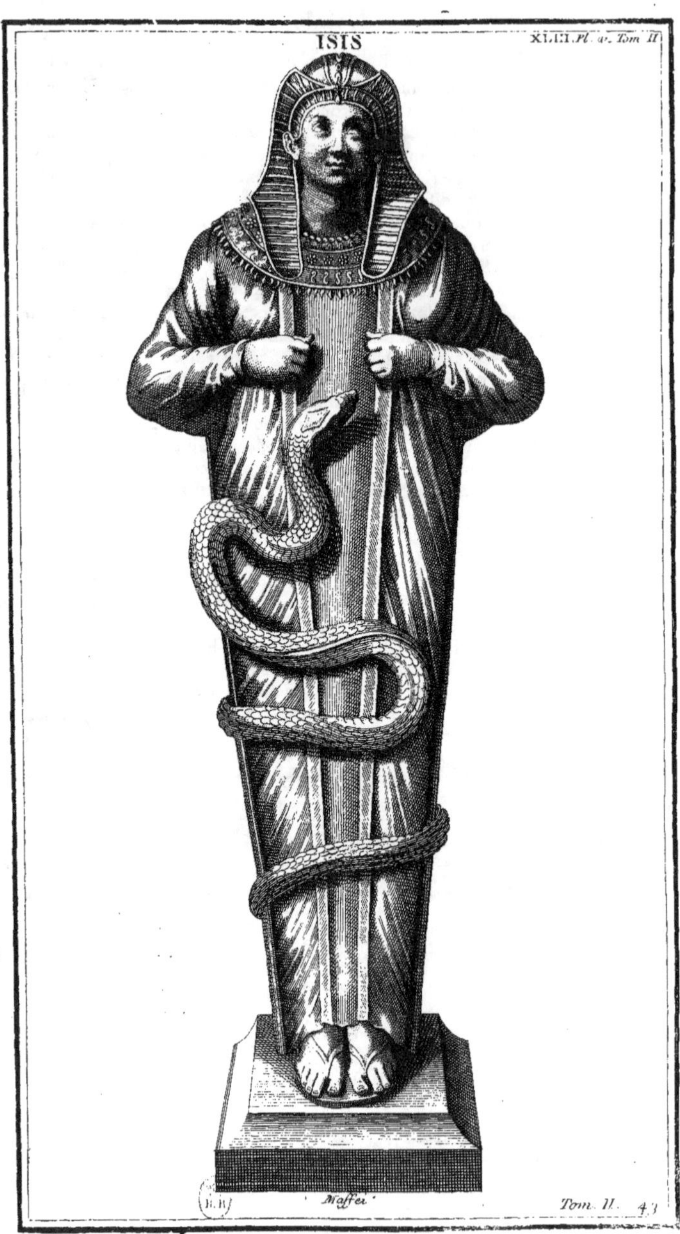

ISIS

cevoir du soleil. Il n'est pas permis d'aller plus loin dans ces recherches. Ce ne sont que des conjectures sur lesquelles on ne peut rien fonder. Les monumens qu'on déterrera dans la suite, serviront peut-être à éclaircir ceux-ci.

---

nos oculis percipimus, mutuari videtur. Ne ultra procedamus hæc & hujuscemodi conjicientes, vetat metus ne longius a vero oberremus: quæ sub hæc in dies eruentur monumenta, ad hæc explicanda fortasse juvabunt.

## CHAPITRE VII.

*I. Serapis dans un Navire avec Isis & la Fortune. II. Serapis Pluton avec Isis & Minerve. III. Serapis Pluton avec Isis & Apollon.*

I. **V**Oici encore une image toute mysterieuse, & qu'il est très-difficile d'expliquer. Serapis dans un Navire dont les bords sont chargez de rames, quoiqu'il n'y paroisse point de rameur. Il est assis au milieu du pont, & tient de la main gauche un sceptre, & avance la droite vers Isis. Il porte le boisseau sur la tête; c'est son symbole ordinaire; c'est par-là que nous reconnoissons Serapis. A droite & à gauche du boisseau sont deux grandes étoiles; autre mystere difficile à développer. S'il n'y en avoit qu'une, comme dans une autre image de cette même planche, nous dirions qu'elle marque que Serapis est le soleil; mais les deux embarrassent. Aux pieds de Serapis est le gouvernail. Isis qui est à la proüe, se reconnoît à la fleur du Lotus, qu'elle porte sur la tête; c'est sa marque particuliere. Elle tient de la main droite un seau qu'on voit si souvent entre les mains des divinitez Egyptiennes, & met l'autre main sur une machine qni s'éleve à trois branches par-dessus la poupe, & qui tient au Vaisseau. Elle regarde Serapis comme pour recevoir ses ordres, & tourner le Vaisseau du côté qu'il lui plaira d'ordonner. Car Serapis est ici seul assis en maître: Isis & la Fortune sont debout comme pour executer ses ordres. La fortune est derriere Serapis; elle a comme Serapis le boisseau sur la tête; à moins qu'on ne veüille dire que c'est le pole, qu'on voit si souvent sur la tête de la Fortune; de-là vient qu'on l'appelloit Pherepole, ce qui veut dire qu'elle porte le pole, ou qu'elle gouverne le monde pris

PL. aprèsla XLIII.

---

### CAPUT VII.

*I. Serapis in navi cum Iside & Fortuna. II. Serapis Pluto cum Iside & Minerva. III. Serapis Pluto cum Iside & Apolline.*

I. **E**N rursum aliam arcanæ significationis imaginem, & explicatu difficillimam. Sarapis in navi, cujus latera remis onusta sunt, nullis tamen comparentibus remigibus. In medio tabulato sedet, & læva sceptrum tenet, dexteramque versus Isidem extendit. Calathum capite gestat, symbolum illius solitum, quo Serapidem agnoscimus; a dextris & a sinistris calathi, duæ majores stellæ conspiciuntur: arcanum aliud quod vix aperias: si una tantum adesset stella, ut in alia hujusce tabulæ imagine;

illa significari diceremus Sarapidem esse Solem; sed hoc opus hic labor, quod duæ reperiantur. Ad Sarapidis pedes est gubernaculum: Isis in puppi stans ex Loti flore dignoscitur, quem capite gestat, hæc ipsius est familiaris nota. Isis dextera situlam tenet, quæ sæpe præ manibus Ægyptiorum numinum observatur, alteramque manum machinæ cuipiam imponit: quæ tres in partes erumpens supra puppim erigitur, & hæret navi. Sarapin respicit, quasi nutum ejus exspectans, ut navim quo velit convertat. Nam Sarapis hic solus quasi imperans sedet. Isis & Fortuna stant, quasi imperanti obsequuturæ. Fortuna pone Sarapidem est, ac perinde atque Sarapis calathum capite gestat; nisi forte dicatur esse polum, quem Fortunæ capiti imminere sæpius cernimus; qua propter φερέπολις, id est, polum gestans appellabatur, ut quæ mundum regeret, ἰθικῶς pro mortalium genere sumtum,

moralement pour les hommes qui l'habitent, dont la plûpart n'ont d'autre
pole que la Fortune. Elle tient de la main gauche la corne d'abondance, &
de la droite le gouvernail. Ce gouvernail de la Fortune, aussi-bien que celui
de Serapis, ne servent point ici à guider le navire, ils sont tous deux sur
le pont. Cette belle image renferme, selon toutes les apparences, quelque
moralité. Celle qui se presente d'abord est, que la Fortune suit Serapis & Isis,
que les personnes religieuses sont ordinairement favorisées des biens de la
fortune. Si cela n'est pas toûjours vrai generalement parlant; cela l'étoit apparemment par rapport à la personne qui a fait graver la pierre, qui étoit
peut-être bien dans ses affaires, & qui attribuoit sa bonne fortune à sa dévotion pour Isis & Serapis; il croïoit qu'à la faveur de ces divinitez, il voguoit
heureusement dans la mer de cette vie. D'autres expliqueront peut-être autrement cette pierre : mais sans oser garantir leur explication, comme je ne
voudrois pas garantir celle-ci.

II. Serapis Pluton se reconnoît aisément dans l'image suivante. Il tient le
milieu entre Isis & Minerve. Il porte le boisseau sur la tête, tient son sceptre
d'une main, & semble ordonner quelque chose de l'autre. A ses pieds est le
chien Cerbere à trois têtes : celle de ces têtes qui paroît sur le devant est d'un
lion. Isis qui est à la droite de Serapis, a sur la tête à son ordinaire la fleur
du Lotus, & tient de la main droite le sistre, son instrument propre, & de
la gauche un vaisseau à anse, ou un seau comme ci-devant. A l'autre côté
de Serapis Pluton est Minerve avec toutes ses marques ordinaires, le casque,
l'égide, la pique, le bouclier avec la tête de Meduse. Savoir ce que signifient
ces trois dieux ensemble; c'est ce qui n'est pas aisé. L'explication la plus facile seroit de dire que quelque dévot à ces trois divinitez les a voulu mettre
ensemble.

III. Voici encore Serapis Pluton avec deux autres divinitez. Il est assis sur
une chaise à dossier, entre Isis & Apollon : il porte le boisseau sur la tête à
l'ordinaire, tient un sceptre, & a le chien Cerbere à ses pieds. On ne voit
qu'une tête de ce chien; mais les autres sont apparemment cachées derriereSe-

---

quorum plerisque Fortuna ceu polus habetur, sinistra manu cornucopiæ tenet, dextera vero gubernaculum. Hoc Fortunæ gubernaculum, perinde
atque illud aliud Sarapidis, non regendæ navi de-
putantur : nam in tabulato sunt ambo. Hæc pul-
cherrima imago aliquid ad informandos mores
opportunum subindicare videtur : hoc autem primum in mentem succurrit, nempe Fortunam sequi
Isidem & Serapidem : quod sic intelligas ; reli-
giosos homines, Fortunæ bonis ut plurimum in-
structos esse. Illud vero etsi non semper verum sit,
etsi contraria exempla non raro occurrant ; forte
tamen ei qui lapidem insculpi curavit, apprime
competebat, utpote qui Fortunæ muneribus ditatus
fuerit, & optabilem fortis suæ conditionem reli-
gioso cultu quo Isidem & Serapidem proseque-
batur attribuerit : putabat fortasse faventibus hisce
numinibus in hujus vitæ mari se feliciter vela dare.
Alii fortasse diversam hujus explicandæ gemmæ
viam capessent ; sed rem ut dubiam, nec exploratam,
si sapiant, proponent ; quemadmodum & ego hæc
quæ jam dixi, non ut asserta, sed ut probabilia protuli.

II. Serapis Pluto in imagine sequenti sese statim
considerati prodit. Inter Isidem & Minervam
positus calathum capite gestat, altera manu sceptrum
tenet, altera imperare quidpiam videtur. Ad pedes
illius visitur Cerberus canis triplici capite : caput
autem unum quod sese præbendum conspicit,
leonis est. Isis ad dexteram Serapidis stans, florem
Loti pro more gestat, dexteraque tenet sistrum, sibi
proprium instrumentum, sinistra autem vas an-
satum sive situlam ut antea. Ad alterum Serapidis
latus Minerva visitur, cum solitis omnibus symbolis atque notis ; cum casside nempe, ægide, hasta,
clypeo capite Medusæ ornato. Quid porro significent hæc tria simul posita numina, non ita facile
est divinare : id autem probabilius dicatur, nimirum
quempiam religionis affectu erga tria isthæc numina permotum, illa simul in una imagine posuisse.

III. En adhuc Sarapidem Plutonem cum duobus
aliis numinibus. In sella porro sedet inter Isidem &
Apollinem, calathum pro more capite gestat,
sceptrum tenet, canemque Cerberum a pedibus
habet. Unum tantummodo caput canis hujusce
perspicitur, cætera vero capita pone Sarapidem
occulta esse videntur : Sarapis autem ad Apollinem

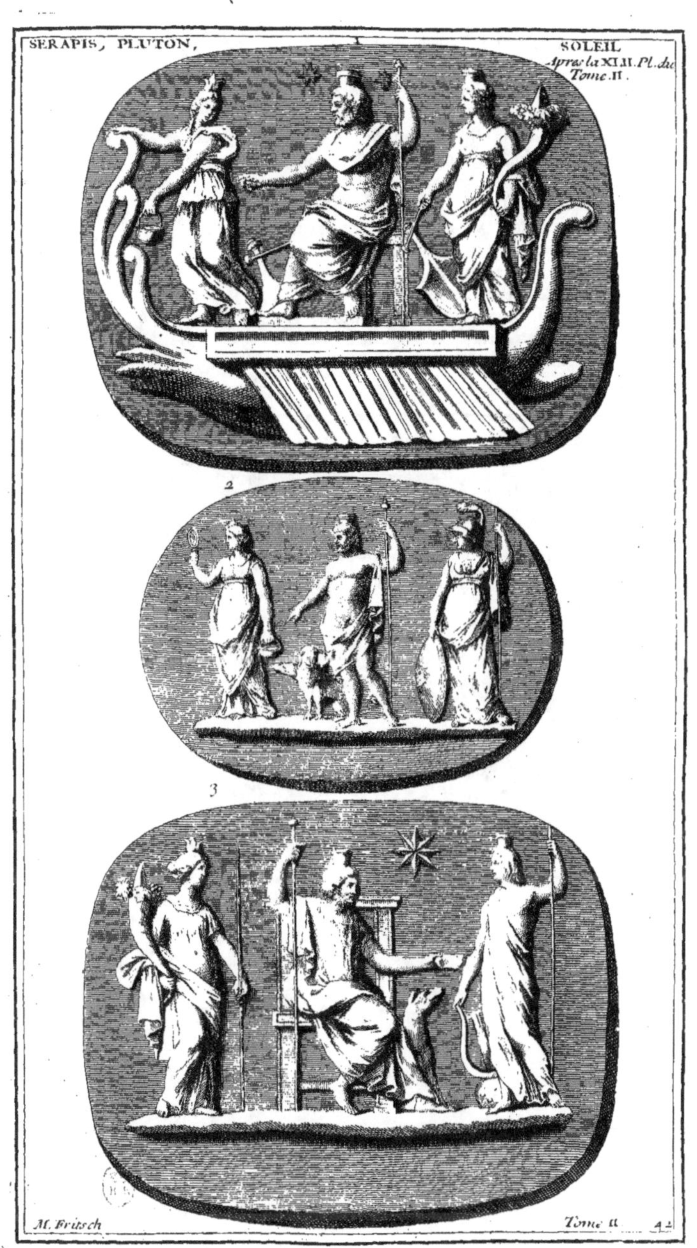
2
3

rapis, qui eft ici tourné vers Apollon, & lui prefente un vaiffeau; c'eft apparemment une patere. Apollon eft ici en robe longue comme dans d'autres
images, quoique rarement. Il tient de la main gauche une pique; & de la
droite fa lyre appuïée contre terre. Il a fur la tête un boiffeau comme Serapis,
peut-être à caufe qu'il étoit pris pour le foleil, de même que Serapis. Ce rapport eft encore mieux marqué dans la grande étoile, ou plûtôt dans la figure
du foleil qui eft entre eux deux, prefque à égale diftance de l'un & de l'autre. Il y a beaucoup d'apparence, que tant par le boiffeau que chacun d'eux
porte fur la tête, que par cette grande étoile mife entre les deux; on a voulu
marquer que Serapis & Apollon font égallement pris pour le foleil. Ifis qui
eft derriere Serapis tient une pique, & de l'autre main la corne d'abondance:
elle a la fleur du Lotus fur la tête, & eft tournée vers Apollon & Serapis, Ifis
eft communément prife pour la lune: en cette qualité elle fe tourne vers Serapis & Apollon, qui font tous deux pris pour le foleil, & qui communi-
quent leur lumiere à Ifis qui eft la lune.

---

converfus vas ipfi porrigit, quod patera effe videtur. Apollo talari vefte hic ut in aliis imaginibus
etfi raro confpicitur. Siniftra haftam tenet, dextera
vero lyram in terra innixam. Capite calathum
geftat ut Serapis, forte quia & ipfe Apollo pro
Sole habebatur, quemadmodum & Serapis: quæ
affinitas major etiam deprehenditur effe in fymbolo
fequenti, in ftella illa magna, five ut melius dicam,
in Solis figura, quæ inter ambos elucet, pari ferme
inter utrumque intermedio fpatio. Verifimile

utique eft cum calathum utriufque capiti impofitum, tum ftellam illam magnam inter utrumque
lucentem fignificare, Sarapidem & Apollinem pro
Sole ambos indifcriminatim haberi. Ifis pone
Sarapidem, altera manu haftam, altera cornucopiæ tenet: Loti florem pro more capite geftat, &
& ad Apollinem Sarapidemque converfa eft. Ifis
Luna effe vulgo dicitur: ac verfus Sarapidem Apol-
linemque refpicit, qui ambo pro Sole habebantur,
quique lucem Ifidi five Lunæ conferebant.

## CHAPITRE VIII.

*I. Le chat ou le dieu Ælurus en grand honneur chez les Egyptiens. II. Image du chat en sa forme. III. Images à tête de chat, & le corps d'homme. IV. La déesse chate parée extraordinairement. V. Autre image. VI. Le dieu lion, ou la déesse lionne. VII. Le dieu loup.*

P l.
XLIV.

LE chat ou le dieu Ælurus, étoit en si grand honneur chez les Egyptiens, qu'il ne faut pas s'étonner si cette nation nous a transmis tant de monumens qui le representent, & si elle l'a peint en tant de differentes formes. Le chat étoit entre toutes les bêtes à quatre pieds, celle dont les Egyptiens punissoient plus severement la mort ; soit par inadvertance, soit de propos déliberé, on étoit également criminel quand on tuoit un chat , & ce crime ne s'expioit que par les plus cruels supplices.

II. On representoit le dieu chat tantôt avec toute sa forme naturelle , tantôt avec la tête du chat, & le corps d'un homme. On le voit en ces deux manieres dans la planche suivante. Le premier a toute la forme du chat , tant soit peu plus grand dans l'original que dans cette figure. Il porte un collier en la maniere que chacun peut remarquer. Ce collier a sur le devant une petite tablette chargée de caracteres Hieroglyphiques, intelligibles apparemment aux seuls Prêtres, & à ceux qui étoient initiez aux mysteres des Egyptiens.

III. Le suivant a dans l'original environ dix pouces de haut. La figure du visage tient du chat & de l'homme, ses oreilles sont d'un chat, le corps d'un homme. La tête est chargée d'un grand vase fort ordinaire dans ces figures Egyptiennes , & ce vase est surhaussé d'un globe. Au milieu du vase est un autre rond qui renferme aussi apparemment quelque mystere ; la tête jette des raïons de tous côtez. Si ce ne sont pas des raïons , ils en approchent assés pour la forme ; & si ce sont des raïons cela conviendroit à ce dieu, l'un

---

### CAPUT VIII.

*I. Felis sive deus Ælurus magno in honore apud Ægyptios. II. Felis in propria sua forma imagines. III. Imagines cum Felis capite & humano corpore. IV. Dea Felis cum insolito ornatu. V. Alia imago. VI. Leo deus vel leæna dea. VII. Lupus deus.*

I. FElis sive deus Ælurus tanto in honore habebatur apud Ægyptios, ut mirandum non sit si illa natio tot ad nos transmiserit Æluri dei monimenta, & si illum tam variis formis depinxerit. Inter quadrupedes autem necem Felis Ægyptii omnium severissima ultione plectebant ; sive per imprudentiam quis , sive de industria felem occidisset , perinde reus habebatur , immanissimoque supplicio hoc crimen luebat.

II. Ælurus deus modo felis totus , qualis natura sua est , modo humano corpore, felis capite depingebatur. Utroque modo in Tabula sequenti conspicitur. Primus totam felis formam habet, & ex archetypo expressus est tantillum majori , collare gestat qua forma quisque videre possit , anteriori collaris parti hæret tabella caracteribus hieroglyphicis plena, qui characteres a sacerdotibus tantum & ab iis , qui erant mysteriis Ægyptiorum initiati, legi & intelligi poterant.

III. Qui sequitur Ælurus in archetypo est altitudine decem pollicum. Vultûs forma felis simul & hominis quidpiam habet, auriculæ felis sunt, corpus humanum. Caput onustum vase grandi, in hisce Ægyptiacis schematibus frequenti : vasi imponitur globus. In medio vasis est circulus , arcani quidpiam , ut credere est, complectens. Caput radios undique emittit ; si radii non sunt , certe ad radiorum formam multum accedunt : ego vero radios esse crediderim ; si vero radii sint , huic numini

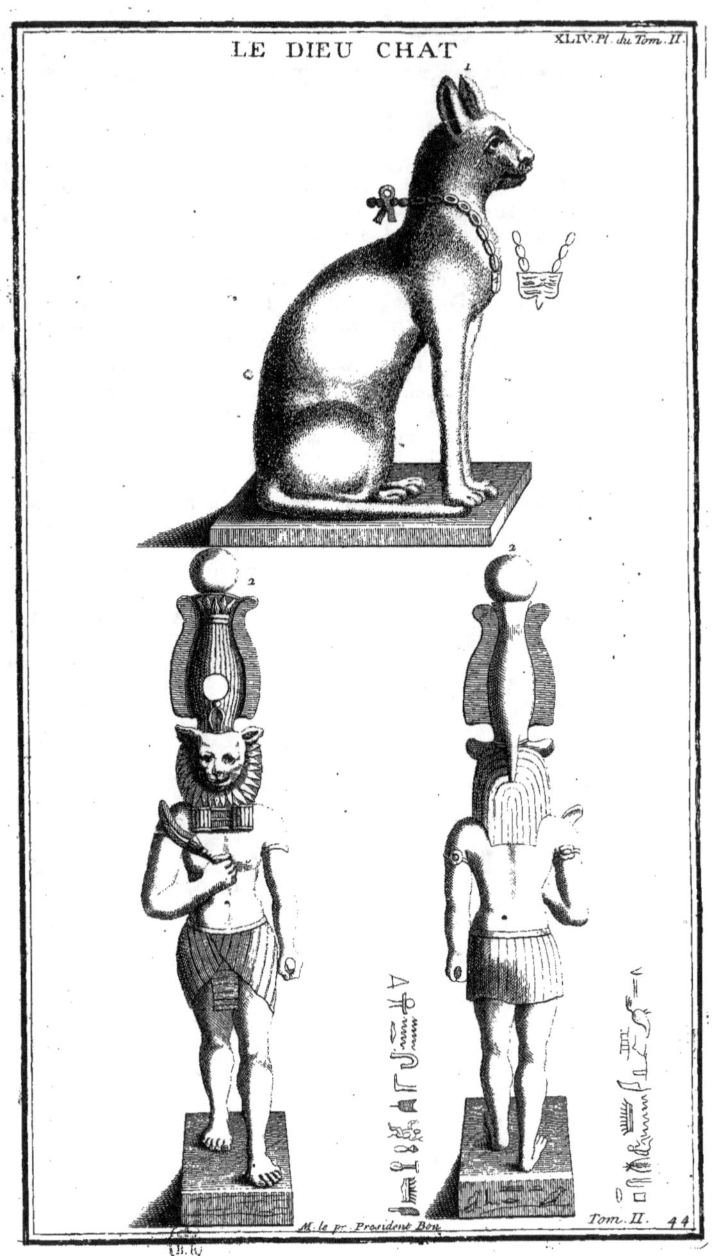

LE DIEU CHAT
XLIV. Pl. du Tom. II.
1
2
2
M. le pr. President Bon.
Tom. II.
44

des plus honorez des Egyptiens, chez lefquels prefque toutes les divinitez avoient quelque rapport au foleil : n'avons-nous pas vû dans la table Ifiaque un efcarbot, avec une tête d'homme, & une tête raïonnante ? Au-deffous de ces raïons & fur la poitrine, il y a un collet ou un inftrument de forme particuliere, qui pourroit bien avoir quelque fignification fecrete : quand on eft fur des divinitez Egyptiennes, on a droit de foupçonner du myftere par tout. Ælurus tient de fa main droite un inftrument qui paroît auffi fort myfterieux, il fe termine par une plume, ou quelque chofe qui en a affez la forme. Celui qu'il tenoit de l'autre main femble caffé. Les bracelets qu'il porte font immédiatement au-deffous de l'épaule & à la naiffance du bras. Là forme de la culote eft affez ordinaire dans ces images des dieux Egyptiens. La bafe de la ftatuë eft chargée de caracteres Hieroglyphiques, parmi lefquels on en remarque quelques-uns peu ordinaires, une efpece de couronne radiale repetée deux fois, l'une eft fur ces efpeces de ziczac fi communs parmi les hieroglyphes.

Les monumens que renferme la planche fuivante, nous font venus après coup : ce qui m'a empêché de mettre chaque figure en fa place. Par bonheur le dérangement n'eft pas bien confiderable. La premiere figure eft une tête d'Ifis, attachée à un efpece de demi cercle, marqué de differentes lignes comme une figure géometrique. La tête d'Ifis eft furhauffée de deux grandes cornes qui renferment un globe, & femblable à d'autres que nous avons déja vûës. Ce qu'il y a ici de remarquable ; c'eft cette figure de l'œil humain mife auprès de la tête d'Ifis. L'œil humain, dit Plutarque, dans un paffage rapporté cy-deffus, étoit la marque d'Ofiris, τὸν γὰρ βασιλέα ϰ̀ ϰύριον Οσιριν ὀφθαλμῷ ϰ̀ σκήπτρῳ γράφϰσιν. On peint le Seigneur & le Roi Ofiris, par un œil & un fceptre.

I V. La déeffe chate qui vient enfuite, fait un fpectacle des plus curieux. Elle a la tête d'une chate, & le refte du corps d'une femme. Elle porte une efpece de camail qui lui couvre les épaules & une partie des bras, & qui laiffe voir deux groffes mamelles de femme. Elle a une tunique raïée & bigarrée, qui lui defcend jufqu'au-deffus de la cheville. Elle tient fur fa poi-

Pl.<br>après la<br>XLIV.

---

certe fecundum theologiam Ægyptiorum aptati videntur, quod numen apud ipfos inter præcipua cenfebatur. Nam omnes fere deos fecundum aliquam rationem ad folem referebant. An non vidimus in menfa Ifiaca fcarabæum humano capite, radios folares emittente ? Sub radiis ad pectus quædam machina eft fingularis figuræ, in qua quidpiam arcani pro more fubindicari putatur. In hifce rebus ad numina Ægyptiaca fpectantibus, ubique myfteria fufpicari fas eft. Ælurus manu dextera inftrumentum tenet, in quo pro more myfterii quidpiam adeft, quod inftrumentum aut penna, aut re quapiam fimili terminatur. Quod autem inftrumentum altera manu tenebat, fractum videtur. Armillæ brachiis infertæ, in fummo brachio, qua humero jungitur, pofitæ funt : quod geftat autem perizoma in hifce Ægyptiacis fignis frequens eft. Bafis eft onufta characteribus hieroglyphicis, quos inter quidam obfervantur in aliis Ægyptiacis monumentis non ita frequentes ; corona verbi gratia radiata bis repetita, quarum altera imminet machinæ illi, inter Hieroglyphica frequenti, quæ alternis & oppofitis conftat angulis.

Quæ in tabula fequenti continentur monumenta,

tardius accefferunt, quam ut poffemus figuras fingulas fibi confentaneis in locis ponere : forte tamen fortunaque accidit, ut non nimium turbaretur ordo. Primum fchema caput eft Ifidos grandi femicirculo hærens, qui femicirculus, multis hinc & inde lineis diftinctus, geometricam figuram refert. Caput Ifidis duo grandia cornua geftat, quæ globum amplectuntur, id quod in aliis etiam fchematibus obfervatum eft. Obfervatu porro digna eft illa oculi humani figura, prope caput Ifidos pofita. Humanus oculus, inquit Plutarchus in loco, quem fupra attulimus, erat Ofiridis fymbolum. τὸν γὰρ βασιλέα ϰ̀ϰύειον Οσεινόφθαλμῷ ϰ̀ σκήπτρῳ γράφϰσιν, hoc eft Dominus & Rex Ofiris per oculum & fceptrum pingitur.

I V. Dea felis, quæ fequitur, infolens admodum fpectaculum præbet. Caput folummodo felem refert, reliquum vero corpus mulierem exhibet. ἐπωμίδα quampiam geftat, quæ ut nomen ipfum fonat, humeros, imo & brachiorum partem operit. Secundum quam amplæ duæ muliebres mammæ vifuntur. Tunicam geftat, lineis figurifque diftinctam, ad malleolos ufque defluentem. Ad pectus caput viri tenet, fub cujus mento grandis femicir-

trine une tête d'homme, qui a fous le menton un grand demi cercle raïé, à peu-près comme l'Ifis que nous venons de voir : du même bras elle foûtient par l'anfe un petit feau que nous voïons fi fouvent entre les mains des dieux Egyptiens.

L'Harpocrate de deffous, n'a rien que d'ordinaire, & nous ne l'aurions pas mis ici, n'étoit la grande bafe fur laquelle il eft affis. Elle reffemble affez à une coupe renverfée, fort ornée de tous les côtez de figures. Tout cela n'eft qu'un caprice, & ne merite pas qu'on en faffe la defcription.

PL.
XLV.

V. Nous venons de voir la déeffe chate, parée extraordinairement. La voici encore ; on la reconnoît à une de fes mammelles : l'autre eft cachée fous la tête du lion qu'elle tient devant fa poitrine : au-deffus de la tête du chat, eft un globe qui a fans doute fa fignification myfterieufe. Cette tête du lion fur la poitrine, marque une efpece de focieté entre la déeffe chate & le dieu lion, dont il feroit difficile de donner raifon. C'eft peut-être quelque focieé de deux villes, dont une adoroit plus particulierement la chate, & l'autre le lion, ou dans la même ville deux confreries différentes qui fe reüniffoient enfemble, & repréfentoient fur la même image, leurs dieux particuliers. La déeffe chatte porte une efpece de cotte courte, plus large par le haut que par le bas, & bigarrée de lozanges. L'original de cette figure eft un peu plus grand que nôtre image.

VI. Le dieu lion, ou plûtôt la déeffe lionne ; car le fein paroît être d'une femelle, eft ici peinte avec le corps d'une femme, & la tête & les oreilles d'une lionne. L'ouvrier a un peu adouci les traits de la face ; enforte qu'elle tient & de la femme & de la lionne. Elle a fur la tête un ornement qu'on ne voit gueres ailleurs. Le lion étoit de ces animaux qui n'étoient pas univerfellement adorez dans l'Egypte ; mais feulement en certains cantons, & principalement en la Ville de Leontopolis, qui prenoit fon nom du lion. Cette figure eft repréfentée de la grandeur de l'original.

VII. Les Egyptiens furpaffoient toutes les nations du monde en fuperftition ; mais fuperftition la plus bizarre. Ils faifoient des dieux de tout. Les bêtes mêmes les plus feroces y étoient honorées d'un culte divin ; finon

---

culus eft lineis diftinctus, qualem modo videbamus in Ifide. Eodem brachio fitulam parvam fuftentat, qualem fæpiffime videmus præ manibus deorum Ægyptiorum.

Harpocrates in ima tabula pofitus nihil non vulgare habet, neque hic locum habuiffet, nifi adeffet magna illa bafis cui infidet Harpocrates. Bafim illam craterem effe inverfum diceres, undique figuris ornatum. Verum hæc ornamenta ex una, ut credere eft, artificis imaginatione profecta, non ampliore defcriptione digna putantur.

V. Felem deam modo vidimus cultu fingulari & magnifico. En illam iterum, feminam quippe effe mamma indicat ; altera quippe mamma latet pône caput leonis, quod ante pectus geftat : illa ipfa dea felis vifitur cum inftrumento rotundo five difco leonis capiti impofito, qui difcus fæpe habetur, Ifidis, Ofiridis, Apis aliorumque Ægyptiorum numinum capite nixus. Hinc quædam arguitur focietas inter felem deam & leonem deum, cujus focietatis caufam quis certo tradiderit ? Eft forte focietas duarum urbium, quarum altera felem, altera

leonem peculiari cultu profequebatur. Vel fortaffis eadem in civitate fodalitia duo, quæ fimul jungebantur, in eodemque figno utriufque numina repræfentabant. Dea felis quamdam ceu crocotam geftat fuperne quam inferne latiorem, lineolis ornatam in quincuncem pofitis. Hujufce figni archetypum tantillum majus eft hoc exemplo.

VI. Deus leo five potius dea leæna, nam muliebres effe mammæ videntur : hæc femineo corpore, leænæ capite pingitur. Artifex autem vultus formam ita concinnavit ut partim muliebris, partim leonina effe videatur. Capiti imminet ornamentum infolitum, nec aliàs vifum. Leo ex iis animalibus erat, quæ non per totam Ægyptum colebantur, fed in quibufdam folum ejus partibus, maxime vero Leontopoli, quæ a leone nomen acceperat. Hæc porro figura fecundum archetypi menfuram exhibetur.

VII. Ægyptii qui fuperftitione gentes omnes fuperabant, quique portentofis erant addicti religionibus, omnia in deos deafque convertebant. Feras quoque vel efferatiores cultu divino profe-

dans

ISIS , H. ARPOCRATE, ET LA DEESSE CHATTE

*Tom. II. Apres la 44. Pl.*

*M<sup>r</sup> Mahudel.*

dans toute l'Egypte, du moins dans quelques-unes de ses parties. Ces bêtes
y étoient representées tantôt dans toute leur forme, & tantôt avec la tête
seulement, & le corps d'un homme. Le loup a déja été donné en cette derniere maniere au second tome de l'Antiquité pl. cxxvii. Le voici avec sa
forme ordinaire en deux images, l'une & l'autre reduites à la moitié de l'o-
riginal. Le premier est couché, l'autre plus mysterieux est debout sur sa base.
Il y a je ne sai quoi dans ses oreilles, beaucoup plus longues que celles d'un
loup, qui fait soupçonner quelque énigme: les Egyptiens en mettoient par tout.
Il porte un collier : mais ce qu'il y a de plus remarquable, c'est qu'il est entre
deux serpens, qui haussent la tête vis-à-vis des pieds de devant, & ont le
corps étendu à la longueur de celui du loup. L'un des serpens a un ornement de tête qui ressemble à une fleur. C'est peut-être la fleur du Lotus. On
n'oseroit tenter de penétrer dans tous ces énigmes. Il ne faut pas oublier ici
ce que dit Herodote 2. 67. que les loups de l'Egypte ne sont pas beaucoup
plus gros que des renards.

---

quebantur, non quidem per Ægyptum totam, sed
in quibusdam saltem civitatibus atque locis.
Feræ autem, ut jam non raro vidimus, aliquando
cum integra sua forma, sæpe etiam ferino capite
humanoque corpore depingebantur. Hoc postremo
ritu lupum jam protulimus tomo Antiquitatis explanatæ secundo Tab. cxxvii. En lupi totius imagines duas, quæ ambæ dimidiam archetypi magnitudinem repræsentant. Prior recubans exhibetur,
alter arcana mysteriaque præ se ferens supra basim
stans conspicitur. In auribus autem hujusce lon-
gioribus, quam lupi aures soleant esse, nescio quid
mysterii inesse videtur : Ægyptiis quippe omnia
ænigmatibus & arcanis plena. Collare gestat, ut
vides. Quodque singularius est, stat inter duos serpentes qui caput erigunt, & longitudine sua lupi
corpus æquant. Ex serpentibus alter aliquid capite
gestare videtur. Hæc omnia ænigmata sunt, quæ
ne Oedipus quidem aperire ausit. Neque præter-
mittendum hic quod ait Herodotus in Euterpe cap.
67. lupos nempe Ægypti vulpibus non multo
grandiores esse.

## CHAPITRE IX.

*I. Le dieu bouc ou le dieu Mendés, étoit Pan chez les Egyptiens, selon Herodote. II. Il se trouvoit dans tous les temples selon Diodore de Sicile. III. Tête mystique du bouc. IV. Tête de l'Hippopotame avec la queuë du serpent. V. Autres magots Egyptiens.*

I. LE bouc appellé Mendés chez les Egyptiens, étoit le même que le dieu Pan. Il étoit fort honoré dans l'Egypte, où il passoit pour le plus ancien de tous les dieux. Il donnoit son nom à un Nome, ou à un petit Payis du Delta, qu'on appelloit le Nome Mendesien. *Certains Egyptiens dont nous avons parlé*, dit Herodote 2. 46. *ne tuent jamais ni chevre ni bouc, parce que les Mendesiens comptent Pan entre les huit dieux. Ils croïent que ces huit dieux sont plus anciens que les douze dieux ; leurs peintres & leurs sculpteurs representent Pan comme les Grecs, avec la face de chevre & les jambes de bouc : ce n'est pas qu'ils croïent qu'il ait veritablement cette forme ; car ils le croïent semblable aux autres : mais c'est pour quelque raison, que je m'abstiens volontiers de rapporter. Tous ceux dont je parle portent un grand honneur aux chevres & encore plus aux boucs. Les chevriers sont en grand honneur en Egypte; sur tout un, à la mort duquel ils font un grand deüil.*

*Chez les Grecs*, dit plus bas Herodote c. 145. *Ceux qui passent pour les plus recens des dieux sont, Hercule, Bacchus, & Pan. Mais chez les Egyptiens Pan est le plus ancien, même des huit dieux qui passent pour les premiers ; Hercule est le premier des seconds qui sont au nombre de douze ; & Bacchus le premier de ceux qu'on appelle les troisiémes, & qui sont nez des douze.*

Voilà, selon Herodote, l'opinion des Egyptiens sur Pan & sur Mendés ; ce qu'il dit que les peintres & les sculpteurs Egyptiens representoient Pan comme les Grecs, avec la face de chevre & les jambes de bouc ; cela, dis-je, ne s'accorde pas avec les statuës & les images de Pan, que nous voïons encore aujourd'hui en assez grand nombre. Car les Grecs comme les Romains, s'il en faut croire à ces monumens, peignent Pan avec la face d'homme ; & les

---

### CAPUT IX.

*I. Deus hircus, sive deus Mendes, Pan erat apud Ægyptios secundum Herodotum. II. In omnibus aderat templis, ut ait Diodorus Siculus. III. Caput mysticum hirci. IV. Caput Hippopotami cum cauda serpentis. V. Monstra alia Ægyptiaca.*

I. MEndes, sic apud Ægyptios dictus erat hircus, idem erat qui Pan deus. Magno in honore habitus, antiquissimus deorum esse putabatur. Nomen porro suum dabat Nomo cuidam, seu tractui in Delta sito, qui vocabatur Nomus Mendesius. *Porro capras & hircos*, inquit Herodotus in Euterpe cap. 46. *ea de causa ii quos diximus Ægyptiorum non mactant, quod Pana inter octo deos Mendesii numerent, quos octo aiunt priores duodecim diis exstitisse. Panos autem simulacrum & pictores pingunt & statuarii sculpunt, quemadmodum Græci caprina facie hircinisque cruribus; haudquaquam exi-*

*stimantes eum esse talem, sed similem cæteris diis. Qua tamen cum causa talem pingant, non est mihi dictu jucundum. Verum hi omnes cum capras, tum vero maxime capros venerantur. Et inter Mendesios caprarii præcipuo honore afficiuntur, & ex his unus maxime, qui cum decessit, ingens toti Mendesio nomo luctus proponitur.*

*Sub hæc Herodotus cap.* 145. *hæc habet. Apud Græcos novissimi deorum esse censentur Hercules, Bacchus & Pan : at apud Ægyptios Pan vetustissimus est etiam ex octo diis, qui primi dicuntur : Hercules, ex iis qui secundi, numero duodecim ; Bacchus, ex illis qui tertii vocantur, ab illis duodecim procreati.*

II. Hæc erat secundum Herodotum Ægyptiorum opinio circa Pana & Mendem, quod vero ait ille, pictores nempe & sculptores Ægyptios Pana quemadmodum Græcos repræsentare caprina facie hircinisque cruribus, cum signis Panos, quæ non pauca inter veterum monumenta comparent hodie, non omnino consentiunt. Nam Græci perinde atque Romani, si fides illis monumentis, Pana humana

LE DIEU CHAT. LE DIEU
LION ET LE DIEU LOUP.

cornes , les oreilles & les pieds de chevre ou de bouc. Il femble pourtant que αἰγοπρόσωπον d'Herodote, ne fe puiſſe entendre que de la face ou du muſeau de chevre ou de bouc ; & c'eſt de cette maniere, dit-il , que les Grecs comme les Egyptiens, peignent Pan, αἰγοπρόσωπον ἢ τραγοσκελὲς, la face de chevre , & les jambes de bouc. Il faut fans doute fous-entendre que le corps étoit d'homme. Peut-être même pourroit-on auſſi fous-entendre qu'il avoit feulement les cornes & les oreilles de chevre ; c'eſt en cette maniere que nous le voïons aujourd'hui dans prefque tous les monumens qui nous reſtent. Quoiqu'il en foit, je n'ai point encore trouvé Pan avec la face de chevre. On voit dans la Table Iſiaque un bouc qui a quatre cornes, deux de belier & deux de bouc. J'ai encore vû le bouc dans des monumens Egyptiens, mais avec fes deux cornes de bouc feulement ; & fi j'ai bonne memoire, je l'ai remarqué fur deux marbres Egyptiens, qu'on voit à Rome à la fontaine de Sixte V. On voïoit, dit Diodore de Sicile l. 1. des images de Pan dans.tous les temples d'Egypte , κατὰ πᾶν ἱερόν.

III. Voici la tête de bouc que m'a envoïée M. Bon, premier Préſident en la Chambre des Comptes de Montpellier. Elle eſt de bois peint & doré , tant foit peu plus grande dans l'original. La plate bande qui regne entre les deux cornes eſt apparemment là pour quelque myſtere que nous ne penétrons pas ; au derriere de la tête eſt un trou quarré & creux ; M. le premier Préſident Bon habile dans la connoiſſance de l'Antiquité, croit que c'étoit pour y mettre quelque préſervatif, comme on en mettoit dans les bulles qu'on pendoit au cou des enfans. Il y a toute l'apparence poſſible que ce trou étoit fait pour cela. Ces préſervatifs appellez φυλακτήρια , étoient fort en uſage chez les Egyptiens.

IV. Quoique Herodote diſe que les Egyptiens regardoient comme facrées toutes les bêtes qui naiſſoient en Egypte, je n'ai encore trouvé nulle part que le cheval fût honoré chez eux d'un culte divin. Je croirois donc volontiers que la figure fuivante qui repréfente la tête, la poitrine & la jambe d'un cheval, dont tout le corps eſt d'un ferpent ; que cette tête, dis-je, eſt d'un Hippopotame ou du cheval du fleuve ; c'eſt le nom d'un animal mon-

Pl.<br>XLVI.

Pl.<br>XLVII.

---

facie , cornibus vero auribuſque necnon cruribus caprinis depingunt. Videtur tamen αἰγοπρόσωπον Herodoti non niſi de facie & vultu capræ aut hirci intelligi poſſe, quo modo ait ille Græcos perinde atque Ægyptios Pana depinxiſſe, αἰγοπρόσωπον κ̓ τραγοσκελὲς, caprina facie, hircinis cruribus. Subintelligendum haud dubie eſt corpus humanum fuiſſe. Fortaſſe vero αἰγοπρόσωπον ita intelligendum eſt, ut cornua tantum & aures caprinas habuerit, ut adhuc confpicimus in monumentis pene omnibus ab antiquitate nobis tranfmiſſis. Ut ut eſt, nullum adhuc vidi Pana caprina facie. Hircus viſitur in menfa Iſiaca ,quatuor inftructus cornibus, duabus arietinis , totidem hircinis. Hircum etiam vidi in Ægyptiacis aliis monumentis , fed binis tantum cornibus, &, nifi memoria labor, obfervavi ipfum in binis Ægyptiis marmoribus Romæ ad fontem Sixti Quinti. Panos autem figna, ait Diodorus Siculus l. 1. in omnibus Ægyptiorum templis κατὰ πᾶν ἱερὸν confpiciebantur.

III. En hirci five Panos caput tranfmiſſum mihi a D. Bono Monfpelienfis Senatus Principe. Ligneum porro eſt auro pictuiſque ornatum , tantillum majus in archetypo quam in tabula noftra. Tabella illa inter ambo cornua extenfa , aliquid forte arcani complectitur. Pone caput, quadratum foramen eſt. Ait porro ille in antiquaria re peritiſſimus D. Bonus putare fe illud foramen ad reponendum quidpiam facrum ad tutelam & incolumitatem aptum , paratum fuiſſe , quemadmodum olim in bullis a collo puerorum fufpenfis fimilia reponebantur. Omnino certe verifimile eſt foramen illud ad ufum hujufmodi fuiſſe deputatum. Hæc enim apud Ægyptios frequentia erant , quæ a Græcis φυλακτήρια vocabantur.

IV. Etfi dicat Herodotus, Ægyptios animalia & jumenta omnia quæ in Ægypto nafcerentur, facra penes illos habita fuiſſe , nufquam tamen reperi Ægyptios equis divinum exhibuiſſe cultum. Libenter itaque credam, fequens fchema, caput , pectus & tibiam equi referens cum ferpentino corpore , hippopotamum , five equum fluvialem re-

ftrueux qu'on voit dans le Nil & fur fes bords, qui approche fort de la forme d'un cheval. La plûpart des Egyptiens abhorroient l'Hippopotame, qu'ils croïoient être Typhon le meurtrier d'Ofiris; mais ceux du Nome ou de la petite Province de Papremis, lui rendoient un culte facré. Je crois que c'eft l'Hippopotame qu'on a voulu repréfenter ici, & ce qui me confirme dans cette opinion, c'eft que fa jambe eft de beaucoup trop courte pour être la jambe d'un cheval: au lieu que celles de l'Hippopotame font fort courtes, comme on peut voir dans les médailles Greques d'Hadrien, qui le repréfentent. La tête femble ne pas convenir à celle de l'Hippopotame, qui l'a bien differente de celle du cheval: mais Cofmas l'Egyptien qui vivoit du tems de Juftinien, & qui a donné en peinture les figures de plufieurs bêtes, donne à l'Hippopotame une tête fort reffemblante à celle-ci: je ne veux pas pourtant décider la-deffus, & je laiffe la chofe fous le doute.

La queuë ou plûtôt le corps du ferpent, fe trouve ailleurs joint aux têtes d'autres divinitez. On voit à la planche cxxxvi. du fecond tome, Serapis, Apis & le foleil, dont la tête tient au corps d'un ferpent. Je croirois volontiers que ces figures bizarres fervoient pour des preftiges. Nous voïons en effet que les Valentiniens & les autres Gnoftiques, grands preftigiateurs, mettoient très-fouvent le ferpent dans leurs figures bizarres, que l'on nomme Abraxas.

V. On pourroit peut-être dire la même chofe de tous ces autres magots de la planche fuivante, dont il feroit inutile de tenter une explication. Ce font des chofes que la fuperftition & la fupercherie de quelques enchanteurs charlatans ont introduites à quelques fins, qui nous font inconnuës.

---

præfentare. Hippopotamus autem eft ceu monftrum quodpiam, in Nilo ejufque littoribus verfans, & ad equi formam accedens. Ægyptiorum maxima pars Hippopotamum horrebant, quem putarent effe Typhonem Ofiridis interfectorem. Sed qui Papremitanum nomum incolebant, Hippopotamum cultu divino profequebantur. Puto igitur hic Hippopotamum repræfentari, opinionemque meam confirmare videtur crus equi longe brevius, quam equi vulgaris crus effe poffit: Hippopotami vero crura admodum brevia funt, ut in nummis Hadriani quibufdam Hippopotamum repræfentantibus videre eft. Caput tamen non videtur cum Hippopotami capite confonare, nam aliqua eft inter utrumque differentia. Verum Cofmas Ægyptius, qui tempore Juftiniani vixit, quique animalia multa depicta in Topographia fua Chriftiana pofuit, Hippopotami caput huic fimile depingit. Neque tamen rem ut penitus certam hic affirmo; fed in dubio rem verfari fateor.

Cauda five corpus ferpentis alibi quoque occurrit, cæterorum deorum capiti adjunctum. In tabula cxxxvi. fecundi Antiq. explanatæ tomi vifuntur Serapis, Apis & Sol, quorum caput ferpentino jungitur corpori. Libenter credam monftrofas hafce figuras præftigiis olim inferviiffe. Certe videmus Bafilidianos & Gnofticos præftigiatores ex profeffo, fæpe ferpente ufos effe in magicis illis gemmis, quas Abraxas appellamus.

V. Idem forte dici poffet de monftris aliis in Tabula eadem depictis, quorum explicationem tentare inutile foret. Hæc quippe fuperftitio invexit; five etiam fallacia præftigiatorum callidorumque hominum, quorum mens ac fcopus non ita pervius nobis effe queat.

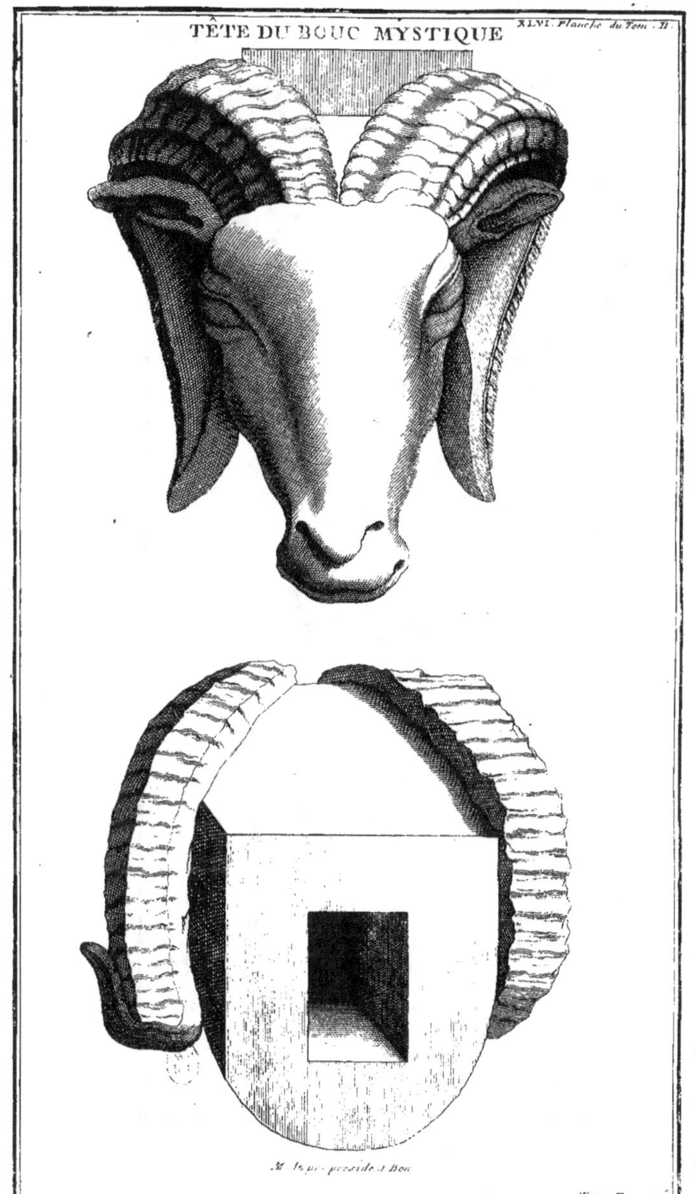

TÊTE DU BOUC MYSTIQUE
XLVI. Planche du Tom. II.
M. le p. president Bon
Tom. II.

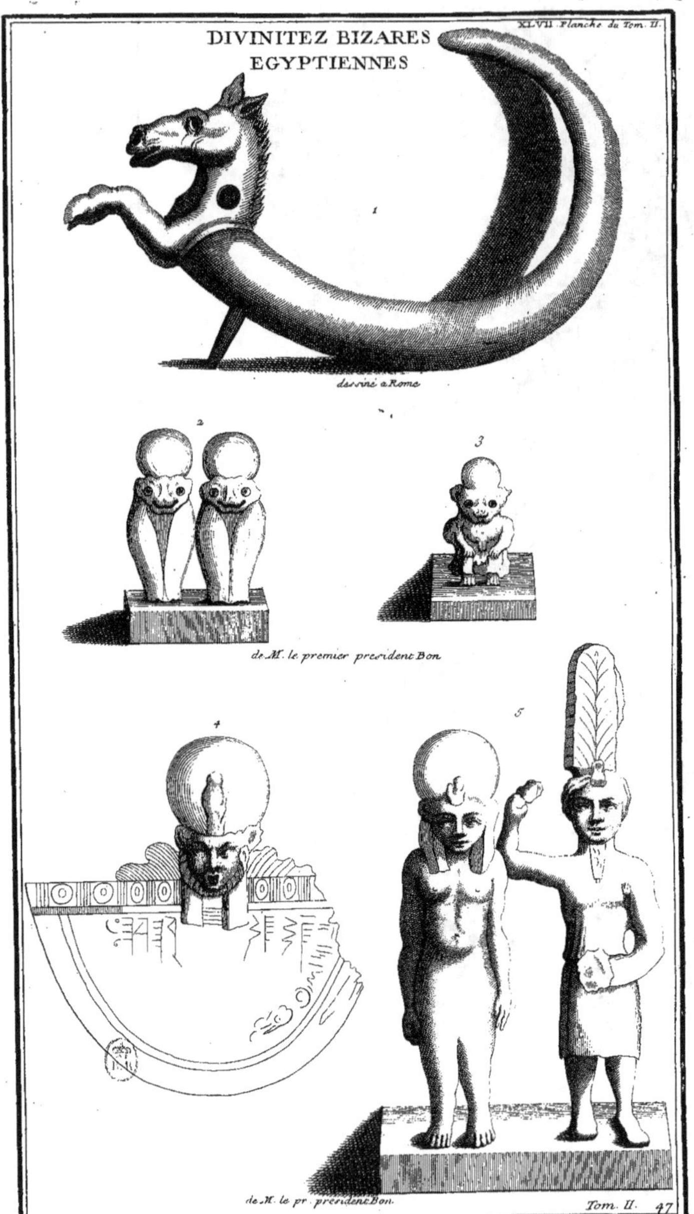
DIVINITEZ BIZARES
EGYPTIENNES
XLVII Planche du Tom. II.
1
dessiné a Rome
2
3
de M. le premier president Bon
4
5
de M. le pr. president Bon

## CHAPITRE X.

*I. Le chien Cerbere repréſenté extraordinairement, ſelon le goût Egyptien. II. La Sphinx qui propoſa l'énigme. III. Baſe des dieux Synthrones.*

I. **I**L n'eſt pas rare de voir Serapis avec Cerbere : comme on le prenoit aſſez communément pour Pluton, on lui donnoit ſouvent le chien in-fernal, qui le faiſoit reconnoître pour le dieu des enfers. Voici le chien Cerbere tout ſeul : ce monument d'albatre eſt donné ici de ſa grandeur. Cer-bere y eſt repréſenté ſur une baſe : ſa figure eſt des plus extraordinaires : j'ai fait voir à la page 216. du premier Tome de l'Antiquité, combien les Auteurs varient ſur la forme & ſur le nombre des têtes de Cerbere ; les mo-numens lui en donnent toûjours trois ; on en voit auſſi trois ici. Mais une d'homme, une de chien, une de ſinge : & comme ſi ce n'étoit pas aſſés pour rendre ſa figure horrible : deux ſerpens lui entortillent les têtes & le corps, & lui lient les jambes. Cette figure a été apportée de l'Egypte, il ne faut pas s'étonner ſi les Egyptiens ont encheri ſur les Grecs & ſur les Romains, dans la peinture de ce monſtre, eux dont l'imagination étoit ſi feconde en monſtres.

PL. XLVIII.

II. La Sphinx qui vient après, eſt couchée ſur une baſe, & propoſe des énigmes à expliquer, ſi inintelligibles, que tous les paſſans s'exercent envain à en trouver la ſignification ; ç'auroit été un jeu, ſi l'on avoit pû impunément ou ne pas interpréter, ou mal interpréter l'énigme ; mais le malheur étoit qu'il en coûtoit la vie à ceux qui n'en trouvoient pas le ſens. Cela étoit re-ſervé au ſeul Oedipe ; c'eſt ce que marque l'inſcription qui a ΜΟΝΩ ΟΙ-ΔΙΠΟΔΙ. Il l'expliqua & ſe garentit par là du ſort qui avoit déja bien fait pé-rir des gens. L'énigme n'étoit pourtant pas des plus difficiles. Il ne faut pas tant rever pour juger que l'animal qui va à quatre le matin, à deux à midi, & à trois le ſoir, eſt l'homme qui va à quatre lorſqu'il eſt enfant ; à deux,

---

### CAPUT X.

*I. Cerberus canis inſolitæ formæ, ſecundum Ægyptium ritum repræſentatus. II. Sphinx ænigmata proponens. III. Baſis deorum Synthronorum.*

I. **H**Aud raro Serapis cum Cerbero viſitur : quia enim Pluto eſſe vulgo putabatur, canis ipſi infernalis appingebatur, quo ſigno infe-rorum deus agnoſci poterat. En canem Cerberum : hoc monumentum ex alabaſtrite ſecundum pro-priam menſuram hic depictum fuit ; in baſi inſiſtit eſtque formæ inſolitæ & nuſquam alias viſæ ; primo Antiquitatis explanatæ tomo dixi quantum mythologi varient circa formam & numerum ca-pitum Cerberi. Tria ſemper ipſi capita monumenta tribuunt : hic quoque tria capita Cerberus habet, ſed aliud hominis, aliud canis, aliud ſimiæ : & ac ſi non ſatis hæc eſſent, ut imaginem offerrent hor-rendam, duo ſerpentes & capita & corpus ejus circumplicant, cruraque ligant. Hoc ſchema ex Ægypto allatum fuit. Quid autem mirum ſi Ægyptii Græcos & Romanos in monſtri hujus pictura ſu-perarint, quorum imaginatio procreandis monſtris tam fecunda erat ?

I-I. Sphinx ſequens baſi inſidet, ænigmaque pro-ponit explicandum ; ænigma inquam, ſic occultum & explicatu difficile, ut qui iter agunt omnes, ejus ſignificationem fruſtra perquirant. Jocus ſane erat, ſi licuiſſet aut non interpretari, aut perperam in-terpretari, atque impune præterire ; ſed per ſum-mam infelicitatem, necabantur omnes quotquot ænigmatis ſenſum non reperirent. Hoc uni reſer-vabatur Oedipodi ; id quod hac inſcriptione no-tatur ΜΟΝΩ ΟΙΔΙΠΟΔΙ. Ænigma igitur ille ſolvit ſicque ſortem illam vitavit, quæ jam tot homi-nibus acciderat. Ænigma tamen non ita difficile videtur fuiſſe. Neque enim tanta meditatione ſpe-culationeque eſt opus, ut intelligatur animal illud, quod quatuor pedibus mane, duobus meridie, tribus veſpere procedit, hominem eſſe, qui quatuor

c'eſt-à-dire, ſur ſes deux pieds lorſqu'il eſt devenu grand, & à trois lorſque la vieilleſſe l'oblige de prendre un bâton pour s'appuïer. Ce qu'il y a à remarquer dans l'inſcription; c'eſt que l'O, qui y eſt trois fois, eſt fait comme un grand U, fermé en haut par une ligne.

III. La baſe qui ſuit eſt très-curieuſe, elle étoit apparemment chargée de ſtatuës de dieux Egyptiens, comme l'inſcription ſemble le marquer. Mais les ſtatuës ſont tombées par l'injure du tems. Cette inſcription dit, συνθρόνων τῶν ἐν Αἰγύπτῳ θεῶν, Μάρκος Οὔλπιος Ἀπολλόνιος προφήτης. Ce qui ſignifie que c'étoient les ſtatuës des dieux Synthrones de l'Egypte & que Marcus Ulpius Apollonius Prophete des mêmes dieux, avoit fait faire, ou avoit dedié ce monument en leur honneur. Les dieux Synthrones étoient, comme le nom porte, des dieux participans du même throne, ou qui avoient leurs thrones enſemble. Nous avons expliqué ci-devant ce que c'étoit que les Prophetes. La planche CXXVIII. du ſecond tome de l'Antiquité, repréſente auſſi les dieux Synthrones. C'eſt un bas relief ſingulier, où eſt repréſenté le dieu à tête de chien Anubis, qui met un pied ſur un Crocodile. Il a à ſa droite une palme, & à ſa gauche une branche de laurier, deux marques de victoire : il tient de la main droite un globe percé diamétralement par un bâton, & de la gauche un caducée; vis-à-vis du globe eſt la tête de Jupiter Hammon ſurhauſſée du boiſſeau de Serapis, & vis-à-vis du côté gauche la tête du taureau Apis, ſurhauſſée de même d'un boiſſeau. Au deſſus de la tête de Jupiter Hammon eſt un triangle dans lequel eſt une M. bien formée, & au-deſſous une eſpece de couſſin bandé. Je n'ai rien oſé hazarder ni ſur le triangle, ni ſur la lettre, ni ſur le couſſin qui ſe trouve ſouvent dans d'autres monumens, où ſont repréſentées différentes divinitez; voudroit-il dire que ces dieux étoient du nombre de ceux qu'on mettoit ſur le *pulvinar* ? Au-deſſous du couſſin ſont un préfericule & un diſque, vaſes pour les ſacrifices. Il y a ſur la tête d'Anubis deux étoiles, & une autre étoile au deſſous de la tête d'Apis. Une inſcription au plus haut du marbre eſt telle, Θεοὶ Ἀδελφοὶ, les dieux freres. Une autre inſcription ſur la baſe dit, qu'Iſias Prince des Prêtres a dedié ce marbre aux dieux Syntrones de l'Egypte. J'ai jugé à propos de repeter ici ce que j'a-

---

ceu pedibus procedit cum puer eſt, duobus cum eſt vir factus, tribus cum præ ſenio baculo uti cogitur. Quod in inſcriptione obſervatu dignum eſt, litera O quæ ibi ter occurrit, formam habet literæ U ſuperne clauſæ per lineam rectam.

III. Baſis illa quæ ſequitur ſpectabilis admodum eſt. Ibi poſita erant numina Ægyptiaca, ut ex inſcriptione argui videtur. At temporum injuria ſtatuæ collapſæ ſunt. Hæc eſt autem inſcriptio συνθρόνων τῶν ἐν Αἰγύπτῳ θεῶν Μάρκος Οὔλπιος Ἀπολλόνιος προφήτης, id eſt, *ejuſdem folii conſortium deûm Ægyptiorum, Marcus Ulpius Apollonius propheta*, ſupple, hoc Synthronorum deorum monumentum erexit vel dedicavit. Illi dei Synthroni, erant aut ejuſdem throni participes, vel thronos ſive ſolia ſimul poſita habebant. Quid eſſent Dei Synthroni jam explicavimus. Tabula CXXVIII. ſecundi Antiquitatis explanatæ tomi, quæ & ipſa deos Synthronos exhibet, anaglyphum eſt ſingulare, ubi repræſentatur canino capite deus Anubis pede crocodilum calcans. A dextris palmam

habet, a ſiniſtris laurum, duo Victoriæ ſymbola. Dextera globum tenet, quem ex diametro trajicit baculus, ſiniſtra vero caduceum : e regione globi caput eſt Jovis Hammonis, cui impoſitus eſt Serapidis calathus. Ad lævam autem e regione caput eſt Apidis tauri, cui ſimiliter impoſitus calathus eſt. Supra caput Jovis Hammonis eſt triangulus in quo eſt litera M diſtincte exarata, ſub hæc ceu pulvinar faſciis obſtrictum. Nihil proferre auſus ſum vel circa triangulum, vel circa literam M. vel circa pulvinar, quod in aliis quoque monumentis occurrit, monumentis, inquam, ubi alia numina exhibentur. An ſignificet deos hujuſcemodi ex eorum numero eſſe, qui in pulvinari ponebantur ? Sub pulvinari ſunt præfericulum, & diſcus, ſacrificiorum vaſa. Supra caput Anubidis duæ ſtellæ ſunt; ſub capite autem Apidis ſtella alia. Inſcriptio in ſuperna parte marmoris eſt, Θεοὶ Ἀδελφοὶ *dii fratres*. Altera inſcriptio ad baſim docet Iſiadem ſacerdotem hoc monumentum dicaſſe deis Ægypti Synthronis, hæc ad explicationem hujuſce, de

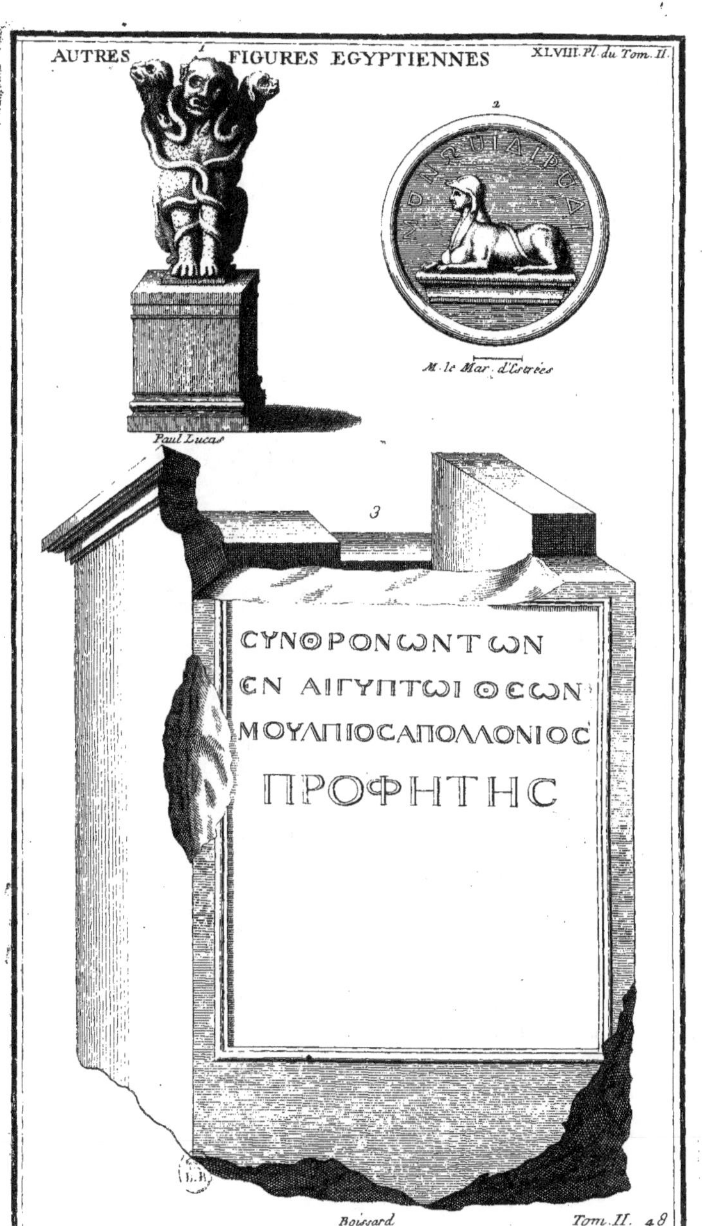

AUTRES FIGURES EGYPTIENNES
XLVIII. Pl. du Tom. II.
2
Paul Lucas
M. le Mar. d'Estrées
3
CYNOPONωNTωN
ЄN AIГYПTωI ΘЄωN
MOYΛПIOCAПOΛΛωNIOC
ПPOФHTHC
Boissard
Tom. II. 48

vois déja dit ailleurs, comme necessaire pour l'intelligence de cette base. Il
n'y a point à douter que les dieux Synthrones de cette base, ne soient ceux
qui sont représentez dans le même bas relief, Anubis, Jupiter Hammon,
Serapis, & Apis. C'étoient apparemment les mêmes dieux Synthrones sur
ce marbre, dont nous n'avons plus que la base. Mais ces dieux Synthrones
se trouvoient ici fort différemment. Il paroît par ce qui reste au-dessus de la
base, qu'il y avoit des thrones, ou des siéges où les statuës de ces dieux étoient
assises, & qu'ainsi ces dieux étoient synthrones, parce que leurs thrones se
trouvoient ensemble. Au reste le bas relief dont nous venons de parler, n'étoit
pas de goût Egyptien; il est manifeste qu'il avoit été fait par quelque Grec
ou par quelque Romain. Serapis, Isis, Anubis, étoient fort honorez à Rome &
dans la Grece, où on les représentoit d'une maniere fort différente de celle
des Egyptiens, comme nous avons vû dans plusieurs images.

---

quo nunc agimus, marmoris hic repetenda esse duximus. Vix est quod dubitemus quin dii Synthroni in hujus basis inscriptione memorati iidem sint qui in anaglypho illo depinguntur, Anubis nempe, Jupiter Hammon, Serapis & Apis. Iidem, ut credere est, dii Synthroni in hoc marmore erant, cujus sola jam basis superest. At illi dii Synthroni hic diverso modo repræsentabantur. Nam ex iis quæ supra basim supersunt, videtur ibidem solia sive sellas exstitisse, ubi statuæ deorum illorum sedebant, sicque deos illos Synthronos fuisse, quia eorum throni juxta positi supra eamdem basim erant. Restat ut moneamus anaglyphum de quo hic mentio fuit, non fuisse secundum morem Ægyptiacum sculptum, sed fuisse Græci Romanive cujuspiam opus. Serapis, Isis, Anubis, Romæ admodum colebantur, atque longe diverso sculpturæ picturæve genere repræsentabantur, quam ab Ægyptiis exhiberentur, ut in signis bene multis jam observavimus.

---

# CHAPITRE XI.

*I. Canopes. II. Doute sur la figure suivante. III. Dieux de la basse Egypte.*
*IV. Autres figures. V. Autres tirées du Delta de la basse Egypte.*

I. LES Canopes se voïent en grand nombre dans les cabinets. C'étoit Pl.
une idole fort commune des Egyptiens. Elle consistoit en une tête XLIX.
sur un grand vase, ou une grande cruche. J'ai rapporté à la page 320. du
second tome de l'Antiquité, comment il fut le vainqueur du feu dieu des
Chaldéens selon Rufin. De-là vint que les Egyptiens redoublerent le culte de
leur dieu victorieux. Ils le representoient en differentes manieres: ils mettoient
sur cette cruche la tête d'Isis, d'Osiris, d'Anubis, du chat & de l'épervier, & d'autres animaux. On le voit aussi sur les médailles. Le premier que nous donnons, à
un bon pied de Roi de haut, dans l'original. Il ne differe de plusieurs déja donnez

---

### CAPUT XI.

*I. Canopi. II. In schema sequens dubium.*
*III. Inferioris Ægypti dii. IV. Aliæ*
*figuræ. V. Aliæ ex Delta in Ægypto in-*
*feriori eductæ.*

I. CAnopi magno numero visuntur in Museis. Erat simulacrum illud apud Ægyptios frequentissimum. Hujus forma erat vas magnum, seu amphora, cui caput impositum. In secundo Antiquitatis explanatæ tomo p. 320. post Rufinum narravi, quo pacto Canopus dei Chaldæorum victor evaserit. Hinc Ægyptii magis magisque victorem deum coluerunt. Variis illum modis depingebant. Amphoræ scilicet imponebant capita Isidis, Osiridis, Anubidis, Æluri, accipitris & aliorum numinum. In nummis Canopus occurrit. Is quem primum proferimus in archetypo est altitudine pedis unius regii. Ab aliis bene multis jam publicatis in

que par des Hieroglyphes, dont la plûpart ne se voient pas dans les autres monumens Egyptiens. On y voit des chevreüils couchez, des croix, des étoiles bien
formées, un homme assis, & d'autres caracteres entremeslez avec ceux qu'on
voit d'ordinaire dans les anciens monumens Egyptiens, ceux-ci sont l'œil
humain, les oiseaux, le ziczac; celui-ci s'y voit plusieurs fois. Il y a apparence que les Prêtres Egyptiens qui conservoient ces vieux caracteres, & qui
en savoient, disoit-on, la signification, avoient la puissance d'en créer de
nouveaux. Des deux autres petits Canopes qu'on voit auprès du grand, l'un
qui a les mains libres, tient un gobelet. De l'autre côté le Canope qui a un
pied comme un verre & une base, est d'albâtre. Il est entortillé d'un serpent,
la tête est d'Isis, avec quelque petit ornement.

Pl. L.  Les deux Canopes suivans qui sont sur une pierre gravée de M. l'Abbé
Fauvel, font un regard; l'ornement de tête dans l'un & dans l'autre sont extraordinaires. Ces têtes sont posées sur des globes, ou sur des vases faits en
globe, & ces globes sont marquez de lignes qu'on prendroit pour des figures
mathématiques. Tout le reste se remarque à l'œil.

I I. Le Cavalier Maffei qui a donné la statuë qu'on voit représentée dans
la même planche, croit que ce pourroit bien être un Prêtre d'Isis. Sa raison
est qu'il a la tête rase, comme il l'a pû remarquer sur la statuë même : car
dans l'image les ombres que fait ce voile qu'il a sur la tête, empêchent de le
voir. Herodote 2. 45. dit que les Prêtres Egyptiens se rasoient de trois
en trois jours la tête & tout le corps, afin qu'il n'y eût jamais de trace de
vermine. Il se fonde aussi sur une image de la table Isiaque que l'on croît
être un Prêtre, qui a au tour des reins un petit habit qui lui descend jusqu'au bas de la cuisse. Le Cavalier Maffei croit que le voile qui lui couvre la
tête, & dont les bouts descendent sur la poitrine, est le voile d'Isis. Ce qui
est certain c'est que la figure est Egyptienne. Si c'est un dieu, c'est apparemment Osiris; si c'est un Prêtre il n'est pas fait comme les autres que nous
avons donnez en assez grand nombre. Je la prendrois plûtôt pour un dieu

---

nullo alio differt, quam in characterum hierogly-
phicorum forma quorum plerique in aliis Ægyptiis
monumentis non comparent. Hic capreoli visuntur
decumbentes, stellæ, homines sedentes, aliique
characteres cum illis mixti quos vetera monumenta
Ægyptiaca vulgo exhibent, nempe oculum humanum, aves, lineam per angulos oppositos circum-
ductam, hæc postrema sæpe in hoc Canopo occurrit.
Verisimile est sacerdotes Ægyptios qui hosce veteres characteres servabant, eorumque, ut putabatur, significationem callebant, potestatem habuisse novos creandi. Ex duobus autem aliis Ca-
nopis exiguis qui juxta magnum Canopum hinc
& inde locantur; alter qui brachia manusque habet,
cululum manu tenet. Ex alio latere Canopus cui
pes ceu vitreo poculo aptatus fuit & basi insuper
gaudet, ex alabastrite est, atque a serpente circumplicatur ; caput ejus est Isidis pro more deæ istius
ornatum.

Duo Canopi sequentes ex gemma D. Abbatis
Fauvel educti; sese mutuo respiciunt. Capitis ornatus in utroque insoliti sunt. Capita utriusque

globis imposita sunt, seu vasis in globi formam
concinnatis. Qui globi lineis interstincti sunt, figuras Mathematicas exhibentibus. Cætera uno as-
pectu percipere licet.

I I. Eques Maffeius qui statuam eadem in Tabula
expressam publicavit, opinatur esse sacerdotem
Isidis, hoc motus argumento, quod abrasum caput
habeat, ut ille in ipsa statua advertere potuit. Nam
in hac imagine velum umbram quamdam parit,
quæ ne id exploremus officit. Herodotus in Euterpe
cap. 45. ait Ægyptios sacerdotes ternis quibusque
diebus sibi caput abrasisse, ut ne ullum unquam
pediculorum vestigium remaneret. Aliud ducit
eques argumentum ex mensa Isiaca, ubi vir quidam
qui sacerdos habetur, renes panno ad medium usque
femur descendente præcinctos habet, ut hic quem
vides. Putat idem velum quo caput ejus tegitur,
& cujus extrema ad pectus descendunt, esse velum
Isidis. Certum utique est figuram esse Ægyptiacam.
Si deus est : Osirin esse probabile admodum est.
Si sacerdos est : alio certe ritu quam alii sacerdotes,
concinnatur, quorum schemata non pauca dedi-

exposé

# CANOPES

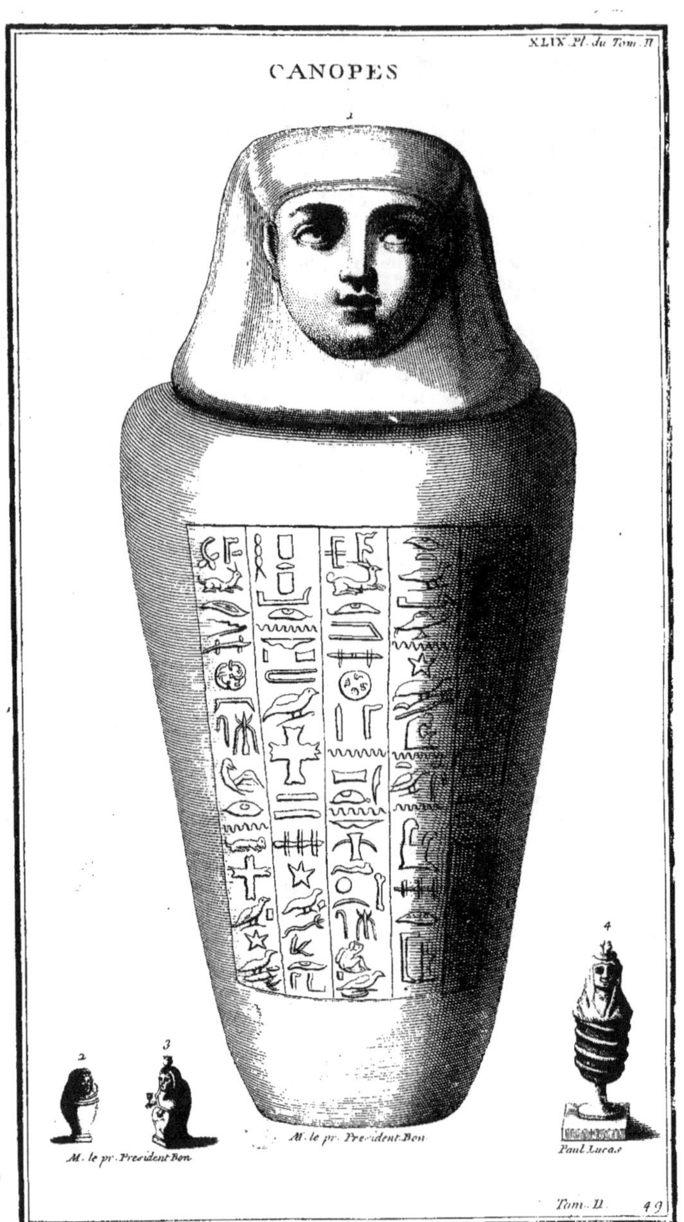

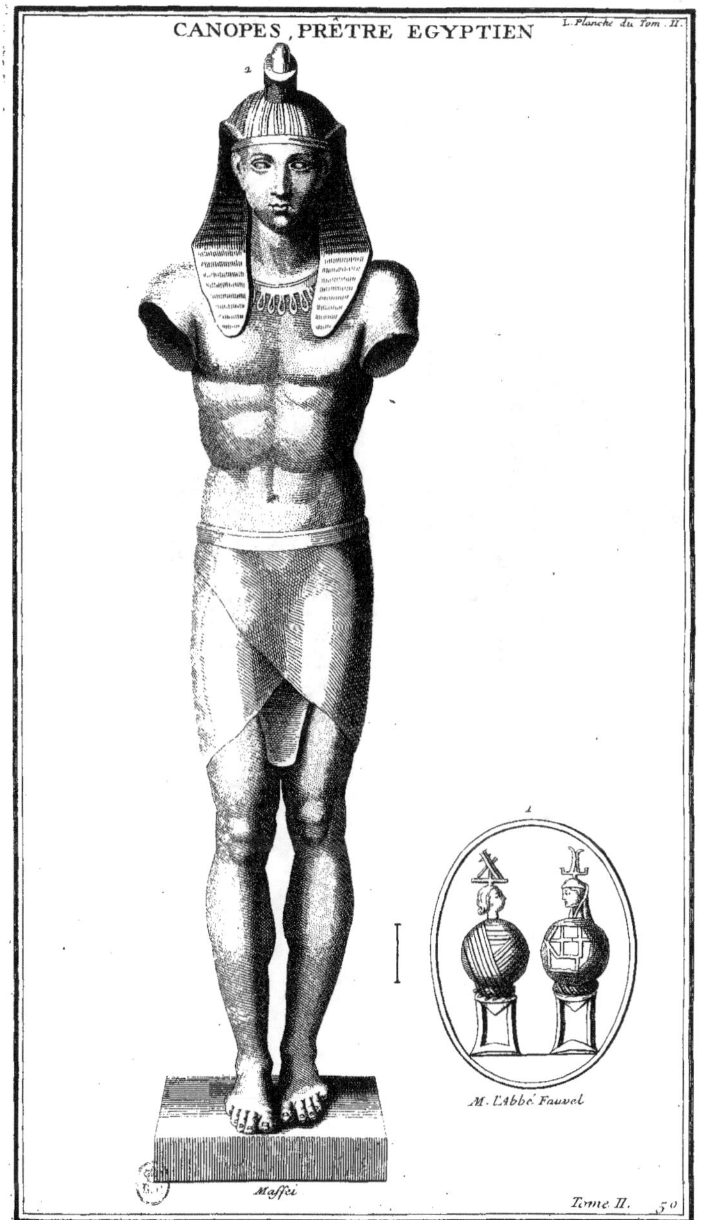
Maffei
M. l'Abbé Fauvel

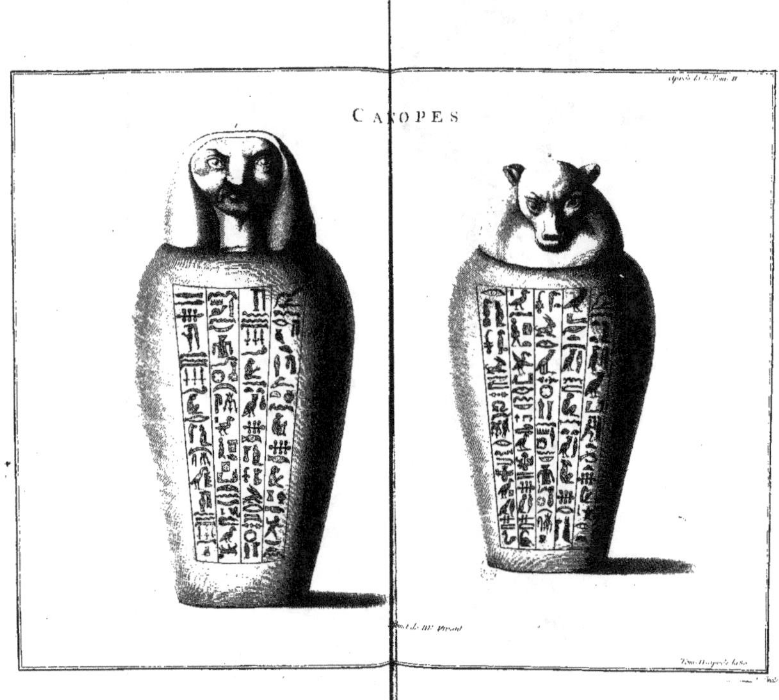


CANOPES

exposé sur une base à la dévotion publique. La statuë est d'un bon goût, &
apparemment faite à Rome.

III. Les figures de la planche suivante, sont tirées du voïage de M. Paul     P L.
Lucas Tom. 2. p. 12. & 13. Il les a dessinées, dit-il, sur les ruines d'un temple    L I.
d'Isis situé au milieu du Delta. Elles représentent apparemment des actes de
religion : la plûpart peuvent passer pour extraordinaires, même parmi celles
des Egyptiens, si differens dans leur théologie des autres nations. Le premier homme qu'on voit sur les rangs, paroît être un Prêtre qui tend les mains
comme demandant quelque chose aux dieux. Il porte un haut de chausse ou
quelque chose d'approchant. On ne peut pas bien distinguer si ce qu'il a
sur la tête sont des cheveux ou un bonnet. Les Hieroglyphes d'après n'ont
rien qui n'ait été vû souvent. L'homme qui est devant une tête d'Isis, porte
un ornement de tête fort extraordinaire : des cornes s'élevent au-dessus, telles
qu'on les voit sur plusieurs divinitez Egyptiennes. Ce qui avance devant le
front ressemble à la trompe d'un Elephant, qui dans les monumens Romains
& Grecs marque l'Afrique ; mais qu'on ne voit gueres chez les anciens
Egyptiens. La tête d Isis qui est sur une pierre ou sur une base, est coëffée
extraordinairement. De sa coëffure s'élevent deux bâtons terminez par un
croissant, deux équierres & un autre instrument. Tout cela signifioit apparemment pour ceux qui étoient initiez aux mysteres.

L'homme qui tient un enfant, le présente à l'homme assis qui sera apparemment Osiris, & l'enfant Orus son fils, dont la mere étoit Isis. Le foüet
que cet homme assis tient à la main, semble prouver qu'il est Osiris, qu'on
voit souvent dans cette attitude  Osiris soleil tient un foüet pour animer les
chevaux attellez à son char, sur lequel il fait sa course journaliere. Entre
l'homme qui tient l'enfant & Osiris, il y a des Hieroglyphes dont la signification avoit sans doute quelque rapport à la chose représentée. Ce qui peut
encore persuader que l'homme assis est Osiris, c'est qu'il y a derriere lui deux
hommes debout, & comme à sa suite, qui tiennent chacun un long bâton terminé en haut par un oiseau qui n'est pas bien reconnoissable, du moins sur
l'un des bâtons. Ils ont tous deux sur la tête l'ornement d Isis, qui est la fleur

---

mus. Deum esse potius crederem basi impositum
ut publico cultu honoraretur. Statua est periti artificis, & fortasse Romæ facta.

III. Tabulæ sequentis figuræ ex itinere Pauli
Lucæ eductæ sunt tomo 2. p. 12. & 13. Illas, ut ait,
delineavit in ruderibus templi Isidis in medio Delta
siti. Verisimile autem est eas religionum quædam
sacra repræsentare. Earum maxima pars insolitæ
formæ sunt, etiamsi cum aliis Ægyptiacis schematibus comparentur, quæ schemata a cæterarum
religionum schematibus longe differunt. Qui primus
visitur vir stans, sacerdos esse putatur, qui manus
extendit, ac si aliquid a diis postulet. Braccas
gestat, sive quidpiam braccis simile. Non potest
ita plene internosci utrum quod capite gestat pileus
sit, an capilli. Hieroglyphici characteres sequentes
nihil habent non sæpe visum antea. Vir ille qui
ante caput Isidis stat, ornatum capitis habet por-
tentosum : ibi cornua eriguntur, qualia vidimus in
plurimis numinibus Ægyptiacis, quod ante frontem
prodit proboscidem Elephanti refert : quæ pro-
boscis in monumentis Romanis atque Græcis Afri-
cam significat ; sed quæ rarissime observatur inter
schemata Ægyptiaca. Caput Isidis quod supra pe-
tram vel supra basim locatur : ornatus capitis est
prorsus insolitus : hinc prodeunt baculi, quorum
duo in Lunam crescentem terminantur, alii *squa-
dram* vel aliud instrumentum referunt. Hæc haud
dubie suam habebant significationem iis qui mysteriis Ægyptiacis erant initiati.

Vir ille qui infantem tenet, illum alteri viro
sedenti porrigit : hic, ut videtur, Osiris erit, pueru-
lusque Orus ejus filius, cujus mater Isis erat. Flagellum quod manu tenet vir ille sedens, argumento
est vere esse Osiridem, qui cum flagello sæpe visitur,
utpote qui Sol habeatur, flagro equos currui suo
junctos excitans, ut diurnum perficiat cursum.
Inter virum illum, qui infantem tenet, & Osiridem,
characteres hieroglyphici sunt, quorum significatio,
ut credere est, rem quæ hic agitur spectabat. Alio
etiam argumento suadetur sedentem virum Osiridem esse, quia nimirum pone illum duo viri sunt,
quasi Osiridi adstantes ejusque satellites, qui viri
hastam tenent ave superne terminatam, etsi avis
non sic apte efformata sit, saltem in uno, ut avem
dicere sine ullo dubio possis : hi capite gestant or-

du lotus. Celui qui tient le doigt fur la bouche , eft peut-être Harpocrate.

De l'autre côté fur la même ligne Ifis eft affife. Elle eft ornée de la fleur du Lotus , & tient de la main droite un bâton au haut duquel eft un gobelet, & de la gauche quelque chofe qu'on a peine à connoître. Un homme qui vient à elle porte fur fa tête rafe , un vaiffeau à longue queuë. Il préfente à Ifis quelque chofe qui pend de fa main. Au rang de deffous , un homme tient d'une main une tablette fur laquelle font trois gobelets , & de l'autre un bâton terminé en haut par un oifeau. Après cet homme font plufieurs hieroglyphes, au milieu defquels eft un petit homme , ou peut-être un enfant. Ces figures font trop petites ; & on ne peut les mettre en grand fans rifquer , à moins qu'on n'ait le fecours du premier original qui eft en Egypte. L'homme qui vient après celui-ci , a une tête & un bec d'oifeau avec une couronne. On repréfente affés fouvent Ofiris avec une tête d'oifeau , Ofiris fe voit au haut de l'image : mais il n'eft pas rare fur les monumens Egyptiens de voir deux fois la même perfonne fur le même tableau.

IV. Au bas de la planche on voit d'autres figures tirées du même temple. Une tête d'Ifis avec des cornes & une couronne. Un homme lui préfente une tablette où il y a des chofes qu'on ne fauroit diftinguer. Cet homme porte une efpece de coqueluchon : derriere lui eft une femme qui a un coqueluchon de même , mais renverfé fur le derriere. Elle tient d'une main un bâton & de l'autre un cercle où eft attachée une croix , comme on voit à l'Ifis de la planche CVI. du fecond tome de l'Antiquité : ce qui feroit croire que c'eft cette même déeffe. Entre cette femme & un homme qui femble la regarder & lui faire figne de la main , font des hieroglyphes , parmi lefquels on remarque une figure d'homme ou de femme affife. Au rang de deffous on voit d'abord un homme à tête d'oifeau , fans doute d'un épervier , qui tient fur la tête la perfea ou la fleur du lotus ; il porte à la main le cercle & la croix , comme la femme ci-deffus. L'homme à tête d'épervier dans les monumens Egyptiens , eft Ofiris. Les deux hommes qui reftent font remarquables par leur couvre-chef. L'un a un efpece de chapeau qui monte en une pointe longue , & recourbée fur le devant. L'autre comme une couronne crenellée.

---

namentum Ifidis , five florem loti. Qui digitum ori admovet erit fortaffis Harpocrates.

Ad aliud latus Ifis fedet loti flore ornata , manuque dextera baculum tenet poculo fuperne terminatum , finiftra vero quidpiam , quod vix oculis percipias & agnofcas. Vir ad illam accedens abrafo capiti vas quoddam impofuit longa cauda inftructum. Ifidi vero aliquid offert , ex manu dependens. Inferiore gradu pofitus vir altera manu tabellam tenet , cui impofiti tres cululli funt ; altera vero baculum ave fuperne terminatum. Pone illum multi hieroglyphici characteres funt , in quorum medio fedet vir aut fortaffe puer. Hæc fchemata fane minuta nimis funt , nec poffunt fine periculo grandiora repræfentari , nifi. præfente archetypo , qui in Ægypto exftat. Vir alius eadem ferie pofitus volucris caput & roftrum habet cum corona. Ofiris fæpe cum avis capite vifitur : jam autem Ofirin hac eadem in imagine vidimus. At in monumentis Ægyptiacis non rarum eft eamdem perfonam bis in eadem tabula depingi.

IV. In ima tabula alia fchemata confpicimus

eodem ex templo educta. Caput Ifidis cum cornibus & corona. Vir quidam tabellam ipfi porrigit, iis onuftam rebus quas internofcere nunquam poffis. Vir ille cucullum geftat. Pone illum mulier cucullum habet fimilem fed a tergo pendentem. Hæc manu altera tenet baculum , altera vero circulum cui adjuncta crux eft , quod ipfum vides in Ifidis manu in Tabula CVI. fecundi Antiquitatis explanatæ tomi , unde forte inferas eamdem hic Ifidem exhiberi. Inter hanc mulierem virumque ipfam refpicientem , & quafi manu monentem , characteres funt hieroglyphici , inter quos vir , an mulier , fedens repræfentatur. Infima ferie vifitur ftatim capite roftroque volucris vir , certe accipitrem dixeris , capite autem geftat aut florem loti aut perfeam , manu autem tenet circulum atque crucem , qua forma fuperius. Vir accipitrino capite in monumentis Ægyptiacis eft Ofiris. Qui fuperfunt viri duo capitis ornatu fpectabiles funt , alius quemdam ceu petafum geftat in acumen poftea definentem , quod acumen oblongum reflectitur in anteriora ; alter quafi coronam pinnis feu merulis ornatam

# DIEUX EGYPTIENS ET LEUR CULTE

Paul Lucas

Celui ci tient d'une main un oiseau, peut-être un épervier, & de l'autre un gobelet.

V. Le Tableau qui suit, copié d'après un bas relief qui est proche les pyramides d'Egypte, montre Osiris assis sur une chaise ; avec un ornement de tête qui lui est assés ordinaire. Il tient d'une main un foüet comme ci-devant, & de l'autre un instrument semblable à ces massuës tortuës que nous voïons quelquefois entre les mains des Satyres, des Faunes & des Baccants. Devant lui est un homme qui tend les mains vers Osiris, comme lui demandant quelque chose. Je ne dis rien de la petite colonne sur laquelle est une espece de balai. Derriere Osiris est Isis debout, tenant d'une main une bequille, & de l'autre un anneau avec la croix pendante, que nous voïons encore deux fois suspenduë à un globe représenté au haut de l'image. Cette croix qui se trouvoit parmi les lettres & les Hieroglyphes des Egyptiens, causa une dispute entre les Chrétiens & les Gentils, dit Socrate, l. 9. Les Chrétiens soûtenoient que cette croix appartenoit à JESUS-CHRIST. Les Gentils prétendoient que la Croix étoit commune à JESUS-CHRIST & aux Gentils ; ce qui pouvoit être vrai en un sens. La figure étoit la même : mais les Egyptiens la regardoient comme un caractere hieroglyphique & secret, emploïé souvent pour signifier leurs mysteres profanes & monstrueux, & les Chrétiens l'honoroient comme l'instrument de leur redemption.

PL.
après la
LI.

---

habet : hic vero tenet altera manu avem forte accipitrem ; altera vero culullum. Hæc omnia haud dubie mythologiam mutam referunt fabulasque monstris similes.

V. Tabula sequens expressa ex anaglypho prope pyramides Ægyptiacas, Osirin monstrat in sella sedentem, cum illo capitis ornamento, quod in ejus imaginibus haud raro visitur. Altera manu flagellum ut ante, altera instrumentum tenet simile pedo, quod in manibus Satyrorum videre solemus, necnon Faunorum atque Bacchantium. Ante illum stat vir manus versus Osirin expansas tenens supplicantis more. De columna, cui imminet scopa, non loquor. Pone Osirin est Isis stans, baculum manu tenens, & altera manu circulum cum cruce pendente, quam bis insuper videmus in suprema imagine ex globo pendentem. Crux illa, quæ in monumentis Ægyptiacis frequenter visitur, disceptationis causa fuit inter Christianos & Gentiles, inquit Socrates l. 9. Christianis crucem esse Christi contendentibus, Gentilibus vero, & Christi & suam esse dicentibus : id quod utique verum esse poterat aliqua saltem ratione. Ægyptii illam inter characteres hieroglyphicos & arcanos suos censebant, sæpe ad monstrosa illorum & profana mysteria significanda adhibitam ; Christiani vero ut redemptionis suæ instrumentum colebant & colunt.

# LIVRE VII.

## Sacrifices des Egyptiens, leurs Temples, Prêtres, Escarbots, Calendrier Egyptien, Abraxas.

### CHAPITRE I.

*I. Sacrifice de l'oie. II. Sacrifice mélangé du culte des Perses & de celui des Egyptiens. III. Holocauste de trois agneaux. IV. Les trois buchers & les sept vases, semblent marquer trois saisons, & les sept jours de la semaine.*

I. LE sacrifice de l'oie qui suit, a été dessiné par M. Lucas dans la haute Egypte, près de l'endroit où sont les figures de la planche CLII. du second tome de l'Antiquité. L'oie déja immolé est sur un autel, qui d'une grande base s'éleve en colonne, & s'élargit par le haut. On y voit quatre hommes la tête rase, comme étoient les Prêtres Egyptiens. Le premier qui est le plus près de l'autel, tient je ne sai quel vase qu'il avance vers l'oie; les trois suivans sont dans une posture humiliée, les mains l'une sur l'autre. Tous quatre sont nus jusqu'à la ceinture, & portent des haut de chausses comme on les portoit en France il y a soixante ans. Au dessus du sacrifice on voit une porte ornée de caractéres hieroglyphiques : à droite & à gauche de la porte sont deux hommes à tête de chien, avec des ornemens à l'Egyptienne. Ils tiennent l'un une longue béquille; l'autre un grand bâton recourbé par le haut. On les prendroit volontiers pour deux Anubis à tête de chien, qui semblent faire la fonction de Suisses.

---

## LIBER VII.

### *Sacrificia Ægyptiorum, Templa, Sacerdotes, Scarabæi, Kalendarium Ægyptiacum, Abraxeæ figuræ.*

#### CAPUT PRIMUM.

*I. Sacrificium anseris. II. Sacrificium mixtum cultu Persico & Ægyptiaco. III. Holocaustum trium agnorum. IV. Tres rogi & septem vasa significare videntur tres anni tempestates & septem hebdomadæ dies.*

I. ANseris sacrificium sequens a D. Paulo Luca in Ægypto superiore delineatum fuit, proxime locum illum ubi sunt alia schemata in Tabula CLII. secundi Antiquitatis explanatæ tomi delineata. Anser jam mactatus aræ impositus est, ara autem rotunda ex lata basi in columnam exsurgit, & superne lata est. Hic quatuor viri stant abraso capite secundum Ægyptiorum sacerdotum ritum. Qui primus prope aram est, aliquod vas tenet manibus, & versus anserem admovet. Tres sequentes abjecti & quasi servi accedentes manum alteram alteri imponunt. Quatuor autem illi a zona superne sunt nudi, & braccas gestant, quales gestabant nostrates Galli annis ab hinc sexaginta. Supra sacrificium visitur porta hieroglyphicis characteribus ornata. Ad ostii latera hinc & inde stant duo viri canino capite, ornatu Ægyptiaco; baculum sive hastam tenet alter transverso superne ligno terminatam ; alter vero more litui recurvam. Jure credantur esse duo Anubides canino capite janitorum officium exercentes ; canum enim perinde atque janitorum officium est, portas custodire.

II. Le facrifice que l'on voit au-deffous, a été deffiné dans la haute Egypte par le P. du Bernat Jefuite, qui nous l'a donné avec l'explication qui fuit p. 268.

Nous repaffames le canal de Jofeph & le vieux Aqueduc. Nous allames »
au bourg de Touna proche les ruines de la Ville de Babain, qui font au »
midi de celles d'Aboufir. Nous traverfàmes ces ruines, & une longue plaine »
de fable, qui nous conduifit à un monument fingulier que mon conduc- »
teur voulut me faire voir, & qui mérite en effet d'être vû. »

C'eft un facrifice offert au foleil. Il eft repréfenté en demi relief fur une »
grande roche, dont la folidité a bien pû défendre ce demi relief contre les »
injures du tems ; mais elle n'a pû réfifter au fer, dont les Arabes fe font fervis »
pour détruire ce que l'on voit tronqué dans la figure de ce facrifice. Je l'ai »
deffiné tel que je l'ai vû. La roche dont j'ai parlé, fait partie d'un grand »
roc, qui eft au milieu d'une montagne. Il a fallu bien du tems., & un pe- »
nible travail pour venir à bout de faire dans ce roc une ouverture de cinq »
ou fix pieds de profondeur, fur une cinquantaine de largeur & de hauteur. »
C'eft dans cette vafte niche creufée dans le roc, que toutes les figures qui »
accompagnent ce facrifice du foleil, font renfermées. »

On voit d'abord un foleil environné d'une infinité de raïons de quinze »
ou vingt pieds de diamétre. Deux Prêtres de hauteur naturelle, couverts de »
longs bonnets pointus, tendent les mains vers cet objet de leurs adora- »
tions. L'extrémité de leurs doigts touche l'extrémité des raïons du foleil. »
Deux petits garçons aïant la tête couverte comme les Prêtres, font à leur »
côté, & leur préfentent chacun deux grands gobelets pleins de liqueur. Au- »
deffous du foleil il y a trois agneaux égorgez, & étendus fur trois buchers »
compofez chacun de dix pieces de bois. Au bas du bucher font fept cru- »
ches avec des ances. De l'autre côté du Soleil oppofé au côté des deux fa- »
crificateurs, il y a deux femmes & deux filles en plein relief, attachées «
feulement par les pieds à la roche, & un peu par le dos. On y voit les «
marques des coups de marteau qui les ont décapitées. Derriere les deux «
petits garçons, il y a une efpece de quadre chargé de plufieurs traits hiero- «
glyphiques. Il y en d'autres plus grands, qui font fculptez dans les autres «
parties de la niche. «

---

I I. Sacrificium in ima tabula pofitum in fupe-
riori Ægypto delineatum fuit a R. P. du Bernat e
Societate Jefu, qui illud in publicum emitti curavit
cum explanatione fequenti.

*Jofephi canalem rurfion trajecimus & veterem Aqua-*
*ductum. Tunam vicum petiimus prope rudera urbis*
*Babain ad meridiem ruderum Abufir fita. Rudera*
*illa tranfmeavimus, latamque fubinde planitiem are-*
*nofam, indeque monumentum fingulare adiimus: eo me*
*ductor fpectaculi caufa deduxit, eftque revera dignum*
*fpectaculo monimentum.*

*Sacrificium eft Soli oblatum, in anaglypho exhibitum,*
*figuris media fui parte prominentibus. Petræque fir-*
*mitas anaglyphum ab injuria temporum vindicavit ;*
*fed ferro obfiftere nequivit, quo Arabes funt ufi ad illa*
*dirumpenda quæjam in facrificio defiderantur. Vt vidi,*
*fic delineavi. In rupe magna medio in monte pofita*
*hoc monumentum excavatum eft. Nonnifi longo tempore*
*& magno labore potuit hæc rupes excavari ad profun-*
*ditatem quinque fexve pedum, altitudine pedum quin-*

*quaginta, latitudine altitudinem exæquante : in hac*
*vafta profundaque fuperficie figuræ omnes ad facri-*
*ficium Soli oblatum pertinentes includuntur.*

*Statim vifitur Sol innumeros emittens radios, qui*
*diametrum efficiunt quindecim aut viginti pedum. Duo*
*facerdotes vulgaris ftaturæ, tiaras geftantes quæ in*
*conum definunt, manus ad Solem extendunt, quem*
*adorant & ut deum colunt. Duo parvuli tiaris fimi-*
*libus operti, ad latus facerdotum funt ipfifque duos*
*finguli culullos liquore plenos offerunt. Sub Sole tres*
*funt agni mactati, tribus inpofiti pyris, quæ pyræ fin-*
*gulæ decem ftipitibus conftant. Juxta pyras inferne*
*feptem diota vifuntur. In altero latere facrificulis op-*
*pofito, duæ mulieres habentur totidemque puellæ : hæ*
*vero ftatuæ funt, quarum dorfa folum & pedes rupi*
*hærent: adhuc veftigia ictuum comparent, queis capita*
*ipfis amputata funt. Pone puerulos illos quos diximus*
*quadratum quafi, fed oblongum fpatium eft, in quo*
*multi charactéres hieroglyphici. Alii vero grandiores*
*hinc inde in imagine pofiti funt.*

Voilà un monument très-confiderable : c'eft dommage que la petiteffe du livre n'ait pas permis au P. du Bernat de faire la planche plus grande. C'eft felon toutes les apparences un facrifice des Perfes, après qu'ils fe furent rendus maîtres de l'Égypte ; ou peut-être que les Egyptiens rendus tributaires des Perfes, auront pris d'eux le culte du foleil ; & l'auront joint à leur religion : les caracteres hieroglyphiques marquent qu'ils avoient meflé leur culte. Le foleil eft ici repréfenté jettant des raïons de tous côtez. Quoique les plus anciens Perfes n'euffent ni ftaruës, ni images ; ils commencerent dans la fuite d'en avoir, ce changement s'étoit déja fait du tems d'Herodote, & dans la fuite du tems, ils l'adorerent fous la forme d'un jeune homme qu'ils appelloient Mithras, & auffi fous la forme d'un aftre ou d'une face ronde, qui jette des raïons de tous côtez, tel que nous le voïons ici ; comme nous avons dit plus amplement en traitant de la religion des Perfes vers la fin du fecond tome de l'Antiquité.

III. C'eft au foleil en cette derniere forme, qu'on fait ici un facrifice & un holocaufte. Les victimes font trois agneaux déja immolez, chacun fur fon bucher. Ils paroiffent trop cornus pour n'être qu'agneaux ; à moins que ce qu'Homere dit des agneaux de Libye, qu'ils font cornus d'abord après leur naiffance :

Od. 4.    Καὶ Λιβύην ἵνα τ' ἄρνες ἄφαρ κεραοὶ τελέθουσι. ne fe doive entendre auffi de ceux de l'Egypte. Au-deffous des trois buchers, on voit fept vafes rangez fur la même ligne. Ils font d'une forme très particuliere. Et fi le P. du Bernat n'avoit pas eû foin d'avertir que ce font des vafes, on auroit infailliblement crû que toute la rangée étoit une baluftrade. Tant il eft vrai que ces figures fi petites confondent fouvent les objets.

IV. Il pourroit bien fe faire que les trois buchers & les fept vafes, renfermeroient quelque myftere. Car ces anciens profanes, & fur tout les Egyptiens en entendoient par tout. Les trois buchers pourroient fe rapporter aux trois faifons ; on n'en contoit que trois dans ces anciens tems, & les fept vafes les fept planetes, ou les fept jours de la femaine. Dans la grande image de Mithras que nous avons donnée à la planche c c x v. du premier tome, fept

---

En monumentum fane fpectabiliffimum : infeliciter vero accidit ut propter exiguam libri formam Patri du Bernat non licuerit majorem incifam tabulam proferre. Omnino verifimile eft hoc facrificium effe Perfarum, poftquam Ægyptum in ditionem fuam redegerant. Vel forfitan Ægyptii, jam Perfarum vectigales facti, cultum Solis ab ipfis receperunt, & cæteris religionibus fuis adjunxerunt. Characteres certe illi hieroglyphici, admixtæ religioni fidem faciunt. Sol hic repræfentatur radios undique emittens. Etfi enim antiquiores illi Perfæ, nullas aut ftatuas aut imagines haberent, illas tandem ufurparunt. Jamque Herodoti tempore mos ille advectus fuerat : atque infequenti tempore Solem adorabant fub figura viri junioris quem Mithram appellabant : necnon etiam fub forma aftri, vel rotundæ faciei quæ radios undique emitteret, qualem hic videmus, ut pluribus diximus cum de religione Perfarum ageremus, paulo ante finem fecundi Antiquitais explanatæ tomi.

III. Soli ergo fic repræfentato hic facrificium & holocauftum offertur. Victimæ funt tres agni jam mactati ; at nimium cornuti effe videntur quam ut agni appellari poffe videantur : nifi fortaffe id quod Homerus de agnis Libyæ ait, illos nempe ftatim atque nati funt cornutos fieri, de Ægypto etiam intelligi debeat,

Καὶ Λιβύην, ἵνα τ' ἄρνες ἄφαρ κεραοὶ τελέθουσι.

*Et Libyam ubi agni ftatim cornuti funt.*

Sub tribus illis pyris, feptem vafa videntur, una ferie pofita. Sunt autem formæ fingularis, & nifi R. P. du Bernat monuiffet vafa effe, exiftimatum haud dubie fuiffet totam vaforum feriem effe cancellos. Ufque adeo verum eft tam exigua fchemata fæpe in errorem inducere poffe.

IV. In mentem fubit tres pyras feptemque vafa aliquid myfterii complecti. Nam veteres illi profani maximeque Ægyptii arcanis admodum gaudebant. Tres pyræ poffent ad tres anni tempeftates referri, nam antiquis temporibus tres tantum anni tempeftates numerabantur ; feptem autem vafa, feptem planetas, aut feptem hebdomadæ dies. In majori illa Mithræ imagine, Antiquitatis explanatæ tomo primo Tabula c c x v. feptem aræ

DIEUX D'EGYPTE, SACRIFICE DE L'OIE, CULTE DU SOLEIL

Paul Lucas

Paul Lucas

le P. du Bernat Jesuite

autels qui jettent des flammes, semblent marquer sans doute les sept planetes, qui conviennent à l'image de Mithras ou du soleil, ce qui sert à confirmer nôtre sentiment. Ce que les sept autels signifient là, les sept vases le marquent ici; c'est comme nous venons de dire les sept planetes, ou les sept jours de la semaine. Il faut aussi remarquer qu'au même endroit de l'image de Mithras, il y a entre ces autels, des vases au nombre de six : il y en avoit peut-être sept, & un aura sauté. Il y a toûjours sept autels bien marquez. Nous avons fait voir au commencement du premier tome, combien le tems & ses parties entroient dans la mythologie des anciens.

Les tiares des Prêtres & des deux petits ministres, approchent fort de celles de ces Perses qui vont en procession dans les bas reliefs qu'on voit à Chelminar auprès de l'ancienne Persepole. J'en ai donné un à la planche CLXXXII. du second tome de l'Antiquité. Quant aux deux femmes & aux deux petites filles, nous n'avons rien à ajoûter à ce qu'en dit le P. du Bernat, & qui est assûrément très-remarquable, qui est que ce sont des statuës avec tout leur relief, & qu'elles ne tiennent à la roche que par les pieds & un peu par le dos. Une autre chose à observer sur les caracteres hieroglyphiques qu'on voit à chaque côté de l'image; c'est que l'épervier d'un côté & l'Ibis de l'autre, sont au-dessus de tous ces caracteres. C'étoit les deux oiseaux que les Egyptiens avoient le plus en veneration.

---

flammnigeræ videntur septem planetas sine dubio exprimere, quæ omnino quadrant ad figuram Mithræ Solis, id quod etiam ad firmandam nostram hac in re sententiam admodum juvat : quod ergo ibi septem aræ, hic vasa totidem significant, nimirum septem planetas, sive septem hebdomadæ dies. Observes etiam velim ibidem in Mithræ scilicet imagine inter aras illas septem, vasa etiam apponi; at vasa illa seu tantum numero sunt, forte vero exciderit septimus. Verum aras ibi septem consistere videmus. Initio primi Supplementi hujusce tomi ostendimus, quantam Mythologi veteres temporis ejusque partium singularum rationem habuerint.

Tiaræ sacerdotum puerorumque duûm ministrorum, sat consimiles sunt iis, quas Persæ gestant in pompa quadam quæ hodieque visitur Chelminari, proxime veterem illam Persepolim, talem dedi in Tabula CLXXXII. secundi Antiquitatis explanatæ tomi. De mulieribus duabus totidemque puellis nihil adjicere possumus iis quæ R. P. du Bernat retulit, quæque observatu dignissima sunt; nempe statuas esse, quæ a dorso tantum & pedibus rupi hærent. Aliud vero notandum est circa characteres illos hieroglyphicos, qui in utroque anaglyphi latere conspiciuntur, nempe accipitrem hinc, ibidem inde cæteris omnibus superiores locari. Has quippe duas maxime omnium aves Ægypti colebant.

## CHAPITRE II.

*I. Temple d'Hermant. II. C'eſt apparemment d'Hermontis de l'ancienne Egypte. III. A quel dieu il étoit conſacré.*

NOus n'avons encore donné aucun temple des Egyptiens, quoiqu'il ſoit certain que cette nation ſuperſtitieuſe en avoit un grand nombre. Et comme ils bâtiſſoient plus ſolidement que les autres, il s'en fera ſans doute conſervé de grands reſtes. En voici deux dont M. Paul Lucas a donné les deſſeins dans le tome 3. de ſon dernier voïage. Le premier eſt celui d'Hermant, le ſecond celui d'Andera. Il faut l'entendre ſur tous les deux, p. 16.

Autre planche après la L I.

» En continuant nôtre route, nous arrivâmes enfin auprès du village d'Her-
» mant, & c'eſt là où je vis ce fameux temple de Jupiter, dont je crois qu'au-
» cun voïageur n'a donné la deſcription. Rien au monde ne préſente une ſi
» grande magnificence que les reſtes precieux de cet ancien édifice. On ne
» voit de tous côtez qu'un vaſte amas de pierres & de colonnes, du plus beau
» marbre qu'on puiſſe voir. Les colonnes qui reſtent encore ſur pied, & dont
» on peut voir la figure dans le deſſein que j'en donne, ſont d'une groſſeur
» & d'une beauté que rien n'égale. Elles ſont chargées de figures & d'hiero-
» glyphes, qui après un ſi grand nombre de ſiecles, ſont encore voir l'ha-
» bileté de l'ouvrier qui y a travaillé. Les chapiteaux qui ſont ornez de feüil-
» lages, ſont d'un ordre d'architecture different de tous ceux que la Grece
» & l'Italie nous ont appris; mais qui paroiſſent en avoir été les modéles;
» & rien n'eſt ſi curieux que de voir aujourd'hui ces belles écoles où les Grecs
» ont appris la ſcience de l'architecture. La partie du temple où étoit le chœur,
» eſt encore en ſon entier, telle qu'on la voit dans le deſſein; elle eſt remplie
» en dedans & en dehors de figures, où l'on reconnoît les anciennes divinitez
» d'Egypte. Au bout de ce chœur, on trouve une petite ſacriſtie, où l'on voit
» des bas reliefs qui paroiſſent d'une main habile, & qui ſont auſſi-bien con-

---

### CAPUT II.

*I. Templum in loco Hermant dicto. II. Hermant, videtur eſſe Hermonthis illa veteris Ægypti, III. Cui numini dicatum erat hoc templum.*

I. NUllum adhuc Ægyptiorum templum dedimus, tametſi certum eſt hanc ſuperſtitioſam nationem ingentem habuiſſe templorum numerum. Cum eorum ſtructuram ſolidiorem eſſe curarent, quam cæteræ omnes gentes, ingentes haud dubie eorum reliquiæ ſupererunt. Duorum delineatas imagines dedit D. Paulus Lucas in tertio tomo poſtremi itineris ſui, Primum Hermanti eſt; ſecundum Anderæ hodiernæ. Hæc de priore dicit p. 16.

*Dum inſtitutum iter perſequimur, ad vicum tandem cui nomen Hermantum pervenimus. Atque iſtic templum illud Jovis celeberrimum, quod neminem unquam deſcripſiſſe puto ex eorum numero, qui in Ægypto ſunt peregrinati. Hiſce ruderibus nihil uſpiam magnificentius occurrit. Undique viſuntur ſtrues magna lapidum columnarumque ex marmore omnium pulcherrimo. Columnæ quæ etiam nunc erectæ ſuperſunt, quarumque figura in ſpecimine noſtro viſitur, ea ſunt forma & magnitudine, quam nihil uſpiam exæquet. Plena ſunt autem hieroglyphicis figuris, quæ poſt tot ſæculorum decurſum artificis peritiam teſtificantur. Capitella quæ ſunt ornata foliis ad ordinem quemdam architectonices pertinent, qui ab illis architectorum differt ordinibus, quos Græcia & Italia docuerunt, ſed inde artem illam Græci ſunt mutuati. Hic diſciplina locus fuit. Spectaculo ſane dignum eſt hoc architectonices magiſterium. Quæ pars templi ſacerdotibus & ſacris faciendis deputata erat, integra hodieque ſtat, qualis conſpicitur in ſchemate, plena intus foriſque eſt figuris illis, in quibus Ægyptiaca numina internoſcuntur. In extrema hujuſce ædificii parte eſt quædam æditui, ut videtur, camera exigui ambitus, ubi anaglypha habentur, quæ*

**ſervez**

fervez que s'ils ne venoient que d'être faits. Cette Chappelle ou cette Sa- «
criftie, comme on voudra la nommer, eft couverte de cinq pierres de vingt «
pieds de long fur cinq de large, & deux pieds huit pouces d'épaiffeur; du «
moins fi elles font toutes égales à celle que je mefurai. En montant par un «
petit efcalier qu'on avoit pratiqué dans le mur, j'allai fur la platte-forme, «
d'où je confiderai à loifir toutes les ruines de ce fuperbe édifice, qui me «
parut avoir 250. pas de long fur cent de large. J'ai joint à la figure de ce Tem- «
ple celle de fon plan géometrique, afin que le lecteur n'ait rien à défirer fur «
un fujet fi curieux & fi interreffant. «

Les vaftes débris & le prodigieux nombre de colonnes qui font répan- «
düës de tous côtez, me perfuaderent aifément qu'il y avoit eû autrefois en «
cet endroit une ville auffi grande qu'elle étoit magnifique, & on ne peut «
pas douter que ce fut celle d'Hermonthis, dont Strabon, Ptolemée & Ste- «
phanus nous ont laiffé la defcription dans leurs ouvrages. Ces auteurs la «
placent dans le Nome Hermonthite, dont elle étoit la Métropole, un peu »
au-deffus de Thebes fur le bord oriental du Nil, & au-deffous de Latopolis «
& de la grande Ville d'Apollon. Stephanus nous apprend après Strabon «
que Jupiter étoit la grande divinité des Hermonthites, qui avoient auffi «
beaucoup de veneration pour Ifis & pour Apollon : & quand nous ne trouve- «
rions pas cette particularité dans leurs écrits, nous avons encore des mé- «
dailles & d'autres monumens qui ont confervé le nom de Jupiter Hermont; «
une entr'autres avec la tête d'Hadrien, & au revers la figure de Jupiter «
debout, tenant d'une main une aigle, & de l'autre la Hafte pure, fymbole «
de la divinité, avec cette infcription ΕΡΜΩΝΘ. qui eft l'abregé d'ΕΡΜΩΝ- «
ΘΙΤΩΝ. Ainfi ce monument & la divinité à laquelle il étoit confacré, «
ne font pas de ces chofes problématiques, où l'on fait fouvent fervir de «
preuves les conjectures les plus frivoles. «

Il y a quelque vraifemblance dans ce que dit ici M. Lucas. Strabon dit
qu'après Thebes eft la ville d'Hermonthis, où Apollon & Jupiter font honorez, & où l'on nourrit auffi le bœuf : peut-être veut-il dire Apis. Eftienne
de Byzance qui cite Strabon, dit, que d'Hermonthis vient le Jupiter Hermonthites, & l'Apollon, *qui portoit auffi le même nom* ; & qu'il y a auffi là un

---

*peritam artificis manum olent, atque ita illæfa fervata fuere, ut recens facta dicas. Hoc five facellum, five facerdotum receptaculum, ut volueris, quinque lapidibus tectum opertumque eft, quorum fingulorum menfura eft viginti pedum longitudinis, & quinque latitudinis, duorum vero pedum & totidem pollicum denfitatis; fi tamen omnes eadem fint menfura, unam quippe tantum fum dimenfus. Per exiguam fcalam in ipfo muro adornatam ad fupernam eamque planam concamerationem afcendi : indeque omnia fuperbi hujufce ædificii rudera perfpexi ; quantum autem æftimare licuit, erat pedum ducentorum quinquaginta longitudine, latitudineque centum. Templi confpectui ichnographiam adjunxi, ut lectori tantarum rerum ftudiofo facerem fatis.*

*Ingentia illa rudera, tantufque ille columnarum numerus, indicio mihi fuere, iftic olim fuiffe urbem magnam atque magnificentiffimam. Neque dubitari poteft, quin fit Hermonthis illa, cujus Strabo, Ptolemæus atque Stephanus defcriptionem in operibus fuis nobis reliquerunt. Illam in Hermonthite Nomo locant hi Scriptores, cujus olim erat Metropolis, fita fupra*

*Thebas in Ora Nili Orientali poft Latopolin magnamque Apollinis urbem. Stephanus poft Strabonem docet Jovem magnum fuiffe numen Hermonthitarum, qui etiam Ifidem & Apollinem multum venerabantur. Etiamfi vero hujufce rei fcriptores illi non fidem facerent, in nummis tamen in aliifque monumentis Jovis Hermonthitæ nomen fervatur : in nummo videlicet Hadriani, in cujus poftica facie ftat Jupiter, altera manu Aquilam, altera haftam puram tenens, fymbolum divinitatis, cum infcriptione ΕΡΜΩΝΘ lege. ΕΡΜΩΝΘΙΤΩΝ. Atque ita non ex conjectura levi, fed ex probatiffimis monumentis ftatuitur cui numini facrum effet hoc monumentum.*

*Aliquid probabilitatis habent ea quæ hic proferuntur & ftatuuntur. Ait Strabo l. 17. p. 561. poft Thebas Hermonthim effe urbem, in qua coluntur Apollo & Jupiter, & ubi etiam bos alitur, Apim forte fignificans. Stephanus autem Byzantius qui Strabonem affert auctorem, ait ex Hermonthi factum effe nomen Jupiter Hermonthites, & Apollinem eodem infigniri nomine : ibidemque tem-*

temple d'Ifis. Cela fuppofé, comme il y a apparence que l'Herman d'aujour-
d'hui eft la même ville que l'Hermonthis des anciens ; il eft à croire que ce
temple étoit de l'une des trois divinitez qu'on y adoroit anciennement, de Jupiter, ou d'Apollon, ou d'Ifis. Il eft à remarquer que Strabon nomme A-
pollon le premier. Ce feroit hazarder que de dire que ce temple eft celui de
Jupiter Hermonthites, & la raifon tirée d'une médaille où fe trouve Jupiter
Hermonthites, ne fuffit pas pour rendre la chofe claire, ni même fort probable : il pourroit auffi-bien être d'Apollon ou d'Ifis. M. Vaillant qui a donné
les médailles Greques, n'a pas mis celle-ci.

plum Ifidis effe. His vero pofitis, cum probabile omnino fit Hermanthum hodiernum effe Hermonthim illam veterum, verifimile eft hoc templum alicui ex hifce-tribus numinibus fuiffe facrum, Jovi videlicet, aut Apollini aut Ifidi. Porro obfervandum eft in Strabone Apollinem proferri primum. Non fine periculo ergo dicatur hoc templum Jovis Hermonthitæ fuiffe, neque ad rem probandum fatis eft nummi unius auctoritas, ubi Jupiter Hermonthites memoratus tantum reperiatur. Poffet enim hoc templum effe Apollinis aut Ifidis. Hunc porro nummum non novit Valentius, qui de Græcis nummis librum edidit.

## CHAPITRE III.

*Bâtiment merveilleux d'Andera, autrefois Tentyris. Il n'a guere l'air d'un Temple.*

POur ce qui eſt du ſecond temple, ſi toutefois ç'en eſt un, M. Lucas en parle en ces termes p. 37.

Après avoir marché quelque tems parmi des monceaux de pierres & de «
marbre, j'apperçus de loin un édifice d'une grandeur & d'une beauté extraor- «
dinaire, & m'en étant approché, je fus ſaiſi d'étonnement de voir un ou- «
vrage qui pourroit avec raiſon paſſer pour une des merveilles du monde. «
J'arrivai d'abord par le côté de derriere, qui préſente une grande muraille «
ſans fenêtres, bâtie de groſſes pierres de granite griſâtre, toute remplie de "
bas reliefs, plus grands que nature, qui repreſentent les anciennes divini- «
tez d'Egypte, avec tous leurs attributs dans differentes attitudes. «

Deux lions de marbre blanc gros comme des chevaux, ſortent de plus «
de la moitié du corps de cette muraille. Je paſſai de-là par un des côtez, & «
j'y marchai environ 300. pas avant que d'arriver à la grande façade du de- «
vant, & ce côté eſt auſſi rempli de bas reliefs, avec trois lions ſaillans de la «
même groſſeur que les autres. La grande face de ce ſuperbe édifice offre «
d'abord un veſtibule au milieu, ſoutenu par de grands pilaſtres quarrez, «
d'une groſſeur prodigieuſe. Un grand periſtyle, ſoutenu par trois rangs de «
colonnes, qu'à peine huit hommes pourroient embraſſer, s'étend des deux «
côtez du veſtibule, & ſoutient une voute plate, faite de pierres de ſix à ſept «
pieds de large & d'une longueur extraordinaire. Cette voute paroît avoir «
été peinte autrefois; & l'on y obſerve encore quelques couleurs que le tems «
a épargnées. Ces colonnes faites de groſſes pierres de marbre granite, & «
chargées d'hiéroglyphiques en bas reliefs, ont chacune ſur leur corniche «
un chapiteau fait de quatre têtes de femme avec leur coëffure, adoſſées les «

---

### CAPUT III.

*Ædificium mirabile Anderæ, quæ Tentyris olim appellabatur: Templum fuiſſe vix credatur.*

DE ſecundo templo, ſi templum tamen dici debeat, hæc Lucas habet.

*Aliquanto tempore inter rudera ac lapidum marmorumque congeries progreſſus, procul ædificium conſpexi amplitudinis magnificentiæque ſingularis, atque ut propriùs acceſſi, ſtupore perculſus ſum, opus cernens, quod inter ſpectacula mundi cenſeri poterat. A poſteriore vero ædificii parte adveni, ubi ingens ſine ulla feneſtra murus magnis ex granito marmore lapidibus ſtructus, cinerei coloris, anaglyphis opertus, ubi figuræ naturalem magnitudinem & ſtaturam exſuperantes numina ſunt Ægyptiaca, cum attributis ſuis & vario ſitu.*

*Leones duo ex albo marmore, equis craſſiores ex muro illo prodeunt, & pluſquam dimidium corporis efferunt. Per alterum progreſſus latus, & trecentos circiter paſſus emenſus, multis eo ipſo latere viſis anaglyphis, tribuſque leonibus ejuſdem magnitudinis atque ſitus, ad majorem præcipuamque ædificii faciem perveni. In qua veſtibulum ſtatim viſitur medium occupans fultum ingentibus pilis quadratis. Hinc periſtylium magnum tribus fultum ordinibus columnarum, quarum denſitas tanta, ut vix eas octo viri amplexari queant, utrumque veſtibuli latus ambit, & concamerationem plana ſuperficie ſuſtentat, adornatam ex lapidibus latitudine ſex ſeptemve pedum, longitudine autem ingenti. Concamerata autem interior ſuperficies depicta olim fuiſſe videtur, & obſervantur adhuc quædam colorum veſtigia. Columnæ autem illæ ex immanibus graniti marmoris lapidibus ſtructæ, hieroglyphiſque onuſtæ, quæque capitellum ſuum habent, quod quatuor conſtat mulierum comtis capitibus, ex averſa parte una conjunctis,*

» unes contre les autres, & dont les quatre faces paroissent à peu-près comme
» on nous represente celle de Janus : ces têtes sont d'une grandeur propor-
» tionnée à la grosseur des colonnes. Il y a encore au dessus une base d'une
» pierre quarrée, haute environ de six pieds, un peu plus longue que large,
» qui soûtient la voute, comme on peut le voir dans le dessein que j'en donne.
» Une espece de corniche d'une construction singuliere, regne tout le long
» de ce peristyle, & termine ce qui reste aujourd'hui de ce palais. Il y a au
» milieu sur le portique deux gros serpens entrelassez, dont les têtes reposent
» sur deux grandes ailes étenduës des deux côtez. Quoique ces colonnes soient
» ensevelies dans les ruines, & qu'il n'en paroisse pas la moitié ; on peut ju-
» ger de leur hauteur par leur circonférence ; & suivant les mesures d'une
» exacte architecture, elles devoient avoir 44. ou 45. pieds de haut, & 120.
» y compris la base avec le chapiteau.

　» De ce vestibule on entre d'abord dans une grande salle quarrée, où l'on
» voit trois portes qui conduisent à differens appartemens : j'en visitai trois
» qui conduisoient encore dans d'autres, qui étoient aussi soutenus par plu-
» sieurs belles colonnes ; mais l'obscurité, les décombres, & la crainte qu'a-
» voient ceux qui m'accompagnoient, & qui n'osoient s'exposer dans ces vastes
» lieux, m'empêcherent d'aller plus avant, & de parcourir l'interieur de ce
» superbe palais. Les contes qu'ils me firent des trésors qui étoient gardez
» dans ces lieux, & de l'entreprise d'un Gouverneur qui avoit voulu y pené-
» trer, sans pouvoir y réüssir, ne m'éffraïerent point : la seule impossibilité
» de lever seul tous les obstacles qui se présentoient à chaque pas, me fit
» sortir d'un lieu, où j'avois encore tant de choses à considerer.

　» Comme l'édifice, dont je donne ici la description, est presque tout ense-
» veli d'un côté sous les débris & les grands monceaux de pierre qui ont
» formé une espece de montagne ; on monte fort aisément sur la terrasse ; &
» pour juger de sa grandeur, il suffit de dire que les Arabes avoient bâti
» dessus autrefois un fort grand village, dont on voit encore les mazures. Ce
» fut de là que je considerai les mazures de cette Ville, qui pouvoit bien
» avoir cinq ou six mille de tour. Il est sûr qu'il doit y avoir sous ces mon-
» ceaux de pierre un grand nombre de monumens, dont on ne peut décou-

---

qualem janum quadrifrontem conspicimus. Quæ capita
ad columnarum amplitudinem aptata sunt. Supra capita istæc est ceu basis quadrata, lapis nempe sex circiter pedibus altus, latitudinem longitudine superante :
quæ basis concamerationem illam sustinet, ut in pro-
posito schemate videre possis. Coronis quædam singularis structura hujusce peristylii longitudinem occupat,
illaque terminatur ædificium, ut hodieque permanet.
In media porticu sunt duo circumplicati serpentes,
quorum capita quiescunt in alis utrinque extensis. Etsi
porro columnæ illæ in ruderibus sepultæ sint, illarumque
ne dimidia quidem pars conspiciatur, ex earum ambitu
potest de altitudine judicium ferri ; ac secundum accuratam architectonices mensuram, erant altitudine quadraginta quinque circiter pedum : cum basi autem &
capitello centum viginti pedum.

　Ex hoc vestibulo in magnum conclave quadratum in-
tratur, ubi tres portæ sunt, ad diversa conclavia ducentes. Tria invisi conclavia, quæ ad alia deducebant,
elegantibus & ipsa columnis fulta ; verum obscuritas
Incisque defectus, ruderum congeries, formido comitan-
tium, qui in hæc vasta loca se intromittere non aude-
bant, impedimento fuere quominus ulterius progrederer,
atque superbi ædificii interiora omnia explorarem.
Neque tamen perterrefactus sum fabulosis quibusdam
quas proferebant narrationibus, de thesauris quibusdam
hoc in loco servatis, deque præfecto quodam, qui illo
penetrare frustra tentavisset. At cum non possem solus
omnes amovere obices, egressus ex eo loco sum, ubi tot
alia exploranda supererant.

　Cum ædificium illud, cujus hic descriptionem paravi,
ex altero latere sub ruderibus, lapidumque acervis in
montem pene crescentibus fere totum sepultum sit, in
culmen supernum facile conscenditur ; utque quam
vastum amplumque sit ædificium judicetur, sat erit di-
xisse, Arabas olim ibi vicum magnum construxisse, cujus
hodieque rudera supersunt. Hinc porro urbis reliquias
conspexi, cujus ambitus olim esse potuit quinque sexve
milliariorum. Sub istis haud dubie lapidum acervis ingentibus monumenta multa latent, quæ nec dispici, nec

vrir aucuns reftes. J'en juge par un endroit que les Arabes ont tâché d'ou- «
vrir dans un des coins du palais dont je parle. Il y refte encore un trou qui «
a cinq ou fix pieds de profondeur, dans lequel on voit plufieurs reftes de «
figures & de bas reliefs. On ne fauroit même decider au jufte de combien «
de corps de logis cet édifice étoit compofé ; car on trouve à quelque dif- «
tance de la façade une grande arcade d'un très bel ordre d'architecture, qui «
paroît avoir été la premiere porte. Elle a plus de 40. pieds de haut. A tren- «
te pas de-là on trouve des deux côtez deux autres bâtimens, dont les portes «
font prefque comblées, & je jugeai par les logemens que j'y apperçûs, que «
c'étoient apparemment les deux corps de garde où logeoient les deux Offi- «
ciers & leurs foldats. «

Sçavoir maintenant fi c'étoit un palais ou un temple, c'eft ce qu'il n'eft «
pas aifé de deviner ; car les bas reliefs des divinitez Egyptiennes fe met- «
toient également fur les temples & fur les palais. La tradition du payis eft «
que c'étoit un temple de Serapis, qui avoit autant de fenêtres qu'il y a de «
jours dans l'année, & que ces fenêtres répondant à tous les degrez de l'é- «
cliptique, le foleil venoit chaque jour faluer la divinité qui y préfidoit. «
Mais outre qu'il ne paroît à préfent aucune de ces fenêtres, je ne connois «
aucun ancien auteur qui ait fait cette remarque au fujet du temple d'An- «
dera. Tout ce que je puis dire ici fans rien decider, c'eft que je ne crois «
pas qu'il y ait encore dans le refte du monde un monument qui offre rien «
de fi prodigieux : & c'eft ici qu'on peut juftement appliquer ce que Pline «
dit du Labyrinte, *portentofum humani ingenii opus.* «

Ce qui eft bien certain, c'eft que le lieu dont je viens de parler, & «
qu'on nomme aujourd'huy Andera, ainfi que le village qui eft auprès, étoit «
autrefois la Ville de Tentyris, qui étoit dans la haute Egypte fur le bord «
Occidental du Nil, à plus de cent lieuës de Memphis, dans le Nome «
Tentyrite, dont elle étoit la Métropole fuivant tous les anciens. «

M. Lucas a donné une infcription Greque qui fe voit dans une frife de
ce bâtiment ; mais fi défigurée qu'on n'en peut rien tirer. Ce qu'il dit fur la
groffeur & la proportion des colonnes ne peut fubfifter. Elles font fi groffes,

---

*explorari poffunt. Cujus rei argumentum duco ex fora- mine quodam ab Arabibus facto in angulo ejufdem ædificii, quod hodieque quinque fexve pedum profun- ditatem habet, ubi fragmenta multa fchematum & anaglyphorum cernuntur. Nec poteft accurate dici quot præcipuis partibus hoc amplum ædificium conftaret. Aliquantulum a præcipua ædificii facie intro profectis arcus occurrit magnus, fecundum accuratiorem ar- chitectonices normam ftructus, qui primum oftium fuiffe videtur. Eft autem altitudine pedum plus quadraginta. Hinc triginta paffibus progreffi incidimus in duo alia ædificia quorum porta pene obruta funt. Atque ex con- clavium modo & forma exiftimavi ftationes duas ibi fuiffe militum cum manipulariis fuis cuftodientium.*

*An fint autem ædes Regiæ aut Prætoriæ, an Templum, non ita facile eft divinare; nam anaglypha illa deos Ægyptiacos referentia in templis pariter atque in ædibus fculpebantur. In illo tractu putatur templum effe Serapidis, ubi tot fenestræ erant quot dies anni funt, & cum fingulæ feneftræ fingulis Ecliptici gradibus re-* *fponderent, Solem quotidie falutatum veniffe deum qui illic habitaret. At præterquam quod nulla ibi feneftra hodie confpicitur, nullum Autorem hac de templo An- dera, five Tentyreos dicere comperi. Hoc autem poffum, ea re prætermiffa, dicere: Non puto in toto orbe tam prodigiofum fupereffe opus, de quo appofite dicatur idipfum quod Plinius de Labyrintho, portentofum humani ingenii opus.*

*Quod vero certum indubitatumque eft, locus ille de quo jam egimus, cui nomen Andera, nomen vicino quoque pago tributum, vetus eft Tentyris fuperioris Ægypti urbs, ad oram Nili Occidentalem, plufquam tre- centis a Memphi paffuum milliaribus, in Nomo Ten- tyrite, cujus fecundum omnium veterum teftimonium Metropolis erat. Imo ipfi nomen fuum tribuebat.*

Infcriptionem Græcam dedit Paulus Lucas quæ in quodam hujus ædificii zophoro vifitur ; fed adeo deformatam, ut nihil inde expifcari potuerim. Quod porro ait ille de fpiffitudine ac proportione columnarum ftare nequit. Adeo, inquit, denfæ

dit-il, qu'à peine huit hommes les pourroient embraffer; c'eſt à dire, que le circuit en eſt de plus de 40. pieds, & le diamétre d'environ 14. Cependant ſelon les meſures d'une exacte architecture, dit-il plus bas, elles devoient avoir 44. ou 45. pieds de haut, & 120. y compris la baſe avec les chapiteaux. Des colonnes de 14. pieds de diamétre, qui n'ont pas plus de 44. ou 45. pieds de haut, ne ſont pas aſſûrement bien proportionnées. Il ſeroit encore fort monſtrueux en architecture, ſi ſur 120. pieds de haut, les colonnes n'en avoient que 45. & la baſe & les chapiteaux 75. Il y a ici ſelon toutes les apparences quelque faute d'impreſſion.

Ce bâtiment n'a nullement l'air d'un Temple. Il faudroit l'examiner de plus près, pour juger ſi c'étoit autrefois un Palais. Ce qui paroit dans l'eſtampe à l'air d'une halle, ou d'un lieu où le peuple s'aſſembloit. Il faiſoit ſi grand chaud dans une ville ſi près de la Zone Torride, qu'il falloit être à couvert des raïons du ſoleil, pour négocier, acheter, & vendre. En ce cas là les ſalles & les chambres auroient ſervi pour des magazins, ou pour des aſſemblées de Ville, ou pour rendre la juſtice, ou peut-être pour toutes ces choſes enſemble. On ne parle qu'en devinant ſur ces bâtimens faits dans des temps ſi reculez, ſur tout quand on n'a pas été ſur les lieux.

---

ſunt, ut vix octo homines illas complecti poſſint. Circuitus ergo illarum eſt pedum plus quadraginta, & diametros quatuordecim circiter pedum. Attamen, ſecundum accuratam architectonices normam, ait ille infra, habere oportet illas quadraginta quatuor, aut quadraginta quinque pedes longitudinis, & centum viginti pedes, ſi adjungas baſim & capitella. Columnæ certe, quarum diametros eſt quatuordecim pedum, quæque quadraginta quatuor, vel quadraginta quinque pedes altitudinis haberent, non eſſent utique ſecundum accuratam proportionem. Eſſetque res in Architectonice portentoſa, ſi ex centum viginti pedibus altitudinis, columnæ quadraginta quinque ſolum pedes obtinerent, baſis vero & capitella ſeptuaginta quinque. Quamobrem hic puto typographi mendum ſine dubio eſſe.

Hoc ædificium nihil habet quod ad templum quadrare poſſit : oporteretque rem in ipſo loco explorare, ut æſtimari poſſet, an ædes ſplendidæ olim fuerint. Quod in ſchemate viſitur, primo conſpectu fori cujuſpiam ſpeciem habet, & loci ubi cœtus populi convenire ſoleret. Tantus erat æſtus in loco zonæ torridæ ita proximo, ut locus radiis ſolaribus inacceſſus requireretur ad negotiandum, emendum, vendendum. Si ita res ſe habuiſſet, conclavia majora minoraque apothecarum loco fuiſſent, vel ad civiles conventus, vel ad forum litibus judicandis, vel ad hæc omnia ſimul. Nonniſi divinando loquimur de tam vetuſtis ædificiis; quando maxime loca ipſa oculis diſpicere non licuit.

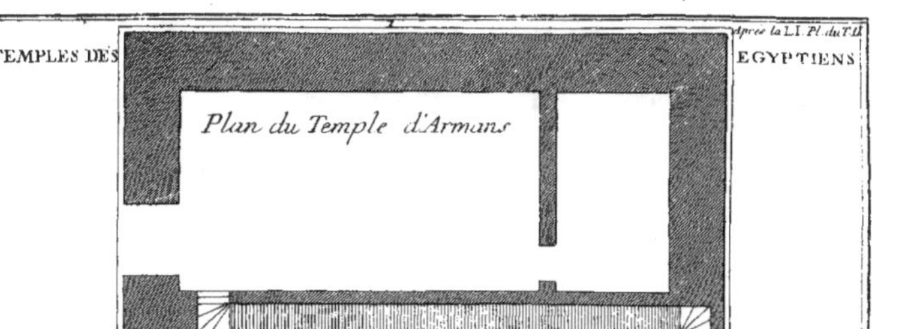


2

Plan et elevation perspective de ce qui reste du Temple d'Andera

3

## CHAPITRE IV.

*I. Figure Egyptienne extraordinaire. II. Deux Prêtres Egyptiens. III. Figure extraordinaire d'Osiris. IV. Osiris sur la fleur du Lotus. V. Autres figures extraordinaires.*

I. LA premiere figure de la planche suivante est fort remarquable. Quoi-qu'elle soit enveloppée comme les autres figures Egyptiennes, elle a des particularitez que les autres n'ont pas. Elle est coëffée moins bizarrement. Ses deux mains sont libres : elle tient sur sa poitrine deux tablettes chargées d'Hieroglyphes. La tête qui est au-dessous de ses mains, mord un instrument qu'on ne connoît pas. Il y a devant & derriere plusieurs caracteres tout differens de ces lettres hieroglyphiques qu'on voit dans les monumens Egyptiens, & semblables à ceux dont on se sert pour marquer les planetes, les jours de la semaine, & les metaux, qui selon le Philosophe Celse, avoient du rapport avec les planetes & les jours de la semaine. Ce qui pourroit faire juger que nôtre image auroit quelque rapport au soleil & au tems: ce qui se trouve aussi dans plusieurs autres images, dont la plûpart n'ont pas encore été remarquées.

II. Les deux Prêtres tiennent chacun un rouleau ouvert. Il paroît qu'ils ont tous deux la tête rase, comme l'avoient les Prêtres Egyptiens selon Herodote, & ils portent un bonnet. On les reconnoît pour Prêtres tant à la tête rase qu'au rouleau ouvert, écrit en lettres hieroglyphiques, dont les seuls Prêtres avoient la connoissance. L'autre petite figure qui est auprès n'a pas l'air d'être Egyptienne. C'est un homme qui a la tête rase, & dont la robe touche à terre. Il tient une tête d'Elephant. Il est difficile de savoir ce que cela veut dire. Mais ces sortes d'images qui paroissent inintelligibles, doivent toûjours être exposées aux yeux des gens de lettres. Ce sont comme des pierres d'attente, dont il semble d'abord qu'on ne puisse faire nul usage : mais il arrive

---

### CAPUT IV.

*I. Ægyptiaca figura admodum singularis. II. Sacerdotes duo Ægyptii. III. Osiridis insolita spectabilissimaque figura. IV. Osiris in Loti flore. V. Aliæ insolitæ figuræ.*

I. PRimum Tabulæ sequentis schema spectabilissimum est. Etsi porro involuta figura sit ut aliæ multæ Ægyptiacæ, non pauca specialia habet in aliis nusquam visa. Cultus capitis Ægyptiam illam insolentiam non omnino refert : ambas hic homo habet liberas manus, & pectori admotas tenet tabellas duas characteribus hieroglyphicis plenas. Caput illud ferinum, quod sub ejus manibus visitur, instrumentum quodpiam mordet, non ita cognitu facile. In anteriori & posteriori schemate characteres multi cernuntur, hieroglyphicis illis monumentorum Ægyptiorum literis longe dissimiles ; sed qui ad illos characteres referri possunt, queis planetæ, dies, & metalla notabantur : metalla quippe secundum Celsum Philosophum,

cum planetis & hebdomadæ diebus affinitatem quamdam habebant. Unde forte inferas hanc imaginem ad Solem & ad tempus referri; id quod etiam in multis aliis imaginibus occurrit, quarum pleræque nondum observatæ fuerunt.

II. Sacerdotes ejusdem Tabulæ duo, volumina tenent expansa ; videntur autem abrasum caput habere, id quod Ægyptiis sacerdotibus in more erat secundum Herodotum jam allatum, & pileum gestant. Sacerdotes igitur noscuntur esse tum ex abraso capite tum ex aperto volumine literis exarato hieroglyphicis, quarum notitia solis sacerdotibus reservata erat. Parvum aliud schema his proximum, nescio an Ægyptiacum dici queat. Homo est abraso capite, cujus vestis talaris est. Caput autem elephantis cum proboscide tenet. Quid autem eo significetur difficile est aperire. Verum hæ imagines, quæ statim inexplicabiles putantur esse, semper eruditorum oculis sunt exponendæ : jacent enim aliquo tempore, nec statim videtur cui possint esse usui. Sed sæpe contingit ut aliæ imagines recens erutæ iis

fouvent que d'autres images ou femblables ou approchantes qu'on vient à
déterrer, aident à expliquer celles-là: & ce qui paroiffoit d'abord n'être d'aucune
utilité, aide à découvrir des chofes ignorées de ceux qui nous avoient pre-
cedez.

P L.
aprèsla
L I I.

III. Rien de plus fingulier & de plus inintelligible que l'image fuivante,
qui m'étant venuë après coup fe trouve déplacée. Je crois que la principale
image du tableau eft un Ofiris, qui par fa fituation, par les animaux qu'il
tient à fes deux mains, & par d'autres chofes qui l'accompagnent, fait un
fpectacle fort extraordinaire. Au haut de l'image eft une grande tête mal formée, qui femble tenir dans fa bouche la pointe qui fort du bonnet d'Ofiris,
qui eft ici debout fur deux Crocodiles. Sa tête eft ornée comme plufieurs autres têtes d'Ofiris qu'on voit à la cxviii. planche du fecond tome de l'Antiquité. Il porte un collier de perles. Mais ce qui frappe le plus dans ce tableau ce font les animaux qu'Ofiris tient ici de fes deux mains. De la droite
il empoigne un ferpent & la corne d'une chevre, qui fe trouve ainfi fufpen-
duë en l'air : de la gauche il tient un infecte, un ferpent & un lion par la
queüe. Ce font des énigmes & des myfteres. Ce qu'il femble qu'on peut dire
de plus raifonnable fur des chofes fi obfcures, c'eft qu'Ofiris qui étoit le foleil, felon la Théologie Egyptienne, tient toutes chofes, & particulierement
tout ce qui a vie, les animaux feroces comme les lions, les animaux doux
& traitables fignifiez par la chévre, les reptiles marquez par les ferpens, les in-
fectes, les animaux aquatiques fignifiez par les crocodiles. Mais ces deux crocodiles qui foûtiennent Ofiris paroiffent encore avoir d'autres fignifications.
Le crocodile avoit, felon les anciens, beaucoup de rapport avec le foleil. Si
l'on vient à compter, dit Achille Tatius, les dens du crocodile, on trouvera
que le nombre égale celui des jours de l'année : c'eft le foleil qui fait les jours
de l'année, & qui les fait au nombre de 365. C'eft à ceux qui voiagent en Egypte à examiner fi les crocodiles ont effectivement ce grand nombre de dens.
Selon Eufebe dans fa préparation Evangelique, les Egyptiens mirent l'image
du foleil dans une barque que portoit un crocodile. Marcien Capella

---

fimiles, aut quadam in re affines, his explicandis fint
idoneæ, ita ut quod ftatim videbatur, nullius effe ufus,
ad nova eruenda & dignofcenda conducat, quæ in
noftram vel majorum noftrorum notitiam nondum
venerant.

III. Singularis admodum & explicatu difficillima eft fequens imago, quæ, cum tardius accef-
ferit, non jam in proprio fibi loco ponitur. Præ-
cipuam Tabulæ imaginem effe Ofiridem exiftimo,
qui & ex fitu, & ex animalibus, quæ utraque manu
complectitur, ex aliifque rebus, infolens omnino
fpectaculum offert. In fuprema Tabula ingens
caput vifitur rudi opere, tetrum quidpiam præ fe
ferens, quod ore tenere videtur acuminatam illam
virgam, quæ ex Ofiridis pileo emittitur. Ofiris hîc
ftat duobus nixus Crocodilis. Caput ejus eumdem
præ fe fert cultum atque ornatum, quem multa alia
Ofiridis capita quæ in Tabula cxviii. fecundi Antiquitatis explanatæ tomi vifuntur. Torquem ex
unionibus, ut videtur, concinnatum habet. Verum
id quod maxime ad fui fpectaculum evocat, animalia funt quæ Ofiris ambabus complectitur mani-

bus. Dextera ferpentem ftringit & cornu capræ, quæ
capra fub manu fufpenfa manet; finiftra ferpentem,
infectum, caudamque, leonis inferne pendentis
complectitur. Ænigmata & arcana funt ifthæc omnia. Id quod vero fimilius dici poffe videtur in rebus
adeo obfcuris & arcanis, hoc eft, Ofiridem nempe,
qui fecundum Ægyptiacam Theologiam ipfe fol
eft, omnia continere & fovere, ea maxime, quæ
vita fruuntur ; feras nimirum agreftes, ut leones ;
cicures & tractabiles beftias, quæ per capram in-
dicantur ; reptilia ut ferpens, infecta, aquatilia, ut
crocodilus. Verum hi duo crocodili qui Ofiridem
fuftentant, alia μυσικῶς fignificare putantur. Crocodilus fecundum veteres magnam cum Sole affinitatem habebat. *Si crocodili dentes numeres*,
inquit Achilles Tatius libro quarto in fine, *ipfos
dierum anni numerum æquare comperies.* Sol autem dies anni efficit, eofque numero trecenos
fexagenos quinos. Ii qui in Ægypto peregrinan-
tur, experimento probare poterunt, an revera numerum illum dentium tantum crocodili habeant.
Ægyptii referente Eufebio imaginem Solis pofue-

décrit

# MUMIE, PRÊTRES

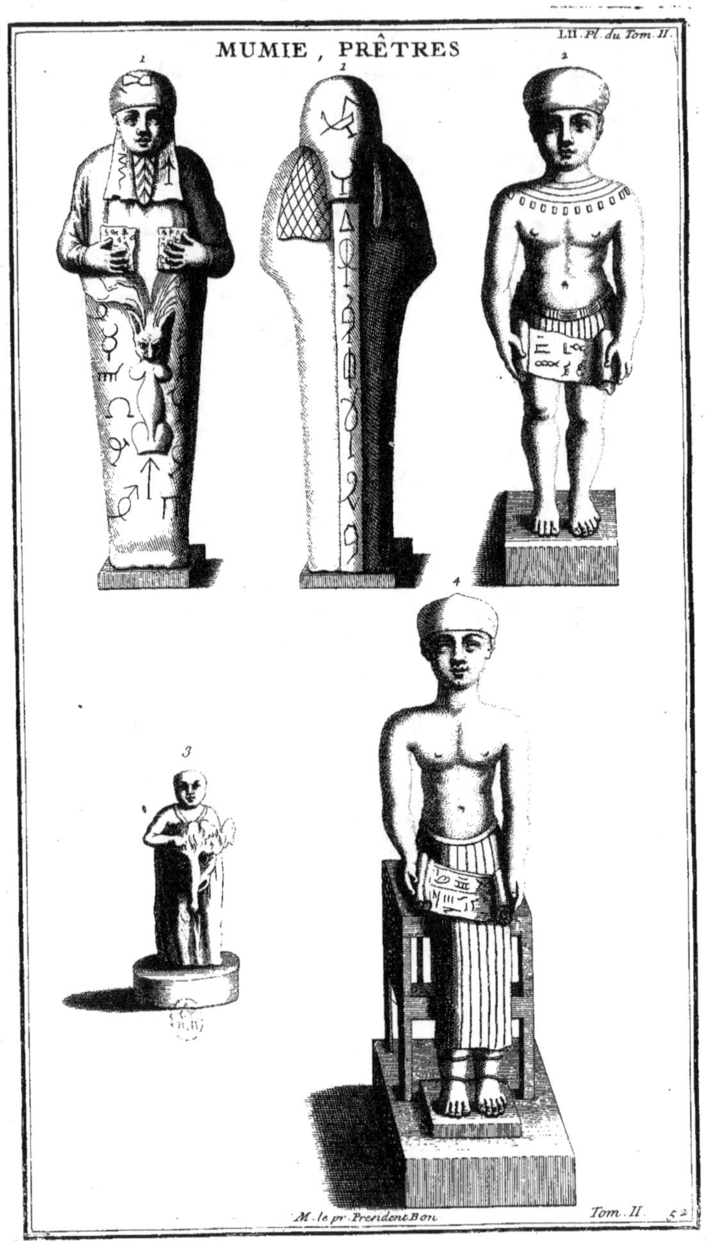

décrit la forme de cette barque. » Il y avoit, dit-il, sept Matelots : à
fa proüe étoit la figure d'un chat : au mât celle d'un lion, & à la face «
exterieure celle d'un crocodile. Ce que dit Orapollon fait encore plus «
à nôtre fujet. Le crocodile marquoit l'orient & l'occident, qui paſſoient «
pour les extrémitez du cours du foleil ; nous voïons dans cette image Oſi- «
ris porté fur deux crocodiles, qui ont les têtes tournées à deux côtez oppo-
fez, & qui regardent peut-être l'orient & l'occident, ce qui reviendroit à ce
que dit Orapollon.

Ces choſes ſi obſcures & ſi énigmatiques ſe peuvent tourner en plus d'une
maniere ; on pourroit encore dire que le crocodile eſt ici foulé aux pieds par
Oſiris. En pluſieurs lieux de l'Egypte, entr'autres à Tentyre & à Antinoo-
polis on regardoit les crocodiles comme des bêtes pernicieuſes, & l'on en
tuoit autant qu'on en pouvoit attraper. La Religion même leur inſpiroit cette
haine ; parce qu'ils croïoient que Typhon meurtrier d'Oſiris, s'étoit transformé
en Crocodile.

A la planche CLXVII. du ſecond Tome de l'Antiquité, il y a une image
fort ſemblable à celle-ci, tirée du cabinet de M. Foucault, qui eſt aujourd'hui
à M. deBoſe. C'eſt un marbre noir plat, qui eſt gravé des deux côtez, d'un
côté il n'y a que des mots & des caracteres ; on y voit entr'autres *Abraſax* &
*Jao*, mots qui prouvent que c'eſt une pierre des Baſilidiens ou des Gnoſti-
ques. De l'autre côté paroît un Oſiris fort ſemblable à celui-ci. Il a fur la tête
une autre plus grande tête, qui paroît porter un muid comme Serapis. Il empoigne de la main droite bien des choſes, un animal peu reconnoiſſable, qu'il
tient par la queuë, deux ſerpens & une eſpece de manequin, & outre tout cela un gros bâton, qui ſe termine par le haut en un vaſe, d'où ſortent pluſieurs
choſes difficiles à diſtinguer ; de l'autre main il tient à peu-près les mêmes
choſes, avec cette difference que le vaſe qui eſt au haut du bâton eſt ſurhauſ-
fé d'un oiſeau, qui paroît être un épervier ; mais ce qui eſt à remarquer eſt
que cet oiſeau en porte un autre d'eſpece differente, je l'ai pris autrefois pour
une crête de l'oiſeau de deſſous ; mais je vois preſentement que c'eſt un oi-

---

runt in navicula, quæ a crocodilo ferebatur. Mar-
tianus Capella naviculæ iſtius formam deſcribit lib.
2. de Nupt. Philoſophiæ : *Cui nautæ ſeptem, germani
tamen ſuique conſimiles præſidebant, in prora felis forma
depicta, leonis in arbore, Crocodili in extimo videbatur.* Orus autem Apollo, huic imagini magis
conſentanea profert cum ait : *Crocodilus Orientem &
Occidentem denotabat, quæ habebantur extrema curſus
Solis.* In hac imagine Oſirin videmus duobus crocodilis inſiſtentem, qui crocodili averſa capita, & oppoſitas duas mundi partes ſpectantia
habent, puta Orientem & Occidentem, id quod
apprime cum Ori Apollinis dicto conſentiret.

Res adeo obſcuræ & ænigmaticæ variis poſſunt
modis explicari ; non inepte forte dicatur Crocodilum ab Oſiride pedibus calcari. In multis Ægypti
locis, verbi gratia Tentyri & Antinoopoli, Crocodili ut feræ perniciofæ habebantur, & mactabantur
ſi qui poſſent apprehendi. Id vero religio ipſa ſua-
debat : putabant enim Typhonem Oſiridis interfectorem, in Crocodilum ſeſe tranſmutaviſſe.

In Tabula CLXVII. ſecundi Antiquitatis expla-

natæ tomi imago viſitur huic admodum ſimilis ex
Muſeo D. Foucault τᾶ μαχαείτᾶ educta, quod Mu-
ſeum hodie ad D. de Boſe pertinet, tabella eſt
nigra marmorea, in utraque facie inſculpta. In
altera facie characteres & literæ tantum habentur :
hæc autem ibi verba leguntur ΑΒΡΑϹΑΞ, ΙΑΩ,
queis probatur hunc lapidem eſſe Baſilidianorum
ſive Gnoſticorum. In altera vero facie Oſiris eſt,
huic omnino ſimilis. Ejus capiti imminet caput aliud
cui impoſitus ceu calathus videtur, quod eſt Sarapidis ſymbolum. Manu dextera multa complectitur, nempe animal quodpiam, cujus genus vix
internoſcitur, cujus caudam tenet, duos ſerpentes,
& quoddam quaſi caniſtrum : præter hæc autem
denſum baculum, quod ſuperne terminatur vaſe
quopiam, unde plura egrediuntur cognitu non ita
facilia ; altera manu eadem fere ipſa tenet, cum
hoc tantum diſcrimine, quod in vaſe illo ſuperne
poſito, ſit avis, quæ accipiter eſſe videtur. Quod
autem obſervandum, hæc avis aliam ſuſtinet avem
quam olim pro criſta quadam habui ad infernam
avem pertinente, at jam animadverto avem eſſe.

feau. Ofiris tient ici ſes deux pieds ſur les deux têtes des crocodiles, tournées de deux côtez differens, en ſorte que ſi l'une regarde le levant, l'autre eſt tournée vers le couchant; ce qui revient à ce que nous diſions ci devant. Le dos de cet antique que nous donnons ici eſt chargé d'Hieroglyphes très-ſemblables à tant d'autres que nous avons données, & que nous avons crû devoir nous diſpenſer de mettre ici.

IV. On ne peut pas douter que la figure de deſſous ne ſoit un Prêtre. Il eſt à genoux comme deux autres de la planche CXL. du ſecond tome de l'Antiquité. Il a les deux bras caſſez, & ne differe des autres que par ſon bonnet, qui eſt & fort large & fort haut.

---

In iſta autem imagine Oſiris ambobus pedibus, ambobus Crocodilorum capitibus inſiſtit, quæ capita contrarias oppoſitaſque mundi partes reſpiciunt; ita ut ſi alterum ad Orientem ſpectet, alterum ad Occidentem vertatur; id quod ad ea quæ ſuperius dicebamus referri poteſt. Poſtica facies hieroglyphis eſt plena, quæ hieroglypha multis aliis, quæ jam protulimus, ita ſimilia ſunt, ut ea hic iterum publicare noluerimus.

IV. Quod imam tabulam occupat ſchema ſacerdotem haud dubie refert. Genuflexus ille eſt ut & duo alii in Tabula CXL. ſecundi Antiquitatis explanatæ tomi. Hic duo brachia amiſit, atque ex ſola forma tiaræ latæ admodum & excelſæ ab aliis differt.

# DIVINITE EXTRAORDINAIRE EGYPTIENNE

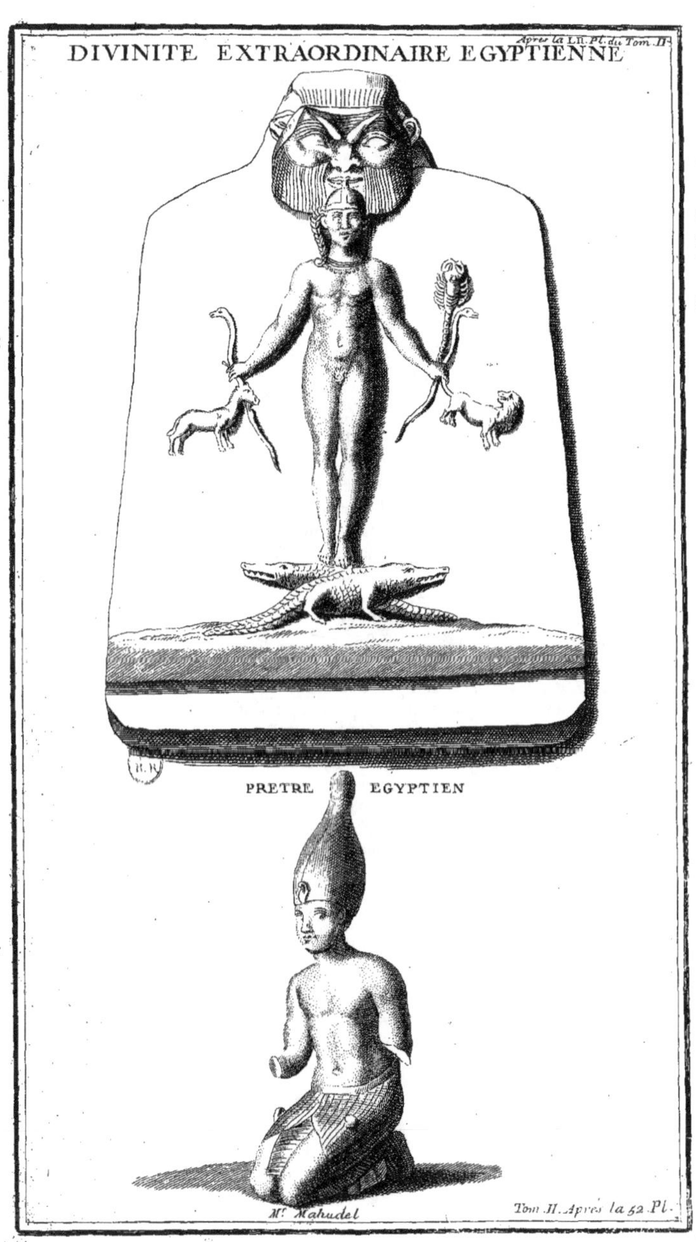

PRETRE EGYPTIEN

M.<sup>r</sup> Mahudel

*Tom. II. Apres la 52. Pl.*

## CHAPITRE V.

*I. Ofiris fur la fleur du Lotus. II. Ce que c'étoit que le Lotus, & les autres fleurs des monumens Egyptiens felon M. Mahudel. III. Ifis extraordinaire. IV. Autres figures.*

I. ON voit fouvent dans les monumens Egyptiens, Ifis affife fur une fleur qu'on appelle ordinairement la fleur du lotus. Elle eft ainfi repréfentée aux planches CXV. & CXXV. du fecond Tome de l'Antiquité. Mais plus fouvent dans les Abraxas donnez au même Tome, planche CXLIX. CLVIII. & CLXIII. Ce qui eft à remarquer eft que dans la CLVIII. il y a onze figures affifes ou fur des fleurs ou fur des plantes. Toutes celles de cette planche ne font pas des Ifis : on y voit le foleil fous la figure d'un homme qui a la tête raïonnante avec le foüet à la main, comme pour agiter fes chevaux : & dans une autre image un jeune homme affis auffi fur une fleur, & qui tient un foüet.

Nous n'avions pas encore vû Ofiris en cette pofture : les monumens ne le repréfentoient point ainfi affis fur une fleur, je parle d'Ofiris en fa figure ordinaire & peint à l'Egyptienne ; car on fait bien qu'Ofiris fe prend pour le Soleil, auffi bien que Serapis, & que felon plufieurs Mythologues Ofiris & Serapis font les mêmes, quoique repréfentez fort differemment dans les monumens. Ofiris [1] eft ici donc affis & comme enfoncé au milieu de la fleur, qui eft repréfentée avec fa tige, de la grandeur qu'on voit fur l'eftampe. C'eft [1] une figure de bronze, du cabinet de M. le Maréchal d'Eftrées. Je ne fai fi ceci à quelque rapport à ce que dit Plutarque dans fon traité d'Ifis & d'Ofiris p. 355. que les Egyptiens peignent le foleil naiffant de la fleur du lotus, non pas qu'il croient qu'il foit né ainfi ; mais parce qu'ils repréfentent ainfi allegoriquement la plûpart des chofes. A la planche CLVIII. du fecond Tome

---

### CAPUT V.

*I. Ofiris flori Loti infidens. II. Quid effet flos Loti, quid alii flores in monumentis Ægyptiacis expreffi, ex viri Cl. Mahudelli fententia. III. Ifis infolitæ formæ. IV. Alia fchemata.*

I. IN monumentis Ægyptiacis fæpe occurrit Ifis flori infidens, quem vulgo appellant Loti florem. Sic porro repræfentatur in Tabulis CXV. & CXXV. fecundi Antiquitatis explanatæ tomi : fed fæpius in Abraxæis figuris quas dedimus eodem tomo Tab. CXLIX. CLVIII. & CLXIII. Quodque obferves velim, in CLVIII. undecim hujufmodi figuræ funt infidentes aut floribus aut plantis. Neque vero omnes eæ quæ in ifta Tabula confpiciuntur Ifides funt. In una enim fol vifitur viri fpecie, radiato capite, flagellum manu tenens, quafi ad agitandos equos currui fuo junctos. In alia item gemma ibidem expreffa juvenem vide-

mus nudum flori infidentem, & flagellum manu tenentem.

Ofiridem nunquam eodem fitu videramus, & monumenta illa quæ ad nos pervenerant, non fic eum unquam repræfentabant flori infidentem. De Ofiride loquor ea depicto forma, qua folebat apud Ægyptios. Nam probe fcimus Ofiridem pro fole accipi ; quemadmodum etiam Serapis fol effe dicitur : neque ignoramus vulgum mythologorum Ofiridem & Serapidem pro eodem habere, etiamfi vario prorfus modo in monumentis exhibeantur. Ofiris [1] itaque hic confpicitur fedens, & quafi depreffus in floris concavo, qui cum caule five fcapo fuo hic exhibetur, eadem qua in imagine depingitur magnitudine. Eft enim figura ænea tota, ex Mufeo D. Marefcalli d'Eftrées. Nefcio an hoc referri debeat ad illud Plutarchi in libro de Ifide & Ofiride p. 355. ubi ait. Ægyptios folem depingere in flore Loti nafcentem : non quod putent ipfum fic effe natum ; fed quia fic allegorice maximam rerum partem exprimunt. Ad tabulam CLVIII. fecundi Antiquitatis explanatæ tomi, uti

de l'Antiquité, on voit comme nous venons de dire deux fois le soleil peint en jeune homme sur la fleur du lotus : on le reconnoît dans les deux par le foüet qu'il tient à la main, & dans l'un il est marqué plus précisément par une espece de couronne radiale.

II. Cette fleur de lotus est fort semblable à celle de la planche cxv. du second Tome de l'Antiquité, & à plusieurs autres. Il y a beaucoup de varieté sur ces fleurs d'Egypte dans divers monumens, où il est aisé de prendre les unes pour les autres. Ils different beaucoup là-dessus, tant sur celles sur lesquelles on voit des divinitez assises, que sur les autres, je ne sai s'il seroit sûr de prendre toutes ces varietez pour des especes differentes.

M. Mahudel dans les memoires de l'Academie des belles Lettres T. 3. p. 181. a fait une savante dissertation sur ces fleurs Egyptiennes, où il prétend que les Antiquaires en consultant Théophraste, Dioscoride & Pline, n'ont pû juger sûrement de la forme de ces fleurs, parce qu'aucun de ces naturalistes n'avoit vû ces plantes dans leur lieu natal. C'est au sol de l'Egypte & au lit du Nil, dit-il, qu'il faut avoir recours pour en tirer les pieces de comparaison, qui ont servi de Types à ceux qui ont fait les anciens monumens Egyptiens.

C'est sur la vûë de ces plantes, ou apportées seches de ce payis-là, ou transplantées dans celui-ci, ou très-exactement representées par ceux de nos meilleurs botanistes, qui les ont dessinées d'après le naturel, que M. Mahudel a qualifié celles qui ont servi d'attributs aux dieux, & de symboles aux Rois, ou aux Villes d'Egypte, des noms qui leur conviennent suivant les genres ausquels elles ont rapport, afin de les rendre plus reconnoissables, & qu'il a communiqué les figures ausquelles il compare celles, qui dans l'explication des monumens Egyptiens, ont trompé les plus celebres Antiquaires.

Il y a cinq plantes principales, ou qu'ils ont peu connuës, ou qu'ils ont confonduës, pour s'être trop attachez à la lettre de quelques passages d'auteurs, qui n'en ont parlé eux-mêmes que sur la foi d'autrui. De ce nombre sont le *lotus*, & la *féve d'Egypte*, deux plantes, qui n'étoient considerables

---

supra diximus, bis Sol visitur juvenis forma flori Loti insidens, in duobus a flagello, quod manu tenet, dignoscitur; in altero etiam clarius a corona radios emittente.

II. Hic flos Loti admodum similis ei est qui in Tabula cxv. secundi Antiquitatis explanatæ tomi conspicitur, plurimisque aliis hujuscemodi. In hisce autem floribus Ægyptiacis magna varietas in monumentis ejusdem regionis deprehenditur: ubi facile alium pro alio accipias: tanta nimirum differentia est, tam eorum quibus numina insident, quam aliorum. Nescio porro an tuto possit quispiam hasce ita variantes figuras pro diversis speciebus habere.

V. Cl. Mahudellus in Actis Academiæ litteratorum t. 3. p. 181. Dissertationem eruditam dedit, circa Ægyptiacos illos flores. Ubi probare conatur ille rei Antiquariæ studiosos, qui Theophrastum, Dioscoridem atque Plinium florum hujusmodi internoscendorum causa adierunt, non potuisse apud illos scriptores eorum genuinam assequi formam, quia nullus illorum φυσιολόγων hasce plantas in natali eorum terra viderat. Ad Ægyptiacum quippe solum & ad Nili alveum, inquit ille, properandum est, ut istinc eruantur flores illi, qui cum monu-

mentorum floribus comparari possint: nam qui hæc monumenta ediderunt his, & non peregrinis, typis sunt usi.

Illis vero ipsis plantis conspectis, quæ genuinæ erant, quæque vel jam aridæ & exsiccatæ huc ex Ægypto advectæ fuerant, vel quæ in nostra regione transplantatæ, vel quæ a peritissimis herbariis nostratibus in ipsis locis accurate delineatæ fuerant, vir eruditus Mahudellus nomina cuique propria restituit illis plantis, queis deorum proprietates Ægyptii expresserant, quæque symbola regum civitatumque Ægyptiarum fuerant, illasque ad genera sua reduxit, ut illo modo facilius internosci possint. Illarum quoque formam delineatam expressit, atque contulit cum illis quæ in monumentis habentur, quæque doctissimos quosque reique antiquariæ peritissimos, dum hæc explicarent, in errorem induxerant.

Sunt vero præcipuæ quinque plantæ, vel quarum veram non assequuti sunt notitiam, vel quas alias pro aliis habuere; quod quibusdam auctoribus eas describentibus, nimio scrupulo hærerent, qui tamen auctores ad aliorum fidem tantum loquuti fuerant. Ex illarum numero sunt Lotus, & faba Ægyptiaca, quæ ambæ plantæ ideo solum celebres ex-

que par les rapports myfterieux qu'elles avoient à la Théologie des Egyptiens: & trois autres, *le Colocafia*, *le Perfea*, & *le Mufa*, qui outre ces rapports avoient l'avantage de leur fervir de nourriture.

Après cela M. Mahudel fait la defcription du lotus, celle qui fe trouve le plus communément dans les monumens Egyptiens : ce qui vient, dit-il, du rapport que ces peuples croioient qu'elle avoit avec le folcil, à l'apparition duquel elle fe montroit d'abord fur la furface de l'eau, & s'y replongeoit dès qu'il étoit couché. Phenomene d'ailleurs très commun à toutes les efpeces de Nymphea.

La fêve Egyptienne eft encore une de ces plantes que les Egyptiens mettoient dans leurs monumens, M. Mahudel, outre la connoiffance qu'il en a acquis par des relations, en a encore reçû une fort entiere de M. Sarrazin, Medecin du Roi à Quebec. Son fruit qui a la forme d'une coupe de Ciboire, en portoit le nom chez les Grecs, & dans les bas reliefs, fur les médailles, & fur les pierres gravées, fouvent elle fert de fiege à un enfant, que Plutarque dit être le Crepufcule, par rapport à la couleur de ce beau moment du jour avec celle de cette fleur.

Le *Colocafia* eft felon M. Mahudel une efpece de fleur qu'on voit fur la tête de quelques Harpocrates, & de quelques figures Panthées, & on la reconnoît par fa forme d'oreille d'âne ou de cornet, dans lequel eft placé le fruit.

La Perfea qui croît aux environs du Grand Caire, a des feüilles très femblables au laurier, excepté qu'elles font un peu plus grandes, & que fon fruit eft de la figure d'une poire, qui renferme une efpece d'amende ou noïau, qui a le goût d'une chataigne.

La beauté de cet arbre, pourfuit M. Mahudel, qui eft toûjours verd, l'odeur aromatique de fes feüilles, leur reffemblance à une langue, & celle de fon noïau à un cœur, font la fource des myfteres que les Egyptiens y avoient attachez, puifqu'ils l'avoient confacré à Ifis, & qu'ils plaçoient fon fruit fur la tête de leurs idoles, quelquefois entier, & d'autres fois ouvert, pour faire paroître l'amende : cette figure de poire doit toûjours le faire difcerner du Lotus.

---

plorandæque erant, quod ad Theologiam Ægyptiacam arcano quodam more adaptatæ adhibitæque fuiffent. Tres vero aliæ funt, Colocafia, Perfea & Mufa : quæ præterquam quod ad eamdem ipfam Theologiam arcanam adhibebantur, in ufu quoque Ægyptiis erant ad alimentum.

Poftea autem D. Mahudellus Lotum defcribit, qui Lotus frequentiffime omnium in monumentis Ægyptiacis occurrit. Ideoque adhibebatur, inquit, quod multa haberet, quæ ad folem referrentur : quo primum oriente ipfe fubito in aquæ fuperficie comparebat ; cadente autem, ftatim ad imum defcendebat : quod tamen φαινόμενον Nymphææ cujufvis fpeciei commune eft.

Faba Ægyptiaca, inter plantas & ipfa connumeratur, quas Ægyptii in monumentis fuis ponebant. Vir autem clariffimus Mahudellus, præter ea quæ ex multorum feu narratu feu fcriptis accepit, fabam hujufcemodi integram accepit a D. Sarrazin medico Regio Quebeci agente. Fructus ejus qui ciborium refert, hoc etiam nomen κιβώριον apud Græcos habet. In anaglyphis autem, in nummis atque in gemmis, fellæ loco fæpe datur puello fedenti, quem Plutarchus effe Crepufculum ait,

quia color nafcentis necdum tamen orti folis, cum hujus floris colore aliquam habet affinitatem.

Colocafia, fecundum D. Mahudellum, eft flos qui nonnunquam capiti Harpocratis impofitus comparet, necnon capiti figurarum quas Pantheas appellamus. Inde autem internofcitur, quod formam auriculæ afini habeat, vel piperei cuculli, in quo fructus quifpiam infertus confpicitur.

Perfea planta eft, quæ prope magnum Cairum crefcere folet, foliaque habet lauri foliis fimilia : fed paulo latiora, fructus ejus pyrum refert, in quo quædam ceu amygdala eft, quæ ad guftum caftaneæ fimilis.

Hujufce arboris pulcritudo, pergit D. Mahudellus, qui femper viridis eft, foliorum ejus odor aromaticus, eorum cum lingua fimilitudo, & nuclei ejus cum corde humano ; hæc, inquam, omnia arcanorum fcaturigines funt. Hanc quippe Ægyptii Ifidi confecraverant, & fructum ejus capiti idolorum fuorum imponebant, aliquando integrum, aliquando apertum, ut amygdalam patefacerent. Hæc cum pyro fimilitudo id præftat, ut facile a loto diftingui poffit.

Le Mufa que les Egyptiens qualifioient arbre quoiqu'il foit fans branches, croiſſoit autrefois en abondance à Pelufe, & eſt aujourd'hui commun à Damiette. Sa tige eſt une canne de laquelle naiſſent des feüilles larges & obtuſes, dont la longueur paſſe quelquefois fept coudées; ſes fruits qui ſe mangent reſſemblent à de petits concombres dorez, & ont une écorce aromatique & une chair d'un goût mieleux.

Il eſt ſurprenant, ajoûte-t'il, que ſe trouvant pluſieurs figures antiques, dont les têtes ſont chargées de ces feüilles très-diſtinctement repreſentées, les Antiquaires ſe ſoient ſi peu mis en peine d'indiquer la plante à laquelle elles appartiennent, vû que ce ne peut être que la beauté du *Mufa*, qui n'eſt pas inferieure à celle du palmier, qui l'aura fait conſacrer aux divinitez locales de la contrée, où il croiſſoit en plus grande abondance, & où il venoit le mieux.

M. Mahudel donne enſuite la figure de toutes ces plantes, & nous en apprend la forme de peur qu'on ne s'y trompe. Ses découvertes feront ſans doute utiles. Mais peut-être ſe trouvera-t'il encore dans les monumens Egyptiens des fleurs & des plantes, qu'on ne pourra reduire à aucune de ces eſpeces, ſoit par le peu d'attention de ces anciens qui ont fait ces monumens, & qui auront negligé d'exprimer exactement ces choſes, ſoit parce qu'on y aura voulu repreſenter d'autres plantes. Mais on ne ſauroit obvier à tout, quelque diligence qu'on y apporte.

III. La figure ſuivante [2] qui eſt du cabinet de M. Rigord de Marſeille, exprime apparemment une déeſſe Egyptienne, ou une Iſis que nous n'avions pas encore vûë avec ces ſortes d'ornemens. Sa coëffure eſt des plus ſingulieres. De grandes & larges feüilles s'élevent ſur ſa tête. Au bas de la plus haute de ces feüilles & ſur la tête de la déeſſe, on voit des fruits qui reſſemblent aſſez à des poires, ou peut-être à des concombres dont on ne voit que la moitié, les feüilles ſont longuetes, larges & obtuſes, ce qui reviendroit à la Mufa de M. Mahudel. On ne fait ſi ces longues treſſes qui pendent à droite & à gauche ſont des cheveux, ou ſi c'eſt un ornement emprunté. Encore moins peut-on diſtinguer ce qu'elle tient à la main : je n'oſerois rien hazarder là-deſſus, même par conjecture.

Mufam Ægyptii arborem dicebant etiamſi ramos non habeat. Ejus magna copia Peluſii pullulabat, hodieque Damietæ abundanter pullulat. Caulis ejus calamus eſt ex quo naſcuntur folia lata & obtuſa, quorum longitudo ultra ſeptem cubitos nonnunquam extenditur; ejus fructus, qui eſui apti ſunt, auratis cucumeribus ſunt ſimiles, corticem habent aromaticum, interiora autem ſaporem habent melli ſimilem.

Mirum eſt, proſequitur ille, cum multa antiqua ſint numina, quorum capita hujuſcemodi foliis diſtincte repræſentatis ſunt onuſta, Antiquariæ rei addictos, ad quam plantam pertinerent explorare & indicare nihil curaviſſe; quandoquidem ſola Mufæ iſtius pulchritudo, quæ non inferior eſt palmæ, Ægyptios, ut credere eſt, induxerit, ut eam numinibus, quæ in iſto tractu colebantur, conſecrarent, in quo & majore copia, & melius Mufæ gignebantur.

Harum deinceps plantarum D. Mahudellus ſchemata profert, earumque formam docet, ne alia planta pro alia habeatur. Qua in re ejus operam utilem futuram eſſe nemo ambigat. Verum fortaſſe in monumentis Ægyptiacis flores & plantæ occurrent, quæ non poterunt ad aliquam memoratarum ſpecierum reduci, ſive quia ii, qui monumenta iſtiuſmodi fecerunt, in iis accurate exprimendis incurioſi fuerint; ſive quia alias & a memoratis diverſas plantas expreſſerint. Verum non omnibus occurri poteſt caſibus, quantacumque diligentia adhibeatur.

III. Schema [2] ſequens ex Muſeo D. Rigordi Maſſilienſis, deam Ægyptiacam, ut puto, exprimit ſive Iſidem, quam cum hujuſcemodi cultu nondum videramus. Ornatus capitis ſingulariſſimus eſt. Longa lataque folia ſupra caput eriguntur, & eminent. Quod ſublimius cæteris eſt folium, in imo habet fructus pyris ſatſimiles, aut fortaſſe cucumeribus, quorum dimidia tantum pars videri poſſit. Folia longa, lata & obtuſa ſunt, quæ omnia ad Mufam D. Mahudelli referri poſſunt. Neſcitur autem utrum illi qui hinc & inde dependent cincinni, capilli ſint, an aliunde advectum ornamentum. Multoque minus quid dea manu teneat internoſci poteſt. Ne augurando quidem de tam obſcura re loqui auſim.

# FIGURES EGYPTIENNES

*M.{r} le Mar. Duc d'Etrées*

*M.{r} le P.{t} President Bon.*

*M.{r} le P.{t} President Bon*

IV. La figure ¹ qui vient après, est des plus monstrueuses. C'est le buste 3
d'un homme, le museau paroît d'une grenoüille, & l'on diroit sans doute que
ç'en est une, si cette espece de barbe qu'on voit au-dessous du menton ne
désignoit un autre animal. Je ne m'étendrai point sur la coëffure, ni sur cette
espece de coussin quarré à quatre angles pointus qu'on voit sur sa poitrine.
On voit dans les monumens Egyptiens tant de figures monstrueuses, que tout
ce qu'on peut dire ici est que parmi celles-là on n'en a point encore vû de
cette espece.

Le poisson ⁴ qui vient après, ne se trouve guere dans les monumens Egyp- 4
tiens. Il y a pourtant apparence qu'il est venu de l'Egypte comme les autres
monumens ci-devant. Nous voïons dans les figures Egyptiennes une si grande quantité de magots, d'animaux, de monstres, qu'il faut nécessairement
dire que la Théologie & la Mythologie Egyptienne, renfermoit un grand
nombre de choses dont les Auteurs & les Historiens n'ont jamais parlé.

---

I V. Figura sequens ¹ monstrosum quid præ se
fert. Est protome hominis, quæ rostrum ranæ
habere videtur; ac ranam haud dubie referre diceretur, nisi barbulæ illæ sub mento dependentes
aliud animal designarent. Nihil dicam de ornatu
capitis, neque de pulvino illo quadrato angulis
peracutis qui ante pectus extenditur. Inter Ægyptiaca schemata tot monstrosæ figuræ observantur,
ut hoc unum hic dicendum videatur, inter illa

nullum hactenus huic simile visum fuisse.

Qui sequitur piscis ⁴ inter monimenta Ægyptia
vix reperitur. Ex Ægypto tamen venisse videtur,
ut alia schemata in hoc memorata capite. Inter
illas namque figuras Ægyptiacas, tot insolitæ
formæ animalia, monstra aliaque videntur, ut
necessario dicatur Theologiam Ægyptiacam multa
complexam esse, quorum neque historici neque
alii scriptores mentionem unquam fecerunt.

## CHAPITRE VI.

*I. Figure Egyptienne extraordinaire. II. Prêtres Egyptiens. III. Escarbots.
IV. Obelifque.*

I. IL eft difficile de juger fi la figure affife qui commence la planche [1] fuivante eft ou d'un dieu ou d'un Prêtre : quoiqu'il en foit elle eft remarquable par bien des endroits. L'ornement de tête eft des plus extraordinaires. C'eft un grand gobelet large & profond : fur le devant & au bas du gobelet il y a un creux pour y inferer la tête ; enforte que ce vaiffeau fert de
bonnet, & que par derriere, le gobelet a toute fa profondeur. Cela fe comprendra mieux fur l'image même. Ce gobelet a comme deux fanons par derriere, tels que ceux qu'on met aux mitres des Evêques. Cette longue pointe
que ce Prêtre, ou ce dieu a fous le menton eft ordinaire dans les figures
Egyptiennes. On la voit encore deux fois dans la même planche. Son collet à
plufieurs bandelettes fe termine fur le devant comme une dentelle : nous en
avons vû fur Ifis de fort approchans de ceux-ci, & qui finiffent de même en
une efpece de dentelle. Son corps eft lié d'une bande fur le milieu de la poitrine, & à la même hauteur; il a deux bracelets de forme particuliere ; il a
les deux bras étendus au long du corps, & tient deux bâtons qui peuvent
avoir été caffez : il n'en refte guere que ce qui eft dans la main. Il porte une
efpece de cullote que nous avons déja vûë plufieurs fois dans les figures Egyptiennes. Un fiege folide fur lequel il eft affis, eft tout chargé d'Hieroglyphes fur lefquels nous n'avons rien à dire. Ces myfteres ont été jufqu'à préfent impenetrables. Ce qui eft encore à remarquer, c'eft qu'il a une croix affez
bien formée fur chaque épaule.

II. Nous prenons [2] pour deux Prêtres deux autres images de la même planche toutes deux remarquables par leur figure & leur fituation. L'un des Prêtres eft debout fur une bafe hexagone. L'ornement de tête eft comme à trois
étages. C'eft d'abord une grande coupe, & au deffus deux colonnes jointes

---

### CAPUT VI.

*I. Ægyptiacum fchema fingulare. II. Sacer-
dotes Ægyptii. III. Scarabæi.
IV. Obelifcus.*

I. NOn ita facile eft judicare utrum figura [1] illa
fedens, quæ in tabula fequenti prima eft, 
facerdos fit, an deus quifpiam Ægyptius ; ut ut res
eft, multis certe nominibus fpectabilis effe depren-
ditur. Ornatus capitis eft fingulariffimus. Ingens
eft poculum latum atque profundum, quod in
anteriori facie quamdam ceu cavernam habet capiti inferendo, ut poculum tiaræ feu pilei loco fit,
in pofteriore vero facie poculum totam fuam habet
profunditatem latitudinemque : id quod in ipfa
imagine ftatim percipietur. Poculum autem a tergo
habet duas ceu tænias, quales in mitris Epifco-
porum obfervamus. Ornatus ille fub mento in acumen fere definens, familiaris eft Ægyptiis tum diis
tum Sacerdotibus, bis enim adhuc in hac ipfa tabula perfpicitur, quæ inferiora colli & humeros
exornant, in acumina parva definunt. Collaria fimilia in imaginibus Ifidis vidimus, quæ perinde in
denticulatum limbum definebant. Corpus medio
pectore ftricte ligatur fafcia, & e regione brachia
fimiliter vinciuntur. Duo brachia propter corpus
extenfa funt ftipitefque manibus vir hic tenet, qui,
ut videtur, magna ex parte dirupti fuerunt, ita ut
id folum fere quod manu tectum erat remanferit.
Panno femora renefque undique obteguntur, ut
fæpe vidimus antea. Sedes illa folida in qua con-
fidet, hieroglyphicis oppleta eft, de quibus, utpote
arcanis neminique notis, nihil dicendum fuppetit.

II. Duos effe Sacerdotes [2] putamus, duos illos e
regione prioris pofitos viros, fingulari forma ambos. Alius ftat in bafi octangula, hujus ornamentum capitis triplex exfurgit. Primo quemdam
ceu craterem geftat ; hinc exfurgunt columnæ duæ,

furhauffées

furhauffées d'une autre plus petite colonne qui s'éleve fur les deux, & qui fe termine en haut en une efpece de fleur, la pointe qui eft au-deffous du menton & le collet font de même qu'à l'image precedente. Il a les deux bras étendus au long du corps, & les mains femblent fe joindre par derriere. Sa cullote pliffée eft de forme affez particuliere.

Un autre qui eft auffi apparemment un Prêtre, eft très remarquable par la machine qu'il porte fur la tête. Il a le collet & la pointe fous le menton comme les précedens. Il eft à genoux & tient à chaque main un fort petit vafe rond.

III. Après cela ⁵ viennent deux efcarbots affez finguliers, qui nous obli-　3 gent de rappeller ce que nous avons dit Tome 2. p. 322. de l'efcarbot deifié par les Egyptiens. » Quelque ignorant dans les chofes divines, *dit Porphyre* » *dans Eufebe , pr. Ev. l. 3. c. 3.* aura de l'horreur pour l'efcarbot. Mais les » Egyptiens l'honorent comme une vive image du foleil, car tous ces infec- » tes font mâles, & jettent dans les marets la femence qui fert à la produc-』 » tion. Cette femence eft de forme fpherique, l'efcarbot la couvre des pieds » de derriere, imitant en cela le mouvement du foleil. Je ne comprens pas ce » que veut dire ici Porphyre, ni quelle comparaifon il peut y avoir de l'ef- carbot, qui couvre fa femence des pieds de derriere, avec le mouvement du foleil. Mais quoiqu'il en foit, rien n'eft plus vrai que ce qu'il dit, que les Egyptiens lui portoient un grand honneur, & le rangeoient parmi leurs divinitez. On en trouve encore aujourd'hui une infinité dans l'Egypte, & particulierement dans le champ des Mumies, en pierre, en marbre, bafalte, bois, cornalines, jafpes, & autres. Il y en a trois ou quatre dans nôtre cabinet : & l'on en trouve auffi quantité dans tous les autres. On voit dans la table Ifiaque l'efcarbot avec la tête d'Ifis. Les Bafilidiens qui mettoient dans leurs pierres magiques, toutes les divinitez, même les plus bizarres, que les Egyptiens avoient adoptées, ne manquoient pas d'y mettre auffi l'efcarbot. On l'y trouve très fouvent, comme on peut voir aux planches CLIV. & CLV. du fecond tome de l'Antiquité. On l'y voit même une fois avec la tête du foleil raïonnant, ce qui confirme ce qu'a dit ci-deffus Porphyre. L'efcarbot fe trouve auffi quelquefois avec des perfonnes qui l'honorent d'un culte

---

ad eorum verticem exfurgit alia columella, quæ fuperne definit in florem, in mento, collo, humeris eadem funt ornamenta quæ in priori fchemate : brachia habet juxta corpus extenfa, manus vero poft tergum jungi videntur, perizoma fpectabile eft.

Alter qui & ipfe facerdos effe videtur, machinam quamdam capite geftat fingularem, ornatus menti colli & humerorum præcedentibus figuris fimilis. Genuflexus eft, & in qualibet manu tenet vafculum rotundum.

III. Sub hæc accedunt ⁵ duo Scarabæi, qui illa repetere cogunt quæ diximus Tomo 2. p. 322. de Scarabæo nempe ab Ægyptiis inter deos relato. *Aliquis divinis in rebus ignarus*, inquit Porphyrius apud Eufebium Præp. Evang. l. 3, cap. 3. *Scarabæum horrebit. At Ægyptii illum ut folis vivam imaginem honorant. Omnia quippe infecta illa mafcula funt, & in paludes femen jaciunt ad procreationem neceffarium. Hoc femen fphæricæ formæ eft, Scarabæus illud pedibus pofterioribus operit, motum Solis hac in*

re imitando. Nefcio quid fibi velit Porphyrius, nec quæ comparatio effe poffit Scarabæum inter, qui femen fuum pofterioribus pedibus operit & folem. Sed ut ut res eft, veriffime dicit Ægyptios Scarabæum magno in honore habere, & inter deos referre. Infinita hodieque multitudo Scarabæorum, diverfæque materiæ occurrit in Ægypto, maximeque in Mumiarum campo, funtque fictiles, lapidei, marmorei, in bafalte, in corneola, in jafpide. Tres quatuorve funt in Mufeo noftro, paffimque in Gazophylaciis litterariis fimiles fervantur. In menfa Ifiaca Scarabæus cum capite Ifidis habetur. Bafilidiani vero qui in gemmis fuis numina etiam portentofiffima Ægyptiaca inferebant, Scarabæum etiam depingebant, & quidem frequenter, ut videre eft in tabulis CLIV. & CLV. fecundi tomi Antiquitatis explanatæ. Semel etiam ibi occurrit cum capite Solis radios emittente, hinc confirmatur id quod fupra dicebat Porphyrius. Aliquando item ante Scarabæum homines videas ipfum ut deum colentes. Sæpe etiam obfervavimus hæreticos illos,

divin.. Nous avons aussi remarqué plusieurs fois que quoique ces heretiques missent ordinairement dans leurs pierres que nous appellons Abraxas, des divinitez Egyptiennes , même les plus bizarres ; ils y mettoient aussi, quoique plus rarement, les dieux des Grecs & des Romains. Les deux que nous voïons dans cette planche sont de cette derniere espece, & quoiqu'il n'y ait dans aucune des deux ni caracteres ni inscription , je croirois volontiers que ce sont deux pierres des Basilidiens. L'une des surfaces de ces pierres est arrondie selon la figure de l'escarbot. L'autre face est plate, & c'est sur celle-ci que l'on voit dans l'une des pierres , Hercule appuïé sur sa massuë qui tient un pied sur un certain instrument que je ne connois pas , & qui étend sa main comme gesticulant & parlant à quelqu'un. Dans l'autre pierre on voit Mars tenant son arc d'une main , le casque en tête, un petit manteau sur les épaules, qui ne couvre point sa nudité.

Il y a apparence que les Basilidiens qui mettoient ordinairement sur leurs pierres ces figures horribles & monstrueuses des Egyptiens , des hommes à tête de coq & jambes de serpent, ou à tête de lion, & le corps ou d'homme ou de serpent, & tant d'autres de cette espece ; monstres qui n'étoient pas au goût de tout le monde ; en faisoient aussi d'autres ou étoient exprimées les divinitez des Grecs & des Romains, qui avoient toute la forme humaine & ne blessoient pas l'imagination de certaines personnes plus délicates, qui n'auroient pû soutenir l'horreur de ces monstres.

IV. Il n'y avoit rien de plus commun en Egypte que les Obelisques, On y en voïoit une quantité prodigieuse dont quelques-unes faisoient un ornement considerable, soit dans les villes, soit dans les campagnes. La plus grande de toutes se voïoit auprès de ce fameux labyrinthe d'Égypte, dont celui de Crete, selon Pline, ne faisoit que la centiéme partie.

Ces Obelisques étoient chargez de caracteres hieroglyphiques. Il s'en trouvoit peu destituez de cette sorte d'ornement. Ces hieroglyphes contenoient les plus secrets mysteres des Egyptiens. Outre ces grands Obelisques ils en faisoient aussi de fort petits , qui paroissent avoir entré dans la religion des Egyptiens. On en voit deux dans la table Isiaque entre les mains de deux

---

etsi in gemmis suis numina frequentius Ægyptiaca etiam monstrosa insculperent , a Græcis tamen & Romanis non abstinuisse. Duo lapilli in Scarabæi formani aptati, quos in hac tabula posuimus , ejus postremæ speciei sunt : etsi vero in utroque inscriptio nulla , character nullus compareat , libenter credam esse duas Basilidianorum gemmas. Altera autem lapillorum facies ad formam scarabæi nonnihil rotunda est , altera vero plana. In hac vero plana superficie in altero lapillo habetur Hercules clava nixus, qui pede premit instrumentum quodpiam mihi ignotum , manumque extendit, & gestu suo aliquem videtur compellare & alloqui. In altero lapillo Mars arcum altera manu tenet, galeatus , palliolumque humeris gestans, quo nuda minime teguntur.

Basilidiani , ut credere est , qui ut plurimum in gemmis suis Abraxæis figuras illas Ægyptiacas, portentosaque illa & horrenda schemata Ægyptiaca ponere solebant, viros capite galli, cruribus serpentinis ; vel capite leonis , humano corpore sive serpentino quandoque : & similia innumera , quæ monstra non poterant omnibus perinde placere ; alia , ut verisimile est parabant , ubi expressa erant numina Græcorum & Romanorum , quæ cum formam haberent humanam , animos elegantioribus numinum iconibus assuetos , qui monstra hujusmodi non tulissent , minimè offendebant.

IV. Nihil frequentius in Ægypto occurrebat , quam Obelisci. Innumeros ibi videre erat , qui ad ornamentum ponebantur & in urbibus & in agris. Omnium maximus erat prope celebratum illum Labyrinthum Ægyptium , cujus ille alius Cretensis Labyrinthus , teste Plinio , centesimam solum partem faciebat. Obelisci autem illi pleni erant characteribus hieroglyphicis: pauci erant hoc ornamento destituti. Hi vero hieroglyphici characteres arcana mysteriorum Ægyptiacorum complectebantur. Præter hosce magnos Obeliscos , minores etiam alios adornabant , qui inter Ægyptiorum religiones admissi fuisse videntur. Duo hujuscemodi habentur in mensa Isiaca præ manibus sacerdotum

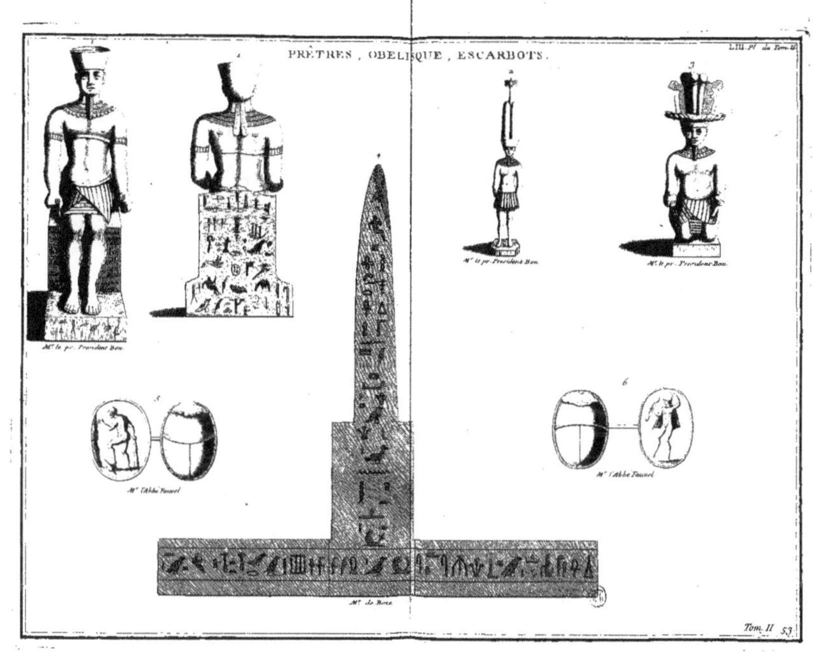



Mr. le pr. President Bon.

Mr. l'Abbé Fauvel

Mr. le pr. President Bon.

Mr. le pr. President Bon.

Mr. l'Abbé Fauvel

Mr. de Bosc

Prêtres. Le cabinet de + M. de Boze nous en fournit un, que nous donnons 4
de toute fa grandeur. Il a un peu moins de neuf pouces de haut, en y comprenant le piedeftail & la bafe. Cette bafe déborde à droite & à gauche, en
forte que d'un bout à l'autre elle a auffi un peu moins de neuf pouces. Longueur pareille à la hauteur de l'obelifque en y comprenant le piedeftail &
la bafe. Elle eft chargée de caracteres hieroglyphiques affés femblables à ceux
qu'on voit fur les grands obelifques ; ce font des oifeaux, des zigzags, des
figures géometriques, & des chofes femblables. Une qui frappe plus que les
autres, eft un homme à tête d'oifeau, affis, des genoux duquel s'éleve une
croix des mieux formées. Nous avons vû ci-devant, que les Egyptiens Gentils difputoient la croix aux Chrétiens, & prétendoient qu'ils l'avoient depuis
long-tems dans leurs myfteres. Ce qui étoit vrai en prenant fimplement la
croix pour une ligne qui en croife une autre. Nous ne favons pas ce que
fignifioit chez eux cette figure. Ces profanes lui donnoient fans doute un
fens tout different de celui des Chrétiens, qui regardent la croix comme
l'inftrument du plus grand & du plus falutaire facrifice, qui fe foit jamais
fait & qui fe fera jamais. Les obelifques de cette forme & de cette grandeur paroiffent avoir fervi dans les Temples ou dans les cabinets. Celui-ci
eft d'un marbre noir. Les Pyramides & les Obelifques éroient ordinairement
de grands morceaux d'architecture & de fculpture ; on en faifoit auffi de petites. Telles étoient les Pyramides qu'on mettoit dans les corbeilles de Bacchus & de Cerés, felon Clement Alexandrin dans fon protreptique. Comme
les Pyramides & les Obelifques entroient dans la religion de cette nation fu-
perftitieufe, ils en faifoient de petites & de portatives qu'on pouvoit mettre
chez des particuliers, & peut-être dans des laraires, où l'on mettoit les images
des dieux & des déeffes.

---

Ægyptiorum. Mufeum v. clariffimi de Boze fimilem nobis + fuppeditat, cujus hic fchema damus archetypi formam & magnitudinem exprimens. Eft novem plus minus pollicum cum ftylobate & bafe : quæ bafis hinc & inde extenditur, ita ut ab altero ad alterum terminum novem etiam circiter pollices fint, quæ item obelifci altitudo eft, connumeratis ut dixi ftylobate atque bafi. Eft autem opertus characteribus hieroglyphicis, qui fat fimiles illis funt, quos in majoribus obelifcis videmus ; aves nempe funt, lineæ hinc inde productæ & reductæ angulis oppofitis, figuræ quædam geometricæ & aliæ hujufmodi. Unus qui fingularitate ad fui fpectaculum evocat, vir eft volucris capite ex cujus genibus crux exfurgit accurate delineata. Jam diximus Ægyptios illos profanos de cruce contendiffe cum Chriftianis, dixiffeque fe crucem jam ab antiquis temporibus in myfteriis habuiffe. Quod utique verum erat, fi crux accipiatur fimpliciter pro linea alteram lineam fecante. Nefcimus autem quidnam crux apud illos fignificaret. Hi certe profani alio animo & fententia crucem admittebant, quam chriftiani reciperent, qui crucem habent ceu inftrumentum facrificii omnium quæ unquam fuere, vel futura funt, maximi, maximeque falutaris. Obelifci hujufce magnitudinis in templis & in Mufeis pofiti fuiffe videntur. Hic quem proferimus ex marmore nigro eft. Pyramides atque obelifci vulgo erant magna architectonices & fculpturæ opera, aliquando etiam exigua admodum efficiebant. Hujufmodi erant pyramides illæ quæ in caniftris Bacchi & Cereris deponebantur fecundum Clementem Alexandrinum in Protreptico : quando quidem pyramides quoque & obelifci ad religiones fuperftitiofiffimæ nationis pertinebant: parvæ molis etiam concinnabantur & mobiles, quæ poffent in privatorum ædibus locari, vel forte in Larariis, ubi reponebantur imagines deorum & dearum.

## CHAPITRE VII.

*I. Calendrièr ancien Egyptien: il y avoit un caractere pur Egyptien non hierogly-phique. II. La langue Egyptienne n'est pas absolument perduë. III. Les Egyp-tiens changerent leurs caracteres en Grecs. IV. Le caractere ancien Egyptien se trouve dans quelques inscriptions, en petit nombre. V. Habileté des an-ciens Egyptiens dans les arts.*

Pl.
LIV.

I. **O**N ne peut pas douter que la grande inscription à douze colonnes, qu'on voit dans la planche suivante, ne soit en caractere Egyptien non hieroglyphique. Car ils avoient deux sortes de caracteres, dit Herodote, 2. 36. dont l'un étoit sacré, & l'autre populaire; le sacré est celui qu'on appelloit hieroglyphique, ce qui signifie sacré; & le populaire celui qu'on voit dans la planche suivante. Cette inscription a été tirée du dessus d'une Mu-mie: & d'ailleurs les figures que l'on voit à l'un des côtez & sur le haut de chaque colonne, sont tout-à fait du goût Egyptien, goût le plus marqué qu'aient jamais tracé ou la peinture ou la sculpture. Les douze colonnes sont donc écrites en caractere pur Egyptien, & qui n'est point mêlé d'hierogly-phes. Il en est de même de deux autres inscriptions de la même planche, écrites au bas de certaines images. Nous avons réüni le tout ensemble pour donner un plus grand échantillon de ce caractere dont l'usage est perdu dans l'Egypte, même depuis un grand nombre de siécles. Il y a encore une grande inscription du même caractére à la planche c x l. du second Tome de l'An-tiquité. Voilà donc déja bien des inscriptions Egyptiennes, qui nous instrui-roient sur beaucoup de choses, si ces caracteres se pouvoient lire.

II. La langue ancienne Egyptienne n'est pas absolument hors d'usage: on la parle encore quoique fort corrompuë en certains endroits de la haute Egy-pte. Les Livres écrits en la langue Copte, ne sont pas rares: ce Copte est l'ancien Egyptien; mais le caractere est changé. Depuis que l'Egypte eut été

---

### CAPUT VII.

*I. Calendarium antiquum Ægyptiacum. Cha-racter quispiam erat Ægyptiacus, non hie-roglyphicus. II. Lingua Ægyptiaca non omnino interiit. III. Ægyptii, characteres suos in Græcos mutaverunt. IV. Character vetus Ægyptiacus in paucis inscriptionibus reperitur. V. Quam in artibus florerent ve-teres Ægyptii.*

I. **I**Llam duodecim columnarum inscriptionem quam in tabula sequenti conspicimus, chara-ctere Ægyptiaco descriptam esse, illoque diverso ab hieroglyphico, nihil est quod dubitemus. Ægyptii enim, inquit Herodotus 2. 36. duo characterum ge-nera habebant, aliud sacrum, aliud populare. Sacrum vocabatur hieroglyphicum, quod idipsum sonat: popularis autem character ille est quem in tabula conspicimus. Ex Mumiæ cujusdam tegmine eductus

fuit, & alioquin figuræ illæ, quæ in altero latere & suprema ora supra columnas singulas conspiciun[tur] Ægyptiacum olent modum, qui modus inter p[ictur]æ sculpturæque opera sese suis notis indiciisque prodit. Duodecim ergo columnæ charactere puro Ægy-ptiaco descriptæ sunt, nullis hieroglyphicis signis intermixto: quod ipsum dicas de duabus aliis ejus-dem tabulæ inscriptionibus, quæ ad imam oram ima-ginum quarumdam exaratæ sunt. Illas simul inscri-ptiones posuimus ut characterum hujusmodi majus specimen ederemus, quorum characterum usus in Ægypto a multis retro sæculis obsolevit. Est & alia eodem charactere inscriptio magna in tabula c x l. secundi Antiquitatis explanatæ tomi. En igitur multas jam inscriptiones Ægyptiacas, quæ nos plu-rima docerent, si quidem legi possent.

II. Vetus lingua Ægyptia nondum penitus ob-solevit: adhuc enim ea, licet corrupta, in usu est in quibusdam superioris Ægypti tractibus. Libri lingua Coptica descripti non ita rari sunt: hæc porro lingua Coptica eadem est, quæ Ægyptiaca, sed character mutatus fuit. Ex quo enim tempore

conquife par Alexandre le Grand, la langue & les characteres Grecs y furent.
apportez, & fous les Ptolemées, l'école Greque d'Alexandrie fut des plus fleu-
riffantes. On y écrivoit le Grec mieux que dans tous les autres payis de la
Grece; cela continua de même dans le Chriftianifme; l'Empereur Conftans
voulant avoir une Bible Greque bien écrite, chargea S. Athanafe de la faire
écrire à Alexandrie. Cela dura apparemment jufqu'à ce que l'Egypte tomba
fous la domination des Arabes, qui y introduifirent la Barbarie.

III. Les Egyptiens pendant le tems qu'ils étoient fous la domination des
Grecs, changerent leurs caracteres anciens, & prirent les Grecs qu'ils accom-
moderent à leur maniere, en confervant pourtant toûjours leur ancienne
langue : il n'y a que le caractere qui eft Grec, la langue eft toûjours Egyptienne. Il y a un grand nombre de fiécles que ce changement fut fait; mais
on ne fauroit en affigner précifement le tems. Comme les caracteres Gtecs
au nombre de 24. ne pouvoient pas fuffire pour exprimer tous leurs mots
Egyptiens, ils y ajoûterent huit caracteres des leurs; enforte que la langue
Copte qui eft l'ancienne Egyptienne, a dans fon alphabet 32. lettres. Comme
on peut voir dans nôtre Paleographie Greque p. 312. & plus amplement dans
la *Scala Coptica*, ou le *prodromus Copticus*, du Pere Kirker. Il ne refte plus
en langue Copte ou Egyptienne, que des livres d'Eglife. Il y en a quantité
dans la Bibliotheque du Roi, dans celles de Mgr. l'Evêque de Mets, & de M.
le Comte de Seignelai, & quelques-uns dans celle de cette Abbayie.

IV. C'eft tout ce qui nous refte de l'ancienne langue Egyptienne, qui
n'eft pas abfolument perduë, quoique nous ne l'ayions aujourd'hui qu'imparfaitement. Pour ce qui eft du caractere pur ancien Egyptien, on n'en a guere
remarqué que celui que renferment la planche fuivante, & la C X L. planche du fecond tome de l'Antiquité. J'ai vû encore à Rome entre les mains
du feu P. Bonjour Auguftin Tolofain, habile dans la langue Copte, une
infcription en lettres Egyptiennes de la premiere antiquité comme celles-
ci, fur laquelle il s'exerçoit pour tâcher d'en découvrir le fens, & trouver le

---

Ægyptus ab Alexandro Macedone capta eft, &
Græca dialectus & characteres Græci in Ægyptum
allati funt, & fub Ptolemæis fchola Græca Alexan-
drina admodum floruit. Græce accuratius Alexandriæ fcribebatur, quam per totam Græciam ; etiamque poft Chriftianam eo allatam religionem hanc
Alexandrini laudem funt confequuti, quod libros
elegantius, quam cæteri Græci defcriberent. Imperator Conftans cum Græca biblia concinne defcripta nancifci cuperet, Athanafium illum magnum, id Alexandriæ curaret, rogavit : idque ut
credere eft, eodem in ftatu manfit, donec Ægyptus
caderet in manum Arabum, qui illo barbariam
induxerunt.

III. Ægyptii porro dum fub ditione Græcorum
effent, characteres fuos veteres commutarunt, Græ-
cofque adhibuerunt ad ufum linguamque fuam ac-
commodatos ; ita ut linguam femper veterem fer-
varent, literafque tantùm immutarent. Hæc mutatio a multis retro fæculis facta eft, quo autem
id tempore acciderit dicere in promtu non eft.
Cum autem characteres Græci viginti quatuor numero non effent ad omnes Ægyptiacas exprimendas

voces fatis, octo ipfi Ægyptios characteres alpha-
beto Græco adjunxere : ita ut lingua Coptica, quæ
eft vetus Ægyptia alphabetum habeat triginta duarum literarum ; ut videre licet in Palæographia
noftra Græca p. 312. & prolixius pleniufque in Scala
Coptica, & Prodromo Coptico Athanafii Kirkeri :
libri porro Coptici qui fuperfunt omnes aut Biblici
aut Ecclefiaftici funt. Multi hujufmodi funt in
Bibliotheca Regia, in Colbertina D. Comitis de
Seignelai, in Bibliotheca item Epifcopi Metenfis,
& in hoc cœnobio aliquot.

IV. Hæc folum ex veteri illa Ægyptiaca lingua
fuperfunt, quæ lingua non omnino deperdita eft,
etfi ea imperfecte hodie habeatur. Quod vero characterem fpectat Ægyptiacum purum, in Tabula
fequenti confpicimus, nec non in Tabula C X L. fecundi Antiquitatis explanatæ tomi. Aliam Ægyptiacam antiquam & puram infcriptionem vidi in
manibus R. P. Bonjour Auguftiniani Tolofani, linguæ
Copticæ periti, qui illius infcriptionis lectionem &
fenfum fummo ftudio quærebat & explorabat,
atque Copticas literas, cum antiquiffimis illis conferebat, ut illarum ope has intelligere poffet. Ille

.rapport de ces anciennes lettres avec les Coptes. Je ne doute pas que les
gens ftudieux de la langue Copte, dont l'un des plus habiles eft aujourd'hui M.
David Wilkins Chanoine de Canterburi , & Bibliothecaire de M. l'Arche-
vêque , ne s'exercent auffi fur ces infcriptions. Un moïen d'y réüffir feroit , fi l'on venoit à découvrir des infcriptions d'ancien Egyptien repetées
enfuite en Grec, comme on a trouvé de nos jours une infcription Greque
repetée enfuite en langue Palmyrenienne , fur laquelle infcription & fur
quelques autres fort petites, d'habiles gens fe font exercez pour y déterrer
la langue Palmyrenienne. S'il s'en trouvoit qui fuffent écrites en Grec & en
Egyptien ; ceux qui fe donneroient la peine de démêler ce caractere Egyptien auroient l'avantage d'y chercher une langue qui n'eft pas encore morte , & dont il fe trouve des livres , qu'on entend & qu'on explique fûrement ;
avantage , dis-je , que n'ont pas eu ceux qui fe font exercez à déchiffrer ce Pal-
myrenien.

V. Ce feroit un grand bien pour la republique des lettres : fi l'on pouvoit
lire & entendre ces anciennes infcriptionsEgyptiennes ; c'eft dequoi convien-
dront tous ceux qui font dans ce goût de literature. Ce font les Egyptiens
qui ont appris aux autres nations, les fciences & les beaux arts. Au rapport
d'Herodote , ils ont été les maîtres des Grecs , comme on convient que les
Grecs l'ont été des Romains. Ils ont laiffé dans toute l'Egypte un grand
nombre de bâtimens fuperbes : de forte qu'entre les merveilles du monde ,
celles d'Egypte l'emportent au jugement des anciens fur toutes les autres.
Ils étoient fi habiles dans les Mechaniques, que des poids immenfes, qu'on
n'oferoit même penfer aujourd'hui à changer de place, ils les tranfportoient
fort loin , & les élevoient fur de hautes bafes. Si nous trouvions aujourd'hui
des infcriptions qui fiffent mention de chofes femblables, quelle fplendeur
cela n'ajoûteroit il pas aux chofes mêmes ? & combien de nouvelles connoif-
fances n'acquererions-nous pas par ce moïen ?

Voilà pour ce qui regarde la langue Egyptienne. La forme du caractere
ne convient avec aucune autre langue connuë : ce n'eft que par certain ha-

---

vero jam pridem vita functus eft. Neque dubito
quin viri linguæCopticæ ftudiofi, in quorum peritif-
fimis cenfetur D. David Wilkins Canterburienfis
Canonicus D. Archiepifcopi Bibliothecarius , ftudii
& operæ multum adhibeant , ut harum infcriptio-
num fenfum attingant. Longe facilius id negotii
foret , fi quædam infcriptiones ejufmodi veteri
Ægyptiaco charactere exaratæ , cum Græca fequenti explicatione occurrerent ; ut non ita pridem
reperimus infcriptionem Græcam Palmyrenico
ibidem charactere & lingua repetitam, quam infcriptionem docti viri quidam accuratius exami-
narunt, ut linguam Palmyrenam, fi fieri poffet, affe-
querentur & intelligerent. Si porro quædam infcriptiones ex tenebris eruerentur, Græco & Ægyptiaco fubinde charactere exaratæ, qui Ægyptium
characterem legendum intelligendumque fufcipe-
rent , eo felicius huic ftudio operam dare poffent ,
quod linguam perquirerent nondum exftinctam ,
quæque adhuc in libris exftat , in libris , inquam,
quos aliqui licet pauci legunt , & interpretantur ;

qua conditione non fuerunt ii qui Palmyrenicas
infcriptiones explicare tentaverunt.

V. Quantum interfit reipublicæ literariæ ut infcriptiones illæ Ægyptiacæ veteres legantur & intelligantur , nemo literatus non videt. Ægyptii
quippe primi fuere qui difciplinas & artes , cæteras
docuere nationes. Illi , referente Herodoto , vere
fuere Græcorum magiftri , ut & Græci Romanorum.
Ædificia omnium fplendidiffima per totam Ægyptum exædificarunt ; atque in mirabilibus orbis
ftructuris , Ægyptiacæ omnibus fatentibus fcrip-
toribus primas tenent. Mechanicam apprime
tenebant , ita ut quas moles hodie ne movere quidem peritiffimi auderent , illi & procul tranfve-
xerint , & erexerint. Quid fplendoris iftis omnibus
adderetur, fi infcriptiones has fimilefque res com-
memorantes, legeremus ; & fi inde tantarum rerum
notitiam percipere liceret ?

Hæc quantum ad linguam Ægyptiacam dicta
funto. Characterum forma cum nulla alia lingua ,
quam quidem noverimus , confentit. Cafu autem

zard qu'on y voit souvent le 2. le 3. & le 4. de chiffre, & qu'en certains endroits, comme à la colonne sixiéme, & en comptant de la droite à la gauche, on lit fort clairement & distinctement 443. 112. & 431. Ce même hazard
fait qu'on y rencontre aussi des lettres Greques & d'autres Latines.

---

omnino accidit ut hæ notæ, 2. 3. & 4. frequenter inter characteres occurrant ; utque in sexta columna a dextera ad sinistram distincte & clare legatur 443. 112. & 431. Fortuito item accidit ut literæ Græcæ & Latinæ alibi compareant.

## CHAPITRE VIII.

*I. Les douze colonnes de ce monument , font pour les douze mois. L'écriture Egyptienne eſt de la droite à la gauche comme l'Hebreu. II. Les noms des mois Egyptiens. III. Les figures à l'un des côtez du Calendrier. IV. Figures ſur les colonnes du Calendrier. V. Figures de l'autre côté du Calendrier. VI. Quel des mois Egyptiens eſt le premier dans ce Calendrier. VII. Que peuvent contenir ces colonnes du Calendrier Egyptien.*

I. CES douze colonnes font , à ce qu'il me ſemble , pour les douze mois de l'année, chaque colonne pour ſon mois. Il eſt certain à n'en pas douter que cette écriture ſe liſoit comme l'Hebreu de la droite à la gauche, & d'une maniere oppoſée à celle dont nous liſons & écrivons. Une preuve certaine de cela , c'eſt que tous les premiers mots de chaque colonne font écrits ſur l'original en ce ſens en lettre rouge , & cela au commencement de la premiere ligne ; après quoi cette premiere ligne eſt continuée avec de l'encre , & toutes les autres font écrites de même. Ces premiers mots en lettre rouge , font ſelon toutes les apparences les noms des mois. Une autre preuve indubitable que ce Calendrier eſt écrit à la maniere des Hebreux ; c'eſt qu'une grande partie des dernieres lignes de chaque colonne n'eſt pas finie, comme il arrive ordinairement dans nos écritures, ou le texte finit avant que la derniere ligne ait attrapé la longueur des précedentes. C'eſt par là que nous voïons manifeſtement que les colonnes du Calendrier font écrites de la droite à la gauche ; de même qu'un homme qui ne connoîtroit ni nôtre langue ni nos caractcres, jugeroit d'abord par cette maniere de finir la ligne , que nous écrivons de la gauche à la droite. Cela revient à ce que dit Herodote 2. 36. *Les Grecs écrivent de la gauche à la droite & les Egyptiens de la droite à la gauche. Ils diſoient auſſi qu'ils agiſſoient à droite , & les Grecs à gauche.*

---

### CAPUT VIII.

*I. Duodecim columnæ inſcriptæ , duodecim anni menſes ſpectant. Scriptura Ægyptia eſt a dextera ad ſiniſtram ut Hebraïca. II. Nomina menſium Ægyptiorum. III. Figuræ quædam ad latus alterum Calendarii. IV. Figuræ ſupra columnas Calendarii. V. Figuræ ab altero latere Calendarii. VI. Quis Ægyptius menſis primus ſit in hoc Calendario. VII. Quid in columnis deſcriptis Ægyptiaci Calendarii contineri potuit.*

I. HÆ duodecim columnæ , ut mihi quidem videtur, duodecim anni menſes reſpiciunt ; ita ut quælibet columna menſem ſuum indicet. Certum autem indubitatumque eſt hanc ſcripturam Hebræorum more legendam eſſe a dextera ad ſiniſtram , contra quam nos legimus ac ſcribimus , nempe a ſiniſtra ad dexteram. Id inde clare commonſtratur , quod prima verba omnia in primo exemplari initio cujuſque verſus , hac ratione minio deſcripta ſint , deincepſque verſus totus attramento continuetur ; cæterique verſus omnes eodem pacto deſcribantur. Hæc porro verba minio deſcripta nomina menſium omnino videntur eſſe. Alio nec minoris momenti argumento probatur Calendarium Ægyptium Hebræorum more deſcriptum eſſe ; quia nempe plerique poſtremi verſus columnarum deſinunt antequam totum lineæ ſpatium occupent ; ut perſæpe in ſcriptura quoque noſtra accidit , ut nempe tota ſeries deſinat ante , quam poſtremus verſus ad cæterorum præcedentium verſuum longitudinem attingat. Hinc vero deprehendimus Calendarii columnas a dextera ad ſiniſtram deſcriptas eſſe ; quemadmodum ſi quis nec linguam nec characteres noſtros noſſet , ex noſtro tamen verſus finiendi more , nullo negotio intelligeret nos a ſiniſtra ad dexteram ſcribendo procedere. Idipſum habet Herodotus 2. 36. *Græci a ſiniſtra ad dexteram ſcribunt ; Ægyptii vero a dextera ad ſiniſtram ; ideoque dicebant ſe a dextera , Græcos a ſiniſtra procedere.*

J'aurois

J'aurois bien voulu faire marquer en lettres rouges ces premiers mots comme ils sont dans l'original ; mais comme l'on m'a représenté que dans une si grande planche il étoit très-difficile que cela fût bien executé ; j'ai crû qu'il suffiroit de faire soûligner exactement tous ces premiers mots ; ensorte qu'on pût facilement les distinguer des autres. Ces noms Egyptiens des mois, que les anciens nous ont conservez, pourront peut-être servir à ceux qui voudront s'exercer pour trouver un alphabet ; ce qui seroit un grand acheminement pour la lecture & l'intelligence de la langue Egyptienne.

II. Les mois commençoient par Thoth, qui répond à Septembre ; c'est le commun sentiment des anciens & des Chronologistes. Cependant Cosmas, Moine Egyptien, qui vivoit du tems de l'Empereur Justinien, met deux fois & en deux endroits différens pour le premier mois, Pharmuthi qui répond à Avril, & fait commencer l'année au premier mois du printems. Voici les noms des mois comme il les donne, nous les mettons dans l'ancien ordre.

THOTH, Septembre.

PHAOPHY, Octobre, d'autres écrivent Paophi.

ATHYR, Novembre.

CHOÏAC, Decembre.

TYBI, Janvier.

MECHIR, Février.

PHAMENOTH, Mars.

PHARMUTHI, Avril.

PACHON, Mai.

PAUNI, Juin.

EPIPHI, Juillet.

MESORI, Août.

III. Ce Calendrier de douze mois, dont chacun occupe sa colonne, a sur les deux côtez des figures & de l'écriture, qui se rapportent apparem-

---

Prima porro cujusque columnæ verba rubro colore, ut in archetypo sunt, in tabula etiam nostra repræsentari percuperem ; sed quoniam, ut dicunt operæ, in tam ampla tabula vix possent hæc sola verba minio depingi ; sat esse putavi, si prioribus verbis singulis lineolam supponi curarem, quæ verbi longitudinem totam occuparet, ut facile posset a sequentibus verbis distingui. Hæc nomina mensium Ægyptiaca quæ nobis veteres transmiserunt, usui fortasse erunt iis qui voluerint alphabetum Ægyptiacum exquirere ; quo semel reperto, veteres Ægyptiacæ inscriptiones & legi & intelligi possent.

II. Initium mensium ducebatur a *Thoth*, qui mensi Septembri respondet, ut veteres omnes dicunt, & secundum illos Chronologi nostri & superioris ævi. Attamen Cosmas Monachus Ægyptius, qui Justiniani Imperatoris tempore scripsit, bis, duobus scilicet in locis, perspicue notat mensem Pharmuthi qui Aprili respondet, pro primo anni mense ; ita ut anni initium a verna tempestate ducat. En ipsa nomina mensium, ut ab eodem Cosma bis descri-

buntur, sed secundum vetustiorem ordinem.

THOTH, September.

PHAOPHY, October, alii scribunt PAOPHI.

ATHYR, November.

CHOÏAC, December.

TYBI, Januarius.

MECHIR, Februarius.

PHAMENOTH, Martius.

PHARMUTHI, Aprilis.

PACHON, Maius.

PAÜNI, Junius.

EPHIPHI, Julius.

MESORI, Augustus.

III. Hoc itaque est Ægyptiacum Calendarium duodecim mensium, qui singuli menses suam occupant columnam. Ad latera vero Calendarii figuræ quædam & characteres Ægyptiaci conspi-

ment à l'année & à ses parties en general , & sur chaque mois quelque figure d'hommes, ou d'animaux, ou peut-être de divinitez Egyptiennes ausquelles les mois pouvoient être consacrez. Sur le premier côté qui est vis-à-vis du premier mois, on voit d'abord une petite colonne pleine d'écriture, & dans une autre colonne plus large un homme à tête d'animal , qui pourroit bien être un Anubis : il paroît emmailloté, comme sont ordinairement plusieurs figures Egyptiennes. Il tient une corde par le milieu , dont les deux bouts touchent à terre , & font un triangle. Au haut de l'image est écrit un grand mot, qui pourroit être le nom de cette divinité. Au-dessous est une autre image semblable à la precedente , à cette difference près qu'elle a une tête d'oiseau ; cela pourroit être une Osiris à tête d'épervier. L'écriture qui est sur sa tête nous instruiroit apparemment si l'on pouvoit la lire.

IV. Au-dessus de la colonne de chaque mois, il y a une figure. Le premier mois n'a qu'un quarré long. Celle du second est une femme, de la coëffure de laquelle s'élevent cinq pointes, qui font peut-être une couronne radiale. Elle tient de ses deux mains un instrument que chacun peut considerer. Au troisiéme mois on voit un petit animal monstrueux qui se tient devant un quarré long. Au quatriéme un homme à tête de chien , ou d'autre animal. Au cinquiéme un cochon, qui porte sur son dos un certain instrument. Au sixiéme sur un quarré long, on voit une figure qui se trouve souvent en Egypte parmi ces figures bizarres des Egyptiens, & à l'autre bout , un bâton courbé comme ces bâtons des Satyres & des Baccants. Au septiéme trois femmes étendent leurs bras pour soutenir certain instrument sur lequel est un serpent, qui fait plusieurs plis & replis de son corps. Au huitiéme , un chien couché. Au neuviéme, une figure d'homme à tête d'animal, qui tient une épée de chaque main. Elle paroît être sous un escalier , tout cela signifioit pour des gens qui étoient initiez. Au dixiéme , un homme à tête d'animal, qui tient une épée ou une pointe, & devant lui un croissant de lune, & une lettre Egyptienne : ce qui marque apparemment quelque lunaison considerable de ce mois. A l'onziéme, un autre monstre avec une

---

ciuntur , quæ omnia videntur & annum & partes ejus præcipuas generatim spectare. Supra columnas vero singulas , singulæ figuræ sunt hominum , animaliumve , fortasséque numinum , quibus singuli menses consecrati olim fuerint. Ad primum latus e regione primi mensis statim visitur columella literis plena , & secundùm hanc alia latior , ubi homo conspicitur ferino capite , qui est fortassis Anubis ; fasciis ligatus esse videtur, quemadmodum & multæ aliæ Ægyptiacæ figuræ. Funem a medio tenet , cujus extrema duo terram contingunt & triangulum efficiunt. Imminent ejus capiti literæ , quæ fortasse dei hujusce nomen exprimant. Sub hac imagine altera est huic similis, cum hoc tamen discrimine, quod hæc inferior caput avis habeat : estque forte , ( nam quis id affirmare ausit ) Osiris accipitrino capite : quæ scriptura capiti ejus imminet, quis sit fortasse doceret , si legi posset.

IV. Supra cujusque mensis columnam figura quæpiam est. Primus mensis parallelogrammum tantum habet. Figura secundi mensis , mulier est

ex cujus capitis ornatu quinque virgulæ eriguntur , quæ radiatam fortasse coronam efficiunt. Ambabus tenet manibus instrumentum, quod cuique considerandum relinquitur. In tertio mense animal quodpiam monstri simile ante parallelogrammum stat. In quarto vir aut canis aut alterius animalis capite adest. In quinto sus quodpiam instrumentum gestans. In sexto supra parallelogrammum figura quæpiam visitur monstrosa, qualis sæpe inter Ægyptias illas monstrosas figuras conspicitur, ad alteramque oram virga recurva instar earum quæ in manibus Satyrorum atque Bacchantium sæpe visuntur. In septimo tres mulieres brachia extendunt ut aliquod instrumentum sustentent , cui insidet serpens gyris multis complicatus. In octavo canis decumbens. In nono figura hominis ferino capite , utraque manu gladium gestantis : sub scala autem quapiam esse videtur. Hæc porro omnia initiatis nota erant. In decimo , homo ferino capite gladium sive spiculum tenet, & ante illum Luna crescens ac litera quædam Ægyptia, quo fortassis aliqua

épée ou une pointe à chaque main. Au douziéme, autre monstre qui ne tient qu'une épée.

V. Les figures qui se voient à l'autre côté du Calendrier, semblent demander plus de reflexion que tout ce que nous venons de dire. Je vois quelque jour à les expliquer en soûmettant ma conjecture aux lecteurs habiles. Il y a quatre rangées de figures, qui ont chacune au-dessus leur écriture, qu'on ne peut ni entendre ni lire: à la premiere rangée en comptant de la droite à la gauche à l'ordinaire, on voit un quarré au-dessus duquel sont deux serpens l'un sur l'autre, qui font des plis & replis de leur corps ; je croirois que cette premiere figure marque l'année. Les trois autres sont des figures noires circulaires, qui se retrécissent par le bas & se terminent en lignes droites. Je les prens pour les trois saisons de l'année. Dans les plus anciens tems on n'en comptoit que trois comme nous avons prouvé au commencement du premier Tome ; savoir, le printems, l'été & l'hiver. Les trois rangées de dessous contiennent chacune quatre quarrez longs, qui font les douze mois de l'année, divisez en trois classes & en autant de saisons, ce qui confirme ce que je viens de dire. Il me semble que cela a beaucoup d'apparence. Cependant il n'est pas juste qu'un seul décide sur des choses si obscures, attendons le jugement des autres.

Reste à examiner deux choses importantes & très-difficiles à décider ; la premiere est, lequel des mois Egyptiens est le premier dans ce Calendrier ; la seconde, que peut contenir cette écriture en neuf ou dix lignes, que nous voïons dans chaque colonne après le nom du mois.

VI. Pour ce qui regarde la premiere question. Il est certain selon tous les chronologistes, que dans les anciens tems les Egyptiens ne mettroient point de jours intercalaires, & que les mois & le commencement de l'année retrogradoient tous les quatre ans d'un jour ? de sorte que le premier jour de l'année après avoir parcouru dans un long espace d'années tous les jours, & tous les mois, & toutes les saisons, revenoit enfin à son premier point pour recommencer à l'ordinaire en retrogradant toûjours de même, Cela dura jusqu'après la mort de Marc-Antoine & de Cleopatre, où les Egyp-

---

in hoc mense Luna significatur. In undecimo aliud monstrum cum gladio sive spiculo in utraque manu. In duodecimo aliud monstrum gladium tenens.

V. Quæ ad alterum Calendarii latus observantur figuræ, majori utique consideratione atque attentione dignæ sunt. Hic vero mihi lucis quidpiam affulgere videtur, & quid in mentem venerit expromam : conjecturam tamen meam erudito lectori explorandam mitto. Quatuor hic figurarum ordines conspicimus, singulis imminet inscriptio, quam nec legere nec capere vel explicare possumus. In primo ordine, si a dextra ad sinistram numeremus, observatur primo quadrata figura, cui imminent duo serpentes, alius superne, alius inferne positus, uterque vero gyris aliquot seu flexibus plicatur. Hanc priorem figuram annum putaverim significare. Tres aliæ figuræ nigræ circularesque sunt, inferne vero angustiores, in lineam rectam terminantur, illas vero pro tribus anni tempestatibus habeo. Priscis enim temporibus tres tantum numerabantur, ut initio primi tomi probavimus ; ver nempe, æstatem & hiemem, tres ordines inferiores, quater singuli quadratam oblon-

gam figuram exhibent duodecim nempe menses ; tres in classes divisi secundum tres anni tempestates, ita ut quælibet classis seu anni tempestas, quatuor menses exhibeat ; unde etiam confirmatur illud quod superius dixi de anno & de anni tempestatibus. Hæc mihi quidem verisimilia videntur. Neque tamen æquum censeo ut ex unius judicio quid sit putandum stabiliatur ; eaque de re eruditorum judicium exspecto.

Restat ut duas res exploremus, non minus curiosas, quam explicatu difficiles. Primo, quis ex Ægyptiis mensibus in hoc Calendario primum locum occupet. Secundo, quid in singulis singulorum mensium columnis contineri posse videatur.

VI. Quod ad primam quæstionem attinet, certum est secundum omnes Chronologos, Ægyptios priscis temporibus, non admisisse dies intercalares, unde accidebat ut quarto quoque anno vertente, caput anni retro abiret, & unum anticiparet diem, ita ut multis intercurrentibus annis, ille primus anni dies, per omnes dies & menses & anni tempestates vagaretur · donec idtitium repeteret locum : illudque donec sublatis M. Antonio &

tiens reglerent leur année selon l'année Julienne. « Depuis ce tems-là, dit
» le P. Petau, ( Ration. Part. 2. l. 1. c. 13. ) leur année cessa de courir, en
» retrogradant, & par le moïen de l'intercalation, elle commençoit tous les
».quatre ans au même point. Le commencement de cette année, où la
» Neomenie du mois Thoth, fut fixée au vingt-neuviéme jour du mois d'Août,
où l'on fait aujourd'hui la fête de la décollation de S. Jean - Baptiste. » Cela
posé, comme ce Calendrier a été indubitablement fait bien des siécles avant
Marc Antoine & Cleopatre, il doit commencer par le mois Thoth, à moins
qu'il n'y eût quelque rubrique particuliere, & que nous ne savons pas. Car comme depuis cette reformation du Calendrier on n'a pas toûjours compté uniformément les mois de l'année comme nous allons voir ; il peut se faire que dans
ce grand nombre de siécles qui ont precedé la reformation, il y a eu aussi
des variations que ni les auteurs ni les monumens ne nous ont pas ap-
prises.

Thoth qui répond à Septembre est communément compté pour le premier mois, je ne vois pas qu'on varie là-dessus. Mais Cosmas Moine Egyptien, qui écrivoit du tems de l'Empereur Justinien, compte pour le premier
mois Pharmuthi qui répond à Avril, Thoth qui répond à Septembre est
le sixiéme mois, & cela est repeté de même dans deux tables ou deux cercles. Il semble qu'on ne puisse pas douter qu'on ne comptât ainsi de son tems
à Alexandrie. Mais c'étoit dans les plus bas tems : & j'ai peine à croire qu'on
ait gardé cet ordre dans nôtre Calendrier qui est de l'Antiquité la plus reculée : il y a plus d'apparence qu'on aura gardé l'ancien ordre qui commence par Thoth, & continuë comme nous avons mis ci-dessus.

VII. L'autre question plus difficile à résoudre est que peuvent contenir ces
colonnes qui commencent par les noms des mois, & continuent jusqu'à neuf
ou dix lignes d'écriture. S'il en falloit juger par les Calendriers Romains
que l'Antiquité nous a transmis ; ce Calendrier contiendroit sur chaque mois,
les fêtes qu'on y celebroit & dont on marquoit les jours, les jeux publics,
les jours de la mort de certains Rois, les courses des chevaux, les tems où

---

Cleopatra, annum suum Ægyptii ad Juliani mo-
dum redegerunt : *Ab illo tempore*, inquit Petavius
Rationarii part. 2. l. 1. cap. 13. *deinceps vagari
popularis eorum annus desiit : sed intercalationis freno
revocatus est quarto quoque anno pristinam in sedem.
Caput hujus, sive Neomenia Thoth, hæsit in Romani
Augusti die vigesimo nono, qui Decollationi sancti
Joannis hodie dicatus est.* Qua re posita, cum hoc
Calendarium aliquot sæculis ante Marcum Antonium & Cleopatram factum fuisse videatur, a mense
Thoth initium ducat oportet ; nisi forsitan ritus aliquis peculiaris adfuerit quem nos fortasse ignoramus. Nam sicut ab illa Calendarii reformatione,
menses anni non eumdem semper in numerando
ordinem tenuerunt, ut mox videbitur ; in tanto
reformationem illam præcedentium sæculorum
numero fieri potuit, ut aliqua in ordinem mensium
mutatio induceretur, quam nec scriptores nec monumenta doceant.

Thoth qui Septembri nostro respondet, primus
vulgo mensis numeratur, nec inter priscos scriptores aliquam ea in re varietatem observo. Verum
Cosmas Monachus Ægyptius, qui Justiniani Imperatoris tempore scribebat, primum ponit mensem
Pharmuthi qui Aprilis est noster ; Thoth antem qui
Septembri respondet, sextus est mensis. Illud autem
apud Cosmam bis repetitur in duabus nempe tabulis
seu duobus circulis ; ita ut vix dubitare liceat, id
anni initium tunc Alexandriæ fuisse. At mos ille
infimis tantum sæculis invaluerat : ac vix crederem
hunc ordinem tunc servatum fuisse cum hoc Calendarium remotissimæ sane vetustatis concinnatum est. Veri sane similius est hic priscum ordinem
servari quo a mense Thoth incipiebatur, & ut
supra diximus continuabatur.

VII. Altera quæstio longe difficilior, quid in
hisce columnis contineatur, in queis primo mensis
nomen ponitur, deindeque scriptura ad novem
decemve usque versus ducitur. Si ex Calendariis
antiquis Romanis ad nostram usque ætatem tran-
missis conjecturam sumere liceret, hoc Calendarium in singulis mensibus complecteretur dies fe-
stos & ferias solennes, assignatis cujusque diebus,
ludos publicos, emortuales Regum quorumdam

l'on faifoit les travaux de la campagne, & les recoltes. Mais ce feroit deviner que de regler fans autre preuve l'ancien Calendrier Egyptien fur celui
de Rome. On parleroit avec plus de vrai-femblance fi l'on difoit, que les
Egyptiens obfervoient dans ces anciens tems du moins quelques ufages de
ceux que les Egyptiens des plus bas tems gardoient, & que dans le Calendrier qu'a fuivi Cofmas l'Egyptien, il peut y avoir quelques rites qui étoient
venus comme par fucceffion de pere en fils jufqu'aux Egyptiens de fon tems.
Le lecteur ne fera pas fâché de trouver ici ce qu'il marque fur chaque mois,
dans les deux tables circulaires qu'il a données dans fa Topographie Chrétienne p. 190. & 338. Nous mettrons ici les mois dans le même ordre qu'il les
met fur les deux Tables.

1. *Pharmuthi* eft Avril, fous le figne du belier. C'eft le premier mois du
printems, où fe fait la recolte de l'ail.

2. *Pachon* ou Mai, fous le figne du taureau; c'eft le fecond mois du printems, où l'on cueille le fruit qu'on appelle *Cinna* ou *Cinnara*, ce font les artichaux
que Cofmas a reprefentez en figure comme tous les autres fruits.

3. *Payni* ou Juin, fous le figne des jumeaux; c'eft le troifiéme mois du
printems, où fe recueillent les noix Armeniennes; c'eft une efpece de fruit qui
reffemble à des olives.

4. *Epiphi* eft Juillet, fous le figne du cancer; c'eft le premier mois de
l'été, où fe recueille le froment, & un certain fruit nommé Copymora, qui
paroît être une efpece de meures.

5. *Mefori* eft Août, fous le figne du lion; c'eft le fecond mois de l'été,
où fe recueillent les figues & les grappes de raifin.

6. *Thoth* ou Septembre, fous le figne de la vierge; c'eft le troifiéme
mois de l'été, où l'on recueille en Egypte les olives & les pefches.

7. *Phaophi* ou Octobre, fous le figne de la balance; c'eft le premier mois
de l'autonne, où l'on fait la recolte des dattes.

8. *Athyr* ou Novembre, fous le figne du fcorpion; eft le fecond mois
de l'autonne, où fe fait la recolte des afperges.

9. *Choiac* ou Decembre, fous le figne du fagittaire; eft le troifiéme mois
de l'autonne, où l'on cueille les mauves.

---

dies, equorum decurfiones, ruftica opera, meffes & fruges. Sed vetus Calendarium Ægyptiacum ad Romanorum Calendariorum normam, nulla data probatione, reddere, illud certe divinare effet. Vero fimilius diceremus prifcos illos Ægyptios, aliqua faltem eorum fervaviffe, quæ pofteriorum temporum Ægyptii obfervabant, & in Calendariis, quæ fequutus eft Cofmas Ægyptius, aliqua faltem haberi prifcorum rituum, quæ fucceffione quadam ad Ægyptios ufque fui temporis devenerant. Neque ingratum lectori fore fperamus, fi hic apponantur ea quæ ad fingulos ille menfes annotat, in duabus nempe tabulis circularibus quas ipfe dedit in Topographia fua Chriftiana p. 190. & 338. Menfes autem eodem hic ordine locamus, quo ipfe in duabus tabulis conftituit.

α. Φαρμουθί 1. Pharmuthi eft Aprilis, fub figno arietis, primus Vernæ tempeftatis menfis, quo colliguntur allia.

β. Παχών. 2. Pachon five Maius fub figno Tauri: eft fecundus vernæ tempeftatis menfis, quo colliguntur κίνναι cinna five cinnaræ, quas Cofmas Ægyptius depinxit, ut & alios fructus.

γ. Παυνί. 3. Paini, five Junius, fub figno Geminorum, tertius vernæ tempeftatis menfis, quo decerpuntur nuces Armeniacæ ibidem depictæ, quæ olivas non male referunt.

δ. ἐπιφί. 4. Epiphi, feu Julius fub figno Cancri, primus æftatis menfis, quo colligitur frumentum, & quidam fructus nomine κοπυμωερ, quod videtur effe mororum genus quodpiam.

ε. Μεσωρί. 5. Mefori, five Auguftus, fub figno Leonis, fecundus æftatis menfis, quo ficus & uvæ decerpuntur.

ϛ. Θωθ. 6. Thoth September, fub figno Virginis, tertius eft æftatis menfis, quo colliguntur in Ægypto ἐλαιφίδακα, quo fignificantur ut puto, olivæ & Perfica mala.

ζ. Φαωφί. 7. Phaophi October, fub figno Libræ, primus Autumni menfis, ubi dactyli palmarum decerpuntur.

η. Ἀθύρ. 8. Athyr, five November fub figno Scorpionis, fecundus Autumni menfis, quo evelluntur afparagia.

θ. Χοιακ. 9. Choiac December, fub figno Sagittarii, eft tertius Autumni menfis, quo colliguntur malvæ.

10. *Tybi* est Janvier, sous le signe du capricorne ; c'est le premier mois de l'hyver, qui donne la chicorée.

11. *Mechir* ou Février, sous le signe du verseau ; est le second mois de l'hyver, qui donne un fruit nommé Aglatia, que nous ne connoissons point.

12. *Phamenoth* est Mars, sous le signe des poissons ; le troisiéme mois de l'hyver, qui donne les citrons.

Voilà ce que portoit le Calendrier Egyptien, du tems de Cosmas & sous l'Empire de Justinien. Il y avoit apparemment eu bien du changement depuis ces anciens tems. On comptoit alors quatre saisons, & l'antiquité la plus reculée n'en admettoit que trois. Mais du tems de Cosmas il y avoit plus de huit siécles, qu'on en comptoit déja quatre en Egypte, comme nous avons vû à la pompe de Ptolemée. Les années commençoient en ces bas tems par Avril, au lieu qu'anciennement elles commençoient par Septembre.

---

ί. Τυβί. 10. Tybi, Januarius, sub signo Capricorni, primus hibernæ tempestatis mensis, quo nascuntur ἐντύβια, sive intubus hortensis.

ια΄. Μεχίρ. 11. Mechir Februarius, sub signo Aquarii, secundus hybernæ tempestatis mensis, qui fructum dat Aglatia nomine, nobis omnino ignotum,

ιβ. Φαμενώθ. 12. Phamenoth, Martius, sub signo Piscium, tertius hihernæ tempestatis mensis, qui profert τὰ κίτρα, qua voce significari videntur citri ; sed apposita figura citros referre nullo modo videtur.

Hæc in Ægyptiaco Calendario erant tempore Cosmæ Ægyptii Monachi, Imperante Justiniano. A priscis autem illis temporibus res novæ multæ invectæ fuérant : nam infimis hujusmodi sæculis quatuor anni tempestates numerabantur ; antiquissimis vero temporibus tres solum horæ sive anni tempestates memorabantur. At Cosmæ ævo jam a plus quam octo sæculis, quatuor horæ Alexandriæ numerabantur, ut vidimus in Ptolemæi pompa. Infimis etiam hisce temporibus anni ab Aprili incipiebantur, ut vidimus ; antea vero a Septembri initium anni ducebatur.

## CHAPITRE IX.

*I. Figures remarquables Egyptiennes. II. Le corps d'Ofiris avec une tête de Monftre.*

I. UNE autre image fort remarquable fe voit au bas de la même plan_che fous le Calendrier, elle eft feparée en deux au milieu par deux lignes, & forme comme deux tableaux. Le premier & le plus haut tableau, nous offre d'abord un fpectacle tout nouveau ; c'eft d'un côté un homme aflis fur une chaife, & une femme derriere lui, la tête manque à l'un & à l'autre, apparemment par quelque accident. Devant cet homme on voit comme un buffet à cinq étages, le premier & le plus bas eft compofé de barreaux qui femblent faits pour foûtenir le fecond. A ce fecond érage on voit d'abord la tête coupée d'un homme dans un baflin, fpectacle tout nouveau dans les monumens Egyptiens ; après vient un vafe à une anfe, un oifeau, deux petits pilliers de balluftrade. Au troifiéme eft d'abord un oie immolé dont la tête pend en bas, une coupe & un autre oifeau. Au quatriéme trois baflins & une coupe. Au cinquiéme des efpeces de petites colonnes. A l'autre côté eft une perfonne de mauvaife maniere, qui éleve fes deux mains, & paroît effraïé à l'afpect de tant d'énigmes. Ce pourroit bien être une femme, & apparemment une Ifis.

II. Le tableau d'en bas eft encore fort fingulier. Le corps d'Ofiris mort fe voit fur un lion, ou fur un banc fait à la maniere d'un lion ; nous en avons déja remarqué plufieurs de cette maniere ; en voici encore un plus fingulier en ce qu'au lieu d'un vifage d'homme il a un long mufeau, on ne fait de quelle efpece de bête, je n'en connois point qui l'ait fait de même. La tête coupée que nous venons de voir en haut feroit-elle d'Ofiris, & celle que nous voïons ici feroit-elle mife en fa place ? Ce ne feroit pas la premiere fois que nous verrions la tête d'un animal mife fur le corps d'un dieu ou d'une décffe, & la veritable tête pofée auprès au bout d'un bâton. Il eft d'ailleurs certain que

---

### CAPUT IX.

*I. Figuræ fingulares Ægyptiacæ. II. Corpus Ofiridis cum monftri capite.*

I. ALia & quidem admodum fpectabilis imago eadem in tabula fub Calendario confpicitur. Illa vero duas in partes dividitur per duas interfecantes lineas, ficque duæ quafi tabellæ efficiuntur. Prima fuperne pofita tabella fpectaculum ftatim novum offert. In altero latere vir in fella fedens mulierem a tergo habet : utriufque vero caput cafu quopiam fublatum eft. Ante hujufmodi virum multa fpectanda offeruntur in quadam machina, ubi quinque rerum ordines gradatim pofiti offeruntur. Primus clathris conftat, qui videntur ad fecundi ordinis tabellam fuftinendam pofiti ; in hac porro tabella confpicitur primo caput viri abfciffum & in difco pofitum, fpectaculum plane novum in monimentis Ægyptiacis ; hinc vafculum anfatum, avis, pilæ duæ minores quæ clathros referant. In tertio ordine, anfer immolatus, cujus caput inferne pendet, poculum & avis alia. In quarto, tres difci, & crater : quintus columellis quibufdam conftat. In alio latere homo vifitur rudi admodum forma delineatus, qui manus attollit, tam infolenti tam ænigmatico fpectaculo attonitus. Eft forte mulier, & fi mulier fit, Ifis erit.

II. Inferior tabella fpectabilis eft. Ofiridis cadaver fupra leonem vel fupra fcamnum ad leonis formam aptatum, extenditur ; jam complures eadem forma vidimus : hic porro ea in re cæteris fingularior eft, quod pro vultu hominis, roftrum habeat oblongum animalis nefcio cujus, neque ufpiam fimile me videre memini. An abfciffum caput quod fupra vidimus, Ofiridis eft ? An vero caput ferinum ejus hîc loco pofitum fuerit ? illud vero non femel jam vifum fuit, ut caput feræ animalifve cujufpiam hominis corpori imponatur ; hominis vero ejufdem caput verum, e vicino fcipioni affixum ponatur.

felon la fable, Typhon avoit découpé en pieces le corps d'Ofiris, & qu'Ifis
en raffembla les parties. Aux pieds d'Ofiris eft Anubis, qui embraffe ce
corps mort, & au-deffous du lion quatre Canopes que nous voïons auffi dans
plufieurs autres images d'Ofiris mort. Aux deux extrémitez font deux Ifis qui
menent deüil fur cette mort. Il n'eft pas rare chez les Egyptiens de voir la
même divinité repetée fur une image. Voici le cinquiéme Ofiris mort que
nous voïons dans ces monumens. La premiere image eft dans la bordure de la
table Ifiaque; la feconde eft dans la planche des Pyramides d'Egypte; la troifiéme a été donnée ci-devant avec Ifis; la quatriéme paroîtra tout-à-l'heure dans
un Abraxas; la cinquiéme eft celle-ci, on peut y en ajoûter une fixiéme,
qui fe trouve dans une pierre du Senateur Capello, imprimée dans une planche des Abraxas; c'eft à la CLXXVI. du fecond tome de l'Antiquité. Dans
celle-là ce n'eft pas un lion, ni un banc fait comme un lion qui foûtient le
corps d'Ofiris mort; c'eft une autre bête vivante qui revient affez à un fan-
glier, & à gueule beante. Anubis y fait fa fonction ordinaire, & il paroît
là couronné. Deux Ifis font l'une à la tête, l'autre aux pieds d'Ofiris mort.
L'écriture qui eft au bas de ce tableau eft écrite de la droite à la gauche comme dans le Calendrier Egyptien, c'eft la vraie écriture Egyptienne, non Hieroglyphique, & c'eft pour cela que nous l'avons mife dans cette planche,
auffi-bien que la fuivante, où l'on voit fur une efpece d'autel un oifeau, qui
pourroit bien être un épervier pris fouvent pour Ofiris, comme plufieurs monumens & Plutarque en font foi; un homme dans une pofture humiliée tient
une patere comme pour lui facrifier. L'écriture qui eft au-deffous eft la même
que la precedente. Une chofe pourroit d'abord faire croire qu'elle eft écrite
de la gauche à la droite à nôtre maniere; c'eft que la derniere ligne qui n'eft pas
achevée, finit vers la droite. Mais cela ne peut arrêter ici. Ces caracteres qui
viennent fi fouvent dans l'écriture Egyptienne 3. 4. y font au même fens que
l'écriture précedente : ainfi ces lettres auront été écrites au-deffous de l'extrémité de la ligne precedente, fans en recommencer une autre, comme
nous faifons nous-mêmes affez fouvent.

---

Alioquin autem certum eft in fabula ferri, Ofiridis
corpus a Typhone in partes varias defectum fuiffe,
illaíque partes Ifidem collegiffe : in extrema tabella hinc & inde duæ IfidesOfiridis necem lugentes
confpiciuntur. Neque infolens eft apud Ægyptios
eumdem deum deamve bis eadem in tabula repræ-
fentatum cernere. En jam quinto Ofiridis cadaver
confpicimus in hujufcemodi monimentis : primo
in ora menfæ Ifiacæ ; fecundo in tabula pyramidum
Ægyptiacarum ; tertiam imaginem fupra cum Ifide
repræfentavimus ; quarta in Abraxæa gemma mox
dabitur ; quinta hæc eft de qua nunc agimus ; fextam
adjicere poffumus, nempe in Abraxæa gemma V.
Cl. Senatoris Capelli quam dedimus in tabula
CLXXVI, fecundi Antiquitatis explanatæ tomi :
in illa vero neque leo, neque fcamnum leonina
forma corpus Ofiridis fuftinet, eft enim alia fera
hianti ore apro fimilis. Anubis functionem ibi fuam
pro more obit,atque in illa imagine coronatus effe
videtur : duæ ibi quoque Ifides funt, alia ad caput,
alia ad pedes Ofiridis mortui. Scriptura in ima tabula exarata a dextera ad finiftram procedit,ut in

Calendario Ægyptiaco. Eft autem hæc vere Ægyptiaca fcriptura fine hieroglyphicis, ideoque illam
in hac tabula pofuimus perinde atque fequentem,
ubi in ara quadam avis ponitur forteque accipiter,
qui fæpe pro Ofiride habebatur, ut ex monumentis
plurimis & ex Plutarcho difcimus. Vir demiffi animi
ex corporis fitu fpeciem præ fe ferens pateram tenet
quafi ad facrificandum. Scriptura infra pofita eadem
eft, quæ in præcedenti tabella. Attamen primo
ftatim intuitu aliquid occurrit, quod fuadere videtur infcriptionem a finiftra ad dexteram fecundum morem noftrum exaratam effe : poftremus
namque verfus qui non completus eft, ad dexteram
procedendo definere videtur. Verum hoc nihil
poteft negotii faceffere : nam characteres illi qui
tàm fæpe in Ægyptiacis infcriptionibus occurrunt,
nempe 3. & 4. eodem hic fitu funt, quo in præcedentibus infcriptionibus. Atque adeo illæ fubtus
pofitæ literæ, fub extremo definente verfu defcriptæ
fuerint, ne alter verfus inciperetur, ut & nos fæpe
facimus.

CHAPITRE

LE CALENDRIER ÉGYPTIEN

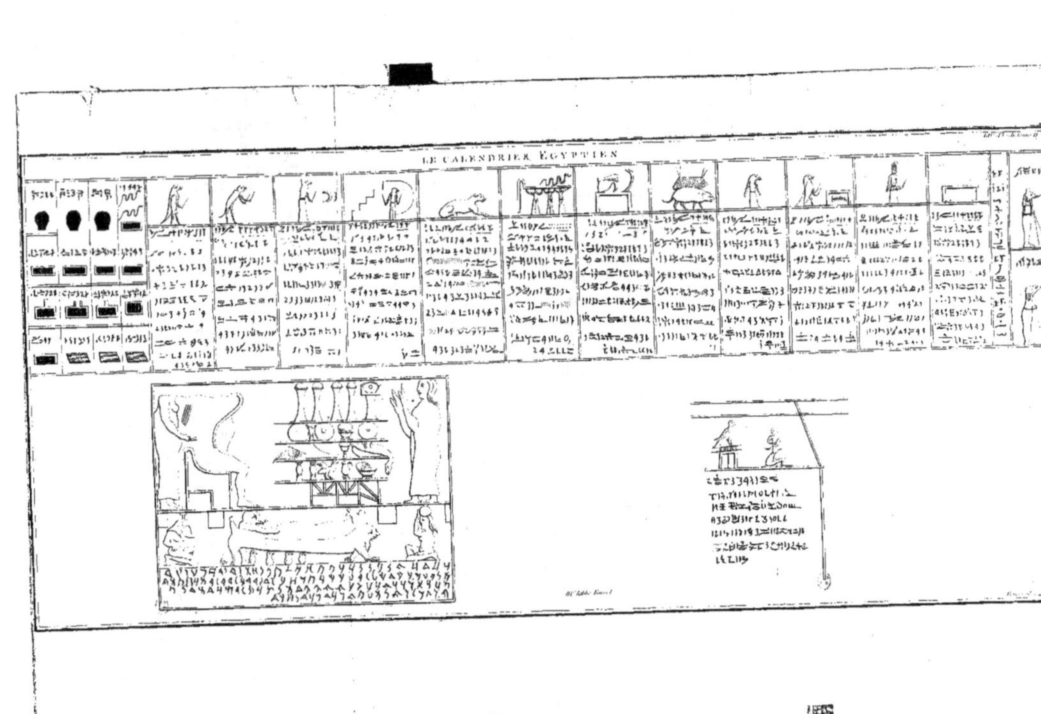

## CHAPITRE X.

*I. Le grand nombre d'Abraxas. II. Abraxas de Jupiter. III. De Mars. IV. D'Hecaté. V. D'Ifis. VI. De l'Elephant. VII. D'Abraham.*

I. LE fecond Tome de l'Antiquité expliquée, contient un grand nombre d'Abraxas tirez de ces pierres gravées des Bafilidiens, où ils mêloient le culte du vrai dieu, avec celui des Egyptiens, & quelquefois auffi des Grecs & des Romains. Ils donnoient à des femmes & à des gens fimples, ces pierres gravées, comme des préfervatifs & des remedes contre differentes maladies. S'il en faut juger par la quantité extraordinaire qu'on en trouve, jamais fuperftition ne fut plus en vogue que celle-là. Ils gravoient leurs figures fur de petites pierres & le plus fouvent fur cette pierre noire d'Egypte, qu'on appelloit Bafalte. Ils y emploïoient encore affez fouvent les Amethyftes. Ils en donnoient comme des remedes fpecifiques contre certaines maladies, contre les maux de poitrine, contre les fiévres; d'autres pour rendre fecondes les femmes fteriles; & enfin pour toute forte de maladies. Il y avoit des medecins qui s'en fervoient, comme Samonicus. Cette fuperftition fi répanduë dans les Gaules, dans l'Efpagne, dans l'Italie & dans plufieurs autres payis de l'Europe, a duré plufieurs fiécles. Peut-être s'en confervet'il encore aujourd'hui quelques traces parmi ceux qui s'adonnent aux preftiges & aux forcelleries. La quantité qu'on en déterre tous les jours donne lieu d'efperer qu'on en découvrira enfin où fe trouveront les plus fecrets myfteres de ces anciens heretiques. Voici fix nouvelles pierres dont quelquesunes frappent par leur fingularité.

II. La premiere eft toute myfterieufe. On voit d'abord Jupiter [1] affis fur une chaife Il tient de la main droite élevée, un inftrument qui reffemble à un quatre de chiffre. Sur fa tête eft une autre figure. C'est un globe qui a au milieu deux bandes croifées d'une autre large bande, à chaque extré-

PL.<br>LV.

---

### CAPUT X.

*I. Abraxæarum gemmarum numerus ingens. II. Abraxas Jovis. III. Abraxas Martis. IV. Hecates. V. Ifidis. VI. Elephanti. VII. Abrahami.*

I. INgentem numerum Abraxæarum imaginum in fecundo Antiquitatis explanatæ tomo protulimus, gemmarum videlicet infculptarum, in queis Bafilidiani, cultum veri dei cum cultu profanorum veterum, maximeque Ægyptiorum, admifcebant, & aliquando etiam Græcorum & Romanorum. Has gemmas mulierculis virifque rudibus & incautis dabant ad confervationem valetudinis & remedium contra morbos. Nulla unquam fuperftitio latius manavit; ut ex ingenti numero lapillorum hujufmodi, qui quotidie eruuntur, arguere licet. Ad hafce fculpendas præftigias vario lapillorum genere utebantur, corneola, jafpide, Giada Orientali, Lapide Azulitano, achate cujufvis fpeciei, maxime autem marmore illo Ægyptiaco quem bafalten vocabant. Amethyftum etiam non raro ufurpabant. Hæc offerebant ceu remedia quibufdam morbis, pectoris ægritudinibus, febri, mulierum fterilitati, denique morbis omnibus. Nec deerant medici qui illis ut φαρμάκοις utebantur, qualis erat Quintus Samonicus. Hæc fuperftitio late pervagata eft per Gallias, Hifpaniam, Italiam, cæterafque Europæ regiones. Et fortaffis adhuc quædam illarum rerum veftigia fuperfunt apud eos qui præftigiis & magicæ rei dant operam. Tot tantaque hujufcemodi in dies ex tenebris eruuntur, ut fperandum fit fore ut eorum adminiculo hæreticorum veterum fecretiora myfteria revelentur. En fex novas Abraxæas gemmas fingularitate fua fpectabiles.

II. Prima, arcana multa præ fe ferre videtur. Jupiter in fella [1] fedens confpicitur; manu dextera inftrumentum tenet fimile numerali hujufcemodi notæ Figura altera capiti ejus imminet, nempe globus duabus fafciis alligatus, alteraque deinde fafcia tranfverfe pofita; in extremis fafciis utrinque globo

mité on voit une grande aile ; c'eſt ce qu'on remarque ſouvent dans les monumens Egyptiens ; ce globe eſt environné d'une figure irréguliere ; au bout d'une des ailes eſt repreſenté le ſoleil dans un croiſſant de lune. Les deux bandes paralleles qui coupent le globe pourroient marquer la Zone torride, & les ailes la viteſſe du ſoleil. Sur le bas vis-à vis des jambes de Jupiter eſt un cancer ſigne du Zodiaque, qui marque peut-être que la pierre a été gravée quand le ſoleil étoit à ce ſigne. L'image de deſſous eſt encore plus extraordinaire. C'eſt un roi mort & emmailloté depuis la tête, comme on en voit pluſieurs entre les figures Egyptiennes. Ces bandes en ſe croiſant font des figures rhomboïques, comme d'anciens carreaux de vitre. Il eſt étendu ſur une piece de bois : ce qui paſſe au-delà de la tête de ce Roi eſt heriſſé de pointes, qui ne ſont peut être pas miſes là ſans myſtere. Ce Roi mort dont la tête eſt ornée d'une couronne radiale, eſt ſoûtenu ſur une planche portée par un lion. C'eſt Oſiris comme on l'a prouvé ci-devant. L'image eſt fort differente des autres que nous avons décrites ci-devant, lorſque nous parlions d'Iſis & d'Oſiris, quoiqu'elle repreſente ſans doute la même hiſtoire. Dans les autres ce qui ſoûtient Oſiris n'eſt pas un lion vivant comme ici ; mais c'eſt un banc accommodé à la maniere d'un lion, & qui a la tête, la queuë, & les jambes d'un lion. La couronne d'Oſiris mort ne ſe voit qu'ici. La ſculpture & les figures n'ont rien de ce goût Egyptien qui ſe trouve dans les autres images, comme le verront d'abord ceux qui auront quelque uſage de ces monumens de l'Antiquité. Quoique l'on voie ici des marques évidentes de la ſuperſtition Egyptienne : ce n'eſt pas aſſûrement un Egyptien qui a gravé cette pierre. Pluſieurs Baſilidiens qui n'étoient pas Egyptiens, mettoient pourtant ſur leurs pierres des figures Egyptiennes. Nous avons parlé ci-devant aſſez au long des autres images qui repreſentent Oſiris mort. Il y a encore une choſe à remarquer ici ; c'eſt que dans la table Iſiaque, où l'on voit dans la bordure d'en bas, Oſiris étendu ; il y a au-deſſus de lui un globe avec des ailes étenduës, telles que nous les voïons ici au-deſſus de la tête de Jupiter. Vis-à-vis du lion eſt un caractere qui n'a point de ſemblable parmi

---

adjunguntur alæ duæ id quod ſæpe in monumentis Ægyptiis obſervatur; globus autem ille figura quadam circumdatur. Ibidem ante Jovem Sol repræſentatur in creſcente Luna. Duæ faſciæ parallelæ quæ globum ſecant zonam torridam ſignificare poſſent, & alæ illæ ſolis velocitatem. In ima parte è regione tibiarum Jovis, Cancer eſt Zodiaci ſignum, an ut ſignificetur inſculptam fuiſſe gemmam cum Sol in hoc ſigno eſſet. Singularior eſt imago ſub Jovis pedibus poſita. Rex quidam mortuus & a capite ad uſque pedes & ultra faſciis & pannis involutus, ut ſæpe in Ægyptiacis figuris videmus. Hic vero faſciæ ſeſe mutuo decuſſantes rhomboïcas figuras exhibent : in tabula lignea extenditur, quod autem ultra caput regis de tabula egreditur, aculeos exhibet multos, id quod fortaſſe myſterio non caret. Rex ille cujus caput ornatur radiata corona, cum tabula ſuppoſita ſupra leonem extenditur. Eſt autem Oſiris ut jam diximus probavimuſque. Hæc autem imago ab aliis quas vidimus vel deſcripſimus ſupra, ubi de Iſide & Oſiride loquebamur,

multum differt, etſi idipſum haud dubie hic repræſentetur. In aliis enim non leo vivus Oſirin ſuſtinet, ſed ſcamnum in modum leonis concinnatum, caput caudam cruraque leonis habens. Corona autem in nullo alio Oſiridis mortui ſchemate viſitur. Ad hæc vero ſculpturæ modus ac ritus repræſentandique ratio, ab Ægyptia ſculptura & pingendi ratione in hoc ſchemate prorſus aliena ſunt, ut quiſque in hiſce rebus non hoſpes ſtatim percipiat. Quamobrem licet Ægyptiacæ ſuperſtitionis ſymbola hic compareant certum videtur hanc ſculpturam non ab Ægyptio artifice fuiſſe factam. Ex Baſilidianis enim multi, qui non erant Ægyptii, religiones tamen Ægyptiacas in amuletis ſuis depingebant. De aliis Oſiridis defuncti & ſupra leonem extenſi imaginibus ſatis diximus in laudato ſupra loco ; hoc tamen hic obſervandum eſt, nempe in imagine illa Oſiridis extenſi quæ in ora inferiore menſæ Iſiacæ perſpicitur, globum cerni cum aliis adjunctis, qualem in hac etiam imagine ſupra caput Jovis perſpicimus. E regione leonis eſt quidam character,

les hieroglyphes que j'ai vûs jufqu'à prefent. Dans ces amuletes tout fignifioit quelque chofe.

III. Mars [2] qui porte un trophée & une pique fe trouve dans une autre pierre ; au revers de laquelle fe voient des caracteres Grecs magiques des Bafilidiens, qui ne font point de fens, on a même fouvent peine à en connoître les lettres.

IV. La figure qui fuit [3] avoit déja été donnée, mais fi petite, qu'on n'y peut prefque rien diftinguer comme il faut, & le revers où eft Harpocrate, avoit été paffé. La premiere & la grande face eft d'Hecaté. Elle a trois têtes feparées, chacune avec un T. par-deffus. Elles font tournées de trois côtez. Il femble que les trois têtes n'aient qu'un corps, & quatre bras, difpofez de maniere que de quelqu'un des trois côtez qu'on fe tourne, chaque tête a fes deux bras ; Hecaté eft revêtuë d'une vefte ceinte, & par-deffous d'une tunique qui lui defcend jufqu'aux jambes. Ces jambes font ici deux longues queuës de ferpens, qui fe replient. Hecaté a donc ici quatre mains comme nous avons dit. De l'une elle tient un flambeau, comme Diäne qu'on appelloit *lucifera*, Hecaté eft elle-même appellée porte-flambeau & porte-lumiere. On la prenoit pour Proferpine, & plus ordinairement pour Diane.

> *Et la triple Hecaté, les trois faces de Diäne,*

dit Virgile. Des deux autres mains elle tient un foüet qui lui convient comme gardienne de l'enfer, & c'eft peut-être par la même raifon que de la quatriéme main elle tient un glaive. Mais pourquoi lui a-t'on mis des queuës de ferpent au lieu de jambes ? cela eft difficile à expliquer : on ne fauroit non plus dire pourquoi a-t-on mis autour d'elle tous ces caracteres Grecs où l'on ne peut rien entendre. Au revers d'Hecaté dans un plus petit ovale eft Harpocrate qui tient le doigt fur la bouche, ou plûtôt qui tient de fa main un bâton court, qu'il porte fur la bouche. Il a la corne d'abondance, & fur la tête une fleur entre deux pointes. Nous en avons donné plufieurs femblables dans l'Antiquité au chap. d Harpocrate.

V. On voit parmi les Abraxas donnez au Tome 2. & ailleurs, des Ifis affifes fur la fleur du Lotus. Celle-ci a [4] quelque chofe de fingulier, elle a un globe fur la tête avec un cercle raïonnant qui l'entoure : ce qui mar-

---

cujus formam non memini me videre inter characteres hieroglyphicos : in hifce autem amuletis nihil non fuam fignificationem habebat.

III. Mars tropæum [2] & haftam geftans in alia habetur gemma, in cujus poftica facie, characteres Græci magici Bafilidianorum comparent, qui nullum tamen fenfum efficiunt : imo fæpe etiam vix internofci literæ poffunt.

IV. Gemma fequens jam edita fuit, fed in imagine tam minuta, vix ut in ea quidpiam accurate perfpicere poffis. Harpocrates vero, qui in poftica ejufdem gemmæ facie fculptus eft, omiffus fuerat. Prima majorque facies Hecates eft. [3] Tria autem habet feparata capita cum hac figura capiti cuique fuperpofita T. Tria autem illa capita averfa mutuo funt, videnturque tria unum habere corpus, quatuorve brachia fic difpofita, ut quoquo te vertas caput unum duoque brachia videas. Tibiæ funt duæ, nempe oblongæ ferpentum caudæ finuofis flexibus convolutæ. Hecate ergo quatuor hic manus habet, ut diximus, prima facem tenet, ut Diana, quæ vocabatur Lucifera, Hecate ipfa vocabatur δαδοφόρος eam Proferpinam quidam effe credebant, plures Dianam

*Tergeminamque Hecaten, tria virginis ora Diane,* inquit Virgilius. Duabus aliis manibus flagellum tenet, id quod inferorum cuftodi competit, & fortaffis eadem de caufa quarta manu gladium tenet. Sed cur ferpentum caudæ pro tibiis pofitæ funt ? Id certe explicatu difficile fuerit : neque etiam in promtu eft indicare cur appofiti fint characteres illi Græci, qui intelligi nequeant. In pofteriore facie minorique ovatæ formæ area eft Harpocrates digitum ori admovens, aut potius qui virgam brevem manu tenet, quam ori admovet. Cornucopiæ altera manu tenet & capite geftat nefcio quem florem. Multos Harpocrates dedimus in fecundo Antiquitatis explanatæ tomo, Capite de Harpocrate.

V. Inter Abraxæas figuras jam publicatas, Ifides vifuntur in Loti flore fedentes. Hæc fingulare [4] quidpiam præ fe fert, globum capite geftat cum circulo radiato caput circumdante, quo Sol figni-

que le soleil. L'inscription qui est au revers a quelque rapport à la figure, on y lit ΙΕΟΥ ΑΡΣΕΝΟΦΡΗ. * Ιευ est là pour Ιαω, qui est la maniere ordinaire dont les Auteurs Ecclesiastiques lisent le *jehova* des Hebreux ; mais dans ces sortes de mots, le changement ou la transposition des voïelles font comptez pour rien , la pierre gravée a Ιευ, & Eusebe au premier livre de la préparation Evangelique p. 31. a Ιευω. La derniere syllabe du mot suivant Φρη , qu'on lit *Phri*, veut dire en langue Egyptienne le soleil , αρσενοΦρη , voudroit donc dire que le soleil est mâle en supposant qu'on a joint ici un mot Grec avec un Egyptien. Nous voïons en effet ici les raïons du soleil; mais qui sortent de la tête d'une femme , ce qui sembleroit ne pas s'accorder avec l inscription. Est-ce pour signifier qu'Isis que plusieurs prenoient pour la lune, étoit mâle : car comme nous avons dit au premier Tome, un grand nombre d'orientaux croïoient que la lune étoit du genre masculin. Mais nous voïons ici les raïons du soleil sortant de la tête d'Isis qui est represèntée en femme : je m'arrête ici ne trouvant rien qui puisse ni me plaire , ni satisfaire le lecteur. Il ne faut pas omettre qu'entre les raïons il y a un globe qui marque ou la lune ou la terre.

VI. La pierre suivante ⁵ n'est peut-être pas si difficile à expliquer qu'elle paroîtra d'abord. Il faut rappeller ce que nous avons dit assez souvent au livre des Abraxas , & que nous avons prouvé par les inscriptions mêmes de ces pierres ; c'est que les Basilidiens & les Gnostiques les donnoient pour guerir de differentes maladies. Nous voïons sur l'une des faces un élephant & de l'autre une inscription magique à l'ordinaire; on ne peut gueres douter que cette pierre ne fût pour guerir de la maladie qu'on appelloit élephas & Elephantiasis ; c'étoit selon la description qu'en font les anciens une espece de lepre , qui défiguroit le visage de l'homme & sa peau ; ensorte qu'elle devenoit semblable à celle de l'Elephant. Q. Serenus Samonicus Medecin Basilidien , qui comme nous avons dit au même livre , emploïoit ces paroles magiques pour la guerison des maladies , en parle en ces termes.

*L'Elephantiase est une cruelle maladie, & dont le seul nom fait horreur , non sealement elle défigure le visage par les pustules qu'elle produit ; mais elle*

---

sicatur. Inscriptio in postica facie sculpta , cum hac figura aliquid affinitatis habet. Legitur ergo ΙΕΟΥ ΑΡΣΕΝΟΦΡΗ. Ιευ idem est ac Ιαω , hoc autem modo Hebræorum יהוה Jehova apud Scriptores Græcos Ecclesiasticos legitur. Verum in hujusmodi vocibus mutatio sive transpositio vocalium pro nihilo computatur : in hac gemma legitur Ιευ, Eusebius autem præparationis Evang. l. 1. p. 751. Ιευω habet. Αρσενοφρη, postrema Syllaba φρη nomen est Ægyptiacum Solem significans, αρσενοφρη igitur significaret Solem esse marem, si supponas vocem αρσενο græcam cum voce φρη Ægyptiaca hic conjungi. Et vere radios Solis in figura videmus , sed ex capite mulieris egredientes , quod videretur cum inscriptione nostra non consonare. An ut significetur Isidem quæ pro Luna vulgo habebatur , ut marem a multis haberi , nam multi Lunam esse marem putabant , ut suo loco diximus. Verum hic Solis radios videmus ex capite Isidis egressos quæ Isis hic mulier repræsentatur. Hic gradum sisto neque enim me posse & lectori & mihi facere satis existimo. Neque

præetermittendum tamen est inter radios globum haberi , quo vel Luna vel orbis terræ significatur.

VI. Gemma sequens non ita forte difficilis explicatu erit ac primo ⁵ conspectu videtur. Hic memoria repetenda sunt ea quæ sæpe diximus libro de Abraxæis figuris, imo ex ipsis gemmarum inscriptionibus probavimus ; nempe Basilidianos & Gnosticos illis esse usos varias ut ægritudines curarent. In altera facie elephantem cernimus ; in altera inscriptionem magicam ut alias frequenter. Vix dubitari possit hanc gemmam destinatam fuisse curando morbo , qui elephas & elephantiasis appellabatur. Erat autem , ut aiunt veteres , lepræ genus , quod & vultum & cutem hominis deformabat, ita ut elephantis pelli similis evaderet. Q. Serenus Samonicus medicus Basilidianus , qui ut eodem libro diximus , verba illa magica ad curandos morbos adhibebar , sic de Elephante seu Elephantiasi loquitur ,

*Est Elephas morbus tristi quoque nomine dirus*
*Non solum turpans infandis ora papillis;*

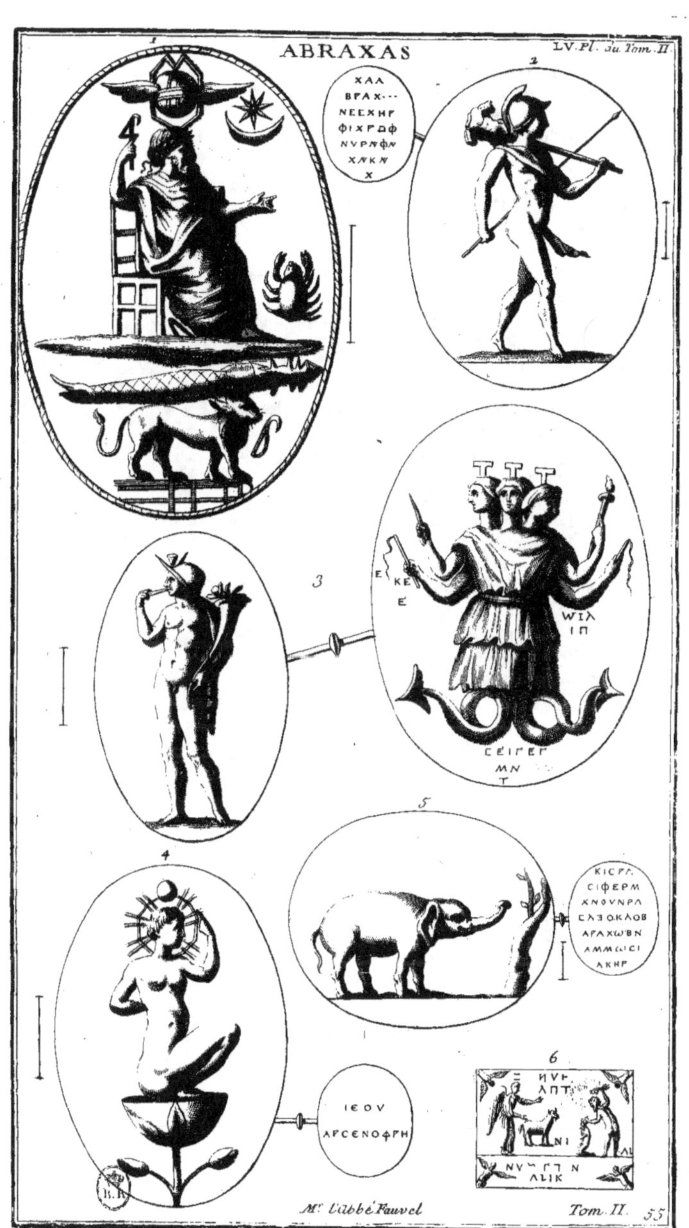

ABRAXAS
LV.Pl. du Tom.II
1
2
3
4
5
6
Mr. l'Abbé Fauvel
Tom. II. 55

*precipite bien-tôt au tombeau par le venin qu'elle infuse dans l'homme. Le fuc de l'écorce au cedre eft bon pour guerir de cette maladie,* après quoi il indique encore plufieurs autres remedes. L'Elephant que nous voïons ici, eft devant un arbre. Cet arbre pourroit bien être un cedre, il paroît avoir en effet beaucoup d'écorce que Samonicus indique pour remede ; enforte que ces preftigiateurs auront mis du côté de l'Elephant le remede naturel, & de l'autre côté le remede magique qui confifte en ces mots, KICPA, CIΦEPM, XNOΥNPA, ΣABOKΛOB, APAXΩBN, AMMΩΣI, AKHP. Ces Heretiques re-connoiffoient plufieurs puiffances celeftes, ils en mettoient 365. autant qu'il y a de jours dans l'année. Il eft certain qu'ils donnoient à chacune leur nom qu'ils gravoient fur leurs pierres magiques : ils donnoient ces noms & ces figures ou comme des préfervatifs, ou comme des remedes. Cela re-venoit affez à l'opinion que les Grecs & les Romains avoient touchant les Genies & les Junons, ainfi appelloient-ils les Genies des femmes. Ce qui favorife encore cette explication c'eft que la lepre qui eft un mal prefque inconnu aujourd'hui, étoit très commun dans ces anciens tems.

VII. Les Bafilidiens qui emploïoient dans leurs pierres magiques les fu-perftitions prophanes, les dieux des Egyptiens, des Perfes, des Grecs, & des Romains, y mettoient auffi quelquefois les hiftoires de la Bible, & les noms des faints de l'ancien Teftament. Nous avons vû au tome fecond p. 369. dans l'infcription d'un de ces Abraxas ces mots χαειζόμδνον ὄνομα Αβρααμ, ce qui veut dire que Ιαω, qui eft Dieu, a donné le nom à Abraham. Voici une pierre ou eft reprefenté [6] le Sacrifice d'Abraham. Ce [6] Patriarche tient par les cheveux Ifaac, qui eft à genoux, & leve l'autre bras pour le frapper de fon poignard. De l'autre côté de l'image un Ange lui prefente un belier, & lui fait figne de la main pour l'empêcher d'achever. Aux quatre coins de la pierre font quatre autres Anges, qui ont les ailes étenduës & qui femblent voler. Il y a par-ci par-là des caracteres Grecs inex-plicables, & qui ne font aucun fens, au moins pour nous, qui n'entrons point dans ces myfteres.

---

*Sed cita præcipitans funefto fata veneno*
*Huic erit adverfus cedri de cortice fuccus*
Sub hæc autem multa alia quoque remedia indicat. Elephas quem hic confpicimus ante arborem eft : quæ arbor cedrus effe poffet : videturque revera multum corticis habere, corticis autem fuccum huic fedando morbo indicat Samonicus. Itaque præftigiatores illi, in illa facie quæ Elephantem ex-hibet, remedium naturale & phyficum pofuerint, in altera vero remedium magicum his verbis con-ftans KICPA CIΦEPM XNOΥNPA ΣABOKΛOB APAXΩBN AMMΩΣI AKHP : Hæretici illi poteftates mul-tas cæleftes fingebant agnofcebantque. Tre-centas autem fexaginta quinque effe dicebant, quot fcilicet funt in anno dies. Certum eft eos fin-gulis illis poteftatibus nomina impofuiffe ; eadem porro nomina in gemmis infculpebant, nomina vero cum figuris, tum ad confervationem valetu-dinis, tum ut remedia pro morbis dabantur. Id vero fatis quadrabat ad veterum Græcorum Roma-norumque opinionem circa genios atque Junones, quæ Junones mulierum genii erant. Quod autem

explicationi noftræ favere videtur, lepra morbus hodie pene ignotus, illis temporibus notiffimus & frequens erat.

VII. Bafilidiani, qui in magicis fuis amuletis profanas fuperftitiones numinum Ægyptiorum, Perfarum, Græcorum & Romanorum adhibebant, Bibliorum etiam hiftorias, necnon fanctorum ve-teris teftamenti ufurpabant. Vidimus tomo Anti-quitatis explanatæ fecundo pag. 369. in quadam Abraxææ gemmæ infcriptione, Χαειζόμδνον ὄνομα Αβρααμ, id quod fignificat Deum, Ιαω ibidem dictum, nomen Abrahæ dediffe. En aliam gemmam [6] in qua facrificium Abrahæ repræfentatur. Patriarcha comam arripuit Ifaaci qui in genua procubuit ; al-teram manum Abraham erigit, ut gladio feriat. In altera imaginis parte Angelus ipfi arietem of-fert, & manu prohibere videtur ne cœptum per-ficiat. In quatuor petræ angulis alii quatuor An-geli funt, qui expanfis alis volare videntur. Literæ porro Græcæ hinc & inde videntur, nihil prorfus fignificantes, nobis faltem qui in arcana hujufce-modi non intramus.

## CHAPITRE XI.

### *Vaſe des Baſilidiens.*

Pl. LVI.

NOus mettons le vaſe ſuivant après les Abraxas, parce que ces caracteres Grecs entremêlez d'autres caracteres faits d'imagination, paroiſſent être de l'invention de ces Baſilidiens. Ce curieux monument appartient à M. Recanati, Gentilhomme Venitien, qui m'en a envoïé le deſſein tel que je le donne ici. Le vaſe eſt repreſenté dans toute ſa grandeur, & les figures qui l'ornent tout au tour, occupent le bas de la planche. On y voit d'abord une femme qui a des ailes, & qui tient par un manche une tablette, où ſont quelques caracteres magiques, ſur l'autre bras elle tient une maſſuë ; cette figure ſe trouve ſur le vaſe près du Temple d'Hercule, qui ſe voit ici au bout oppoſé de l'image. Après cette figure qui eſt une victoire on voit deux oiſeaux perchez ſur une machine de bois à pluſieurs branches. Après cela une femme aſſiſe tient de la main gauche un gros bâton comme un bois de pique, & de l'autre main une petite figure qui reſſemble à une mumie. La chaiſe où la femme eſt aſſiſe, eſt poſée ſur une baſe qui a une inſcription en deux lignes, dans la premiere ligne écrite en caracteres Grecs on lit φοτι. Ce qui ne veut rien dire, la ſeconde ligne eſt de caracteres inconnus & forgez par des gens qui ne vouloient pas qu'on les entendît, peut-être même que ſans leur donner aucun ſens, ils ne les ont mis là que pour donner à tout ceci un plus grand air de myſtere. Après cela vient un vaſe rond oblong, étroit par le haut comme un vaſe appellé guttus qui a la bouche fort étroite, au côté duquel ſont ces deux lettres, IT. Au-deſſus de ce vaſe eſt un oiſeau dans un vaſe comme dans ſon nid : il ſe tient dans ce creux comme s'il couvoit ſes œufs. Au-deſſus de l'oiſeau on voit ces lettres Greques ΛO. Après tout cela vient le frontiſpice d'un temple, que les deux maſſuës poſées aux deux côtez du fronton, prouvent être un temple

---

### CAPUT XI.

### *Vas Baſilidianorum.*

I. VAs ſequens poſt Abraxæas gemmas locamus, quoniam characteres Græci cum aliis characteribus ignotis & ex arbitrio inventoris concinnatis ad Baſilidianorum arcana videntur pertinere. Hoc ſingulare monumentum ex Muſeo eſt eruditiſſimi viri Recanati nobilis Veneti, qui delineatam mihi vaſis figuram tranſmiſit, qualem hic videre eſt. Vas in archetypo eamdem quam hic habet amplitudinem ; anaglypha autem circum poſita imam totam tabulam occupant. Primo alata mulier viſitur, quæ tabellam tenet magicis characteribus onuſtam ; altero autem brachio clavam. Hæc porro mulier in archetypo prope templum Herculis eſt, quod hic oppoſitam tabulæ faciem occupat. Poſt hanc mulierem quæ victoriam haud dubie repræſentat, mulier ſedens læva tenet

baculum ſive haſtam puram, altera vero manu figuram quæ Mumiæ pene ſimilis eſt. Sella in qua mulier iſtæc ſedet baſi cuidam impoſita eſt, in cujus anteriore facie, inſcriptio duobus conſtat verſibus. In primo verſu Græcis litteris φοτι legitur, cujus vocis nulla ſignificatio eſt ; ſecundus verſus characteribus ignotis eſt exaratus, arbitrio quorumdam excogitatis, qui hæc intelligi nolebant, imo fortaſſe qui nullam vel ipſi ſignificationem literis hujuſmodi adſcripſerint ; ſed hæc ideo ſolum commenti fuerint, ut majorem myſterii & arcani apparatum exhiberent. Hinc vas quodpiam ſequitur rotundum & oblongum, cujus os anguſtiſſimum, quale vas illud veteribus erat, quod guttus appellabatur : e latere cujus hæ duæ literæ ſunt IT. Supra vas iſtud avis viſitur in cratere recubans ac ſi ova foveret : ſupra avem has duas Græcas literas nihil ſignificantes legimus ΛO. Poſt hæc adeſt frontiſpicium templi, quod ex clavis duabus ad duo faſtigii latera erectis eſſe templum Herculis ar-

d'Hercule, la victoire qui est auprès du temple, porte aussi une massuë, pour marquer apparemment les victoires d'Hercule. A l'entrée du temple qui a deux colonnes de chaque côté, est un grand oiseau qui touche presque de la tête à l'entablement, & de la queuë au pavé. Dans l'intervalle du fronton on voit encore deux oiseaux, & par-dessus le temple encore deux autres qui se bequettent. Au bas du temple à la premiere marche est cette inscription Φυλιολσοι π. Ce sont des lettres Grecques qui ne signifient rien.

Le dessous du pié n'est pas moins remarquable. L'image qui fait un rond comme une médaille, est plus grande, comme on voit, que dans l'original. Un vieux Silene ou Satyre assis croise ses cuisses de chevre. Il a une longue barbe, de longues oreilles dressées. Il paroît méditer sur quelque chose, & éleve en haut l'index de la main droite : jamais Satyre si serieux que celui-ci. On voit à ses pieds deux caracteres Grecs φμ & un autre inconnu, & tout au tour une plus longue inscription en caracteres partie Grecs & partie inventez comme on voit souvent dans les Abraxas. Tout cela est inintelligible. Ce qu'on peut dire de plus vrai-semblable, est que les Basilidiens ont fait ce vase pour quelque personne de qualité, & qu'ils l'ont donné comme un préservatif, ou comme un remede contre les maladies. Ils faisoient un nombre infini de ces amuletes, on en déterre tous les jours une grande quantité en France, en Italie, en Espagne.

---

guitur. Victoria quoque illa de qua supra, juxta templum stans clavam gestat, ut victorias Herculis haud dubie significet. In templi ingressu duabus hinc & inde columnis ornato, avem magnam conspicimus, quæ capite templi tabulatum, cauda pavimentum tangit. In ipso fastigio duæ aves viuntur, ac totidem in ipso templi pinnaculo, quæ mutuo rostra admovent. In primo templi gradu hæ literæ Græcæ conspiciuntur φυλιολσοι, quæ nihil prorsus sibi volunt.

Exterior fundi facies non minus spectabilis est. Imago nummi instar rotunda, hic major exhibetur ut videas, quam in archetypo sit. Vetus an Silenus, an Satyrus sedens caprina crura decussatim posita habet. Longam præfert barbam longasque auri-

culas caprinas erectas. Meditantis more positus dexteræ manus indicem erigit. Nunquam visus Satyrus fuit tantæ gravitatis. Ad pedes ejus duæ literæ Græcæ sunt φμ, aliusque character ignotus & circum inscriptio longior habetur partim Græcis partim aliis ignotis characteribus, quales sæpe in Abraxæis imaginibus videmus. Hæc quid significent frustra quæras. Id vero similius dici potest, nempe Basilidianos hoc vas apparavisse cuidam primariæ sortis personæ, & ad tutelam conservationemque dedisse, sive in remedium contra ægritudines corporis. Infinita quippe hujuscemodi amuleta adornabant, quæ quotidie ex tenebris eruuntur in Gallia, Italia & Hispania.

# LIVRE VIII.

## Les Temples des Gaulois , la Colonne aux huit divinitez.

### CHAPITRE I.

*I. Les anciens Gaulois quoiqu'avares mettoient beaucoup d'or dans leurs Temples. II. Temple de Belenus ou d'Apollon dans les Gaules. III. Temple merveilleux de Vaßo. IV. Autres Temples des Gaulois.*

I. LES Gaulois même avant qu'ils tombassent en la puissance des Romains, étoient fort adonnez aux superstitions ; religieux à leur maniere, ils avoient beaucoup de temples, & quoiqu'ils fussent de leur nature fort avares, dit Diodore de Sicile l. 5. p. 305. ils jettoient dans ces temples de l'or avec profusion, & ils le consacroient aux dieux pour se les rendre propices. Je ne trouve rien dans les auteurs, ni sur la forme, ni sur la structure de ces temples : ils ne parlent que de leurs richesses. Cesar qui soûmit les Gaules à l'empire Romain pilla tous ces temples. Il enleva, dit Suetone ( c. 54. ) tous les dons & tous les tresors que les Gaulois y avoient mis, il ruina les villes, ajoute-t'il, plûtôt pour les piller que pour les punir. Ce fut ainsi qu'il ramassa une quantité immense d'or & de richesses.

II. Ausone parle d'un ancien Temple de Belenus qui étoit l'Apollon des Gaulois, déßervi de pere en fils par les Druides ; il dit qu'ils prenoient les

---

## LIBER VIII.

*Templa Gallorum, columna octo numina exhibens.*

### CAPUT PRIMUM.

*I. Galli , avari licet ,multum auri in Templis congerebant. II. Templum Beleni seu Apollinis in Galliis. III. Templum mirabile Vaßo dictum. IV. Alia Gallorum Templa.*

I. GAlli etiam ante , quam in Romanorum ditionem subigerentur, superstitionibus admodum dediti erant. Religionibus addicti Templa plurima excitaverant , atque etsi avari admodum essent , inquit Diodorus Siculus l. 5. p. 305. auri plurimum in templa conjiciebant , diisque consecrabant, ut placarent , sibique propitios redderent. De forma vero Templorum vetutissimæ illius Gallicæ gentis nihil apud Scriptores occurrit mihi. Divitias enim commemorasse satis habuere. Qui Gallias subegit Julius Cesar Templa illa omnia expilavit. *In Gallia* , inquit Suetonius cap. 54. *Fana Templaque Deûm donis referta expilavit ; urbes diruit , sæpius ob prædam , quam ob delictum : unde factum ut auro abundaret.*

II. Ausonius de professoribus Burdigalensibus 4. Templum commemorat Beleni , qui Apollo Gallorum erat. Quod administrabant , & avita successione occupabant Druidæ. Hos autem ait deno*noms*

VASE D'ALBÂTRE ORIENTAL DE SA PROPRE GRANDEUR,
AVEC SES FIGURES.

noms ou de leur ministere, ou du dieu qu'ils servoient. L'un s'appelloit Patera, nom pris de cet instrument des sacrifices qu'on appelloit Patere, dont on se servoit pour répandre des liqueurs sur la flamme de l'autel : d'autres se nommoient Phœbitius de Phœbus ; & un autre Delphidius, nom pris de Delphes, lieu celebre de la Grece, où étoit le grand oracle d'Apollon. Il y a apparence que la coûtume de donner de tels noms n'étoit point renfermée dans ce seul temple des Gaulois. Qui sait si Alethius Minervius Professeur, à qui est adressé le sixiéme chant, n'est pas ainsi appellé de quelque temple de Minerve ?

III. Gregoire de Tours décrit un temple de structure admirable, qui étoit en Auvergne du tems des Empereurs Valerien & Gallien, & qui dans la langue du payis s'appelloit Vasso. Il avoit, dit il, un double mur bâti en dehors de grandes pierres de taille, & en dedans de petites pierres rapportées. Les murs avoient trente pieds d'épaisseur. Le dedans étoit orné de marbres & de mosaïques. Ce temple étoit pavé de marbre, & le toit étoit de plomb. Chrocus Roi des Allemans, qui fit du tems de ces Empereurs une irruption dans les Gaules, brûla & ruina ce temple.

IV. Le même Auteur parle d'un autre grand temple auprès de Treves, dedié à Mars & à Mercure qui y étoient representez sur une très haute colonne, où les Gentils celebroient leurs fêtes. Il ne faut pas douter que les Gaulois Gentils n'eussent aussi un temple pour leur statuë de Berecynthie, qu'ils mettoient sur un char, & qu'ils menoient en procession pour la conservation de leurs champs & de leurs vignes, en chantant & dansant devant leur déesse. Gregoire de Tours fait encore mention d'un autre temple près de Cologne, enrichi de plusieurs ornemens, où les Gentils alloient sacrifier, & où ils se gorgeoient de manger & de boire jusqu'au vomissement. Ils faisoient là leurs adorations aux idoles, & s'ils avoient mal à quelque partie de leurs corps, ils representoient en bois cette même partie, croiant apparemment que ce prétendu acte de religion servoit à leur guérison.

Nous lisons dans la vie de S Eugende, que ce Saint nâquit auprès d'un village où l'on voïoit un temple celebre chez les Païens qui venoient de

---

minatos aut ex ministerio, aut ex eo, cui sacra faciebant, numine. Alius Patera vocabatur, quod est nomen sacri cujuspiam vasis ; alii Phœbitii appellabantur a Phœbo ; alius Delphidius vocitabatur a Delphis, qui locus erat in Græcia ex oraculo Apollinis toto orbe celeberrimus. Verisimile autem hunc denominandi morem, non hoc uno tantum in loco usitatum fuisse. Quis scit enim num Alethius Minervius professor, qui in sexto Ausonii carmine celebratur, ab aliquo Minervæ templo sic vocatus fuerit ?

III. Gregorius Turonensis templum apud Arvernos Imperantibus Valeriano & Gallieno, sic commemorat l. 1. c. 30. *Venicus vero Chrocus Arvernos, delubrum illud, quod Gallica Lingua Vasso Galata vocant, incendit, diruit atque subvertit. Miro enim opere factum fuit atque firmatum, cujus paries duplex erat. Ab intus enim de minuto lapide ; a foris vero quadris scalpris fabricatum fuit. Habuit enim paries ille crassitudinem pedes triginta. Intrinsecus vero marmore ac musivo variatum erat. Pavimentum quinque ædis marmore stratum, desuper vero plumbo tectum.*

IV. Idem Scriptor Lib. de Miraculis sancti Juliani c. 5. de alio templo agit, quod vocat, *Grande delubrum, ubi in columnam altissimam simulacrum Martis Mercuriique colebatur, ubi festa a Gentilibus agebantur.* Neque dubitandum est quin Galli Gentiles templum aliquod haberent pro statua Berecynthiæ, quam *in carpento pro salvatione agrorum ac vinearum suarum deferebant cantantes atque saltantes ante hoc simulacrum,* ut narrat idem Gregorius de gloria Confessorum cap. 77. & in vitis patrum cap. 6. ubi de S. Gallo Episcopo, commemorat *fanum quoddam prope* Agrippinam urbem, *diversis ornamentis refertum, in quo barbaries proxima libamina exhibens, usque ad vomitum cibo & potu replebatur : ibi & simulacra ut Deum adorans, membra secundum quod unumquemque dolor attigisset, sculpebat in ligno.*

Apud Bollandum Tomo I. p. 50. in vita sancti Eugendi legimus cap. 1. *Ortus nempe est* (Eugendus)

toutes parts y faire leurs superstitions. Ce lieu étoit si bien muni ou par l'art, ou par la nature, que le village étoit appellé Ysarnodore, ce qui vouloit dire en langue Gauloise, porte de fer.

Voilà les temples des Gaulois, que j'ai pû ramasser dans les auteurs. Les monumens nous en apprennent bien davantage, comme nous allons voir: & ce n'est pas la premiere fois que ces histoires muettes nous rendent plus savans que les livres.

---

*haud longe a vico, cui vetusta paganitas ob celebritatem clausuramque fortissimam superstitiosissimi templi, Gallicanâ linguâ Ysarnoduri, id est, ferrei ostii, indidit nomen.*

En Gallorum templa quæ apud auctores colligere potui. Plura certe docent monumenta, ut mox videbitur. Neque nunc primum illud contingit, ut videlicet mutæ istiusmodi historiæ plura doceant, quam ipsi scriptores.

# CHAPITRE II.

*I. Les temples octogones des Gaulois n'ont pas encore été remarquez. II. Quel-*
*ques bâtimens octogones d'Italie. III. Temples octogones des Gaulois,*
*qui se trouvent aujourd'hui dans la France.*

I. VOici une chose à mon avis toute nouvelle pour les antiquaires &
pour les gens de lettres : les temples des anciens Gaulois. Ce ne
sont point de ces antiques déterrées nouvellement, & qu'on ne
connoissoit pas, parce que la terre les avoit cachées jusqu'à nos jours; mais
ce sont des monumens exposez à la vûë des passans, & cependant inconnus à presque tout le monde, dont personne ne parloit, & tout cela faute
de reflexion. Il y a toutes les apparences qu'ils étoient en grand nombre
dans les Gaules. En voilà déja sept trouvez sans beaucoup de recherche ,
& qui donneront peut-être occasion d'en remarquer bien d'autres. Ces temples
sont tous octogones , forme que les anciens Gaulois aimoient dans leurs bâtimens de tout genre. Le phare de Boulogne sur mer, la Tour-Magne de Nis-
mes, la Tour de Matignon, & la Tour du cimetiere des Innocens de Paris,
sont aussi octogones; autre connoissance que nous devons aussi à la reflexion.
Et comme par une gradation de découvertes on arrive d'une connoissance à une autre; ceci nous donnera peut-être lieu de déterrer bien d'autres
choses; je commence déja à soupçonner que cette figure dans les bâtimens
s'est conservée jusqu'à des siécles assez bas; ce que semblent prouver quelques vieilles tours octogones , faites depuis quatre ou cinq cens ans, qui
servent encore aujourd'hui d'escalier dans quelques maisons de Paris.

II. Je n'ai encore rien trouvé dans les auteurs & dans les historiens qui
ait rapport à ces temples octogones , hors peut-être ces vers qu'on lisoit à
Milan à l'inscription de la fontaine de Sainte Thecle.

---

### CAPUT II.

*I. Templa octangula Gallorum nondum ob-*
*servata fuerunt. II. Aliquot ædificia oc-*
*tangula in Italia. III. Templa octangula*
*Gallorum quæ hodieque in Gallia habentur.*

I. REm ecce penitus novam , ut quidem existimo , antiquariæ literariæque rei studiosis.
Hæc non ex eo genere monumentorum sunt , quæ
ideo ignota sint , quia in terra & ruderibus obruta
ad nostram usque ætatem manserant : verum hæc
omnium semper oculis exposita, nihilominus ignota
manebant , quod nemo animadverteret, & quid
revera essent exploraret. Verisimile autem est ea
magno numero per totam Galliam fuisse. Jam
septem , non magna adhibita perquisitione, novimus : hæc porro occasio erunt ut alia in dies in
notitiam veniant nostram. Hæc templa octangula
omnia sunt, quam formam veteres Gallos in ædi-

ficiis suis , cujusvis ea generis essent , libentius ad-
hibuisse comperimus. Pharus Bononiæ ad Oceanum ,
Turris magna Nemausi , Matirionensis insuper
Turris , atque illa quæ in Cœmeterio Innocen-
tium Lutetiæ hodieque visitur : hæ , inquam, omnes
octangulæ sunt ; id quod etiam recens facta com-
paratione novimus. Quia vero notitia alia aliam
parit, hac prima data explorandi occasione , alia
hactenus inobservata forte comperiemus : jam
quippe suspicio mihi nascitur, hanc in ædificiis figuram hancque consuetudinem ad postrema usque
sæcula manasse : argumento sunt autem turres illæ
octangulæ veteres videlicet quadringentorum, quin-
gentorumve annorum quas in ædibus quibusdam
hodieque conspicimus, ubi plerumque scalæ ædium
adaptatæ fuerunt.

II. Nihildum apud auctores historiarumque
scriptores reperi, quod ad hæc octangula templa
referri posse videatur , his forte exceptis versibus
qui Mediolani ad fontem sanctæ Theclæ lege-
bantur.

*Octachorum sanctos templum surrexit in usus;*

   *Octagonus fons est munere dignus eo.*

*Hoc numero decuit sacris baptismatis aulam*

   *Surgere, quo populis vera salus rediit.*

Je crois qu'il est ici parlé d'un temple octogone, qui pourroit avoir été construit par les Gaulois Cisalpins, & qu'on auroit depuis ce temps-là converti en Eglise : mais comme d'habiles gens l'ont entendu autrement, quoiqu'ils ne conviennent pas entr'eux, je laisse la chose indécise. Ce qui est certain, c'est que le baptistére dont il est ici parlé étoit un bâtiment octogone, qui avoit peut être été construit ainsi sur la forme d'un temple. Le baptistére de Ravenne est aussi octogone, & la piscine qui est au milieu l'est de même. Le baptistére de Constantin à Rome l'est aussi.

III. Les temples octogones des Gaulois, dont j'ai connoissance, & de plusieurs desquels j'ai recouvré les desseins, sont 1°. celui de Montmorillon en Poitou, le plus remarquable de tous, & dont mes confreres de ce payis-là m'ont envoïé les desseins, que j'ai depuis rectifiez sur des memoires plus sûrs. 2. Celui de Courseult près de Dinan en Bretagne, duquel D. Martin Corneau m'a envoïé le plan, le profil & les mesures : & D. Alexis Lobineau, connu dans la republique des lettres par son histoire de Bretagne, & par d'autres ouvrages, m'en a donné un dessein plus ample, & qui comprend un bâtiment auquel cet octogone étoit joint. 3. Celui d'Erqui dans le Diocese de S. Brieuc avec ses accompagnemens, dont j'ai aussi reçû le plan & les mesures de D. Alexis Lobineau. 4. Celui d'Aigurande, ville de Berri, dont le fauxbourg est dans la Marche. C'est dans ce fauxbourg qu'est ce temple qui a quelque chose de singulier, & qui n'est pas dans les autres. On m'en fait esperer le dessein & les mesures. 5. Un autre au fauxbourg de Limoges auprès de l'Eglise des Penitens noirs, qui a été ruiné & dont il ne reste plus de trace ; mais des gens m'ont assuré qu'ils l'avoient vû, lorsqu'il existoit. 6. Celui du bourg de Vertillac dans la Marche.

---

*Octachorum sanctos templum surrexit in usus,*

  *Octagonus fons est munere dignus eo.*

*Hoc numero decuit sacri baptismatis aulam*

  *Surgere, quo populis vera salus rediit.*

Libenter crederem hic de templo octogono agi, quod forte a Cisalpinis Gallis olim structum fuerit, quodque ab illo deinceps ævo in Ecclesiam conversum sit sed quia rerum periti quidam : aliud existimarunt, rem adhuc dubiam relinquo. Illud vero certum est, hoc Baptisterium octogonum fuisse, sic forte constructum ad normam templi veteris Gallici. Baptisterium quoque Ravennæ octangulum est, octangula etiam piscina in medio ejus posita. Octogonum etiam est baptisterium Constantini Romæ.

III. Templa Gallorum octogona quæ in notitiam meam venerunt, ex quorum numero quædam hic delineata proferemus, hæc sunt : templum Montis Morillionis in Pictavis, omnium sane spectabilissimum, cujus Sodales mei Benedictini delineatas mihi imagines transmisere, quas deinceps castigare licuit ex certissimis testimoniis. Secundum est in loco cui nomen Courseult prope Dinantium in Armoricis, cujus D. Martinus Corneau sodalium nostrorum ibi superior ichnographiam, catagraphum & mensuras misit. D. autem Alexius Lobineau in Republica literaria notissimus ex Britanniæ historia ex aliisque operibus, delineatum etiam adjunxit aliud ædificium amplius, quod huic hærebat, & ad templi octogoni usum pertinebat. Tertium in loco cui Erqui nomen in diœcesi Briocensi cum aliis ædificiis murisque ad templum ipsum pertinentibus, quorum etiam ichnographiam mensurasque accepi a laudato viro D. Alexio Lobineau. 4. Templum Aigurandæ apud Biturigas, cujus suburbium in Marchia sic dicta provincia est. In hoc autem suburbio templum hujusmodi antiquum visitur, in quo singularia quædam observantur. Hujus mihi delineationem polliciti sunt quidam. 5. Aliud in suburbio Lemovicum prope Ecclesiam Pœnitentium Nigrorum, quod dirutum fuit, & cujus nullum superest vestigium : sed fide digni quidam viri se illud olim, cum staret adhuc, vidisse testificantur. Sextum in loco cui nomen Vertillac in Marchia. Septimum in suburbio oppidi

7. Un autre au fauxbourg de Felletin, ville de la même Province. C'eſt M. Bourgeois du Chaſtenet qui m'a donné le premier la connoiſſance de ces trois derniers, avec une deſcription de celui d'Aigurande, qui m'a fait plaiſir.

---

cui nomen Felletinum eadem in provincia. Trium mihi poſteriorum notitiam præbuit D. Bourgeois de Chaſtenet, cum deſcriptione templi Octogoni, quod Aigurandæ viſitur, quam libenter accepi.

## CHAPITRE III.

*I. Le temple de Montmorillon en Poitou, ſa deſcription. II. Huit figures de divinitez au frontiſpice du temple. III. Differentes de toutes les autres qu'on a vûës juſqu'à preſent. IV. Ornemens ſous l'entablement.*

I. LE premier & le plus remarquable de tous ces temples eſt celui de Montmorillon en Poitou, dont nous donnons ici le plan, le profil, la coupe & les meſures. Il y a temple-deſſus & temple deſſous : celui de deſſous eſt plus étroit en dedans, parce que le mur eſt de la moitié plus épais, comme on verra dans le plan ſuivant. Le temple de deſſus qui eſt plus large prend ſon jour par huit fenêtres pratiquées dans huit arcades faites à mode de portail, une à chaque face ; mais murées, hors celles ou eſt la porte & celle par où on va dans une avance hors d'œuvre. Quelques-uns croient que ces arcades étoient autrefois ouvertes. Le grand trou rond qui eſt au milieu de la voute comme à la Rotonde de Rome, donne auſſi quelque jour au temple, mais non pas beaucoup, parce qu'il y deſcend par un tuyau de grandeur toûjours égale, long de quatre toiſes. L'eau qui tombe par ce tuyau en tems de pluie, paſſe par des trous ménagez dans le pavé, qui baiſſe un peu là afin qu'elle s'écoule plus facilement. Cette eau tombe dans le temple de deſſous qui n'a pas d'écoulement ; mais comme il n'eſt pas pavé l'eau s'imbibe dans la terre. A l'un des côtez il y a une avance d'environ trois toiſes, qui occupe toute une des faces ; mais elle eſt beaucoup plus

---

### CAPUT III.

*I. Templum Montis Morillionis in Pictavis ejuſque deſcriptio. II. Octo numinum ſtatuæ in templi frontiſpicio. III. Hæ differunt ab aliis, quæ quidem nota ſunt, Gallorum numinibus. IV. Ornamenta quæ ſub tabulatis habentur.*

I. PRimum ſpectabiliſſimumque omnium hujuſcemodi templorum illud eſt, quod in Monte Morillione viſitur, cujus ichnographiam, conſpectum exteriorem interioremque & menſuras damus. Eſt porro templum inferius templumque ſuperius : at templum inferius anguſtius eſt, quia longe denſiores muri ſunt, duploque ſpiſſiores. Templum ſuperius lumen capit ex octo feneſtris in totidem arcubus : qui arcus portarum majorum formam habent, ſed muro obſtructi ſunt, excepto illo latere ubi aditus & porta ad templum eſt, itemque alio latere, ubi ædificium templo adjunctum viſitur. Sunt qui putent arcus illos apertos olim fuiſſe. Magnum illud foramen in medio fornice ; quale etiam viſitur Romæ in Eccleſia quæ Rotunda dicitur ; lucem item quamdam ſubminiſtrat, ſed exiguam, quia per tubum deſcendit æqualis ſuperne & inferne diametri, & viginti quatuor pedibus longum. Aqua pluvia per huncce tubum in pavimentum ſuperioris templi labitur ; dimanat inde per foramina quædam in ipſo pavimento templi facta, pavimento, inquam, hic demiſſiore, ut aqua facilius diffluat. Aqua porro hinc diffluens in templum inferius cadit, in quo ſtillis exitus datus non eſt, quia cum nullum ibi pavimentum ſtratumve ſit, aqua in terra imbibitur. Ad unum latus templo hæret aliud ædificium octodecim circiter pedum longitudine, quod unum

étroite en dedans au temple de deſſous. Cette avance paroît bâtie en
même-tems que le temple étant de la même ſtructure : c'étoit peut-être le
lieu où ſe retiroient les Prêtres & les Miniſtres. Au bout de cette avance

Pl.
LVIII.
il y a un eſcalier ménagé dans le mur, pour monter du temple de deſſous
à celui de deſſus. Il y a ſur cette avance une eſpece de petite tour , que
quelques-uns eſtiment avoir été un clocher, ils croient que depuis la gentilité ce temple a été converti en Egliſe ; mais d'autres ne ſont pas de ce
ſentiment. Vis-à-vis de cette avance eſt la porte du temple. Au côté voi-
ſin de la porte du temple ſoûterrain il y a une porte : là commence
un chemin large de plus d'une toiſe , & long d'environ cent , qui conduit à la riviere, où peut-être les Prêtres alloient ſe laver avant que d'exercer leurs fonctions, & par où ils pouvoient auſſi mener leurs victimes.

Pl.
LIX.
I I. Au-deſſus de la porte du temple, il y a huit figures humaines, groſ-
ſierement travaillées, qui ſont, ſelon toutes les apparences, huit divinitez.
De ces huit il y en a ſix d'hommes, rangez trois à trois comme en groupe,
un coup d'œil le fera comprendre. Ces hommes ou ces dieux ne ſont pas
vêtus d'une maniere uniforme. Ceux qu'on voit entierement de face portent un manteau à l'antique, les autres ſont revêtus de tuniques. Un porte
comme une robe de chambre qui lui deſcend juſqu'aux pieds , ouverte du
haut juſqu'en bas , tous ont une ceinture. Ce qui eſt à remarquer eſt, que
des deux hommes qu'on voit de face, l'un eſt chauſſé , & les deux qui ſont
à droite & à gauche ſont pieds nuds,& l'autre eſt nuds pieds;& les deux des
côtez ſont chauſſez, ce qui fait une eſpece de contraſte, qui n'eſt peut-être
pas ſans myſtere. Les deux figures qui terminent des deux côtez , ſont
deux femmes. L'une qui a une longue chevelure pendante ſur le devant ,
eſt habillée preſque comme les femmes de nos jours. Elle a les mains ſur
les côtez, & porte des gands qui ne lui couvrent que la moitié de la main.
Celle de l'autre bout eſt nuë, & a deux ſerpens qui lui entortillent les jambes, paſſent entre ſes cuiſſes, & montent enſorte que leurs têtes répondent
à ſes mammelles, pour y ſuccer peut-être ſon lait : il ſemble qu'ils ſont en
diſpoſition pour cela , elle les tient ſerrez contre ſon ventre.

●

ex octo templi lateribus integrum occupat : hoc
autem ædificium longe anguſtius eſt in templo inferiori ob ſupra memoratam cauſam. Eodem hoc
ipſum ædificium quo templum tempore ſtructum
videtur,&fortaſſis ſacrarium erat & adytum,in quo
ſacerdotes & miniſtri ſeſe recipiebant. In extremo
ædificio, ſive, ſi mavis, in extrema ædicula ſcala eſt
in muro ipſo ſtructa , ut per eam aſcendatur a
templo inferiori ad templum ſuperius. Huic ædiculæ imminet quædam ceu parva turris , quam
putant quidam campanis locandis aliquando adhibitam fuiſſe. Exiſtimant quippe a profanæ illius
religionis ævo templum hoc in Eccleſiam fuiſſe mu-
ratum : alii ſecus credunt. E regione hujus ædiculæ eſt oſtium templi. In eo latere , quod oſtio
vicinius eſt,in templo inferiori porta alia eſt, ubi
iter incipit latum plus ſex pedibus , longum plus
ſexcentis,ad fluvium ducens, qua tranſibant forte
ſacerdotes cum ad fluvium lavatum irent , antequam Sacerdotii officio fungerentur , & qua etiam
victimas adducere poterant.

I I. Supra portam templi octo ſunt humanæ figuræ , atque , ut omnino veriſimile eſt, octo numina, rudi opere facta. Ex octo illis ſex ſunt viro-

rum , qui terni ſimul in binis ordinibus ponuntur,
ut uno conſpectu percipies. Viri illi ſive dei non
uno eodemque ritu veſtiuntur : qui de facie cernuntur duo , pallium quodpiam veterum more
geſtant : alii tunicis induuntur. Unus tunicam latam talarem a collo ad pedes uſque apertam geſtat : omnes zona cinguntur. Quodque ſummopere
notandum, ex duobus illis qui de facie cernuntur,
alter calceatus eſt, duoque viri qui ipſi adſtant ,
pedibus ſunt nudis ; alter nudis eſt pedibus , duoque viri qui a lateribus , ſunt calceati : quæ oppo-
ſitionem quamdam efferunt non myſterio vacan-
tem. Quæ utrinque deorum ſeriem terminant ,
duæ mulieres ſunt. Altera, cujus coma dependet
in parte anteriore, veſtitu ſuo mulieres hodiernas
pene refert. Manus in latera immittit, & chiro-
thecas habet, qua pene forma hodieque utimur.
Quæ e regione extremam ſeriem occupat nuda eſt,
duoſque ſerpentes habet tibias circumplicantes ,
inter femora tranſeuntes, hinc aſcendentes ita ut
illorum capita ad mammas pertingant , ut forte
ſugant ubera, nam illo eſſe ſitu videntur : ambos
autem illa tenet manibus, & ventri ut videtur admovet.

LE PROFIL ET LA COUPE DU TEMPLE DE MONTMORILLON EN
POITOU ET DE SON SOUTERRAIN.
Echelle de dix toises

# PLAN DU TEMPLE DE MONTMORILLON DU HAUT ET DU BAS

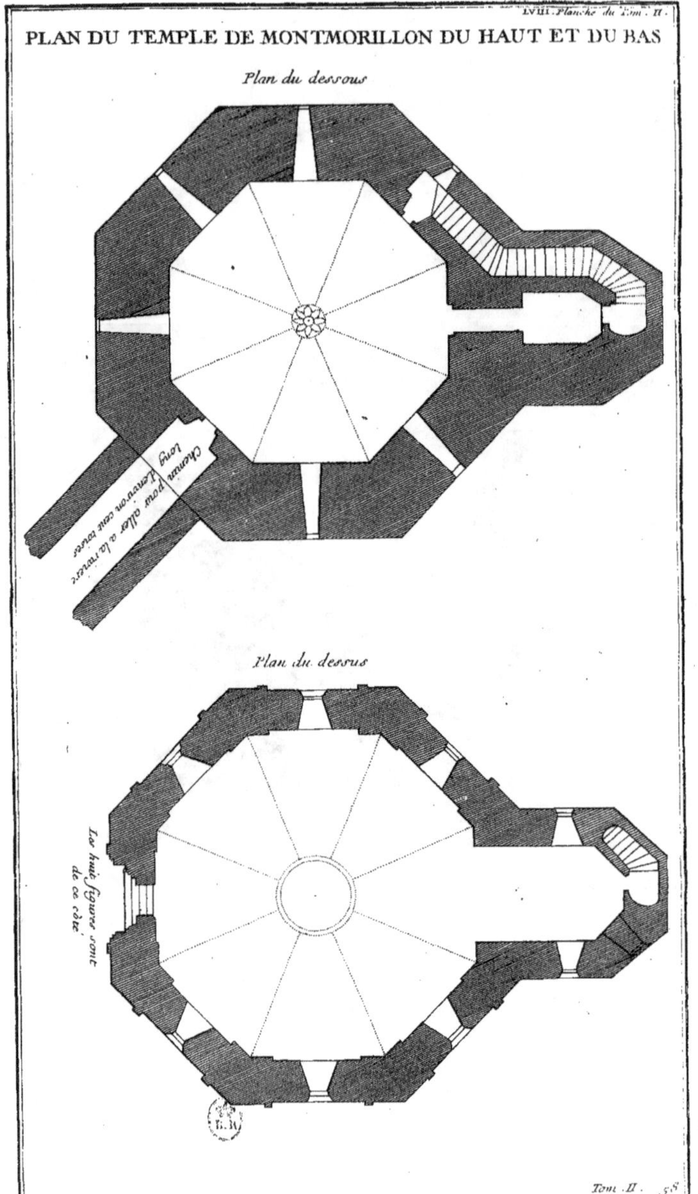

III. Entre les divinitez Gauloiſes que nous avons repreſentées en aſſez grand nombre vers la fin du tome ſecond de l'Antiquité, il n'y en a point qui approchent de celles-ci : nous y avons pourtant vû à la planche CLXXXVIII. un homme qui tient un gand à la main. Quant au nombre de huit, la penſée qui vient tout d'abord eſt qu'il ſe rapporte aux huit faces du temple, une face pour chaque divinité. Il eſt difficile de pouſſer plus avant l'explication, à moins que quelque nouveau monument ne nous éclairciſſe là-deſſus. Nous en allons voir effectivement un autre, qui marque que le nombre de huit étoit conſacré pour les divinitez Gauloiſes.

IV. Les ornemens qui ſont au-deſſous de l'entablement ne meritent pas d'être oubliez, quoique ſelon toutes les apparences ils ne ſignifient rien, & qu'ils ſoient partis d'une imagination bizarre : le lecteur ne ſera point fâché de les voir ici. Ce ſont des têtes fort extraordinaires & fort variées, qu'un coup d'œil fait d'abord remarquer.

---

III. Inter numina illa Gallica, quæ ſat magno numero in fine ſecundi Antiquitatis explanatæ tomi protulimus, nulla ſunt his aut ſimilia aut affinia. Virum tamen vidimus qui chirothecam manu tenet. Quod autem numerum ſpectat, ſtatim in mentem ſuccurrit, octo illa templi latera ad deos octo referri, ita ut unicuique ſuum latus tribuatur. Qua de re nihil ultra dicendum putamus, donec monumentum aliquod emergat huic explicando opportunum. Sane aliud jamjam conſpecturi ſumus, quo ſignificatur octonarium numerum pro numinibus Gallorum ſacratum fuiſſe.

IV. Ornamenta illa quæ ſub tabulato habentur non prætermittenda : etſi veriſimile ſit iis nihil ſignificari, atque ex arbitrio & imaginatione, ſic inſolentibus & rudibus formis gaudente, eſſe profecta.

## CHAPITRE IV.

*I. Colonne de Cuffi découverte par M. Moreau de Mautour, fa defcription.
II. Huit divinitez dans la partie octogone de la Colonne. III. Quel
a pû être le deffein de celui qui l'a imaginée.*

I. JE ne trouve point de lieu plus propre que celui-ci, à mettre l'infigne monument que nous montre la planche fuivante. La partie octogone de cette colonne, qui dans fes huit faces nous montre huit ftatuës, nous invite de la mettre parmi les temples octogones des Gaulois. Ce n'eft point un de ces monumens tirez nouvellement de terre, ou trouvez dans des lieux écartez : expofé à la vûë de tous les paffans, dans un lieu affés frequenté, il n'étoit pas moins inconnu que s'il avoit été comme abîmé dans quelque grand monceau de mazures. Et nous devons uniquement cette découverte à la reflexion.

Cette colonne eft dans un pré, à une portée de moufquet du village de Cuffi dans l'Auxois, à trois lieuës de Beaune, & à cinq d'Autun, à deux lieuës de la montagne de Saint Romain, & à même diftance de la Rochepot. C'eft encore un bonheur que le maître du pré ne l'ait pas détruite pour fe fervir des materiaux. Car combien y a-t-il eu de monumens dans le Roïaume qui ont peri de cette maniere. La découverte de celui-ci étoit refervée à un auffi habile homme que M. Moreau de Mautour, qui a enrichi la republique des lettres de beaucoup de monumens femblables. C'eft lui qui nous en a fourni les deffeins.

Pl.
aprèsla
LIX.

La colonne peut être divifée en quatre parties prefque égales La partie d'en bas qui fait comme le foubaffement de la colonne à huit faces, dont les quatre plus petites font en ligne courbe, & les quatre plus grandes font un arc, qui rentre dans le maffif. La feconde partie qu'on peut regarder

---

### CAPUT IV.

*I. Columna Cuffiacenfis a V. Cl. Moreau de Mautour in lucem alla, ejufque defcriptio. II. Octo numina in parte octangula columnae. III. Quid in mente habere potuerit is qui talem Columnam imaginatus eft.*

I. NUllus opportunior fefe offert huic infigni monumento locus, quam fi inter templa Gallorum octogona locetur. Pars enim octangula, quae in octo faciebus octo ftatuas exhibet, ut inter hujufcemodi templa locetur admonet. Hoc porro monumentum non inter ea cenfendum eft quae nuper ex terra eruta funt, vel quae in locis inviis aut defertis funt deprehenfa Sed cum omnium oculis pateret, atque in loco fat frequentato promineret, non minus tamen ignotum erat, quam fi fub ingenti ruderum acervo jacuiffet. Ideoque eruifie cenfendus eft ille, qui antiquariae rei peritus hoc monumentum non minimi effe precii animadvertit.

Haec columna in prato quodam erigitur, ducentis circiter paffibus a Cuffiaco Alexienfis tractus pago diftans, decem circiter a Belna milliaribus, ab Auguftoduno quindecim, fex a Monte S. Romani, totidem a loco cui nomen *la Rochepot.* Aufpiceque fortuna accidit, ut is ad quem pratum pertinebat, manum abftineret ne columnam dirueret, ut lapides in alios ufus transferret. Quot enim monumenta in Galliis hujufmodi fato perierunt ? Ut in orbis eruditi notitiam hoc, de quo agimus, veniret, illud certe V. Cl. Moreau de Mautour antiquariae rei peritiffimo refervabatur, qui rempublicam literariam multis editis monimentis ditavit : hujufque delineatum fchema mecum communicavit.

Columna quatuor in partes pene aequales dividi poteft. Pars infima eft quafi ftereobates columnae, & octo facies habet, ex quibus quatuor minores recta linea procedunt, majores vero circulares funt, in circulum nempe excavatae. Secunda pars eft quafi ftylobates columnae, & octangula

comme

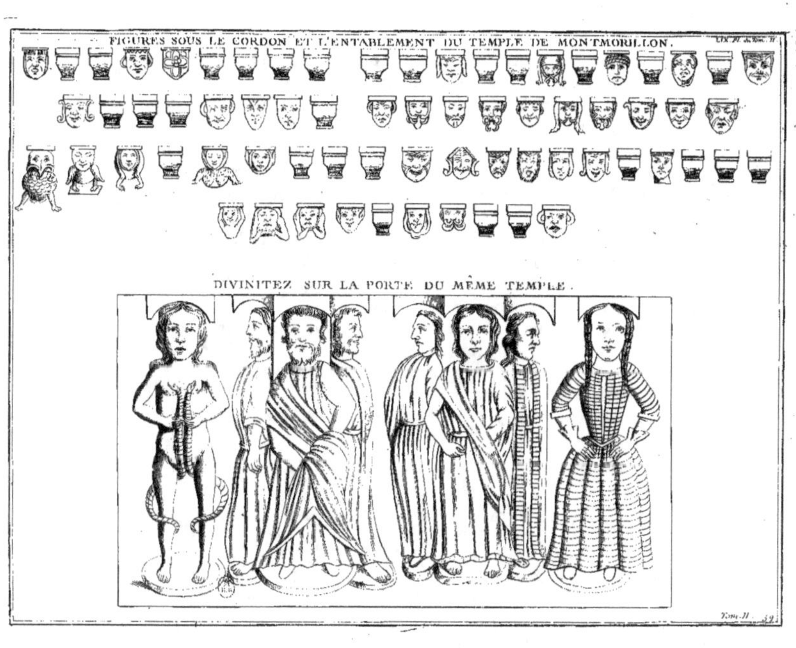


FIGURES SOUS LE CORDON ET L'ENTABLEMENT DU TEMPLE DE MONTMORILLON.
DIVINITEZ SUR LA PORTE DU MÊME TEMPLE.
Tom. II

comme le piedeſtal de la colonne, eſt un octogone parfait. A chacune des huit faces ſont autant de figures de dieux ou de déeſſes; il n'y en a qu'une qu'on peut douter n'être pas une divinité. Au-deſſus de cette eſpece de piedeſtal s'éleve une colonne ronde, dont la moitié eſt ornée de larges ban-des qui ſe croiſent & qui font des lozanges, qui ont chacune leur fleuron. Le reſte de la colonne qui fait la quatriéme partie du total, eſt toute cou-verte d'écailles. Il manque quelque choſe au ſommet de la colonne. Telle qu'elle eſt aujourd'hui elle a vingt-huit pieds de haut. Il y a au cimetiere de l'Egliſe de Cuſſi une pierre ornée de ſculptures, telle qu'elle eſt repreſen-tée à l'autre côté de la planche, qu'on dit avoir ſervi de chapiteau à cette colonne. Mais ce n'eſt qu'une tradition du payis, dit M. de Mautour, & il n'y a pas d'apparence que le haut de cette colonne ait été terminé par cette pierre.

II. Ce qui frappe le plus dans cette colonne, & dont on peut tirer plus d'inſtruction, ſont les huit figures que nous voïons ſur les huit faces. Ce ne ſont point des divinitez purement Gauloiſes, mais des divinitez Romaines, que les Gaulois adopterent dès qu'ils furent ſujets aux Romains. Il n'y avoit pas bien long-tems que les Gaules avoient été conquiſes par Jules Ceſar, lorſ-que les batteliers de Paris firent cet autel, où ſont repreſentées pluſieurs di-vinitez, & parmi celles-là il y a quatre dieux Romains avec leurs noms Ro-mains, & quatre dieux Gaulois avec leurs noms Gaulois. Ces dieux ſe voïent repreſentez ſur deux pierres quarrées & ſolides, quatre ſur les quatre faces de chaque pierre, deux dieux Romains, & deux dieux Gaulois à chacu-ne : ce qui ſemble avoir été fait à deſſein : ſur l'une des pierres, ſont Vul-cain, Jupiter, Eſus & Tarvos trigarannus. Sur l'autre, Caſtor, Pollux, Cer-nunnos, & un autre, dont on ne peut pas lire le nom. L'Autel fut fait du tems de Tibere, où il pouvoit encore y avoir de vieilles gens qui ſe ſouvenoient de la conquête des Gaules par Jules-Ceſar, & les Gaulois avoient déja adopté bien des dieux Romains avec leurs noms.

Ce qui eſt ici à remarquer eſt, que dans ces pierres de l'Egliſe Cathe-

---

lum perfectum : in illius octo faciebus octo ſunt dii deæve ; de poſtremo tantum dubitatur an nu-men aliquod ſit, necne. Supra ſtylobaten erigitur columna rotunda, cujus dimidia pars faſciis or-natur ſeſe decuſſantibus & rhombos efficientibus, in ſinguliſque rhombis, flores inſculpti viſuntur : ſuperna autem columnæ pars, quæ quartam ejus partem efficit, eſt tota ſquamis operta. In columnæ culmine aliquid deſideratur avulſum & delapſum. Qualis autem eſt hodie, viginti octo pedes altitu-dinis habet. In Cœmeterio Cuſſiacenſis Eccleſiæ la-pis eſt quidam ſculpturis ornatus, qualis in alte-ra tabulæ noſtræ facie repræſentatur, quem fuiſſe columnæ capitellum dictitant. At inquit laudatus vir cl. Moreau de Mautour, eſt traditio tantum popularis; veriſimileque non eſt hunc lapidem in culmine columnæ unquam poſitum fuiſſe.

II. Id quod in hac columna ſpectatorum ocu-los attrahit, & quod aliquam poteſt Antiquitatis notitiam præbere; octo illa ſchemata ſunt, quæ in octo columnæ faciebus comparent. Neque enim ſunt illa numina mere Gallica; ſed Romana, quæ Galli poſteaquam Romanis ſubditi fuerunt, ſibi adoptarunt. Non multum enim temporis effluxe-rat, ex quo Galliæ ab Julio Cæſare ſubactæ fue-rant, cum nautæ Pariſiaci aram illam adornavere, in qua multa numina repræſentantur : inter illa vero, Romana quatuor cum Romanis nominibus & Gallica quatuor cum Gallicis nominibus obſer-vantur. Hi vero dii in duobus quadratis lapidibus ſolidis conſpiciuntur, quatuor nempe in quatuor faciebus amborum lapidum. Duo autem dii Ro-mani, & totidem Gallici in unoquoque lapide nu-merantur : id quod de induſtria factum videtur. In altero lapide ſunt Vulcanus, Jupiter, Eſus & Tar-vos Trigarannus; in altero autem Caſtor, Pollux, Cernunnos, & alius cujus nomen legi nequit. Hæc ara poſita fuit imperante Tiberio, cum adhuc ex ſenioribus Gallis quidam poterant Julii Cæſaris meminiſſe, & jam tamen Galli multa numina Ro-mana cum nominibus ſuis adoptaverant.

Quod autem obſervandum eſt, in iſtis Eccleſiæ Cathedralis lapidibus, octo numina exhibentur, perinde atque in duobus lapidibus quadratis ſimul

drale , il se trouve précisément le nombre de huit divinitez,de même que dans les deux pierres trouvées ensemble , dont M. le Baron de Crassier m'a envoïé le dessein, & que j'ai mis dans la planche CXCII. du second tome de l'Antiquité ; il y en a aussi huit sur cette colonne , & sur une des faces du Temple de Montmorillon. Ce qui fait conjecturer que de même que les Gaulois aimoient à faire leurs temples & leurs autres bâtimens à huit faces ; ils representoient aussi souvent huit divinitez ensemble. Il falloit qu'il y eût quelque mystere caché sous ce nombre de huit , que les monumens que l'on découvrira dans la suite pourront peut-être apprendre.

Venons à ces huit dieux ou déesses, representez dans autant de niches , qui se terminent en haut en un angle obtus. La premiere est Minerve , qu'on reconnoît à son casque, qui a une grande aigrette. Elle est appuïée sur un tronc d'arbre, reyêtuë d'une tunique & d'un grand peple ou d'une grande mante. Elle a les deux bras tout nuds depuis l'épaule. On ne voit sur cette statuë aucune autre marque de Minerve que le casque. Elle n'a ni Egide, ni bouclier , ni pique , ni tête de Meduse. Les Gaulois qui prenoient ces dieux des Romains avec leurs habits & leurs symboles, ne les representoient pas toûjours si scrupuleusement , & y apportoient même quelque changement comme nous voïons ailleurs.

Junon qui paroît dans la niche suivante, est assés semblable aux Junons Greques & Romaines. Elle a à ses pieds le Pan son oiseau favori. Revêtuë d'une tunique & d'un autre habit , elle a encore un grand voile qui lui descend jusqu'au dessous de la ceinture, & lui donne l'air d'une matrone: ce qu'on remarque encore dans d'autres images. Elle tient de la main gauche une pique , qu'on appelloit *hasta pura* , qui n'avoit point de fer.

La figure suivante , est un jeune homme sans barbe, qui tient un grand manteau dont il se couvre en partie, il tient un pied sur une motte de terre. Je le prends pour Jupiter, le voisinage de Junon me persuade que c'est lui : une autre raison qui semble ne laisser aucun doute là-dessus , c'est que l'autre femme qui est auprès de lui , tient son aigle qu'elle fait

---

repertis, quorum mihi delineatam imaginem misit D. Baro de Crassier , quam in Tabula CXCII. secundi Antiquitatis explanatæ tomi ponendam curavi : in hac item columna octo numina visuntur, perinde atque in una facie templi Montmorillionensis. Hinceque conjiciendum relinquitur Gallos, ut octogona, seu octo laterum templa libenter faciebant ; ita octo simul numina ex recepto more posuisse. Qua in re certe quidpiam arcani intelligendum relinquitur , inque illis octo tum numinibus, tum templi lateribus, aliquid mysterii occultari videtur ; nec desperandum fortasse est aliquid lucis in re tam arcana, ex monumentis quæ in dies eruentur, exortum iri.

Jam ad octo illos tum deos, tum deas veniendum, in totidem loculamentis positos, quæ loculamenta superne in angulum obtusum terminantur. Prima est Minerva, quæ ex casside dignoscitur , cassidi imposita est crista grandis. Minerva in arboris trunco nititur, ac tunica & peplo amicitur, duo brachia ab humeris nuda omnino sunt. In hac porro statua nulla alia Minervæ nota observatur præterquam galea. Hæc neque ægidem , neque clypeum, vel hastam , vel Medusæ caput habet. Galli qui hæc numina cum symbolis suis a Romanis mutuabantur, non ea cum tanto scrupulo repræsentabant , imo aliquid in illa mutationis invehebant, ut alibi comperimus.

Juno quæ in capsidula sequenti visitur, sat similis est aliis Junonibus Græcis Romanisque. Ad ejus pedes est pavo avis ipsi familiaris : Tunica alioque vestimento operta, magnum etiam gestat velum quod infra zonam defluit , & matronæ ipsi speciem indit : id quod etiam in aliis ejus imaginibus observatur. Sinistra manu hastam puram tenet ferro carentem.

Qui sequitur, juvenis est imberbis , pallium magnum tenens quo vix operitur , pede altero glebam seu monticulum premit. Jovem esse puto, non modo quia Junoni ita vicinus statuitur ; sed etiam quia altera sequens dea, quæ a sinistris ejus est, aquilam ejus tenet, ipsique in patera potum

boire dans une patere. Nous avons vû ailleurs des Jupiters fans barbe.
Le Jupiter Bemilucius trouvé comme celui-ci en Bourgogne , autre divinité Gauloife, reprefentée à la pl. c x c i i. du fecond tome de l'Antiquité n'a
point auffi de barbe , de même que d'autres dont nous avons parlé fur Jupiter.

La déeffe qui vient après , porte un cafque comme Minerve ; revêtuë
d'une robe qui lui defcend jufqu'aux pieds , elle a comme Minerve les bras
tous nuds jufqu'à l'épaule. Elle tient d'une main une patere, & de l'autre
une aigle qui y va boire ; fingularité que je ne me fouviens pas d'avoir jamais remarquée ailleurs. C'eft l'aigle de Jupiter comme nous venons de
dire. La queftion eft, qui eft cette déeffe, que nous voïons ici au fervice
de Jupiter. Seroit-ce Hebé qui donnoit à boire aux dieux, & qui donne-
roit ici à boire à cette aigle, dont Jupiter prenoit quelquefois la forme ?
ce feroit trop hazarder que de prendre cela comme une chofe certaine ,
ou comme une conjecture fi probable, qu'on doive s'y arrêter.

On fe fouviendra fans doute que les quatre images fuivantes n'ont été
mifes deffous , que pour ne pas faire une fuite trop longue , & que dans
l'original elles font toutes à même hauteur, & au même rang que celles
de deffus. La première eft un jeune homme nud appuïé fur fon bâton , &
qui porte fur la tête la dépoüille du lion comme Hercule. A fes pieds eft
un chien qui le regarde. Ce chien & le voifinage de Venus qui vient d'a-
bord après, pourroit faire croire que c'eft un Adonis. Mais pourquoi la
peau de la tête du lion fur celle d'Adonis, où l'a-t'on jamais vû en cet
équipage ? il faudroit être mieux inftruits que nous ne fommes dans la
mythologie Gauloife, pour dire furement qui ce peut être.

L'image fuivante eft felon toutes les apparences de Venus , qui eft nuë
jufqu'à la ceinture. Ce qu'elle a de fort particulier, & qu'on n'obferve pas
ailleurs ; c'eft qu'elle tient deux pateres, une de chaque main. On voit
affés fouvent les dieux tenans la patere à la main ; peut-être pour faire le-
çon aux hommes, du culte qu'ils doivent leur rendre, le plus marqué d'entre les devoirs des hommes envers les dieux, étoit le facrifice fignifié par
la patere.

---

præbet ; ita ut nihil hac in re dubii relinqui videatur. Alios imberbes Joves vidimus. Jupiter Bemilucius, qui in Burgundia etiam , ut hic de quo
agimus, repertus eft , quemque protulimus in Tabula cxcii. fecundi Antiquitatis explanatæ tomi ,
imberbis ipfe quoque eft , quemadmodum & alii
quos memoravimus cum de Jove primum ageremus.

Dea fequens caffidem geftat ut Minerva : tunica ad pedes ufque pertingente induitur : ac
quemadmodum Minerva brachia ad humeros ufque nuda exhibet. Altera manu pateram tenet ,
altera aquilam , quæ in patera bibit : rem fane
fingularem ! quam nufpiam alias me videre memini. Hæc eft Jovis aquila de qua paulo ante dicebamus. Quæritur porro quænam fit illa dea ,
quam hic jovis miniftram agere cernimus. An Hebe
fuerit quæ diis potum miniftrare folebat, quæque
hic Aquilam potet, cujus formam Jupiter nonnunquam ufurpabat. Non fine periculo poffumus hanc
opinionem quafi certam amplexari , vel ita pro-
babilem habere , ut ab ulteriori perquifitione prorfus abftineamus.

Meminiffe oportet quatuor fequentes imagines,

ideo tantum fub aliis quatuor pofitas fuiffe , ne
longior quam par fuiffet in tabula feries parare-
tur. Nam in columna omnes eadem ferie eadem
altitudine ponuntur. Prima juvenem exhibet nudum in baculo nixum, qui leonis pellem , perinde
atque Hercules capite geftat. Ad pedes ejus canis eft juvenem illum refpiciens. Canis eam &
vicina Venus, Adonidem effe fuadere poffe videntur. Verum cur illa pellis ex capite leonis extrac-
ta, ut caput Adonidis operiat ? ubinam Adonidem
vidimus hoc inftructum tegumento ? Si mythologiam Gallicam clarius intelligeremus, quis hic fit
dicere tutius , & fine periculo errandi dicere poffemus.

Schema fequens Venerem, ut omnino videtur,
repræfentat, quæ ad cingulum ufque nuda eft. Id autem in illa fingulare obfervatur, quod nufpiam alias
me videre memini, duas pateras tenet, manum fcilicet
utramque fua patera inftructam exhibet. Sæpe vifuntur dii pateram manu tenentes ; ut fortaffis homines doceant, quem diis cultum præftare oportear.
Inter officia autem numinibus præftanda præcipuum
erat facrificium per pateram fignificatum.

Le fuivant eft Hercule affés femblable à ceux que nous voïons dans les monumens Grecs & Romains. La maffuë qu'il appuie contre terre eft pleine de nœuds & de tronçons, comme un arbre dont on auroit abbatu les branches.

·La huitiéme & derniere figure, eft d'un homme qui porte une tunique ceinte au milieu du corps, & qui a les deux mains liées comme un captif. Il tient un pied fur une motte de terre, comme Jupiter ci deffus. La queftion eft fi ce n'eft effectivement qu'un captif qu'on a voulu reprefenter ici, ou fi c'eft quelque dieu, qui felon la mythologie Gauloife s'eft trouvé captif par quelque accident inconnu, comme Junon fe vit penduë entre le ciel & la terre avec un enclume à chaque pied ; comme Jupiter fe vit fur le point d'être lié & enchaîné par les autres dieux, & l'auroit effectivement été fans le fecours de Briarée ; comme Mars fe vit bleffé & terraffé par Diomede. Il n'y a gueres d'apparence qu'il eût été mis au rang des dieux dans fa niche comme les autres, aïant d'un côté Hercule & de l'autre Minerve, s'il n'avoit été effectivement reconnu pour une divinité.

III. Refte à favoir à quelle fin on a fait une pareille colonne. Il faut avoüer qu'elle eft unique dans fon efpece, & il y a grande apparence que c'eft un mouvement de dévotion qui en aura infpiré l'idée à quelqu'un. Car cette grande colonne, dont parle Gregoire de Tours, fur laquelle étoient Mars & Mercure ; celle-là dis-je n'avoit rien de commun avec celle-ci, qui felon la Théologie Gauloife, prefente huit divinitez enfemble. Ce nombre de huit entroit apparemment dans leur religion, comme nous avons déja dit. Une autre chofe qu'avoit peut être en vûë celui qui fit faire la colonne, c'étoit d'ériger un monument, où de quelque côté qu'on vînt, on trouvât toûjours une divinité qui fe prefentoit de face. S'ils avoient d'autres idées, il feroit difficile de les découvrir, & l'on ne pourroit en parler qu'en dévinant.

---

Qui fequitur Hercules vulgatis apud Græcos & Romanos Herculis imaginibus fat fimilis eft. Clava quam tenet nodis & ramorum truncis plena eft, ceu arbor, cujus rami recens amputati funt.

Octavum ultimumque fchema viri eft, tunicam medio corpore præcinctam geftantis, cujus ambæ manus vinculis conftrictæ funt, captivum diceres. Glebam præaltam pede premit ut Jupiter fupra. Hic jam quæritur, an vere captivum quempiam e vulgo hic repræfentare voluerint ; an vero deum quempiam, qui fecundum Gallicam illam mythologiam vinctus fuerit ; quemadmodum & Juno inter cœlum & terram fufpenfa fuit ligato ad fingulos pedes incude ; quemadmodum & Jupiter ipfe vinculis & catenis a cæteris diis alligandus mox erat, & revera vinctus fuiffet, nifi opem tuliffet Briareus ; ut etiam Mars a Diomede confoffus & proftratus fuit. Hunc certe vix credatur in ferie deorum in apfidula fua ponendum, interque Minervam & Herculem locandum fuiffe, nifi revera pro numine quodam habitus fuiffet.

III. Jam fupereft ut quæramus, qua de caufa, & quo animo talis columna concinnata fuit. Hæc profecto nihil non fingulare piæ fe fert, verifimileque eft quempiam religione motum hanc cultus divini rationem commentum fuiffe. Nam altiffima illa columna, de qua fermo eft apud Gregorium Turonenfem libro de miraculis S. Juliani ; columna, inquam, illa, cui impofiti erant Mars & Mercurius, nihil cum hac affine habuiffe videtur, quæ octo numina fimul repræfentat : qui numerus olim inter religiones Gallorum, ut jam diximus, locum habuiffe videtur. Aliud fortaffe curabat is qui columnam hujufmodi excogitavit ; nempe ut monumentum erigeret, quod cuivis accedenti, ex quacumque parte, ex quocumque latere veniret, numen aliquod de facie oftenderet. Si quid aliud in mente habuit, difficile admodum eft illud detegere apprehendereque, ac nonnifi divinando attingi poteft.

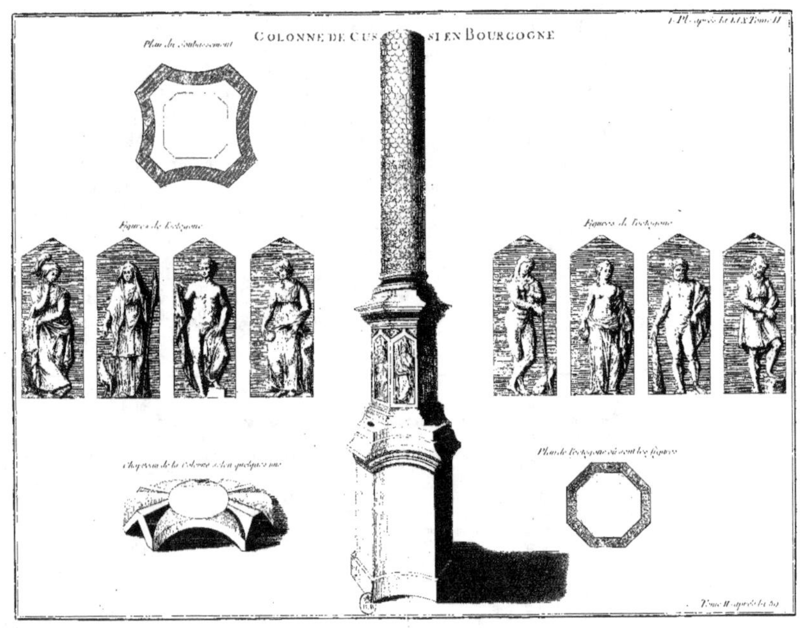
COLONNE DE CUSSY EN BOURGOGNE
1.ere Pl. après la LX Tom. II
Plan du Soubassement
Figures de l'octogone
Figures de l'octogone
Chapiteau de la colonne selon quelques uns
Plan de l'octogone où sont les figures

## CHAPITRE V.

*I. Les Gaulois subjuguez par les Romains, prirent leur langue & les noms latins des dieux. II. Apollon honoré chez les Gaulois. III. Buste d'Apollon de goût Gaulois. IV. Buste de Diane. V. Téte d'un Roi Parthe. VI. Hercule de Strasbourg nommé Krutzman. VII. Autre Hercule.*

I. **L**Es Gaulois subjuguez par les Romains subirent les loix des vainqueurs , & prirent leur langue. Ils donnerent aussi à plusieurs de leurs divinitez des noms latins. Jupiter, Vulcain, Castor & Pollux , que nous voïons ainsi nommez dans les monumens trouvez à Nôtre-Dame de Paris , n'entroient pas avec ces noms dans la theologie Gauloise, avant que les Romains se fussent rendus maîtres des Gaules. Ce changement fut assés prompt : déja sous Tibere , environ soixante ans après la conquête des Gaules, on trouve un monument des batteliers Parisiens où ils parlent latin, & mettent parmi leurs divinitez Jupiter, Vulcain, Castor & Pollux. Il est vrai qu'ils conservent encore Esus , Cernunnos , Tarvos - Trigarannus & un autre qu'on ne lit pas surement : mais je ne sai si ces dieux avec ces noms Gaulois resterent long tems chez eux. Il est toûjours à croire qu'ils adopterent peu à peu tout le culte des Romains avec les noms de leurs divinitez.

II. Apollon dont le culte étoit si établi à Rome , fut apparemment des premiers qui passerent dans la théologie Gauloise. Après Jupiter Capitolin il n'y avoit rien de plus grand parmi les divinitez Romaines que l'Apollon Palatin. Il ne faut pas douter que les Romains n'ayent apporté bientôt dans les Gaules son culte , comme ils y apporterent l'Hercule appellé Saxanus , adoré près de Rome , & dont on a depuis peu découvert l'autel proche le Pont à Mousson. On peut prouver que le culte d'Apollon étoit

---

### CAPUT V.

*Galli a Romanis subacti eorum accepere linguam & nomina latina deorum. II. Apollo apud Gallos cultus. III. Protome Apollinis Gallico more sculpta, IV. Protome Dianæ. V. Caput Regis Parthi. VI. Hercules Argentinensis nomine Krutzman. VII. Hercules alius.*

I. **G**Alli a Romanis subacti , victorum leges subierunt & ipsorum linguam edidicerunt ; etiamque multis deorum suorum latina indidere nomina. Nam Jupiter , Vulcanus , Castor & Pollux , quos sic nominatos conspicimus in monumentis in Ecclesia Cathedrali Parisiensi repertis , cum his nominibus non videntur prisce in Theologiam Gallicanam introiviffe, antequam Romani Gallias occupaffent. Hæc mutatio brevi facta est. Jam sub Tiberio sexaginta circiter annis post su-

bactas Gallias, monumentum occurrit nautarum Parisiacorum , ubi ipsi Latine loquuntur , & in numero deorum suorum ponunt Jovem , Vulcanum , Castorem & Pollucem. Verumtamen ipsos adhuc eos servant deos, quorum nomina, Esus , Cernunnos, Tarvos Trigarannus ; & alium deum cujus nomen non ita certo legi potest. At nescio utrum hi dii cum Gallicis suis nominibus diu postea culti fuerint. Certum tamen effe videtur ipsos paulatim totum Romanorum cultum cum nominibus deorum latinis tandem adoptaviffe.

II. Apollo quem Romæ tanto honore & cultu prosequebantur, ex priorum numero fuiffe videtur qui in Gallorum theologiam transierunt. Post Jovem Capitolinum inter Romana numina nihil majus , nihil sanctius habebatur , quam Apollo Palatinus. Neque dubitandum est , quin Romani Apollinis cultum cito in Gallias invexerint , ut Herculem Saxanum invexerunt, cujus aram non ita pridem prope Muffipontum operæ quædam eruerunt. Illud autem dilucide probari potest ,

déja fort ancien dans les Gaules , du temps d'Aufone , c'eft-à-dire au quatriéme fiécle. Ce poëte dit dans fes vers fur les profeffeurs de Bordeaux
num. 4. qu'il a vû étant encore jeune cet Attius Patera, qui étoit déja un
vieillard , que cet Attius Patera defcendoit des Druides confacrez au fervice & au miniftere d'Apollon , que le Pere & le frere de cet Attius Patera s'appelloient Phœbitius, comme confacrez à Phœbus, tout ce qu'il dit
là femble marquer que le culte d'Apollon ou de Phœbus étoit déja fort
ancien dans les Gaules.

Secon-
de pl.
aprèsla
LIX.

III. Nous difons tout ceci à l'occafion d'un bufte d'Apollon trouvé dans
le voifinage, qui n'eft pas d'un gout exquis. Il paroît avoir été honoré
dans les Gaules en cette forme. Nous jugeons à fa forme que ce doit être
un Apollon. Il eft reprefenté en jeune homme fans barbe , avec des cheveux frifez qui lui defcendent jufqu'aux épaules devant & derriere. Il a été
fait pour être fufpendu dans quelque maifon, comme le marque l'anneau
qu'il a fur la tête , où eft attachée une courte chaine. Il porte un collier ,
auquel eft attaché une efpece de bulle , qu'on mettoit au cou des dieux
Lares , comme nous avons dit au chapitre des Lares. Ces petites ftatuës
& buftes étoient auffi regardées comme des dieux Lares, on les mettoit
dans les maifons pour les preferver & des mauvais efprits & des mauvaifes
fortunes.

IV. La Diane qui fuit a été trouvée en terre, vers l'an 1718. fur la Montagne de Faucogney en Lorraine , proche la Parroiffe de Saint Martin. L'o-
riginal a de hauteur feize pouces, & prefque autant de largeur. Le vifage
avoit autrefois été peint de rouge , comme on voit par les traces qui reftent. Cette Diane eft d'un goût groffier comme on voit fur l'image. Cette
déeffe étoit fort honorée dans les Gaules, comme nous avons fait voir au
premier tome de ce Supplément à la fin du Chapitre de Diane. On trouva

---

nempe cultum Apollinis in Gallis perantiquum
fuiffe Aufonii ævo , videlicet quarto fæculo. Hic
enim poëta de Profefforibus Burdigalenfibus numero 4. hæc habet.

   *Ætate quamquam viceris dictos prius*
     *Patera fandi nobilis;*
  *Tamen quod ævo floruifti proximo ,*
    *Juvenifque te vidi fenem ,*
  *Honore mæftæ non carebis nænia ,*
    *Doctor potentum rhetorum,*
  *Tu Bajocaffis ftirpe Druidarum fatus ,*
    *Si fama non fallit fidem ,*
  *Beleni facratum ducis e templo genus*
    *Et inde vobis nomina*
  *Tibi Pateræ : fic miniftros nuncupant*
    *Apollinaris myftici.*
  *Fratri patrique nomen a Phœbo datum*
    *Natoque de Delphis tuo.*

A Phœbo autem uterque Phœbitius vocabatur ,
ut infra dicitur. Iftæc porro omnia & ea quæ fe-
quuntur , probant Apollinis cultum jam ifto ævo
perantiquum fuiffe in Galliis.

III. Hæc porro dicimus occafione protomæ
cujufdam Apollinis , in locis Lutetiæ vicinis repertæ, quæ non eft eleganter elaborata. Hac autem forma videtur Apollo in Galliis cultus fuiffe.
Ex ejus forma Apollinem judicamus effe. Juvenis & imberbis repræfentatur, coma cincinnis ornata & ante & a tergo ad humeros ufque defluit. Sic porro concinnata protome fuit, ut in domo quapiam fufpenderetur , quod ex annulo capiti
hærente liquet , cui annulo annexa catenula eft.
Torquem ille geftat , cui alligatur quædam ceu
bulla , quam bullam in collo deorum Larium ap-
pendere folebant , ut cum de Laribus tomo primo
Antiquitatis explanatæ ageremus , diximus. Hæ
minoris molis ftatuæ & protomæ quafi dii Lares habebantur , in ædibufque ponebantur , ut eas & a
malignis dæmonibus lemuribufque & ab infauftis
rebus tuerentur.

IV. Diana fequens ex terra eruta fuit circa annum 1718. in monte cui nomen Fourcognei in Lo-
tharingia prope parrochiam fancti Martini. Archetypum fexdecim pollicibus altum eft , ac totidem
pene latum. Vultus olim minio depictus fuerat ,
cujus picturæ veftigia remanent. Hæc Diana im-
periti artificis eft. Hanc deam Galli magno cultu
profequebantur , ut oftendimus in primo hujus
Supplementi tomo in fine Capitis ubi de Diana.

# DIANE ET APOLLON GAULOIS

du R. P. Calmet

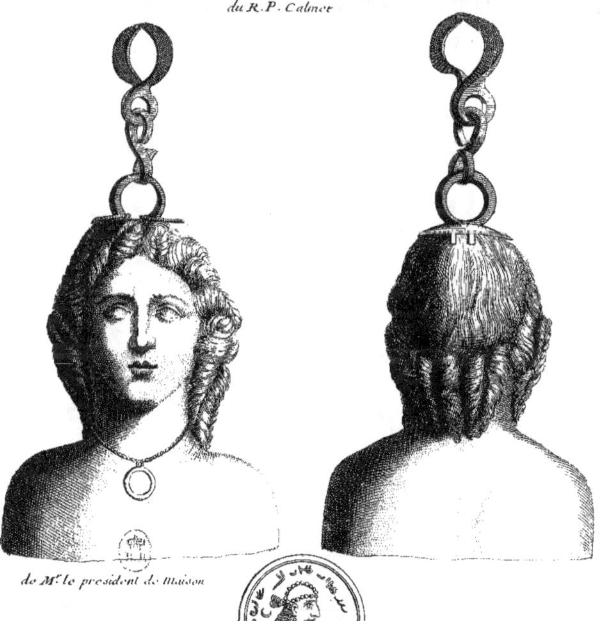

de M. le président de Maison

de M. le président de Maison

Tom. II. après la 59.

avec cette Diane pluſieurs autres petites figures de bronze d'animaux, de cochons, &c. le tout d'un très mauvais goût.

V. Nous mettons ici, n'aïant plus d'autre place propre, le buſte d'un Roi Parthe tiré d'une pierre gravée de M. le Préſident de Maiſon. Il a quelque choſe de particulier que n'ont pas les autres donnez aux planches XLIII. & XLIV. du troiſiéme tome de l'Antiquité, & à la XVI. du troiſiéme tome de ce Supplément. Une inſcription en caractere Parthe, borde l'image comme à la pierre de nôtre cabinet, ce Roi porte de même que pluſieurs autres des pendans d'oreille ; la partie de ſes habits qui paroît ſur ſes épaules & ſur ſa poitrine eſt plus ornée que dans toutes les autres. Il a les cheveux friſez à longues boucles à l'ordinaire ; mais ce qu'il a de particulier, c'eſt qu'il ſort de ſa tiare comme deux boucles de cheveux qui vont en droite ligne, & ne ſe rabattent point ſur le cou comme les autres. Devant la tête du Roi Parthe eſt une grande étoile qui marque le ſoleil, & derriere un croiſſant qui marque la lune. Ce qu'on ne voit pas dans les autres images des Rois Parthes.

VI. L'Hercule ſuivant qui eſt de bronze & de grandeur ordinaire d'un homme, eſt preſentement à Iſſi dans une maiſon de campagne de M. le Mareſchal d'Eſtrées. Il étoit autrefois dans la chappelle de ſaint Michel de la grande Egliſe de Straſbourg, d'où il ne fut ôté que l'an 1525. La ſtatuë tomba entre les mains d'un particulier de Straſbourg, elle fut venduë à un Seigneur François & enſuite transferée à Paris, & de-là à Iſſi au jardin de M. Vanhœlen Treſorier de France. On appelloit en Alleman cette idole Krutzman, qui vouloit dire en ancien Alleman, un gros homme, ou comme d'autres veulent, un vaillant homme.

Cet Hercule eſt comme les Hercules ordinaires; mais d'un goût fort groſſier. Il tient de la main droite une maſſuë qu'il appuyie contre terre, & ſur laquelle il s'appuyie lui-même. Elle eſt extrêmement groſſe & toute heriſſée à un bout de nœuds, & des naiſſances de branches coupées. De l'autre main qu'Hercule porte ſur le côté, il tient la dépoüille du lion,

Troiſiéme planche après la LIX.

---

Cum Diana repertæ ſunt quædam animalium figuræ, ut porcorum, &c. rudi opere.

V. Hic ponere viſum eſt, cùm non alius commodior locus ſuperſit, Protomen regis cujuſdam Parthi, quæ ex gemma V. Cl. Præſidis de Maiſon educta eſt. In quo ſchemate quædam obſervantur non expreſſa in aliis Parthorum regum imaginibus, quas dedimus in Tabulis XLIII. & XLIV. tertii Antiquitatis explanatæ tomi, & in XVI. tertii tomi hujus Supplementi. Inſcriptio caractere Parthico imaginem circumdat, ut in gemma Muſei noſtri. Hic Rex inaures geſtat, ut & alii Parthi reges. Ea pars veſtimentorum qua humeri & pectus teguntur, pluribus ſplendent ornamentis, quam in cæteris hujuſmodi imaginibus ; coma cincinnis oblongis defluit Parthorum regum more : at quod hic ſingulare obſervatur, cincinni duo quaſi ex tiara erumpentes recta linea pergunt, nec demittuntur in collum ut alii. Ante Regis vultum ſtella magna viſitur, quæ ſolem indicat, pone autem luna creſcens. Illud porro in cæteris regum Parthorum imaginibus non obſervatur.

VI. Hercules ſequens, qui æneus eſt & vulgaris ſtaturæ, nunc Iſſiaci eſt in Villa quadam D. Mareſcalli d'Eſtrées. Olim erat in majori Eccleſia Argentinenſi, in Capella quadam ſancti Michaëlis, unde educta fuit anno tantum 1525. ſtatua deinde fuit Argentinenſis cujuſdam, deinde cuidam nobili Gallo divendita Lutetiam exportata fuit. Hinc autem Iſſiacum in villam D. Vanhœlen Franciæ Quæſtoris. Hoc porro ſimulacrum Germanice vocabatur Krutzman, id quod Teutonica priſca lingua craſſum virum, ſive ut alii malunt, fortem ſtrenuumque virum ſignificabat.

Hic Hercules, aliorum Herculum more delineatus eſt, ſed rudi opere. Manu dextera ingentem clavam tenet terra nixam, qua clava & ipſe nititur. Clava admodum denſa eſt, nodis exciſiſque ramis hirſuta. Altera vero manu quam Hercules in latus immittit, leonis pellem tenet, cujus pars in anteriora corporis reducitur. Jam vero quæritur utrum hic Hercules a priſcis illis Germanis factus ſit antequam illa regio, quam nunc

dont une partie revient fur le devant. La queftion eft fi cet Hercule a été fait par les anciens Germains, avant que l'Alface & les autres Provinces en deça du Rhin, tombaffent fous la domination des Romains, qui les fub_juguerent prefque en même tems que les Gaules; ou fi c'eft depuis ces tems-là. Je pancherois fort vers ce dernier fentiment. C'eft même peut-être un ouvrage des troupes Romaines qui étoient toûjours en grand nombre de ce côté là, & qui auront fait cette idole, comme tant d'autres monumens, qu'on y déterre tous les jours.

VII. L'idole fuivante, qui a affés l'air d'un Hercule, m'a été donnée par D. Auguftin Calmet, fi connu par fes ouvrages. Il a veritablement la taille & le vifage d'Hercule. Il porte fur fon bras gauche une efpece de manteau de même qu'Hercule porte la dépoüille du lion; peut-être avoit-il à l'autre main la maffuë, qui fera tombée par l'injure du tems. Sa grande bafe marque qu'il étoit honoré comme une divinité.

---

Alfatiam vocamus, cæteræque cis Rhenanæ in ditionem caderent Romanorum qui eas eodem ferme quo Gallias tempore fubegerunt. Hanc poftremam opinionem libentius amplecterer. Eftque fortaffis legionum cohortiumve Romanarum quæ magno femper numero in iftis oris verfabantur opificium; nam & alia multa ediderunt, quæ quotidie eruuntur.

VII. Simulacrum fequens Herculis formam referens, oblatum mihi fuit a D. Auguftino Calmet, publicatis ab fe operibus celebri. Vere Herculis ftaturam vultumque habet. Brachio finiftro quoddam ceu pallium geftat, ut Hercules folet pellem leonis. Forteque clavam altera manu geftabat, quæ temporum injuria exciderit. Magnæ bafi infiftit, quo fignificatur ipfum quafi numen fuiffe cultum.

M. le Mar. d'Estrées

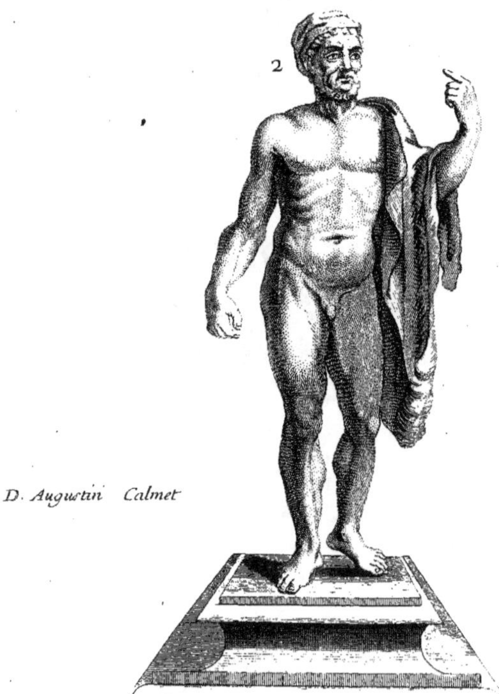

## CHAPITRE VI.

*I. Le temple octogone de Corseult, qui est l'ancienne ville des Curiosolites.
II. Plan & profil de ce temple. III. Il paroît n'avoir jamais été vouté.*

NOs Geographes modernes conviennent presque tous que l'ancienne
ville des Curiosolites dont Cesar parle plusieurs fois dans ses com-
mentaires étoit celle que nous appellons aujourd'hui Quimper ou Cornouaille.
Cette opinion avoit passé presque sans examen ; mais quelques Academi-
ciens de l'Academie des belles lettres, qui connoissoient le payis, ont crû
que c'étoit plûtôt Corseult village auprès de Dinant en Bretagne, outre
que le nom convient incomparablement mieux, les masures d'une grande
ville, qui renferment ce village rendent la chose fort probable. M. le
Pelletier de Souzi chargea l'an 1709. un Ingenieur de saint Malo de se
transporter sur les lieux, d'y examiner ces masures & d'en faire le rapport
le plus circonstantié qu'il seroit possible. L'ingenieur s'y transporta, & l'A-
cademie reçût un memoire fort détaillé imprimé au premier tome de son
Histoire p. 295. L'Ingenieur y trouva les traces d'une ville considerable, de
grands restes de murailles dans les jardins & dans les champs à quatre ou
cinq pieds de profondeur de terre, une Eglise bâtie des débris de grands
édifices, comme il paroît par les tronçons de colonnes qui s'y voient ; des
restes de longs murs, d'autres masures de bâtimens les uns de pierre & les
autres de brique.

*Environ à huit cens toises de l'Eglise au sud-est, dit l'ingenieur, sur une hau-
teur, on voit la moitié d'un temple octogone qui subsiste encore hors de terre,
de trente-un pieds de haut, revêtu par dedans & par dehors de petites pierres de
quatre pouces en quarré, taillées proprement & posées par assises reglées. Les angles, le bas & le haut, à quatre pieds près du sommet sont écorchez, comme s'il
y avoit eu une base, une corniche, & quelque incrustation. Entre les pans de*

---

### CAPUT VI.

*I. Templum octogonum loci cui hodie nomen
Corseult: hæc antiqua urbs Curiosolitarum
esse putatur. II. Ichnographia & conspec-
tus Templi. III. Fornicem nunquam habuisse putatur.*

I. GEographi nostri recentiores putant, uno pene consensu, Curiosolitarum urbem, quam
sæpe Cæsar commemorat in commentariis suis,
illam esse quam hodie Quimper aut Cornualliam,
vocamus. Hæc opinio sine examine fere propa-
gata erat. Verum aliquot Academici ex Academia literatorum, locorum periti, existimant esse
potius vicum nomine Corseult in Armorica. Præterquam quod enim nomen longe melius consentit, urbis etiam magna rudera, in queis vicus includitur, argumentum ejus rei præbent probabi-
lissimum. D. le Pelletier de Souzi Mechanico cuipiam Macloviano mandavit anno 1709. ut loca
istæc adiret, rudera exploraret, & quam posset accuratissime omnia referret. Loca petiit Mechanicus. Cujus rescriptum diligentissime concinnatum accepit Academia, & in primo historiæ suæ
tomo edidit. Vestigia urbis magnæ Mechanicus re-
perit, ingentes murorum reliquias in hortis & in
agris, ad quatuor vel quinque pedes a soli superficie in terram defossas, Ecclesiam ex ruderibus
magnorum ædificiorum structam, ut ex detrunca-
tis columnis arguitur, longorum murorum resi-
duam molem, aliorumque ædificiorum partes,
quorum alia ex lapidibus, alia ex lateribus structa.
Septenis circiter ab Ecclesia stadiis, inquit mechanicus, in edito loco, dimidia pars templi octogoni visitur, quod adhuc superest altitudine pedum triginta
& unius, cujus exterior superficies intus & foris constat exiguis lapidibus quadratis quatuor utrinque pollicum longitudinem habentibus, eleganter incisis, rec-
toque ordine positis. Anguli, infima, & superna murorum partes ad quatuor, altitudine pedes, evulsis lapidibus, rudes informesque restant ac si ibi basis,
coronis, incrustationesque olim fuissent. In illis adhuc

*l'octogone on remarque aussi quantité de trous. Aux côtez de ce temple on dé-
couvre quelques vestiges d'une levée couverte d'un enduit de ciment appliqué
sur des pierres à sec.*

II. Voilà le rapport de l'Ingenieur. Pour en avoir une connoissance plus
exacte & même le dessein s'il se pouvoit, je priai D. Martin Corneau Prieur
de Lehon près de Dinant, qui fait dessiner, de se rendre sur les lieux. Il s'y
rendit, & m'envoya le plan tel qu'on le donne ici, & le profil, où des gens
qui ont été sur les lieux ont fait quelque petite correction, & comme ceux-ci
conviennent tous entr'eux & conviennent aussi avec le rapport de l'ingenieur, j'ai crû les devoir suivre. Le R. P. Prieur de Lehon marque dans
ses observations, que selon toutes les apparences cet édifice n'a jamais été
plus élevé ni couvert. Les trous qu'on y remarque n'ont jamais été fer-
mez. La maçonnerie est à chaux & à sable. Les petites pierres quarrées dont
l'édifice est revêtu, ont la surface arrondie comme sont ordinairement les
pavez des ruës. Ces pierres sont à peu près blanches comme le tuf. Le dedans est revêtu de ces pierres comme le dehors, & elles manquent aux
mêmes endroits; c'est-à dire aux angles, au bas & sur le haut. Et cela d'u-
ne maniere égale sur les quatre pans qui subsistent. Ces lieux dégarnis de
pierres, ( & écorchez comme dit l'ingenieur, ) ont un enfoncement dans
le mur, qui dans le haut a bien deux pieds de profondeur, mais il n'en a
pas plus d'un dans le bas. Le même enfoncement paroît aussi au-dedans,
& n'a pas plus d'un pied de profondeur tant en haut qu'en bas. Le P. Prieur
conjecture que les angles tant interieurs qu'exterieurs & tous les endroits
denuez de ces petites pierres quarrées étoient ornez de pierre de taille, qui
ont été depuis enlevées pour d'autres bâtimens.

Outre ce plan & profil & ces observations du P. Prieur de Lehon, j'ai
encore eu d'autres memoires de D. Alexis Lobineau. Il m'a donné avec ses
observations & le plan de ce temple, celui de la levée à l'angle de laquelle est le temple, comme on verra dans la figure. Voici ce qu'il observe.

*III. Les encoignures tant dehors que dedans sont vuides ; aussi-bien que la*

---

*stantibus muris multa foramina observantur. Ad la-
tera templi cernuntur vestigia cujusdam ceu aggeris
camento operti, cujus lapides nullo alio camento jun-
gantur.*

II. Hæc Mechanicus : ut autem rei certior eva-
derem, & delineatam, si fieri posset, templi figuram nanciscerer, rogavi D. Martinum Corneau Lehonii prope Dinantium Benedictinorum nostrorum
Superiorem, ac delineandi peritum, ut ad locum
se conferret. Eo ille se contulit, & delineatam
mihi ignographiam templi conspectumque transmisit, quales hic damus, paucis exceptis iisque le-
vissimis, quæ aliorum qui in locis fuerant suasu
mutavi, & quia cum Mechanici testimonio consentiebant, eorum sum sententiam sequutus. R. P.
Martinus Corneau observat, omnino verisimile
esse ædificium nunquam vel altius vel opertum
fuisse. Foramina quæ ibi conspiciuntur nunquam
fuere clausa. Muri cum calce & arena structi. Lapides illi quadrati queis exterior facies operitur,
in externa superficie aliquam prominentiam rotundam habent, quales etiam illi, qui sternendis
viis usurpantur. Lapides porro illi albi sunt fere ut

tophus : interior facies perinde atque exterior iisdem ipsis lapidibus operitur, & iisdem in locis
utrinque deficiunt & avulsi sunt, scilicet in angulis, in infimis summisque partibus ; idque modo
æquali ubique in quatuor illis lateribus adhuc stantibus. Illa porro loca unde evulsi lapides sunt de-
missiora sunt aliis, profunda nempe duobus pedibus superne, inferne uno tantum pede. In inferiore item facie, demissior locus ille est, unde evulsi
lapides sunt, sed uno tantum pede superne & inferne vel circiter. Conjecit idem R. P. Prior ea
loca, quæ illis exiguis lapidibus sunt distincta,
olim magnis incisisque lapidibus fuisse structa ;
quæ haud dubie ad nova excitanda ædificia avulsa
fuerint.

Præter ichnographiam illam conspectum & observationes quas perhumaniter misit laudatus R.
P. Prior, alias etiam accepi notitias a D. Alexio
Lobineau, qui mecum observationes suas communicavit, necnon ichnographiam templi, & aggeris quoque circumpositi ichnographiam in quo
templum partim includitur. En ipse loquitur.

III. *Anguli tam intus quam foris vacui sunt, ut*

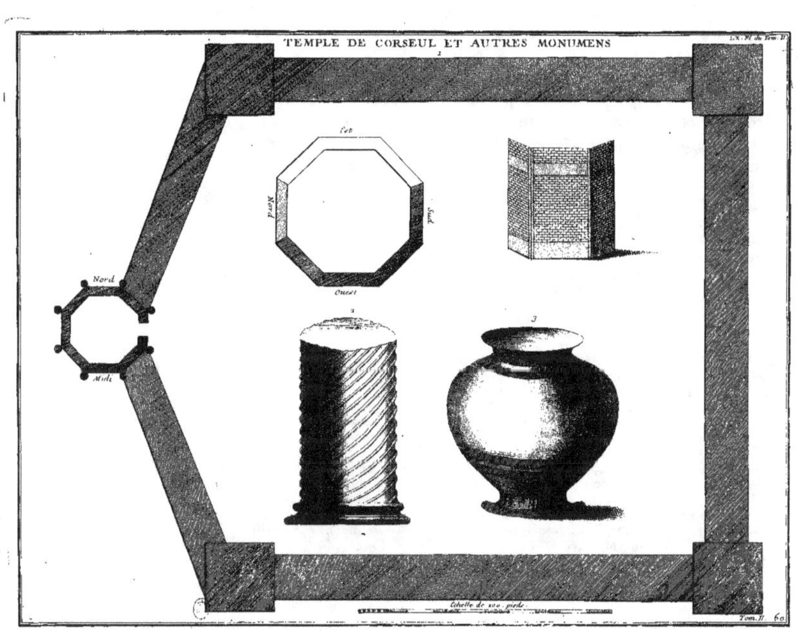

TEMPLE DE CORSEUL ET AUTRES MONUMENS
Nord
Midi
Est
Nord
Sud
Ouest
Echelle de 100 pieds.
Tom. II. 60.

*place de la corniche. Il paroît qu'on en a ôté les colonnes & les pilaſtres, de mê-*
*me que les pierres de la corniche. Au bas de la colline où eſt ce temple, on voit*
*un tronçon de colonne, qui a trois pieds de diametre, ce qui emporte trente pieds*
*de hauteur, & cela fait juger qu'elle peut avoir ſervi à ce temple, qui en a tren-*
*te-ſix en tout, y compris l'Attique au-deſſus de la corniche.*

L'Ingenieur ne met que trente-un pieds de hauteur; mais c'eſt qu'apparemment il n'y comprend pas ce qui eſt au-deſſus de la corniche, les meſures du P. Prieur de Lehon conviennent parfaitement avec celles de D.
Alexis Lobineau, qui croit qu'à chaque angle il y avoit une colonne pareille à celle dont nous donnons ici le tronçon. Suivant cela il a mis dans
ſon plan, que nous donnons ici, la place des huit colonnes, ce plan comprend
toute la grande levée, qui n'étoit pas à négliger. Pour ce qui eſt des colonnes, on pourroit s'éclaircir ſi elles étoient effectivement aux angles de l'octogone en fouïllant pour en trouver les fondemens.

IV. De toutes ces obſervations il ſemble qu'on doit conclure que ce temple n'a jamais été vouté, puiſqu'il n'y a aucune trace des naiſſances de
voute; ni peut être couvert, à moins qu'il ne l'eût été de charpente, ou
de chaume comme les anciens Gaulois couvroient leurs maiſons. Les Grecs
avoient des temples découverts qu'ils appelloient hypetres. Quant à cette
levée qui contient comme on voit un grand eſpace, elle pouvoit ſervir à
renfermer le peuple qui aſſiſtoit aux ſacrifices ou aux autres actes de religion.

On met ici le tronçon de la colonne cannelée qui a trois pieds de diametre comme dit D. Alexis Lobineau : l'on y ajoûte un vaſe qui a été trouvé ſur les lieux.

---

*etiam locus ille quem coronis occupabat. Ablata avul-*
*ſaque hæc omnia fuiſſe videntur, nempe columna, pa-*
*raſthæ, itemque lapides queis conſtabat coronis. Ad*
*radices collis in quo ſtructum erat templum conſpici-*
*tur columna truncus, cujus columnæ diametrum erat*
*trium pedum, unde arguitur totam columnam fuiſſe*
*altitudine pedum triginta. Hinc autem infertur co-*
*lumnam potuiſſe locum habere in iſto templo, cujus al-*
*titudo triginta ſex pedum eſt, ſi Atticum qui ſupra*
*coronidem eſt comprehenderis.*

Mechanicus unum tantum ſupra triginta pedes
templo tribuit. At fortaſſis ea quæ ſupra coronidem ſunt non una complectitur. Menſuræ R. P.
Prioris Lehonii cum menſuris D. Alexii Lobineau
plane conſonant, qui poſtremus putat in angulis
ſingulis fuiſſe columnam ei ſimilem cujus hic
truncam partem damus : columnarum autem illarum ſedes in ichnographia ſua notavit, quales hic

proferimus. Ichnographia porro illa magnum etiam
aggerem comprehendit, qui non erat hic præter-
mittendus. Quod vero columnas illas ſpectat,
poſſet quis explorare num revera in angulis templi fuerint, terram videlicet fodiendo, ut earum
fundamenta detegerentur.

IV. Ex hiſce omnibus obſervationibus conclu-
di poſſe videtur templum nunquam fornicem habuiſſe, quando videlicet nulla habentur veſtigia in
muris ſurgentis concamerationis ; neque fortaſſis
unquam opertum, niſi fortaſſe vel ex lignis & trabibus, vel ex paleis & ſtipulis queis Galli veteres
domos operiebant. Græci templa ſubdialia habebant, quæ vocabantur hypætra. Quod ſpectat autem aggerem illum parvo cinctum muro, qui ut
videmus magnum complectitur ſpatium, probabile eſt in uſu fuiſſe ut populus ibi includeretur ad
ſacra & religiones perſolvendas.

## CHAPITRE VII.

*I. Temple octogone au lieu appellé Erqui dans le diocese de Saint Brieuc. II. Sul-*
*fes, dieux Gaulois. III. Comedoves autres dieux Gaulois.*

DOm Alexis Lobineau m'a encore donné le plan du temple d'Erqui Diocese de S. Brieuc, & de l'enceinte de murs qui sont à present ruinez
& dont il reste quelques pans ; ensorte qu'on en a pû tirer le plan.
Le temple qui est à un des coins de l'enceinte est octogone. Il a cinq toises & demi de diametre en y comprenant les murs. Au-dedans de la premiere
enceinte des murs du temple il y en a une autre aussi octogone, qui laisse
entre les deux une petite allée d'environ trois pieds de large. L'issuë de ce
temple est hors de la grande enceinte. A l'autre angle de la même grande
enceinte, mais en dedans il y a un autre petit temple rond, qui n'a guere
plus de trois toises de diametre sans y comprendre les murs. Cette grande
enceinte a 24. toises de long, & 17. de large. C'est apparemment là ou le
peuple s'assembloit.

II. Pour remplir ce dernier chapitre, je mets ici l'extrait d'une lettre de
M. Abauzit de Geneve, du premier Août passé, où il est parlé de deux inscriptions trouvées depuis peu.

,, Je tiens la premiere, dit-il, de M. Ruchat, professeur aux belles lettres
,, dans l'Academie de Lausanne, qui l'a copiée exactement d'après un mar-
,, bre déterré à Maley près de Lausanne.

```
BANIRA. ET. DONINDA. I
DAEDALUS. ET. TATO. ICARI. FIL
I. SULFIS. SUIS. QUI. CURAM
VESTRA. AGUNT. IDEN
CAPPO. ICARI. F
```

### CAPUT VII.

*I. Templum octogonum in loco Erqui dictum in*
*diœcesi Briocensi. II. De Sulfis Diis Gallorum.*
*III. De Comedovis, aliis Diis Gallorum.*

D. Alexius Lobineau obtulit etiam mihi ichnographiam veteris templi, quod visitur in loco Erqui dicto in diœcesi Briocensi, necnon septi
murorum qui jam diruti sunt, quorum tamen partes aliquot stant, ita ut septi ichnographia parari
potuerit. Templum in angulo septi positum octangulum est. Intra autem primos octanguli templi
muros aliud est templum etiam octangulum ; ita
ut inter utrumque templum intervallum sit trium
latitudine pedum. Hujusce porro templi ostium
extra majus illud aliud septum est, quod uno conspectu in imagine statim percipias. In alio majoris
septi angulo est aliud rotundum ceu templum,
cujus ostium & exitus intra majus illud septum est.
Hujus porro templi diametrum interius exceptis
muris est octodecim pedum. Majoris porro septi
longitudo est pedum centum quadraginta quatuor
latitudo autem pedum centum & duorum. In hoc
septum, ut videtur, plebs conveniebat.

II. Ut hoc postremum caput compleam, viri e-
ruditi D. Abauzit Genevensis hic partem epistolæ
ponam, quæ prima die mensis Augusti proximi data fuit : ubi de duabus inscriptionibus nuper eru-
tis agitur.

Primam inscriptionem, inquit, accepi a D. "
Ruchat literarum humanarum in Academia Lau-"
sanensi professore, qui accurate illam exscripsit "
ex marmore Maleyæ prope Lausannam eruto "

```
BANIRA. ET. DONINDA. I.
DAEDALUS. ET. TATO. ICARI. FIL.
I. SULFIS. SUIS. QUI. CURAM
VESTRA. AGUNT. IDEN
CAPPO. ICARI. F.
```

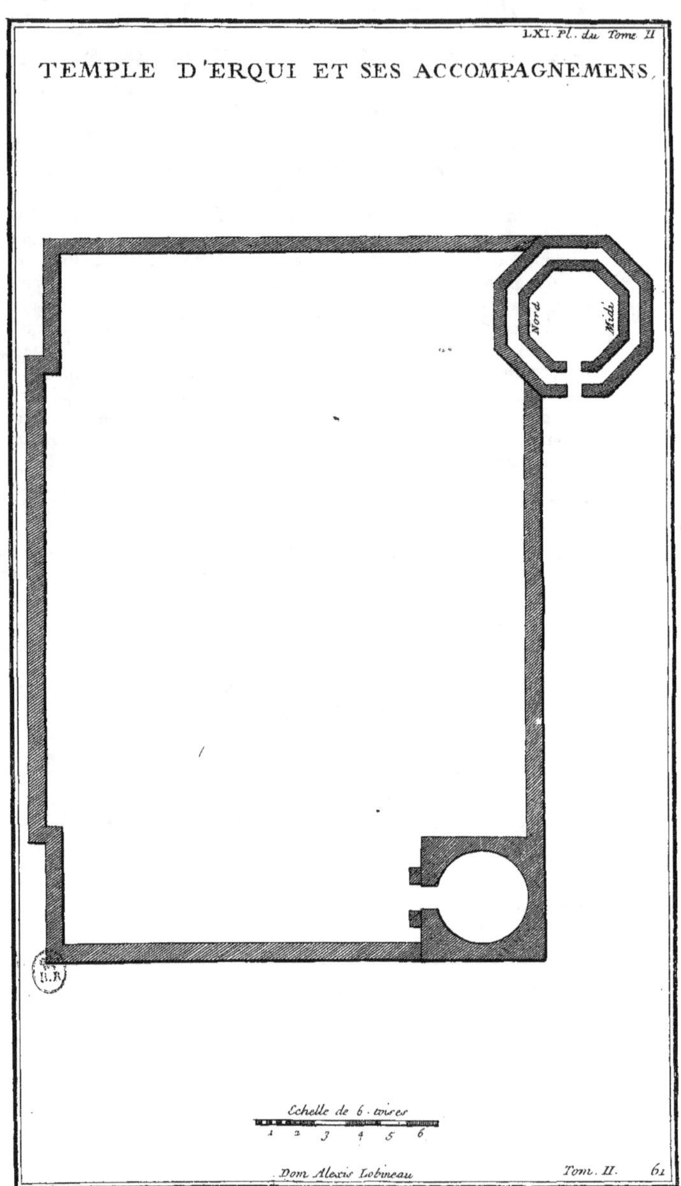

LXI. Pl. du Tome II
TEMPLE D'ERQUI ET SES ACCOMPAGNEMENS.
Nord
Midi
Echelle de 6. toises
1   2   3   4   5   6
Dom Alexis Lobineau
Tom. II.   61
TEMPLE D'ERQUI ET SES ACCOMPAGNEMENS.

„ Je laisse à part le mauvais style de ces gens, que M. Ruchat croit être
„ du quatriéme ou cinquiéme siécle. Mais il demande, & le P. de Montfau-
„ con pourroit vous le dire mieux que personne ; si ces dieux tutelaires *Sulfi*,
„ n'auroient point quelque rapport avec les Silphes ou Sylphes du Comte de
„ Gabalis, imagination, qui seroit plus ancienne qu'on ne pense. Pour moi
„ je me souviens d'avoir vû dans Fabretti *de Aquæductibus*, une inscription
„ commençant par ces mots, *Sulevis & Campestribus sacrum ;* & par le bas
„ relief qui y est joint, on pourroit même juger de la nature de ces peti-
„ tes divinitez.

„ La seconde inscription a été décrite par M. Caze à Aix en Savoye, &
„ nomme d'autres dieux qui ne sont pas mieux connus.

COMEDOVIS

AUGUSTIS

M. HELVIUS SEVERI

FIL. JUVENTIUS

EX. VOTO.

Il m'a assuré que le mot *Comedovis* aussi-bien que le reste, est écrit en «
caractéres très-distincts. Voilà dequoi augmenter le Catalogue des divini- «
tez Gauloises, ou du moins topiques. «

Quoique cousin germaïn de M. l'Abbé de Villars auteur du comte de Gabalis, je ne suis guere entré dans la connoissance des Sylphes. La conjecture de M. Ruchat paroît assés plausible, les noms conviennent & il semble
que les Silphes & Sulfi sont des genies champêtres. Mais comme le hazard
peut fort bien avoir fait ces conformitez de nom, il faudroit que quelque
autre monument nous instruisît mieux sur cela, pour en parler plus positive-
ment. Il est assés surprenant de trouver dans une inscription si barbare les
noms de Dædale & d Icare, entremêlez avec ces autres noms Banira, Doninda, Tato & Cappo. L'inscription se peut lire. *Banira & Doninda. Dædalus
& Tato Icari filii Sulfis suis qui curam vestram agunt.* Idem ( *forte Item* )
*Cappo Icari filius.* La construction est si barbare que je ne sai si l'on peut

---

„ Nihil dicam de inscriptionis stylo, quem ad quar-
„ tum quintumve sæculum pertinere putat ; sed
„ postulat ipse, id quod præsertim Montefalco-
„ nius possit indicare ; num hi tutelares dii Sulfi,
„ aliquid affinitatis habeant cum Silphis sive Syl-
„ phis comitis de Gabalis : quo comperto & pro-
„ bato, commentum illud antiquius deprehende-
„ retur esse, quam putabatur. Memini me legere
„ apud Raphaelem Fabrettum de Aquæductibus,
„ *sulevis & campestribus sacrum:* anaglyphum autem
„ junctum quod numinum genus illud esset subindi-
„ care poterat.

„ Secunda inscriptio, descripta fuit a D. Caze
„ Aquis Gratianis, aliaque numina perinde ignota
„ commemorat.

COMEDOVIS

AUGUSTIS

M. HELVIUS. SEVERI

FIL. JUVENTIUS

EX VOTO

affirmat autem ille hoc nomen COMEDOVIS «
perinde atque cætera clare legi. En novam numi- «
nibus Gallis, aut saltem topicis, accessionem. «

Etsi patruelis D. Abbatis de Villars, qui Comitis de Gabalis libellum publicavit, non majorem
tamen de Sylphis noticiam sum assequutus, conjectura porro D. de Ruchat admitti potest, nomina quippe sunt affinia, videnturque & Sylphæ &
Sulfi esse campestres genii. Verum quia hæc nominum similitudo casu etiam accidisse potuit, necessaria adhuc esset novi cujuspiam monumenti auctoritas, ut illud omnino asseri posset. Id mirum
sane videatur, quod in adeo barbara inscriptione,
nomina Dædali & Icari, cum istiusmodi nominibus Banira, Doninda, Tato & Cappo intermixta
sint. Sic porro legi potest inscriptio : *Banira &
Doninda, Dædalus & Tato Icari filii, Sulfis suis
qui curam vestram agunt. Iden* ( f. item ) *Cappo
Icari filius.* Constructio ita barbara est, ut nesciam
utrum tuto possimus illam ad partes reducere. Videntur statim Banira, Doninda, Dædalus & Tato

fûrement en faire les parties. Il femble d'abord que Banira, Doninda, Dædale & Tato font les fils d'Icare ; mais à qui parlent-ils quand ils difent ,
*qui curam veftram agunt*. Peut-être que Banira & Doninda font ces Sulfes ,
divinitez dont il eft parlé après , & que ce mot Sulfi fera un nom plus gene-
rique, de forte qu'il faudra tourner ainfi Dædale & Tato à Banira & Doninda leurs Sulfes, en ce cas-là il faudroit *Baniræ & Donindæ* : mais ceux qui
ont fait l'infcription n'y regardoient pas de fi près.

L'autre infcription n'a point de difficulté dans la conftruction. *Comedovis
Auguftis Marcus Helvius Juventius Severi filius ex voto*. C'eft-à-dire, que
Marc. Helvius a fait ce monument pour accomplir fon vœu fait aux Comedoves Auguftes , ces Comedoves ont le nom d'Auguftes, comme Apollon
Augufte, Diane Augufte, Mercure Augufte, qu'on trouve fi fouvent ainfi
dans les infcriptions. Ce nom femble formé *à comedendis ovis*. Si c'étoit la
vraie origine du nom, ce feroient des dieux mangeurs d'œufs.

---

Icari filii dici. Verum quofnam compellant ipfi
cum aiunt , *qui curam veftram agunt*. Fortaffe vero
Banira & Doninda, iidem ipfi Sulfi funt qui poftea
memorantur, qui generico nomine Sulfi dicti fuerint. Quo cafu fic conftruendum effet, *Dædalus
& Tato Baniræ & Donindæ Sulfis fuis*. At dices Banira & Doninda legitur : verum ii qui infcriptionem pofuerunt, non congruenter, ut liquidum eft,
loquebantur.

Altera infcriptio nullam in conftructione difficultatem habet. *Comedovis Auguftis Marcus Helvius
Juventius Severi filius ex voto*, fupple dedicavit ,
ii Comedovi Augufti dicuntur, ut Apollo Auguftus
Diana Augufta, Mercurius Auguftus, qui fæpiffime fic in infcriptionibus exprimuntur. Hoc porro
nomen a comedendis ovis ortum videtur, quafi
numina ifthæc ova comedere folerent,

## FIN DU SECOND TOME.

# TABLE DES MATIERES
## DU TOME SECOND.

### A

Inftrument

Temple

*Tome II.*            K k

*Fin de la Table des Matieres.*